Das Leben der Vita Sackville-West liest sich wie ein Roman: Geboren wurde sie 1892 als einziges Kind von Lord Sackville und seiner halbspanischen Ehefrau Victoria auf Schloß Knole in Kent. Mit vierzehn Jahren schrieb sie ihren ersten Roman, und bis zu ihrem Tod war sie nur dann mit sich zufrieden, »wenn sie ein Buch in Arbeit hatte«. 1913 heiratete sie den Diplomaten Harold Nicolson, mit dem sie um Sissinghurst Castle einen der schönsten Gärten Englands gestaltete. Die Ehe, die wohl die ungewöhnlichste Verbindung dieses Jahrhunderts war, bestand über neunundvierzig Jahre. Beide Partner hatten im Laufe der Zeit viele Affären, die aber ihrer Verbundenheit nichts anhaben konnten.

Detailtreu und fesselnd geschrieben, zeichnet Victoria Glendinning das auch kulturgeschichtlich aufschlußreiche Leben dieser unkonventionellen Frau auf: Vitas außerordentliche Entschiedenheit, mehr sein zu wollen als eine »verheiratete Frau«, ihre Liebesbeziehungen zu Virginia Woolf, Violet Trefusis und anderen, ihre schriftstellerischen Leistungen und Erfolge, ihre gelassene Heiterkeit und ihre nie nachlassende Wärme in der Beziehung zu ihrem Mann und ihren Söhnen. Vita Sackville-West, deren Romane in hohen Auflagen und in vielen Sprachen erschienen sind, lebte selbst einen Roman – ihren Roman.

Die Autorin Victoria Glendinning, geboren 1937, lebt in London und Herfordshire. Bekannt wurde sie durch ihre Biographien über Elizabeth Bowen, Rebecca West, Edith Sitwell und Vita Sackville-West. Neben zahlreichen Auszeichnungen bekam ihre Biographie über Vita Sackville-West den Whitbread Award für die beste Biographie des Jahres.

Victoria Glendinning

Vita Sackville-West

Eine Biographie

*Aus dem Englischen von
Hans J. Schütz*

Fischer Taschenbuch Verlag

Ungekürzte Ausgabe
Veröffentlicht im Fischer Taschenbuch Verlag GmbH,
Frankfurt am Main, Juni 1994

Lizenzausgabe mit freundlicher Genehmigung der
Frankfurter Verlagsanstalt GmbH, Frankfurt am Main
Originaltitel der bei Weidenfeld and Nicolson, London,
erschienenen Ausgabe:
›Vita. The Life of Vita Sackville-West‹
Copyright © 1983 Victoria Glendinning
© der deutschen Ausgabe:
Frankfurter Verlagsanstalt GmbH, Frankfurt am Main 1990
Satz: Reinhard Amann, Aichstetten
Druck und Bindung: Clausen & Bosse, Leck
Printed in Germany
ISBN 3-596-11283-4

Gedruckt auf chlor- und säurefreiem Papier

Inhalt

Vorwort
Seite 11

Prolog
Seite 13

Teil 1
Knole
1892 - 1913
Seite 21

Teil 2
Wandel und Herausforderung
1913 - 1921
Seite 97

Teil 3
Erkundungen
1921 - 1930
Seite 163

Teil 4
Sissinghurst
1930 - 1945
Seite 315

Teil 5
Die Enklave und der Turm
1945 - 1962
Seite 465

Danksagung
Seite 565

Anhang

Anmerkungen und Quellen
Seite 569

Bibliographie
Seite 578

Register
Seite 581

Für Paul

Eigentlich sollte der Gedanke traurig stimmen, daß die Nachwelt uns nach dem Flickwerk unserer Briefe beurteilen wird, durch Zufall aufbewahrt, aus ihrem Zusammenhang gelöst, vielleicht in einem Anfall von Verzweiflung oder Verwirrung geschrieben, vor allem aber abgetrennt von der Unzahl kleiner Fasern, die unser besonderes Leben färben und zusammensetzen und die in ihrer Vielzahl, Verschiedenheit und Alltäglichkeit nur für uns selbst lebendig und sogar denen nicht mitteilbar sind, die uns am nächsten stehen und unser tägliches Leben mit uns teilen... Trotzdem ist es notwendig, innerhalb unserer Grenzen, zu einigen Schlußfolgerungen zu kommen und bestimmte Tatsachen sichtbar zu machen.

V. Sackville-West
Einleitung zu
The Diary of the Lady Anne Clifford (1923)

Das einzige, was man wissen und sich klarmachen muß, ist, daß Vita in ihrem Inneren Seiten hat, die unausgefüllt sind. Wenn ich auf eine Lücke stoße, nehme ich ein Brett, überbrücke sie und schaue nicht in die Tiefe, damit mir nicht schwindelig wird.

Edwin Lutyens,
zitiert von Vitas Mutter in ihrem Tagebuch
am 10. April 1931

Vorwort

Dies ist die Geschichte der Vita Sackville-West. In dieser Feststellung liegt schon eine der »Lügen« von jeder Biographie. (Eine weitere ist die Behauptung, irgendeine Geschichte sei die ganze Geschichte.) Die Menschen um Vita liegen im Schatten, es sei denn, ihre Geschichten berührten die ihre. Das hat zur Folge, daß sie verzerrt oder unscharf bleiben, zumal Vita eine ungewöhnlich dominierende Persönlichkeit war. Wichtige Aspekte der Charaktere und Laufbahnen von Violet Trefusis und Virginia Woolf, zum Beispiel, werden nicht berührt, doch gibt es, zumindest über diese beiden, eine Fülle von Büchern, in denen sie selbst im Rampenlicht stehen. Ich finde es betrüblicher, daß der Einfluß von Vitas Ehemann, Harold Nicolson, nicht entsprechend gewürdigt wird. Da er konzilianter und, um den Ausdruck zu gebrauchen, »nachsichtiger« war und dazu neigte, über sich selbst in humoriger, mißbilligender Weise zu schreiben, tritt er um so mehr in den Schatten. Aber Harold Nicolsons Geschichte ist von James Lees-Milne in zwei Bänden erzählt worden. Die einzige Nebenfigur, bei der ich mich nicht zu entschuldigen brauche, ist Vitas Mutter, die mit demselben tragikomischen, tyrannisierenden Charme, den sie im Leben verbreitete, die Biographie ihrer Tochter zu überschatten drohte.

Nichts weniger als umfassend ist dieses Buch auch in anderer Hinsicht. Es ist eine Biographie und kein literaturkritisches Werk, wenngleich ich Vita Sackville-Wests Prosa und Lyrik gewürdigt und daraus zitiert habe. Sie war in allererster Linie eine Schriftstellerin. Der erste große Kummer ihres Lebens bestand darin, daß Schloß Knole ihr nie gehören konnte, da sie weiblichen Geschlechts war; der zweite rührte aus der Erkenntnis, daß sie keine »große« Schriftstellerin war. Es war ihr bewußt, daß sie als Lyrikerin versagt hatte. Das Gedicht *The Land*, auf dem ihr ein wenig zweifelhafter Ruf beruht, entstand zu Beginn ihrer Laufbahn und war ein breiter Erfolg. Doch ich glaube, daß ihr zweites langes Gedicht, *The Garden*, und einige ihrer kurzen Gedichte einer genauen Prüfung inzwischen besser standhalten als *The Land*, und daß ihre gesamte Lyrik es verdient hätte, aus der Vergessenheit befreit zu werden.

Die Unstimmigkeiten und Widersprüche in Vitas Charakter bedingten, daß sie sich unglücklich fühlte, und riefen eine Neurose hervor, die sie gelegentlich kreativ zu nutzen verstand. Da ich der Laien-Psychiatrie mißtraue, habe ich nicht das Wagnis unternommen, ihre sonderbaren Tierträume zu deuten. Doch ich glaube, daß eine analytische Studie, die auf dem Material dieses Buches basiert, wertvoll und interessant sein könnte.

Die Heirat von Vita und Harold war an sich nichts Außergewöhnliches. Es besteht kein Anlaß zum Niederknien. Diese überwiegend maskuline Frau und dieser leicht feminine Mann wurden selbst von der Unkonventionalität ihrer Ehe gequält. Viele Ehen sind, in der einen oder anderen Weise, ebenso geheimnisvoll und sorgsam ausbalanciert wie die ihre; viele Ehen sind ebenso eng und, nach alltäglichen Maßstäben, enger. Manche Leser haben vielleicht den Eindruck, diese Beziehung sei eher eine Freundschaft als eine Ehe gewesen. Bemerkenswert ist jedoch, wieviel wir durch die Briefe und Tagebücher der Partner darüber wissen. Es handelt sich vermutlich um die am besten dokumentierte Ehe in der Geschichte. Das Material – wie es sich sowohl in ihren Handlungen als auch im geschriebenen Wort darstellt – wirft Hunderte von Fragen über die Institution der Ehe auf, und falls ein paar davon beunruhigend sind, ist das um so besser.

Manches in Vitas Verhalten ist unentschuldbar. Ich bin mir dessen bewußt, daß diese Frau auf einige Leser inspirierend wirkt, anderen dagegen unsympathisch sein wird. Ich möchte, daß ihre Geschichte als eine Abenteuergeschichte gelesen wird. Ich glaube, das hätte auch ihr gefallen.

Graveley, 1983

Prolog

Victoria Sackville-West war dreißig Jahre alt, als sie am Mittag des 8. März 1892 zum ersten und zum letzten Mal in die Wehen kam. Zwei Tage lang hatte sie nach den Worten der Amme, Mrs. Patterson, »eingebildete Schmerzen« gehabt; sie war weinerlich und niedergedrückt, hatte ihr Testament gemacht und, für den Fall, daß sie sterben sollte, einen Abschiedsbrief an ihren Gatten, Lionel, geschrieben. Lionel und Mrs. Patterson saßen bei ihr, als der Tag zur Neige ging. »Ich litt so sehr, daß ich sie bat, mich zu töten. Es war hundertmal schlimmer, als ich erwartet hatte«, schrieb sie auf französisch (welches noch immer ihre erste Sprache war) in ihr Tagebuch.

In den frühen Morgenstunden des 9. März bat sie um Chloroform – »Ich war verzweifelt« –, doch Lionel gelang es nicht, die Flasche zu öffnen. »Ma chére petite Vita« wurde um 4 Uhr 15 früh geboren, war gesund, wog etwa siebeneinhalb Pfund und hatte feines, dunkles Haar. Wenngleich ein Sohn Knole, das große Haus, in dem das Baby zur Welt gekommen war, und auch einen Titel (Lionel war der Erbe von Lord Sackville, der sein Onkel und der Vater seiner Frau war) geerbt hätte, war Victoria nicht im mindesten enttäuscht, daß sie eine Tochter gebar. Sie hatte mit einem Mädchen gerechnet und während der letzten sechs Monate von dem ungeborenen Kind als »Vita« – eine Zusammenziehung ihres eigenen Namens – gesprochen.

Lord Sackville, Victorias Vater, der sich anderswo in dem riesigen Komplex alter Gebäude aufhielt, als der sich Knole darstellt, wurde über die Vorgänge erst informiert, als seine Enkeltochter gesund zur Welt gekommen war: er durfte nicht beunruhigt werden. »Papa und ich liebten einander sehr innig«, schrieb Victoria. »Ich erinnerte ihn sehr stark an Mama, die er *verehrte*... ich mochte meine Puppen sehr und war ihnen eine gute, kleine Mutter – wie ich später mein kleines Püppchen Vita liebte... Ich empfand tiefste Dankbarkeit gegenüber Lionel, den ich wahnsinnig liebte, daß er mir ein solches Geschenk wie dieses vollkommene Baby gemacht hatte... Damals erschien mir Lionel vollkommen.«

Als das Baby am 3. Mai in der Kapelle von Knole auf den Namen Victoria Mary getauft wurde, erklärte der Arzt, die junge Mutter sei nicht kräftig genug, ihr Zimmer zu verlassen. So nahm Victoria an der Taufe ihrer Tochter nicht teil — »*si terriblement* enttäuscht« —, so wie sie auch Vitas Hochzeit fernblieb. Während ihrer langen Rekonvaleszenz zeigte sich Lionel, dem Victoria den liebevollen Spitznamen »Tio« gegeben hatte, sehr aufmerksam. Er las ihr Thackerays *Jahrmarkt der Eitelkeit* vor. »Becky Sharp interessiert mich sehr«, schrieb sie in ihr Tagebuch. Das überrascht nicht: sie hatten vieles gemeinsam.

Victorias Herkunft war romantisch, geheimnisumwittert, ja anrüchig.[1] Sie wurde 1862 in Paris als zweites Kind und älteste Tochter der aus ärmlichen Verhältnissen stammenden Josefa Duran geboren, besser bekannt als Pepita, jener schönen und international berühmten spanischen Tänzerin. Victoria wurde als »fille de père inconnu« eingetragen, obwohl Pepita vor dem Gesetz noch immer mit Juan Antonio de Oliva, ihrem früheren Tanzlehrer, verheiratet war. Der »père inconnu« war ein unverheirateter englischer Diplomat, Lionel Sackville-West, der, als Victoria geboren wurde, bereits seit zehn Jahren mit Pepita liiert war.

Lionel brachte seine Geliebte und ihre zwei Söhne und drei Töchter — wahrscheinlich alle von ihm stammend — in einem Haus, das sie Villa Pepa nannten, in Arcachon in Südwestfrankreich unter. Hier lebte die Komtesse West, wie sie sich selbst nannte, mit ihren Kindern in Abgeschiedenheit, zum Teil aus Gründen der Diskretion und auch, weil die Doppeldeutigkeit ihrer Stellung sie dazu zwang. Der angebetete und anbetende Papa besuchte sie, so oft es sein Beruf erlaubte. Andere Vertraute des Hauses waren Catalina Ortega, Pepitas Mutter (die Witwe eines Frisörs aus Málaga, die ihre Tochter in früheren Jahren durch Waschen und Altkleiderhandel unterstützt hatte), und der Vicomte Béon, stellvertretender Stationsvorsteher in Bordeaux, der an der Familie ein wohlwollendes Interesse nahm.

Diese sonderbare, doch glückliche *ménage* wurde 1871 zerstört, als Pepita starb. Im folgenden Jahr war Lionel *en poste* in Buenos Aires; die alte Catalina war ohne Mittel in Málaga, und die mutterlose Familie wurde von M. de Béon und seiner Gattin aufgenommen. Lionel war sich seiner Verantwortung bewußt. Er wollte, daß sein Sohn Max nach Stonyhurst ging, der englischen römisch-katholischen public school (die Kinder waren in der Religion der Mutter erzogen worden), und sorgte dafür, daß Victoria und ihre Schwestern eine Klosterschule in Paris, Rue Monceau, besuchten. Madame de Béon brachte Victoria dorthin, als sie elf Jahre alt war, und sie blieb dort bis zu ihrem achtzehnten Lebensjahr. Sie haßte diese Schule.

Und dann, im Jahre 1880, handelte Lionel Sackville-West mit Entschlossenheit und Mut. Auf seine Anweisung brachte eine Mrs. Mulhall seine illegitime Familie nach England. Auf dem Schiff setzte sie Victoria davon in Kenntnis, daß ihre Eltern nie verheiratet gewesen seien, und dann brachte sie die verwirrten, französisch sprechenden Kinder mit ihren beiden Onkeln väterlicherseits zusammen – dem Earl de la Warr auf Buckhurst und Mortimer, dem ersten Lord Sackville auf Knole. Sie trafen auch mit den Schwestern ihres Vaters zusammen – mit Elizabeth, der Herzogin von Bedford, und Mary, der Gräfin von Derby. Die letztere war die freundlichste. Sie behielt sie bei sich in Knowsley und begann, sie in junge englische Damen und Herren zu verwandeln. Tante Mary riet den Kindern, sich für die nächste Zeit weiterhin »West« zu nennen, anstelle des unzweideutigen Namens »Sackville-West«.

Was sollte aus Victoria werden, die mit achtzehn Jahren voll erwachsen war und in die Gesellschaft eingeführt werden mußte? Ihr Vater war britischer Gesandter in Washington geworden. Diskrete Sondierungen von Tante Mary Derby bei einflußreichen Damen jenseits des Atlantiks erbrachten die Versicherung, daß man Victoria in der Washingtoner Gesellschaft nicht die kalte Schulter zeigen werde. Zwei Jahre, nachdem sie die französische Klosterschule verlassen hatte, war Lionels illegitime und unerfahrene Tochter eine diplomatische Gastgeberin, die bei seinen Gesellschaften präsidierte und sie zu ungeheuren Erfolgen machte. Victoria war außergewöhnlich hübsch mit ihren großen, blauen Augen und dem dichten, dunklen, hüftlangen Haar, das sie von Pepita geerbt hatte.

Ein Ausschnitt aus einer Washingtoner Zeitung von 1882, den sie in ihrem Sammelalbum aufbewahrte, spricht davon, daß sie als Gastgeberin »die Anmut und Selbstsicherheit einer verheirateten Frau« zeige und daß »eine jugendliche Liebenswürdigkeit ihren Charme« erhöhe. Der »liebliche und gewinnende Charme ihres Betragens« werde verstärkt durch den Gegensatz zu dem »gesetzten, an Chesterfield gemahnenden Auftreten ihres distinguierten Vaters«. Bei den Rennen in Ivy City wurde bemerkt, daß Miss West dort wie überall »sehr populär und von ihren eleganten Freunden umgeben« sei.

Sie behauptete, fünfundzwanzig dieser befreundeten Herren hätten ihr Anträge gemacht – sie fertigte später für Vita eine Liste an. Unter ihren glühendsten Verehrern waren der Baron Bildt, *chargé d'affaires* bei der schwedischen Gesandtschaft, dem sie den Spitznamen »Buggy« gab; ein Franzose, der Marquis de Loys Chandieu; einige amerikanische Millionäre und zwei junge Männer, die sich später in der britischen Diplomatie auszeichnen sollten, damals jedoch noch junge Sekretäre im Stab ihres Vaters waren: Charles Hardinge und Cecil Spring Rice.

Sie flirtete, aber sie heiratete nicht. Fünf Jahre nach ihrer Ankunft fragten sich die Washingtoner Kolumnisten, warum. Miss West war für sie noch immer »die schönste Frau in diplomatischen Kreisen«, doch, wie sie es zart umschrieben, »keine ›Knospe‹ mehr«. Ihre jüngeren Schwestern waren zu der Familie in die Botschaft gezogen, und es war Flora, die sich als erste verlobte – mit Gabriel Salanson, einem dritten Sekretär bei der französischen Gesandtschaft.

Es geschah nach der Rückkehr der Familie aus Paris, wo die Salansons im Herbst 1888 geheiratet hatten, daß eine kleine politische Indiskretion Lionel Sackville-Wests diplomatischer Laufbahn ein Ende setzte. Wie die *New York Truth* es am 1. November umschrieb, beging er »die unverzeihliche diplomatische Sünde, eine unbedeutende private Meinung zu haben, der er privat Ausdruck gab und die auf skrupellose Weise publik gemacht wurde«. Nichtsdestotrotz hielt man seine Abberufung wegen dieses Vorfalls, der als die »Murchison-Brief-Affäre« bekannt wurde, für angemessen. Es gab eine demütigende Versteigerung der Familienhabe in der

Gesandtschaft, dem Schauplatz so vieler glänzender Gesellschaften und persönlicher Triumphe von Victoria. Es hieß, daß »Mitglieder besserer Kreise der Gesellschaft sich drängten, um ihre Gebote zu machen«.

Die Sackville-Wests verließen Washington am 23. November. Am folgenden Tag schrieb Victoria in ihr Tagebuch: »Ich mache mir solche Sorgen wegen der Zukunft.« Doch sie hatten einen Besitz, auf den sie zurückkehren konnten. Während der Murchison-Krise war Lionels älterer Bruder, Mortimer, kinderlos gestorben. Victorias Vater war jetzt zweiter Lord Sackville und der Erbe von Knole. Sie sollte die Hausherrin eines der größten, ältesten und berühmtesten der großen Landhäuser Englands werden.

Unter den Verwandten, die während der ersten aufregenden Monate von Victorias Herrschaft nach Knole kamen, war ein junger Mann von zweiundzwanzig Jahren, der denselben Namen trug wie ihr Vater: Lionel Sackville-West. Er war Lionels älterer Neffe – der Sohn seines jüngeren Bruders William und Georgina Dodwells aus Sligo, Irland – und somit Victorias erster Vetter. Er war in Wellington erzogen worden und hatte vor kurzem am Christ Church, Oxford, im Fach Neuere Geschichte promoviert. Er und Victoria verliebten sich Hals über Kopf ineinander.

Victoria war fünf Jahre älter als Lionel und nach ihren Washingtoner Eroberungen in der Kunst des Flirts viel erfahrener. Sie war zum ersten Mal verliebt und kleinen Freiheiten nicht abgeneigt. Sie küßten sich im Garten von Knole, küßten sich wieder und sprachen bei Mondlicht im Schlafzimmer des Königs von Heirat; und sie quälte ihn, indem sie von seinem Hauptrivalen sprach, dem Marquis de Loys Chandieu, der ihr nach England gefolgt war. Sie versuchte immer noch, sich darüber klarzuwerden, was sie tun sollte, als Lionel, um Deutsch zu lernen, nach Weimar ging. Sie korrespondierten beinahe täglich. Lionels Briefe waren naiv, ernst, sehr jugendlich. »Sage mir noch einmal, mein Liebling, daß du alles, was wir zusammen gemacht haben, nicht für Unrecht hältst – von *dir*, meiner reinen Vicky, weiß ich, daß du nichts Unrechtes getan hast, doch für mich ist das ein wenig anders.« Als ebenbürtiger Partner für Victoria hatte er keine sehr hohe Meinung von sich. »Ich bin nicht das, was die Leute gut oder religiös nennen. Man kann mich kaum als gutaussehend, klug oder amüsant bezeichnen.« Aber er war attraktiv. Ihre Tochter Vita schrieb, er sei »ein gutaussehender junger Mann mit ehrlichen haselnußbraunen Augen und einem bezaubernd sanften Lächeln« gewesen, »ein ruhiger und aufrichtiger Mensch, leicht verletzt durch ein böses Wort«.²

Als Lionel zu Beginn des Jahres 1890 heimkam, unterbreiteten sie ihren Vätern ihre Heiratspläne (auch Lionels Mutter lebte nicht mehr). Die übrige Familie, die sich bereits mit der bloßen Existenz Victorias und ihrer Brüder und Schwestern hatte abfinden müssen, sah sich nun mit der Tatsache konfrontiert, daß sie das Herz des jungen Mannes gewonnen hatte, der Knole und nach dem Tod seines Onkels den Titel erben würde. Tante Derby schrieb an Victoria, ihr Brief habe ihr »fast den Atem geraubt«. Es gebe schließlich das »große Hindernis«, daß sie Vetter und Base seien und Lionels Jugend »erschreckte« sie. Doch letztlich schlug sie sich auf die Seite der Liebenden und sah »hunderttausend Vorteile, die möglichen Einwänden entgegenzusetzen sind«.

Am Ende erwies sich, daß der einzige, der ernstlich Einspruch gegen die Verwandtenehe erhob, Victorias Beichtvater war. Doch Lionel suchte Kardinal Manning auf und erreichte einen Dispens. Es gab auch eine ängstliche Diskussion über die Religion der Kinder aus dieser Ehe. (Vita wurde nicht römisch-katholisch erzogen; sie wurde mit sechzehn Jahren nach dem Ritus der Kirche von England konfirmiert.)

Victoria flirtete weiterhin mit Lionel und wurde von ihm stark angezogen. An einem Aprilabend ließ sie ihn, um gute Nacht zu sagen, in ihr Zimmer kommen, wo sie ihn im Unterrock empfing, und ein paar Tage später gestattete sie ihm einen Blick auf ihre nackten Füße. Sie nutzte den gesamten prickelnden Reiz, den die spätviktorianische Kleidung und Sitte in sich bargen. »Wir lieben einander von Tag zu Tag mehr.«

Für ihren Teil lernte sie das soziale Verhalten und die Privatsprache ihrer neuen Familie, die sie später, wenn die Zeit gekommen war, an ihr eigenes Kind weitergeben sollte, schnell: ein Hochzeitsgeschenk einer Mrs. Dodgson, ein Armband, war, wie sie in ihrem

Tagebuch notiert, »*un peu* Bedinty«*. Der Prince of Wales schickte einen Diamanten und eine Perlenbrosche. Das Leben hatte sich für das ungeschulte kleine Mädchen ohne Zukunft in der Tat verändert. »Quel roman est ma vie!« sollte sie in den kommenden Jahren mehr als einmal sagen und schreiben.

Sie heirateten am 17. Juni 1890 in der Kapelle von Knole, nur achtzehn Monate nach Victorias Rückkehr aus Washington. Die Braut gab dem Tagebucheintrag dieses Tages als Überschrift das Sackville-Motto »*Jour de ma vie. J'ai dit* ›Gehorche‹«.

Sie und Lionel genossen ihre Sexualität. In Knole folgten sie dem Brauch ihrer Klasse und Generation und hatten getrennte Schlafzimmer, was Anlaß zu köstlichen Besuchen in der Nacht und am Morgen bot. Bei Tag liebten sie sich auf dem Sofa in der Bibliothek, im Badezimmer, im Park und auf einem Fellteppich, der Victoria aufs äußerste erregte und elektrisierte. Alles zeichnete sie in ihrem Tagebuch auf – wo, wann, wie und wie oft. Auch wenn man nicht daheim war, wußte man sich sein Vergnügen zu verschaffen. In London, im Dezember nach ihrer Heirat, war Tio »*si content… à cause de* Sprungfedermatratze«. Tio kam nicht ins Auswärtige Amt (zu welchem Zweck er Deutsch gelernt hatte), doch spielte das kaum eine Rolle. Er war der Erbe eines Besitztums, auf dem er nun mit seiner entzückenden Gattin wohnte und das sie mit dem ihr angeborenen Organisationstalent bereits verwaltete, ohne daß er oder ihr Vater dabei sonderlich geholfen hätten. Weltoffen und vital, stellte sie die Damen der Umgebung in den Schatten. Von ihren beiden sanften Lionels verehrt, war sie Königin eines Königreiches.

Die einzige Wolke am Himmel war ihre eigene Familie. Um mit Amalia, ihrer unverheirateten jüngeren Schwester, zu beginnen, so hatte diese es durchgesetzt, daß sie ebenfalls auf Knole wohnen konnte – unfreundlich und neiderfüllt. Doch damals trieb Victoria ihren Stolz vielleicht auch ein wenig zu weit. Als einer der seltenen Verehrer Amalias zum Essen nach Knole kam, schickte sie ihn fort als einen »*pauvre garcon, très intimidé, très très* bedint Ladenschwengel«. Ihre verheiratete Schwester schrieb aus Paris und bat um Geld, das sie erhielt, doch Victoria schrieb, sie komme »über

---

* Bedint: Familienwort für »Diener«; im weiteren Sinne Bezeichnung für jeden und alles, was nicht der Oberklasse angehörte; alltäglich, vulgär.

das schlechte Benehmen meiner Schwester nicht hinweg«. Auch M. de Béon war der Meinung, er habe einen Anspruch darauf, von ihren veränderten Vermögensverhältnissen zu profitieren, und forderte Geld in Anbetracht der Dienste, die er der Familie in der Vergangenheit erwiesen habe. Victoria nannte das »Erpressung«. Es sollte noch schlimmer kommen.

Im Sommer 1891, als man der Regatta in Henley beiwohnte, hatte Victoria das Gefühl, sie sei schwanger. Ihre Ahnung bestätigte sich. »Ich kann an nichts anderes denken«, schrieb sie am 10. Juli.

Teil 1

Knole
1892 - 1913

Kapitel 1

Victoria überlieferte das erste Wort ihrer Tochter – »Dada« – und schrieb über ihre ersten Schritte, die sie schwankend, achtzehn Monate alt, unter den Augen von Diener Albert, über den Green Court machte. Im Laufe der Monate trugen Vitas kleine Beine sie weiter über das außergewöhnliche Stück Erde, auf dem sie geboren worden war, das ihr jedoch, aufgrund ihres Geschlechts, nie gehören würde.

Der Green Court führte in den Stone Court, an dessen einer Seite sich ein Säulengang aus der Zeit Jacobs entlangzog; dann gab es noch den Water Court und vier andere Höfe, insgesamt deren sieben. Angeblich soll es zweiundfünfzig Treppenhäuser und 365 Zimmer im Hause geben, entsprechend den Wochen und Tagen des Jahres. Der Komplex aus Steingebäuden wurde über einem noch älteren Haus errichtet und nimmt eine Fläche von mehr als vierzig Acres ein. Die Große Halle, in der sich Vita in einem harten Winter einem Rothirsch von Angesicht zu Angesicht gegenübersah, der Schutz vor der Kälte suchte, und wo ihre Mutter zu Weihnachten Geschenke an die Kinder des Gutes auszuteilen pflegte (die Szene ist in Vitas Roman *Schloß Chevron* verewigt), wurde um 1460 von Erzbischof Bourchier erbaut. Er erbaute auch die Brown Gallery und vermutlich die Kapelle, die in Vitas Kindheit mit gotischen Gobelins geschmückt war. Es war Königin Elizabeth I., die Knole ihrem Neffen Thomas Sackville, Vitas Vorfahr, schenkte.

Das Haus lag in einem großen Park, effektvoll gestaltet mit Hängen und Wasserläufen und den großen Buchen, über die Vita ein Gedicht schrieb. Das Hauptportal des Parks führte auf die Hauptstraße der kleinen Stadt Sevenoaks. Vom Park aus gesehen ähnelte Knole weniger einem Haus als einem »mittelalterlichen Dorf mit seinen viereckigen Türmchen und grauen Mauern, seinen hundert Schornsteinen, die blaue Rauchfahnen in den Himmel sandten«, wie Vita in *Schloß Chevron* schrieb. »Das Haus war in der Tat mit allem so versehen wie eine kleine Stadt; die Zimmermannswerkstatt, die Malerwerkstatt, die Schmiede, die Sägemühle, die Treibhäuser. « Auch für fünfzig Diener, die streng ihrer eigenen Hierarchie gehorchten – und deren Zahl oft durch die Zofen und Kammerdiener der Gäste der Sackville-Wests vermehrt wurde –, war Knole eine Heimat, obgleich Lord Sackville und Lionel vermutlich nicht einen einzigen nach dem Gesicht, geschweige denn mit seinem Namen kannten. Allein die große Küche war so geräumig und hoch wie eine Kathedrale.

Die Bibliothek – gesäumt mit Regalen voll ungelesener Bücher, aber gemütlich, ungezwungen und warm – war in Vitas Kindheit der Wohnraum der Familie. Wenn sich ihre eigenen Kinder in Knole aufhielten, fürchteten sie den langen Weg von der Bibliothek durch die Korridore über dunkle Treppen, vorbei an den wachsamen Augen der Familienporträts, bis in die Kinderzimmer. Doch Vita war von Kindesbeinen an daran gewöhnt, und sie war nicht leicht zu erschrecken.

Die Wohnräume der Familie, die Schlafzimmer und die, während Victorias Herrschaft an Zahl zunehmenden, Badezimmer wurden fortgesetzt neu verteilt, umgestaltet und erneuert. Victoria liebte Unterhaltung, und sie stattete die übrigen Schlafzimmer verschwenderisch aus; jedes verfügte über einen kleinen Messingrahmen an der Tür, in den eine Karte mit dem Namen des Gastes geschoben wurde. Das war nicht nur für organisatorische, sondern auch für amouröse Zwecke von Nutzen: »*chacun à sa chacune*«, wie Mrs. Keppel angemerkt haben soll.

Das Speisezimmer der Sackville-Wests war der Poet's Parlour, wo Pope, Dryden, Congreve, Wycherley und Rochester mit Charles Sackville, dem dichterisch veranlagten sechsten Earl von Dorset, gespeist und getrunken hatten. Noch eindrucksvoller waren die Cartoon Gallery, die Brown Gallery, die Leicester Gallery – und die drei Prunkschlafzimmer, die, als Vita geboren wurde, seit zweihundert Jahren nicht mehr benutzt worden waren. Dies waren die »Ausstellungsräume« und sind es noch immer. Sie sind zwar kalt, doch nichts darin verfault, weil es in den grauen Steinmauern konserviert wird. Sie »bewahrten ihre alten Möbel, ihre Vergoldungen und Samtstoffe«, schimmernd im Licht der Kerzen, die Vita und ihre Mutter trugen, wenn sie mit bewundernden Besuchern hindurchgingen.

Des Königs Schlafzimmer – »wo das große Himmelbett aus silber- und flamingofarbenem Atlas sich bis zur Decke türmte und die Umrisse der berühmten silbernen Möbel matt in einem Mondstrahl flimmerten«[1] – war für den Empfang von König James I. eingerichtet und seitdem kaum betreten worden. (Vita empfand die Ausstattung aus massivem Silber später als ein wenig vulgär.) Es war des Königs Schlafzimmer, wo sich Vitas Eltern in der Zeit ihrer ersten Liebe küßten und liebkosten; es war des Königs Schlafzimmer (unter einem anderen Namen), wo Sebastian in *Schloß Chevron* die in ihn vernarrte kleine Arztfrau zu verführen versuchte; hier wurde Vita von dem Mann, den sie heiraten würde, zum ersten Mal richtig geküßt, und hierher würde sie später andere Liebhaber bringen.

Außerdem gab es noch das Zimmer des venezianischen Gesandten mit Tapeten in blassem Rosa, Grün und Gold und einem Bett, groß genug für drei Personen, und das Paillettenzimmer. Doch für ein kleines Mädchen gab es in Knole andere ebenso zauberische Dinge, die seinem Vorstellungsvermögen und seiner beweglichen Phantasie näherlagen: alte, geschnitzte Knäufe, groteske Gesichter in Holzschnitzereien; einen Türanschlag, der Shakespeare genannt wurde, ein plumper kleiner Mann, just so groß, daß er einer Dreijährigen genau ins Auge blicken konnte, der aber älter zu sein schien, als der Stückeschreiber es je war; und vor allem die heraldischen Leoparden. In Knole finden sich steinerne Leoparden entlang des Dachfirstes, auf Spitzen und Brustwehren. Es gibt gefleckte Leoparden auf den Eckpfosten der Großen Treppe und freche schwarzweiße Leoparden auf den *trompe l'œil*-Fresken an der Mauer des Treppenhauses. Vita schrieb ein Gedicht, »Leopards at Knole«:

> Leoparden auf den Giebelecken,
> Leoparden im bunten Treppenbau,
> Steif tragen sie den Wappenschild,
> Rotgolden und ein Balken grau,
> Leoparden auf den Giebelecken,
>   Leoparden überall.[2]

Im obersten Geschoß des Hauses, just unterhalb der großen Fläche von Dach und Schornsteinen, liegen die Räume der Gefolgsleute, in denen unter einer stuckverzierten, noch immer eleganten, wenn auch jetzt bröckligen Decke die Dienerschaft wie in Schlafsälen schlief. In Vitas Kindheit waren diese langen Dachböden, die Zugang zum Dach gewährten, vollgestopft mit ausrangierten Gemälden, Statuen, Möbeln und Schnitzereien, die Generationen von Sackvilles aus dem Wege geräumt hatten, als sie das Haus im Geschmack ihrer eigenen Zeit einrichteten. Hierhin pflegte Vita sich zurückzuziehen, zu spielen, zu träumen und in Truhen und Kisten zu stöbern. Hier fand sie den Hut eines Puritaners, den sie nach unten brachte. Sie trat mit ihrem Fuß hinein und zerfetzte das straffe Velin, das mehr als drei Jahrhunderte lang ungestört auf dem Dachboden gelegen hatte.

Sobald sie lesen und schreiben konnte, suchte sie sich einen zweiten ungestörten Platz: das verglaste Sommerhaus im Garten mit Blick auf den Spiegel-Teich. Die Historie strömte vom Haus hinüber in den Garten:

»Die weiße Rose, die unter dem Zimmer von James I. gepflanzt wurde, ist emporgeklettert und reicht nun bis unter seine Fenster im ersten Stock... die Magnolie vor dem Poet's Parlour ist fast bis zum Dach hochgewachsen und trägt ihre Fülle von Blüten wie ein großer Kandelaber... Die Erde ist fruchtbar und alt. Der Garten ist seit vierhundert Jahren ein Garten gewesen.«[3]

Doch Vita, die ihr Erbe liebte und später diese Worte niederschreiben sollte, war vorerst nur ein winziges Mädchen, das drinnen auf den spiegelglatt gebohnerten Böden hinfiel und sich die Knie schrammte – »sie will nicht im Gras gehen«.

Wenn Lionel abwesend war, schlief das Kind im Bett der Mutter: »Sie umarmte mich morgens so zärtlich.« Victoria überhäufte Vita mit den Puppen, die sie als Kind geliebt hatte; bevor Vita zwei Jahre alt war, betrug ihre Zahl neunzehn. Am allerliebsten war ihr eine kleine Holzpuppe, die sie Clown Archie nannte. Alle ihre Puppen neben sich aufgereiht, fotografierte sie ihr Vater im Januar 1897 vor dem langen Empfangszimmer, das man die Kolonnade nannte (weil es ein verglaster Bogengang war). Die fast fünfjährige Vita war gerade Brautjungfer bei der Hochzeit von Lionels Bruder Charlie mit Maud Bell gewesen. Zu diesem Anlaß wurde ihr Haar in Locken gelegt, sie trug weißen Satin, und Onkel Charlie gab allen sechs Brautjungfern »Ketten aus rosa Korallen und Türkisen«. Als das Hochzeitspaar am Ende durch den Mittelgang kam, rannte Vita, die kleinste Brautjungfer, nach vorn und packte den Bräutigam am Bein – »O, Onkel Charlie!«

Im Juni dieses Jahres gab es in Knole eine 50-Jahr-Gesellschaft zu Ehren der chinesischen Abordnung zu Königin Victorias goldenem Jubiläum. Die sechzehn chinesischen Abgesandten wurden angeführt von Tsang Yen Hoon, »prachtvoll in Tiefrosa«, der in Washington ein diplomatischer Kollege von Lord Sackville gewesen war. »Sie saßen alle in der Kolonnade längs der Fenster, und Vita stolzierte wie ein Pfau vor ihnen auf und ab; sie schloß enge Freundschaft mit dem Sohn von Marquis Tsang«, notierte ihre Mutter beiläufig.

Im folgenden Monat hatte die Familie noch großartigere Besucher: den Prinzen und die Prinzessin von Wales. »Ich ging mit Vita zur Pforte, um sie zu empfangen«, schrieb Victoria. »Ich hatte schreckliche Hemmungen, und Vita brach beinahe in Tränen aus.« Während die Gesellschaft im Garten war, wo man feierlich einen Baum pflanzte und wo das unvermeidliche Foto gemacht wurde, hielt Prinzessin Alexandra Vita an der Hand. Ihre Mutter, mochte sie auch »schrecklich gehemmt« sein, handelte ohne Ansehen der Person. Der Prinz von Wales hatte verlangt, daß man seine augenblickliche Favoritin, Lady Warwick, für diesen Tag nach Knole einladen solle »und auch seine neue Freundin, die Hon. Mrs. G. Keppel. Doch ich sagte ihm, ich zöge es vor, ein paar Damen aus der Grafschaft herzubitten ... Er fügte sich und war sehr zufrieden mit dieser Regelung.« Victoria war eben eine Frau, die sich durchzusetzen wußte. Und sie war über das Betragen ihrer Fünfjährigen in der Gesellschaft entzückt. »Ich habe solche Angst, daß Vita ein verzogenes Kind wird; jedermann sagt ihr, sie sei so reizend. Sie versteht es, die Leute sehr hübsch zu unterhalten.«

Vita lernte es früh, Gruppen von Besuchern durch das Haus zu führen und ihnen die Ausstellungsräume aufzuschließen. Ihr Großvater lehnte es ab, dieses Amt zu übernehmen, denn »wie seine Familie hatte er den Fehler, gesellschaftsfeindlich zu sein«. Vitas liebstes Ausstellungsstück im Haus war der Fries im Ballsaal »mit seinen Skulpturen von Meerjungfrauen und Delphinen, Wassergeistern und Meerjungfrauen mit schuppigen, gewundenen Schwänzen und bemerkenswertem Körperbau«.[4] Die kleine Schloßherrin blickte mit Verachtung auf Besucher, die diese Pracht ignorierten und es vorzogen, die Gemälde zu betrachten.

Doch es gab viele, viele Tage ohne Besucher, an denen die erwachsenen Familienmitglieder fort und die Dienstboten anderswo beschäftigt waren. Dann wanderte das einsame Kind durch das große Haus, die Höfe und Gärten und war seinen Phantasien überlassen:

> Bilder und Flure und Räume, so leer!
> Wen wundert es, daß ich spielte allein;
> Vom verschachtelten Haus die Hälfte war mein
> Und waldige Gärten, von Geheimnissen schwer.
>
> Durch verblaßte Fransen meine Finger liefen,
> Aus brokatenen Teppichen die Kameraden mich riefen;
> Ich schlief neben lauschigen Himmeln, den tiefen
> Betten von Königen, die längst vergessen.
> Ohne Schuhe wandelte ich im Ungefähren
> Durch Flure, vertiefte mich in der Wandteppiche Mären
> Und liebte die Damen wegen ihrer Affären
> Und der vielen Ringe, die sie besessen.[5]

Als sie sechs Jahre alt war, lief sie ohne Erlaubnis weg. »Sie ging mit Ethel, dem Kindermädchen, nach Sevenoaks und rannte von ihr weg; Ethel konnte sie nirgendwo finden. Vita kam allein nach Hause! Nachdem sie sich einen Ballon und einen Kricketball gekauft hatte. Ich habe sie bestraft, indem ich sie oben zu Abend essen ließ und ihr keine frischen Kirschen gab, die ich gestern für sie gekauft habe.«

Vita war ein habgieriges Kind. »Diese ungezogene Vita hat meine ganzen Weihnachtssüßigkeiten gestohlen und aufgegessen! Sie hat es eingestanden, und ich sprach sehr sanft mit ihr, um ihr zu zeigen, wie wenig Vertrauen ich zu ihr haben könne, wenn sie diese Sachen mache. Sie hat ein so liebes, sanftes Wesen und versteht alles so rasch – und sie ist so zärtlich.«

Als Vita sieben Jahre alt war, kaufte Victoria zu Ostern ein wenig Flitterkram, aus dem »ein Elfengewand für Vita, die so gern bei Märchenspielen mitmacht«, angefertigt werden sollte. Diese Elfe Vita war das Kind, von dem Victoria Sackville-West geträumt hatte. Solange ihre Tochter sehr klein war, konnte sie die Tatsache übersehen, daß das hübsch gelockte Haar ihrer Tochter von Natur aus unnachgiebig glatt war und daß unter dem Flitterkleid ein ungestümes, unnachgiebiges, gleichwohl liebevolles Herz schlug.

Vita verkehrte wenig mit anderen Kindern. Abgesehen von den Kindern der Dienerschaft, mit denen sie gelegentlich spielen durfte, war ihr kleiner Vetter Lionel Salanson zunächst der einzige, den sie kannte und mit dem sie auf französisch plapperte. Als Vita sieben Jahre alt wurde, arrangierte Victoria einen wöchentlichen Tanzunterricht für die Kinder der Umgebung, der im Speisezimmer von Knole stattfand. Vita soll darüber angeblich »entzückt« gewesen sein, doch nach einer Weile beklagte sich Lady Winchester, daß »Vita mit dem jungen Mountjoy so rüde umgegangen« sei. Sie war auch nicht immer zuverlässig, wenn man sie mit ihrem anderen kleinen Vetter, Eddy Sackville-West, allein ließ, dem Sohn von Charlie und Maude und vermutlichen Erben von Knole. Er war ein zartes, kränkliches Kind, und Vita, der man die dynastischen Auswirkungen seiner Existenz erklärt hatte, fühlte sich nicht zu ihm hingezogen. In Wahrheit hatte sie es überhaupt nicht gern, wenn andere Kinder nach Knole kamen; sie verteidigte ihren Bereich wie eine Glucke.

Als Erwachsene sah Vita die Kindheit ohne Sentimentalität. »Das normale Kind hat, wenn es nicht ein unerträglicher Tugendbold ist, von Herzen Freude daran, zu anderen unfreundlich zu sein.« Sogar zu Tieren:

»Unter Erwachsenen gibt es eine Theorie, die besagt, daß Kinder Hunde mögen und Interesse an ihnen haben. Ich mißtraue dieser

Theorie. Kinder mögen Hunde nur insoweit, als sie die Tiere an den Schwänzen ziehen oder ihnen die Finger in die Augen bohren können: ihr Verhalten gegenüber Hunden ist weder menschlich noch vermenschlichend. Man sollte in bezug auf Kinder nicht sentimental werden. Für Realisten, die sie nun mal selber sind, wäre dies das letzte, das sie sich wünschten, wenn sie soviel von ihren Gefühlen wüßten, um sie in Worte zu kleiden. Die natürlichen Instinkte tendieren zu Streitsucht und Tyrannei – welches einer der Gründe ist, daß die Nazi-Ausbildung einen so erschreckenden Erfolg hatte.«[6]

Vita ging als Kind so grob mit allen Kindern um, die nach Knole eingeladen wurden, daß bald keines davon mehr zum Tee kommen wollte, »ausgenommen jene, die sich als meine Verbündeten und Untergebenen erwiesen hatten«. Regelmäßige Besucher waren die kleinen Battiscombes aus Sevenoaks:

»Es waren fünf, vier Mädchen und ein Junge. Der Junge und ich waren Verbündete; die vier Mädchen waren unsere Opfer. Der Junge und ich pflegten die vier Mädchen an Bäume zu binden und ihre Beine mit Nesseln zu peitschen. Außerdem verstopften wir ihnen die Nasenlöcher mit Kitt und schoben ihnen Taschentücher als Knebel in den Mund.«[7]

Später schrieb Vita unbekümmert, das habe keine wirkliche Feindschaft zur Folge gehabt: »Die Mädchen genossen es masochistisch, so wie der Junge und ich es sadistisch genossen.« Ob sich das wirklich so verhielt oder nicht, keiner der Beteiligten ließ je ein Wort über die Folterszenen verlauten, die sich nach dem Tee hinter den Rhododendronbüschen von Knole abspielten.

Was empfand dieses aufgeweckte, einsame, wachsame Mädchen für seine Eltern? Vita schrieb dreimal darüber, wie sie ihre Eltern sah: die erste Version, verfaßt kurz nach ihrer Heirat im Jahr 1913, findet sich in einem unveröffentlichten Manuskript mit dem Titel »Marian Strangways«; die zweite, sieben Jahre später entstanden, wurde zu Vitas Lebzeiten nicht veröffentlicht; die dritte erschien 1937 nach dem Tod ihrer Mutter in *Pepita*. Die drei Berichte widersprechen sich an vielen Stellen, was sie jedoch gemeinsam haben, ist eine beunruhigend zwiespältige Haltung gegenüber der Mutter, die »mich liebte, als ich ein Baby war, aber als ich ein kleines Kind war, machte sie sich, glaube ich, nicht viel aus mir, und das kann ich ihr nicht verübeln.«[8] Vita sagte, ihr Vater pflegte sie auf lange Spaziergänge mitzunehmen und mit ihr über Darwin zu sprechen. »Und ich mochte ihn sehr viel mehr als Mutter, deren hitziges Temperament mir angst machte. Ich erinnere mich nicht einmal, daß sie mir hübsch vorkam, was sie gewesen sein muß – wunderschön sogar.«[9] (Später sollte Vita schreiben, ihre Mutter sei eine »wirklich schöne Frau« gewesen.) Victorias Launen waren nicht voraussagbar, und sie kritisierte zungenfertig die Erscheinung des heranwachsenden Mädchens, seine Unsauberkeit und sein Schweigen. Sie »pflegte mich zu kränken«, schrieb Vita, »indem sie sagte, sie könne meinen Anblick nicht ertragen, denn ich sei so häßlich.«[10]

Bei Victorias aufbrausender Gemütsart war es kein Wunder, daß die Kindermädchen und Gouvernanten in rascher Folge wechselten. Da gab es ein Kindermädchen Brown und dann das Kindermädchen Grey – und dann das Kindermädchen White. »Als ich vier oder fünf war, erlebte ich, wie mir mein geliebtes Kindermädchen Nannie weggerissen wurde, weil drei Dutzend Wachteln nicht rechtzeitig zu einer Dinner-Party eingetroffen waren und meine Mutter sich nicht davon abbringen ließ, Nannie habe sie gegessen.«[11] Dann gab es Miss Bennett, die entlassen wurde, weil sie Probleme mit der Disziplin hatte. Vita, damals zehn, war aufgebracht. Zusammen mit Rosamund Grosvenor brachte man sie zu einem Laienspiel, doch Miss Bennett gab nicht auf. »Wir sind über Bentie sehr verärgert«, schrieb Victoria, »weil sie Vita Briefe schreibt und sie auffordert, mich zu bitten, sie zurückzuholen. Es mangelt ihr an Takt, und sie macht das Kind elend.« Vita wurde früh mit der Strategie der weiblichen emotionalen Kriegführung bekannt gemacht. Auf Miss Bennett folgte Miss Scarth, doch sie hielt sich nicht lange, und schließlich gewöhnte sich Vita an Mademoiselle Hermine Hall und an ein Kindermädchen namens Jane Gay (das ihre Mutter in »Giovanna« umtaufte), das sich nach den »Schulstunden« um sie kümmerte. Es war unter der Ägide von Miss Bennett, als Vita, damals acht, für ihre Mutter einen malvenfarbenen und gelben Überzug für einen Schemel stickte. Dieses unschöne, doch liebevolle

Stück war die Anregung zu einer aufschlußreichen, unveröffentlichten Skizze, die Vita später schrieb, genannt »The Birthday«. Darin weist eine reiche Frau von Geschmack auf feinsinnige Art einen häßlichen Sesselschoner zurück, den ihre kleine Tochter voller Stolz für sie gemacht hat – und verletzt das Kind tief – das »häßlich« glattes Haar hat –, wobei es ihr zugleich gelingt, den Eindruck zu erwecken, sie werde von der ganzen Familie herzzerreißend mißverstanden und ausgenutzt.

Eine große Quelle für die Spannung zwischen Mutter und Tochter war Knole selbst. Es war Vitas geheime Welt, doch es war Victorias Steckenpferd. »Mutter schlug soviel Kapital aus dem Schloß, wie sie nur konnte; wenn man sie darüber reden hörte, hätte man glauben mögen, sie habe es erbaut; aber sie besaß kein wirkliches Gefühl für Würde – wie Dada, der das Haus über alles liebte und verehrte, aber lieber gestorben wäre, als es offen heraus zu sagen.« Victoria liebte es, Besucher herumzuführen und ihnen alles mit ihrem raschen, hellen französischen Akzent zu erklären; und sie heimste stets für alles Lob und Anerkennung ein, weil sie nun einmal ein Mensch war, der jedem eine Menge Schmeicheleien sagte.«[12]

Aber das ist nicht die ganze Wahrheit. Victoria machte ihre Tochter ebenso zum Sklaven, wie sie andere Menschen dazu machte. »Wie meine Mutter mich verblüffte, und wie ich sie liebte! Abwechselnd verwundete und verwirrte, faszinierte und verzauberte sie mich.« Als Victoria ihr etwas verzieh, dessen sie sich nicht schuldig gemacht hatte, »hatte ich das Gefühl, sie habe mir eine unschätzbare Gnade zuteil werden lassen... Ich liebte sie deswegen nur um so mehr; meine Liebe zu ihr stieg immer höher und höher.«[13] Den Charakter ihrer Mutter um die Jahrhundertwende beschrieb Vita: »Meine Mutter war zu dieser Zeit bewunderungswürdig. Sie war ermüdend, gewiß, und launenhaft und kapriziös und von Grund auf verdorben; aber ihr Charme und ihre ursprüngliche Heiterkeit setzten sie instand, gut damit zu leben.« Doch Victoria war auch materialistisch und habsüchtig und moralisch nicht glaubwürdig.

Lionel versuchte gewöhnlich, seine Tochter mit kleinen eigenen Grundsätzen zur Ordnung zu rufen. »Ich glaube, daß mein Vater, diskret und loyal, wie er war, ein weit klügerer Beobachter war, als ich ihm zugetraut habe.«[14] Einige seiner kleinen Grundsätze waren literarischer Art. Als Frau im mittleren Alter war Vita nie imstande, sie ohne ein Gefühl der Schuld zu mißachten. Schreib einen Brief immer so lang, daß du noch eine Seite hinzufügen könntest, war einer seiner Ratschläge, oder: fange nie einen Brief mit dem Wort »Ich« an, weil dadurch sofort der Eindruck von Egoismus vermittelt wird, und verwende nie mehr als zehn einsilbige Worte hintereinander.

Doch die Mutter war der dominante Elternteil. Sie war auch der dominante Ehepartner. Ihr Gatte, von Natur aus friedliebend, litt unter ihrem vielgerühmten romanischen Temperament, desgleichen Vita und der alte Lord Sackville. »Sie trampelte auf den zuckenden Nerven der drei herum... die alle vor den fremdländischen Szenen zurückschreckten, die sie aufführte.« Sie zeigte wenig Interesse für Lionels Aktivitäten im Dienst der Öffentlichkeit, die er im örtlichen Erziehungsbeirat, der Grundschule oder bei der Miliz von West Kent entfaltete, die er befehligte. Und doch schrieb Vita, »wenn je die Redewendung ›das Herz zu Tränen rühren‹ etwas bedeutete, dann in dem Augenblick, in dem meine Mutter dich anblickte und lächelte... Kein Wunder, daß ich liebte und staunte. Kein Wunder, daß mein Vater liebte und verletzt wurde.«[15] Er wurde so sehr verletzt, daß keine Heilung mehr möglich war, und dann begann er seinerseits seine Frau zu verletzen.

Kapitel 2

Als Vita sieben oder acht war, hatte es mit dem gegenseitigen sexuellen Vergnügen ihrer Eltern ein Ende. Victorias abwiegelnde Tagebucheintragungen im März 1900 beweisen, woher der Wind wehte. »Natürlich lasse ich Tio tun, was ihm gerade gefällt, und er hat soviel Spaß daran.« Sie fing an, mit der Zeit zu gehen: in den Ehen der britischen Oberschicht nahm man es mit der sexuellen Treue nicht so genau. Lionels neue Freundin war die junge Lady Camden. So lange sie konnte, nannte Victoria die Affäre einen »harmlosen Flirt« und versuchte ihrerseits Interesse an Joan Camdens unglücklicher Ehe zu nehmen. »Die arme, kleine Joan Camden tut mir so leid. Wie anders verhält sich doch mein lieber Gatte mir gegenüber.« Es liegt ein Hauch absichtsvoller Stilisierung über ihrem Tagebuch, so daß der Verdacht naheliegt, sie habe gedacht – oder gehofft –, daß Lionel es las.

Als Vita eine ältere Frau war, stürzte ein Gentleman ihres Alters während einer Gesellschaft auf sie zu. Es war Joan Camdens ältester Sohn. »Ich erinnerte mich an ihn, obgleich ich ihn seit seiner Schulzeit nicht gesehen hatte, und ich fragte mich, ob er wohl wußte, daß mein Dada seine Mutter geliebt hatte.«[1]

Victoria schirmte ihre Tochter nie gegen die Schwierigkeiten ihres Ehelebens ab. Doch in der Öffentlichkeit bewahrte sie jene Selbstbeherrschung, die sie bei ihren verheirateten Freundinnen, die sich in ähnlichen Lagen befanden, beobachtete. Auch hielt sie sich über die Jahre hinweg das würdevolle Verhalten von Königin Alexandra vor Augen, das diese gegenüber Mrs. Keppel bezeigte. Sie gab Lady Camden und Lionel sogar den Rat, diskret zu sein, den Lionel nicht befolgte.

Es war Victoria, die der ehelichen Sexualität ein Ende machte. Lionel hatte ein zweites Kind gewünscht; da sie keines wollte, traf man die unzureichenden Vorsichtsmaßnahmen der damaligen Zeit. Eine Rechtfertigung für ihre sexuelle Enthaltsamkeit erfuhr sie Ende 1904 von ärztlicher Seite. Dr. Ferrier befand, »mein Kreislauf sei außergewöhnlich schleppend und mein Nervensystem in Unordnung«. Er verschrieb Eisen und Baldrian und »sagte Dinge, die meinem lieben Gatten nicht gefallen werden, doch mein Nervensystem bedürfe unbedingter Schonung«. Zu dieser Zeit war sie zweiundvierzig Jahre alt.

Lionel wandte sich bereits einer neuen Frau zu – Lady Constance Hatch. Vita, mittlerweile im Teenageralter, mochte Lady Connie überhaupt nicht: »Eine dürre und sehnige Frau, die wie eine französische Varieté-Engländerin aussah und in die Dada völlig unerklärlicherweise seit Jahren verliebt war«.[2] Bei seiner Abkehr von Victoria verfiel Lionel auf sanfte Frauen. Victoria billigte die schmächtige Connie in höchstem Maße, und diese schrieb ihr dankbare Briefe.

Vita, die man später als eine Vorkämpferin der »offenen Ehe« betrachtete, verhielt sich in der Tat wie eine Frau aus der Zeit Edwards und zugleich wie eine Frau aus der Mitte des 20. Jahrhunderts. In der Ehe ihrer eigenen Eltern fand sie ein hochentwickeltes Modell vor, wenn auch eines, das am Ende zerbrach. Es war Victorias einziger Kummer, daß Lionel sich ihr gegenüber immer kälter und distanzierter verhielt. Von einfachem Gemüt und hochgradig vom Geschlechtstrieb bestimmt, war er ein Mann, dessen Neigungen unmittelbar seinen Begierden folgten. Um wenigstens den äußeren Schein zu wahren, beschwatzte ihn Victoria unausgesetzt, sie zu Bällen und Diners zu begleiten, damit man sie zusammen in der Gesellschaft sah.

Aber auch Victoria hatte sich zu trösten gewußt. Etwa um die Zeit, als Lionel erstmals fremdzugehen anfing, lernte sie Sir John Murray Scott kennen, einen sagenhaft reichen Junggesellen, der etwa fünfzehn Jahre älter war als sie. Er hatte einen Pachtvertrag für Hertford House in London geerbt – von Sir Richard und Lady Wallace – mit seiner wertvollen Sammlung von Bildern und Möbeln, die jetzt als Wallace Collection bekannt sind. Scott war Sekretär der Wallaces gewesen, und sie hatten ihm außerdem eine große Summe Geldes hinterlassen; Landbesitz in Irland und Suffolk; in Paris ein Appartement im ersten Stock, an der Ecke Boulevard des Italiens und Rue Laffitte (es grenzte mit zwanzig Fenstern an beide Straßen und war vollgestopft mit Kunstschätzen); und »Bagatelle«, einen Pavillon mit sechzig Acres Grund im Bois de Boulogne, der einst Marie Antoinette gehört hatte.

Sir John war von Victoria Sackville-West hingerissen. Es heißt, daß er am Tage nach ihrer Besichtigung von Hertford House seinem Testament einen Zusatz hinzufügte, mit dem er ihr 50 000 Pfund hinterließ. Das war erst der Anfang. Lionel billigte die Freundschaft; sie machte es ihm ein wenig leichter, seine eigenen zu pflegen. Wenn jemand das Sackvillsche Vermögen wiederherstellen konnte, war es Sir John Murray Scott. Victoria nahm, bei verheirateten Frauen ihrer Gesellschaftsschicht keineswegs unüblich, den Schutz – und große Geldsummen – gesellschaftlich akzeptabler

Bewunderer entgegen. Diesen Aspekt der Freundschaft erkannte auch Lionel, und er hatte keine Einwände. Als Sir John, zum Beispiel, Victorias Haus in 34 Hill Street, Mayfair, bezahlte, verhandelte er direkt mit ihrem Ehemann.

Etwa um 1900 stellte Victoria mit Befriedigung fest, daß Sir John die achtjährige Vita »wie eine Tochter« behandelte; er hatte ihr gerade eine Cricket-Ausrüstung geschenkt. Diese wurde zu einem der liebsten Besitztümer des Kindes, und als Vita im folgenden Sommer ein kindliches Testament verfaßte, vermachte sie sie, zusammen mit ihrem Fußball, ihrem Pony, ihrem Wagen und einem Viertel ihres »Bankvermögens«, ihrem Dada. Mama sollte ein weiteres Viertel ihres Bankguthabens und »meinen Diamanten V« bekommen. Bentie – die gefühlvolle Miss Bennett – sollte die verbleibende Hälfte des Geldes, »meine Perle V« und »meine Schiffe« erhalten. Ralph Battiscombe, ihrem jugendlichen Mitverbrecher, hinterließ sie passenderweise »Mein Armar. Meine Schwerter und Pistolen, mein Fort, meine Soldaten, meine Werkzeuge. Meinen Bogen, meine Pfeile, mein Taschengeld, meine Zielscheibe«. (Die Sammlung von Puppen war mittlerweile in Vergessenheit geraten.)

Sir Johns französische Diener sprachen seinen Namen »Seer John« aus; Vita reduzierte das auf Seery, und Seery wurde er auch für Victoria und ihren Kreis. Ihm vermachte Vita »meine Miniatur, meinen Rotweinkrug, meine Peitsche« – und ihre Soldatenuniform aus Khaki, die ihm indes wohl kaum gepaßt hätte. Seine Beziehung zu ihrer Mutter war mehrdeutig. Nachdem Seery und Victoria tot waren, versuchte Vita ihre Natur zu ergründen: »Ich will damit nicht sagen, Sir John sei in meine Mutter ›verliebt‹ gewesen. Ich glaube nicht, daß er das jemals war, und während der vielen Jahre, in welchen ich dauernd in der Gesellschaft der beiden weilte, hatte ich reichlich Gelegenheit, sie zu beobachten. Jedenfalls wurde meine Mutter mit Bestimmtheit der Mittelpunkt und die Achse seines Lebens.«[3] Er war ein riesiger Mann, ein Meter zweiundneunzig groß und wog hundertneunundfünfzig Kilo. Die Vorstellung, ein solches Wesen könne im gewöhnlichen Sinn verliebt sein, erschien Vita »allzu grotesk«. Victoria stellte ihrem Kind gegenüber freimütig Spekulationen über die wahre Natur der Gefühle an, die er für sie hegte. Einen wichtigen Aspekt der Beziehung begriff Vita auf jeden Fall: voll Bewunderung für das schöne Briefpapier der Mutter, schrieb sie: »Mir gefällt dein neues Papier sehr gut; hat's der gute Seery dir geschenkt? Ich glaube, er hat jetzt gerade eine großzügige Ader, da ihr, wie du sagst, keinen Krach habt.« Es gab viele »Kräche«, meistens von Victoria eingefädelt, trotzdem kam Seery immer wieder zurück. Die Szene, die Vita in ihrem autobiographischen Manuskript von 1920 beschrieb, umreißt die Beziehung:

»Wenn ich an Seery denke, sehe ich ihn vor einem riesigen Schreibtisch sitzen, die Brille auf die Stirn geschoben, wie er mit einem Schlüsselbund rasselt und nacheinander sämtliche Schlüssel in sämtlichen Schlüssellöchern probiert... Wenn er schließlich eine Schublade geöffnet hatte, pflegte Mutter zu kommen und sich auf seine Briefmarken zu stürzen, und er rief: ›Geh weg, du spanische Bettlerin‹, oder: ›Du kleine spanische Bettlerin‹, aber natürlich betete er sie an und gab ihr alles, was sie haben wollte. (Zuzeiten verlangte sie ziemlich viel.)... Mutter wurde unbestreitbar das Licht und die Luft seines Lebens.«[4]

Indem Vita ihre Eltern, deren Verhältnis zueinander, zu anderen Leuten und zu sich selbst beobachtete, erfuhr sie zwar sehr viel, behielt aber ihre kindliche Unschuld. Das Problem ihrer Kindheit bestand darin, daß sie ein ungestümes, glühend romantisches Temperament hatte und daß alles, was sie sah und erlebte, sie zynisch machte; der Konflikt hatte zur Folge, daß sie sich immer mehr in sich selbst zurückzog.

Als sie neun war, besuchte Vita zum ersten Mal Bagatelle, den Spielplatz von Marie Antoinette. Er gehört jetzt der Stadt Paris; doch als Seery und seine Gäste von Paris hinausfuhren – in den heißen Sommern um die Jahrhundertwende jeden Nachmittag –, hatten sie die großen Gärten für sich. »In dem schattigen Garten brauchte ich nur ein Hängerkleidchen und konnte barfuß über das kühle Gras laufen.« Wie eine Prinzessin spielte sie zwischen den Grotten, Seen, Brücken, Inseln, Höhlen, Statuen und verzierten Urnen. (Die letzteren sollten viele Jahre später in ihrem eigenen Garten in Sissinghurst landen.) Seerys geräumiges Appartement an der Ecke der Rue Laffitte war einschüchternder. Selbst zu Beginn des 20. Jahrhunderts war es ein Anachronismus. Es gab weder Telephon noch Elektrizität, aber lange Fluchten ineinander übergehender Räume mit goldenen Fußböden und Schnitzereien aus Ebenholz, die mit kostbaren Gegenständen angefüllt waren.

»Klein und sauber, mit unter Schmerzen gekräuseltem Haar, stand ich gewöhnlich sehr gelangweilt dabei, während Besucher das Mobiliar bewunderten... Louis quatorze, Louis quinze, Louis seize, Directoire, Empire – all dies waren Namen, halb bedeutungslos, die ich aufnahm, bis sie mir so vertraut waren wie Brot, Milch, Wasser, Butter. Das Empire kam auf der Liste zuletzt; denn dort schien das Leben des Hauses stehengeblieben zu sein.«[5]

Lionel und Großpapa kamen gewöhnlich ebenfalls zu jährlichen Besuchen mit Seery nach Paris, immer gefolgt von Connie. Sie und Lionel pflegten jeden Tag zusammen auszugehen, während Vita in zunehmendem Maße die vertraute Gefährtin ihrer Mutter wurde. Ohne ihre Tochter hätte Victoria in der Rue Laffitte öde Abende »zwischen dem schnarchenden Seery und dem hustenden Papa [dem alten Lionel]« verbracht.

Wenn die beiden merkwürdigen Pärchen – Lionel und Lady Connie, Victoria und Sir John – ausgingen, hatte Vita das Appartement mehr oder weniger für sich. Sie flitzte in Seerys Rollstuhl durch die lange Flucht goldener Räume und stieß gegen kostbare Möbel. Oder sie zündete in allen Räumen die Kerzen an und stolzierte darin herum. »Manchmal ging ich in den großen Saal und weinte bittere Tränen über einen ausgestopften Spaniel in einem Glaskasten, von dem ich mir einbildete, er sehe meinem Hund ähnlich, der gestorben war... Ich muß wohl sehr sentimental gewesen sein, aber da ich es nie jemanden wissen ließ, machte es nichts.«[6] (Als ihr eigener geliebter Spaniel tot war, setzte Vitas Gefaßtheit ihre Mutter in Erstaunen. »Es ist ein Jammer, daß sie über soviel Selbstbeherrschung verfügt; das macht mir für die Zukunft angst. Nie spricht sie von ihren Gefühlen, und nie beantwortet sie Fragen, die sich auf sie selbst beziehen.«)

Als Vita elf war, bemerkte Victoria, »daß sie anfing, eine Menge über Möbel etc. zu wissen. Sie ist intelligent.« Victoria brachte ihrer

Tochter bei, was sie selbst am meisten interessierte – es war ihr wichtig, daß Vita den Unterschied zwischen Directoire und Empire lernte –, und entwickelte ihren Geschmack. Sie nahm Vita mit zu Fabergé und war erfreut, als das Kind »ihnen sagte, ihr Laden gefiele ihm besser als eine Confiserie! Sie ist wunderbar künstlerisch für ihr Alter.« Doch in London wurde sie enttäuscht, als sie Vita zum Zeichenunterricht zu Mr. Morland schickte; Vita konnte nicht zeichnen.

Eine andere von Seerys Wohltaten war Sluie, die Jagdhütte im schottischen Hochland, nahe Bachnory, die er jedes Jahr bezog. Hier leisteten Vita, ihre Mutter, ihr Großvater – und gelegentlich ihr Vater – Sir John bei einem zweiten Ferienaufenthalt Gesellschaft. Vita rannte mit den Hunden und den Kindern des Orts um die Wette und angelte – allein oder mit ihrem Vater: »Den Zauber dieser Abende werde ich nie vergessen... Er war ein angenehmer Mann, mein Vater.«[7]

In Sluie wurde Vita aufgeklärt. Im Sommer ihres elften Lebensjahres erzählte ihr Jackie, der Sohn des dortigen Bauern, »viele Dinge, die er mir nicht hätte erzählen dürfen«. (Ihre Mutter, die in bezug auf so viele unpassende Dinge so mitteilsam war, verschwieg Vita die körperlichen Grundlagen der Sexualität; aus Furcht vor unangenehmen Fragen verbot sie ihr sogar die Lektüre von *Die Frau in Weiß* und *Der Graf von Monte Christo*.) Vita sagte später über Jackies Enthüllungen, daß sie, »da ich immer auf dem Lande gelebt hatte, die meisten Dinge als ganz selbstverständlich ansah und sie mich weder erregten noch interessierten«. Doch Jackie beließ es nicht nur bei Worten, er ließ auch Taten folgen. Eines Tages sagte er: »Miss Vita, Vita, Vita, Vita, ich liebe Sie«, und legte seine Hand auf ihren Oberschenkel. »Doch aufgrund seines angeborenen Respekts, seines Klassenbewußtseins, notzüchtigte er mich nicht«, schrieb Vita lange danach. Statt dessen masturbierte er. Und er ließ sie den Penis seines Hundes in die Hand nehmen und ihn solange bearbeiten, »bis der Hund den Höhepunkt erreichte und mit seinem Samen meine Schuhe bespritzte, und diese Erscheinung erschreckte mich... Ich glaube, es war nichts Unrechtes an dem, was Jackie oder ich taten.« Es war eine kuriose Einführung in die Sexualität des Mannes. Jackies knabenhafte Schwärmerei war mit dieser Episode nicht zu Ende. Zwei Sommer später schrieb sie aus Sluie an ihre Mutter: »Jackie hat mir ewige Liebe und Treue geschworen und mir anvertraut, daß er sich nach meiner Abreise in einen Winkel verkrochen und geweint hat.«

Sie war über ihre Macht anfangs amüsiert, dann erfreut. Mit dreizehn Jahren war sie bereits größer als ihre Mutter, die ein Meter neunundsechzig maß. Im selben Sommer notierte Victoria: »Sie fängt an, Kleider und Hüte gern zu haben, und ich bin froh, daß sie ein bißchen koketter und ordentlicher wird.« In London begann Vita eine kleine Tagesschule zu besuchen, die von Miss Woolff in South Street, einer Seitenstraße der Park Lane, betrieben wurde. Rosamund Grosvenor und die Keppel-Mädchen, Violet und Sonia, waren unter den anderen Schülerinnen. Vitas Gouvernante, Mademoiselle Hermine, blieb weiterhin im Dienst, um Vita bei den Hausaufgaben zu helfen und als Anstandsdame zu fungieren.

Rosamund Grosvenor ist Vitas erste wirkliche Freundin gewesen, ein wenig älter und, was Sauberkeit und Ordentlichkeit anging, das Gegenstück zu Vita; sie wurde eingeladen zu bleiben, um Vita aufzuheitern, als Dada in den Burenkrieg zog. Später nahm Rosamund am morgendlichen Unterricht bei einer früheren Gouvernante Vitas teil. »Vita mag die Stunden bei Miss Moss sehr gern, besonders Rechnen und Abfragen.«

Als Vita zwölf Jahre alt war, gewann sie eine aufregendere Freundin. Violet Keppel war zwei Jahre jünger als Vita und die ältere Tochter von Mrs. George Keppel, der Victoria einst den Zutritt zu Knole versagt hatte, Mätresse des früheren Prinzen von Wales, König Edward VII. Die Kinder begegneten einander auf einer Gesellschaft in London. Violet sah ein Mädchen, »groß für sein Alter, bäurisch gekleidet, wie es schien, in die abgelegten Kleider seiner Mutter«; sie fand sie »nett, aber ziemlich kindlich«.[8] Violet war ein außerordentlich frühreifes Kind.

Vita wurde zum Tee in das Keppelsche Haus am Portman Square eingeladen. Sie saßen im Dunkeln in Mr. Keppels Arbeitszimmer und prahlten voreinander mit ihren Vorfahren. Vita, die jemandem begegnet war, der Geschichte ebenso romantisch fand wie sie selbst und der sich außerdem über ihre Lieblingsbücher begeistern konnte (sie kannten beide Rostands *Cyrano de Bergerac* auswendig und liebten Walter Scott und Dumas), war diesmal weder verschwiegen noch stumm. »Ich habe eine Freundin«, sang sie an jenem Abend im Badezimmer.

Sie hatten mehr gemeinsam als Bücher. Violets Leben wurde ebenso wie das Vitas von der Persönlichkeit ihrer bezaubernden Mutter beherrscht. Beide hatten sie märchenhafte Kindheiten in großen Häusern verbracht, beide hatten sie gutherzige Väter, und sie waren beide frankophil. Knole – und die Vorstellung, wie Vita dort lebte – kam Violet zauberhaft vor. Desgleichen faszinierten Vita die heimlichen Besuche des Königs im Haus am Portman Square. Sie ging sehr oft zum Tee hin; oft sah sie wohl einen kleinen Brougham draußen warten, »und der Butler drückte mich in eine dunkle Ecke der Halle mit den gemurmelten Worten: ›Einen Augenblick, Miss, ein Gentleman kommt die Treppe herab‹«. Falls Vita den Gentleman wirklich einmal getroffen hat, verschloß ihr die vorherrschende Diskretion den Mund. In ihrem Tagebuch aus dem Jahr 1908 finden sich lediglich die lakonischen Sätze: »Ging zum Tee zu Violet und blieb zum Dinner. Der König war da.«

Die Keppels verbrachten viel Zeit im Ausland, und die Sackville-Wests hielten sich öfter in Knole als in London auf, zumindest, bis Victoria 1907 ihr Haus in Hill Street erwarb. Violet unterhielt eine ausgedehnte bizarre Korrespondenz, halb in Englisch, halb in Französisch: »Ich bombardierte das arme Mädchen [Vita] mit Briefen, die immer anspruchsvoller wurden, während die ihren sich immer mehr dem Typus ›Gestern-hat-mein-Lieblingskaninchen-sechs-Junge-bekommen‹ näherten.«[9] Mit zwölf, dreizehn Jahren war Vita an Tieren und Büchern mehr interessiert als an menschlichen Beziehungen. Seit ihrem vierten Lebensjahr hatte sie ein Pony geritten, und sie besaß eigene Hunde. Im Sommer, nachdem sie mit Violet Freundschaft geschlossen hatte, führte sie genau Buch über ihre Tiere: zu dieser Zeit besaß sie ein schwarzes Pony, einen irischen Terrier namens Pat, sechs Kaninchen, eine Schleiereule, drei japanische Zwerghühner, einen Aberdeen-Terrier namens Pickles und noch drei weitere Kaninchen. In diesem Buch notierte sie sich auch nützliche Dinge, zum Beispiel: »Wie man einen falschen blauen Fleck macht«: »Reibe einen kleinen Schnitt erst überall mit einem Bleistift, dann mit einer Orangen- oder Walnußschale. Kaue etwas Gras und verreibe es gut. Das Ergebnis wird so aussehen wie ein schlimmer blauer Fleck.« Als ihre Mutter fort war, schrieb sie ihr: »*Maintenant j'ai un énorme faveur à te demander.* Neulich gingen Dada und ich in London zu Bumpus [Buchhandlung in Oxford Street], und dort sah ich ein wunderschönes Buch mit dem Titel *Der Hund, alles über ihn, seine Krankheiten und wie man sie kuriert* für 2/6... Das ist ziemlich *convenable*, und ich hätte es so gern.«

Das waren nicht im entferntesten die Dinge, an denen die kleine Violet Keppel interessiert war. »Violet war nie jung«, erinnerte sich ihre Schwester Sonia fast siebzig Jahre später. Und obgleich Vita als Fünfzehnjährige im Frühling 1907 mit ihrer Gouvernante nach Florenz fuhr, dort mit Violet die Sehenswürdigkeiten besichtigte und in ihrer Begleitung in Liebe zu Italien und allem Italienischen entbrannte, war es dennoch Rosamund Grosvenor (die sie Rodie oder Rose nannte), auf die es ihr zu Hause im alltäglichen Leben ankam. Nachdem Vita aus Italien zurück war, fuhr Rosamund in die Ferien, und Vita schrieb in der einfachen, aber wirkungsvollen Verschlüsselung, die sie für ihre privaten Gedanken benutzte, in ihr Tagebuch: »Als Rodie fort war, weinte ich, weil ich sie vermißte. Was für eine komische Sache ist es doch, jemanden so zu lieben, wie ich Rodie liebe.«

Sie konnte keine witzigen, anspielungsreichen Briefe schreiben wie Violet, aber sie schrieb – fortwährend, seit ihrem zwölften Lebensjahr. Sie hatte immer irgend etwas in Arbeit, in sauberer Schrift mit wenigen Durchstreichungen, in Schulheften und Notizbüchern, in der kleinen, kantigen, klaren Handschrift, die sich ihr Leben lang kaum änderte. Sie schrieb Balladen und Stücke und historische Novellen: »hochgestochen, ganz uninteressant, pedantisch und alle mit unermüdlicher Schnelligkeit geschrieben: am Tage, nachdem das eine beendet war, begann ein neues... Ich hatte leuchtende Tage, o ja, es gab sie!, an denen ich glaubte, ich sei im Begriff, die Welt zu begeistern.«[10]

Doch das war, als sie erwachsen geworden war, nur noch »hölzernes Zeug« für sie. Ihr Schreiben bestand aus Tagträumen, denen sie im phrasenhaften Stil von Scott und Dumas flüssigen Ausdruck gab. Die Tagträume waren die eines hochgebildeten, romantischen jungen Mädchens, angefacht durch die Umgebung; ein vollkommen verwirklichtes Phantasieleben.

Ihre Phantasien umkreisten Knole, ihre Vorfahren und sie selbst. In Knole stand die Geschichte nicht still, sie war an Personen gebunden und greifbar. Ihr geflecktes Schaukelpferd hatte dem vierten Duke of Dorset gehört, einem der kleinen Jungen auf dem Gemälde von Hoppner, der später Byrons Fuchs in Harrow war; mit gerade geschnittenem Haar sah ihm die dreijährige Vita zum Verwechseln ähnlich. (»*Ravissante*«, wie ihre Mutter sagte.) Dem Kind fiel auf, daß Thomas Sackville, zu Elizabeth' Regierungszeit Lord Buckhurst und erster Earl of Dorset, genauso aussah wie ihr Großvater; beide hatten die großen schwerlidrigen Sackville-Augen, die auch sie geerbt hatte. Manchmal erlaubte man ihr, mit dem »Anhänger aus Diamanten und Rubinen« zu spielen, den Gainsborough in das Spitzenjabot von John Frederick gemalt hatte, dem dritten Duke of Dorset, an dem sie die Eleganz des achtzehnten Jahrhunderts so bewunderte. Als sie älter wurde, erlaubte man ihr, im Archiv herumzustöbern, wo Urkunden aus jahrhundertealter Sackville-Geschichte aufbewahrt waren – Briefe, Testamente, Heiratsverträge, Rechnungen, Speisekarten von Festessen, Gutsabrechnungen, Tagebücher, Inventarlisten von Möbeln, Glas, Geschirr und Rüstungen. Ihre frühesten lyrischen Versuche waren Balladen über lange vermoderte Mitglieder ihrer Familie: Herbrand de Salkaville, der mit William dem Eroberer herüberkam; Sir Roger West, der Gefolgsmann des Schwarzen Prinzen; Thomas Sackville, der Maria Stuart von Königin Elizabeth die Nachricht ihrer bevorstehenden Hinrichtung überbrachte. Thomas tat das so taktvoll, daß Maria ihm ihre geschnitzte Kreuzigungsgruppe schenkte – die noch immer auf dem Altar in der Kapelle zu Knole stand. Als Kind pflegte Vita dort Zuflucht zu suchen, wenn sie unartig gewesen war. »Sie fanden mich nie in meinem Schmollwinkel unter der Kanzel.«

Ihr liebster Vorfahr war Edward Sackville, vierter Earl of Dorset, »eine leibhaftige Gestalt aus einem Ritterroman«. Sein Portrait von van Dyck hing in der Halle. Auf dem Dachboden standen die mit

Nägeln beschlagenen Truhen, welche die Puritaner erbrochen hatten. Sie konnte sie anfassen und öffnen, sich das Schauspiel ausmalen und dann zum Essen in jenen Raum hinuntergehen, in dem Cromwells Soldaten ihre Versammlung abgehalten hatten, denn 1642 hatten Cromwells Truppen das Haus geplündert und für kurze Zeit besetzt gehalten. »Die Vergangenheit vermischte sich mit der Gegenwart in ständiger Erinnerung; und draußen im Sommerhaus, nach dem Essen, wenn die Bienen zwischen den Blumen des Rasengartens summten... kehrte ich zu der riesigen Kladde zurück, in die ich meinen Roman schrieb.«[11] Dies war »The Tale of a Cavalier«. Kein Wunder, daß Selbstbewußtsein ins Spiel kam, als sie, schelmisch darauf hinweisend, sie sei »erst 14 Jahre alt«, die Vorbemerkung des Verfassers entwarf: »Dieses Buch hat mir viel Vergnügen bereitet. Ich schrieb es in dem alten Haus, in dem Buckhurst und Edward und Mary miteinander spielten... wo seine Kinder in den langen Fluren umhertollten und riefen, wie ich selbst dort gespielt habe.« Und sie fragte sich, ob der Earl aus dem 17. Jahrhundert sie wohl sehen könne und wisse, »wie ich es liebe, mir seine Heldentaten und sein Leben ins Gedächtnis zu rufen, und mir wünsche, wie er zu sein«.

Zwischen 1906 und 1908 verfaßte sie auch drei Stücke in französischer Sprache, eines davon war »Le Masque de Fer«, ein ausgewachsenes, fünfaktiges Drama in Alexandrinern. Ein Roman in Französisch, »Richelieu«, ebenso sauber und gut konstruiert wie alle anderen, füllt genau die 370 Seiten eines Manuskriptbuches in Folio. Sie ging sehr methodisch vor – eine ihrer Gouvernanten muß ihr das gründlich beigebracht haben – und entwarf Reimschemata für ihre Gedichte und detaillierte Kapitelzusammenfassungen für ihre Romane.

Im Juli 1907 war sie Mitgewinnerin bei einem *Onlooker*-Wettbewerb für den besten Limerick und heimste als Preis ein Pfund ein. Sie schrieb in ihr Tagebuch: »Das ist das erste Geld, das ich durch Schreiben verdient habe; [verschlüsselt] Ich hoffe, da ich das Vermögen der Familie wiederherstellen muß, daß es nicht das letzte sein wird.« Dieser Triumph währte nicht lange. Vier Tage später notierte sie, wiederum verschlüsselt, traurig in ihrem Tagebuch: »Mutter schalt mich heute morgen, weil ich zu viel schreibe, wie sie sagt, und Dada sagte, er könne mein Schreiben nicht billigen. Ich habe Angst, daß mein Buch nicht veröffentlicht werden wird. Mutter weiß nicht, wie sehr ich mein Schreiben liebe.« (Das diesmal in Arbeit befindliche Buch war »The King's Secret«, ein Ritterroman um Charles II. und den sechsten Earl of Dorset.) Vitas Eltern wußten nur zu gut, wie sehr sie ihr Schreiben liebte, und diese besessene private Aktivität beunruhigte sie. Sie wollten keine exzentrische Tochter. Gleichwohl erkannte ihre Mutter ihr Talent an. Vita las Victoria Teile von »The Kings' Secret« vor, die in ihrem Tagebuch notierte, es sei »*sehr* gut« gewesen.

Doch wenn es auch so aussah, daß Vita eine kluge Person würde, gesellschaftlich mußte sie ebenfalls glänzen. In diesem Sommer hielt sie sich mit ihren Eltern in einem anderen großen Haus auf: »Vita war ein großer Erfolg... es war ihre erste große Party; jeder war so nett zu ihr, besonders der alte Mr. Shuttleworth. Sie schreibt weiter an ihrem Buch über Charles II. Ich glaube, Lionel ist sehr stolz auf seine Tochter.« Victoria war unausgesetzt um Vitas Persönlichkeit bemüht, um ihre Entwicklung, um ihr Aussehen. Sieht man von Victoria selber ab, stand niemand ihrem Herzen näher als Vita – ihre »kleine Mar«*, wie sie das Kind nannte. Ihre Ichbezogenheit machte sie unfähig, sich eine Tochter vorzustellen, die nicht eine Erweiterung ihrer selbst war, und sie bekrittelte und tadelte Vita wegen ihrer Defizite in dieser Hinsicht – das heißt wegen ihrer Individualität. Entsprechend war das Bild, das Vita von sich selbst und ihren Schutzmaßnahmen entwarf: »Ich sehe mich selbst... unansehnlich, mager, dunkelhaarig, ungesellig, reizlos – schrecklich reizlos! –, rauhbeinig und geheimnistuerisch. Geheimnisse waren meine Leidenschaft; das war bestimmt der Grund, warum meine Spielgenossen mich nicht leiden konnten.«[12]

Vitas erstes Schulzeugnis, in Form eines Briefes von Miss Woolff an Victoria, war des Lobes voll, besonders – und das nicht überraschend – was englische Geschichte und Literatur betraf. »Für ihr Alter macht sie sich außerordentlich gut – wenn jemand so groß ist,

---

* »Mar«: Victorias Kosename für Vita bedeutet in der Familiensprache soviel wie winzig, verletzlich; mit der Zeit wurde der Name für jedes Kind und alles, was jung und klein war, gebraucht. [Anm. d. Übers.]

neigt man immer dazu, zu vergessen, wie jung er ist.« Doch beliebt war sie in Miss Woolffs Schule nicht. »Ich hatte mir vorgenommen, an dieser Schule zu triumphieren, und ich triumphierte... wenn ich schon nicht beliebt sein konnte, wollte ich klug sein.« Sie spürte, daß die anderen Mädchen sie für »eine Pedantin und Außenseiterin« hielten.

Miss Woolff und ihr vorwiegend männlicher Lehrkörper erteilten in den akademischen Fächern einen ungewöhnlich guten Unterricht; außerdem verpaßten sie den jungen Damen den »letzten Schliff« und untermauerten die notwendigen Verhaltensweisen und Wertvorstellungen. Der Überzeugung, einer bestimmten gesellschaftlichen Schicht anzugehören, folgte die vierzehnjährige Vita zwanghaft:

»Meine liebe Mama... Am Mittwoch war ich *erste* in Geographie, und ich gewann einen Preis: Shelleys *Adonais*. O'Mann [ihr Großvater] knurrt die ganze Zeit, weil er nach Paris gehen soll; er sagt, es sei ein ungemütliches Haus, es würde zu kalt sein etc.... Il neige. Ist Winifred Gore ein bedint oder nicht? Gestern bekamen wir ein mar von vier Jahren... Es ist ein ziemlich hübsches mar, ein bißchen bedint, natürlich.«

Sie wußte bereits, welche ihrer Schulkameraden jüdischer Abkunft waren: »Die kleinen Gerard Leghs sind nicht bedint, oder?« Wie Vita später schrieb, waren diese Beschäftigungen in ihrer Jugend »Gemeingut wohlerzogenen Denkens«: »Stammbäume und Familienheiraten, Rangordnungen und Vertrautheit mit den wichtigsten Landsitzen bildeten nahezu einen Bestandteil des Sittenkodex.«[13]

Vita und Violet Keppel nahmen gemeinsam Privatunterricht in Italienisch bei einer Signorina Castelli. Bevor Violet, wie gewöhnlich, im Frühjahr 1908 nach Florenz abreiste, »sagte sie mir, sie liebe mich, und ich, von der man zu erwarten schien, sich der Lage gewachsen zu zeigen, brachte ein zögerndes ›Liebling‹ über die Lippen«. Im Mai war auch Vita wieder in Florenz, das sie zusammen mit Violet und den beiden Gouvernanten besichtigte. Violets romantische Zuneigung war nicht verflogen. An Vitas letztem Nachmittag gingen sie zu einem Abschiedstee zu Doney's.

»RING«, schrieb Vita in Großbuchstaben in ihr Tagebuch: Violet hatte ihr den Lavaring des Dogen geschenkt, den sie als Sechsjährige dem Kunsthändler Joseph Duveen abgeschmeichelt hatte. Vita bewahrte ihn ihr Leben lang auf. Aus Mailand schrieb sie an ihre Mutter: »Ich trauere Florenz noch immer nach; ich glaube nicht, daß ich je trauriger war, eine Stadt zu verlassen... Violet Keppel schien sehr betrübt, sich von mir zu verabschieden; zumindest weinte sie sehr.«

Nach ihrer Rückkehr ging Vita auf eine Gesellschaft im Kensington Palace; sie trug ein rosafarben kariertes Kleid, einen rosa und blauen Hut von Woodlands, einen Saphir und eine Perlenkette, die ihr Victoria bei Cartier gekauft hatte, und ihr langes Haar war mit einem großen schwarzen Bügel zurückgebunden. Die Königin erkundigte sich nach Victorias »kleinem Mädchen« und stellte überrascht fest, daß dieses inzwischen fast ein Meter zweiundachtzig groß war. Diese erwachsen gewordene Vita, die sich alle Mühe gab, dem konventionellen Bild einer *jeune fille* zu entsprechen, verbrachte in diesem Sommer viel Zeit mit ihrer Mutter, weil Lionel von Connie Hatch in Anspruch genommen war. Es war um diese Zeit, daß Vita von der Liste der zwanzig Heiratsanträge ihrer Mutter fasziniert war; und auf einer Hochzeit in der Gesellschaft, an der sie teilnahmen, drückte sie die schüchterne Hoffnung aus, sie werde vielleicht auch »eine so hübsche Hochzeit haben wie diese«.

Ihre Mutter war ob dieser Entwicklung überrascht und erfreut; Victoria wußte freilich nicht, daß ihre sechzehnjährige Tochter bereits, wenn auch auf unangenehme Art, den Mittelpunkt männlicher Aufmerksamkeit gebildet hatte. Der Hon. Kenneth Hallyburton Campbell war ein Mann aus Victorias Generation, der die Sackvilles seit mehr als zwanzig Jahren kannte. Er war Börsenmakler, ein alter Freund Seerys – Victoria nannte ihn »Kenito« –, und er war überdies Vitas Patenonkel. Für Vita gehörte er fast zur Familie, und wenn er in Knole war, pflegte sie auf kindliche, natürliche Weise in seinem Schlafzimmer ein- und auszugehen. Und es war in seinem Schlafzimmer in Knole, wo ihre Beziehung sich dramatisch veränderte. Jahre später schrieb Vita an Harold:

»Wie scheußlich er sich gegen mich benahm, *tout de même* – versuchte mich zu vergewaltigen, als ich sechzehn war, und danach noch mehrere Male, als ich glücklicherweise besser imstande war, die Situation zu meistern. Ich denke immer, daß ich mit sechzehn um Haaresbreite davonkam – ein Hausmädchen kam den Flur entlang, eine Kanne heißen Wassers tragend. Was hätte Dada gesagt, wenn ich's ihm erzählt hätte?«[14]

Bei einer anderen Gelegenheit war sie so unklug genug, sich einverstanden zu erklären, allein mit ihm zu dinieren. »Ursprünglich hatten wir ein Lokal aufsuchen wollen (was ich für sicher hielt), doch im letzten Augenblick sagte er, er könne keinen Tisch bekommen oder etwas Ähnliches, und nahm mich mit zu sich nach Hause. Pfui. Wieder kam ich davon, diesmal sogar noch knapper, und nur meine große Geistesgegenwart rettete mich.«[15] Als sie später einer Freundin diese Geschichte erzählte, unterstrich sie den Eindruck, den das auf sie gemacht hatte: »Vielleicht erklärt dieses Erlebnis so vieles.«

Victoria, die von alledem nichts wußte, hatte Freude daran, ihrer Tochter von ihrer romantischen Vergangenheit und von dem Verlauf, den ihr Leben genommen hatte, zu erzählen. Vita glaubte ihr alles unbesehen. »Heute morgen erzählte mir Mutter ein paar Dinge aus ihrem Leben«, schrieb sie verschlüsselt. »Ich denke, sie ist eine sehr bemerkenswerte Frau... ich bin sicher, daß sie sehr berühmt geworden wäre, hätten Großpapa und Dada sie nicht so behindert.«

Vita wiederum schenkte ihrer Mutter auf die ihr eigene indirekte Weise Vertrauen. Sie gab Victoria das abgeschlossene Manuskript ihres Romans »The Kings's Secret«. In Kapitel XV beschrieb Vita den jungen Cranfield Sackville als sensibel, verschlossen, mehr am Schreiben als an Menschen, mehr an Knoles Vergangenheit als an seiner Gegenwart interessiert. »Nichts ist von Bedeutung, das ist mein Motto.« Sie erzählte ihrer Mutter, in Cranfield habe sie sich selbst porträtiert. Das veranlaßte ihre Mutter in ihrem Tagebuch zu einer Betrachtung über Persönlichkeit und Charakter ihrer Tochter:

»Ich wünschte, sie wäre offener, weniger reserviert. Auf diese Weise erweckt sie den Anschein, allzu unbeteiligt zu sein, und sie hat die Neigung zur Selbstsucht, wenn ihr das auch nicht bewußt ist; es ist ihr Leben als Einzelkind, das dafür verantwortlich ist. Sie ist so in ihr Schreiben vertieft, daß sie leicht alles um sich her vergißt.«

Viele derjenigen, die Vita in der Zukunft lieben sollten, würden ihrer Mutter soweit zustimmen.

»Im großen und ganzen ist sie ein gutes Kind, doch mit einer Neigung, sich seiner selbst ein wenig zu sicher zu sein und ein wenig hart, nicht weichherzig genug, um mir zu gefallen. Sie hat sich ungemein verändert, seit sie ihre ›Sachen‹ [Monatsblutungen] bekommen hat. Sie ist *sehr* klug, und ich glaube wirklich, daß sie mir zugetan ist, doch sie geht nicht genügend aus sich heraus.«

Victoria bezog, wie immer, alles auf sich selbst. Sie fuhr fort, den beiden Lionels wegen ihrer gleichermaßen unangemessenen Bekundungen der Zuneigung zu Vita Vorwürfe zu machen. Die frostige Reserviertheit der Sackvilles war unübersehbar: Vita hatte sie geerbt. Doch wie sehr ihre Mutter sie auch beeindruckte, die Bedeutung, die ihr Vater für sie hatte, wurde nie geschmälert.

Großpapa – O'Mann – war problematischer. Seit ihrer Kindheit hatte Vita einen großen Teil ihres Lebens in seiner Gesellschaft verbracht; sie hatte allein mit ihm gespeist, wenn ihre Eltern fort waren, und kannte ihn »so gründlich, wie ein Kind dieses Alters einen sehr reservierten Mann von fast achtzig nur kennen konnte«. Seine Schweigsamkeit war fast total, mit gelegentlichen Ausbrüchen von Witz. Einmal, als Vita ins Zimmer kam und sich an den langen Haaren ihrer Mutter festhielt, sprang er auf und sagte: »Victoria, laß mich nie, nie wieder sehen, daß das Kind dies tut.« Die Szene hatte ihn schmerzlich daran erinnert, wie Victoria als Kind mit den langen Haaren ihrer Mutter gespielt hatte; es war der unmittelbarste Eindruck, den Vita je von seinen Gefühlen für Pepita bekam. Vita aß nicht im Erdgeschoß, und jeden Abend nach dem Dinner, seit sie ein kleines Mädchen war, hatte ihr Großvater eine Schale mit Obst gefüllt und sie in einer Schublade in einem Wohnzimmer deponiert, auf die er mit farbiger Kreide »Vitas Schublade« geschrieben hatte. Er war gekränkt, wenn sie am nächsten Morgen vergaß, zur Schublade zu gehen, so wie er gekränkt war, wenn sie nach dem Tee nicht nach unten kam, um mit ihm Dame zu spielen. Zunehmend depressiv und ohne Interessen lebte er dahin. Im September 1908 schickte Victoria Vita nach Schottland zu Seery und seinen Schwestern und blieb mit ihrem Vater allein, als er starb. Vita erhielt die Nachricht durch eine von Seerys Schwestern, und der groteske Anblick, den Miss Scott im Morgenmantel bot, erschütterte sie mehr als die Trauer um ihren Großvater. Der arme Seery bot einen noch erbärmlicheren Anblick. »Ich fand ihn vor seinem Toilettentisch sitzen, nur mit seinem Jaeger-Unterzeug bekleidet. Er schluchzte haltlos, und die lockere, riesige Masse seines Körpers schwabbte dabei wie Gallerte... Er war von der Tatsache ganz überwältigt, daß ›der gute, alte Mann‹ nicht mehr war.«[16] Vita kehrte zur Beerdigung nicht nach Hause zurück. Victoria sorgte dafür, daß sie mit Violet Keppel auf Duntreath blieb, dem prunkvollen Schloß aus dem 15. Jahrhundert, das den Edmonstones, Mrs. Keppels Familie, gehörte. Es war ein aufregender Aufenthalt mit einer aufregenden Freundin an einem romantischen Ort. Sie erinnerte sich später daran, »wie Violet mein Zimmer mit Tuberosen füllte, wie wir uns kostümierten [Vita war ›La Bella Spagnuola‹], wie sie mich mit einem Dolch durch die langen Gänge dieses uralten schottischen Schlosses jagte und den Tag damit beschloß, daß sie die Nacht in meinem Zimmer verbrachte. Es war das erste Mal in meinem Leben, daß ich die Nacht mit jemand verbrachte.«[17] Es war eine Nacht des Mädchengeflüsters – sie taten kein Auge zu –, »während draußen die Käuzchen schrien«.

Eine Woche nach Lionels Tod kehrte Vita nach Knole zurück. Victoria schrieb in ihr Tagebuch: »Gestern abend habe ich der Kleinen alles über Großpapas Tod erzählt, ohne die Tränen zurückhalten zu können, und ich zeigte ihr, was ich an jenem Tag in mein Buch eingetragen hatte... Ich bin den ganzen Tag damit beschäftigt gewesen, ihr bei Marshall & Snelgrove schwarze Kleider zu kaufen. Außerdem habe ich mein Boudoir an der Rückseite des Salons eingerichtet. Ich werde wenig dafür aufwenden.« Vita notierte lediglich, daß ihre Tante Amalia zur Beerdigung erschienen und offenbar »im Trauerzug vor Dada gegangen« war, »was jedermann schrecklich schockierte«. Im Hinblick auf das, was kommen sollte, nicht unangemessen, begann sie mit der Niederschrift (in Französisch) eines Romans über die Französische Revolution, »The Dark Days of Thermidor«. Es amüsierte sie, mitanzusehen, wie ernst »Lord Dada« seine neue Rolle nahm, denn mit dem Tod des alten Lionel wurde er Lord Sackville.

Seit den Tagen nach Vitas Geburt hatte über der *ménage* in Knole eine Drohung geschwebt. Als Neffe des alten Lionel erbte ihr Vater den Titel unter der Voraussetzung, daß der alte Lionel keinen legitimen männlichen Erben hatte. Victorias Bruder Henry hatte sich anfangs, ebenso wie Amalia, Flora und sein Bruder Max, mit quengeligen Geldforderungen zufriedengegeben. Sehr bald begann er, seine »Rechte« als Erbe einzufordern. Im Gegensatz zu Victoria war er als Lionel Sackville-Wests Kind eingetragen. Er stellte die Behauptung auf, der alte Lionel sei heimlich mit Pepita verheiratet gewesen, und folglich sei er ihr legitimes Kind. In dieser Forderung wurde er von anderen interessierten Familienmitgliedern unterstützt. Amalia und Flora hatten jedes Jahr von ihrem Vater 365 Pfund bekommen, während Henry und Max als Farmer in Südafrika etabliert worden waren. Jetzt forderten sie mehr als Geld. Auf dem Weg über Henry strebten sie nach Knole und der Peerswürde.

Zum Nachweis seiner Legitimität mußte Henry nicht nur belegen, daß seine Eltern verheiratet gewesen waren, sondern daß Pepita zum Zeitpunkt der Geburt ihrer drei Kinder nicht mit ihrem Tanzlehrer, der noch immer lebte, verheiratet gewesen war. Victoria und Lionel mußten ihn in beiden Punkten widerlegen. Die Kosten für Anwälte und Nachforschungen in französischen und spanischen Archiven stiegen von Jahr zu Jahr. Bis Ende 1904 hatten Victoria und Lionel bereits 20 000 Pfund ausgegeben. Seery zeigte sich der Situation gewachsen und lieh ihnen für die nächste Runde Geld zu drei Prozent (er »lieh« den Sackvilles über 18 000 Pfund). Was die Familie in Knole mit Angst und Verunsicherung bezahlte, ist in Zahlen nicht auszudrücken. Die Wochenendgesellschaften, die königlichen und diplomatischen Besuche, die Führungen durch die Schauräume – über allem hatte dieser Schatten gelegen.

Einmal, als Vita sechs Jahre alt war, hatte man sie und ihr Kindermädchen fortgeschafft, als Henry sich gewaltsam Zutritt zum Haus verschaffte und hysterisch verlangte, seinen Vater zu sprechen. Doch wenn Victoria – von jetzt an Lady Sackville – bislang versucht hatte, Vita mit den Details der Auseinandersetzung zu verschonen, konnte sie es nun nicht mehr. Nach dem Tod ihres Großvaters begann Vita zum Abendessen hinunterzukommen, sogar wenn Besucher da waren, das Haar nun mit einer großen, schwarzen Spange hochgesteckt. Dada mißfiel das: »Die Leute stellen uns viele Fragen über den Prozeß; das ist so peinlich, wenn Vita dabei ist.«

Der Fall kam erst nach zwei weiteren kostspieligen, unsicheren Jahren vor Gericht, in deren Verlauf die Sackvilles nie sicher waren, ob sie ihr Heim und ihre Lebensweise würden aufgeben müssen. Vita bekam alles mit. Im November des Jahres, in dem ihr Großvater starb, sah sie mit Violet ein neues Stück mit dem Titel *The Marriages of Mayfair*, das offenkundig den Sackville-Fall zur Grundlage hatte. »Es war amüsant, weil es eine so starke Ähnlichkeit mit meinem eigenen Fall hat; Peer, der eine *Tänzerin* heiratet, während ihr Ehemann noch lebt etc.«

Im Jahr 1909, als der Fall anhängig war, wurde Vita in die Gesellschaft eingeführt. In einem weißen Spitzenkleid mit gerüschten malvenfarbenen Borten ging sie im Januar auf einen Ball bei Lady Jane Combe. Die Familie konnte ihr auf Knole keinen Ball geben, weil dessen Erträge von Treuhändern verwaltet wurden. Im April fuhr Victoria mit Vita zur Erholung nach Dover. Lady Sackville schrieb: »Sie und ich führen auf der Pier lange Gespräche über ihre Ansichten vom Leben. Ich will nicht, daß sie sich angewöhnt, sich bei allem und jedem zu fragen: *à quoi bon!*« Aber die siebzehnjährige Vita nahm an der widersprüchlichen Geschichte ihrer Familie ein eifriges Interesse.

Sie war von Pepitas Geschichte fasziniert und identifizierte sich mit der romanischen Seite ihrer Herkunft. In den Augen ihrer Schulfreundinnen machte der Skandal sie zu einer romantischen Figur; der Ton von Rosamunds Briefen änderte sich. Sie war in Vita verknallt. Viele der in diesem Jahr an die offenbar herrische »Carmen« oder »Prinzessin« gerichteten Briefchen waren masochistisch und sentimental. Vita spann nicht nur ihre eigenen romantischen Phantasien fort, sondern wurde zum Gegenstand der Phantasien der anderen Mädchen. Im Klassenzimmer von Miss Woolff kursierten Zettel:

»Prinzessin, warum machst du mich so traurig? ... Es ist gut, daß du in einer kultivierten Zeit lebst, weil man nicht wissen kann, was du alles tun könntest, wenn irgend etwas dein spanisches Blut reizt – hast du welches? Ich hätte dich gern einmal einen Tag für mich allein, denn wenn ich auch von einer Menge anderer Mädchen umgeben bin, lebe ich nicht im siebten Himmel. Versprich mir, daß du dich morgen *nicht* neben mich setzt. Es ist nicht so, daß ich dich nicht gern in meiner Nähe hätte, aber ich kann mich dann nicht auf die Fragen konzentrieren, weil ich – anderweitig in Anspruch genommen bin.«

Im Frühjahr war Vita wieder in Florenz, wo Signorina Castelli, die Verbindungen hatte, sie in die dortige Gesellschaft einführte. Ein junger Mann, dem sie begegnete, Orazio, der Marchese Pucci, verliebte sich in das große, dunkle englische Mädchen. Er folgte Vita und Signorina Castelli nach Rom, wo sich Lady Sackvilles alter Verehrer, Baron Bildt, ihrer annahm. Als Vita im Juni nach England zurückkehrte, befand sich Orazio Pucci auf dem gleichen Fährschiff. Lady Sackville war amüsiert: »Es kommt mir komisch vor, daß Vita bereits einen ›Verehrer‹ hat. Sie hat mir alles erzählt, was er zu ihr gesagt hat, und er hat es in Italien sicherlich ernst gemeint. Armer, kleiner Mann!«

Unter diesen Umständen konnten sie kaum umhin, ihn nach Knole einzuladen, so abgeschottet es auch war. Bei seinem ersten Besuch zeigte ihm Vita das Haus und die Gärten. »Mutter schwört, daß er in mich verliebt ist, und ich bin geneigt, es zu glauben. Armer Pucci!« Bei seinem zweiten Besuch machte er Photos – Vita an ihrem Schreibtisch, Vita in ihrem Zimmer, Vita in ihrem Sommerhaus. Lady Sackville war in ihrem Element. »Durch viele kleine Winke gebe ich ihm zu verstehen, daß er Vita nie wird heiraten können. Sie sagte, er stehe kurz davor, ihr ›ein paar Dinge zu sagen, die er nicht sagen sollte‹, daß sie jedoch das Gefühl habe, ein vernünftiges Mädchen gewesen zu sein. Ich riet ihr nachdrücklich, nicht zu flirten und der Befriedigung eines Antrages zu entsagen.« Vita hatte nicht im geringsten den Wunsch, ihn zu heiraten, und Lady Sackville hatte das Gefühl, daß »sie weiß, daß er zu gebieterisch für sie ist und daß ihr Leben zu ruhig werden würde«.

Bei seinem dritten Besuch hatte Pucci auf einem Spaziergang im Garten bis nach King's Beech eine lange private Unterhaltung mit Lady Sackville. Sie teilte ihm mit, »seine Bemühungen um Vita seien sinnlos, da wir nicht wünschen, daß sie heiratet«. An jenem Abend kehrte er sehr niedergeschlagen nach Italien zurück. (Lady Sackville selbst hatte gerade eine neue *amitié amoureuse* mit William Waldorf Astor vom nahegelegenen Hever Castle angefangen, und Lord Sackville spielte noch immer regelmäßig mit Lady Connie Golf.)

Rosamund, beunruhigt, daß ihre »Prinzessin« sich ihr entfremdete, schrieb an Vita und bat um Briefe. »Unser Verhältnis zueinander wird immer so bleiben, wie es jetzt ist, nicht wahr?« Ihre klagenden Briefe verfolgten Vita auf einer Reise, die sie im Herbst 1909 mit ihrer Mutter und Seery nach Rußland unternahm. »Der Prozeß« gehörte längst der Vergangenheit an. Sie wohnten bei Graf Joseph Potocki, einem polnischen Adligen, in seinem großen *château* in der ukrainischen Steppe, einem Besitz von 100 Quadratmeilen zwischen Warschau und Kiew.

Am Bahnhof von Schepetowka wurden sie von zwei riesigen kanariengelben Mercedes-Automobilen abgeholt; im Schloß gab es Kosakendiener, die nachts auf der Schwelle ihrer Schlafräume schliefen, es gab »Zwerge, die Zigaretten reichten, einen Riesen und Tokajer von 1740«. Lady Sackville hoffte, daß ihr vermögender Gastgeber Vita nicht zu sehr bewunderte. »Das liebe Mädchen erzählt mir alles, und es ist ein Glück, daß ich sie so erzogen habe – obgleich sie sehr ahnungslos ist, versteht sie es, richtig mit Männern umzugehen.«

Vita erkannte aber auch die Beschaffenheit der Gesellschaftsordnung, in die sie Einblick erhielten, so gut, daß »es für mich überhaupt keine Überraschung bedeutete, als acht Jahre später die Russische Revolution ausbrach«. Sie sah die erbärmlichen Behausungen, in denen die Bauern ihres Gastgebers lebten. »Ich sah, wie sie vor ihrem Herrn auf dem Boden krochen und wie sie von ihm sorglos mit einer Hundepeitsche gezüchtigt wurden.«[18] Wie jede Mutter, die sagt, ihre Tochter »erzähle ihr alles«, hatte Lady Sackville keine Ahnung, was sich in Vitas Gefühlsleben abspielte, insbesondere wußte sie nichts über ihre Egozentrik und Leidenschaftlichkeit. Eine der Freundinnen Vitas aus Sevenoaks, Irene Hogarth (von Vita nach der italienischen Form ihres Vornamens immer »Pace« genannt), hat auf Vitas Wunsch in jenem Herbst die Persönlichkeit ihrer Freundin wie folgt analysiert:

»Ich glaube, du bist *sehr, sehr leidenschaftlich* und *treu* und *großmütig*! Aber du kannst ebensosehr hassen wie lieben! Du bist in sehr vielen Dingen gefühlsbetont, besonders wenn du selbst betroffen bist – du bist durch Unfreundlichkeit sehr leicht zu verletzen. Du bist *sehr* ehrgeizig und willst immer die erste sein... Du fürchtest dich davor, ausgelacht zu werden... Du magst Komplimente. Du bist *sehr* eifersüchtig, doch du gibst dir Mühe und verbirgst deine Gefühle so gut wie möglich. Du hast ein starkes Verlangen nach Mitgefühl, und manchmal kannst du selbst sehr mitfühlend sein.«

Irene Hogarth schätzte Vita richtig ein. In einer Skizze, die sie selbst mit siebzehn Jahren in ihrem unveröffentlichten Roman »Marian Strangways« schrieb, setzte Vita hinzu, daß sie, obgleich sie Fremde durch ihre Reserviertheit einschüchterte, nicht selbstgefällig sei, »eher schüchtern und in Gesellschaft meiner selbst nicht sicher«.

Die Mauern, die sie um sich errichtete, wurden immer höher. Sogar ihre privaten Gedichte handelten von Orten, geschichtlichen Gestalten oder von der Natur; sie schrieb – oder bewahrte – keine pubertären Gedichte über ihre Gefühle. Mit dem Humor tat sie sich schwer; sie konnte nur spontan lustig sein, wenn sie mit ihrem Vater zusammen war. Sie schrieb weiterhin Romane in einem vielsilbigen, mit Latinismen durchsetzten Englisch, die nie veröffentlicht werden sollten – gewöhnlich spielten sie in Italien, befaßten sich mit allegorischen Wanderern und waren von Päpsten, Medicis, Malern und Dichtern bevölkert. Vor ihrem Zusammentreffen mit

Pucci hat sie ein Versdrama über Leben und Tod von Chatterton verfaßt und es ihrer Mutter zum Lesen überlassen. Unterwegs nach Italien, schrieb sie aufgeregt nach Hause: »Ich habe heute morgen etwas vergessen, um das ich dich bitten wollte: Zeige mein Stück nicht Dada, *bitte, bitte*; wenn du magst, kannst du es Seery zeigen, aber nicht Dada und noch weniger Lady Connie.« Vita hatte, wie »Pace« sagte, Furcht davor, »ausgelacht zu werden«, und sie wußte sehr wohl, daß man mit Sicherheit über einige Dinge, die sie tat, lachen würde, wenn diese bekannt würden. Sie schätzte »Chatterton« hoch ein und führte es auf dem Dachboden von Knole für sich selbst auf, »jedesmal durch meine Darstellung zu Tränen gerührt«. Für diese Rolle hatte sie ein besonderes Kostüm entworfen: schwarze Hosen, die ihr Mädchen Emily heimlich genäht hatte, Schnallenschuhe und ein weißes Hemd. *Chatterton* war das erste ihrer Werke, das in Buchform erschien. Für 100 Exemplare, die bei Messrs Salmon in Sevenoaks gedruckt und gebunden wurden, bezahlte sie fünf Pfund, die sie sich im Laufe des Jahres von ihrem Taschengeld zusammengespart hatte. Ein Exemplar schenkte sie ihrer Mutter zum Geburtstag.

Ihre einsame Nachahmung Chattertons bezeugt die Intensität ihrer Phantasie im Alter von siebzehn Jahren. In *Erloschenes Feuer* schrieb sie über die Mädchenjahre ihrer Heldin: »Denn die Gedanken hinter diesem zarten und mädchenhaften Äußeren waren von einer unmäßigen Heftigkeit, die einem wilden jungen Mann Ehre gemacht hätte. Sie dachte an nichts weniger als an Flucht und Versteck, sie dachte daran, sich einen anderen Namen beizulegen, sich als Mann zu verkleiden und frei in einer fremden Stadt zu leben...«

Kapitel 3

Der Prozeß um die Erbfolge wurde am 1. Februar 1910 eröffnet. Zwei Tage später wohnte Vita der Gerichtsverhandlung etwa fünf Minuten lang bei, nachdem der Unterricht bei Miss Woolff vorbei war. Es war der Tag, an dem sich Henry, da seine Sache schlecht stand, dafür entschied, seinen Prozeß selbst zu führen. Lord Sackville war strikt dagegen gewesen, daß Vita am Prozeß teilnahm, doch Victoria schmuggelte sie in den Saal. »Schau dir deine Verwandtschaft an«, sagte sie verächtlich zu ihrer Tochter, »sie sehen aus wie Klempner in ihren Sonntagsanzügen.« Vita bemerkte lediglich, daß Henry sehr besorgt aussah. Die Zeitungen konnten von dem Prozeß nicht genug bekommen; die Sackvilles und ihre romantische Vergangenheit gaben einen wunderbaren Stoff ab. Vita war verwirrt, aber erregt; sie akzeptierte den neuen Lehrsatz ihrer Mutter, Pepita, die Tochter eines Zigeuners, sei von einem spanischen Herzog und nicht von einem obskuren Frisör gezeugt worden. »Ich glaube, meine Vorfahren mütterlicherseits sind so pittoresk, daß sie kaum zu überbieten sind.«

Henry verlor, und Lord und Lady Sackville und ihre Tochter kehrten im Triumph nach Sevenoaks zurück. Die Stadt hieß sie mit Geschenken und Ansprachen willkommen. Lionel empfand alles als eine »scheußliche Belästigung«, doch Vita betrachtete es, abgesehen von »einer schrecklichen Teegesellschaft« in der Turnhalle von Sevenoaks, als großen Spaß. Die feierliche Rückkehr nach Knole war sogar noch besser: sie wurden von einem Empfangskomitee der Dienerschaft erwartet, und die Tochter des ersten Kutschers überreichte Vita eine Schachtel Pralinen. »Nie zuvor oder später habe ich mich so königlich gefühlt.« Als Vita diese Szene später in *Pepita* beschrieb, ließ sie die drei ins Haus gehen und im Familienkreis dinieren, doch in ihrer Tagebucheintragung für diesen Tag schrieb sie, daß »wir mit dem Auto nach London zurückfuhren und mit den Hays aßen«.

Sie hatten ihr Besitztum zurück und damit eine Sicherheit, der sie sich viele Jahre nicht hatten erfreuen können. Vita bekam ein neues Zimmer in dem Turm, den ihr Großvater bewohnt hatte, und von dem sie auf die winzige Fasanerie blickte. Ihre Kammerzofe Emily schlief in dem Zimmer darüber, das man das Kinderzimmer des Kleinen Duke nannte. Lady Sackville ließ Vitas Zimmer ganz in Rosa tapezieren, doch ihre Tochter hatte eigene Vorstellungen. Bald war ihr Zimmer von ihrer Persönlichkeit erfüllt und von Italien, »dem kraftvollen, verschwenderischen, grausamen Italien der Renaissance«. Sie wünschte sich ihr Zimmer »ernst und schmucklos«, es sollte nicht »das Schlafzimmer eines jungen Mädchens« sein: kein Teppich und die Wände mit selbstgeschaffenen Fresken geschmückt.

Während der Prozeß lief, hatte man Vita zum erstenmal malen lassen. Lady Sackville war besonders dadurch geschmeichelt, daß der Künstler, der berühmte Philip de Laszlo, von Vita so beeindruckt war, »daß er sie sofort umsonst malen wollte«. Lady Sackville wollte, daß Vita einen großen Hut und einen Pelz trug. De Laszlo meinte, das werde »ihre jugendliche Ausstrahlung ein wenig beeinträchtigen«; er schickte eine Skizze – offenes Haar, ein Strohhut im Nacken, Dekolleté und fließende Schleier. Lady Sackville trug den Sieg davon. »Mutter und er waren sich einig, als sie sein halbfertiges Bild nicht kritisierte«, schrieb Vita.

Ihre Liebesbeziehung mit Oracio Pucci (oder besser: die seine mit ihr) war nicht vorüber, doch gegenüber ihrer Liebesbeziehung zu Italien kam sie erst an zweiter Stelle: »Dies ist es wert, ein ganzes Jahr darauf zu warten... Voller Entzücken und Freude über mein schönes, geliebtes Florenz bin ich ganz außer mir.« In diesem Jahr fuhr sie mit Rosamund Grosvenor und Fie, einer alten Gouvernante; sie wohnten in der Villa Pestellini in Fiesole. »Heute nachmittag gingen wir mit Pucci zu den Rennen in Cascine; er war sehr überrascht, als er meinen Brief bekam, in dem ich mein Kommen ankündigte.« Er schickte ihr Rosen und begleitete sie überallhin. Rosamund äußerte ihr Mißfallen. Fie untersagte ihm, sie nach Venedig zu begleiten, gestattete ihm jedoch, ihnen bis Bologna zu folgen. In der Nacht vor ihrer Abreise schrieb Vita in ihr Tagebuch: »Ich glaube, ich hätte seinetwegen nicht herkommen dürfen; er hat es ganz und gar falsch verstanden.«

Sie war geschmeichelt; sie notierte jedes Treffen, jedes Kompliment. Diese Erfahrung war zu interessant, als daß sie darauf hätte verzichten mögen. Sie übte sich im Flirt und in der Erprobung ihrer Macht. Sie wußte nicht, warum sie ihn nicht liebte. Vielleicht, so dachte sie, weil er kleiner war als sie. »Am Abend, wenn wir saßen, liebte ich ihn beinahe.« Und im Dunkel der Kutsche nach einer Aufführung der *Aida*, als er ihr seine Liebe auf italienisch gestand, liebte sie ihn beinahe wieder.

Trotz Fies Verbot tauchte er in Venedig auf und blieb vier Tage. »Wir jagten ihn in ein anderes Hotel, als er vorschlug, in dem unsrigen zu wohnen.« Vita, die die Führung der Damengesellschaft übernommen hatte, wurde eine sachkundige und gebieterische Reisende: »Die Pension, in der ich Zimmer zu bekommen hoffte, hatte keine, also schliefen wir im Hotel Britannia und gingen in die Pension Visentini, doch die war so schlecht«, daß sie in das viel größere Danieli übersiedelten. In Venedig langweilte sie sich, »doch Florenz bleibt eben doch Florenz und wird es, hoffe ich, immer sein«. Wieder zu Hause, warf sie einen weiteren ihrer monumentalen Romane aufs Papier, das zur Veröffentlichung ungeeignete Werk »The City of the Lily«, angesiedelt im 15. Jahrhundert.

Bevor sie nach Italien ging, hatte sie einen ausgewachsenen zeitgenössischen Roman abgeschlossen, »Behind the Mask«; Heldin ist ein modernes Mädchen mit einer weltlich gesinnten Mutter, das, wie die junge Verfasserin, in einen »mütterlichen Fischteich« geworfen wird, in dem sie sich wie ein Köder vorkommt. »Sie haßte das Ganze: es erschien ihr plump und vulgär.« Schließlich heiratet die Heldin einen faden, ergebenen Franzosen, den sie nicht liebt; der Mann, den sie liebt, aber nicht heiraten will, ist zuallererst ein Spielgefährte, klug und hübsch, dem sie eine ungezwungene Zuneigung entgegenbringt. Jedermann, so schreibt Vita in diesem prophetischen Roman, verbirgt seine wahren Gefühle hinter einer Maske. »Gibt es jemanden ohne die Maske?... Nicht der Ehemann, nicht die Gattin, nicht der Sohn, dessen sämtliche Geheimnisse die Mutter zu kennen glaubt.« Die verheiratete Heldin gibt ihren Spielgefährten nicht auf und zwingt jeden der beiden Männer in ihrem Leben, ihre Gefühle für den anderen zu akzeptieren und so die Realität »hinter der Maske« anzuerkennen. »Sie beherrschte sie«, und Vitas moralische Grundsätze, wie sie sie hier formuliert, besagen, daß »ein reines Gewissen alles rechtfertigt«. Im Kern und *mutatis mutandis* hat Vita hier, bevor sie achtzehn Jahre alt war, das Szenario ihres eigenen Lebens beschrieben. Im Leben war ihr Spielgefährte auch ihr ergebener Ehemann, und es war die Leidenschaft, welche die dritte Seite des Dreiecks bildete.

»Behind the Mask« macht deutlich, daß Vita sich über das Heiraten nicht die geringsten Illusionen machte. Die Beschreibung der nichtssagenden, verbitterten Beziehung zwischen der Heldin und ihrem Gatten ist scharfsinnig und gut beobachtet. Sie hatte ihre Eltern als Anschauungsmaterial. In jenem Jahr – 1910 – hatte sie auch die sich verschlimmernden Streitigkeiten zwischen ihrer Mutter und Seery beobachtet. Im März war sie Zeugin einer besonders schrecklichen Szene geworden:

»Ich dachte, sie würden sich für immer zerstreiten, doch er wurde reumütig, und sie haben den Bruch halbwegs gekittet, obwohl es nicht mehr so sein kann wie zuvor. Es war alles sehr unerfreulich, und sie beschimpften sich gegenseitig, und ich haßte es ... Seery tut mir schrecklich leid! Schließlich sind wir das einzige, was ihn am Leben interessiert hat, und er ist alt; heute nachmittag weinte er.«

Für Vita war das nicht erquicklich. Kein Wunder, daß ein Einzelkind, dem täglich diese mannigfaltigen, schwerverständlichen Modelle der »Liebe« unter Erwachsenen vorgesetzt wurden, sich einen fröhlichen, kameradschaftlichen Spielgefährten herbeiphantasierte, mit dem es sich seelisch völlig verwandt fühlte und der wenig Forderungen stellte.

Bald danach begegnete sie ihm, am 19. Juni, als sie und ihre Eltern an einer Dinner Party teilnahmen, die anläßlich der Aufführung eines Stückes, »Das Gefleckte Band«, stattfand. Harold Nicolson kam zu spät. »Sehr jung, lebhaft und bezaubernd, und die erste Bemerkung, die ich von ihm hörte, war ›Was für ein Spaß!‹«[1] Verschlossen und ernst beobachtete sie ihn bei Tisch, und ihr gefiel, was sie sah.

Vita – sechs Jahre jünger als Harold – war diejenige, die den ersten Schritt machte: vier Tage später lud sie ihn nach Knole zu einem Shakespeare-Maskenspiel ein, das im Park zur Unterstützung des Shakespeare Memorial Theatre Fund inszeniert wurde. An der Aufführung waren Berufsschauspieler und Laien beteiligt. Ellen Terry war darunter, aber auch Lady Eileen Wellesley (mit der Harold Nicolson inoffiziell als verlobt galt), Venetia Stanley, Elizabeth Asquith, Mrs. Winston Churchill, Vita selbst und viele ihrer gerade in die Gesellschaft eingeführten Freunde. Vita übernahm die Rolle der Portia, und Ellen Terry lieh ihr ihr eigenes Kostüm. Die große Schauspielerin kam ihr wie eine romantische Gestalt vor, und sie schrieb über sie:

> Für mich war sie der Inbegriff von Frau, die Muse
> Aller Verse, die Jung-Orlando an die Eiche hängte.[2]

Doch das war lange danach; und am Tag des Maskenspiels gab es Nieselregen. Das Mittagessen wurde für alle in der Großen Halle serviert (Mr. Asquith, der Premierminister, war anwesend), und viele Anwesende blieben über das Wochenende – darunter Harold und Rosamund Grosvenor.

In den folgenden Wochen begegneten sich Harold und Vita zufällig auf Parties in London. Im Lauf des Sommers kam er mehrere Male fürs Wochenende nach Knole, und im November schrieb sie ihm den ersten längeren Brief und lud ihn zu einem Dinner mit anschließendem Tanz ein, zu dem sie »einen Mann mitbringen« sollte. Sie erkundigte sich auch nach dem Zustand seines kleinen Autos, das er »Green Archie« nannte. (Der andere Archie in Harolds Leben war Archie Clark-Kerr, wie Harold selbst im diplomatischen Dienst – sein engster Freund, so wie Rosamund die engste Freundin Vitas war.) Harolds wiederkehrende Besuche in Knole bedeuteten nicht notwendigerweise, daß Vita das Tempo angab. Es waren die Eltern der Debütantinnen, die diese Gesellschaften für junge Leute gaben, wobei die Mädchen, wie Vita es sah, die Köder im mütterlichen Fischteich waren. Ein akzeptabler junger Mann brauchte nichts anderes zu tun, als diesen Einladungen Folge zu leisten.

Wegen des Prozesses war Vitas gesellschaftliche Einführung weniger nachdrücklich vonstatten gegangen, als man es sich vorgestellt hatte, und dann wurde das gesellschaftliche Leben durch den Tod Edwards VII. überschattet. Sie ging mit ihrem Vater zum Trauergottesdienst für den alten König in der Westminster Abbey. »Der deutsche Kaiser redete dauernd auf den König [George V.] ein, was jedermann als sehr geschmacklos empfand.« Bald nach dem Tode Edwards verschwand seine inoffizielle Witwe, Alice Keppel, in aller Stille mit Violet und deren jüngerer Schwester Sonia zu einem längeren Aufenthalt nach Ceylon, und Vita fuhr nach Duntreath, um Violet vor der Abreise noch einmal zu sehen. Wie schon zuvor machte Violet auch diesen Besuch zu einem romantischen Ereignis; später schrieb sie an Vita: »Erinnerst du dich an das unaufhörliche, ziellose Trippeln der Taubenfüße auf dem Dach und an die Dohlen, die von Turm zu Turm flogen? Und an den Stern, der vom Fenster der Rüstkammer auf uns herniederblinzelte, und an die vereinzelten Schreie der Nachteulen?«

Die intensive emotionale Atmosphäre, die Violet schuf, steckte Feridah an, ein anderes Mädchen, das sich dort aufhielt. Feridah beschrieb in einem Brief, wie sie und Violet sich »stundenlang« über Vita unterhielten, nachdem diese fort war:

»Was dich anging, kam ich zu dem Schluß, daß du Vollkommenheit erlangen könntest, wenn du einen Mann heiraten würdest, der dich traurig machte... Aber du darfst keinen *Engländer* heiraten! – er würde dich nicht genügend unglücklich machen. Und dann sagte ich zu Violet, daß ich stolz sei, jemanden zu kennen, der sich im Stadium einer Schmetterlingspuppe befand, dessen Leben man in den kommenden Jahren aufzeichnen würde... Du wirst auf der Spitze der Nadel der Kleopatra sitzen, und die Nadel wird niemand beachten.«

Ein letztes Lebewohl sagten sich Vita und Violet in London, indem sie immer neue Runden durch den Hyde Park drehten, wobei Violet sie zu überreden suchte, sie nach Ceylon zu begleiten. Im Auto küßte sie Vita. Es war »überaus beunruhigend«.

Aber Vitas Pläne standen bereits fest: Eine hartnäckige Sommergrippe drohte sich zu einer Lungenentzündung auszudehnen, und Lady Sackville wollte Vita während der Sommermonate in die

Sonne bringen; sie zogen in das Château Malet, eine große weiße Villa nahe Monte Carlo. »Versuche nicht, dich zu verheiraten, bevor ich zurück bin«, schrieb Violet in einem ihrer zahlreichen extravaganten Briefe aus Ceylon. »Schließlich bin ich bloß ein Mädchen. Ich hätte vorhersehen müssen, daß vielleicht in deinem Alter eine Liaison mit einem Mann ins Haus steht... ich merke, daß ich im Begriff stehe, unpassende Dinge zu sagen. Bitte, lache nicht, versprich, daß du nicht lachst.«

Die sechs Monate in Südfrankreich waren für Vita eine Zeit »vollkommenen Glücks«. Ihr Gefühlsleben wurde immer komplizierter, und damit wurde es um so notwendiger, es zu verbergen. Die ersten Besucher am Neujahrstag 1911 waren Harold und Archie Clark-Kerr. Zwischen Harold und Vita entwickelte sich eine »ziemlich kindliche Kameradschaft«, und sie war ein wenig verletzt, als er nach zehn Tagen ohne sichtbare Anzeichen des Bedauerns abreiste. Er fehle ihr – »Cosa tristissima«, schrieb sie in ihr Tagebuch – »er war der beste wirkliche *Gespiele*, den ich kennengelernt habe«.

Eine Woche später kreuzte Oracio Pucci auf und machte ihr erneut einen Antrag. »Mein Gott, wie unglücklich würde ich mit ihm sein!«

Die nächste Besucherin war Muriel, Archies Schwester, eine blasse, hübsche Frau von 25 Jahren, die Vita zu ihrer Vertrauten machte: sie war noch nie verliebt gewesen und wollte nie heiraten. Vita hatte sie zuvor nicht sehr gut gekannt, doch als Muriel sie nach drei Wochen verließ, schrieb sie in ihrem Tagebuch über ihre neue Freundin: »Ich liebe sie wirklich sehr.« Die beiden hatten sich im Garten der Villa unterhalten und Briefe geschrieben, ausgedehnte Spaziergänge unternommen und unter Olivenbäumen Siesta gehalten. Aus dieser Zeit stammt Vitas lebenslange Gewohnheit, die Erregung der Liebe mit der Sonne und den Gerüchen des Südens zu verknüpfen. »Ich will keine Beschreibungen verfassen, aber ich glaube, ich bin seit langem nicht mehr so glücklich gewesen.« Aus Lower Sloane Street in London schrieb Muriel an Vita: »Ich werde in London nicht ›frigide‹ sein – warum sollte ich? denn auch ich habe große Lust. Ich haßte es, mich zu verabschieden, und habe dir noch nicht oft genug gesagt, wie sehr ich es liebte, im Palais Malet zu sein, oder wie glücklich ich bin, daß wir uns auf das ›Risiko‹ eingelassen haben. Diese zwei Tage in den Bergen! Wie glücklich wir waren.«

Während Muriel noch in der Villa wohnte, war Violet Keppel aufgetaucht. Die Keppels hielten sich jetzt in San Remo auf. »Immer noch ein bißchen verrückt, aber faszinierend«, lautete Vitas Urteil über Violet, die ihr aus Ceylon einen Rubin mitgebracht hatte.

Muriel und Violet an ihrer Seite, empfing Vita aufgeregte Briefe von Irene Hogarth – »Pace« – aus Sevenoaks: »Ich liebe dich so – *de tout mon cœur* – und jeden Tag mehr, falls das möglich ist – aber ich glaube nicht, daß du weißt, wie *furchtbar* schwer es ist, die Maske abzuwerfen, die ich hier tragen muß... Schelte mich, so sehr du immer magst – es ist gut für mich und ich mag es, denn dann weiß ich, daß ich dir noch immer etwas bedeute – doch verlaß mich nicht.« Um Irene solche Briefe zu entlocken, müssen Vitas Briefe entsprechend fordernd gewesen sein; vielleicht eine Art Geißelung mit Worten.

Der nächste Ankömmling war Joseph Potocki, der, aufs schmeichelhafteste flirtend, »aus Warschau kam, in erster Linie, um mich zu treffen, wie er sagte«.

Lord Sackville kam zu Besuch, was Lady Sackville nervös machte; sie schleppte ihre Tochter zu ungezählten Casinobesuchen und Einkaufsbummeln nach Monte Carlo und einmal zum Tee bei der fünfundachtzigjährigen Kaiserin Eugénie. Es war Lady Sackville, die Rosamund Grosvenor in die Villa einlud, nachdem Violet nach München abgereist war, um Deutsch zu lernen. »Rosamund ist sehr nett und sensibel«, schrieb Lady Sackville hoffnungsvoll in ihr Tagebuch.

»Ich liebe sie so sehr«, schrieb Vita in das ihre, als Rosamund eintraf. Die gefühlvolle Rosamund nahm bei den Siestas unter den Olivenbäumen Muriels Platz ein. Als Rosamund jedoch nach drei Wochen abreiste, schrieb Vita: »Seltsam, wie wenig mir das nahegeht; sie hat keine Persönlichkeit, darum.« Und aus München schrieb Violet, die über so viel Persönlichkeit verfügte, lange, aufreizende, schmeichelhafte, schwülstige Liebesbriefe in ihrer wilden Mischung aus Französisch und Englisch. Sie forderte Vita heraus, in derselben Art oder überhaupt nicht zu antworten; wenngleich sie zwei Jahre jünger sei, schrieb Violet, werde sie »in moralischer Hinsicht« immer fünfzig Jahre älter sein.

Im April 1911 kehrten die Sackvilles über Florenz nach England zurück. Lady Sackville war des Italienischen nicht mächtig (das war der Grund, warum Vita lange Passagen ihres Tagebuchs in dieser Sprache niederschrieb) und war in Italien von ihrer Tochter beeindruckt. »V. spricht ganz vortrefflich italienisch ... Sie wirkt und benimmt sich so, als gehöre ihr ganz Florenz.« Noch einmal erschien Oracio Pucci, machte seinen Antrag und wurde abgewiesen.

Zurück in England, nahm Vita mit ihrem Vater an der Krönung von König George V. teil – sie sollte ihre Erinnerungen an dieses Ereignis auf den Schlußseiten von *Schloß Chevron* verwerten – und fuhr fort, Gesellschaften und Tanzveranstaltungen zu besuchen. Es verblüffte Lady Sackville, daß »ihr diese albernen Unterhaltungen gefallen, wo sie doch so ernst ist – und die meisten der jungen Männer, denen sie begegnet, sind so uninteressant.« Sie fühlte sich in der Tat fremd; sie hatte immer noch – wie bei Miss Woolff – das Gefühl, niemand möge sie. Als Frau in mittleren Jahren sollte sie immer wieder vom Traum einer Abendgesellschaft heimgesucht werden, auf der sie sehr beliebt und sehr gefragt war. »Jedermann mag mich, drängt sich um mich und bemüht sich um mich. Ich kann diesen Traum sehr leicht deuten: er geht geradewegs auf die Zeit zurück, in der ich debütierte und niemand mich mochte.« Als sie in *Schloß Chevron* Sebastians Gefühle über die Londoner Saison beschrieb, sprach sie von den ihren: »Er liebte sie und haßte sich für diese Liebe. Er liebte sich für diesen Haß und haßte sich, weil er sich unterwarf.« Diese Sätze sollte sie während jener Monate schreiben, als sie »draußen« war und »eine Art Scheinleben führte, das keinen Eindruck bei mir hinterließ«.[3]

Sogar ihre Beziehung zu Rosamund, die mit ihr die Tage und Nächte auf Knole verbrachte – sie malten Vitas Zimmer im pseudoitalienischen Stil aus mit einem scharlachfarbenen Drachen, weißen Lilien und »schemenhaften Türmen« auf einem blauen und goldenen Hintergrund –, war, wie sie sagte, oberflächlich. »Um es frei heraus zu sagen, glaube ich, daß es nahezu ausschließlich körperlich war, denn als Kameradin hat sie mich immer gelangweilt.«[4]

Im Mai erneuerte Kenneth Campbell seine unangenehmen Annäherungsversuche. Er begleitete sie zu einem Ball, wo er ihr unverblümt sagte, welche Gefühle er für sie hege. Sie war entsetzt. »Guter Gott, er ist in mich verliebt!« schrieb sie in ihr Tagebuch. »Ist Freundschaft denn wirklich unmöglich? Was, wenn ich ihn heiratete? Unmöglich!« Sie beschloß, niemandem etwas von dieser bedrückenden Episode zu erzählen.

Falls Vita an ihrer Anziehungskraft Zweifel gehabt hätte, wäre dieses Jahr mit seinen zahlreichen und mannigfaltigen Eroberungen dazu angetan gewesen, diese zu zerstreuen. Doch ihre Entfremdung war offenkundig. Ihr Vater schrieb an Victoria: »... es tut mir zwar leid, es mitanzusehen, doch sie scheint Dinge nicht zu mögen, die normal und gewöhnlich sind... Ich sehe ein, daß es keinen Zweck hat zu versuchen, sie zu zwingen, und ich fürchte sehr, daß es damit endet, daß sie einen ›Souly‹ heiraten wird [d.h. einen Intellektuellen nach Lord Sackvilles Begriffen, einen Typus, den er nicht gerade schätzte].«

Es gab ein paar »gewöhnliche Dinge«, an denen Vita Spaß hatte. Sie lernte Autofahren und zog es vor – für 1911 unkonventionell – selbst zu fahren, statt gefahren zu werden. Sie freute sich über das russische Bärenjunge, das einer ihrer Tanzpartner, Ivan Hay, ihr geschenkt hatte; sie hielt das Tier im Garten in einem Käfig und nahm es, an einer Kette, auf Spaziergänge mit. Sie gab einem Journalisten der *Evening Times* ihr erstes Zeitungsinterview (»Lord Sackvilles Tochter erzählt von ihrem Lieblingstier«): »Die Ehrenwerte Vita Sackville-West wurde bei einem Tennismatch unterbrochen, bei dem sie ein schlichtes weißes Kleid und ein pittoreskes, nach korsischer Art gekräuseltes seidenes Kopftuch trug.« Sie erinnerte den Reporter daran, daß der Besuch des Hauses und des Anwesens dem Publikum lediglich an den letzten drei Tagen jeder Woche gestattet sei.

Harold Nicolson, *en poste* bei der Britischen Gesandtschaft in Madrid, hatte an einer Geschlechtskrankheit gelitten, »eine Folge Andalusiens und des Wunsches, meine Männlichkeit zu beweisen«.[5] Im Sommer 1911 war er zu Hause. Seine Krankheit war allenthalben bekannt, wenn auch nicht ihre Natur, und er ging, warm eingehüllt, mit Vita im Garten spazieren. Als er sie und

Rosamund zu einer *Macbeth*-Vorstellung mit nach London nahm, kehrte Vita erst am nächsten Morgen in das Haus in Hill Street zurück, und Lady Sackville war vor Sorge außer sich. An ihrer Verspätung trug nicht Harold die Schuld, sondern Rosamund, in deren Haus sie übernachtet hatte. »Männer zogen mich nicht auf jene Weise an, die man ›normal‹ nennt. Frauen zogen mich an. Rosamund tat es. Oh, gewiß, es war mir wohl undeutlich bewußt, daß es mir nicht anstand, mit Rosamund zu schlafen, und ich hätte ganz gewiß nicht zugelassen, daß irgend jemand dahinterkam, doch weiter reichte mein Schuldgefühl nicht.«[6]

Sie und Rosamund verband eine diffuse und sentimentale Sinnlichkeit, doch niemals, weder damals noch später, liebten sie sich körperlich. Der Gedanke kam ihnen nicht.

Vita wohnte in großen Häusern, oft gemeinsam mit Rosamund: Sie waren beide im Herbst im Château Laversine in Chantilly, von wo sie ihrer Mutter scharfzüngige kleine Bulletins schickte: »Robert de Rothschild ist ein garstiger kleiner Jude. Bendor [der Herzog von Westminster] ist charmant... Lord Rocksavage ist einigermaßen schwer von Begriff.« Sie nahm in Hill Hall, dem Haus von Mrs. Charles Hunter, an einer Gesellschaft teil, zu der Malcolm Sargent, Henry James, Percy Granger und der Maler Helleu gehörten: »Eine sehr ›künstlerische‹ Gesellschaft. Dada ist zum Glück nicht da!« Bei einem Jagdball in Hampshire waren ihre häufigsten Tanzpartner Lord Gerald Wellesley und Lord Lascelles. Mitte November bemerkte Lady Sackville während eines Wochenendes in Knole, daß Harold Nicolson, der zu den Gästen zählte, in Vita verliebt war. Er war ins Außenministerium zurückgekehrt und wartete auf einen neuen Posten als dritter Sekretär mit einem Jahresgehalt von 250 Pfund.

Die Geldfrage erregte Lady Sackville stärker als gewöhnlich. Seery war krank und reizbar und drohte, sein Testament zu ändern. Lady Sackville schrieb in ihr Tagebuch: »Vita und Lionel sind so nett gewesen und verstehen, daß ich so nicht weitermachen kann.« Sie sah sich in der Rolle der zur Märtyrerin gemachten Ernährerin, die gezwungen war, sich zum Heil der Familie mit Seerys Langweiligkeit abzuplagen. Zum augenblicklichen Zeitpunkt sah sein Testament vor, daß sie 150 000 Pfund und sämtliche französischen

Möbel aus dem Appartement in der Rue Laffitte erben sollte. Ein Streitpunkt unter anderen war Seerys Mißvergnügen an Speall's, dem Geschäft für Inneneinrichtung, das Lady Sackville in South Audley Street, Mayfair, eröffnet hatte. Es nahm einen zu großen Teil ihrer Zeit in Anspruch, und er war einsam. Vita wurde in friedenstiftender Mission zu Seery geschickt und überbrachte die Grüße des Invaliden an seine übermächtige »kleine spanische Bettlerin«.

Als Harold Weihnachten 1911 in Knole war und Lady Sackville abermals auffiel, wie sehr er in Vita verliebt zu sein schien, bereitete ihr die Tatsache Sorge, daß er über so wenig Geld verfügte. »Er ist mir sehr *sympathique*, und L. und jedermann mag ihn. Vita könnte vielleicht im Ausland in einer Botschaft leben, doch sie sagt oft, sie hasse es, arm zu sein, es sei denn, sie sei verrückt vor Liebe.«

Über Neujahr in Knole, erfuhr Harold, daß man ihn nach Konstantinopel schicken werde. Vita hoffte vage, er werde ihr vor seiner Abreise einen Antrag machen. Er half ihr beim Ausmalen des Zimmers, er spielte Golf mit Lord Sackville und Walter Rubens (Rubens' Frau, eine Sängerin, war eine neue Freundin von Lord Sackville) und setzte dann, nach London zurückgekehrt, seine Tändelei mit einem befreundeten jungen Mann fort. Es war Lady Sackville, nicht Vita, die weiterhin Verbindung hielt, und Harold antwortete ihr ausweichend: »Nein: ich werde niemanden in Konstantinopel finden. Ich fürchte, ich habe die unangenehme Eigenschaft, daß ich nur Menschen verehre, die weit über mir stehen und die ich nicht heiraten kann. Vielleicht ist es ein Glück, daß ich ins Ausland gehen werde.« Und Vita kehrte zu ihren Tanzabenden zurück. Am 12. Januar 1912 schrieb sie an ihre Mutter: »Taplow hat mir ganz ungeheure Freude gemacht... Diana Manners ist hier. Dieses Mal habe ich nicht eine so große Abneigung gegen sie. Auch Lord Lascelles ist hier, der ziemlich einfältig ist, und Mr. Shaw-Stewart, der überaus gescheit sein soll und es, glaube ich, auch ist; und Mr. Chichester, ein hübscher Mar-Junge, sehr weibisch.« Ihre Gastgeberin, Lady Desborough, sei »sehr liebenswürdig« gewesen, und ihr gefiel der Sohn des Hauses, Julian Grenfell, »der riesengroß ist und oft mit mir tanzte und mich zu Tisch führte«. Ivan Hay, der ihr das Bärenjunge geschenkt hatte, war auch dort. »Er hatte zu Weihnachten einen kleinen silbernen Bären für mich und schickte ihn nicht, weil er dachte, er könne dir nicht gefallen, das war sehr nett von ihm, aber jetzt wird er ihn schicken.« Lord Lascelles war der Erbe des Earl of Harewood und verliebte sich in Vita. Der blitzgescheite Patrick Shaw-Stewart war mit Harold in Oxford auf dem Balliol College gewesen und war ein Fellow von All Soul*; als er 25 Jahre alt war, wurde er leitender Direktor des Bankhauses Gebrüder Baring. Lady Sackville gab ihrer Tochter den Rat, sich zu amüsieren: »*J'ai confiance en toi, que tu n'excéderas jamais ce qu'un ›Lady‹ peut se permettre.*«

Am 18. Januar fand in Hatfield House ein Ball statt; Vita und Harold sollten an der Wochenendgesellschaft teilnehmen. Zwei Tage zuvor suchte Seery Lady Sackville in ihrem Geschäft in der South Audley Street auf.

»Er sprach mit mir über die Möglichkeit einer Heirat zwischen Vita und H. N., den er überaus schätzt, und er versprach vage, ihr [Betrag im Tagebuch getilgt] Pfund pro Jahr zu geben, was pro Monat 100 Pfund ausmachen würde. Er sagte mir auch, er werde sein Testament ändern, wenn ich nicht nett zu ihm sei, und nannte mich mehrere Male: *Du kleine Schurkin*, und mit diesen Worten verließ er mich.«

Am nächsten Tag starb Seery.

Vita war, mit der Selbstsucht der Jugend, besorgt, man werde ihr vielleicht nicht erlauben, den Ball in Hatfield zu besuchen. Doch an jenem Abend reisten sie, Harold und Lord Sackville wie vereinbart nach Hertfordshire.

---

* All Soul: College in Oxford [Anm. d. Übers.]

Kapitel 4

Vita, in einem neuen Ballkleid, bekam Harold während des Balles kaum zu Gesicht, sondern erst nach Mitternacht. Er haßte das Tanzen. Dann suchte er sie auf. In »Marian Strangways« hat sie eine dramatische Beschreibung dessen gegeben, was geschah. Sie verließen die Gesellschaft und gingen nach oben. Auf dem Treppenabsatz standen zwei grüne Reisekoffer, auf denen sie Platz nahmen. »Er blickte sie auf eine neue Art an«, und sie plapperte, um der Gefahr auszuweichen. »Sie vermied seinen Blick, und er riß bedächtig einen Knopf nach dem anderen von seinen weißen Handschuhen ab.« Dann »zerbröckelten die Mauern zwischen ihnen«, und er sagte: »Ich liebe dich – ich liebe dich!«, und sie konnte nur denken: »Jetzt habe ich die Bescherung«, und alles, was sie sagen konnte, war »Nicht, o, nicht«, und sie reichte ihm ihre Hand, die er beinahe zerdrückte.

Am folgenden Tag, zurück in Knole, trug sie ihr Tagebuch nach: »Ich bat ihn zu warten, mindestens ein Jahr, weil ich mir nicht sicher bin. Ich meine, alles geträumt zu haben. Weil ich im Grunde meines Herzens weiß, daß ich ihn heiraten werde... sagte ich ihm, daß ich ihn nicht liebe, ich weiß nicht, warum.« Er hatte sie nicht geküßt: »Nachher saßen wir ziemlich verwirrt an der Tafel und sprachen aufgeregt und ziemlich verschwommen über die Wohnung, die wir in Rom haben würden.«

Harold kam nach Knole und führte lange Gespräche mit Lady Sackville unter vier Augen. »Er ist ein so lieber Junge... darum will ich ihn besser kennenlernen und wie eine Mutter zu ihm sprechen.« Später saß Vita im Zimmer ihrer Mutter in Bourchiers Turm, »wo sie meine Juwelen anprobierte und die ganze Zeit von Harold sprach, dem sie so gern bei seiner Karriere behilflich sein würde«. Als Lord Sackville und Lady Connie eintrafen, waren sie weniger begeistert und sagten zu Lady Sackville, sie sehe die gefühlsmäßige, nicht aber die praktische Seite. »Natürlich ist [Lionel] enttäuscht, daß sie nicht eine große Partie mit einem großen Namen macht.«

So eröffnete ihm denn Lady Sackville beim letzten »großen Gespräch« in ihrem chinesischen Zimmer, daß sie sich vor Ablauf eines Jahres unmöglich als offiziell verlobt betrachten dürften; Vita müsse »vollkommen frei« sein; sie »dürften nicht wie Verlobte miteinander korrespondieren, und Worte wie Liebster oder Liebling dürften nicht gebraucht werden!«

So schieden denn die beiden jungen Leute vor den Augen von Dada und Connie wie zwei gewöhnliche Freunde voneinander. »Ich verstehe mich selbst nicht, ich bin völlig betäubt«, schrieb Vita an jenem Abend. Sie und Harold hatten den größten Teil des Tages zusammen damit verbracht, mit schnellen Schritten im feuchten Gras des Parks spazierenzugehen, *per bisogna di movimento*«.

Sobald er fort war – er würde erst nach sechs Monaten aus Konstantinopel zurückkehren –, mußte Vita sich zu Bett begeben. »Mutter kam ein- oder zweimal am Tag in mein Zimmer und hielt sich eine kleine grüne Flasche mit einem Desinfektionsmittel an die Nase; sie sagte, es seien 300 Treppenstufen von ihrem Zimmer bis zu meinem, und es sei sehr lästig, das Gefühl zu haben, man müsse jemanden aufsuchen, der krank sei und auf einen warte, so daß ich jedesmal vor Bedrückung schluchzte, nachdem sie wieder gegangen war.«[1] Lady Sackville hatte keine Ahnung von der niederdrückenden Wirkung ihrer Besuche; sie bemerkte lediglich, daß Vita »während ihrer leichten Grippe« bekannt hatte, sie liebe Harold, als sie in ihrem dämmrigen, freskengeschmückten Schlafzimmer lag. »Es war wie eine Szene aus einem Theaterstück.«

Vita hatte Harold einen Abschiedsgruß geschrieben – »Ich liebe dich. Auf Wiedersehen.« Dann, in ihrem Tagebuch vom 24. Januar: »Ich kann mich nicht erinnern, jemals so unglücklich gewesen zu sein. Erst heute habe ich zu verstehen angefangen, daß ich ihn nicht liebe.« Sie war hoffnungslos verwirrt. Sie schrieb etwa alle fünf Tage an »Meinen lieben Harold«, und er antwortete ihr. Einmal in der Woche schrieb sie auch an ihre Mutter, wohl wissend, daß sie eine wichtige Befürworterin seiner Werbung war. Lady Sackville traf mit Harolds Eltern zusammen, Sir Arthur Nicolson (später Lord Carnock und 1912 ein ausgezeichneter Diplomat und Unterstaatssekretär im Auswärtigen Amt) und Lady Nicolson. Sie fand sie beide »sehr häßlich und sehr klein und unschön anzusehen«, wenn sie auch bemerkte, Sir Arthur sei »ein Schatz«. Lady Nicolson, die von Harold sehr verehrt wurde, erschien ihr »todlangweilig und genée; höchst unansehnlich; doch eine brave femme. Ich sprach kein Wort mit ihr.«

Lady Sackville konnte es sich leisten, herablassend zu sein. Obgleich die Streitigkeiten über Seerys Testament, das sie als Hauptbegünstigte vorsah, unmittelbar nach seinem Ableben aufgeflammt waren – die Anwälte der Familie Scott bemühten sich verzweifelt, die Existenz von Nachträgen oder späteren Fassungen des Testaments nachzuweisen –, entfaltete sie eine lebhafte Tätigkeit. Zum einen würde ihr neuer Reichtum ihr einen besseren Zugriff auf ihren ehebrecherischen Gatten ermöglichen: »Ich habe ihm kein festes Einkommen versprochen, da ich die Art, wie er es ausgibt, nicht glaube billigen zu können.« Sie erwarb einen Rolls-Royce, der 1450 Pfund kostete. Vita teilte Harold mit, Mutter habe »Küchenchefs und Gärtner und andere Leute eingestellt, es ist ein Spaß. Ja, sie ist eine prachtvolle Person, und ich sagte ihr, das habest du auch gesagt. Sie wird mit jedem Tag wunderbarer.«

In Begleitung ihrer Zofe Emily besuchte Vita jeden Sonntag bis Montag (das Wort »Wochenende« galt als gewöhnlich) Jagdbälle, Wohltätigkeitsbälle, Laienaufführungen, Maskeraden. (»Wirst du auch in Burghley sein?« fragten die jungen Männer und Mädchen einander – oder in Queen Anne's Mead, Eridge, Taplow, Coker, Sutton Courtney, Compton Beauchamp, St. Fagan's, Crichel, Crewe, Elvedon, Houghton.) Sie meinten damit immer die Häuser, nie die Familien, die darin wohnten; das verstand sich von selbst, denn in diesen Kreisen war man unter sich.

Harolds Gestalt trat in den Hintergrund. Er wurde »ein Junge, der sie verehrte und in einer wunderschönen fernen Stadt lebte«. Ihre Romanze mit Rosamund, die den größten Teil ihrer Zeit in Knole zubrachte, vertiefte sich. Sie gewann ein paar neue männliche Verehrer. Nur einen Monat nach dem Ball in Hatfield schrieb sie an Harold über eine Gesellschaft:

»Dort war ein kurioses, unsauberes Künstlervölkchen und dazwischen ›gescheite‹ junge Männer wie Patrick Shaw-Stewart... Dann war da noch Lord Granby, der ein sonderbarer, ziemlich mürrischer

Mann ist. Im ganzen genommen, glaube ich, mag ich ihn nicht. Und da waren Stückeschreiber, Bildhauer und Romanciers und Maler, und es war sehr lustig… Meine unstete Freundin Violet Keppel kommt im April nach Hause, so daß du sie kennenlernen wirst; ich bin froh. Sie wird dich mehr als jemand anderer amüsieren.«

Lady Sackville setzte Patrick Shaw-Stewarts Namen auf die Liste junger Männer, die »V. ziemlich gern mögen«. Im August 1912 kam er häufig nach Knole, lehrte Vita Griechisch und spielte Tennis.

Auf Mrs. Alwynne Grevilles Ball machte Ivan Hay ihr einen Antrag. Sie wies ihn zurück. Er weinte. »Er hat einen diabolischen Charakter«, schrieb Vita in ihr Tagebuch. »Ich würde ihn nicht heiraten, wäre er auch dreißigmal ein Herzog mit 30 Millionen Pfund.« Der mürrische Marquess of Granby, Erbe der Herzogswürde von Rutland, war ein weiterer ernsthafter Verehrer. Ihre Mutter sinnierte: »Zu keinem von beiden würde ich ihr raten. Ich hätte es natürlich gern, wenn sie in England bliebe, und das würde sie, falls sie Lord Granby heiratete; und es würde ihr Freude machen, Haddon in Ordnung zu bringen.« In Sutton Courtney trieb Vita im Juni mit besagtem Lord Granby bei Mondschein in einem Kanu durch die Binsen, »und er langweilte mich, und ich dachte an Green Archie und andere Sachen«, versicherte sie Harold.

Lady Sackville hielt nicht viel von der »holzgeschnitzten, häßlichen Heiligenfigur«, die Harold Vita zu ihrem zwanzigsten Geburtstag geschenkt hatte. Es war eine wurmzerfressene Statuette der Heiligen Barbara, die er in Spanien gekauft hatte; Vita liebte sie ihr Leben lang zärtlich. Lady Sackville war beunruhigt, weil Vita über Harold überhaupt nicht sprechen wollte. Doch da ihre Tochter über ihre Gefühle schreiben konnte, wenn sie nicht darüber sprechen wollte, teilte sie ihrer Mutter in einem Brief mit: »H. ist mein Leben, er ist der einzige Mensch, der in der Welt wirklich zählt. Das sind meine Gefühle für H.« In den Augen ihrer Mutter schien diese Aussage mit Vitas Verhalten nicht übereinzustimmen.

Violet kehrte aus München zurück, nach Vitas Meinung »verrückter als je zuvor«. Violet hingegen fand Vita verändert. Mit zwanzig Jahren war sie sehr hübsch:

»Niemand hatte mir gesagt, daß Vita sich in eine solche Schönheit verwandelt hat. Alle Ecken und Kanten sind verschwunden. Sie war hochgewachsen und anmutig. Die ererbten unergründlichen Sackville-Augen waren wie Teiche, von denen der Morgennebel gewichen ist. Ein Pfirsich könnte sie um ihren Teint beneiden... Zahlreiche verzauberte junge Männer umkreisten sie...«[2]

Aber es war Rosamund, mit der Vita wie gewöhnlich im späten Frühjahr 1912 nach Florenz entfloh, beschirmt von einer ältlichen Ex-Gouvernante. Sie nahmen wieder in der Villa Pestellini Quartier, wo die Mädchen und ihre Miss Graham in einem kleinen Anbau im Garten schliefen. »Wie glücklich ich hier bin mit Rosamund, die ich so sehr liebe.« Doch in ihren Briefen an Harold entwarf sie ein unaufrichtiges Bild von Rosamund; dort wird sie in ihrer Verschlüsselung wegen ihrer Erscheinung als »die Rubens-Dame« bezeichnet. Vita schrieb ihm, sie versuche, zwischen der Rubens-Dame und Henry (»Bogey«) Harris, einem Freund der Familie, der viel Zeit in Florenz verbrachte, eine Ehe zu stiften. Sie besprachen Rosamunds unterwürfiges Benehmen gegenüber Vita, die schrieb: »Es ist ein Jammer und ziemlich ermüdend. Aber wünscht sich nicht jeder in seinem Leben *eine* unterwürfige Person? In ihr habe ich die meine gefunden. Wer ist die deine? Ich bestimmt nicht!«

So bereitete sie die Bühne für ihre schwierige eheliche Beziehung mit Harold vor. Sie verschwieg ihm nicht, wie glücklich sie war – »es ist heiß, und die *grilli* zirpen, und ich liebe die Rubens-Dame, und irgendwo auf der Welt gibt es dich« –, und beharrte auf ihrem Recht, private Freundschaften zu haben. »Wir wollen die Freunde des anderen nicht hassen und trotzdem soviel geben und nehmen, wie wir können, nicht wahr? Was hast du hier gemacht, als du in die Restaurants auf der Piazza Santa Croce gingst?«

Das ist nicht so weltklug, wie es sich anhört. Ihre Instinkte waren scharf, doch ihre Kenntnisse begrenzt. Sie wußte, daß es »unmännliche« Männer gab (und Harold war nicht unmännlich), doch sie kannte die körperliche Realität der männlichen Sexualität nicht. Sie wußte ebensowenig, daß es für die Liebe, die Rosamund und sie füreinander empfanden, einen Namen gab oder daß die Affäre mit

Rosamund neben der mit Violet zur Bedeutungslosigkeit verblaßte. Ein halbes Jahrhundert später, in der Erinnerung an stürmische Zeiten, schrieb sie Harold, alles sei »zum Teil deine Schuld«:

»Du warst älter als ich und weit besser informiert. Ich war sehr jung und sehr unwissend. Ich wußte nichts über Homosexualität. Ich wußte nicht einmal, daß es sie überhaupt gab – weder bei Männern noch bei Frauen. Du hättest es mir sagen sollen. Du hättest mich warnen sollen. Du hättest mir von dir erzählen und mich warnen sollen, daß etwas Ähnliches auch mir leicht würde passieren können. Das hätte uns eine Menge Ärger und Mißverständnisse erspart. Aber ich wußte es einfach nicht. Oh, welch ein überraschender Brief, den ich dir schreibe. Er dürfte dir nicht gefallen, denn du hast es nie gemocht, mit Tatsachen konfrontiert zu werden.«[3]

Es ist bezeichnend, daß Harold 1960 in seiner Antwort auf dieses Thema mit keinem Wort einging. Auch 1912 hätte er sich ihr nicht erklären können. Seine im allgemeinen unbeschwerten homosexuellen Freundschaften mit jungen Männern aus seinem Milieu betrachtete er als etwas Selbstverständliches und hinterfragte sie nicht übermäßig intensiv. Sein Instinkt sagte ihm, daß es besser sei, darüber zu schweigen – aus psychologischen Gründen, aber auch, weil Homosexualität gegen das Gesetz verstieß –, aber in seinem Inneren glaubte er nicht, daß er etwas Unrechtes täte. Auch seiner Liebe zu Vita tat das keinen Abbruch.

Ähnlich äußerte sich Vita in ihrer Autobiographie von 1920, in der sie sagt, es habe ihr kein Schuldgefühl eingeflößt, »mehr oder weniger mit Harold verlobt und gleichzeitig so sehr in Rosamund verliebt zu sein«. Zwischen den beiden Gefühlen gab es keine Beziehung. Harold war ihr erträumter »Spielgefährte«: »Unsere Beziehung war so ungekünstelt, so intellektuell, so unkörperlich, daß ich in bezug auf ihn überhaupt an nichts anderes dachte... Manche Männer scheinen geboren zu werden, um Liebhaber, andere, um Ehemänner zu werden; er gehört zur zweiten Kategorie.« Harold sollte zwar auch noch als Liebhaber auftreten, doch im Augenblick spielte Rosamund diese Rolle. »Es war Leidenschaft, die mir zuweilen fast den Verstand raubte, sogar am hellen Tag, doch wir liebten uns nie körperlich.«

Vita täuschte Harold völlige Offenheit vor. »Es ist gut, daß wir immer ohne Scheu über alles sprechen können, ganz brutal.« Doch in bezug auf ihre Gefühle für Rosamund war sie nicht aufrichtig. Und er war nicht ehrlich, was seine Gefühle für Pierre de Lacretelle anging, der in jenem Juni in Therapia auftauchte, dem Sommersitz der Gesandtschaft. Pierre, ein Angestellter der Osmanischen Bank, war »einer der Männer in Harolds Leben, der ihm ohne jeden Zweifel eine Zeitlang völlig den Kopf verdrehte«.[4]

Als Vita aus Italien heimkehrte, stellte sie fest, daß ihre Mutter einen neuen reichen Freund hatte: Pierpont Morgan. »L[ionel] ermutigt mich zu dieser wunderbaren Freundschaft«, schrieb Lady Sackville in ihr Tagebuch. »Ich kann an nichts anderes denken... Die Verbindung mit ihm werde ich furchtbar geheimhalten.« Der glänzende junge Edward Horner wich Vita nicht von der Seite, während Violet, jetzt im Obergeschoß des prächtigen neuen Hauses ihrer Eltern in Grosvenor Street etabliert, ihr Herz für das Russische Ballett entdeckte.

Vita ging mit ihrem Vater zu den Rennen in Ascot und wohnte mit ihm in Adair Place. Ihre Photographie mit Lord Lascelles erschien im *Daily Mirror* unter der Überschrift: »Kopfbedeckung, die viel Aufmerksamkeit erregte«. Lord Sackville berichtete seiner Frau: »Ich glaube, das Küken amüsiert sich. Lascelles ist sehr nett zu ihr, führte sie zu Tisch und wird es, glaube ich, heute wieder tun. Sie sah sehr hübsch aus, und ihr Hut war ein Erfolg, glaube ich.« (Das aufsehenerregende Stück war ein flacher spanischer Hut, der schräg auf einer Seite getragen wurde.) Die Photographie hatte zur Folge, daß man ihr während eines Dinners mit Lord Granbys Eltern und noch einmal in Sutherland House zu ihrer Verlobung mit Lord Lascelles gratulierte. »Patrick [Shaw-Stewart] und Edward [Horner] dankten Gott, daß es nicht stimmte! Sie dachten, alles sei aus!«

Vier Tage später, in Knole, machte Lord Lascelles Vita, als er vor dem Essen mit ihr durch den Garten spazierte, einen Antrag. »Ich weiß nicht, wo er den Mut hernahm, es auszusprechen, denn er ist sehr schüchtern. Das Essen gestaltete sich ein wenig schwierig, aber er benahm sich sehr gut. Er verfügt über alle Tugenden, aber er ist nicht *simpatico*. Er ist groß und nicht zu häßlich, doch er hat ein albernes Lachen. Er wird einmal sehr reich sein. Er sieht immer erschreckt aus.« Sie wies ihn nicht endgültig ab, sondern sagte ihm, sie könne ihm noch keine Antwort geben. Und dann:

»Harold schrieb heute und bat mich, in diesem Herbst seine Frau zu werden. Ich fand den Brief vor, kaum daß ich Lord L. verlassen hatte.

Am Abend kam Kenneth [Campbell]. Auch er machte mir eine Szene. Darauf erhielt ich einen Brief von Pucci aus dem Tripolis-Krieg, in dem er schreibt, er denke immer an mich. Welch ein Tag!«

Sie schrieb Harold, sie habe das Gefühl, gerade erst angefangen zu haben, das Leben zu genießen und Freundschaften zu schließen, und »wenn du mich dieses Jahr entführst, wird alles zu Ende sein – schließlich bin ich erst zwanzig!« Wenn er ihr ein wenig Egoismus gestatte, »werde ich um deinetwillen für den Rest meines Lebens uneigennützig sein«. In der Zwischenzeit »laß uns unaussprechlich glücklich sein«.

In Mells sah sie Lord Lascelles, wo er sich bei den Horners aufhielt. Sie spielte die ganze Zeit Tennis, um nicht mit ihm sprechen zu müssen, mit dem Erfolg, daß er sich schnurstracks nach Knole begab, wo Lady Sackville eines ihrer »langen Gespräche« mit ihm führte. »Er erzählte mir, sein Vater nehme jährlich allein 31 000 Pfund aus Grundbesitz ein und verfüge über ein großes Barvermögen... Er scheint ein netter Bursche zu sein.« Vitas Zuneigung zu Harold erschien ihr jetzt närrisch, eine »verrückte Leidenschaft«.

Harold sollte Mitte August auf Urlaub aus Konstantinopel und am 17. August für das Wochenende sogleich nach Knole kommen. Am 12. schrieb Lascelles an Vita: »Du hast keine Ahnung, welche Luftschlösser ich auf einer Grundlage erbaut habe, die du gelegt hast.« Auch er war für dieses Wochenende eingeladen. Vita schrieb an Harold:

»Ich kann dich dort nicht zusammen mit Hunderten von Leuten wiedersehen. Fahre Green Archie hinter die Stallgebäude... und dann komme von hinten durch die Ställe, die Große Halle und den Ballsaal in mein Zimmer. Laß dich nicht feierlich zur Kolonnade geleiten, wo du alle Leute treffen wirst, die im Haus sind, und ich herunterkommen und sagen muß: ›Hallo, Harold, wie geht's?‹«

Neben Harold und Lord Lascelles wurden auch Patrick Shaw-Stewart und Rosamund erwartet. Lord Sackville, der sich in Kanada aufhielt, schrieb einen ernsten Brief an seine Tochter: »Mar, ich nehme an, Harold wird bald bei dir sein... natürlich werde ich euch nie im Wege stehen, indessen sage nicht ›ja‹, wenn du nicht *ganz, ganz* sicher bist, daß er dir mehr bedeutet als alles andere auf der Welt.«

Vita wußte nicht, was sie wollte. Sie schenkte Patrick mehr Beachtung als Harold, der »sich sehr gut hielt und V. kaum anblickte, die hübscher war denn je«. Alles war in der Schwebe, und das war auch noch am folgenden Wochenende so, als dieselben Gäste sich einfanden und Rosamund und Vita *Das Mirakel** mit Rosamund als Nonne und Vita als Königssohn aufführten. Lord Lascelles hatte weitere lange Gespräche mit Lady Sackville in den frühen Morgenstunden. »Er fürchtet sich nicht annähernd so vor mir wie vor V.«

Harold drängte nicht. Zwischen den beiden Wochenenden und dem Wechseln mehrerer Telegramme reiste er eilig nach Paris, wo er von Pierre de Lacretelle erwartet wurde. Vita klammerte sich an Rosamund und weigerte sich, in bezug auf Lord Lascelles einen Entschluß zu fassen. Sie sagte ihrer Mutter, sie möchte gern »allein mit ihren Büchern in einem Turm wohnen«, dann warf sie die Arme in die Höhe und sagte: »Oh! Mama, ich weiß wirklich nicht, was ich will!«

Die Menge der charakteristischen Eigenarten, die ihr Wesen immer bestimmen sollte, hatte sich bereits herausgebildet: eine Abneigung gegen die Ehe; eine scheinbare Aufrichtigkeit ihren intimen Freunden gegenüber, die im Grunde keine war; eine Fähigkeit, verschiedenartige Beziehungen am Leben zu erhalten; die verstandesmäßige Trennung von leidenschaftlicher und kameradschaftlicher Liebe; ihr Traum – der verwirklicht werden sollte – von einem Leben »allein mit ihren Büchern in einem Turm«; auch

---

* Pantomime von Karl Gustav Vollmoeller, die am 23.12.1911 in London uraufgeführt wurde. [Anm. d. Übers.]

ihre Abneigung, Menschen, die sie liebte, freizugeben – sie gängelte sie und ließ sie abblitzen, wenn sie zuviel von ihr verlangten, zog jedoch gleich wieder scharf die Zügel an, wenn sie Anstalten machten auszuscheren.

Wenn sie mit Harold und Rosamund »herumspielte«, fühlte sie sich sicherer. Ihre Eltern sagten, sie und Harold dürften sich als verlobt betrachten und offen miteinander korrespondieren. Aus dem prächtigen Harewood in Yorkshire lockte sie Lord Lascelles: »Du hast ja keine Ahnung, welch einen vollkommenen Platz man hier schaffen könnte, mit einem Hauch von deinem Geschmack und ein wenig Geld, das ich, wie ich hoffe, im Lauf der Zeit daran werde wenden können... Ich ertrage den Gedanken nicht, dich in ein kleines Haus in einer schmutzigen Straße Konstantinopels verpflanzt zu sehen, und ich weiß, daß du es hassen wirst.« Vita schrieb ihm weiterhin, und er hatte in der Tat Anlaß zur Hoffnung.

Am letzten Wochenende im September 1912 machten Harold und Vita dem Versteckspiel endlich ein Ende. An diesem Samstag regnete es. Im nassen Garten »küßte er mich zum ersten Mal« und nannte sie seine »Frau«. Am Sonntag unterhielten sie sich in ihrem Zimmer, »und ich ging mit ihm durch die Ausstellungsräume, und er küßte mich immer wieder. Ich liebe ihn.«

Vita und Rosamund brachen wieder nach Italien auf. Harold, unterwegs nach Konstantinopel, reiste bis Bologna mit ihnen, zusammen mit dem kleinen Hund Mikki II., den Vita ihm geschenkt hatte. Die Trennung brachte sie beide aus dem Gleichgewicht. Doch Pierre war in Konstantinopel, und Rosamund und Vita, die diesmal in der Villa Medici wohnten, nahmen ihr gewohntes Idyll in Florenz wieder auf.

Am Tage nach ihrer Ankunft tauchte Lord Lascelles auf, ein Zufall, den nur Vita herbeigeführt haben konnte. Trotzdem machte sie ihm das Leben schwer, schalt ihn wegen seiner Unfähigkeit, Taxis zu besorgen, und gab ihm den Spitznamen »M.« für »Misère«. »Der M. ist zu verschwenderisch in Geschäften, schrecklich extravagant!« Eines Abends gab es in der Villa Medici ein Essen in Kostümen: Rosamund ging als Rubens-Dame, Vita als Knabe aus dem Florenz des vierzehnten Jahrhunderts; über den schlecht behandelten Lord Lascelles schrieb sie an ihren Vater: »Dada, ich wünschte, du hättest ihn gestern abend sehen können... er war ein Wikinger und trug ein Wams aus Pelz und einen sehr kleinen Schurz nach Art einer Felltasche, und als er sich hinsetzte, nahm er auf der Stuhlkante Platz und versuchte nervös, den Schurz enger um sich zu drapieren. Und er hatte zwei lange Zöpfe, die aus der Füllung des Sofas gedreht waren.« Vitas Auge wurde durch einen Feuerwerkskörper verletzt, und mit einem Verband um den Kopf sah der »Knabe aus Florenz« noch hübscher aus. »Mir widerstrebt es schrecklich, dies niederzuschreiben, aber ich muß... ich habe Rosamund nie so sehr geliebt wie während dieser Wochen in Italien und den folgenden Monaten... Ich scheine unfähig zur Treue zu sein.«[5]

Bei ihrer Rückkehr nach Hause fand sie in Knole den räuberischen Kenneth Campbell mit seiner frisch angetrauten Gattin (»schreckliche Frau«) in Knole vor. Mit einem Schlag sah sich Vita mit den Begierden und Unzufriedenheiten von Männern mittleren Alters konfrontiert. »Kenneth erzählte mir, er könne das Leben nicht mehr ertragen; er stellte mir eine Menge Fragen nach meiner Verlobung, und ich wollte ihm nichts erzählen. Ich wünschte mir so sehr, nach Florenz zurückzukehren und dieses Leben, das mir so mißfällt, hinter mir zu lassen. Es ist nahezu unmöglich zu sagen, wie sehr ich R[osamund] in jedem Augenblick vermisse.« Sie ging allein mit Harolds Mutter essen, die voller Liebe über Harold als kleinen Jungen sprach und Vita alte Photographien zeigte. Das verursachte ihr Platzangst, und sie suchte auf der Stelle Rosamund auf. »Sprach mit ihr sehr offen über Harold, und ich glaube nicht, daß ich ihn genug liebe, um ihn zu heiraten. Vor diesem Gespräch war ich mir, glaube ich, über meine Gefühle nicht im klaren. Aber ich werde alles auf mich zukommen lassen. Vielleicht geschieht ja etwas!«

Heutzutage finden wir nichts Besonderes daran, wenn ein lebendiges, kluges, attraktives, kompliziertes Mädchen von zwanzig Jahren unwillig ist, sich für ein ganzes Leben zu binden. Eher im Gegenteil. Das einzige Glück, dem sie vertraute, war das Glück, das sie mit Rosamund erfuhr, wenn sie die gewohnte Umgebung verließen und »nichts langweilig und alles einfach war«. In England machte sogar Rosamund Schwierigkeiten, war eifersüchtig und selbstsüchtig. Sie war verletzt, weil Vita in ihrem »Königssohn«-Kostüm zu einer Gesellschaft gegangen war: »Hast du denn keinen Respekt mehr für die vergangene Heiligkeit des Mirakels und des Mondscheins?« Auch Patrick schrieb ihr unglückliche Briefe; sie bat ihre Mutter, ihn über Weihnachten nach Knole einzuladen. Lord Lascelles sandte als Weihnachtsgeschenk ein Granatkreuz, wurde aber nicht eingeladen.

Während sie sich kurz vor Weihnachten bei den Wellesleys in Hampshire aufhielt, saß sie in ihrem Zimmer und schrieb gereizt in ihr Tagebuch: »Ich frage mich, ob es nicht besser gewesen wäre, wenn Harold Eileen [Wellesley] weiterhin geliebt und sie geheiratet hätte?« Die Zukunft schien ihr nichts als Ärger zu bringen. »Ich kann nicht alles für ihn aufgeben, ich kann's nicht, zumindest glaube ich es nicht... Wenn ich ihn nicht lieben würde, wäre alles so einfach.« Warum hatte sie ihm dann in Hatfield nicht eine eindeutige Absage erteilt? »Weil er so süß und jung ist und mich liebt und wir miteinander glücklich sind. Ich will ihn nicht verlieren, wenigstens nicht jetzt. Ich bin egoistisch und verachte mich deswegen.«

Und dann kam am Weihnachtstag ein Brief von Harold, in dem er schrieb, er wolle die Hochzeit im kommenden April (1913) ankündigen und sie im September heiraten. Sie zeigte ihrer Mutter den Brief, die darüber »erfreut« war. »Nun erschreckt mich alles nicht mehr so sehr, und ich glaube, ich werde ihn ganz fröhlich heiraten.«

Ganz losgelöst von der Frage, ob sie jetzt überhaupt heiraten sollte, war ihre Unentschlossenheit nicht nur eine Widerspiegelung ihrer ambivalenten Veranlagung, sondern auch, ohne daß sie es wußte, eine Antwort an Harold: Immer wenn Harold das Heft in die Hand nahm, reagierte sie beinahe dankbar, als sei es genau das gewesen, worauf sie gewartet hatte.

Kapitel 5

Mit schwarzbemaltem Gesicht spielte Vita den jungen Kalifen im »Persischen Spiel«, das über Neujahr 1913 in der Großen Halle aufgeführt wurde. Rosamund war Suleika, ein Tanzmädchen, Violet eine Sklavin. Dada, Olive Rubens und Muriel Clark-Kerr waren ebenfalls mit von der Partie. Die Zuschauer waren »entsetzlich protzig« und bestanden aus Peers und Kabinettsministern; eingeladen hatte Lady Sackville auch deren Damen – und Patrick Shaw-Stewart und Edward Horner.

Harold hatte sein Auto, Green Archie, Vita überlassen, und zusammen mit Patrick und Rosamund machte sie regen Gebrauch davon. Ihr Vater überließ ihr einen Raum in Green Court, den sie als »Studio« nutzen konnte; es machte ihr großes Vergnügen, ihn herzurichten. »Ich habe nicht im geringsten den Wunsch, Knole zu verlassen und nach Wien zu gehen!« schrieb sie, als sie ihr neues Zimmer bezog. In ihren Briefen an Harold machte sie keinen Versuch, ihm zu verbergen, daß ihr das diplomatische Leben mißfiel. »Und die Diplomatie werde ich natürlich hassen!... Aber ich liebe dich, kleiner Harold, was sollen wir also dagegen tun?«

Ihre Freundinnen umschwirrten sie selbstsüchtig. Rosamund, auf Violet und Muriel gleichermaßen eifersüchtig, überschüttete Vita mit Briefen, nachdem sie Knole verlassen hatte. »Mein süßer Liebling... ich vermisse dich so sehr, Liebling, und ich möchte dein weiches, kühles Gesicht spüren, das, wie gestern nacht, aus der Masse flauschigen Pelzes hervorkommt.« Vita war verärgert, als ihre Mutter ihr berichtete, Mrs. Keppel habe sich darüber beklagt, Vita sei so viel mit Rosamund zusammen, daß sie für ihre Violet keine Zeit mehr fände.

Die Beziehung zwischen Vitas Eltern verschlechterte sich. »Mamma will nicht einsehen, daß es auf beiden Seiten Fehler geben kann. Ich habe sehr offen mit ihr gesprochen, und sie war wütend... Diese ganze Sache macht mich wirklich sehr unglücklich.« Die Schwierigkeiten ihrer Eltern, der anstehende Rechtsstreit über Seerys Testament, Vitas Unschlüssigkeit in bezug auf ihre Heirat und die Eifersüchteleien zwischen ihren weiblichen Anhängseln sorgten dafür, daß die emotionale Temperatur in Knole gefährlich anstieg. Auf einem Ball im Februar machte Ivan Hay zum zweitenmal einen Antrag. Rosamunds Einstellung gegenüber Vitas männlichen Verehrern war einfach: »Liebling, ich neige zu der Auffassung: ›Männer kommen und Männer gehen, aber ich bleibe für immer‹, das ist es doch, worauf es hinausläuft, oder?«

Währenddessen enthüllten Vita und Harold in ihren Briefen Teile ihrer Unsicherheiten – Harold ernsthaft, Vita neckend. Vita am 15. Februar 1913 an Harold:

»Und du weißt, daß ich nicht ›kultiviert‹ bin (wie könntest du!), sondern durch und durch primitiv; und nicht 1913, sondern 1470; und nicht ›modern‹, und du weißt, daß ich hübscher bin als jede andere, und du liebst mich mehr als irgend jemanden auf der Welt – du weißt, daß du's tust... und du weißt, wenn ich mein schönes Knole aufgebe, das ich verehre, und meine B.M.*, die ich verehre, und mein Ghirlandaio-Zimmer, das ich verehre, und meine Bücher und meinen Garten und meine Freiheit, die ich verehre – geschieht es nur deinetwegen, wo ich mir doch aus dir nicht das geringste mache.«

Sie beschrieb ihm eine Gesellschaft, die sie mit Violet gegeben hatte, »der Erfolg des Jahres«. Sie berichtete ihm – Lord Lascelles' Identität verbergend – von einem Bewunderer, der ein »Protz« sei, »protziger, als du dir je träumen ließest, die protzigste Person, die es gibt. Und er läßt öffentliche Festessen sausen, um herzukommen...«

Er schrieb ihr einen traurigen Brief. »Er sagt, seit 10 Tagen hätte ich ihm nicht geschrieben, ich besuche nie seine Mutter und liebe ihn nicht mehr. Ich weiß nicht, was ich antworten soll.« Als ihr am 9. März, ihrem 21. Geburtstag, das wertvolle Perlenhalsband ausgehändigt wurde, das Seery ihr hinterlassen hatte, bemerkte Harold betrübt, es sei halb soviel wert wie alles, was er auf der Welt sein eigen nenne.

---

* B.M. für Bonne Maman: Harolds Name für Lady Sackville, den Vita übernahm.

Alle Bewunderer Vitas, mit Ausnahme des abwesenden Harold, waren auf dem Kostümball anläßlich von Vitas Geburtstag zugegen. Kenneth Campbell brachte den Toast aus. »Ich bin heute glücklich gewesen«, schrieb Vita in ihr Tagebuch. »Vita sah scheußlich aus, mein Gott, als italienische Bettlerin!« lautete das Urteil ihrer Mutter. Lord Lascelles war ein Pierrot, und Patrick kam als Fellow of All Soles, seinen roten Domino mit Pantoffeln behangen.

Das wirkliche Drama der Gefühle fand ohne Männer statt. »Diese Eifersucht zwische R[osamund] und V[iolet] wird böse enden«, notierte Vita düster. Zwei Tage später in London ging sie mit Violet in den Park. »Sie ist verrückt; sie küßte mich, wie sie es gewöhnlich nicht zu tun pflegt, und sagte mir, sie liebe mich; Rose weiß nicht, daß ich heute abend mit V. ausging.«

Lord Lascelles, durch seine Einladung zu der Gesellschaft ermutigt, startete eine neue Attacke. »Du weißt sehr gut, daß du nicht willst, daß der ›arme, kleine Junge‹ zurückkommt und Theater macht... Es ist absurd, sich aus lauter *Mitleid* nach Rio oder in die Türkei zu verbannen.« Und zwei Tage später: »Wir sollten im Sommer heiraten, und die ganze Sache muß unter Dach und Fach gebracht werden, wenn du aus Spanien zurückkommst.« Vita spielte weiterhin auf Zeit.

Wegen seiner phantastisch-abenteuerlichen Verbindung mit Pepita war Spanien für Vita ein Land von hohem romantischen Reiz. »Weißt du, es ist mein Land, Harold, und meine Verwandten leben dort, sind dünkelhaft, arm und stolz und stammen, wie ich, von Lukrezia Borgia ab – Spanien und Italien werden eins.«

Mrs. Charles Hunter, bei der sie sich oft in Hill Hall aufgehalten hatte, nahm sie mit nach Spanien. Mary Hunter, die Schwester der Komponistin Ethel Smyth, nahm Künstler und Musiker mit verschwenderischer Gastfreundschaft bei sich auf, bis ihr 1931 das Geld ausging und sie alles verkaufen mußte, was sie besaß.

Am Bahnhof wurde Vita von Rosamund und ihrer Zofe Emily verabschiedet, die beide weinten. An der spanischen Grenze angekommen, notierte Vita: »Ich vermisse Rose schrecklich. Ich hätte das nicht für möglich gehalten.« Rosamund schickte einen Brief, der vor Vita im Madrider Ritz eintraf: »Ich glaube sicher zu wissen, daß H. dir nie soviel bedeuten könnte, meine kleine Mar, und bei mir bin ich noch sicherer – ich denke, wir könnten Schlimmeres tun, als unsere Leben zusammen zu verbringen, ich meine, in künftigen Tagen, falls keiner von uns beiden etwas gefunden hat, das zerstören kann, was wir besitzen.«

Mrs. Hunters schockierende Konversation und ihr herausforderndes Benehmen versetzten Vita in Erstaunen; Jahrzehnte später hatte sie noch nicht vergessen, mit welcher Leichtfertigkeit sie mit den ellbogenlangen weißen Handschuhen aus Velours umging: »Sobald sie anfingen, schmutzig zu werden, streifte sie sie ab und warf sie zum Fenster hinaus.«[1] Kaum in Spanien angekommen, war Rosamund vergessen und Harold ebenso; sie konnte ihm nicht einmal schreiben. In Madrid verschlug es ihr die Sprache, als sie Pastora Imperio tanzen sah. Sie wurden von dem Linguisten und künftigen Schriftsteller Maurice Baring herumgeführt, »ein wirklich sehr charmanter Mann«, und in Sevilla von dem jungen Diplomaten Claude Russell, der sie interessierte – »gewöhnlich und egoistisch und höchst negativ, aber dennoch sehr attraktiv«, wie sie an Harold schrieb, als sie sich wieder imstande fühlte zu schreiben.

Claude nahm sie zu Stierkämpfen mit; sie sah den großen Belmonte. Er führte sie zu den Zigeunern, die sangen und tanzten, und sie war fasziniert. »Gott, wie frei und glücklich ich mich fühle!« Sie aßen mit den Tänzern und wurden in deren Haus eingeladen. »Diese Art des Bohemienlebens gefällt mir sehr gut.« Rosamund, die ähnliche Schwärmereien empfing, schrieb mißbilligend zurück. Vita war empört. »Sie ist ein blödes kleines Ding, und ihre Konventionalität macht mich rasend. Ich denke, man wird entweder als ein freier Geist oder als Gefangener geboren.«

Sie reisten weiter nach Granada und von dort nach Algeciras, wo Vita einen höchst überraschenden Brief von Rosamund empfing, die sich in Dartmouth befand. Plötzlich war sie selbst ein freier Geist, der sich einer Romanze mit einem Lehrer an der dortigen Seefahrtsschule, Commander Reggie Raikes, erfreute. Vita nahm auf der Stelle mit einem schneidenden Brief Rache, der darauf abzielte, Rosamund so heftig wie möglich zu verletzen. Sie war sarkastisch und kalt, schrieb, sie habe beschlossen, Violet mit nach Florenz in die Villa Pestellini zu nehmen, und sie habe leider keine Zeit zu schreiben. Sie schloß: »Oh, wenn ich dich mit der Spitze meines Federhalters durchlöchern könnte wie mit einem Schwert, dann würde ich's tun!« Das war offenkundige Schauspielerei, aber Vita glaubte an die Rollen, die sie spielte.

Über Italien kehrte sie nach Hause zurück und wohnte in Ravello bei den Keppels in der Villa von Lord Grimthorpe (der höchstwahrscheinlich Violets richtiger Vater war); und als sie heimkam, war Rosamund mit ihrem achtunddreißigjährigen Seeoffizier verlobt – doch ohne innere Überzeugung. Sie schrieb an Vita: »Oh, meine Süße, weißt du eigentlich, daß nichts, was auch geschieht, mich dazu bringen könnte, dich weniger zu lieben? Ich glaube wirklich, du hast mich schon all meiner Liebe beraubt, da sehr wenig übriggeblieben scheint und ich so kalt und herzlos bin.«

Als sie im Mai allein in Knole war und das spanische Abenteuer ein Gefühl der Leere zurückließ, glaubte sie beinahe, daß »ich Harold dieses Jahr heiraten und alles hinter mich bringen will«. Die Niedergeschlagenheit ließ sie den umgekehrten Kurs einschlagen: Sie schickte ihm »einen Brief, der ihn an die Decke springen lassen wird« und löste die Verlobung. Sie identifizierte sich mit ihrer Mutter, die so unglücklich war, und kam zu dem Schluß, sie seien beide ungezähmte Pferde. Doch sie liebte auch ihren Vater. »Er, der ›Nette‹, der arme Liebe; er ist immer nett, immer ein absoluter Engel, aber zu schlichten Gemüts, um sich im Labyrinth ihres Wesens zurechtzufinden.«

Konnte Harold, der ebenfalls »immer nett« war, sich in dem Labyrinth von Vitas Wesen zurechtfinden? Konnte es Rosamund? Oder Violet? Die Letztgenannte kam nachts in Vitas Zimmer »und blieb ich weiß nicht wie lange; sie hat unser letztes Lebewohl nicht bereut und liebt mich mehr denn je. Sie ist faszinierend und hat einen langen Weg vor sich.« Violet gegenüber erwähnte Vita Harold mit keinem Wort.

Vita spielte mit ihrem Vater Tennis, als Harolds Telegramm eintraf. Er fragte bloß, ob er ihren Brief ernst nehmen solle. Sie drahtete zurück: »Nein« – »und dann wußte ich kaum noch, was sich in meinem Herzen abspielte: etwas klickte, und von diesem Tage an liebte ich Harold.« Es war die »Energie«, mit der er ihr ein Telegramm schickte, die sie beeindruckte; das zeigte ihr, wieviel sie ihm bedeutete. Ihrem Telegramm ließ sie einen beruhigenden Brief folgen. »Doch ich setzte meine Liaison mit Rosamund fort.« Vita stürzte sich wieder in die Londoner Saison und amüsierte sich auf dem Ball der Herzogin von Marlborough »meistens mit Claude [Russell]«. Im Ritz speiste sie mit dem Bildhauer Rodin, dem Maler Sargent und Mrs. Astor:

»Ich mag diese Art von Gesellschaften, sie sind eine solch angenehme Abwechslung nach all den rosa und weißen Kleidchen, neben denen man sich auf Dinner-Parties bei Bällen wiederfindet. Nach zwei Tagen bin ich ihrer überdrüssig, ausgenommen ein sehr schöner Ball in Sunderland House, *un bal un peu propre*, nicht eines jener Getümmel wie im Ritz, sondern ein Ball, auf dem gepuderte Lakaien Herzoginnen ausriefen. *N'est-ce pas dégoutant d'être snob à ce point-là?*«

Vita liebte Gesellschaften in sehr großem Stil, und sie mochte das unkonventionelle bohemienhafte Leben. Was sie nicht mochte, war das Mittelmäßige.

Violet gab eine Geburtstagsfeier: »thé dansant! Das ist wirklich sehr originell.« Auf Mrs. Sassoons Ball im Juni sagten einige Leute, Vita sei mit Harold Nicolson verlobt (der im folgenden Monat zurückerwartet wurde), andere behaupteten, sie sei mit Bogey Harris verlobt, der ihr auf dem orientalischen Abend bei Mrs. Carpenter dezidierte Aufmerksamkeit schenkte. »Er sagt, ich sei einmalig, ich sei Römerin, Sizilianerin, Griechin, Venezianerin, ich weiß nicht, was noch... Danach, als wir wie die Verrückten tanzten, war es einer der besten Abende.«

Doch zu eben dieser Zeit schrieb sie in ihr Tagebuch: »In diesen Tagen denke ich so oft an Harold, daß ich nicht schlafen kann. Ich habe ein rasendes Verlangen, ihn wiederzusehen, und ich kann ihn nicht aus meinem Leben gehen lassen. Ich werde ihn heiraten.«

Irene Hogarth hatte geheiratet und war jetzt Mrs. Pirie. »Das Verheiratetsein bekommt ihr.« Sogar Violet hatte sich verlobt – mit Lord Gerald Wellesley, während er auf Urlaub in England war; er war in Konstantinopel ein Kollege Harolds bei der Britischen Gesandtschaft. Er hatte Violet einen Ring gegeben; Harold hatte Vita keinen geschenkt. »Weißt du, daß es mir nicht einmal in den Kopf gekommen ist, dir einen Ring zu schenken? Denkst du nicht auch, daß das ein recht gutes Zeichen ist?«

Die gesellschaftliche Aktivität fand im Juni 1913 ihren Höhepunkt in der von großem öffentlichen Interesse begleiteten Gerichtsverhandlung, in welcher die Familie Scott Seerys Testament anfocht. Ein paar Tage vor Prozeßbeginn speiste Vita allein mit ihren Eltern in Knole, und man diskutierte das bevorstehende Ereignis, als Lady Sackville, nachdem ihr Gatte ihr »mit vernünftigen Gründen widersprochen« hatte, aus dem Eßzimmer ging und sagte, sie werde ihn verlassen. Vita schrieb: »Ich habe Angst davor, daß sie es tun wird, wenn ich fort bin... O Gott, ich bin so erregt.«

Diese Atmosphäre herrschte in der Familie, als der Prozeß begann. Lady Sackville zeigte sich der Lage gewachsen und trat wie eine Siegerin auf. Harold befand sich auf dem Rückweg, als er die Berichte über den Prozeß in französischen Zeitungen las. Er eilte zurück und wohnte der Verhandlung in der zweiten Woche mit den Sackvilles und Rosamund bei.

Es war ein kitzliger Fall: Die Scotts waren darauf aus zu beweisen, daß Lady Sackville Seery in unzulässiger Weise beeinflußt habe, was alle Arten von unerfreulichen Dingen über ihre sexuelle und geschäftliche Moral sowie die ihres Gatten einschloß. Damen der Gesellschaft brachten Kissen mit und besetzten die Zuhörerreihen. Die Zeitungen berichteten über den Verlauf jedes Prozeßtages, wobei sie Vita vertraulich mit einem von Seery geprägten Kosenamen als »Kindchen« bezeichneten. Vom Anwalt der Scotts, F. E. Smith, wurde Lord Sackville wegen seines Golfspielens mit Lady Connie ins Kreuzverhör genommen. Vita wurde von Sir Edward Carson, dem Prozeßbevollmächtigten Lady Sackvilles, aufgerufen, um die Aussage eines Major Arbuthnot zu entkräften, der an einem Abend im Juli 1911 gesehen haben wollte, wie Lady Sackville heimlich Seerys Privatpapiere durchstöberte. Vita sagte voller Würde aus, sie selbst habe sich an dem besagten Tage nicht wohl gefühlt, ihre Mutter sei zu Hause gewesen und habe oben mit ihr gespeist.

Später schrieb sie, sie habe sich gefühlt wie auf einem Präsentierteller; sie nahm die ganze Angelegenheit, vielleicht eine Abwehrmaßnahme, auf die leichte Schulter – die Zeitungen wußten zu berichten, daß »Kindchen« während der Verhandlung mit Harold und Rosamund tuschelte und lachte – und begriff erst später, wie tief demütigend und schmerzlich der Prozeß für ihren Vater war. Als er vorüber war, suchte er Trost in den Armen von Olive Rubens.

Lady Sackvilles Auftritt im Zeugenstand war, wie Vita in ihrem Tagebuch schrieb, »wunderbar, eine Offenbarung«. In »Marian Strangways« beschrieb sie die Virtuosität ihrer Mutter:

»Ihre Aussage war in ihrer Unbestimmbarkeit ein wahres Wunder; sie hielt das Gericht in Atem, bezauberte den Richter, zog die Jury in ihr Vertrauen, schlug den gegnerischen Anwalt in die Flucht, weinte an bestimmten Punkten, sah schön und besorgt aus und fesselte Marian [Vita] mit vermehrter Leidenschaft... Marian wurde von stürmischer Verehrung für ihre Mutter fortgerissen. Sie kritisierte nichts.«

So war denn für Vita das unmittelbare Ergebnis dieses Prozesses »eine neue Vergötterung ihrer Mutter, die viele Jahre lang in ihr aufgespeichert gewesen war«. Unter Vitas Papieren finden sich fünf Seiten mit einer hingerissenen Analyse der Persönlichkeit ihrer Mutter, geschrieben nach dem Prozeß – der am 7. Juli 1913 mit einem Triumph für Lady Sackville und ihrer Rechtfertigung endete. Jetzt stand das Einkommen von 150 000 Pfund zu ihrer Verfügung (das Kapital wanderte dem Ehekontrakt entsprechend in den Sackville Trust), dazu alle wertvollen Möbel Seerys aus Paris. Diese verkaufte sie *en bloc* an den Händler Jacques Seligman für eine Summe von 270 000 Pfund; einige Stücke endeten in der Frick Collection in New York. (Seery hatte über 1 Million Pfund hinterlassen: wahrlich genug für seine aufgebrachten Brüder und Schwestern.) Lady Sackville verlor keine Zeit und ließ ihren extravaganten Neigungen die Zügel schießen. »Wie sie in diesem Jahr mit dem Geld um sich warf!«

Vitas Wiedervereinigung mit Harold hatte sich vollzogen, ohne allzuviel Aufmerksamkeit zu erregen, überdeckt vom Wirbel um den Prozeß. Eine Woche später wurde ihre Verlobung in einer

Klatschspalte des *Daily Sketch* »angezeigt«, was wütende Briefe von Lord Lascelles zur Folge hatte. Vita mußte ihm schließlich ihre feste Absicht bekunden, Harold im Oktober zu heiraten. Während sie mit ihrer Mutter und Harold allein in Knole war, schrieb sie zwei Gedichte. »Wir drei sind so glücklich, als seien wir immer zusammengewesen!« Die frisch Verlobten verbrachten ein Wochenende bei den Hunters in Hill Hall; es war eine prächtige Hausgesellschaft, und unter den Gästen waren der Herzog von Alba, die Prinzessin de Polignac, Bernard Berenson, Edith Wharton, Ethel Smith (»schreckliche Frau«), Lady Cunard und Thomas Beecham. Die beiden jungen Leute hielten sich abseits. »Nach dem Lunch sprach ich auf dem Rasen wieder mit Harold; wir waren glücklich.« Sie waren glücklich wie die Kinder, wie »mars«, wie sie oft sagten. In ihrem Gedicht »MCMXIII« besang Vita diese wunderbare Befreiung von den dumpfen Gefühlen, die sie umgeben hatten:

> Ich lief ihm nach ins Sonnenlicht
> Und lachte, wie er's wollt'.
> Wir spielten jeden Tag im Gras,
> Bis wir uns ausgetollt'.[2]

Wieder in Knole, trug sie in ihr Tagebuch nach: »Ich liebe ihn so sehr. Nun gibt es keinen Zweifel; anfangs liebte ich ihn einen Tag lang und nicht am nächsten; doch jetzt denke ich an nichts als an ihn; ich würde morgen mit ihm fortgehen, sogar nach Wien; nichts ängstigt mich.«

Doch sie kamen einander nicht zu nahe; wenn sie getrennt waren, drückten sie in ihren Briefen mehr aus und waren ebenso glücklich. »Der Nektar zwischen ihnen kristallisierte sich in den Buchstaben und wurde etwas Dauerhaftes; ein Schimmer vom Paradies, der eine Rückkehr erlaubte.«[3] So begründeten sie schon früh diese parallele Beziehung zwischen ihren verschiedenen briefeschreibenden Ichs. Dies sollte die Hauptstütze ihrer Ehe werden, eine ununterbrochene Kommunikation, wenn sich nicht bloß die Geographie, sondern Launen und andere Leute trennend dazwischenschoben. Harold konnte wie ein Liebhaber an Vita schreiben und Dinge sagen, die er nie aussprechen konnte:

»Aber wenn ich an Oktober denke, Liebling, wird mir so sonderbar – oh, mein liebster Liebling Vita, die mir eines Tages ganz und gar gehören wird – gehören auf eine Weise, die nichts mit Besitzen zu tun hat – und die wie eine Art feuriger Verschmelzung sein wird, Liebling – und es werden in unserer unglaublichen Ehe so viele wunderbare, schrecklich unergründliche Dinge passieren... oh, mein Liebling, du weißt nicht, wie leidenschaftlich ich bin – und wie mich das erschreckt – und wie froh ich darüber bin.«

Im August, an einem Bank-Holiday-Wochenende, fuhren sie mit B.M. in ihrem Rolls nach Somerset zu Mrs. Heneage in Coker Court, »während der ganzen Fahrt Möbel kaufend«. Lady Sackville half ihnen bei der Auswahl eines mit Diamanten und Smaragden besetzten Verlobungsringes, und die bevorstehende Hochzeit wurde in der *Morning Post* offiziell angekündigt. Vita suchte mit ihrer Mutter den Couturier Reville auf, um das Hochzeitskleid zu besprechen. (Lady Sackville war todunglücklich über die Leidenschaft ihres Gatten für Olive Rubens; sie lenkte sich ab, indem sie mit ungestümer Extravaganz für Vita einkaufte.)

Die Ankündigung rief bei Rosamund Tränenfluten hervor, die fand, ihr biederer Seemann sei ein zu ärmlicher Trostpreis. Vita war nun »kalt wie Eis« gegen Rosamund, was Harold, der sie mochte, nicht verstand. Andererseits hielt er Violet für ein »vulgäres kleines Mädchen«. Harold hatte auch gedacht, Vita würde ein wenig netter zu seiner Mutter und zu seiner kleinen Schwester Gwen sein: »Sie ist eine so leidenschaftlich zärtliche Persönlichkeit, und sie *hat* eine Persönlichkeit.« Vita konnte nie mehr als eine gespielte Begeisterung für Sir Arthur Nicolson und noch weniger für Lady Nicolson aufbringen. Sie mochte Harolds großartigen Freund, Archie Clark-Kerr – »der einzige unter meinen Freunden«, wie er Vita sagte, »zu dem ich mich gefühlsmäßig hingezogen fühle«.

Ende August machten sie eine Spritztour mit B.M. nach Interlaken, wo sich ihnen William Waldorf Astor anschloß. Er belegte Lady Sackville mit ihrem Einverständnis gänzlich mit Beschlag, wodurch sich das junge Paar mit mehr Freiheit konfrontiert sah, als es erwartet hatte: Vitas Tagebuch verrät einige Überraschung, ja eine gewisse Bestürzung, daß ihre Mutter sie auf diese Weise sich selbst überließ. (B.M.'s dynamische Präsenz war angesichts ihrer noch zaghaften Beziehung eine große Stütze.) Sie gerierten sich eher als Kameraden denn als Liebende; als Vita sich nicht wohl fühlte, »zog Harold mein Bett unter das Fenster, und wir beobachteten den Sonnenuntergang auf dem schneebedeckten Berg... Wir waren zusammen so glücklich.«

Rosamunds Verzweiflung stand in Briefen: »Immer geht's nur um Harold, Harold, und ich weiß jetzt, daß du mich und alles ihm opfern wirst.« Während Vita im Ausland war, druckte *The English Review* das Gedicht »A Dancing Elf«, das erste ihrer Gedichte, das im Druck erschien; es bezog sich auf Rosamund in der Villa Pestellini, war »R.G.« gewidmet und datiert »Florenz 1912«. Der *Daily Sketch* griff das auf, fragte bescheiden: »Wer ist der glückliche ›R.G.‹?«, und telegraphierte nach Knole, um es in Erfahrung zu bringen. Dada schrieb an Vita und meinte, er nehme an, sie habe wohl kein besonderes Interesse daran, den *Sketch* wissen zu lassen, wer ›R.G.‹ sei; er ergriff die Gelegenheit, um ein wenig mehr zu sagen:

»Du weißt, wie schwer ich mich damit tue, Dinge auszusprechen, doch ich bin froh, dich so glücklich zu sehen, wie du nach meiner Meinung jetzt bist, und es ist doch eine schöne Sache, jemanden gern zu haben, nicht wahr? Und du weißt, daß ich Harold schrecklich gut leiden kann, es hat mich nie im geringsten gestört, daß er kein Herzog ist... du schuldest Harold eine ganze Menge, weil er so lieb zu dir war, denn für einen Mann ist es eine große Sache, dir all seine Liebe zu schenken, und die muß ihm entsprechend vergolten werden.«

Rosamund, weit entfernt, sich durch die Veröffentlichung der »Dancing Elf« geschmeichelt zu fühlen, war außer sich. »Wie kannst du es wagen, dieses schöne Gedicht, das nur mir ganz allein gehört, in einer ordinären Zeitung zu veröffentlichen, wo alle Augen des gewöhnlichen Publikums es begaffen können?«

Über Paris trat Vita mit ihrer Mutter die Heimreise an; sie fand sie »verschwenderisch« und »bewunderungswürdig«, als sie sich wegen der Aussteuer umsahen. Einer plötzlichen Laune folgend, nahm Lady Sackville ihre Tochter mit zum Juwelier Chaumet und

»kaufte plötzlich eine Kette aus Smaragden und Diamanten, die sie mir schenkte. Sie ist phantastisch, und ich bin überwältigt. Sie ist wirklich ein unvergleichliches Geschöpf.« Vita ging allein in die Rue Varennes, um Rodin, wie beim Treffen in London verabredet, zu besuchen, und er gab ihr als Hochzeitsgeschenk die kleine signierte Bronze eines schreitenden Mannes. Damit konnte Harold nicht konkurrieren; er fühlte sich beiseite geschoben:

»Ich empfinde es als schrecklich, daß du dich so wenig um mich kümmerst... Ich habe wirklich nichts dagegen, denn alles, was ich mir in bezug auf dich wünsche, ist, daß ich dich anbeten kann – und dann, wenn wir verheiratet sind, wirst du dich vielleicht auch um mich kümmern. Ich meine, wirklich kümmern – nicht nur so tun. Ich weiß zwar, daß du dich bereits mehr als sonst um mich kümmerst – aber es ist nicht die völlige Preisgabe deiner selbst, die ich spüre.«

Bis zur Hochzeit waren es noch vierzehn Tage. Harolds Empfindungen trafen zu. Vita wurde von ihrer Mutter in Anspruch und in Besitz genommen, die, in ihrer allerschönsten Rolle, ihrer Tochter zum ersten Mal seit Jahren ihre ganze Aufmerksamkeit und Zustimmung zuteil werden ließ und sie mit Geschenken überhäufte. Vita war der Auffassung, die Liebe sei »un poison mortel dont on demande encore«.[4] In »Marian Strangways« beschrieb sie, wie wenig von dem »poison mortel« sie während ihrer Verlobungszeit in Harold oder in ihrer Beziehung zu ihm fand, aber viel von dem »fröhlichen Führer«:

> Gewahr' einen Jüngling, der einherschritt,
> Die Federkappe auf der Stirn, und
> Eine goldene Rute schwang,
> Mit einer Miene, die zum Morgen paßte,
> Und fröhlicher, entzückender Vermummung...[5]

Ein Gedicht, das, wie sie schrieb, kein Liebesgedicht sein solle, »doch vielleicht als das echteste Liebesgedicht von allen verwendbar«. Sie und er waren »mehr als Liebende, sie waren Freunde...

und sagten ernsthaft eine zukünftige glücklichere Welt voraus, wenn die Ehen sich auf solch freundschaftliche Lauterkeit gründeten«. Was sie an Harold liebte, waren seine Heiterkeit, sein Optimismus, seine Toleranz, seine Intelligenz und seine Ehrlichkeit. Ob alles das ausreichte, »mehr als Liebende« aus ihnen zu machen oder weniger, ist Ansichtssache.

Es war eine der Auswirkungen seiner Ehrlichkeit und Schlichtheit, daß er sie dazu brachte, ihre Mutter, zu einer Zeit, als sie sich näher waren als je zuvor, in einem weniger strahlenden Licht zu sehen. »In ihr erwachte bereits eine zaghafte Verwunderung über die Methoden ihrer Mutter; sie erkannte jetzt, daß Basil [Harold] schlicht und unbeschwert war... verwirrt rätselte sie über den Unterschied zwischen ihm und ihrer Mutter, doch sie trat ziemlich erbärmlich den Rückzug an, als sie fürchtete, auf eine enthüllende Wahrheit zu stoßen, die mit ihrer Loyalität nicht in Einklang zu bringen war.«[6]

Die Hochzeit fand am 1. Oktober 1913 in der Kapelle von Knole statt. Die Tage davor waren spannungsgeladen. Rosamund machte Szenen wegen Harolds Brautjungfer-Geschenk, nahm sich aber schließlich zusammen. In der Großen Halle waren mehr als sechshundert Hochzeitsgeschenke aufgebaut, darunter die prachtvollen Juwelen, überwiegend Smaragde und Diamanten, die Vita von Lady Sackville bekommen hatte. Lord Lascelles schickte eine Hutnadel aus Kristall und Diamanten, Orazio Pucci ein Schildpattkästchen; Violet Keppel sandte einen Ring mit Amethysten und Diamanten, erschien jedoch nicht zur Hochzeit.

»Ich bin todmüde«, schrieb Vita am Vorabend ihrer Hochzeit in ihr Tagebuch, »und heute abend weinte ich beim Gedanken an Knole eine Stunde lang. Rose heiterte mich auf, sie ist eine gute, liebe Freundin, und ich schätze sie. – Die letzte Nacht...« Unter ihr Gedicht »To Knole« setzte sie das Datum 1. Oktober 1913:

> Und so verließ ich dich, von Menschen voll und Licht,
> Und niemand wußte, ob ich lachte oder klagte.
> Die wahren, tiefen Abschiedsworte, die ich sagte
> In jener langen Nacht vorher, sie kannten sie nicht.[7]

An diesem Abend hatte ihre Mutter ihr mitgeteilt, sie fühle sich zu unwohl, um an der Zeremonie teilzunehmen. Es gab ein allgemeines Gemurmel des Mitgefühls und Bedauerns – und eine allgemeine Erleichterung.

Am Hochzeitsmorgen hatten Harold und Vita eine »heftige, unpersönliche Auseinandersetzung« wegen der Anordnung ihrer Geschenke. Doch in der Kapelle trafen sich ihre Blicke, »und beiden schoß gleichzeitig der Gedanke durch den Kopf, dies sei der aufregendste Jux, dem sie so viel Vergnügen wie möglich abgewinnen mußten«.[8] Rosamund und Harolds Schwester, Gwen, waren die obersten Brautjungfern. Der Bischof von Rochester traute sie; Walter Rubens spielte Orgel, und Olive Rubens, »in kastanienrotem Samt, verbrämt mit Skunkpelz«, sang. Vita trug ein Kleid aus naturfarbener Seide mit goldenen Applikationen. In der Kapelle selbst war lediglich Platz für sechsundzwanzig Personen; jedoch Hunderte, an der Spitze vier Herzoginnen und alle Geschworenen aus dem Seery-Prozeß (von Lady Sackville eingeladen), waren in der Empfangshalle.

Wenn man Vitas Schilderung in »Marian Strangways« Glauben schenken kann, benahm sich Harold hier sonderbar: »Er wollte nicht an ihrer Seite stehen, um in der Großen Halle die Glückwünsche entgegenzunehmen, sondern verschwand in der Bibliothek, um ein Buch zu lesen.« Vielleicht hat er das tatsächlich für einen Moment lang getan. Weitaus frostiger ist die Beschreibung ihres Aufbruchs. Sie, in ihrem neuen Leopardenpelz – ein weiteres verschwenderisches Geschenk ihrer Mutter –, eilte allein auf die Hintertür zu. »Man hielt sie zurück und sagte: ›Nicht dort entlang. Und du hast etwas vergessen.‹ Verwirrt sah sie auf. ›Deinen Ehemann.‹ Sie schafften ihren Ehemann von irgendwo herbei ... und jemand führte ihren Hund an der Leine.« Falls diese Beschreibung keine historische Wahrheit enthält, offenbart sie vielleicht etwas von Vitas dichterischer Wahrheit.

Im Zug aßen sie Sandwiches und tranken Champagner aus einer Thermosflasche. Vita fühlte sich gehemmt – »ganz fröhlich und so sanft und lieb«, wie Harold B.M. berichtete – und ging schlafen. Es war neun Uhr abends, als sie in Coker Court ankamen, das ihnen Mrs. Heneage für den Beginn ihrer Flitterwochen zur Verfügung gestellt hatte.

Was Vita in dieser Nacht in ihrem Zimmer in Coker schrieb – sie hatten Zimmer mit Verbindungstüren –, war sehr schlicht:

»Heute heiratete ich Harold. Mama stand nicht auf… Gegen Mittag ließ ich mich ankleiden, ganz in Gold, es war ein großer Erfolg. Dann ging ich zu Mama, zusammen mit Rose, Gwen und den beiden Kindern, Diana [Sackville-West] und Rosemary Stanley, und darauf traf ich mich mit Dada im Ballsaal, um in die Kapelle zu gehen. Im Korridor standen Soldaten in Reih und Glied. Während des Gottesdienstes war ich sehr froh, später waren so viele Leute da… Briefe und Telegramme kamen, und wir speisten in dem winzigen Zimmer neben dem Speisesaal. *Dunque si é culminato cosi!*«

Diesen rätselhaften Kommentar hat sie in »Marian Strangways« erweitert. Nach dem Dinner blieb Harold sitzen und erzählte ihr ausführlich von seinem Onkel, Lord Dufferin und Ava, der Vizekönig von Indien gewesen war. Sie hörte schweigend zu und dachte, daß »dies nun der Höhepunkt dieser Monate war, das unmittelbare Resultat jener Worte, die sie gesprochen hatten, als sie während eines Balls auf lächerlichen Hutschachteln saßen; darin hatte sich für sie das Geheimnis des Lebens erfüllt«.

Und so ging man schließlich zu Bett.

Teil 2

Wandel und Herausforderung
1913 - 1921

Kapitel 6

Am nächsten Morgen saßen sie im Garten und schrieben Briefe. Vita an ihre Mutter: »Ich kann dir kaum beschreiben, wie taktvoll und zart und rücksichtsvoll Harold gewesen ist, und ich hätte nicht geglaubt, daß ein solches Glück möglich sei. Ich werde dir eine Menge erzählen, das ich nicht niederschreiben kann.« Und am selben Tag in ihrem Tagebuch: »Nun erscheint mir alles wahr. Ich hätte mir ein solches Glück nie träumen lassen.«

Als sie zwei Tage später nach London zurückkehrten, schlief Vita in Hill Street und Harold bei seinen Eltern in Cadogan Gardens, »ein beklagenswertes Arrangement«, wie er sagte. Vita unternahm mit ihrer Mutter lange Spaziergänge in St. James' Park.

In »Marian Strangways«, nicht lange nach ihrer Hochzeit verfaßt, hatte Vita ihr erstes sexuelles Erlebnis in höchst bejahender und freundlicher Weise beschrieben – in einer etwas blumigen Sprache:

»Dann veränderte sich alles, rasend schnell und überwältigend, und sie wußte bloß, daß sie in der wilden Nacht zermalmt in seinen Armen lag... Sie wußte, daß endlich eine unwiderstehliche kosmische Naturgewalt, die sich nicht länger zurückhalten ließ, ihre beiden Leben zusammengeschleudert und sie zu einem einzigen verschmolzen hatte... Jetzt erkannte sie, wie viele leere Räume es in ihrem Leben gegeben hatte, und sie wurden bis an den Rand gefüllt durch die Fluten aufquellender Flüsse. Ihre kameradschaftliche Liebe zu Basil [Harold], halb freundschaftlich, halb spielgefährtenhaft, hatte nicht ausgereicht. Sie verlor alle Vernunft, und es blieben nur ihre primitiven Instinkte... Er war ihr Mann und ihr Meister, und in ihrer erwachenden Weiblichkeit ersehnte sie nichts anderes, als ihm mit der erniedrigendsten Unterwerfung zu Willen zu sein.«

Wenngleich romantisiert und vielleicht überlagert durch ein gewisses Quantum an Wunschdenken, ist »Marian Strangways« der Niederschlag der konventionellen heterosexuellen Entwicklung Vitas; das Manuskript von 1920, veröffentlicht in *Portrait einer Ehe*, legt Zeugnis ab von der anderen Seite ihres Wesens und von ihrer Liebe zu einer Frau. Geschrieben ist es mit einer Spur Reue und Stolz und durch die Tatsache ein wenig verzerrt, daß sie noch immer eine enge Beziehung zu Violet hatte. In »Marian Strangways« hat sie ihre sexuelle Beziehung mit Harold überbewertet, doch in dem Manuskript von 1920 hat sie sie unterbewertet. Dort schrieb sie, daß die ersten Jahre ihrer Ehe »wegen der reinen Freude an der Kameradschaft« unvergleichlich gewesen seien: »Harold war für mich wie ein sonniger Hafen. Alles war offen, freimütig, verläßlich, und obgleich ich die körperliche Leidenschaft, die ich für Rosamund empfand, nie erlebte, habe ich sie im Grunde nicht vermißt.«

In jener Nacht traf Vita Rosamund in Hill Street, um Abschied zu nehmen, »was mir sehr lästig war«, wie sie in ihr Tagebuch schrieb, »da ich ihren emotionalen Ansprüchen nicht gerecht werden konnte«. Am nächsten Morgen brachen Harold und Vita in die eigentlichen Flitterwochen auf – nach Florenz. Man hatte alle erdenklichen Vorsichtsmaßnahmen getroffen, damit Rosamund nicht erfuhr, daß man im Anbau der Villa Pestellini wohnen würde. »Arme Rose«, schrieb Vita in ihr Tagebuch, »sie weiß nicht, daß wir hier sind, sie denkt, wir seien im Hotel.« Sie und Harold waren bei Sonnenuntergang zum Belvedere hinaufgestiegen: »Oh Gott, ich danke dir für die Sonne, für die Zypressen und für unsere Jugend.« Später schämte sie sich, daß sie Harold in das kleine Haus gebracht hatte, das sie erst vor kurzem mit Rosamund geteilt hatte. »Es ist nicht nur eine Treulosigkeit gegen Rosamund, sondern außerdem ein schrecklicher *manque de délicatesse*.«[1]

Obwohl sie mit Harold glücklich und über Rosamunds Sentimentalität verärgert war, schrieb sie ihr doch dauernd: »Ich glaube, du hattest nicht halb soviel dagegen, wie du angenommen hast... Was mich betrifft, so hatte ich mehr dagegen... ich denke, unsere Briefe können für eine oder zwei Wochen nicht natürlich sein – weder die deinen noch die meinen. Es hat ein zu gewaltiges Erdbeben stattgefunden. Mein Gott, ich kann darüber nicht sprechen.« Sie sagte Rosamund, eine gewisse Befangenheit zwischen ihnen sei unvermeidlich, »es sei denn, man wäre willens, in abgründige Tiefen zu tauchen, doch im Augenblick habe ich das Gefühl, daß sie zu tief sind, um sie mit einem Senkblei auszuloten; sollte ein Senkblei freilich den Grund erreichen, würden, wenn man es wieder heraufzöge, Tränen und ein wenig Herzeleid daran kleben. Ich glaube, daß es vielleicht besser ist, wenn ich nicht länger in Florenz bleibe.«

Doch sie war in Florenz offenkundig glücklich, glücklich mit Harold. Täuschte sie sich selbst und ihr Tagebuch, oder täuschte sie Rosamund? Bei Vita war beides möglich. Sie war ein Mensch, der gleichzeitig beide Seiten einer Medaille sah.

Sie reisten weiter nach Osten auf ihrem Weg nach Konstantinopel, wo Harold Dritter Sekretär war. In Brindisi schlossen sich ihnen Vitas Zofe Emily und Harolds Kammerdiener Wilfred Booth (den sie »Wuffy« nannten) an; dort wartete auch ihr großes Gepäck. Vom Schiff nach Alexandria schrieb Vita spitzbübisch an Rosamund, daß es »nicht in Ordnung schien, daß ich allein mit Harold reiste, der noch nicht einmal ein Verwandter ist«.

In Kairo blieben sie zehn Tage bei Lord Kitchener in der britischen Handelsvertretung. Das hatten die »Erwachsenen« so arrangiert, und Vita haßte diesen Einfall. Doch sie war beeindruckt, als sie ihren jungen Gatten zum ersten Mal in Aktion sah: »Bei Tisch sprachen Harold und K[itchener] über die Politik im Vorderen Osten! Es gefällt mir sehr gut, wenn er so spricht.« Sie sah die Pyramiden, doch in Luxor bekam sie einen Sonnenstich und büßte ihre Stimme ein, so daß die offiziellen Essen zu einer schweren Prüfung wurden. »Sechs oder acht stumme, eingeschüchterte Offiziere saßen um die Tafel; Kitcheners trübe Augen glitten über sie hin; nur mein heiseres Flüstern durchbrach die Stille. Man kam auf ägyptische Kunst zu sprechen. ›Ich halte nicht viel von einem Völkchen‹, knurrte Kitchener, ›das seit viertausend Jahren dieselben Katzen zeichnet.‹«[2] Als sie sich besser fühlte, fuhr Harold mit ihr in einem Boot auf dem Nil: »Er ist ein Schatz; ich wußte nicht, daß es soviel Gutherzigkeit gibt.«

Sie schrieb an ihre Mutter – die sich in Paris amüsierte, wo sie

Rodin Modell saß –, als ihr Schiff sich Konstantinopel näherte: »Wir haben den schrecklichen Verdacht, daß Emily und Wuffy sich eine Kabine teilen, wollen der Sache aber nicht weiter nachgehen.« Sie und Harold andererseits, aristokratisch und anspruchsvoll, hatten jeder eine Dreibett-Kabine zur Verfügung. Sie waren zu lange unterwegs, als daß es ihnen noch Spaß gemacht hätte: »Im Augenblick sind wir beide ziemlich trübsinnig und gereizt – wenn auch nicht im Umgang miteinander.«

Sie waren einen Monat verheiratet, als sie in Konstantinopel ankamen. »Alle möglichen Leute kamen, um uns zu begrüßen« – Harolds Kollegen Gerry Wellesley und Eddie Keeling und ihr Onkel Bertie Sackville-West, der Inspektor der Staatlichen Osmanischen Steuerbehörde war, und »viele Leute in wundervollen Gewändern, die Harold die Hand küßten«. Sie war davon beeindruckt, wie leutselig er mit jedermann umging. Noch immer erstaunte sie seine fortdauernde Freundlichkeit, und bei ihrer Ankunft schrieb sie an ihre Mutter: »Das Leben mit Harold ist, als lebe man mit einer Art von sehr menschlichem und sehr fröhlichem Engel zusammen, und mit jedem Tag wird es schöner; ich habe nicht gewußt, daß es Menschen mit einem solchen Naturell gibt... Ich glaube einfach nicht, daß es nur die Tatsache ist, daß ich ihn zufällig liebe, die ihn mir so liebenswert macht.«

Sie beschrieb Rosamund (an die sie, wie sie zu ihrem Verdruß feststellte, öfter schrieb als diese an sie) ihr erstes Heim als verheiratete Frau: »Es ist ein türkisches Holzhaus mit einem kleinen Garten und einer Pergola aus Weinreben und einem Granatapfelbaum, der mit scharlachroten Früchten bedeckt ist. Und welch ein Ausblick über das Goldene Horn, das Meer und die Hagia Sophia! Und an der einen Seite des Hügels haben wir ein ideales Sonnenplätzchen.« Nachdem sie Konstantinopel anfangs für »scheußlich« gehalten hatte, fand sie es jetzt »wunderschön«.

Von der Rückseite des Hauses fiel der Hügel zum Bosporus ab, und Skutari und Asien lagen auf der anderen Seite der Meerenge. Die Wohnräume umfaßten zwei Wohnzimmer im Obergeschoß, dazu einen Salon und ein Rauchzimmer; unten waren ihre aneinandergrenzenden Schlafzimmer und das Eßzimmer. Vita war über alles entzückt. Am Tag des Einzuges schrieb sie an ihre Mutter:

»Wir haben einen wunderschönen Montenegriner als Diener bekommen und einen Koch, der wahrhaftig wie ein griechischer Gott aussieht; mir ist wegen Emily bange... Harolds persisches Zimmer soll blau werden wie die Wände meines Schlafzimmers in Knole... Man kauft hier weißen Jade außerordentlich günstig. Ich erstand für 12 Francs einen Klumpen, der sechs Zoll lang und fast so dick ist wie mein Handgelenk, und er wird uns jetzt als Griff für unsere Türglocke dienen. Ich stelle fest, daß uns der aufregende Ruf vorausgeeilt ist, wir seien originell und ›Kunstkenner‹, und jetzt zerbrechen wir uns beide die Köpfe, um ihm gerecht zu werden.«

Das war der erste ihrer erfolgreichen gemeinsamen Versuche, sich ein Ambiente zu schaffen. Wie das bei ihnen immer der Fall war, brachte es sie näher. Harold, der um Vitas Abneigung gegen das diplomatische Leben wußte, achtete sorgsam auf ihre Reaktionen und hielt immer in seinem Tagebuch fest, ob sie bei den zahlreichen Tees, Dinners, Bällen und Empfängen gelangweilt oder amüsiert war, an denen teilzunehmen man von ihnen als Mitglieder des diplomatischen Corps erwartete. In der Tat wurde sie von diesen Veranstaltungen gelegentlich gelangweilt, doch sie mochte Sir Louis Mallet, Harolds Chef, sie mochte Harolds spezielle Freunde, Pierre de Lacretelle und Reggie Cooper, und zu Hause war sie glücklich. Nachdem sie drei Wochen in Konstantinopel war, schrieb sie in ihr Tagebuch: »Daß ich im letzten Jahr wegen Harold so lange gezögert habe, erscheint mir jetzt unglaublich. Aber ich verstehe es: Ich kannte ihn nicht, er war fort, im Grunde ist es erstaunlich, daß ich ihm so treu war. Jetzt scheint er mir vollkommen, und das ist er wahrlich – so heiter, so lustig, so klug, so *jung*. Bis jetzt habe ich ihn eigentlich nie richtig gekannt.« Aber dennoch ärgerte es sie, daß Rosamund so unregelmäßig schrieb. Vita schrieb ihr flehende, traurige, grausam einschüchternde Briefe und ein Gedicht, »Disillusion«. Vita mochte es nicht, wenn jemand, der sie liebte, aufhörte, sie zu lieben. Nicht, daß Rosamund aufgehört hätte; B.M., die sie in London traf, bemerkte, daß sie wegen Vita »sehr trübsinnig« sei. Aber Vita hatte ihren Stolz.

Das Bedürfnis nach Verbindung mit Rosamund schloß für Vita mehr ein als emotionale Herrschsucht. Ihre alte Freundin war ein

Teil der heimatlichen Welt. B.M. schickte ihnen zu Weihnachten Plumpuddings und Hackfleischpasteten, und aus Knole wurden per Schiff Bilder und persönliche Gegenstände herbeigeschafft. Am 6. Dezember schrieb Vita an Rosamund: »Manchmal bekomme ich ganz einfach Heimweh, zum Beispiel, wenn ich mit Onkel Bertie zusammen bin und auf ihrem Silber das alte Familienwappen sehe; und als ich meine Sachen aus Knole auspackte und auf etwas stieß, das Teil meines Alltags gewesen war... ich habe die zwei Aquarelle meines Zimmers hier im Wohnzimmer aufgehängt, und wenn ich sie ansehe, steckt mir ein Kloß im Hals.«

Am folgenden Tag suchte Vita Dr. Maclean im Englischen Krankenhaus auf. Es vergingen nur zwei Wochen, und er konnte ihre Ahnungen bestätigen. Vita war schwanger. Es war in der Woche vor Weihnachten.

»Ich freute mich darüber«, schrieb Vita später, »aber Harold freute sich noch viel mehr. Das einzige, was mich ärgerte, war, daß er sich ein wenig wie ein Arzt aufführte... Er schrieb darüber einen Brief an meine Mutter, den ich in einem Wutanfall zerriß, den er überhaupt nicht begreifen konnte.«[3] Sie schrieb ihrerseits an die Mutter; das Baby würde für Anfang August erwartet, und sie planten, für die Zeit der Geburt Urlaub zu nehmen und heimzukehren. B.M. schrieb bezeichnenderweise in ihr Tagebuch: »Armes, kleines Mädchen! Wie gern wäre ich jetzt bei ihr und führte lange Gespräche.«

Ohne jemand anderen zu fragen, bat B.M. Lord Astor, bei Vitas Baby Taufpate zu sein. Lionel war außer sich: »Er sagte, das sehe *intéressé* aus und was die Welt dazu sagen würde! Ich erwiderte, er begreife nicht, welch gute Freunde wir seien.« Gleichwohl schrieb sie an »Tom« Astor und zog ihre Einladung zurück. Danach, unter heftigen klimakterischen Beschwerden leidend, reiste sie nach Paris ab, um Rodin und Renoir zu besuchen und von dort nach Rom zu ihrem alten Busenfreund Buggy – Baron Bildt –, dessen treue Zuneigung sie sowohl über den Verlust Vitas hinwegtröstete als auch über den Ärger mit Lionel, der weiterhin »versucht, mich zu mögen, aber körperlich einfach absolut unfähig ist, es zu tun«.

Lionel und Olive Rubens und Olives Gatte Walter besuchten die jungen Nicolsons im April 1914 in Konstantinopel, und ein paar

Tage später traf Rosamund ein. Vita war entzückt, sie alle bei sich zu haben, und gab eine große Gesellschaft. Sie war in der Stimmung, eine Ehe zu stiften. Rosamund hatte ihre Verlobung mit Reggie Raikes gelöst, und Vita dachte, Reggie Cooper sei der richtige Mann für sie. Auch Gerry Wellesley und Violet Keppel hatten sich getrennt; im März hatten Vita und Harold Gerrys neue Verlobte getroffen, die ihnen einen Besuch machte. Es war Dorothy – »Dottie« – Ashton. »Sie ist sehr reich«, schrieb Vita in ihr Tagebuch. (»Dottie«, die Stieftochter des Earl of Scarborough, hatte von ihrem Bruder ein Vermögen und einen Landsitz in Cheshire geerbt.) Das Paar heiratete im Sommer.

Lord Sackville und seine Begleiter sandten B.M. befriedigende Berichte nach Rom. »Lionel sagt, Vitas Party sei sehr erfolgreich gewesen... Ihre Figur ist noch immer normal; Olive sagt, die beiden verehren einander und sind strahlend glücklich.« B.M. spielte mit dem Gedanken, länger in Rom zu bleiben und ein gefühlvolles paralleles Idyll zwischen sich und Buggy herzustellen: »Wir sind so glücklich zusammen, und er ist das für mich, was Harold für Vita sein muß.« Der einzige schwache Punkt dieser Konstruktion war die Baronin Bildt, Buggys »unvernünftige Frau«, die, »dummes Frauenzimmer«, Schwierigkeiten machte. Vielleicht war es am Ende doch nicht so praktisch, sich in Rom niederzulassen.

Sie fühlte sich freilich auch nicht ermuntert, ihre Tochter zu besuchen und lange Gespräche zu führen. Lionel sagte, die Reise werde sie krank machen, und »Harold schreibt, daß ich mit Vita werde sorgsam umgehen müssen, da sie aufgrund ihres Zustandes so reizbar geworden ist. Das sieht meinem süßen Kind gar nicht ähnlich.« Ohnehin war es nach Mitte Juni kaum der Mühe wert, die Reise zu unternehmen, da Harold und Vita ja heimkamen. Sie vertrauten ihren Hund Mikki II. einem Freund an, verschlossen ihr Haus, das mit Hochzeitsgeschenken und den in der letzten Zeit erworbenen Schätzen gefüllt war. Sie würden ja bald zurück sein – dachten sie.

Im Hotel »Edouard VII.« in Paris war Vita wieder mit ihrer Mutter vereint. Lady Sackville, die gerade erfahren hatte, daß ihr prozeßsüchtiger Bruder Henry Selbstmord begangen hatte, war aufgewühlt, doch entzückt, Vita wiederzusehen. »Es ist kaum zu sehen, daß sie *enceinte* ist, und sie sieht wunderbar aus; sie sind unzweifelhaft sehr ineinander verliebt.« Vita hingegen fand ihre Mutter ganz unverändert: »dasselbe Chaos von Briefen und Päckchen; Rodin am Telephon; Geschäftliches wegen Spealls; welch eine Person!« Nach ihrer langen Abwesenheit fiel ihr der starke französische Akzent auf, mit dem ihre Mutter englisch sprach.

Drei Tage nach dem Wiedersehen fand Lady Sackville bereits Anlaß zur Klage: »Sie sind voneinander völlig in Anspruch genommen und so glücklich. Ich habe das Gefühl, nicht mehr zu zählen... Was sie selbst betrifft, ist sie so zurückhaltend... Natürlicherweise bedeuten ihr Harold und das Baby alles, und ich spüre, daß ich kaum gebraucht werde. Keine Vertraulichkeiten, nichts als unverbindliche Unterhaltungen.«

Bei der Rückkehr nach Knole kam es Vita »so schön vor wie nie«. Auf der neuen Yacht, *Sumurun*, seines Schwiegervaters (die Lady Sackville großmütig bezahlt hatte) unternahm Harold eine kurze Ferienreise. »Ich vermisse ihn schrecklich«, schrieb Vita. Ihre Mutter vermißte Harold weniger. »Endlich hatten wir ein hübsches Gespräch, *intime*.« Es war freilich doch nicht so *intime*, wie sie es sich gewünscht hätte. »Vita ist noch immer sehr ahnungslos.«

Während Harold fort war, traf Vita ihre alten Freundinnen – Rosamund (die alles daransetzte, die einzige Taufpatin des Babys zu werden), Muriel Clark-Kerr, Violet – und las Harolds ergebene Briefe von der *Sumurun* an »mein liebreizendes Weib«. Sie schrieb ihm einen Brief, eine Ergänzung ihres Testaments, der für den Fall, daß ihr bei der Geburt etwas zustieß, geöffnet werden sollte. Er sollte Rosamund ein paar ihrer Juwelen und alles, was sie sonst zu haben wünschte, geben; weitere Juwelen waren für Irene (»Pace«) Pirie, für Muriel und »mein kleiner Saphir- und Diamantring« für Violet vorgesehen. Sie trug ihm auf, sein erstes Geschenk an sie, die Holzfigur der Heiligen Barbara, stets in seinem eigenen Zimmer aufzubewahren: »Sie kennt uns beide so gut, vom ersten Tag an.« Und dann schrieb sie:

»Liebling, ich glaube, ich muß Lebewohl sagen, denn sollte dieser Brief dich je erreichen, wird das nach einem größeren Lebewohl sein, als wir es je erlebten. Wie auch immer, wir werden dann fast ein Jahr völlig ungetrübten, vollkommenen Glücks miteinander verbracht haben, und du weißt, daß ich dich so innig geliebt habe, wie ein Mensch je einen anderen geliebt hat... Wenn ich diese Monate noch einmal durchleben könnte, würde ich nicht einen Tag davon ändern... du etwa? Ich glaube nicht, daß es viele Menschen gibt, die das sagen können.«

Die Geburt stand bevor; der Krieg in Europa stand bevor. Vitas Vater mobilisierte seine berittene Miliz in West Kent. Ebenfalls bevor stand die Veröffentlichung von Vitas erstem Gedichtband. John Lane von Bodley Head hatte das Buch angenommen und kam zum Lunch nach Knole. Fünf Tage später erklärte man Deutschland den Krieg; während des Essens wurde Lord Sackville telephonisch zu seinem Regiment gerufen. Harold würde für die nächste Zeit im Außenministerium bleiben und nicht nach Konstantinopel zurückkehren. Zwei Tage danach verspürte Vita abends Schmerzen; um zehn Uhr setzten die Wehen ein.

Um drei Uhr morgens saß Lady Sackville immer noch vor Vitas Tür. Ärzte und Ammen gingen aus und ein. Das Baby – ein Junge – wurde erst am folgenden Nachmittag um halb fünf geboren, und um sieben Uhr gestattete man Vitas Mutter, ihre Tochter zu sehen.

Sogleich begann sie, Schwierigkeiten zu machen. Sie fühlte sich beleidigt, weil Vita sie am Abend nicht noch ein zweites Mal zu sehen wünschte und weil Harold Olive Rubens gebeten hatte, eine Taufpatin zu sein. Das Ergebnis war, daß sie am Morgen wütend nach London abfuhr. Alles, was Vita niederschrieb, war: Donnerstag, 6. August: »Heute um halb fünf wurde mein Sohn geboren.« Freitag, 7. August: »Mama fuhr nach London und weigerte sich, mich zu sehen.« Lady Sackville kam zurück und wütete gegen Harold, weil er ihr, wie sie es auffaßte, Vita weggenommen habe. Vita lag oben und schrieb ihr Gedicht »Convalescence« über das vergangene Leben in Knole:

Erinnerung an allzu müßige Stunden kommt zurück,
Vergangen, doch als Erbe mir ins Herz geprägt,
Vom blauen Sommerhimmel ein rechteckig Stück,
Von des Hofes alten Giebeln ausgesägt.[4]

Harold, der an den Wochenenden über Nacht in London blieb, schrieb ihr zweimal am Tag. Ihre Mutter besuchte sie selten, und wenn, machte sie ihr Szenen. Ihr Vater, der in Gravesend stationiert war, gab ihr den Rat, sich nichts daraus zu machen. »Immerhin hast du Harold und dein Mar, und du und ich haben immer aneinandergegangen, nicht wahr?« (Diskret legte er einen Brief an Olive bei, die in Knole war.)

Drei Wochen nach der Geburt des Babys kam B. M., »am Abend, um mich anzuschreien, und nach dem Essen... lehnte sie es ab, mich zu sehen. Ich glaube, sie ist verrückt, und ich versuche, sie zu entschuldigen. Ich bin noch sehr schwach, und sie macht mich krank. Harold ist nicht da.«

Seine Briefe jedoch waren liebevoll, sprachen von ihren glücklichen Zeiten und warfen Schlaglichter auf eine übellaunige Vita in Konstantinopel: »Ich sehne mich danach, meinen Liebling zu sehen – und er läßt mich tüchtig abblitzen – wie in Konstantinopel, erinnerst du dich? Du pflegtest weiterzuschreiben, deinen hübschen kleinen Kopf über den Tisch gebeugt, und lehntest es ab, dich herumzudrehen. Liebling...« Und zwei Tage später: »Oh, mein Liebling, bitte, fahre mir morgen nicht über den Mund. Vita, ich bete dich einfach an, du meine Heilige.« Ein Besuch von Pierre de Lacretelle heiterte ihn auf, und Rosamund kam, um den buntgemischten Gästen in Knole Gesellschaft zu leisten. (»Ich hasse den Gedanken, daß du und Rosamund euch Geheimnisse erzählt«, schrieb Harold.)

Lady Sackvilles Groll wurde verständlicherweise dadurch genährt, daß Rosamund und Olive fast ständig in Knole weilten, weil sie am örtlichen Krankenhaus als Pflegerinnen arbeiteten. »Es macht mich krank, daß sie immer da sind.« Aber ein viel härterer Schlag war Vitas und Harolds Entschluß, ihr Baby »Benedict Lionel« statt »Lionel Benedict« zu nennen. Lionel selbst störte daran überhaupt nichts, sie hingegen erblickte darin eine unverzeihliche

Beleidigung. Rosamund schickte Vita einen Zettel nach oben: »Sie sagt, ›wenn sie den Namen Benedict der Liebe ihrer Mutter vorzieht, kann sie das gern tun‹... Ich möchte dir fast raten nachzugeben... Ich glaube wirklich, sie war heute abend beinahe verrückt.«

Entsprechend den Wünschen seiner Großmutter wurde das Baby am 20. September auf den Namen Lionel Benedict getauft. Rosamund, Olive und Violet – »auf ihre eigene sarkastische Bitte« – waren die Patinnen, Kenneth Campbell und Baron Bildt die Paten. Dennoch war Lady Sackville nicht zufriedengestellt und verschwand abermals nach London. Jetzt war der Grund, daß Vita und Harold ihr Baby nicht Lionel *riefen* (solange er ganz klein war, sagten sie »Detto« zu ihm, die Kurzform von »Benedetto«). Vita sandte ihrer Mutter zahlreiche Briefe, die zwischen Trotz und Versöhnung schwankten und die zeigten, wie sehr sie dieser alberne Streit erschreckte und erschütterte.

»Über sein kleines Köpfchen ist so viel Streit und Zwietracht hinweggegangen, und obgleich ich darum gekämpft habe, ihn für mich zu behalten, ihn, das einzige, das ich niemandem außer Harold verdanke, muß ich ihn aufgeben. Immerhin gehörte er neun Monate lang allein mir, und ich schätze, mehr als das darf ich nicht erwarten...

Ich weiß jetzt, daß du mich nicht liebst und daß du bei der ersten Belastung, die ich deiner Liebe zugemutet habe, bereit bist, mich wie einen alten Handschuh wegzuwerfen. Ich wußte immer, daß du nicht so bist wie andere Leute und so hart sein kannst wie Granit, aber ich dachte, zumindest mich hättest du wirklich geliebt... Du hast mir deine überschwengliche Großzügigkeit zuteil werden lassen, doch jene Großzügigkeit des Herzens, auf die ich unendlich viel mehr Wert gelegt hätte, hast du mir versagt... es ist hart, wenn man den Glauben an jemanden verliert, den man einmal vergöttert hat.«

Vitas Beziehung zu ihrer Mutter glich oft mehr einer stürmischen Liebesaffäre als irgend etwas anderem.

Sie und Harold taten das Vernünftigste und verließen Knole; sie mieteten ein Haus in London – Ebury Street 18, Pimlico –, und das

Leben normalisierte sich wieder. »Ich wurde ziemlich gesellig«, schrieb Vita später. Dies war »die einzige Zeit in meinem Leben, in der ich so etwas wie Beliebtheit erlangte. Ich war nicht mehr unhübsch, ich gab mir ausreichende Mühe, mich angenehm zu machen, und jeder, der Harold kennenlernte, fand ihn reizend... ich war so glücklich, daß ich sogar vergaß, an *Wanderlust* zu leiden.« In nachträglicher Einsicht, unter dem Einfluß ihrer Leidenschaft zu Violet, sollte sie hinzufügen: »Gott, wie schauerlich.«[5]

Doch zu jener Zeit gab es von Grausen keine Spur. Und im Dezember 1914, als ihr erstes Baby erst vier Monate alt war, fühlte sie sich abermals schwanger.

Das erste Weihnachtsfest des Ersten Weltkrieges verbrachten sie in Knole. Am 28. Dezember verbreitete sich im Haus die Nachricht, daß ein Baum auf ein Auto gestürzt sei, das sich dem Haus näherte. Vita erwartete Harolds Ankunft – »niemals, nein, *niemals* habe ich solche Angst ausgestanden«. Doch es war nur die arme Rosamund, die mit einer Kopfwunde und gebrochener Nase aus dem Krankenhaus zurückkehrte. Vitas Angst um Harold wurde auch in einem wichtigeren Punkt beruhigt: als Mitarbeiter des Außenministeriums war er vom Dienst in der Truppe ganz freigestellt worden.

So sollte ihre glückliche Häuslichkeit nicht gestört werden. Vita blieb über Neujahr 1915 in Knole; am 5. Januar schrieb ihr Harold, ihr kleiner Detto sei »ein nichtsahnendes und ewiges Unterpfand all jener frühen Monate unserer Liebe, mein Liebling. Detto ist – oder etwa nicht? – ein kleines Gefäß – ja fast eine Monstranz – all unserer vergänglichen Augenblicke, als wir einander am nächsten waren.«

Kapitel 7

Während ihres Aufenthaltes in Knole vollendete Vita ein Theaterstück, »The Amber Beam«, das sie in Konstantinopel begonnen hatte und das nie veröffentlicht oder aufgeführt worden ist. Es handelt von der fraulichen, sich selbst aufopfernden Beatrice, die dreißig Jahre lang das Genie eines großen Bildhauers unterstützt und umsorgt hat. Es gibt keinen Hinweis darauf, daß Beatrice dieses Leben des Dienens und der Unterwürfigkeit mit Groll erfüllt. Hingabe, die nichts fordert, wird als Ideal präsentiert. Die glückliche Ehe wird dem in Unordnung geratenen Gefühlsleben ihrer Mutter als gesegnete Wohltat scharf gegenübergestellt. Im Januar gab es in London einen weiteren bösen Streit: »Ich sollte mit ihr vor einer Matinee lunchen, doch ich ging fort und speiste mit Harold in einem italienischen Restaurant; also, was macht es schon, solange ich ihn habe?« Aber für Vita spielte es immer eine Rolle.

Ein paar Wochen später hörte sie, daß ein Haus, Long Barn genannt, in dem Ort Weald, nur ein paar Meilen von Knole entfernt, zum Verkauf stehe. Als sie es gesehen hatte, schrieb sie: »Es würde sich wirklich sehr gut eignen.« Sie zeigte es Harold und dann ihrer Mutter, und beide stimmten zu. Von diesem Augenblick an wurde ihr Verhältnis zur Mutter »viel besser, viel normaler und friedfertiger«. Das Haus wurde im März 1915 für 2500 Pfund gekauft; am 10. April zogen Harold, Vita, das Baby, das Kindermädchen, Emily, Wuffy und die Dienerschaft ein. »Ich finde alles entzückend! Dada kam zum Tee. Harold kam früh nach Hause.«

Long Barn ist ein sehr altes Haus. Es wird überliefert, daß Caxton, der Stammvater des englischen Buchdrucks, dort geboren wurde. Als die Nicolsons das Haus renovierten, wurde eine Münze aus dem Jahr 1360 hinter dem Verputz gefunden. Vita liebte dieses Haus wegen seines ehrwürdigen Alters, wegen seiner Aura und weil es ihr und Harold gehörte. Am letzten Tag des Mai notierte sie in ihrem Tagebuch:

»In diesem Mai ist das Wetter großartig gewesen; ich arbeite im Garten, ich arbeite mehrere Stunden am Tag an meiner Geschichte Italiens, abends hole ich Harold mit Archie [dem Auto] vom Bahnhof ab – warme, liebliche Frühlingsabende –, ich spiele mit Detto, ich denke an seine Schwester, die im September zur Welt kommen wird, und bin sehr glücklich. Wir lieben uns mehr denn je. Ich danke Gott, daß ich das vollkommene Glück erfahren habe.

H. verläßt um neun Uhr morgens das Haus, und den ganzen Tag über ist der Gedanke an seine Rückkehr wie ein Sonnenstrahl. Aber ich fühle mich schuldig, wenn ich das Elend anderer Leute in dieser Zeit des Krieges sehe.«

Eine Freundin, die zum Essen kam, sagte ihr: »Die Türen dieses Hauses sind wie eine Einladung ins Paradies. Und das Haus ist es tatsächlich.« Um die Harmonie zu vollenden, heirateten Emily und Wuffy Mitte Juni.

Zwar hatten Vita und Harold ihren verwilderten Garten in Konstantinopel geliebt, doch es hatte ihnen an Zeit gefehlt, ihn in Ordnung zu bringen. In diesem Sommer begann Vita, sich ernsthaft der Gartenarbeit zu widmen. Sie wußte fast nichts darüber. Die ersten Blumen überhaupt, die sie einpflanzten, war ein Büschel Primeln, die sie im Wald ausgegraben und im Garten an der Böschung wieder eingesetzt hatten. Sie schrieb ihr erstes Gartengedicht:

> Dann harrten wir, daß es gedeihe,
> Wir pflanzten Goldlack in der Reihe,
> Lavendel auch und Borretschtriebe,
> Doch wuchs nichts anderes als Liebe.[1]

Eines Tages gegen Ende Juni gab sie Harold eine Notiz, die er im Zug lesen sollte; sie hatte seine Briefe aus der Verlobungszeit durchgesehen, und ihr war aufgegangen, daß alle ihre Träume in Erfüllung gegangen waren. »Es ist wie ein großer warmer einhüllender Glanz, und Detto steht für wunderbare Dinge... und jeden Abend, wenn du heimkommst, eilen unsere Seelen und Hände aufeinander zu und verschmelzen.« Sie liebe ihn nicht krankhaft, schrieb sie ihm, sondern »kraftvoll und leidenschaftlich und auf jede Weise«.

Sogar im Umgang mit B. M. stellte sich eine freundliche Routine ein; Lady Sackville schrieb in jenem Sommer: »Ich sehe sie und ihr Baby nahezu täglich. Ich gehe selten hin, wenn H. da ist, da ich weiß, daß sie es vorziehen, allein zu sein.«

B. M.'s Probleme waren nicht gelöst. Lionel hatte das alte Waschhaus von Knole als Appartement für Olive und Walter Rubens umbauen und möblieren lassen; Walter war im Krieg, und Olive wohnte dort für sich. »Durch einen bloßen Zufall bekam ich heraus, daß H., wenn er herkommt, sogar sein Frühstück allein mit Olive im Waschhaus einnimmt.« Sie hatte Marmelade für ihn zum Frühstück befohlen, als das Dienstmädchen damit herausplatzte, was er angeordnet hatte, und »ich tat so, als wisse ich es und hätte es nur vergessen«. Es war schrecklich demütigend. Es gab Gerede, und B. M. erhielt ein paar anonyme Briefe. Walter Rubens war entgegenkommend, indem er von »unserem trauten, kleinen Heim« sprach. Lady Sackville kämpfte mit sich. »Ich will fröhlich sein, will strahlendes Glück und inneren Frieden.« Sie schenkte Vita und Harold einen Rolls-Royce, und sie stellten einen Chauffeur namens Bond ein. In Vitas Augen war ihre Mutter wieder bezaubernd und wunderbar. Harolds Mutter, die auf Besuch nach Long Barn kam, konnte es mit ihr nicht aufnehmen: »Ihre altmodischen Vorstellungen machen mich wütend.«

Ende September setzte sich Lord Sackville mit seinem Regiment nach den Dardanellen und Gallipoli in Marsch. Vita war erregt, als sie sich von ihm verabschiedete; sie fühlte sich nicht wohl, und die Geburt ihres zweiten Kindes stand bevor. Bevor er abreiste, schrieb ihr der Vater:

»Ich denke an dich, mein lieber Mar, und an all die Sorgen und Schmerzen, die vor dir liegen, und es schmerzt mich, wie selbstsüchtig ich heute war, als wir von nichts anderem sprachen als von mir. Du schienst zu denken, daß ich um deine Liebe zu mir nicht weiß oder sie nicht zu würdigen weiß, doch das ist ganz falsch, mein lieber Mar, weil wir beide uns so ähnlich und nicht immer imstande sind, solche Dinge zu zeigen. Aber ich weiß, daß du mir immer mehr bedeutet hast, als ich vielleicht je ganz begriffen habe, und möglicherweise hast du dasselbe gespürt.«

Ihr Vater meinte, sie und er seien sich »so ähnlich«. Mit Vita war aber auch ebenso schwer auszukommen wie mit ihrer Mutter. Da ihre Eltern so gegensätzlich waren, verwunderte es nicht, daß das, was sie Vita an Temperament vererbten, in ihr einen Konflikt und manchmal einen totalen Krieg hervorriefen. Trotz seiner Abkapselung und der stillen Rücksichtslosigkeit, mit der er sich von seiner Frau freikämpfte, ließ er seine Tochter nie im Stich. Ihre Mutter hingegen enttäuschte ihre Tochter ständig, einer schwer auszurechnenden weiblichen Gottheit vergleichbar.

Vitas Baby war zwei Wochen überfällig. Erst am 1. November setzten die Wehen ein. Vierundzwanzig Stunden darauf war dem Arzt klar, daß das noch ungeborene Baby tot war. Er zog einen Kollegen hinzu. Vita wurde fünf Stunden lang narkotisiert und das neun Pfund schwere Baby durch einen operativen Eingriff zur Welt gebracht. »Ich muß nach London fahren, zur Bank«, schrieb Lady Sackville gleichgültig in ihr Tagebuch. »Am Abend fand ich Harold sehr niedergeschlagen vor... Er sagte, sie sei überall schwarz und blau, da die Ärzte sie furchtbar pressen mußten, besonders in der Bauchgegend.«

Vita mußte bis Ende November im Bett bleiben. In dieser Zeit lernte Detto allein das Laufen. Eines Nachts gegen Ende des Monats kritzelte sie einen verzweifelten Brief an Harold auf die Rückseite eines Briefes von Messers. Marshall & Snelgrove:

»Harold, Mar ist traurig, sie denkt an den kleinen weißen Sarg aus Samt mit dem kleinen stummen Wesen darin... ich muß einfach daran denken und werde es immer tun, noch mehr, wenn ich Detsey sehe, der so süß und kräftig ist, und das andere Baby wäre genauso geworden. Es ist gar nicht so sehr deshalb, wie jeder denkt, daß ich wegen der langen Zeit grolle oder wegen des furchtbaren Endes, sondern ich komme nicht davon los, daß es tot ist, weil Detsey so prächtig ist... Er macht alles schlimmer und besser zugleich. Ich kann es nicht ertragen, von Leuten zu hören, die zwei Kinder haben. O Harold, Liebling, warum ist es gestorben? Warum, warum, warum? O Harold, ich wünschte, du wärst hier.«

Hier ging ihr das Papier aus – und sie schrieb auf der Rückseite der Karte zu den Reisen des heiligen Paulus weiter, die sie aus der Bibel gerissen hatte: »Ich versuche alles, um nicht daran zu denken, und wenn ich allein bin, überflutet es mich doch... Harold, ich brauche dich so, ich wünschte, ich könnte schlafen.«

Sie genas und fuhr Anfang Dezember nach London. »Lunch allein mit Harold, und es war, als ob wir frisch verheiratet wären.« Sie ging mit dem kleinen Detto – sie fingen nun an, ihn Ben zu nennen – zu Marshall & Snelgrove, um ihm einen Morgenmantel zu kaufen. »Sehr gut, keine Tränen, alles in allem recht beeindruckt.«

An Long Barn nahmen sie Verbesserungen vor. Harold hatte einen groben Plan für den Garten gemacht, und sie ließen die alte Feldscheune abreißen und verwendeten ihr Holz als Grundlage für einen neuen Flügel, der rechtwinklig an das Haus angebaut wurde und einen fünfzig Fuß großen Salon – das »Große Zimmer« – und zwei zusätzliche Schlafzimmer enthielt. Wie ihr Sohn Nigel geschrieben hat, war Long Barn »nicht schlicht«, wenn auch im Vergleich mit Knole das reinste Cottage. Als sie mit dem Umbau fertig waren, gab es dort sieben große Schlafzimmer und vier Badezimmer.

Vita war besser untergebracht als Harold. Das neben dem »Großen Zimmer« beste Zimmer im Obergeschoß diente ihr als Schreib- und Wohnzimmer; es hatte Fenster auf zwei Seiten, einen schönen Kamin, und sie stellte ihren Schreibtisch quer in die Mitte. Auch ihr Schlafzimmer war geräumig, es hatte einen abenteuerlich geneigten Fußboden, über den ihre Kinder Tennisbälle hinabrollen ließen. Harolds Schlafzimmer befand sich in einer Art Nische des ihren. Später wurde dem »Großen Zimmer« ein kleines Arbeitszimmer für ihn angefügt. Als das zweite Kind da war, wohnten die beiden nicht mehr im Hauptgebäude; sie und ihr Mädchen lebten in dem kleinen »Gärtnerhaus«, das zum Besitz gehörte.

Nach Weihnachten blieb Vita, wie schon im vergangenen Jahr, noch eine Weile in Knole. In den jüngsten freudigen und schmerzlichen Zeiten waren sie und Harold sich ständig nähergekommen. Jetzt schrieb sie ihm: »Liebling, wie kompliziert man doch ist; zumindest du bist es nicht: du bist ein lieber, schlichter, aufrechter, fröhlicher Führer; darum wirst du vielleicht nicht verstehen, wenn ich sage, daß es fast eine Befreiung ist, getrennt zu sein.« Es sei verwirrend und ermüdend, sich so sehr zu lieben, schrieb sie. »Mit einemmal habe ich Zeit, mich umzuschauen und nachzudenken, die ich sonst nie habe. Ich kann außerhalb stehen, losgelöst von dir und von uns.« Zum ersten Mal seit ihrer Hochzeit drückte sie ihr ganz natürliches Verlangen nach einer eigenen Sphäre und einer getrennten Identität aus. Rosamund war in Knole, und Violet wurde erwartet.

Harold und Vita beschlossen, das Haus in London, Ebury Street 182, das sie zur Miete bewohnten, zu kaufen. B.M. lieh ihnen das Geld. Vita machte sich Sorgen um ihre finanzielle Lage. »Aber ich werde 300 Pfund im Jahr durch Schreiben verdienen. Ich habe drei oder vier Erzählungen geschrieben, die die Grundlage für ein Buch abgeben könnten, und Harold, der eine humoristische Ader hat, könnte ziemlich leicht ein Buch in der Art von ›Xmas Garland‹* verfassen – auf diese Weise werden die Mars am Ende doch noch reich.« Zwischen ihnen galt als ausgemacht, daß Vita über *keine* humoristische Ader verfüge. Doch wie viele Menschen, von denen man das sagte, hatte sie große Freude an den Späßen und Wortspielen, die sie machte – und erntete einige Lacherfolge.

»Die armen, kleinen Mars, sie lieben sich... ich liebe dich und gehöre dir«, schrieb sie, »und mein Name ist überall auf dein kleines, weiches, weißes Ich geschrieben.« Etwa um dieselbe Zeit sagte sie ihm: »Liebling, ich liebe es, deine Hemden wegzuräumen.« Sie war sehr hausfraulich. Jede Rolle, die Vita spielte, spielte sie gründlich. Sie war konventionell in ihrer Ehe, und beide waren sie konventionell in ihrem gesellschaftlichen Leben, das sie in Ebury Street führten. Jahrzehnte später, als sie an diese Zeit zurückdachten, sagte Vita zu Harold, sie hätten den Fehler gemacht, »zu lange Edwardianer zu bleiben«. Wie Harold 1940 in seinem Tagebuch festhielt, sagte sie: »Wären wir 1916 mit Bloomsbury in Berührung gekommen, hätten wir daraus mehr Gewinn gezogen als aus dem fortgesetzten Verkehr mit Mrs. George Keppel, Mrs. Ronald Greville und den Edwardianischen Fossilien. Zu unserer Erheiterung müssen wir bekennen, daß wir 1916 von Bloombury nicht einmal

---
* A Christmas Garland. Literarische Parodien von Max Beerbohm, 1912.

gehört hatten.« Doch rückblickend waren sie sich einig, daß sie »mit den besten Vertretern der Geldaristokratie und der Bohème verkehrt hatten«.

Da sie Anfang 1916 wegen der Baumaßnahmen in Long Barn dort nicht wohnen konnten, lebten sie abwechselnd in Ebury Street und in Knole. Vitas Beitrag zum Krieg bestand in stundenweiser Arbeit im Büro des Roten Kreuzes, das Nachforschungen über Verwundete und Vermißte anstellte. Sie gingen auch häufig aus und amüsierten sich. Zu ihrem Geburtstag im März schenkte ihr Harold einen Acker, der an den Besitz von Long Barn angrenzte, und im späten Frühjahr nahmen sie, trotz drohender Zeppelinangriffe auf Kent, Long Barn wieder in Besitz. Ben begann zu sprechen. Ihre finanziellen Verhältnisse schienen weiterhin problematisch, und der Rolls-Royce, den B.M. ihnen geschenkt hatte, brachte ihnen mehr Verdruß, als er wert sei, wie sie B.M. auseinandersetzte: »Die Benzinpreise sind abermals gestiegen, und statt 1/- kostet die Gallone jetzt 2/6, so daß ich Bond werde sagen müssen, er solle in die Munitionsfabrik arbeiten gehen und den Motor einmotten.«

Durch Aufführungen und »Wohltätigkeitsmatinees«, bei denen junge Damen der Gesellschaft sich auf der Bühne produzierten und das Publikum dafür bezahlte, sie zu sehen, wurde Geld für die Kriegsopfer gesammelt. Im April 1916 hatte Vita an »einer absurden Wohltätigkeitsmatinee mit einem Stück von Yeats [*An der Falkenquelle*] teilgenommen, eingeleitet durch die endlose langatmige Rede des Autors, der schrecklich gehemmt ist«. Danach hatten Harold und sie, beide erkältet, allein gespeist und wurden »durch George Moore ziemlich gelangweilt, der nach dem Essen kam« – der irische Romancier war in Ebury Street ihr Nachbar und ein regelmäßiger Besucher, der dazu neigte, länger zu bleiben, als erwünscht war.

Vita nahm an einer Aufführung teil, die von Mrs. Leeds im Juni organisiert wurde, und sie trat in einem italienischen Maskenspiel auf, das von der Gräfin von Huntington am His Majesty's Theatre, und einem weiteren, das von Lady Aldington am Palace Theatre inszeniert wurde; außerdem betrieben sie und Violet Keppel einen Verkaufsstand für Kopftücher. Bei all diesen laienhaften theatralischen Auftritten spielte Vita in doppeltem Sinne Theater; ihr wirkliches Leben spielte sich mehr und mehr in Long Barn ab, wo sie ihre besten Tage bereits allein verbrachte, die sie in ihrem Tagebuch mit der einfachen Formel »Garten und Arbeitsstunden« umschrieb – das hieß Gärtnern und Schreiben. Im Juni erschien in *Country Life* ein Artikel von ihr über Prinkipo – die Gefängnisinsel vor Konstantinopel, auf der die Türken damals General Townshend gefangenhielten –, und sie arbeitete weiterhin an ihrer Geschichte Italiens, die nie veröffentlicht werden sollte.

Über Harolds »Arbeitsstunden« – die Zeit, die er im Außenministerium verbringen mußte – war sie weniger begeistert. »Oh, mein Liebling«, schrieb er im August an sie, »du bist hoffentlich nicht eifersüchtig auf meine Arbeit – du hättest es gewiß nicht gern, wenn mir nicht daran läge –, genauso wie ich dich wegen deiner Begeisterung für deine scheußlichen toten Italiener liebe.« Sie war für diese Italiener Feuer und Flamme und schrieb an ihre Mutter (die sich gerade einen großartigen neuen Freund zugelegt hatte, den Architekten Edwin Lutyens):

»Ich schreibe im Lesesaal der London Library, wo ich einen italienischen Folianten studiere, der so gewichtig ist, daß man ihn nicht fortschaffen kann. Es ist ein wunderhübscher Raum mit Blick auf St. James Square, und ich fühle mich staubig und gelehrt, und all die alten bebrillten Männer starren mich an, als wollten sie sagen: Was treibst du mit diesem dicken Buch, du Mar?«

Harold und Vita – die jetzt vierundzwanzig war – spielten sich noch immer wie »Mars« auf und zelebrierten weiterhin ihr Jungsein. Als Harold im Herbst dreißig Jahre alt wurde, erklärte er, sich noch immer wie ein Siebzehnjähriger zu fühlen. Je mehr sie sich wie »Mars« benahmen, desto besser war ihr Verhältnis zu B. M., da ihre Oberherrschaft weniger bedrohlich war. In jenem Sommer kaufte sie ihnen die an Long Barn angrenzende Brook Farm für 700 Pfund.

Die »Mars« besuchten hin und wieder großartige Wochenendparties, wie die auf Cold Overton Hall in Rutland im August; von dort schrieb Vita an ihre Mutter: »Das Essen ist wundervoll: Kaviar, Schnecken, mit Gänseleberpastete gefüllt; Tuberosen und

Malmaison-Rosen; Bade-Essenzen; Rolls-Royce am Bahnhof. (War mir nicht so, als hätte ich in London etwas von einem Krieg gehört?)«

Sie wußte das gute Essen zu schätzen: sie war erneut schwanger, möglicherweise unbeabsichtigt — und sprach von dem zu erwartenden Baby als »Bens ›versehentlichem‹ Brüderchen oder Schwesterchen«. Im September wurden Ben zum ersten Mal die Haare geschnitten, und Vita legte eine Locke in einen Umschlag — fein, goldbraun und fast sechzig Jahre später, als Ben bereits tot war, noch immer kräftig in der Farbe. Am Jahrestag der Geburt ihres toten zweiten Kindes füllte Harold ihr Zimmer mit Tuberosen und Lilien. Im Garten von Long Barn hatten sie tüchtig mit den herbstlichen Arbeiten zu tun: »Entwerfe einen neuen Plan für den östlichen Garten. Bin so glücklich.« Lilien und Rosen wurden dort gepflanzt, und aus Knole erbat sie sich zahlreiche immergrüne Pflanzen.

Anfang Oktober 1916 heiratete Gwen, Harolds jüngere Schwester, Francis Cecil (»Sam«) St. Aubyn, der eine Woche später an die Front ging. Auch Ben nahm an der Hochzeit teil: »Sehr gut in der Kirche, aber gesprächig und dirigiert die Orgel.« Vita war durch die Hochzeit tief berührt: »Arme, kleine Gwen, so weiß und bedrückt.«

Im Dezember waren Harold und Vita in Knole, als die Familie Winston Churchill zu Gast war. Nach dem Dinner erzählte ihnen Churchill »die ganze Geschichte von den Dardanellen, und wir weinten beinahe vor Rührung«. Den halben Tag war Churchill damit beschäftigt, telephonisch ein »Kabinett zu bilden«. Die andere Hälfte brachte er malend in der Großen Halle zu. Vita war von ihm bezaubert. Die Weihnachtsgesellschaft in Knole bezauberte sie weniger: George Moore, der sich unausgesetzt wiederholte, war da, und Harold wurde einen großen Teil der Ferientage im Auswärtigen Amt festgehalten. Vitas Bezeichnung für das lange Zusammensein mit B. M. war »d. E. [dünnes Eis]«. Harold ging es gut, denn Archie Clark-Kerr war in London aufgetaucht, um ihm Gesellschaft zu leisten. Zwei Tage nach Weihnachten schrieb er an Vita: »Armes Lämmchen — es ist nicht sehr erquicklich, sich in Knole aufzuhalten, für keinen von uns beiden, oder? Doch ich meine, daß es unsere Pflicht ist oder besser deine kleine schlimme Pflicht; es ist das wenigste, was wir tun können, um für die arme alte B. M. alles etwas leichter zu machen, die unfähig wäre, mit der Situation allein fertig zu werden.« Die »Situation« – das war natürlich Olive Rubens in dem umgebauten Waschhaus.

In ihren Anforderungen an ihre eigene Ehe war Vita widersprüchlich. Einerseits ärgerte sie sich, wenn Harold im Amt war oder Freunde besuchte. Seine Briefe an sie strotzen vor Entschuldigungen, Rechtfertigungen und nachsichtigem Eingehen auf ihre Traurigkeit und ihr Schmollen. Er betonte, welche Bedeutung seine Karriere für ihn habe, und wie wichtig es sei, Kontakte zu pflegen: Vita war seine »kleine, sanfte Helferin«, »meine kleine Einsame«, die sich mit ihrem Los als Frau abzufinden hatte; wie sie es ausdrückte, wurde einzig durch Harold »meine Zartheit und Fraulichkeit geweckt« – durch ihn wurde ihr ungestümes, unaufrichtiges, zur Abweichung neigendes Ich unterdrückt. Andererseits hatte sie eine Vorahnung, die Seifenblase ihrer geliebten Häuslichkeit könne zerplatzen. Wie eh und je waren Abenteuer und Affären, die sie sich undeutlich ausmalte, ihre Phantasien:

»Liebster, ich wünschte, ich könnte dich still lieben, doch ich kann es nicht; es ist alles so schwebend und erregend, und ich bin noch nie so in dich verliebt gewesen wie jetzt. Ich fürchte, wenn wir den Bogen überspannen, wird er eines Tages brechen. Ich möchte jetzt gern einige Zeit für mich allein sein, nicht länger als vierzehn Tage...

Nach dem Krieg werden wir beide nach Italien gehen, und ich werde zuerst fahren, und wir werden uns dort treffen; davon träume ich immer, aber zuerst werden wir für recht lange Zeit getrennt sein und sehr wenig Gepäck haben.«

Wo immer die Wurzeln ihrer Unruhe auch zu suchen waren, ihre Phantasien konzentrierten sich noch immer auf Harold. Am 19. Januar wurde ihr Baby zu früh und ohne Komplikationen in Ebury Street geboren; die Wehen hatten nur viereinhalb Stunden gedauert.

»Sohn um halb drei nachts geboren, gerade noch Zeit, eine Notschwester und den Arzt zu rufen. Große Überraschung – danach gingen wir alle wieder schlafen... Er wiegt 6 lb und 10 oz und hat normal viele Haare – hell und ganz glatt; eine riesige Nase, aber einen hübschen Mund und weit auseinanderstehende Augen, so daß er, obgleich er häßlich ist, sich gut herausmachen wird.«

B.M. kam am folgenden Tag; es gab keinen Streit, und dem Namen »Nigel« stimmte sie ohne Widerrede zu. Violet – die Vita in London sehr oft besucht hatte – und Rosamund waren, an verschiedenen Tagen, erste Besucher. (Violet flirtete in der Öffentlichkeit mit Osbert Sitwell, der B.M. anvertraute, er sei »sehr unglücklich über die Art, in der Violet Keppel mich behandelt«.) Bevor Vita sich wieder ganz erholt hatte, erkrankte Rosamunds Mutter und starb; Vita tröstete ihre alte Freundin in ihrem Unglück, und Mrs. Grosvenor hinterließ Vita einen Brief, in dem sie Rosamund Vitas liebevoller Fürsorge anvertraute. »Dieses Vertrauen habe ich nicht gerechtfertigt«, schrieb Vita 1920.

Gegen Ende April vermieteten die Nicolsons ihre Londoner Wohnung an Gwen und Sam St. Aubyn und zogen für das Frühjahr und den Sommer nach Long Barn. Lord Sackville war, an einem Gallenstein leidend, aus dem Krieg zurückgekehrt. Von Long Barn aus konnte Vita ihre Mutter unterstützen. »Vita ist ein solcher Schatz und kommt jeden Tag zu einem sehr langen Besuch vorbei. Lionel sehe ich kaum. Er hat es immer eilig, oder er kommt ins Zimmer, guckt aus dem Fenster, trommelt mit den Fingern und sagt nichts, sieht gelangweilt aus und verabschiedet sich. Armer, armer Lionel und armes ich.« In der gemütlichen Bibliothek las er Olive vor, so wie er einst Victoria vorgelesen hatte.

Gelegentlich kam Violet für das Wochenende nach Long Barn, wenngleich sie Cottages oder die Architektur der Tudor-Zeit nicht bewunderte – niedrige Decken, kleine bleigefaßte Fenster, freiliegende Balken, dunkle Eiche, geneigte Fußböden – und Vitas Häuslichkeit schrecklich fand. Nach einem solchen Besuch schrieb sie Vita, sie habe auf dem Rückweg in Knole hereingeschaut, »das mir schöner erschien denn je. Wie ich diesen Ort verehre! Wärst du ein

Mann, hätte ich dich ziemlich sicher geheiratet, da ich glaube, die einzige Person zu sein, die Knole ebenso liebt wie du.«

Vita war kein Mann, und Knole würde Eddy gehören. Im Mai pflanzten sie und Harold in Long Barn Nußbäume, Buchsbaumhecken und weitere Rosenstöcke, und sie sprachen über Harolds Karriere: Er wollte in die Politik gehen.

Ihr Vater und Olive verbrachten eine Nacht in Long Barn, was B. M. verletzte. Vita machte sich mit dem Gedanken vertraut, daß es für beide Elternteile besser wäre, wenn sie sich offiziell trennten. Währenddessen erwarb B. M. in Brighton am Sussex Square drei große aneinandergrenzende Häuser als eigenes, sehr geräumiges Refugium. Lutyens, dem sie den Spitznamen »McNed« gab und der nun ihr Liebling war, machte Pläne für eine Vereinigung der drei Häuser und für eine Neugestaltung des Gartens, der durch einen Tunnel unterhalb der Straße zugänglich gemacht werden sollte. (Der von ihm entworfene Zenotaph war im Sommer in Whitehall enthüllt worden: Er war ein Mann von höchstem Ansehen, trotzdem hatte B. M. ihn unter ihrer Fuchtel.)

Der erste ernsthafte Streit seit Monaten, den Vita und Harold mit B. M. hatten, entzündete sich an ihren Eheproblemen und erhob sich während eines Dinners in Hill Street. Sie hatten Victoria zu verstehen gegeben, sie empfänden das Seery-Erbe inzwischen als unangenehm, eher als eine Peinlichkeit denn als einen Triumph. Am nächsten Tag beeilte sich Vita, die Dinge zurechtzurücken. »Aber wir haben das wirklich nicht so gemeint, gewiß nicht von *unserem* Standpunkt, die wir davon so reichlich profitiert haben; wir haben, wie du dich erinnerst, an Dadas Situation gedacht... wie hätten wir dich verletzen wollen, die wir dir alles verdanken, was wir haben, von unserer glücklichen Ehe bis zu den Brosamen für unsere Küken...«

Es reiße die Sonne vom Himmel, schrieb Vita, zu spüren, daß es zwischen Hill Street und Long Barn eine schwarze Wolke gebe. So änderte sich denn nichts an der ehelichen Sackgasse, und Vitas emotionale und finanzielle Abhängigkeit von ihrer Mutter dauerte an.

B. M. brachte McNed mit nach Long Barn, und er beriet sie bei der Umgestaltung des Treppenhauses – das sie mit den himmelblauen Gitterpaneelen schmückten, die sie in Konstantinopel erworben hatten – und zeichnete Bilder für Ben.

Die Russische Ausstellung in London war der letzte Schrei, und Vita besuchte sie zusammen mit Violet; B.M. richtete sich in Hill Street einen »Bakst-Raum«* ein. Violet vertraute Vita ihre verwickelten Liebesaffären an; sie hatte auch in Margaret (Pat) Dansey, die mit ihrem Onkel, Lord Fitzhardinge, auf Berkeley Castle in Gloucestershire lebte, eine intime Freundin gewonnen. Auch Pat mußte sich Violets endlose Tiraden anhören – über Vita.

Kapitel 8

Die Veröffentlichung von Vitas Gedichtband, den John Lane vom Verlag Bodley Head angenommen hatte, war bei Kriegsausbruch verschoben worden. 1915 hatte sie *Constantinople: Eight Poems* als Privatdruck erscheinen lassen, und im Sommer 1917 nahm Lane ihr Buch, das frühe Gedichte, die Konstantinopel-Gedichte und einige neue enthalten sollte, abermals ins Programm. Als sie sie Harold im Juli zeigte, gab er ihr zur Antwort: »Oh, mein lieber, kleiner, kluger Mar, ich kann aus deinen Gedichten nicht klug werden. Sie scheinen von jemandem zu stammen, den ich in dir nicht kenne. Sie haben vielleicht etwas Geheimnisvolles, aber sie sind so viel besser, gewandter und kraftvoller.«

Im August druckte *Country Life* ihr Gedicht »Mariana in the North« (»All ihre Jugend ist dahin, ihre schöne Jugend ist dahin«) und »A Frugal Life«, geschrieben für Ben und Nigel. Der ganze Gedichtband, *Poems of West and East*, erschien erst im Oktober. In der Zeit davor fuhr Vita mit ihrer Mutter und mit Lutyens nach Munstead, um Gertrude Jekylls Haus (das Lutyens fünfundzwanzig Jahre zuvor umgebaut hatte) und ihren berühmten Garten zu be-

---

* Leon Nikolajewitsch Bakst (1866-1924), russischer Maler und Graphiker [Anm. d. Übers.]

sichtigen, dessen Ausführung und Stil den englischen Gartenbau so sehr beeinflußt haben, Vitas Garten eingeschlossen. Bei diesem Besuch war Vita weniger begeistert: »Miss Jekyll ziemlich fett und mürrisch; Garten nicht im besten Zustand, aber man kann sehen, daß er schön sein muß.« Miss Jekylls Verfahren, durch Unterteilung des größeren Gartens einen »Ein-Farben«-Garten zu gestalten, kannte sie bereits und plante mit Harold in Long Barn eine weiße und eine gelbe Einfriedung.

Violet war die letzte sommerliche Besucherin im frühen September, bevor die Nicolsons nach London zurückkehrten. Sie reiste nach einwöchigem Aufenthalt ab, um am nächsten Tag zurückzukehren, weil die Luftangriffe in London sie erschreckten; sie blieb noch für ein paar weitere Nächte. B. M., die von Knole herüberkam, war betroffen angesichts der freizügigen Art, mit der Violet über ihr anrüchiges Privatleben plauderte: »Sie hat gewiß sehr unmoralische Vorstellungen oder ein übermächtiges Verlangen, sich zu amüsieren.«

Als Vita am 2. Oktober nach London fuhr, fand sie das Haus in Ebury Street abgesperrt vor, denn nur fünfzig Yards vom Haus Nr. 182 entfernt waren zwei Bomben explodiert. (Sie und Harold mußten in diesem Herbst Pimlico verlassen und zogen zu B. M. in die Hill Street.) Es war der Tag, als ihr Buch erschien. Harold bereitete sie auf Enttäuschungen vor: »Ducky, sei nicht entmutigt, wenn du keine Rezension bekommst, denn sie rezensieren bloß Kriegsgedichte.« Aber sie hatte ebenfalls ein Kriegsgedicht verfaßt, »A Fallen Soldier«, das der *Observer* am folgenden Sonntag, zusammen mit einer empfehlenden Notiz zu ihrem Gedichtband, abdruckte. Vier Tage später bekamen *Poems of West and East* eine sehr gute Kritik in der *Morning Post*.

B. M. kaufte 100 Exemplare dieser Ausgabe und verschickte sie an ihre Freunde und Verwandten; sie forschte bei Bumpus in Oxford Street nach dem Verkauf; sie schrieb an die Buchabteilung von Selfridge's, und sie tyrannisierte jede Buchhandlung in London, »insbesondere den Times-Buch-Club, wo sie die Sache sehr lustlos betreiben. Ich mache ihnen jetzt Beine und hämmere ihnen ein, daß dieses Buch ein unzweifelhafter Erfolg ist.«

Harold machte es anders: »Ich ging zu Hatchards und kaufte

dein Buch, weil ich mich einsam fühlte. Sie gaben es mir ohne Murren, aber ich war nicht mutig genug zu fragen, ob sie schon eine Menge davon verkauft hätten, denn sie hätten ja ›Nein‹ sagen können.« Auch in bezug auf weitere Ambitionen rückte er ihr den Kopf zurecht: »Liebling, ich glaube nicht, daß du bei der Regierung eine Stellung finden wirst. Die Arbeit in einem Amt bedeutet Bezahlung, und Bezahlung bedeutet einen langen Arbeitstag, und sie wollen dort einfach keine Leute, die bloß morgens und nachmittags kommen.« In diesem Punkt hatte er vermutlich recht.

Gegen Ende Oktober 1917 wurden Harold und Vita über das Wochenende nach Knebworth House in Hertfordshire eingeladen. B.M. kaufte ihrer Tochter bei Worth ein veilchenfarbenes und blaues Kleid und einen neuen Abendmantel für diesen Anlaß. »Ihre Garderobe ist in der letzten Zeit nicht mehr gut genug.« Die anderen Gäste waren die Laverys, Eddie Marsh, Lady Herbert Harvey, Sir Louis Mallet (Harolds früherer Chef), Osbert Sitwell und Hugo Rumbold. Bei ihrer Rückkehr fand Vita einen langen Brief von Violet vor.

»Liebling... Ohne einen gelegentlichen Blick auf deine strahlende Häuslichkeit komme ich einfach nicht aus, und du wirst in unerträglichem Maße eingebildet werden, wenn der Vagabund – was Dorothy [Heneage] das ›ausschweifende‹ Element nennt und das durch mich verkörpert wird – unbegrenzt von dir ferngehalten wird. Das dürfen wir nicht zulassen. Wir sind füreinander absolut unentbehrlich, zumindest in *meinen* Augen!«

Violet ahnte kaum, zu welch günstigem Zeitpunkt ihre Bitte eintraf. Vitas »strahlende Häuslichkeit« war im Begriff, sich ein wenig zu verdüstern.

Harold argwöhnte, er könne sich in Knebworth mit einer Geschlechtskrankheit infiziert haben. Der Arzt sagte ihm, er müsse Vita davon erzählen, denn sollten die Tests positiv ausfallen, würde auch sie sich einer Untersuchung unterziehen müssen. Das hieß, daß er Vita noch eine Menge anderer Dinge würde erzählen müssen. Es ist unwahrscheinlich, daß er vor dieser Zuspitzung jemals ehrlich mit ihr über seine homosexuellen Vergnügungen und Schwärmereien gesprochen hatte, wenn er auch oft in scherzhafter Weise von den Männern sprach, die er besonders gern mochte. (»Hadji* speist mit ARCHIE heute abend – für Mar Grund zur Eifersucht – nur Muriel wird dort sein.«)

Bis jetzt hatte sich Vitas leidenschaftliche Natur – wie ihre Eltern war sie in hohem Maße auf Sexualität fixiert und darüber hinaus noch tieferer Leidenschaft fähig – seit ihrer Hochzeit ganz auf Harold konzentriert, vielleicht stärker, als ihm im Grunde lieb war: Ein paar Monate später sollte sie ihrer Mutter sagen, Harold sei »kalt«. Sicherlich hatte sie nach der Geburt Nigels immer noch körperliches Verlangen nach ihm:

»Liebling, komm rauf und wirf einen Blick in mein Zimmer, und wenn ich schlafe, küsse mich und schleiche davon wie eine kleine Maus; und wenn ich nicht schlafe, küsse mich genauso, und dann bleib bei mir.

Ich werde nicht schlafen, und außerdem bist du mir kostbarer als Schlaf.

Ich liebe dich. Liebling, wie unduldsam Liebe doch sein kann, selbst wenn sie verheiratet ist und zwei kleine Jungen ihr eigen nennt. Ich liege und warte auf dich mit derselben zitternden Erwartung, als hättest du mir bis gestern noch nie gesagt, daß du mich liebst.«

Sie war willens gewesen, trotz aller Widerstände und ungeachtet ihrer eigenen Natur (und auch der Harolds) ihre Ehe zu einer romantischen Liebe und zu einem Abenteuer zu machen.

Die entscheidende Unterredung zwischen einem schrecklich erregten Harold und Vita fand am 6. November statt. In dieser kritischen Situation wandte sich Vita nicht an Violet; sie fuhr allein nach Oxford, wo sie eine Nacht bei Irene Pirie blieb, der einzigen unter ihren Freundinnen, die verheiratet war. Harold speiste in Hill Street mit B.M., die in ihr Tagebuch schrieb: »Er sagte mir, er werde sich umbringen, wenn Vita stürbe; er liebt sie ohne Zweifel

---

* »Hadji« bedeutet »Pilger« und war der Kosename von Harolds Vater für Harold, den Vita übernahm.

so stark wie zuvor.« B.M. wußte nichts von der Ansteckung, obgleich sie sich ein paar Tage später notierte: »Ich mache mir wegen Harold Sorgen, der sehr schlecht aussieht.«

An jenem Tag, da Vita in Oxford Zuflucht suchte, schrieb Harold ihr dreimal. Der erste Brief:

»Mein süßer Liebling, ich bin so unglücklich über das Ganze. Es ist gräßlich, wenn eine solche Sache über einem schwebt – du kannst dir nicht vorstellen, wie sie mich quält. Selbst wenn alles gut ausgeht und unsere Ängste grundlos sind, habe ich dich Dingen ausgesetzt, die du haßt und verabscheust, und natürlich kannst du nicht anders, als mich dafür zu hassen.

Liebling, während dieser schrecklichen Woche bist du so lieb gewesen... Liebling, wenn das Allerschlimmste eintritt, liegt eine schwere Zeit vor uns. Du wirst dich einer Behandlung unterziehen müssen – und sie könnte vierzehn Tage dauern. Immerhin kann es, Gott sei Dank, nicht bösartig werden, weil wir rechtzeitig etwas unternommen haben... Laß diesen Brief nicht herumliegen.«

Der zweite Brief:

»Es wird eine schreckliche Angelegenheit werden, falls der Befund nicht zufriedenstellend ist. Ich kann dir gar nicht sagen, wie ich mich davor fürchte. Liebling, wenn du mich heute haßtest, wie sehr wirst du mich erst hassen, wenn es sich wirklich als wahr herausstellt? Ich habe nicht den Mut, all dem ins Gesicht zu blicken... Liebling, ich kann nicht glauben, daß unsere Liebe und unser Glück nicht selbst ein solches Unglück überleben. Liebes, wir wollen uns ihm gemeinsam und tapfer stellen.«

Sie taten es. Vitas Reaktion auf Harolds Verwicklungen und die darauffolgenden Erklärungen und Enthüllungen erklären die nahezu übermenschliche Toleranz, die Harold in den folgenden drei Jahren angesichts ihres Verhaltens ihm gegenüber bewies. Für sie waren die unmittelbaren Folgen vielschichtig: Sie mußte ihre ganze Ehe, ihr Bild von ihrem Mann, seine sexuelle Eigenart überdenken – und ihre eigene. Sie mußte anerkennen, daß es in ihrem eigenen Wesen einen parallelen Dualismus gab, der sexuell und nicht bloß gefühlsmäßig bedingt war. Nach dem ersten Schock wurde das Undenkbare zum Thema, das sie am meisten beschäftigte. Es war ein Wendepunkt.

Aus Oxford antwortete sie dem unglücklichen Harold rasch und freundlich. Sein dritter Brief lautet:

»Du hast mir ein nettes Telegramm geschickt – was sehr lieb und zartfühlend von dir war... Liebling, du bist so süß und beherrschend, und ich kann an nichts anderes als an dich denken. Ich bin so verängstigt, Liebling, tut mir leid... Ich habe eine Woche hinter mir, die ein Alptraum war... ich fürchte, von jetzt an wirst du mich verabscheuen. Und die ganze strahlende Welt voll Sonnenlicht wird erlöschen wie ein Scheinwerfer... Gute Nacht, meine Heilige: mein wahrer Engel.«

Sie nahm ihr Leben wieder auf und ging mit B. M. in das Atelier von Augustus John, um das Porträt anzuschauen, das er von Lutyens gemalt hatte: »John sieht aus wie Christus. Am Nachmittag Einkaufen mit B. M. Gehe zu einer Dinnerparty bei den Colefaxes, wo Robert Nichols und Siegfried Sassoon ihre Gedichte lesen. Ich weigerte mich, meine zu lesen. Nichols, ein schrecklicher kleiner Flegel. Sassoon sehr schüchtern, aber sehr attraktiv.«

Mit den Sitwell-Brüdern besuchte sie eine Ausstellung (»entsetzlich«) mit Möbeln von Roger Fry in den Omega-Werkstätten und verbrachte in Knole mit ihrem Vater, Olive Rubens und Harold ein ruhiges Wochenende. Er und sie waren sich wieder nahe (in allem bis auf den sexuellen Verkehr, der noch nicht erlaubt war), voller Pläne und Zärtlichkeiten. Sie las ihm den Entwurf für ein Buch vor, das später als ihr erster Roman unter dem Titel *Frühe Leidenschaft* erscheinen sollte. »So glücklich.«

Die Leute trösten sich und einander auf unterschiedliche Weise. Die unglückliche B. M. speiste um diese Zeit mit Lady Tredegar in Grosvenor Square. »Sie nahm kein Blatt vor den Mund und erzählte mir, ihr Gatte lebe offen mit einer Frau im Ritz. Ich zeigte ihr meine Sammlung von Opalen.« B. M. hatte angefangen, *risqué* Geschichten von der gemeinsten Sorte zu sammeln, die sie im hinteren

Teil ihres Tagebuches aufschrieb, eine Beschäftigung, an der sie viele Jahre festhielt. Ihr langgezogenes und schmerzhaftes Klimakterium hatte sie noch immer nicht überbrückt, eine Tatsache, auf die sie stolz war. Sie hatte auch einen neuen Freund, den Seifenkönig Lord Leverhulme, der sie reichlich mit Seife versorgte.

Das letzte Jahr des Ersten Weltkrieges war für Zivilisten in England das trübste. Viele Freunde Vitas – Patrick Shaw-Stewart, Edward Horner, die Grenfell-Jungen – waren getötet worden. Die Lebensmittelknappheit nahm schlimme Formen an. B.M., die in Knole den Haushalt führte, notierte am 9. Februar 1918, daß in den Läden seit über zwei Wochen kein Fleisch zu haben gewesen sei (die Sackvilles aßen Wildbret aus dem Park); es gab weder Butter noch Margarine, noch Kohlen. Besucher brachten ihre Zuckerrationen mit, »und alle Gespräche drehen sich ums Essen«. Vita heiterte sich damit auf, daß sie bei Reville »einen wunderschönen Mantel aus schwarzem Samt mit einem breiten Streifen Orange und einem Pelzkragen« kaufte.

Sie arbeitete angestrengt an der Erweiterung von *Frühe Leidenschaft*: »Ich änderte den Schluß, tötete die Großmutter, schickte Ruth und Westmacott hinaus in die Nacht, erweckte Malory wieder zum Leben, brachte jedermann wieder durcheinander, wenn er sich schmeichelte, seinen Schwierigkeiten ein Ende gesetzt zu haben – und hoffte nebenbei, das Ganze auf Romanlänge zu bringen.«

Sie zeigte George Moore, ihrem literarischen Nachbarn, das Manuskript:

»Er sagte mir schmeichelhafte Worte darüber... schlug mir sogar einen Kunstgriff vor, mit dessen Hilfe ich die Geschichte vielleicht auf die richtige Länge bringen könne. Er meinte damit etwas, was er als ›Geschichte aus dem wirklichen Leben‹ bezeichnete und worüber er in einer amerikanischen Zeitung etwas gelesen hatte. Praktisch jeder Kritiker, der sich später herabließ, von meinem Buch Notiz zu nehmen, merkte an, nichts dergleichen könne je im wirklichen Leben geschehen. So verdanke ich denn die schließliche Veröffentlichung meines Romans ganz und gar George Moore.«[1]

Indem sie diese erweiterte Neufassung schrieb, verschlüsselte sie die Verwirrungen und Schlußfolgerungen, die sich aus der Krise mit Harold ergaben. In den Gestalten von Malory und Rawdon Westmacott schuf sie zwei Modelle des Sackvillschen Helden, dem wir in fast allen ihren Romanen wiederbegegnen werden. Malory war der Reisende ohne Angehörige, ohne Wohnsitz; er war der Mann, der Vita gern gewesen wäre, und ihr idealer Mann von ihrem weiblichen Standpunkt aus. Malory ist einer jener Menschen, die »nicht heiraten sollten oder, wenn sie es tun, zumindest einen Partner wählen sollten, der ebenso unbeständig ist wie sie selbst... er verkörpert eine neue Art von Eugenikern, moralischen Eugenikern.«

Rawdon Westmacott im Roman war, obgleich ein Mann aus Kent, »ein Beduine in Kordsamthosen und mit einem schmalen, scharfen Gesicht, der Grazie einer Antilope und der Wildheit eines Falken«. Sowohl Rawdon wie Ruth, die Frau, die er liebt, haben spanische und englische Vorfahren: Zum ersten Mal entdeckte Vita dieses doppelte Erbe in sich selbst, machte sich die Familiengeschichten um Pepita zunutze und beschrieb ihre eigene Doppelnatur literarisch als den Kampf zwischen zwei Erbteilen. Malory fragt sich, ob Ruth nicht »geschlagen ist mit einer Doppelnatur, deren eine Seite grob und ungezügelt ist, die andere aber empfindsam, traditionsgebunden, praktisch, mütterlich, feinfühlig?... Und ist das, kann es, die Folge der getrennten, antagonistischen Ströme in ihrem Blut, des südlichen und des nördlichen Erbes, sein?«

Parallel zur Nord-Süd-Doppelnatur existiert eine zweite. Malory erzählt Ruth, daß »Liebe sowohl Leidenschaft wie Freundschaft sei, Leidenschaft in der Heimlichkeit der Nacht, aber Kameradschaft im hellen Sonnenlicht, daß Leidenschaft die Trunkenheit der Liebe sei, Freundschaft dagegen Nahrung für sie und klares Wasser, Wärme«. Die Aufspaltung zwischen Liebe als »Leidenschaft in der Heimlichkeit der Nacht« und als treuer Kameradschaft sollte bei Vita eine deutliche Ausprägung erlangen; auf diese Weise brachte sie die Diskrepanz zwischen ihrer und Harolds Veranlagung und ihrer und seiner vielschichtigen Sexualität in Einklang.

Sie schickte das Manuskript von *Frühe Leidenschaft* an Hugh

Walpole, der es guthieß und sagte, ihr Stil erinnere an Conrad und an Emily Brontës *Sturmhöhe*. Er übergab es dem literarischen Agenten A. P. Watt; Collins, der erste angesprochene Verleger, nahm es an.

Aber die ersten Monate des Jahres 1918 waren nicht vielversprechend. Mikki, ihr geliebter alter Hund, starb und wurde im Wald bei Long Barn beerdigt. Harold wurde ganz von seiner Arbeit und seiner neuen Freundschaft mit Oswald (Tom) Mosley in Anspruch genommen. Ebenso in Anspruch genommen schien Violet durch einen, wie B. M. es nannte, »erstklassigen Flirt« mit Commander Arthur Marsden, einem Helden der Schlacht von Jütland.

Mitte März sollte Harold Urlaub bekommen und wollte ihn mit Vita in Long Barn verbringen. B. M. schrieb in ihrem Tagebuch, Vita habe ihr erzählt, Harold sei »ein Liebhaber wie eh und je – glückliche Sterbliche!« Doch die Idylle war nicht so vollkommen, wie B. M. annahm. Offiziell galt seine Infektion seit Ende Januar als ausgeheilt, doch zwei Tage vor Antritt seines Urlaubs schrieb er aus dem Ritz an Vita, er sei gerade bei seinem Arzt gewesen,

»und er war ein Teufel – nicht wegen seiner Rechnung, sondern weil sie alle unter einer Decke stecken – und jetzt steht außerdem der Urlaub bevor. Wie auch immer, ich will es dir erzählen ... Erst, sagt er, wenn seit Knebworth sechs Monate vergangen sind – mein Gott, mein Gott. Das heißt, daß wir bis zum 20. April warten müssen ... Oh, mein Schatz, ist das nicht ein Reinfall? Ich fragte ihn, ob wir nicht Vorsichtsmaßregeln treffen könnten, aber er war ein Teufel.«

Am selben Tag schrieb er noch einmal aus dem Außenministerium. »Er sagt, daß nach dem 20. April überhaupt kein Risiko besteht und daß ich völlig geheilt bin ... Liebling, würde es dich furchtbar stören, einen kranken Ehemann zu haben? Er war schrecklich optimistisch, daß es nicht wieder vorkommen kann.« Harold war besorgt, Vita könne »mich hassen und verabscheuen und sich voll Entsetzen von mir abwenden. Liebling, wenn du hier wärst, würdest du bloß lachen und sagen: ›Törichter Hadji‹, und alles wäre in Ordnung.«

Während der vierzehn Tage, die sie zusammen im Cottage verbrachten, war Tag für Tag schönes Wetter. Sie pflanzten Wicken und teilten den Phlox. Die Osterglocken und Narzissen standen immer noch in Blüte. Von Zeit zu Zeit hörten sie das drohende Grollen der Geschütze von der anderen Seite des Kanals. Ende März kehrte Harold zu seiner Arbeit im Außenministerium zurück und kam wie üblich an den meisten Abenden und jedes Wochenende nach Long Barn. Violet lud sich am 13. April selbst ein und blieb vierzehn Tage bei Vita.

Am 18. April brachen die Schleusentore, und mit Vitas Beherrschung war es vorbei: Um zehn Uhr abends begannen sie und Violet miteinander zu sprechen, wie sie noch nie miteinander gesprochen hatten. »Violet hatte das Geheimnis meines Doppelwesens entdeckt; sie griff mich deswegen an, und ich unternahm keinen Versuch, es vor ihr oder mir zu verbergen.«[2] Obgleich Vita seit ihren Gesprächen mit Harold bestürzende neue Gedanken gekommen sein müssen, hatte sie sie nie in Worte gekleidet. Violet hatte bei ihren Bemühungen bewußt immer auf das gezielt, was sie die »verworfene« Seite von Vitas Persönlichkeit nannte: Möglicherweise hatte Vita ihr von der Thematik der *Frühen Leidenschaft* erzählt, und das einmal angefachte Feuer ließ sich nicht mehr ersticken. »Ich sprach mich aus, bis ich hörte, wie meine Stimme heiser wurde, und das Kaminfeuer ging aus, und alle Dienstboten waren längst zu Bett gegangen, und es war niemand mehr im Haus außer Violet und mir, und ich redete, unter Schmerzen und mit absoluter Aufrichtigkeit, mein ganzes Ich kam aus mir heraus.«[3]

Violet hörte zu; darauf hatte sie gewartet. Dann erzählte sie Vita, wie sehr und warum und auf welche Weise sie sie liebe. So begann die romantische Liebesgeschichte, die, wie Vita mehr als zwei Jahre später schrieb, ihr Leben veränderte. Der 20. April – ein wichtiger Tag für Harolds und Vitas Ehe – kam und ging ohne besondere Vorfälle: Vita und Violet hatten sich zum ersten ihrer Ausflüge nach Polperro in Cornwall davongemacht, wo sie in einer Fischerhütte wohnten. Dreimal oder viermal täglich überschüttete Harold sie mit einem brieflichen Schwall von Enttäuschung und Niedergeschlagenheit. Doch Vita spürte, wie sie später schreiben sollte, daß sie anfing, »sich einen anderen Lebensraum zu erschließen«. Das Abenteuer hatte begonnen.

Kapitel 9

Während jenes hektischen Sommers 1918, der ersten Monate ihrer Affäre mit Violet, hielt Vita das Ganze für eine Eskapade, und nie kam ihr der Gedanke, diese könne von Dauer sein: Violets Unbeständigkeit war sprichwörtlich. Aufregung über Violet jedoch machte es nicht leichter, mit Harold wieder sexuelle Beziehungen aufzunehmen. Es ist denkbar, daß Vita durch Harolds Mißgeschick in Knebworth, wie er fürchtete, von ihm sexuell abgestoßen würde, ungeachtet ihrer Sympathie und ihres Verständnisses. Diese Abneigung setzte ihr anderes Ich frei – und bahnte den Weg für Violet, die Romantik, Abenteuer und alles bedeutete, was das häusliche Leben mit Harold nicht bot.

Verständlicherweise ging er bei seinen Annäherungsversuchen zögernd vor; am 9. Mai schrieb er ihr: »Ich wünschte, ich wäre ungestümer und weniger zärtlich... ich vermute freilich, daß ich zu kultiviert und *fin de siècle* bin, um meine Männlichkeit zur Schau zu stellen.« Sie antwortete ihm ausführlich mit einem Brief, wenngleich sie ihn ohnehin unmittelbar darauf sehen würde, »weil es irgendwie einfacher« sei. (In Briefen taten sich Harold und Vita immer leichter.) Sie sagte ihm, sie ziehe seine »Sanftheit und Geduld« dem »Ungestüm vor, das du zu verbergen scheinst«. Sie verspüre Wanderlust und teilte sie ihm mit – sie hatte Sehnsucht nach »neuen Orten, nach Bewegung, nach Orten, wo niemand von mir verlangt, daß ich Anweisungen für das Mittagessen erteile oder Haushaltsbücher führe«. Sie bekannte sich zu dem Egoismus, der darin lag, und sagte, sie wisse, daß er alles auf Violet zurückführen würde. Das sei falsch: »Aber ich spüre, daß mich Menschen wie Violet und Menschen ihrer Art vor einer Art intellektueller Stagnation bewahren, einer geistigen Trägheit.« Nach dem Krieg, ließ sie ihn wissen, würden sie und er zusammen irgendwohin gehen. Das war ihr alter Wunschtraum: »Ich will fortgehen (mit dir), dahin, wo niemand weiß, wer wir sind.«

Doch im Augenblick war es Violet, mit der sie entfliehen wollte. Sie war Harold gegenüber, was die Intensität ihrer Beziehung zu

Violet anging, nicht aufrichtig, aber sie spürte ohne Zweifel, daß sie ernst war; am Anfang, bevor alles außer Kontrolle geriet, war die Flucht vor den Anordnungen zum Mittagessen und allem, was damit zusammenhing, ebenso wichtig wie Violet selbst. Sie begann mit der Niederschrift von *Challenge*, einem romantischen Roman über den Konflikt zwischen Liebe und Pflicht, angesiedelt auf einer griechischen Insel. In der Geschichte wird Violet als »Eve« und Vita als der gequälte »Julian« porträtiert. Die beiden erbauen sich hurtig eine Phantasiewelt mit eigener Sprache – auf der Grundlage des Romani, entnommen den Werken von George Borrow – und eigener Mythologie. Während der Niederschrift des Romans machte Violet Verbesserungsvorschläge, besonders im Hinblick auf die Charakterisierung von Eve und Julian: »Die Beschreibung des Julian hielt ich für höchst zutreffend. Du sagst, er sei dir nicht ähnlich. Er *ist* du, Wort für Wort, Zug für Zug... Ich muß sagen, ich wünschte mir eine ausführlichere Beschreibung von Julians Aussehen.« Im Manuskript widmete Vita das Buch »mit Dank für die vorzügliche Vorlage dem Original von Eve«.

Immer häufiger trug Vita jetzt die Kleidung einer Gutsfrau, Breeches und Schaftstiefel, die sie vor Violets verhängnisvollem Besuch erworben hatte. Im Salon hätte man sie 1918 empörend gefunden, doch sie paßten zu Vitas Größe und ihren langen Beinen. Sogar B. M. hieß diese Kleidung gut. »In diesem Aufzug werde ich sie malen lassen; in ihren Cordhosen sieht sie hinreißend aus. Sie hätte ein Junge werden sollen!« Doch am nächsten Tag zeigte sich Vita ebenso schön, freilich anders gekleidet; sie trug ein Kleid in einem leuchtenden Tiefrosa mit passendem Hut. B.M. sorgte sogleich dafür, daß ihr Porträt von William Strang gemalt wurde – zwar nicht in Breeches, doch die Vita auf diesem Bild ist dennoch die trotzige, verwegene Vita, die Violet zum Leben erweckt hatte.

Harold mochte das Bild und fand ebenfalls seine Vita darin. »Sie ist so ganz und gar meine kleine Mar. Sie ist ganz darin – ihr kleiner straffer Körper, ihre Jungenhaftigkeit im Stil Raleighs und vor allem diese süßen, sanften Augen.« Olive Rubens hatte ihm gesagt, sie finde das Bild ein wenig derb. »Ich kann darin nichts Derbes entdecken – bloß eine gewisse Aufdringlichkeit, die im Gegensatz zur Schönheit der Augen steht.« Eine seiner Stärken im Umgang mit Vita war seine standhafte Weigerung, die sanfte, fürsorgliche Frau, die in ihr steckte, aus dem Blick zu verlieren, die er so dringend brauchte und die sie ihm auch immer sein wollte. Um das Gleichgewicht in ihrer Persönlichkeit aufrechtzuerhalten, brauchte sie das Bild, das Harold von ihr hatte.

Ihre neue Vitalität verblüffte ihn. Hoffnungsvoll erzählte er ihr, er wolle »ein Teufel werden – ein großer blauer und roter Teufel mit Krallen –, und dann wird diese Liebliche ihn wieder lieben wie einst – und nicht spüren, daß sie ihre glühende Jugend an einen Kuraten verschwendet.« (Er schrieb oft Briefe an Vita, in denen er von sich als »er« und von ihr als »sie« sprach, als schreibe er ihre Geschichte.) Am 1. Juli sagte er ihr: »Liebling, du bist eine so beherrschende Person. Wie die Sonne gibst du allen Dingen Farbe.« Während des ganzen Sommers, als er versuchte, sie zurückzugewinnen, schrieb er ihr täglich mehrere Male oder rief an, obgleich er fast jeden Abend heimkehrte. Violet, die sie fortwährend besuchte und mit ihr fortging, schrieb beinahe ebensooft an ihre »Mitya«, wie sie Vita nannte: »Ich liebe es, dir zu gehören – ich sonne mich darin, daß du als eine unter so vielen mich deinem Willen unterworfen, meine Selbstbeherrschung zertrümmert, mir mein Geheimnis geraubt und mich zur deinen gemacht hast, ganz und gar zur *deinen*.« Währenddessen lernte im Laufe dieses Sommers der kleine Nigel laufen und »Ben« zu sagen.

Jede Party, die sie mit Harold besuchte und auf der Violet nicht anwesend war, stufte Vita als »grauslich«, »tödlich« oder »langweilig« ein, mochte die Gesellschaft auch noch so vornehm sein. In London verbrachte sie oft die Nächte mit Violet im Haus der Keppels, Grosvenor Street 16, und sie traf mit Violets enger Vertrauten, Pat Dansey, zusammen. Alles in allem war es ein »verrückter und verantwortungsloser Sommer der Mondnächte, unendlicher Eskapaden, leidenschaftlicher Briefe, Musik und Verse. Die Sache war für uns zu diesem Zeitpunkt nicht tragisch.«[1] Am 14. August schrieb Violet an Vita: »Mitya, Mitya, ich habe dir nie die ganze Wahrheit gesagt; jetzt sollst du sie erfahren; ich habe dich mein Leben lang geliebt, eine lange Zeit, ohne es zu wissen, seit fünf Jahren, wie ich jetzt weiß, unwiderruflich, ich habe dich geliebt als mein Ideal, meine Inspiration, meine Vollendung... Du bist die *grande passion* meines Lebens.« Und mit dem Selbstbewußtsein der Liebenden fügte sie hinzu: »Ich frage mich, ob unsere jeweiligen Biographen erkennen werden, wieviel von meiner Karriere auf deinen unbewußten Einfluß zurückzuführen ist?«

Oswald (»Ozzie«) Dickinson, der Bruder von Virginia Woolfes Freundin Violet Dickinson, war ein überzeugter Junggeselle, ein hervorragendes Klatschmaul und ein alter Freund Harolds; er bekleidete im Innenministerium den merkwürdigen Posten eines Sekretärs beim Amt zur Kontrolle der Geisteskrankheit. Er genoß hohes Ansehen bei Lady Sackville, und durch ihn erfuhr sie in Andeutungen von den Veränderungen, die in Vitas und Harolds Ehe vor sich gingen. Im Laufe des Jahres 1918 beobachtete man, daß Harold Vitas Selbstbewußtsein in der Öffentlichkeit untergrub, ihr widersprach und sie schlechtmachte – verständlicherweise, da sie das seine im Privatleben untergrub. Ozzie erzählte B.M., er bedaure, daß »H. vor den Leuten V. ein wenig zu heftig auszankt«. »Ich hoffe [schrieb sie in ihrem Tagebuch] von ganzem Herzen, daß H. und V. ihre Liebe niemals werden schwinden sehen.«

Vitas Sommer der Ausschweifung hatte Harold tief betrübt; jetzt wußte er, daß seine Angst nicht bloß auf Einbildung beruhte. In langen Briefen legte er ihr alles dar. Am 9. September:

»Kleines – ich wünschte, Violet wäre tot. Sie hat das Sonnigste, das es je gab, vergiftet. Sie ist wie eine grausame Orchidee – in den Abgründen des Lebens schimmernd und stinkend – und verpestet die Morgenbrise mit leichenhafter Süße. Liebling, sie ist böse, und ich bin nicht böse. Oh, mein Liebling – was bringt dich bloß dazu, sie über mich zu stellen?

Oh, Liebling, gestern wollte ich dich küssen, weil ich dich liebte, und du hast dich abgewandt. Nur eine kleine Drehung des Kopfes... und doch hat sie mich so verletzt, schickte mich so verwundet fort, Liebling.«

Vitas Probleme vermischten sich mit denen ihrer Eltern. B.M. hatte vor kurzem ihr neues Urlaubsdomizil in Brighton bezogen und sieben Wagen mit Möbeln von Knole hinschaffen lassen. Lionel betrachtete das als Gelegenheit, Olive Rubens stärker in das Leben in Knole einzubeziehen. Er plante, sie und ihren entgegenkommenden Gatten in Räumlichkeiten auf dem Green Court unterzubringen und den wählerischen, an Tuberkulose erkrankten Mr. Rubens pro forma als Sekretär einzustellen. Lionel versuchte Vita auf seine Seite zu ziehen: »Mich würde interessieren, welchen Eindruck du von Mutters Gefühlen hast... Sie scheint von Brighton ungemein entzückt und dort sehr glücklich zu sein.« B.M. war nicht so willfährig: Knole war noch immer ihr Heim. Lionel ließ den Plan fallen, und in Vitas Augen bestand der einzige Vorteil dieses neuen Ärgers darin, daß er B.M. davon abhielt, die Aktivitäten ihrer Tochter mit gesammelter Aufmerksamkeit zu verfolgen.

Harold unternahm vernünftigerweise eine Herbstreise nach Rom, zusammen mit Lord Berners und Lord Gerald Wellesley. Vita, die sich mit Violet in Long Barn aufhielt, war von seiner Unabhängigkeit bewegt und schrieb ihm:»Aber Hadji, höre, ich weiss, so wie ich weiß, daß morgen die Sonne aufgehen wird, daß ich dich unveränderlich liebe. Ich weiß, daß diese Liebe jede flüchtige Neigung überdauert, die ich für jemand anderen empfinden könnte.« Unausgesprochen bat sie ihn darum, wie sie es immer tat, jeder »flüchtigen Neigung« gegenüber unendlich tolerant zu sein.

Sie und Violet besuchten B.M. in ihrem Haus in Brighton; Ben und Nigel und ihr Kindermädchen wohnten bereits dort bei ihrer Großmutter. »Tolles Haus«, schrieb Vita in ihr Tagebuch. Sie hatte darin ihr eigenes Zimmer; B.M.'s Beschreibung von Vitas Zimmer vermittelt eine Vorstellung von dem Bakst-inspirierten Geschmack jener Zeit, gesehen mit den Augen dieser extravaganten Frau:

»Ihre Wände sind mit glänzendem smaragdgrünem Papier bespannt, der Fußboden ist grün; Türen und Möbel saphirblau; der Plafond aprikosenfarben. Vorhänge blau und Übergardinen gelblich. Die Möbel sind auf blauem Untergrund mit gemalten Perlen verziert. Man findet sie auch auf den Türschlössern. Auf ihrer Kamineinfassung aus grünem Marmor sechs hell-orangefarbene Vasen, und es gibt lachsfarbene und tomatenfarbene Kissen und Lampenschirme. Bilder von Bakst, George Plank, Rodin und gerahmte Seidenmalereien.«

Vita »sah hübsch aus in diesem Zimmer mit ihren zwei kleinen Jungen auf den Knien; ein Bild, das ich nicht vergessen werde«.

Sechs Tage später ließ sich Vita zum ersten Mal auf das ein, was sie »das *beste* Abenteuer« nannte. In ihrem Haus in Ebury Street legte sie Männerkleidung an, traf sich mit Violet bei Hyde Park Corner, und der große, schlanke »Julian« flanierte, eine Zigarette rauchend, mit seiner viel kleineren, dickeren Freundin durch Mayfair. »Das Außerordentliche daran war, wie natürlich mir alles vorkam.« Sie fuhren mit dem Zug nach Orpington – eine Provinzstadt auf der Strecke nach Sevenoaks – und verbrachten die Nacht als Mann und Frau in einem Gasthaus. Am Morgen fuhren sie weiter nach Sevenoaks und schlüpften in Knole unbemerkt durch die Ställe ins Haus, wo »Julian« abgeworfen wurde. Vita war rechtzeitig in Long Barn, um Harold zu begrüßen, der an diesem Abend aus Italien kam.

B. M.'s Tagebuch: »Der arme Harold ist aus Rom krank, mit spanischer Grippe und hohem Fieber, zurückgekommen und liegt in Long Barn, wo seine ergebene Vita ihn umsorgt.« Violet verspottete sie wegen ihrer Ergebenheit und beklagte die Wiederauferstehung von Vitas anderem Ich: »Irgend jemand, der sanft, zärtlich, rücksichtsvoll und nett ist, hat Mitya vertrieben... Aïe! Es ist so ungeheuerlich und unsäglich *herabsetzend*.« So wie Harold »seine« Vita in mehrseitigen Briefen anflehen konnte, so forderte Violet in Briefen von noch mehr Seiten »ihre« Vita ein. »Ich sehe dich, prächtig und unerschrocken und frei, ein Wanderer auf fremden Eilanden, im Gespräch mit sonderbaren Leuten, frohlockend in der unantastbaren Reinheit der Inspiration.« Mit dem instinktiven Scharfsinn einer echten Neurotikerin und gewohnheitsmäßigen Verführerin spielte Violet jederzeit mit Vitas eigenen Phantasien. Immer wieder zog sie über den unspektakulären Lebensstil von Harolds Eltern her und verspottete das Haus der Nicolsons in Cadogan Gardens als »schrecklich bedint«.

Violet war ihrerseits in Gefahr, ihre Freiheit zu verlieren. Immer hatte sie Rudel männlicher Freunde gehabt, doch Major Denys Trefusis von den Royal Horse Guards war ein besonderer Fall. Während der ganzen Zeit ihres Zusammenseins mit Vita hatte sie Briefe geschrieben – und wer Violets Briefe kannte, wußte, daß sie ins

Schwarze trafen –, Briefe an Denys, der in Frankreich an der Front war. Nun kam er auf Urlaub nach Hause und erhob Anspruch auf sie. Vita war eifersüchtig. »Soll ich dir sagen, warum?« fragte Violet.

»Du bist auf ihn eifersüchtig, weil er so ist *wie du*, und darum *mag ich ihn*... Im Innersten deines Herzens weißt du ganz genau, daß er ›einer von uns‹ ist – daß er zu der allzu kleinen Bruderschaft der Abenteurer gehört, zu den Rücksichtslosen, den Wagemutigen, den Freien... zwischen uns dreien gibt es eine schreckliche und unwiderstehliche Anziehungskraft.«

Violet hatte ein neues Vergnügen entdeckt, ein neues Spiel, einen neuen Stachel für Vita. Und sie hatte die klare Absicht, Denys zu heiraten, wenn auch nicht jetzt.

Denys Robert Trefusis war in der Tat das, was Vita in Violets Augen sein sollte, was Vita selbst gern gewesen wäre, »ein Wanderer auf fremden Eilanden«. Vita hatte ihn sehr gern; Violets Phantasie von der dreifachen Anziehungskraft wurde verwirklicht – außer in der Schlußphase ihres Dramas kam Vita gut mit Denys aus –, und wenn die drei zusammen waren, selbst in Zeiten verwirrter Gefühle, überwog ein Gefühl des Vergnügens an der Gesellschaft des anderen.

Vita beschrieb Denys als ein Rennpferd, einen Kreuzfahrer, einen Windhund, einen Asketen, der den Heiligen Gral suchte. In seinem unveröffentlichten Buch über Rußland, »The Stones of Emptiness«, beschrieb sich Denys als »verschwenderisch und nervös«; außerdem war er tapfer, jeder Zoll ein Soldat, hatte bei Ypern und an der Somme gekämpft und anschließend wegen einer Gasvergiftung zwei Monate im Lazarett zugebracht. Er war großgewachsen, stattlich, amüsant, von sarkastischem Witz, ein vollendeter Sportsmann und guter Reiter; er sprach fließend Russisch und war seit 1908 regelmäßig für längere Zeit in Rußland gewesen. Er verfügte über großen Charme, und viele Frauen waren in ihn verliebt gewesen. Alles in allem war Denys Trefusis eine ernstzunehmende Persönlichkeit, die nicht mit sich spaßen ließ.

Im Oktober 1918, als Violet und Denys zusammen in London waren, hielten sich Harold und Vita bei B.M. und den Kindern in Brighton auf. Vita, gereizt, fuhr fast jeden Tag nach London, und Harold erzählte B.M. zum ersten Mal von seinen Problemen mit Vita. Er sagte ihr, »Violet versuche ihre Liebe und ihr häusliches Leben zu zerstören, indem sie es ständig ins Lächerliche« ziehe; er sei der Ansicht, »Violet sei wirklich bösartig und entschlossen, ihr Eheleben zu vernichten«. Ozzie Dickinson hatte B.M. berichtet, Violet habe *ihm* erzählt, sie habe »die Absicht, Vita und Harold auseinanderzubringen«. Violets dicke Briefe an Vita, die jeden Morgen in Brighton anlangten, hätten Mutter und Ehemann elektrisiert, wenn sie sie gelesen hätten.

»Mitya – du könntest alles mit mir machen – oder besser, *Julian* könnte es. Ich liebe Julian überwältigend, verheerend, selbstsüchtig, folgewidrig, unersättlich, leidenschaftlich, verzweifelt – aber auch kokett, umschmeichelnd und frivol. Schrecklicher Gedanke! Welche Freunde könnten Julian und Denys sein! Sie würden die denkbar größte Bewunderung füreinander hegen und ›als Paar auf die Jagd gehen‹. Sie würden offen und großmütig um Pitti Aluschka [d.h. um sie selbst, den Mittelpunkt dieses Märchens] wetteifern und nicht unbewußt gegeneinander und heimlich kämpfen!«

Violet handelte außerordentlich rücksichtslos, nachdem Denys nach Frankreich zurückgekehrt war; sie lud sich selber nach Brighton ein, wo sie unwiderstehliche »lange Gespräche« mit B.M. führte. Sie behandelte Nigel und Ben auffallend nett und vertraute B.M. an, die alles in ihrem Tagebuch notierte, wie sehr sie die Aussicht auf ihre Heirat mit Denys errege. Sie sagte B.M. auch, sie glaube nicht, daß V. Harold zur Zeit überhaupt liebe, sondern »ehrgeizig ihre literarische Karriere plane und ihren eigenen Weg verfolge... Ich bin besorgt.« Dann brachte Violet zur Sprache, wie Harold »an Vita herumnörgelt und vor allen Leuten etwas an ihr auszusetzen hat«.

Nach getaner Arbeit fuhr Violet nach London zurück – und schrieb Vita einen hysterischen Brief. Etwas war geschehen – möglicherweise hatte sich B.M. einigen freimütigen sexuellen Spekulationen, an denen sie soviel Freude hatte, hingegeben, vielleicht Vitas und Harolds Ehe betreffend. Auf jeden Fall hatte Violet das Gefühl, sie sei »in ein Nest pelziger Raupen geraten, wodurch ihr ganzes Wesen verunreinigt worden« sei:

»Gott sei Dank ist mir dieses schreckliche Wissen länger erspart geblieben als den meisten Leuten... Wir wollen die Worte ›Lust‹ und ›Leidenschaft‹ aus unserem Wortschatz streichen, sie sind zu schmutzig und ekelerregend... kein Wunder, daß ich immer in meiner eigenen Welt gelebt habe – oder, soweit das möglich war... kein Wunder, daß ich Märchen immer der Wirklichkeit vorgezogen habe.«

Ist es denkbar, daß Violet bis zu diesem Zeitpunkt mit der Wirklichkeit des Lebens nicht vertraut war? Oder war es ein Anlauf, die Quellen des Ehelebens für Vita noch mehr zu vergiften? Alles scheint darauf hinzudeuten, daß Violet darauf abzielte, sie beide als verheiratete Frauen zu sehen – in ihren Kreisen bedeutete die Ehe, daß man sich selbständig bewegen konnte und von elterlicher Bevormundung frei war –, um dann beide Ehemänner auszuschalten oder auf andere Art zu neutralisieren, damit sie und Vita frei waren, ihren Vorstellungen von Freiheit, Schönheit und Aufregung zu folgen. Es war das romantische Abenteuer eines Lebens mit Vita, das sie hauptsächlich wollte: Violet war nicht übermäßig auf Sex erpicht.

In diesem Punkt irrte sie sich freilich, was Vita anging, denn für diese war körperliche Leidenschaft wichtig. Am Tag der Unterzeichnung des Waffenstillstandes, als Harold erfuhr, daß man ihn zur Friedenskonferenz nach Paris schicken werde, unterhielten sich Vita und ihre Mutter lange darüber, warum Harold »physisch so kalt« sei. B.M. schrieb später: »Ich bin wirklich sehr traurig, daß Harold so veranlagt ist, weil er sich selbst nicht helfen kann, aber für sie ist es schwer, das arme Kind, denn ihr fehlt etwas, wenn leidenschaftliche Liebe nicht erwidert wird und er immer so schläfrig ist und sie in Windeseile nimmt. Viele Männer sind so und büßen am Ende die Liebe ihrer Frau ein.« Was den einen Aspekt ihres Wesens betraf, wäre Vita jetzt erleichtert gewesen, wenn sie gewaltsam aus ihrem Abenteuer gerettet worden wäre. Der Konflikt stumpfte ihre Gefühle ab, sowohl gegenüber Harold als auch Violet, die sich über die »beinahe ungeheure Gefühlskälte« ihrer Briefe beklagte. »Julian! Julian! Warum bist du so anders? Wir müssen zusammen fortgehen, und du wirst mir wieder so gehören wie damals in Orpington... Wenn wir nicht innerhalb der nächsten vierzehn Tage zusammen fortgehen, will ich dich niemals wiedersehen.«

Und so fuhren die Kinder, bevor Harold nach Paris ging, zusammen mit einem neuen Kindermädchen, nach Knole, und Vita und Violet fuhren, angeblich für drei Wochen, nach Südfrankreich. Das Haus in Ebury Street wurde an die Wellesleys vermietet. Vita wäre um ein Haar nicht gefahren. Dreimal geriet sie wegen der Reise mit Violet in Streit. B.M. brachte Harold ein wenig in Schwung und sagte ihm, wie er mit seiner Frau umgehen müsse. Das Ehepaar hatte am Abend ein *tête-à-tête*, und am folgenden Tag berichtete Vita ihrer Mutter beim Essen von »der wunderbaren Veränderung, die bei Harold eingetreten sei und an der sie teilgehabt habe, daß er sie endlich wie ein Liebhaber behandelt habe und sie sich jetzt vollkommen glücklich fühle, da das einzige, was sie an ihm vermißt habe, anders geworden sei... Sie räumte ein, daß V.K. unmoralisch sei und daß sie diese Seite an ihr hasse.«

Doch dann gewann Violet wieder die Oberhand, denn sie drohte mit Selbstmord. Vita und Violet blieben von Ende November 1918 bis März 1919 in Frankreich.

Ihr Zusammensein mit Violet hat Vita in ihrem autobiographischen Manuskript von 1920 ausführlich beschrieben; es ist inzwischen veröffentlicht, und jeder kann es lesen. Die Erinnerung, insbesondere die an eine Liebe, verzerrt und wählt aus. Betrachten wir die Zeugnisse aus jener Zeit, war diese Liebe weder immer so »frei und überschwenglich« noch ein reiner Spaß. In Paris, wo sie gelegentlich mit Denys speisten und wo »Julian« und »Luschka«, ohne Denys, dinierten und tanzten und die nächtlichen Straßen durchstreiften, war Vita oft deprimiert: »Hasse das Leben – hasse Paris – wünschte, ich wäre tot.« Im Zug nach Avignon war Luschka »zänkisch«. Harolds Briefe folgten ihr, einmal bittend, dann wütend, versöhnlich, verzweifelt oder optimistisch. Jemand hatte ihm van der Veldes Buch über die Ehe geliehen, das ihn stark beeindruckte; er beeilte sich, Vita seine Lesefrüchte mitzuteilen:

»Das Buch ist wunderbar: Es behandelt jedes Detail. Es gibt ein ganzes Kapitel, in dem davon die Rede ist, warum Hadji einschläft und Mar nicht. Ich stelle fest, daß ich die Regel bin und nicht die Ausnahme... Doch ich bin über meine Unwissenheit entsetzt... Ich weiß, daß du schrecklich gelitten haben mußt – und daß nur ein so prachtvoller Charakter wie der deine dich davon abhalten konnte, mich zu hassen.«

Das Buch und seine neuen Gefühle für sie sollten ihr »zukünftiges Leben herrlich und real machen«.

Mittlerweile nahm Violet in Avignon, wo sie glücklich waren, Vita das Versprechen ab, bis Ende Januar fortzubleiben. Es gab einen Streit, aber Vita gab nach. Während ihres Aufenthalts im Hotel Bristol in Monte Carlo verloren die Mädchen am Spieltisch eine Menge Geld; und nach einem thé dansant, bei dem Julian mit seiner Begleiterin getanzt hatte, reisten sie eilig ab – sie waren ohne Zweifel aufgefordert worden, das Hotel zu verlassen. Vita mußte ihre Juwelen verpfänden, um die Rechnung zu bezahlen. Sie zogen in das Hotel Windsor, und Vita erhielt von Harold den bis jetzt unverblümtesten Brief: Er nannte Violet ein kleines Ferkel, sagte, sie sei wie ein übler Geruch oder eine Krankheit und bejammerte die Gewalt, die sie über Vita hatte. »Natürlich schmeichelt sie dir – das ist es – jede alberne, dummköpfige Frau fällt um, wenn man ihr schmeichelt. Wie ich die Frauen hasse!«

Er verbrachte Weihnachten mit den Kindern in Knole. »Ben sagte, man solle Mama sagen, daß Papa heute Sehnsucht nach ihr hatte.« Aus Monte Carlo schrieb Vita und bat um Geld – nicht nur Harold, sondern auch einen seiner besten Freunde. »Daß du hinter meinem Rücken an Gerry [Wellesley] telegraphiert hast, gefiel mir überhaupt nicht. Immer, wenn du mit diesem kleinen klebrigen Satan zusammen bist, wirst du unehrlich.«

Neujahr 1919 war er wegen der Friedenskonferenz nach Paris umgezogen, hatte eine Wohnung gefunden und erwartete, daß Vita ihn jeden Tag besuchte. Eddie Knoblock, in dessen Pariser Appartement sie zu Beginn ihrer Flucht gewohnt hatten, schickte ein paar Sachen, die sie zurückgelassen hatten, an Harold. »Es waren ein paar intime schmutzige Sachen von Violet dabei«, schrieb Harold an Vita, »ein paar leere Röhrchen Lippenpomade – ein Stück schmutziges Band – ein Schuh – alles so schmuddelig und eklig, daß mir physisch übel wurde, als ich es so auf einem Haufen mit deinen lieben sauberen intimen Sachen sah.«

»Monte Carlo war vollkommen, Violet war vollkommen...« schrieb Vita später; und Violet wollte Vita nicht gehen lassen. In letzter Minute, als Harold alle ihre Sachen in die neue Wohnung hatte bringen lassen, Diener eingestellt waren und sie zur vereinbarten Zeit erwartete, machte sie brieflich ihre Pläne rückgängig. Zutiefst enttäuscht, zwang er sich abermals, tolerant zu sein, und vertiefte sich in seine Arbeit bei der Friedenskonferenz.

Sowohl Vitas Eltern als auch Olive Rubens und Harold schrieben Vita ernste Briefe über die Pflichten, die sie ihren Kindern gegenüber hätte. B. M. hatte die Nase voll. »Vita muß zurückkommen und sich um sie kümmern.« Es gab Ärger mit dem Kindermädchen: Es stellte sich heraus, daß die Frau Ben mißhandelt hatte, der sehr introvertiert geworden war. Nigel hatte, da er jünger war, eine »verschwommene Vorstellung« von seiner Mutter. Harolds Mutter nahm sie für eine Weile zu sich, doch Ben mußte auf dem Sofa schlafen. Gegen Ende Februar schrieb B. M. an Harold, daß die Situation für beide Großmütter unhaltbar geworden und Ben »ganz abgestumpft« sei. Von einem zum anderen weitergereicht, wurde der Vierjährige nun bei einer Freundin von B. M. in Hampstead untergebracht. Der Druck wuchs, der Klatsch blühte, und Harold hatte keine Kraft, sich gegen die Demütigung zu wehren.

Vita kehrte heim zu den Kindern. Violet glaubte, und Vita ließ sie in dem Glauben, die Trennung sei nur eine vorübergehende. Vita wurde von jedermann getadelt, und bei ihrer Rückkehr gefiel sich Harold in der Rolle des Trösters. »Aber du weißt, daß du dir im Hinblick auf mich wegen der Sache mit Violet keinen Kummer zu machen brauchst – und daß ich alles verstehe und deine Schwierigkeiten begreife.« Sobald Violet wieder in England eingetroffen war, gab sie ihre Verlobung mit Denys Trefusis bekannt. Sie schrieb weiterhin verzweifelte Briefe an Vita, in denen von Selbstmord die

Rede war – und sogar an Harold und rief auf diese Weise seine unwillige, jedoch stets leicht erregbare Sympathie hervor.

Auch B. M. brauchte Mitgefühl, da sie, als sie eines Tages nach Knole kam, Lionel und Olive in inniger Umarmung unter den Tulpenbäumen gefunden hatte. Ihr blieb genügend Kraft, um am Abend mit Vita ein »langes Gespräch über V. K.« zu führen, wobei Vita ihr zustimmte, »Violet sei sexuell pervers« und sie »unternehme alles, um mit diesem schrecklichen Mädchen zu brechen«. Vita gewann wieder ein Verhältnis zu ihren Kindern und berichtete Harold: »Kein Zweifel, daß Nigel Favorit ist und im Wesen ganz zwischen dir und mir; und ich sehe auch, warum: Er ist heiter und fröhlich, während Ben *désœuvre* und ziemlich unzufrieden und schrecklich destruktiv ist. Glaube nicht, daß ich einen Groll gegen Ben hegte... ich spüre zwischen ihm und mir große Sympathie und Verständnis.« Sie hatte das Gefühl, daß Ben sie wirklich liebte, »wogegen Nigel es allen Leuten recht machen will«. Einfach ausgedrückt, schrieb sie, Ben sei ihr und Nigel Harold ähnlich. »Wenn Nigel so bleibt, wie er ist, wird er glücklich sein, und jeder wird ihn lieben, doch Ben hat einen ausgeprägten Dostojewski-Einschlag! Ich habe das Gefühl, daß er mehr *mein* Kind ist als Nigel.« Ben hatte die »fixe Idee, daß er in seinem eigenen Heim mit dir und mir sein will«.

Das war kein unverständlicher Wunsch. Harold kam auf Urlaub nach Hause und schrieb an Vita: »Oh, meine kleine Frau« – über Hemden und Schuhe und Shampoo. Die Heimkehr war ein glückliches Ereignis; endlich war die Familie zusammen in Long Barn. Vita und Denys wechselten freundliche, höfliche Briefe über die Verlobung und kamen überein, Violet gegenüber den Briefwechsel nicht zu erwähnen. Als Harold nach dem Urlaub nach Paris zurückkehrte, ging Vita mit ihm.

Kapitel 10

Vita begegnete in Paris dem Autor und Verleger Michael Sadleir, und während Harold bei der Konferenz arbeitete, machten sie Pläne, eine Zeitschrift ins Leben zu rufen. Von Violet befreit, war Vita ängstlich darauf bedacht, ihren Ruf wiederherzustellen und ihr Leben als Schriftstellerin wiederaufzunehmen. Sie schrieb an Hugh Walpole und bat ihn um Unterstützung für eine literarische Zeitschrift, die moderne Dichtung veröffentlichen sollte; sie wollte den englischen und Sadleir den europäischen Teil betreuen. »Ich möchte so gern etwas tun, um die Flut des Osbert-Sitwellismus und all die schlampige, schludrige Roheit einzudämmen; ich hasse Würmer und Pierrots und Karottenhosen und alles übrige Drum und Dran, und darauf richte ich meine Anstrengungen! Finanziell bedeutet das natürlich den sicheren Ruin.« Die Zeitschrift sollte »The Critic« heißen: »diesem Wort haftet etwas Althergebrachtes an.« Es wurde nichts aus dem Projekt, doch es ist bezeichnend, daß sie diese Idee hatte. Für viele Dichter ist ihr Werk die Erkundung oder der Ausdruck ihrer verborgenen, experimentierenden Egos. Bei Vita war es genau das Gegenteil. Ihre Dichtung war das Verbindungsglied zum »Althergebrachten«, es war das ihr von Anfang an innewohnende traditionsbewußte englische und »nördliche« Ich, das ihr zur Sprache werden sollte, nicht ihr ungestümes, dunkles, abweichendes »spanisches« Erbe. Zum Teil ist sie nirgendwo prosaischer als in ihrer Dichtung.

Sie umriß die Konzeption der Zeitschrift in einem unveröffentlichten Exposé an Michael Sadleir und gewährte darin auch einen der seltenen Einblicke in ihr Leben innerhalb von Harolds Welt. Sie und Sadleir unterhielten sich in der Halle des Hotels Majestic, in dem die britische Delegation bei der Friedenskonferenz untergebracht war:

»Unter den Vergoldungen und dem Stuck, an einem kleinen Tisch aus Rohrgeflecht unter Palmen, inmitten des außerordentlichen Gewimmels von Politikern und Würdenträgern, pflegten wir dazusitzen und über die Gründung einer Vierteljahresschrift zu diskutieren... und auf dem Schreibpapier der britischen Delegation entwarfen wir ihr Glaubensbekenntnis. Unsere Mini-Konferenz vollzog sich am Dreh- und Angelpunkt der größeren Konferenz. Rote Streifen, Schreibkräfte, Kuriere des Königs, Sekretäre, Soldaten, Korrespondenten; die Inder, immer auf einem Haufen und ein wenig abseits; der kurze helle Bart und die blauen Augen von Smuts; der lächelnde Lloyd George; Balfour sich umblickend; ein jäher Husch – Foch!«

Zur Veröffentlichung von *Frühe Leidenschaft*, ihrem ersten Roman, war sie zurück in England – »eine ganze Seite des *Athenaeum*, *Sunday Times*, *Manchester Guardian*, *Birmingham Post* (eine enorme Lobeshymne), *Punch* (ein perfektes FERKEL)... Bereits 1400 verkauft«. Das Buch war ein Erfolg. B.M. schlüpfte rückhaltlos abermals in ihre Rolle als Werbeagentin; bis zum Tage der Veröffentlichung, 15. Mai 1919, hatte sie 157 Briefe geschrieben, in denen sie das Buch Freunden und Buchläden empfahl. In dieser Nacht hatten Mutter und Tochter ein Gespräch, das Vita als eine »außergewöhnliche Unterhaltung« beschrieb und das bis zwei Uhr früh dauerte. »Sie hat die ganze Sache kapiert. Ich bin ja so glücklich.« (Geht man vom Inhalt von *Frühe Leidenschaft* aus, muß B.M. Vitas Theorie von ihrer charakterlichen Doppelnatur kapiert haben, deren eine Seite von Violet wachgerufen worden war. Doch B.M. glaubte, das alles sei nun vorüber.) Vita war von ihrer eigenen Persönlichkeit fasziniert; treffend schrieb Harold ihr drei Tage später: »Kein Dichter ist vor sich selber ein Held (außer meine Vita, die vor jedermann eine Heldin ist, das eigene, liebenswerte Ich eingeschlossen).«

Der neue Frieden wurde durch den endgültigen Bruch zwischen Vitas Eltern unterbrochen. Eine taktvoll zurechtgestutzte Beschreibung des letzten Streits, der diesem Ende vorausging, hat Vita in *Pepita* gegeben. Wie gewöhnlich hatte sich der Streit an der Anwesenheit des Rubenspaares in Knole entzündet. Vita versuchte nicht, ihre Mutter aufzuhalten: »Sie sagte, sie sei nicht überrascht und hätte an meiner Stelle diesen Schritt schon viel eher vollzogen.« Doch Vita verbrachte grausame vierundzwanzig Stunden, Botschaften zwischen den Eltern übermittelnd – ihr Vater kalt und höflich, ihre Mutter verzweifelt und mit dem Verlangen, zum Bleiben gebeten zu werden. Er bat sie nicht zu bleiben, und sie verließ Knole.

Im Laufe derselben Woche war Vita bei einer Dinnerparty zufällig Tischnachbarin von Denys Trefusis. Sie schrieb an Harold in Paris: »Ich kann dir gar nicht sagen, wie sehr ich ihn mag... Wirklich... Er ist sehr intelligent und keine Spur langweilig. Ich wünschte nur, er wäre bloß ein entfernter Freund und nicht mit V. verlobt!«

Harold, der noch immer eine Spur von »Wanderlust« in ihren Briefen entdeckte (ob diese vielleicht, fragte er sich, durch die Flucht ihrer Mutter aus Knole neu angefacht wurde?), war besorgt. »Wie kann ich«, schrieb er ihr, »der ich nur Frieden und Gelassenheit repräsentiere, es mit V. aufnehmen, die für das Abenteuer steht?« Und ein paar Tage darauf: »Du hast mir keines der Dinge geschickt, um die ich dich bat. Als Ehefrau bist du unmöglich. Indes, als eine Person, die man lieben, bewundern und verehren kann, bist du einzigartig und begehrenswert.«

Harold war glücklich über den Erfolg von *Frühe Leidenschaft*. Jetzt würden sie Long Barn nie mehr verkaufen können, neckte er sie, weil es bald ein historisches Denkmal sein werde, behütet von der »Sackville-West-Gesellschaft«, und sie werden »Touristen haben und einen Laden mit Ingwerbier und Postkarten von der Mar mit Brille«. Er lag gar nicht so falsch – außer daß der Mar sich nie mit Brille photographieren ließ.

»Deinen ernsten Stil mußt du beibehalten«, riet er ihr. »Es hat keinen Zweck, wenn du versuchst, komisch zu schreiben.« (Komisch zu sein war Harolds starke Seite, im Leben und in Büchern.) Vitas Kinderträume vom Ruhm erhielten durch ihren Erfolg neuen Auftrieb; sie stellte sich vor, ihr Name würde in Literaturgeschichten Eingang finden – »Sackville-West, V., Lyrikerin und Erzählerin«. In diesem Frühjahr 1919 lebte sie zufrieden in Long Barn, strich mit Bens launenhafter Hilfe das Tor grün und erzählte Harold, sie frage sich, ob sie die »Babies« nach Eton würden schicken wollen: »Ich denke, bis dahin werden du und ich zu fortschrittlich sein!«

Aber Violet ging ihr nie aus dem Kopf. Die einzige emotionale Hürde, die es zu nehmen galt, war Violets Heirat. Violet hing indessen die ganze Zeit Phantasien über ein Leben mit Vita nach und machte verrückte Pläne für eine Flucht am Tag vor der Heirat. Wiederum rührte sie an jene Seite in Vita, welche sie leichtsinnig, vergeßlich und zu allem fähig machte. Am letzten Tag des Mai, vierzehn Tage vor der Heirat, warnte sie Harold, es sei möglich, daß sie unversehens bei ihm in Paris auftauche: »Ich muß fort, sonst garantiere ich für nichts mehr!«

Ihre Unruhe wuchs mit jedem Tag. Am Tag darauf gestand sie Harold, daß sie nie so jung hätte heiraten dürfen. »Männer wie Frauen sollten ihre Jahre so sehr mit Freiheit übersättigen, daß sie den bloßen Gedanken an Freiheit hassen. Wie Verkäufer in einem Pralinenladen.« Träume von einer Flucht mit Violet vergällten ihr das gerade entdeckte Vergnügen, der »althergebrachten Welt« anzugehören: Die Gesellschaft war so »sorglos, so töricht, so konventionell, so scheinheilig, so pharisäerhaft, so zynisch, so betrügerisch, so gemein, so kleinlich, so selbstsicher, so wohlgeordnet... so tugendsam lasterhaft, so lasterhaft tugendsam«. Und sie hatte die »schrecklichste Angst« davor, daß sie wegen Violets Heirat einen Skandal entfachen könne.

Violet führte sie in Versuchung und traf sie wie immer dort, wo es Vita am meisten schmerzte: »Wirf die tristen Kleider der Respektabilität und Konvention ab, mein schöner Paradiesvogel, sie kleiden dich nicht. Führe das Leben, zu dem die Natur dich bestimmt hat. Andernfalls wirst du versagen – du, die du vielleicht eine der größten, sprühendsten und romantischsten Gestalten aller Zeiten sein könntest, wirst ›Mrs. Nicolson‹ sein, ›die ein paar hübsche Verse geschrieben hat‹.«

Im Rückblick klingt das ziemlich gewagt. In Vitas Potential an Ruchlosigkeit, verbrecherischer Sorglosigkeit und Selbstaufgabe lag vielleicht ihre einzige Chance herauszufinden, wieviel Schöpferkraft sie besaß. Das war etwas, das Harold nie durchschaute, und sie versuchte überdies, ihn vor den flüchtigsten Regungen dieser Seite ihres Wesens zu schützen. »Diese Seite meines Wesens erschreckt mich gelegentlich«, schrieb sie 1920, »sie ist so brutal und hart und grausam, und Harold weiß nichts davon. Er ist das eine oder andere Mal darüber gestolpert, aber er versteht sie nicht.« Jetzt, unmittelbar vor Violets Heirat, schrieb sie ihm: »Oh, Hadji, sie ist so sauber, die Trennung in mir, sauberer, als du je wissen wirst... Hadji, Liebling, ich frage mich, wieviel du begreifst.«

In einem Anfall von Panik nahm sie mit ihrer Mutter am 2. Juni an der Hochzeit von Lady Diana Manners und Duff Cooper (»eine erbärmliche Type«, höhnte B. M.) teil. Am 3. Juni, dem Tag, an dem bekannt wurde, daß Denys Trefusis für Tapferkeit das Military Cross verliehen worden sei, erhielt sie von Harold eine scharfe Antwort auf einen Brief, in dem sie mit der Gesellschaft abgerechnet hatte. Harold, der möglicherweise nicht alles »verstanden« hatte, sah die Situation von seiner Warte aus höchst klar. Er teilte ihr unverblümt mit, sie habe überhaupt keine Willenskraft; sie lasse sich lediglich treiben und schreibe dann den Wirrwarr, in den sie gerate, der »Konventionalität der Welt« zu. Er sagte ihr, sie sei »hart und gewöhnlich« geworden, daß sie sich zusammenreißen und ihr seelisches Gleichgewicht und ihre Selbstachtung wiederfinden müsse – und ihm ein Paar schwarze Socken mitbringen solle. Er wetterte gegen ihre Neigung zur Polarisation: »Warum bildest du dir ein, es mache keinen Unterschied, ob du mit Violet ausreißt oder mir mein Essen kochst?«

Zwei Tage vor Violets Heirat reiste Vita nach Paris; es war der Tag, an dem die *Nation* eine Lobeshymne auf *Frühe Leidenschaft* druckte: »Wir wünschten, alle Erstlingsromane wären wie der von Miss Sackville-West, denn dann hätten wir weniger Sorgen um die Zukunft der Romangattung.« Der Hochzeit von Violet und Denys durch eine Reise nach Paris zu entgehen, war hinterhältig; die Frischvermählten sollten unmittelbar nach ihr den Kanal überqueren, um ihre Flitterwochen in eben dieser Stadt zu beginnen. Sich überhaupt in Paris aufzuhalten, war ein Akt der Provokation. Während in London die Hochzeit stattfand, saß Vita in ihrem französischen Hotelzimmer, sah auf die Uhr und wußte, daß auch Violet auf eine rettende Geste in letzter Minute hoffte.

Das Hochzeitspaar war kaum im Ritz abgestiegen, als Vita Violet aufsuchte. Sie nahm sie mit in ein kleines Hotel, und dort liebten sich die beiden. »Sie war mein, es war mir alles egal, ich wollte nur Denys weh tun« – ihn sah sie am folgenden Tag, »ein scheußliches

Gespräch«.[1] Sie benahm sich wie eine Verrückte, hatte jede Kontrolle über sich verloren. Sie geisterte durch das Ritz und dinierte theatralisch allein vor Violets und Denys' Augen. Harold spielte keine Rolle – Vita war außerhalb seiner Reichweite –, bis das Ehepaar Trefusis Paris in Richtung Süden verließ. Vita kehrte so gebrochen und erschöpft nach England zurück, daß ihr Zustand selbst B.M. zu Herzen ging: »Ich kann das nicht gutheißen, aber ich habe soviel Mitleid mit dem armen Kind.«

Harold versuchte, sie zu ermutigen, ihr Schreiben zu nutzen, um ihre Gefühle zu zerstreuen. Wenn sie »ihre Ausbrüche und Exzesse innerhalb der sicheren Grenzen zweier Pappdeckel austobte«, konnte Julian immer wieder aufs neue ausreißen und zurückkehren »zu Hadji und zur Ehe, indem sie die Schrecken dieser Fluchten beschreibt«. Harold hatte *Challenge* noch nicht gelesen.

Tatsächlich aber war es der vernachlässigte Garten von Long Barn, der ihr wieder zum seelischen Gleichgewicht verhalf. »In dem kleinen eingefriedeten Garten wächst jetzt nichts. Ich habe den eingegangen Lavendel fortgeschafft, und alles ist fürs Pflanzen umgegraben. Was sollen wir hier hinsetzen? Das ist sehr wichtig. Wir wollen nur eine Blumensorte pflanzen oder zumindest nur solche von derselben Farbe.« Sie verhandelte über den Ankauf von weiteren zwanzig Acres, den Acre zu 26 Pfund. Ihre konventionelle Seite war wieder im Aufstieg begriffen, und zwar in solch kompensierender Übertreibung, daß sie sich zu einem Angriff auf eine abweichende Gruppe getrieben fühlte – auf nichtmaskuline Männer. »Victor [Cunard] ist ein hübscher, oberflächlicher, höflicher, untauglicher Wicht. Welche Verachtung, *au fond*, man für die Victors, Eddie Marshes und Ozzies dieser Welt empfindet!« War das auch ein beiläufiger Protest gegen Harolds Gutmütigkeit und sexuelle Ambivalenz?

Zwei Dinge hielten Vita davon ab, sich allzu viele Gedanken über Violets Rückkehr nach England, ungeachtet des Stromes theatralischer Briefe und Telegramme, die sie täglich erreichten, zu machen. (Während der Flitterwochen verbrannte Denys alle Briefe Vitas: Er las sie zuerst.) Aus ihrem näheren Bekanntenkreis hatte sie mit Dorothy Wellesley Freundschaft geschlossen, der Gattin Gerrys und Möchtegern-Dichterin, die zu Besuch nach Long Barn kam. »Ich mag Dottie, sie ist ein bißchen kindlich und gefühlvoll; ich hoffe, ich habe ihr bei ihren Gedichten geholfen und sie jedenfalls dazu veranlaßt, vier Gedichte über Jesus auszusondern, für die man sie schrecklich beschimpft hätte.«

Das andere Ereignis war ernsterer Natur. Harold gegenüber erwähnte sie es nur beiläufig am 20. Juli: »Oh, da fällt mir ein, ich habe Nannie an die Luft gesetzt und sie sofort aus dem Haus gewiesen. Die Geschichte ist zu lang, öde und schmutzig, um näher darauf einzugehen, aber immerhin stahl sie einen deiner Anzüge, staffierte sich damit aus und stolzierte in diesem Aufzug in Begleitung der Kinder durch das Dorf. *C'est un peu fort!*« Vielleicht um Vitas Würde zu schützen und weil er sich nicht gern mit unangenehmen Wahrheiten konfrontiert sah, ging Harold in seiner Antwort nicht auf die Möglichkeit ein, daß Nannie, die zuviel über »Julian« und das Privatleben ihrer Herrin wußte, sich einen grotesken Scherz mit ihr erlaubt hatte. »War es Niedertracht, Trunkenheit oder Torheit, die sie dazu getrieben hat?« fragte er. »Nichts als eine tierische Anwandlung«, erwiderte Vita kühl.

Violet und Denys bezogen Possingworth Manor bei Blackboys, zwanzig Meilen von Long Barn entfernt. Die Liaison zwischen den Frauen dauerte fort – Denys war oft auf Reisen –, und sie nahm alle trübseligen Züge einer Liebesaffäre an, für die es keine Lösung gibt. Doch gegen Ende August hatte Vita zugestimmt, wieder einmal mit Violet fortzugehen. Wenn Harold das Ganze ungerührt aufnahm, dann, weil er selbst einen neuen Schwarm hatte. Am 15. September schrieb er ihr aus Paris über seinen »lustigen neuen Freund«, einen Schneider mit einer großen Wohnung in der Rue Royale, der 27 Jahre alt und »sehr attraktiv« sei. Über den Namen des Schneiders ließ sich Harold nicht aus: Es war der Couturier Edward Molyneux. »Meine Süße – bist du eifersüchtig? Macht es dir was aus?« Doch er warb weiterhin um sie und sagte ihr, sie sei »alles Heilige des Lebens, meine Liebste, das Cottage, die Babies und all das, und außerdem verkörperst du für mich alles Saubere und Liebliche und Gute (ich meine, du bist *wirklich* gut, nicht selbstgefällig), und du bist frisch und *tout couverte de rosée* und wie eine Apfelblüte.« Und er weinte, als sie mit Violet zum Kontinent abfuhr. Ben war wieder aufgeregt und befremdete B. M. weiterhin durch sein ablehnendes Verhalten.

Anfang Dezember hatte Harold indes seinen Tiefpunkt erreicht. Er sprach von Scheidung, von einem Exil im Ausland auf Dauer. Bevor Vita abreiste, hatte sie ihrer Mutter erzählt, sie habe die Absicht, ihre Ehe mit Harold von jetzt an auf platonischer Grundlage zu führen – Keuschheit und Abscheu vor männlicher Sexualität waren eine von Violets Obsessionen –, und daß Harold es »wie ein Lamm« aufgenommen habe. Das Gegenteil war der Fall. »Aber ich wünsche mir so sehr eine Tochter, mein Liebling… ich möchte ein kleines Mädchen, das wie du ist – und das mich liebt, wie du es tust –, aber weniger selbstsüchtig.« Er war wütend, als ihm zu Ohren kam, daß Julian abermals in der Öffentlichkeit getanzt hatte. »Ich bin immer noch deswegen verstimmt, aber ich werde dir alles verzeihen.«

Von Monte Carlo aus versuchte Vita ihm klarzumachen, wie beängstigend tief ihre Verstrickung war. »Ich glaube nicht, daß du – höchstens in sehr geringem Maße – begreifst, was vorgefallen ist.« Was den Wunsch nach einem weiteren Kind betraf: »Aber das ist unmöglich, Liebling; es kann jetzt nichts Derartiges geben – gerade jetzt nicht, meine ich. Oh, Hadji, kannst du nicht ein wenig verstehen?« Dennoch schrieb sie dies, als sie Monte Carlo mit der Absicht verließ, für immer mit Violet zu brechen. (Sie wußte im Grunde, daß sie es mußte.)

Violet sagte sie genau das Gegenteil – daß sie zu ihr zurückkehren würde. Es war die einzige Möglichkeit, sich von ihr loszureißen. Sie trennten sich in Cannes, um zu ihren Gatten zurückzukehren.

Als das Ehepaar Trefusis Neujahr 1920 nach London kam, trafen sich die beiden Frauen zwar jeden Tag, doch Vita war betriebsam: Sie suchte nach einer neuen Gouvernante für die Jungen; sie verhandelte mit Collins wegen der Veröffentlichung von *Challenge*, wehrte Kenneth Campbells neuerliche »absurde Anträge ab« und gab ein Essen für die Mosleys im Namen Harolds, der zu Neujahr C. M. G.* geworden war. Violet hingegen hatte nichts außer Vita im Kopf.

* C. M. G.: Companion of the Order of St. Michael und St. George (hoher britischer Orden) [Anm. d. Übers.].

Eines Tages, als Vita nach London kam, um ein Gespräch mit Miss Cherry, der neuen Gouvernante, zu führen, hatte sie auch eine, laut Tagebuch, »wahrhaft groteske Unterhaltung« mit Violet und Denys. Denys fragte Vita, wieviel Geld sie haben müsse, um sich und Violet zu unterhalten, für den Fall, daß sie zusammen fortgehen würden, »so daß ich mir wie ein junger Mann vorkam, der Violet heiraten will und von ihrem Vater ausgefragt wird«.[2] Denys blieb beharrlich bei dieser Frage; doch als er Violet geradeheraus fragte, ob sie alles rückgängig machen und mit Vita leben wolle, erschrak Violet und bat um eine Woche Bedenkzeit. Sowohl Vita als auch Violet gefielen sich in der Pose von Rebellen und Verfemten, schreckten jedoch sofort zurück, wenn sie in Gefahr gerieten, wirklich ausgestoßen zu werden.

Vier Tage später rief Violet Vita an, um ihr zu sagen, es heiße jetzt oder nie. In Cadogan Gardens setzte Vita Harold davon in Kenntnis, sie werde für immer mit Violet fortgehen. Er brach zusammen. Seine Mutter, diese gutherzige, konventionell denkende Frau, flehte Vita an, nicht zu gehen. Vita erklärte sich einverstanden, Harolds vierzehntägigen Urlaub abzuwarten, und beide kehrten sie, emotional ausgezehrt, nach Knole zurück und sprachen mit keinem Wort mehr über alles. »Ich weiß nicht, was und wie er während dieser ganzen vierzehn Tage darüber dachte – ich weiß nicht einmal, ob er die Gefahr, daß ich ihn verlassen könnte, überhaupt ernst nahm. Außer Harold und mir waren Ben, Nigel und Dada in Knole.«[3]

Die Normalität und der Ablauf des Alltagslebens deckten die Krise zu. Harolds Abneigung gegen Auseinandersetzungen ließ Vita in der Luft hängen. Falls sie um Hilfe rief, blieben ihre Rufe ohne Antwort. Als er am 1. Februar 1920 nach Paris zurückkehrte, schrieb sie ihm sogleich, sie habe das Gefühl, alles sei »fließend und ungewiß«: »Wäre ich an deiner Stelle und du an der meinen, würde ich hart kämpfen, um dich zu halten – ich möchte meinen, zum Teil deswegen, weil ich nicht den Mut und die Zurückhaltung hätte, zu handeln wie du und nichts zu sagen.« Sie sagte ihm, es verlange sie nach Waffen, mit denen sie sich wappnen könne. »Also fische ich und fische und fische, und manchmal fange ich eine hübsche kleine Forelle, doch niemals den großen Lachs, der zappelt und kämpft und mich *überzeugt,* daß er um sein Leben kämpft.« Sie schrieb und versuchte, ihn zum Kämpfen zu bewegen, doch er wollte nicht: »Du sagst ganz einfach ›Lieber Mar‹ und überläßt es mir allein, mir auf dein Schweigen einen Reim zu machen.« Doch worauf könne er sich berufen, fragte ein erschöpfter Harold, wenn nicht auf die Liebe? Vielleicht irrte er sich, wenn er sie für einen starken Menschen hielt: »Deine Übermäßigkeit und deine Ruchlosigkeit vermitteln den Eindruck von Stärke, verstehst du?«

Übermäßigkeit und Ruchlosigkeit trugen den Sieg davon. Als Vita und Violet im Februar 1920 nach Frankreich durchbrannten, beendeten ihre beiden Gatten das Abenteuer mit Hilfe eines Privatflugzeuges in einer untypisch entschlossenen Aktion, denn Vita hatte Harold die ganze Zeit über mit Briefen und Telegrammen über ihren jeweiligen Aufenthaltsort auf dem laufenden gehalten.

Keine Frau, die beschlossen hat, ihren Mann für immer zu verlassen, schickt ihm täglich eine Nachricht, für den Fall, er könne sich Sorgen machen. Sie bat noch immer darum, aufgehalten zu werden, ob sie es wußte oder nicht, und am Ende, in Amiens, hielt er sie auf – mit Unterstützung von Denys, der Sackvilles und der Keppels.

Die Szenen im Hotel in Amiens, wie Vita sie in ihrem autobiographischen Manuskript beschrieben hat, waren unwirklich und glichen einem Alptraum. In solchen Zeiten sind gesunde Menschen, zeitweilig, klinisch krank. Denys sagte Vita in Amiens, daß Violet in jeder Hinsicht seine Frau sei. (Später rückte er davon ab und bezichtigte sich der Lüge, um, wie er Harold sagte, Vitas Hysterie zu ersticken.) Selbst wenn Violets Unterwerfung nur zum Teil echt war, was vermutlich zutraf, rief doch ihr offensichtlicher Verrat aller Ideale, die sie gepredigt und die Vita ihrer eigenen beschädigten Ehe aufgezwungen hatte, Wut und Verzweiflung in Vita hervor. Die Enttäuschung machte sie unfähig, mit Harold nach Paris abzureisen. Es war die Krise, doch unbewußt vielleicht eine heilsame, denn sie versetzte Vita mit einem Schlag in die Lage, ihren Stolz zu bewahren, ihre Liebe zu Violet und ihre Ehe.

Am 20. Februar empfing eine teilnahmslose Vita in Paris die Fahnen von *Challenge,* »ungefähr das einzige, das seit Amiens ein wenig mein Interesse geweckt hat«. Am selben Tag erhielt ihre Mutter von ihr einen traurigen Brief; Vita gleiche einer »gebrochenen Liebenden«, erkannte ihre Mutter. »Wäre V. T. ein Mann, könnte ich's verstehen. Aber für eine Frau ist mir eine solche Liebe zu hoch, aber ich gebe mir Mühe zu verstehen.«

Weniger verständnisvoll zeigte sich B. M., als sie bei Vitas Rückkehr nach London die Fahnen von *Challenge* las. In der Gestalt der Eve erkannte sie auf der Stelle das Porträt Violets und war entsetzt. Sie hielt das Buch außerdem für langweilig – »hervorragend langweilig« – und ließ Vita mit Harolds Zustimmung wissen, es wäre ein schrecklicher Fehler, es zu veröffentlichen. »Harold schlug vor, ich sollte in meinem Brief an Vita deutlicher werden...« Doch als Vita protestierte, schwenkte Harold um und stärkte Vita den Rücken; »er war einfach zu schwach«.

Das Buch sollte im folgenden Monat, im März 1920, herauskommen. Violet hatte eine von ihr angefertigte flotte Zeichnung für den Umschlag bearbeitet, auf der sie selbst und »Julian« zu sehen waren, der unter einem Pariser Laternenpfahl eine Zigarette rauchte. Das Buch sollte auch in Amerika erscheinen. Vita ließ sich allzu leicht durch den drohenden Klatsch einschüchtern, den sie ungeachtet ihres Trotzes fürchtete, und zog das Buch Mitte März von Collins zurück. (Sie mußte dem Verlag 150 Pfund zahlen, um die Rechte zurückzubekommen.) Das Buch war bereits ausgedruckt, jedoch noch nicht gebunden. »Es wird zugenäht und zwischen Lavendelzweigen aufbewahrt werden«, schrieb ihr Nigel de Grey von Collins, nachdem er seinen Ärger verdaut hatte. Die amerikanische Ausgabe wurde ebenfalls verschoben.

Nachdem Vita in bezug auf das Buch nachgegeben hatte, kehrte sie in die konventionelle Welt zurück, indem sie einen, laut Harold, »törichten, unverschämten kleinen Brief« an ihre Freundin Enid Bagnold schrieb, in welchem sie Enids Verlobung mit Sir Roderick Jones mißbilligte. »Hol sie der Teufel, diese deine amazonenhaften Theorien! Natürlich ist es weniger lächerlich, zu heiraten und Kinder zu kriegen, einen Haufen Babies, als sein Leben in gehässiger Keuschheit hinzubringen.« Vita jedoch war bereits fort – auf dem Weg nach Frankreich und vielleicht Italien, wieder einmal zusammen mit der unwiderstehlichen Violet. Harold holte sie in ihrem

Pariser Hotel ein, sprach bis zum Morgengrauen mit ihnen, und sie kehrten heim – Vita nach Long Barn, Violet nach Possingworth.

Gleichwohl schafften sie es, wenn die Gelegenheit günstig war, Tage und Nächte zusammen zu verbringen, oft mit Violets Freundin Pat Dansey als Verbündeter oder Alibi. Vita versuchte, wieder zu schreiben – und erkannte, wie sehr sie aus der Übung war. Sie hatte Angst, ihre Gabe und die Flüssigkeit des Stils hätten sie für immer verlassen. Am 5. Mai klagte sie in ihrem Tagebuch:

»Ich weiß nicht, was mit mir los ist. Ich glaube, ich leide an Gehirnerweichung. Den ganzen Tag schon sitze ich über einer kaum angefangenen Rezension eines Buches und lese die wenigen Sätze immer und immer wieder, die ich geschrieben habe… Wie ich H. um seinen scharfen Verstand beneide!

Ich *muß* mich aus dieser Trägheit herausreißen. Ich wünschte, ich wäre arm, schmutzig arm, erbärmlich arm und gezwungen, für mein tägliches Brot zu arbeiten. Ich brauche einen Ansporn. Ich bin ein faules Geschöpf.«

Sie schrieb die Rezension zu Ende; zwei Tage später schrieb sie zwei Gedichte, was zur Folge hatte, daß ihre Laune sich besserte. Mit Harold und ihrem Vater unternahm sie auf der *Sumurun* eine Segeltour und war voller Freude, selbst als sie bei ihrer Heimkehr auf Violet traf, die sie in ein Hotel in Sonning entführte.

Am 4. Juni nahm sie an einer »aufregenden« literarischen Gesellschaft im Haus von Mrs. Belloc Lowndes teil: »Clemence Dane, Hugh Walpole, Maurice Hewlett, Virgilia [Enid Bagnold], Sir Roderick Jones und Rebecca West – eine anziehend häßliche junge Wilde«, die an ihrem neuen Roman *The Dragon in Shallow Waters* arbeitete, der in Lincolshire spielte. Sie speiste bei Sibyl Colefax, zwischen dem Dichter John Drinkwater und J.C. Squire sitzend, dem Herausgeber des *London Mercury*; unmittelbar im Anschluß an einen häßlichen Auftritt mit B.M. und Harold über ihre fortgesetzte Beziehung zu Violet – »brachte es fertig, mich mehr oder weniger vernünftig mit Squire zu unterhalten«. An diesem Tag hatte ihr Violet ein »Alles-oder-Nichts«-Ultimatum gestellt. Vita erwiderte, sie müsse bei Harold bleiben, doch nichts änderte sich wirklich.

An einem Sonntag Anfang Juli kamen Hugh Walpole und Djuna Barnes zu Besuch nach Long Barn. Sie ließ Walpole *Challenge* lesen, und er machte ihr Komplimente; sie und er unterhielten sich bis Mitternacht auf der Terrasse. Walpole entdeckte im Haus »keine Spannungen«, obgleich Vita am Vortag einen »verstörten Morgen« mit Violet gehabt hatte. Er notierte in seinem Tagebuch, es sei eine »sehr fröhliche Haus-Party« gewesen. »Wir redeten alle wie ein Wasserfall, und Vita sah in Scharlachrot und Orange ganz wunderschön aus. Sie ist ebenso klug wie liebenswert und hat genau jenen Anflug von Ungezwungenheit, der ihr vollendete Vornehmheit verleiht. Auch Harold ist ein sehr netter Bursche.«[4]

Dann machten Vita und Violet einen Besuch bei Clemence Dane* und erzählten ihr ihre Geschichte. Sie versuchte die beiden davon zu überzeugen, einander aufzugeben – »ein schrecklicher Morgen«. Indes war Vita in zunehmendem Maße geneigt, Clemence Dane zuzustimmen. Zwei Tage später beklagte sich Violet: »Du hast heute gesagt, unsere Liebe sei minderwertig und verderbt geworden.« Anschließend wurde Violet krank, und Vita machte sich »nicht ungern«, wie sie in ihrem Tagebuch zugab, auf den Weg, um nach ihr zu sehen.

Es war Violets letzter Coup. Vitas Liebe bekam etwas Gezwungenes. Als sie mit Violet in Hindhead war, schrieb sie am 17. Juli in ihr Tagebuch: »Mein Gott, wie ich mich nach dem Frieden von Long Barn sehne! Aber sie leidet solche Seelenqualen und ist so heruntergekommen, daß ich ihr nachgeben muß.« Als sie wieder zu Hause war, schrieb sie einigermaßen heiter an Harold nach Paris, daß sie und Violet sich »vollständig trennen« würden. »Sie wird umgehend ins Ausland reisen; ich habe mich geweigert, mitzukommen. GUTER MAR.«

Am 23. Juli, als Vita mit den Kindern allein in Long Barn war, begann sie mit der Niederschrift ihrer Konfession oder Autobiographie, die man nach ihrem Tod in einem verschlossenen Gladstone-Koffer fand und die Nigel Nicolson mit seinem Kommentar unter dem Titel *Portrait einer Ehe* herausgab. (Am Tag, da sie mit dem Schreiben begann, kam Nigel, damals drei Jahre alt, in Erwartung

---

* Pseudonym von Winifred Ashton. Ihr Roman *Legend* erschien 1919; 1921 veröffentlichte sie eine Bühnenfassung unter dem Titel *Bill of Divorcement*.

einer Bestrafung herein: »Die Babies sind ungehorsamer denn je. Gestern schlug ich Nigel, er ist ein aufsässiger kleiner Bursche, und ich respektiere ihn deswegen.«) Das Schreiben des Bekenntnisses war ein Zeichen der Erholung; aber es ist ein schmerzhaftes Dokument, nicht verfaßt, um ihr zweigeteiltes Ich zu leugnen, sondern um es zu erkunden; wie auch ihre Beziehung zu Harold und ihre Beziehung zu Violet, von der sie, wie sie glaubte, unwiderruflich geliebt wurde.

Sie sah Violet während der Niederschrift; am 6. August kam sie zu Bens Geburtstag (Vita schenkte ihm einen Stabilbaukasten), und am Abend schrieb Vita in ihr Tagebuch, daß es »für jedermann nichts als Elend der einen oder anderen Art« gebe.

Es bestand die Möglichkeit, daß Violets Ehe annulliert werden würde. Im Einklang mit ihren eigenen, ein wenig trübe gewordenen Idealen hatte sie Vita das Versprechen abgenommen, keine ehelichen Beziehungen zu Harold wiederaufzunehmen: Das war der Preis, den sie für ihre »Trennung« verlangte. Dies rief neuen Ärger zwischen Vita und Harold hervor. Als sie zusammen in Brighton waren, »verlor H. in Vitas Schlafzimmer sein kleines bißchen Geduld und sagte, alle Frauen seien grausam«, wie B.M. ihrem Tagebuch anvertraute. »Er kam in mein Zimmer herunter und unterhielt sich bis zwei Uhr mit mir, armes Kind... Trotzdem, vor den Leuten sind sie immer sehr nett zueinander, und niemand außer mir weiß, wie unglücklich sie sind.«

Am folgenden Tag eilte Violet nach Brighton, um Vita in ihrem Entschluß zu bestärken. Später erinnerte sie Vita immer wieder an das »Versprechen, das du in Brighton machtest... Lasse nicht zu, daß irgend etwas dich jemals *vorübergehend* von mir oder vom Großen Abenteuer entfernt.« Violet trieb ein mehrfaches Spiel. Beim selben Besuch sagte sie zu B.M., daß

»es ihr um Denys leid tue, und sie denke beinahe ernsthaft daran, ihm nachzugeben... Sie sagte, für Vita sei es etwas anderes, sich H. zu verweigern, denn sie sei seit sechs Jahren mit ihm verheiratet und habe drei Kinder geboren, Denys jedoch habe nichts, und sie werde ihm am Ende vielleicht doch noch nachgeben. Es geht mir nahe, wenn ich sehe, welch ein verruchtes Spiel sie mit V. treibt... Vita merkt nichts und vertraut V.T. blind.«

Vita glaubte Violet; tat sie es nicht, wäre das ganze große Abenteuer eine tragische Selbsttäuschung gewesen. Sie ließ sich im Januar 1921 abermals überreden, ins Ausland zu gehen. Harold war verzweifelt; er vertraute sich einigen Leuten an, was bloß nach sich zog, daß es noch mehr Klatsch gab. Er besuchte häufig Dorothy Wellesley und schüttete ihr sein Herz aus. Anfang Februar schrieb er hitziger als gewöhnlich an Vita, die erneut Ausflüchte wegen ihrer Rückkehr machte: »Du bist selbstsüchtiger als Agrippina in ihren schlimmsten Augenblicken... optimistischer als die Jungfrau Maria in ihren entrücktesten Momenten und schwächer als ein Polyp, der in einem Teich schwimmt und treibt.« Vita erwiderte aus Carcassonne, sie liebe nur ihn, fühle sich aber nun, da Denys und sogar Mrs. Keppel sich gegen sie gestellt hätten, Violet gegenüber schuldig. »Versteh doch, ich bin verantwortlich.« Doch falls irgend etwas sie von ihm und den Babies trennen sollte, »würde ich daran zugrunde gehen«. Es sei ja ganz schön, wenn man die Halme einmal wild sprießen lasse, aber nicht, »wenn sie so hoch werden wie ein Dschungel... Ich will aus dieser ganzen miserablen Geschichte heraus und wieder mit dir leben.«

Denys' neue Drohung, sich von Violet scheiden zu lassen, erschreckte Harold und auch Vita. Wie B. M. in ihrem Tagebuch festhielt, fürchtete sie den Skandal um Bens und Nigels willen. »Ich will nicht, daß sie später erröten müssen, wenn der Name ihrer Mutter erwähnt wird.« Der Skandal ängstigte Vita gleichermaßen. Ihr Leben lang hatte sie nie das Verlangen, öffentlich »damit herauszurücken«, daß sie Frauen liebte. Als sie am 9. März 1921, ihrem Geburtstag, heimkam, stellte sie fest, daß ihr ein paar Türen bereits verschlossen waren. Mrs. Hunter ersuchte B. M. höflich, Vita nicht mit nach Hill Hall zu bringen, »da die ganze Geschichte mich entsetzt«.

Denys Trefusis traf mit Mrs. Keppel eine Abmachung. Er würde sich nicht von Violet scheiden lassen; Mrs. Keppel würde die Ehe subventionieren, und das Paar würde im Ausland leben. Zuerst wurde Violet, unter der Obhut einer alten französischen Gouvernante, auf den Keppelschen Besitz Clingendaal in Holland geschickt. Das war demütigend für eine erwachsene Frau, aber Mrs. Keppel verwaltete die Finanzen, und Violet, die ihre Mutter verehrte, konnte weder ohne Geld noch ohne Billigung ihrer Mutter leben. Sie begann ihren ersten Roman zu schreiben, doch sie fühlte sich einsam. Verzweifelt schrieb sie an Vita: »Du hast alles, was du willst – ein schönes Heim, Liebe, Zärtlichkeit. Das ist *nicht fair*.« (Später lebte sie mit Denys in Paris in einer gemeinsamen Wohnung, doch die Heirat war nie mehr als eine Fassade, und Denys war nicht treu.)

Es war überhaupt nicht fair. Vita wußte, daß es nicht fair war. Die letzten Worte ihres »Bekenntnisses« schrieb sie »inmitten einer tiefen Trauer, die ich vor Harold zu verbergen suche, der ein Engel auf Erden ist«. Sie hatte Angst, Violet »würde sich nicht für das Leben entscheiden«, wogegen sie selbst sich »ihr Herz sicher, unversehrt und befestigt bewahrt« hatte.

Wie auch Harold machte sie Dorothy Wellesley zu ihrer Vertrauten. B.M., die inzwischen Vitas Veranlagung kannte, schöpfte sofort Verdacht: »Auch diese Freundschaft gefällt mir überhaupt nicht.« Und zwei Tage später: »Die Art, wie Dottie hinter V. herrennt, geht mir ziemlich auf die Nerven.« Vita und Dottie machten gemeinsam einen Besuch bei Lord Berners auf Faringdon. Harold ermutigte diese Freundschaft und hieß den Ausflug gut: Alles war besser als Violet, und er war Dottie dankbar. »Amüsiert euch. Sage Dottie, sie sei ein Engel und sehr gut für jeden von uns.«

Dorothy Wellesley war drei Jahre älter als Vita; im *Dictionary of National Biography* wird sie so beschrieben:

»Von schlanker Gestalt, fast überzart mit leuchtendblauen Augen, hellem Haar, durchscheinendem weißem Teint, war sie eine natürliche Rebellin, verwarf alle Konventionen und überkommenen Vorstellungen und erwies sich in ihrem Leben als eine Agnostikerin, als ein feuriger Geist, beseelt von einer leidenschaftlichen Liebe zur Schönheit in allen ihren Ausformungen ... Ihrem Gemüt nach war sie eine geborene Romantikerin, doch bei ihrer Taufe hatte die böse Fee verfügt, daß ihre intellektuellen Fähigkeiten es niemals mit ihrer Einbildungskraft würden aufnehmen können.«

Verfasserin dieser Zeilen im *DNB* war Vita.

Der Frühsommer des Jahres 1921 war friedvoll. Die Nicolsons

und ihre Freunde spielten Tennis auf dem neuen Platz in Long Barn; Vitas zweiter Roman, *The Dragon in Shallow Waters*, im September des Vorjahres abgeschlossen und mit nostalgischer Treue »L[uschka]« gewidmet, erschien. Es ist eine bizarre, gewalttätige Geschichte um bizarre, gewalttätige Leute, die damit endet, daß ein blinder Mann einen Taubstummen in einen Kessel mit kochender Seife stürzt. (Ihre Kenntnisse der Seifenherstellung verdankte Vita einem Besuch, den sie, zusammen mit B.M., der Seifenfabrik von Lord Levershulme in Port Sunlight abstattete.) Enid Bagnold sagte Vita, nachdem sie das Buch gelesen hatte, sie sei »eine Amazone, die statt mit Tennisbällen mit Felsbrocken spiele«. Violets Briefe, heimlich durch Pat Dansey übermittelt, erreichten Vita aus sehr weiter Ferne:

»Gegenüber dem letzten Jahr, als du mich sahst, wirke ich um zehn Jahre gealtert. Jeden Tag betrachte ich mich erbarmungslos im Spiegel – und sehe, wie mein Kinn schlaff und mein Hals überall faltig zu werden beginnt... Ich glaube, all das Leid, das ich hinter mir habe, hat dazu beigetragen, und es scheint nichts zu geben, was wie ein Ziel aussieht. Du bist der einzige Mensch, den es kümmert, was aus mir wird.«

Die Briefe wurden seltener. Das große Abenteuer war vorbei.

Teil 3

Erkundungen
1921 - 1930

Kapitel 11

Vita versenkte sich in eine schöpferische Schreibphase. Ende Juni 1921 las B.M. den ersten Entwurf ihrer Kurzgeschichte »Der Erbe«, in der eine Liebesbeziehung zwischen einem einfachen Mann und einem großen Haus beschrieben wird. B.M. riet ihr, »die alte Haushälterin durch einen alten Butler zu ersetzen, dann gäbe es keine Frau im Buch«. Vita folgte ihrem Rat und widmete die Geschichte ihrer Mutter.

The Dragon in Shallow Waters wurde in der »Bestsellerliste« von *John O'London's Weekly* in der Sparte »Belletristik« (vor D.H. Lawrence' neuem Roman *Liebende Frauen*) auf Platz eins gesetzt. Doch die Lyrik war Vita wichtiger. Sie schrieb an Edward Marsh, den einflußreichen Herausgeber von *Georgian Poetry*, um ihn daran zu erinnern, daß er »in einem unbesonnenen Augenblick etwas davon gemurmelt habe, er wolle die beiliegenden Gedichte Mr. Squire mit Blick auf den *London Mercury* zeigen«. Und sie fragte, ob er immer noch die Absicht hätte, das zu tun. Er hatte; Vita wurde regelmäßige Mitarbeiterin des *Mercury*, und Mr. Squire und »leider auch Mrs. Squire« wurden regelmäßige Besucher von Long Barn. Anfang August lud sie den Dichter John Drinkwater zum Dinner ein, und nach Tisch lasen sie sich ihre Gedichte vor. (Harold befand sich mit Lionel auf einer Segeltour.) Sie erhielt die Fahnen einer neuen Sammlung ihrer Gedichte. (»Sind sie gut? Sind sie oberflächlich? Ich weiß es nicht.«) Ben feierte seinen siebten Geburtstag; er »kommt zum erstenmal zum Dinner nach unten, trinkt Champagner und schläft ein bißchen besäuselt ein«.

Das häusliche Leben der Nicolsons schien auf wundersame Weise wiederhergestellt, und auch Vitas Leben als Lyrikerin – sie schrieb im traditionellen, anti-modernistischen Stil – war durch rasches und müheloses Arbeiten gekennzeichnet. Doch die interessantesten und persönlichsten Texte, an denen sie in jenem Jahr arbeitete, sind nie veröffentlicht worden.

Einer davon ist ein unvollendetes Stück, genannt »Marriage«, ein Ibsen verpflichtetes, feministisches (aber nicht lesbisches) Drama. Cyril und Sheila Temperley leben auf dem Land; Sheila ist eine begabte Pianistin, die wegen ihrer Heirat die Karriere aufgibt. Sie haben zwei Besucher. Der eine ist eine ganz unerwartet eintreffende sonderbare Frau, die »ihren alten Freund« Cyril besuchen will: ihr wird die Tür gewiesen. Dann erscheint ihr Freund Paul Ives – der Sackville-West-Held, der Reisende, »schlank, braun, unordentlich, launenhaft«, der aus Turkestan zurückkehrt. Sheila gesteht Paul ihre Ruhelosigkeit, und er sagt: »Wir alle können uns unsere eigene Freiheit schaffen, wenn wir bereit sind, als Preis mit Teilen unserer Selbstsucht zu bezahlen«: Freiheit innerhalb der Liebe sei die Lösung. Sheila hält dagegen, das sei gegen die Kinder nicht fair; es gebe die Konventionen der Gesellschaft und die des Charakters, »und von den beiden sind es die des Charakters, gegen die man nicht ankämpfen kann«.

Im zweiten Akt faßt Paul in Worte, was Sheila nicht auszusprechen wagt: Sie habe das Verlangen, »ein ganzer, selbständiger Mensch und nicht bloß die Hälfte einer zusammengesetzten Person zu sein«; sie spüre, daß ein Mann, trotz Heirat, er selbst bleibe; er werde nicht vor dem Gesetz ein »verheirateter Mann« wie sie eine »verheiratete Frau«.

Sheila sagt ihm, sie wolle lediglich für eine kurze Zeit ihr eigenes Leben leben; sie werde immer zurückkommen. Doch wenn sie den Wunsch äußern würde, ein Jahr für sich zu haben, würden ihr Gatte und die Welt sie für unvernünftig halten. Die Alternative zur Ehe sei der Ledigenstand, der »für eine Frau, die Kinder möchte, ein Leben ohne Inhalt« sei. Nähme sie sich einfach ihre Freiheit, riskiere sie, ihre Kinder zu verlieren.

Sie versucht mit Cyrill, ihrem Gatten, über diese Probleme zu sprechen. Er bietet ihr Golf, ein neues Auto, einen gemeinsamen Urlaub an – und ist entsetzt, als sie sagt, sie würde lieber allein gehen, da sie ohnehin immer mit ihm zusammen sei. Cyril: »Aber das ist natürlich. Wir sind verheiratet.« Er droht ihr mit Scheidung, dann wird er sentimental. »Ich habe nie eine andere Frau als dich geliebt, Sheila.« Doch das zweifache Maß, mit dem er mißt, ist klar zutage getreten. Er räumt ein, daß er eine Einladung zu einer sechsmonatigen Großwildjagd (ohne sie) annehmen würde; und das Wiederauftauchen seiner mysteriösen Damenbekanntschaft macht seine Untreue überdeutlich. Sheila ist nicht zornig, sondern erleichtert und verkündet, sie werde am folgenden Tag ins Ausland reisen – so wie Vita mit Violet fortging, als sie von Harolds gelegentlichen Seitensprüngen erfuhr.

Aber den letzten Akt konnte Vita nicht schreiben, weil sie nicht wußte, wie. Ihr unvollendetes Stück ist das Abbild ihrer Beziehung zu Harold, wenn sie es auch unterließ, eine Violet-Figur einzuführen; und sie konnte das Stück nicht beenden, weil sie das Problem nicht gelöst hatte. »Wir sind nicht bloß Cyril und Sheila Temperley; wir sind jeder Mann und jede Frau, gebunden durch die Ehe.«

Am 18. August erfuhr Vita von Pat Dansey, daß Violet nach England kommen werde. Sie bekam Angst – vor sich selbst und vor Violet. Der Eintrag in ihrem Tagebuch für den 26. August lautet lapidar: »L« – für Luschka, dreimal unterstrichen. Zum Teil, um ihr zu entgehen, reiste sie mit Gerald und Dottie Wellesley auf den Kontinent. Kurz vor ihrem Aufbruch, am 4. September, konzipierte Vita ihr langes Gedicht, das zu ihrem bekanntesten und dauerhaftesten Werk werden sollte: *The Land*. Harold notierte an diesem Tag: »Vita hat die Idee, eine Art von englischem Georgikon* zu schreiben. Inspiriert durch eine zufällige Bemerkung von J. C. Squire, des Inhalts, es sei doch sonderbar, daß die Leute keine Gedichte über die Arbeit schrieben.«

Etwa eine Woche später sagte er Vita und den Wellesleys Lebewohl, die nach Italien fuhren; er sollte sich später zu ihnen gesellen. Die Ferien selbst schienen ihm nicht bedrohlich, doch beim Abschied von Vita reagierte er überempfindlich, wie auch später bei allen längeren Trennungen. Die Furcht und die Ungewißheit, durch Vitas wiederholtes Verschwinden mit Violet hervorgerufen, hatten ihre bleibenden Spuren hinterlassen. »Mir war ganz elend«, schrieb Vita in ihr Tagebuch, »denn H. mußte auf dem halbem Weg zum Bahnhof aus dem Taxi steigen; er ging fort und sah ganz bleich und unglücklich aus. Im Zug schrieb ich ihm, um ihn ein wenig zu trösten.«

---

* Georgikon: in der Nachfolge von Vergils *Georgica* (Der Landbau) [Anm. d. Übers.].

Wenn man mit einem Ehepaar reist, bleibt einem der alltägliche Umgangston einer Beziehung nicht verborgen. »Mein Gott, dauernd zanken sie sich«, schrieb Vita bei der Ankunft in Verona. Von dort fuhr Gerald, der auf Barock versessen war, allein nach Parma; Dottie und Vita reisten mit dem Schiff von Triest nach Split in Dalmatien, und Vita machte eine Eroberung: »An Bord fing ein Albanier eine Unterhaltung mit mir an und forderte mich auf, mitzukommen und mit ihm in den Bergen Albaniens zu leben. Sein Vorschlag führte mich in nicht geringe Versuchung, besonders da der Mann jung, großgewachsen, dunkel und gutaussehend war!«

In Ragusa trafen sie Ozzie Dickinson und saßen »alle drei an den Kais und sahen jungen Männern, die wie Bronzefiguren aussahen, beim Baden zu; das erregte mich außerordentlich.« Dottie und Ozzie badeten, »inmitten von Rudeln haariger Männer... ich saß am Strand und schmollte.« (Vita hatte nie schwimmen gelernt.) Nachdem Ozzie gegangen war, »näherte sich uns ein schüchterner kleiner Mann, lüftete höflich den Fez und erkundigte sich nach unseren Bedingungen. Er war so unterwürfig und zaghaft... Ich sagte so höflich wie möglich, wir seien bereits vergeben. Wir trennten uns mit dem Ausdruck gegenseitiger Wertschätzung.« Vita schien ängstlich darauf bedacht, ihre Heterosexualität sich und der Welt zu beweisen.

Als das Schiff auf der Rückfahrt nach Italien in Cattaro ankerte, saßen Vita und Dottie an Deck, betrachteten die Sterne über der Bucht und den großen kahlen Berg. Vita war plötzlich aufgeregt, weil »er meinem Berg im Buch aufs Haar glich und ich dachte, wie gewaltig die Kathedrale wohl aussehen würde, die ihn krönte«. Bei dem Buch handelte es sich um »Reddín«, in dem sie, im Anschluß an die Affäre mit Violet, versuchte, eine persönliche Philosophie zu entwickeln, um hinter den Sinn ihres Lebens zu kommen.

Mit »Reddín« schlug sich Vita jahrelang herum; sie schrieb darüber sowohl einen Roman als auch ein langes Gedicht, doch obgleich Harold beide Fassungen bewunderte, hat nur das Gedicht je das Licht der Welt erblickt.

> Hab nie gewußt, woher der Name Reddín stammt.
> Sein Klang ertönte lang in meinem Ohr,
> Den Menschen ganz entrückt kam er mir vor,
> Doch barg er Weisheit, unfehlbar, sanft und mild.[1]

Reddín ist ein alter Bildhauer und Architekt von unermeßlicher Toleranz, Integrität und Unvoreingenommenheit, der seinen undogmatischen Idealen ein Denkmal errichtet – eine Kathedrale auf einer Klippe. In Notizen zur Romanversion, überschrieben »Themen dieses Buches«, schrieb Vita, seine Philosophie laufe darauf hinaus,

»a) daß dies Leben bloß eine Brücke sei, ein Sprungbrett, ein Übergang und darum b) jedermann dazu berechtigt sei, das Beste daraus zu machen, ob durch Kunst, Körper oder jede Art von Spaß, daß ABER c) das Wichtigste sei, dabei nie zu vergessen, wie absolut bedeutungslos das alles sei.«

(Das klingt wie ihr »Nichts ist wichtig« aus dem Roman »The King's Secret«, den sie in der Kindheit schrieb.) Am Schluß wird die Kathedrale zerstört, als die Dummheit und das Mittelmaß über die Intelligenz triumphieren, doch »das Prinzip kann nicht sterben«.

Im Roman (den sie Mitte August begonnen, während des Herbsturlaubs mit den Wellesleys in Hotelzimmern weitergeschrieben hatte und dessen Niederschrift sie im folgenden Juni mitten im Satz abbrach) hat Reddín eine Schar von Schülern, mit der er in einer Gemeinschaft lebt. Die für den Biographen interessantesten darunter sind Chloe und Mark, weil sie Züge von Vita und Harold zu tragen scheinen. Chloe ist vitaler und »maskuliner« als Mark. Sie sagt zu ihm, sie könne »lyrische Wollust nicht ertragen«; sie zieht ein »gesundes animalisches Verhalten« vor. Mark ist sanft, liebt ein sorgenfreies Leben und ist »eindeutig neurotisch«. Bei ihm, spürte Chloe, »mußte sie ihre maskuline, die beschützende Rolle aufgeben; sie mußte ihm schmeicheln, um sich selbst Freude zu bereiten... er hatte den Mann zu spielen und sie die Frau« – aber sie bedauert, daß sie ihre Rolle um so vieles besser spielt als er die seine.

Um ihn körperlich zu lieben, muß sie sich zusammennehmen,

um das »unangenehme Gewicht seines Temperaments«, eine »tödliche Masse«, zu ertragen. Obgleich sie ihn liebt und ihn begehrt, »wußte sie in ihrer unstillbaren Ehrlichkeit gleichwohl, daß ihr Gefühl am tiefsten war, wenn sie ihn liebte wie ein Mann eine Frau« – oder, wie es an anderer Stelle im Manuskript heißt, wie eine Mutter ihren Sohn. Am 28. Februar schrieb sie an Harold, daß sie ihn liebe, »wie geborene Mütter ihre Kinder lieben«. Vita war keine geborene Mutter, es war Harold, der die mütterlichen, beschirmenden Qualitäten in ihr weckte.

In »Reddín« ist Chloes sinnliche Begierde größer als die Marks; er tritt ihr mit »weit gewöhnlicherem Verlangen« gegenüber. Aber er liebt sie, und es ist nicht seine Schuld, daß er »soviel weniger zu geben hat«. Sie entdeckt in sich selbst »das Temperament, das durch Liebe ganz und gar zerschmettert wird«, obgleich sie sexuelle Liebe mit dem Verstand als oberflächlich klassifiziert und mit Trunkenheit vergleicht. Sie und Mark sind sich geistig zu ähnlich, zu intellektuell und selbstbewußt, um zu ungekünstelter Liebe fähig zu sein: »Wo war die aufrichtige Umarmung von Liebenden?« Liebe ist Sklaverei, ein »hinterlistiger Bastard«, nicht vertrauenswürdig; ehrliche Begierde ist »eine fröhliche Gefährtin«.

Harold mit seinem kühleren Temperament hätte diesem Urteil zugestimmt. Es ist denkbar, daß einige der Vorstellungen in »Reddín« auf ihn zurückgehen, ein Ergebnis seines Wunsches sind, Vitas emotionalen Überschwang zu mäßigen. Die Chloe im Manuskript ärgerte sich über die Versklavung durch die Liebe, fühlte sich indes einsam ohne sie, erst recht, wenn sie sich der Lust mit einem anderen ihrer Gefährten hingab. Und Vita konnte den Roman ebensowenig beenden wie das Theaterstück, weil sie die Konflikte nicht lösen konnte.

Am 6. Oktober trafen Dorothy Wellesley und Vita in Rom mit Lord Gerald und Harold zusammen (der sich in Lord Berners Rolls-Royce in Frascati amüsiert hatte). Die Frauen kamen um Mitternacht an. Jemand rüttelte an Harolds Schlafzimmertür – »Meine liebe Viti«. In den folgenden Tagen ging man, zu viert oder paarweise, einkaufen oder auf Besichtigungstour und traf kurz mit dem

Architekten Geoffrey Scott zusammen, dem Vita und Rosamund in Florenz begegnet waren.

Sie reisten weiter nach Venedig. Gereizte Stimmung kam auf. Harolds Tagebuch: »Vita sagt, sie mag die Salute* nicht, was Dottie sehr verärgert. In gespannter Atmosphäre kommen wir zur Piazza... der Dogenpalast erregt Gerrys Mißfallen. Vita findet seine Farbe recht hübsch. Gerry sagt, er sehe aus wie eine fette deutsche Lady in grober Spitzenunterwäsche, und deutet auf die Salute, um zu zeigen, daß es Leute gebe, die sich besser aufs Bauen verstünden... Dann kehren wir stumm in einer Gondel zurück.«

Weiter nach Wien, »alle ziemlich angespannt«. Harold ging mit Gerry »auf eine Sauftour«, bevor er in sein »scheußliches Zimmer« zurückkehrte. (Vita, nur ihren »Reddín« im Kopf, bat ihn, nicht in das ihre zu kommen.) Die Stimmung besserte sich, als sie dahinterkamen, wie preiswert alles für Ausländer in Österreich war. In einem Brief an ihre Mutter beschrieb Vita das von der Inflation geschüttelte Wien von 1921: »Man kauft Seidenstrümpfe für 2500 Kronen das Paar – was eigentlich 100 Pfund sind, zur Zeit aber nur 3 shillings! Es war phantastisch.« Dottie hatte für vier Pfund ein Zigarettenetui erstanden, das eigentlich 2000 Pfund hätte kosten müssen. Vita begriff das Elend, das sich dahinter verbarg:

»Wenn die erste Freude und das Erstaunen darüber abgeklungen sind, daß man für einen englischen Fünfer ein Bündel von 10 000 Kronen bekommt, wird das alles ziemlich schrecklich. Sieht man sich die Leute in den Straßen ein wenig genauer an, erkennt man, wie notleidend und abgerissen sie sind; und man begreift, daß die Läden in den eleganten Straßen nichts als ein fauler Zauber sind; die ganze Stadt war wie ein stolzer geräumiger Friedhof, voller Hunger und Elend, während zugleich die Straßen und Paläste, von den Habsburgern erbaut, ihre Pracht zur Schau stellen.«

In München, wo Harold Vita einen Mantel kaufte, geriet man nach dem Dinner in einen Streit über Frauen. Harolds Tagebuch: »Vita sagte, Gerry und ich hätten uns ein ›spöttisches Gehabe‹ ange-

---

* Die Kirche Santa Maria della Salute, deren Kuppel ein Wahrzeichen Venedigs ist [Anm. d. Übers.].

wöhnt. Sie gab zu, Frauen seien albern, doch führte sie das auf die Jahre der Unterdrückung zurück... Darauf wurden wir alle ziemlich ärgerlich und gingen wütend zu Bett.« Am nächsten Tag gerieten sie in der Gemäldegalerie abermals aneinander. Vita und Dottie wehrten sich dagegen, daß ihre Ehemänner ihnen rieten, sie sollten nicht so laut reden. Dottie erwiderte, sie für ihr Teil sei stolz darauf, eine Engländerin zu sein. Tatsächlich begegnete ihnen nirgendwo nationalistische Feindseligkeit, wie Vita an ihre Mutter schrieb, obgleich das Kriegsende erst drei Jahre zurücklag: »Die Leute sind durch die Bank die Höflichkeit selbst«:

»Das erscheint mir höchst ungewöhnlich und nimmt mich weit mehr gegen sie [die Deutschen] ein als der Krieg; es offenbart einen schier unglaublichen Mangel an Stolz und Würde... Hier machen die Leute in den Geschäften sogar ihre Scherze über den geringen Wert der Mark seit dem ›*letzten* Krieg‹, wie sie ihn nennen; sie scheinen in Kriegen zu denken. Wir kamen hier zur rechten Zeit an, als die Mark ihren niedrigsten Stand erreicht hatte, nachdem sie im Lauf einer Woche von 200 auf 70 gefallen war... Die ganze Atmosphäre in der Stadt ist völlig anders als in Wien; sie ist sauber, heiter, blühend und ordentlich... Ich habe eine große Menge Strümpfe für 9 d das Paar gekauft.«

Ende Oktober waren sie wieder zu Hause, und B.M. fand, daß ihre Tochter »prächtig aussah, schön, friedfertig, gesund, und so reizend zu den Kindern« sei. Dorothy Wellesley kam B.M. ebenfalls besuchen und versicherte ihr, Vitas Gefühle für Violet seien »mausetot«. Ein Gedicht, vielleicht für Dottie geschrieben, »Full Moon«, erschien am Sonntag darauf im *Observer* (»Sie trug aus Taft korallenrote Hosen, / die jemand ihr aus Isfahan gebracht«).

Das Gedicht entstammte ihrem neuen Gedichtband *Orchard and Vineyard*, der am 11. November herauskam. J.L. Garvin, der Herausgeber des *Observer*, heiratete in diesem Dezember; Vita sandte ihm ein überaus generöses Hochzeitsgeschenk, einen elektrischen Ofen, der genau das war, was er brauchte, wie B.M. versicherte, die sich ihm um Vitas willen beharrlich widmete. Wie der Titel vermuten läßt, enthielt *Orchard and Vineyard* Gedichte vom Leben in Kent – einige davon wurden in *The Land* aufgenommen – und Gedichte aus dem Mittelmeerraum. Er enthält außerdem Gedichte über Knole und Liebesgedichte an »Eve«; Gedichte der Rebellion, des Hasses und der Bitterkeit gegen die Gesellschaft, die in den schlimmsten Zeiten der Violet-Affäre geschrieben worden waren, Gedichte über Long Barn, Gartengedichte und ein Heimkehr-Gedicht, »Night«, Harold gewidmet – dem sie zum Geburtstag in diesem Monat acht Acres von Kent schenkte, zusätzlich zu den dreiunddreißig, die sie bereits besaßen. Ein Leser, der mit dem Hintergrund vertraut ist, kann in *Orchard and Vineyard* die Verwirrung der Gefühle der vorangegangenen Jahre nachvollziehen; doch dem gewöhnlichen Leser des Jahres 1921 fehlte dieser Schlüssel.

In diesem Herbst wurde bekanntgegeben, daß sich Lord Lascelles, Vitas alter Verehrer, mit Prinzessin Mary, der Tochter von König George V., verlobt habe. »Ich höre, daß der König und die Königin ihn solange bedrängten, bis er seinen Antrag machte, der mit Freuden akzeptiert wurde!« schrieb B. M. maliziös in ihr Tagebuch. »Vita schreibt, wie glücklich er jetzt wohl sein müsse, nachdem sie ihn immer und immer wieder abgewiesen habe!« Und B. M. erinnerte sich, wie er sie in Knole in ihrem chinesischen Zimmer »anflehte, Vitas Widerstand zu brechen«.

Für B. M. war Knole nun verschlossen; die Nicolsons und ihre Kinder verbrachten Weihnachten bei ihr in Brighton. Harold arbeitete an seinem Buch über Tennyson, und Vita begann mit einer Geschichte Knoles. B. M. war stolz, weil es für Vita nützlich war, »daß ich alles in meinen Büchern festgehalten hatte, was ich über Knole und die Sackvilles entdeckt hatte«. Knole diente als Schauplatz für einen Film, »The Great Adventure«, den Vita, Harold und die Wellesleys im Januar 1922 sahen; Lady Diana Manners – jetzt Lady Diana Cooper und Vitas glanzvollste Zeitgenossin – wirkte darin mit. »Diana wunderschön, aber amateurhaft«, notierte Harold.

Sie trafen Aldous Huxley, und sie hörten Edith Sitwells Rezitation von *Façade*. Vita wurde aufgefordert, Beiträge für den *Weekly Despatch* zu liefern, und schrieb weitere Geschichten, um sie, zusammen mit »Der Erbe«, zu einem Band zu vereinigen. Ihre Mutter zeigte sich durch eine dieser Geschichten, »The Tale of Mr. Peter

Brown: Chelsea Justice«, besonders beeindruckt. Es war keine neue Geschichte; sie hatte sie bereits in *The New Decameron* unter einem anderen Titel veröffentlicht. Das Thema sollte Vita später erneut aufgreifen – die zeitlose Dreierkombination vom Hausfreund, der beide Gatten liebt, aber die Frau stärker als den Mann. Der Ehemann versucht, seine Eifersucht zu unterdrücken, scheitert und nimmt Rache. Es sei merkwürdig, schrieb B.M., daß Vitas Einbildungskraft sich auf »derart verrückte Gegenstände richtet, ganz im Gegensatz zu dem Eindruck, den sie den Leuten vermittelt. Sie ist so ruhig, so reserviert – reizendes Mädchen.«

Vita und Harold waren fleißig und gesellig, doch in den Augen von B.M. nicht gesellig genug. In ihrem Manuskript »Buch der Erinnerungen«, in diesem Jahr verfaßt, beurteilt sie ihre dreißigjährige Tochter:

»Ihr Teint ist herrlich; auch ihre Augen mit ihrem doppelten Vorhang langer Wimpern… Sie strahlt Würde und Ruhe aus, ist nicht im mindesten eingebildet und läßt, da sie ein so ruhiges und zurückgezogenes Leben führt, die meisten Gelegenheiten aus, wo sie doch jedermann von Bedeutung kennen sollte… Sie zu durchschauen, ist sehr schwer. Für mich, die ich sie ziemlich gut kenne, ist sie eine schöne Maske.«

Vita trug »seit der quälenden V.-Affäre« eine noch undurchdringlichere Maske, als ihre Mutter sich träumen ließ. Sie glaubte, eines Tages werde sich Vita Hals über Kopf in einen Mann verlieben: »Sie ist oder scheint Harold völlig zugetan, aber sexuell verbindet sie nicht mehr das geringste, was bei einem so jungen und gutaussehenden Paar sonderbar ist. Sie ist auf H. nicht im mindesten eifersüchtig und gestattet ihm, sich nach Lust und Laune mit jemand anderem zu amüsieren.« B.M. fragte sich, wo Vita in diesem ungewöhnlichen Arrangement wohl bliebe. »Und sind ihre Darstellungen von Liebe und Leidenschaft eine Beschreibung ihrer eigenen Gefühle?« B.M. wollte nicht, daß Vita noch einmal litt. »Sie scheint jetzt zufrieden, aber der Vulkan ist da, bereit, auszubrechen, da bin ich sicher.« Sechzig Jahre später benutzte Vitas italienische Schwiegertochter dasselbe Bild für sie: »wie eine Naturkraft, wie der Vesuv«.

Rosamund Grosvenor kam mit ihrer alten Liebe Reggie Rakes auf Besuch nach Long Barn. Sie, die zwei Jahre später Captain Jack Lynch heiraten sollte, vermochte den Vesuv jetzt nicht zum Ausbruch zu bringen.

The Heir wurde veröffentlicht, und in den ersten vierzehn Tagen wurden 1400 Exemplare verkauft; die einzige negative Rezension stammte von Rebecca West. B.M. kam zu dem Schluß, Rebecca habe der noch immer sehr unglücklichen Violet einen Gefallen tun wollen. In den Geschichten, die eher als »Füllsel« anzusehen sind, hat Vita ihre Lieblingsthemen behandelt: »The Christmas Party«, gewidmet A[prile] (ihr Kosename für Dorothy Wellesley), behandelt die dramatische Rache einer unangepaßten Frau an ihrer spießigen Familie. Der Held von »Patience« ist ein Mann, der mit einer hübschen, langweiligen Frau verheiratet ist und von einem sorglosen wilden Mädchen träumt, mit dem er vor langer Zeit zur Sonne reiste.

Sir Edmund Gosse, Doyen der Schriftsteller, gratulierte ihr zu den Geschichten und schrieb, daß »wir sie im Familienkreis vorgelesen haben«. Auch John Galsworthy schrieb. (Vor kurzem hatte Vita ihn im PEN-Club getroffen und als »Pedanten mit verkümmerten Flügeln« abgetan.) Soweit es ihre Arbeit zuließ, war sie jetzt viel mit Pat Dansey zusammen, die eine exzentrisch großzügige Strähne gehabt und Vita mit einem Auto beschenkt hatte. Jedoch Dorothy Wellesley war ihre engste Freundin geworden; und um Dotties Ehe stand es nicht zum besten. Die Wochenenden bei den Wellesleys in Sherfield Court nahe Basingston waren angespannt. »Schlimm«, schrieb Vita am 1. Juli in ihr Tagebuch, und einen Tag darauf: »Schlimmer.« Gegen Mitte September war Harold ungeduldig geworden: »Ich glaube, Dottie macht einen Fehler, wenn sie versucht, zu einer und derselben Zeit die Distelwolle *und* die Distel zu sein!«

Vita beendete ihr Buch über *Knole and the Sackvilles*. Vor dem endgültigen Abschluß schrieb sie an ihren Vetter Eddy Sackville-West: »Sie *waren* eine niederträchtige Bande und fast alle total verrückt. Du und ich haben ein hübsches Erbe mitbekommen, gegen das wir ankämpfen müssen.« Ihr Freund Michael Sadleir bei Constable lehnte das Buch ab (die Herstellung sei zu kostspielig). Collins bot sie das Buch wegen der dortigen Verärgerung über die Zurücknahme von *Challenge* nicht an. Schließlich bot ihr Heinemann einen Vorschuß von 150 Pfund; das Buch wurde auch in Amerika angenommen.

Vita war darauf bedacht, B. M.'s unangebrachten öffentlichen Aktivitäten zu ihren Gunsten ein Ende zu machen. Eine Vorwarnung war von Eddie Marsh gekommen, der sechs ihrer Gedichte für *Georgian Poetry 1922-23* angenommen, »Leopards in Knole« jedoch abgelehnt hatte, da es »zu versnobt und auch im Ausdruck sehr unbeholfen« sei. Im Juli schrieb Vita an ihre Mutter, es sei »unheilvoll, in der Gesellschaft die Werbetrommel zu rühren«:

»Es gibt eine ganz scharfe Trennlinie zwischen dem gesellschaftlichen und dem beruflichen Leben, und auf gar keinen Fall möchte ich als Laienschriftstellerin gebrandmarkt werden. Ich habe viel wiedergutzumachen – viele unvorteilhafte Vorteile... Es ist, verstehst du, nicht nur eine Frage mangelnden Selbstvertrauens, sondern auch der Klugheit. Jene Leute, die Ruf einbringen oder zerstören, sind die berufsmäßigen Kritiker... und die gehen natürlicherweise mit einem Vorurteil gegen die Dilettanten ans Werk.«

Vita wollte die falsche Art von Öffentlichkeit vermeiden, wie sie die Gesellschaftsseiten von *Vogue* und *Tatler* offerierten. »Immer vorausgesetzt, daß mein Schreiben überhaupt einen Wert hat, wird es mit der Zeit bekannt werden; und mein Verdienst liegt ganz gewiß nicht darin, daß ich das Talent hätte, jemals ›Bestseller‹ zu schreiben.« B. M. dachte, sie sei verrückt. Als im November *Knole and the Sackvilles* erschien, flehte sie sie abermals an: »Wenn du in London mit literarisch interessierten Leuten zusammenkommst... erwähne ihnen gegenüber mein Buch *nicht*.«

Sie hatte bereits ein neues Buch begonnen; mit Pat Dansey fuhr sie nach Avebury in Wiltshire, um den Hintergrund des Romans zu recherchieren, der den Titel *Grey Wethers* tragen sollte. Mit Dottie fuhr sie nach Wales. Pat und Dottie begannen einander zu grollen und wetteiferten darin, neue Pflanzen für Vitas Garten anzuschleppen. Vita weckte in fast allen ihrer engen Freundinnen den Wunsch zu besitzen und die Abhängigkeit; sie lernte bald, diese Verbindungen streng zu trennen, was ihr auch viel lieber war.

Einen neuen Freund fand sie 1922 in Clive Bell; er gab Vita einen Roman seiner Schwägerin Virginia Woolf zu lesen. Am 10. November schrieb sie an den »Lieben Mr. Bell«: »Ich fing an, *Jacobs Raum* zu lesen, und fand das Buch interessant und leicht verwirrend, als jemand sich auf das Buch stürzte, es auslieh und mir wegnahm... Doch sagen Sie bitte Mrs. Woolf, daß ich durch das wenige, das ich las, angeregt wurde – falls ihr nach Ihrer Meinung daran liegen könnte, das von mir zu hören.«[2]

Harold hielt sich wegen der Türkei-Konferenz in Lausanne auf. Vita richtete sich mit Canute und Freya, ihren Elchhunden, und mit Sven, Derry und Anactoria, ihren jungen Welpen, in Long Barn ein. In täglichen Briefen an Harold berichtete sie von ihren Aktivitäten. Am 22. November: »Unter deinem Fenster habe ich ein Beet umgegraben und die Hecke für den neuen Weg bestellt – rote und rosafarbene Dornensträucher, findest du nicht auch, daß sich das hübsch machen wird?«

Am selben Tag schrieb sie an B. M., Clive Bell habe sie zum Dinner mit Virginia Woolf nach London eingeladen, sie habe ihn jedoch auf später vertröstet, um ihre letzten Tage in Long Barn nicht zu unterbrechen, bevor sie für den Winter nach London ginge. Es gäbe noch so vieles, das sie zu erledigen wünsche. An Harold am 25. November:

»Am Eingang gibt es neue Kletterrosen; in meiner Rabatte Unmengen neuer orangefarbener Lilien; viel Dünger und Kompost; ein neues Erdbeerenbeet; neue Rosen in den Ölkrügen; keine Dorothy Perkins mehr; für beide Treppen irische Eiben bestellt; also bleiben jetzt wirklich nur noch die Pappeln, die verpflanzt werden müssen. Hast du keine Sehnsucht nach dem Frühling?«

»Ich werde immer nur dich lieben«, sagte sie Harold in diesem Herbst, »du bist die Liebe meines Lebens – was ich keiner lebenden Seele außer dir je gesagt habe.« – Sie erzählte ihm auch, daß Dottie, als sie in Long Barn weilte, während eines Sturmes »nachts um zwei in meinem Zimmer auftauchte«, jedoch auf der Stelle »energisch in ihr Zimmer zurückgeschickt wurde. Es geht ihr viel besser...« – aber sie verlangte immer, Vita solle mit ihr nach Sherfield kommen. »Wenn ich Abneigung signalisiere, gibt es Tränenströme und Zynismen. Meine Güte.« Und Pat Dansey, die über Weihnachten nach Brighton eingeladen worden war, setzte Vita davon in Kenntnis, daß sie unheilbar krank sei und ihr ihren ganzen Besitz hinterlassen habe. Vita war peinlich berührt und wußte nicht, was sie sagen sollte. »Ich glaube wirklich, sie ist der komischste Kauz, dem ich je begegnet bin.« Wie komisch, sollte sie noch entdecken. Als nächstes verkündete Pat, die ihr vorausgesagtes Hinscheiden vergessen hatte, sie werde in Südafrika eine Orangenplantage betreiben und schenke Vita den Inhalt ihrer Weinkeller auf Berkeley Castle – »den ganzen Champagner und ein bißchen köstlichen Sauterne«.

Pat, immer in enger Verbindung mit Violet, ließ Vita wissen, die zerstörte und zerstörende junge Frau sei Anfang Dezember wieder in London. Harold in Lausanne war entsetzt. Vita schickte ihm ein beruhigendes Telegramm und dann diesen Brief:

»Liebling, mein einziger Liebling, *nicht für eine Million Pfund* möchte ich mit V. wieder etwas zu tun haben; ich hasse sie wegen all des Elends, das sie über uns gebracht hat. Sie rief mich an (Ich bitte dich, erzähle ja nur niemandem davon), und ich veranlaßte Dottie, als Zeugin im Zimmer zu bleiben, während ich ihr sagte, nichts könne mich dazu bringen, sie zu sehen... Ich wolle *niemals* mehr etwas mit ihr zu schaffen haben; diese Langeweile und die Lügen und die Streitereien – oh, nein, nein, NEIN.«

Drei Tage darauf belebten sie andere Hoffnungen; sie hatte die kleine Pilar gesehen, die Tochter des spanischen Ehepaares, das in Ebury Street arbeitete, »wie sie splitternackt im dunklen Gang stand, das rote Licht des Ofens auf ihrem kleinen runden Körper, und die Arme um Canutes Hals geschlungen hatte. Sie sah so niedlich aus... Mein Liebling, ich wünschte, sie wäre unsere Tochter. Ich liebe dich so.«

Obgleich er über Weihnachten nicht zu Hause hatte sein können, nannte Harold 1922 »das beste Jahr seit 1914«. Er erhielt die Fahnen seines *Tennyson*-Buches; als das Buch veröffentlicht war, schrieb er in ein Exemplar für Vita: »Überreicht V. Sackville-West von ihrem Liebsten Harold Nicolson.« »Mit den Fahnen unserer Bücher könnten wir ein Badezimmer tapezieren!« schrieb Vita. »B.M. würde es tun. Oh, lieber Gott, verhüte, daß B.M. jemals an so etwas denkt. Amen.« (B.M. hatte einst in Knole ein Zimmer vollständig mit gebrauchten Briefmarken tapeziert.)

Gegen Ende des Jahres hatte Vita ihren Roman *Grey Wethers* nahezu vollendet, als *The Heir* von S.P.B. Mais im *Daily Express* mit Katherine Mansfields *Das Gartenfest* zusammen besprochen wurde. Mais schrieb, das letztgenannte Buch bewege sich »für die Kürze des Buches« gewitzter, doch das von V. Sackville-West verfüge »über eine robustere Gesundheit«. Er war der Wahrheit näher, als er vielleicht wünschte; Katherine Mansfield starb 1923 in Frankreich an Tuberkulose.

Vita hatte ebenfalls nach Kräften an »Reddín« gearbeitet (»Niemand außer mir wird das Buch verstehen«); *Knole and the Sackvilles* wurde nachgedruckt, und obgleich sie das Buch eine rein kommerziell ausgerichtete Arbeit nannte, trug es ihr eine Flut von Briefen ein, darunter solche von Ahnenforschern, Langweilern, Spinnern, Träumern, Freunden und Fremden. *The Diary of the Lady Anne Clifford*, das das Knole-Buch weiterführte, war in Vorbereitung; *Orchard and Vineyard* war erschienen. Sie war in *Georgian Poetry* und vielen Zeitschriften hervorgetreten und in das Komitee des PEN-Clubs gewählt worden. Vita Sackville-West war eine etablierte Schriftstellerin.

Auch der fünfjährige Nigel näherte sich 1922 der Welt der Literatur. Am Weihnachtsabend schrieb er an den Herausgeber der Kinderzeitschrift *Rainbow*: »Werter Herausgeber, im Januar werde ich Sie besuchen kommen und die Bruin-Jungens auch. Ich möchte an meinem Geburtstag kommen, also erwarten Sie mich.« Vita gefiel besonders die »leicht verhüllte Drohung«, die er seinen Zeilen unterlegte. Nigel belustigte und Ben rührte sie. Am 31.12. schrieb sie an Harold:

»Heute sagte ich zu Ben, ich sei müde und wolle mich ausruhen. Als ich fünf Minuten später in mein Zimmer kam, stand er neben meinem Bett, und Tränen liefen ihm über das Gesicht. Ich fragte, Gütiger Gott, Ben, was ist los? Es gab einen Ausbruch. Er barg sein nasses Gesicht an meinen Hals und schluchzte, er könne den Gedanken nicht ertragen, daß ich müde sei ... und er sei gekommen, um zu sehen, ob er mir eine Wärmflasche bringen könne. Ich nahm ihn in die Arme, worauf er sich abrupt und verärgert umdrehte und sagte, er müsse jetzt Tee trinken gehen.

Und als ich ins Bett ging, fand ich am Fußende eine wohltemperierte Wärmflasche vor.«

Das aufgeschobene Dinner mit Clive Bell und Virginia Woolf (»Sah sie sehr verrückt aus?« wollte Harold wissen) hatte am 14. Dezember stattgefunden. Über den Abend findet sich in Vitas Tagebuch kein Kommentar. Mrs. Woolf fand an Vita mehr Interesse als diese an ihr und schrieb am 15. Dezember:

»Mein Kopf ist zu vernebelt, um etwas zustande zu bringen. Dies ist zum Teil auf das Dinner mit der ansprechend begabten aristokratischen Sackville-West gestern abend bei Clive zurückzuführen. Nicht ganz exakt nach meinem Geschmack – blühend, schnurrbärtig, papageienbunt, mit jener geschmeidigen Ungezwungenheit der Aristokratie, doch ohne den Geist der Künstlerin. Sie schreibt 15 Seiten am Tag – hat ein neues Buch vollendet – verlegt bei Heinemann – kennt jeden – Werde ich sie indes je kennen? Ich werde am Dienstag dort [Ebury Street] speisen.«[3]

Es war Vitas Würde, die Mrs. Woolf zuerst faszinierte. Die aristokratische Lebensart, wie sie notierte, war die einer Schauspielerin: »keine falsche Schüchternheit oder Bescheidenheit: bei Tisch fiel eine Perle in ihren Teller – schenkt sie Clive – bittet um Likör – läßt sich nicht in Verlegenheit bringen – bringt es fertig, daß ich mir jungfräulich vorkomme, eingeschüchtert, schulmädchenhaft. Doch nach dem Essen verwickelte ich sie in Diskussionen. Sie ist ein Grenadier; hart, tüchtig, männlich; Ansatz zum Doppelkinn.«[4]

Am 7. Januar 1923 war der Grenadier »die neue Erscheinung

Vita« geworden, »die mir jeden zweiten Tag ein Buch schenkt«. Das war unaufrichtig; Mrs. Woolf hatte brieflich um das Knole-Buch und um *Orchard and Vineyard* gebeten. Damit begann eine rasche Folge gegenseitiger Einladungen zum Dinner.

Am 9. Januar starb Katherine Mansfield. Für Virginia Woolf war sie sowohl als Kollegin wie auch als Persönlichkeit von beunruhigender Bedeutung gewesen. Lange danach erzählte Mrs. Woolf Vita, daß Katherine Mansfield über eine Eigenschaft verfügt habe, »die ich verehrte und brauchte; es war ihre Schärfe, glaube ich, und ihr Realitätssinn«.[5] Ihr Tod im Jahr 1923 hinterließ ein Vakuum, das Vita mehr als hinlänglich ausfüllen sollte.

Kapitel 12

Vita geriet in Virgina Woolfs Bann, betört durch deren Interesse an ihr und die Faszination ihrer Persönlichkeit. Bald nachdem sie sich kennengelernt hatten, erfuhr Mrs. Woolf, Vita sei »eine entschiedene Anhängerin Sapphos – und hat, wie Ethel Sands glaubt, möglicherweise ein Auge auf mich geworfen, alt, wie ich bin«. (Sie war zehn Jahre älter als Vita.) »Snobistisch, wie ich bin, verlege ich ihre Leidenschaft 500 Jahre zurück, und sie erscheint mir romantisch, wie alter, gelber Wein.«[1]

Im Februar folgte Vita Harolds Wunsch und verbrachte zehn Tage bei ihm in Lausanne. Er hatte sie gebeten: »bring Dottie nicht mit, es sei denn, es läßt sich nicht vermeiden... oh, bitte komme, Liebling.« Dottie war sehr anhänglich geworden. Man kann unmöglich wissen, welchen Anteil Vitas Einfluß und Anziehung an der Zerrüttung der Wellesley'schen Ehe hatte. Klar ist, daß Dottie sich immer mehr an Vita klammerte, je schlechter das Verhältnis zwischen den beiden Ehepartnern wurde. Am 12. Februar schrieb Vita an Harold:

»Morgen muß ich nach Sherfield fahren, o, verdammt, verdammt, *verdammt*. Aber der beigefügte Brief [von Dottie] wird dir ein Bild von dem Zustand vermitteln, in dem das gequälte kleine Geschöpf sich befindet... Aber es ist eine große Last, besonders weil ich *nicht* will, daß die Leute sagen, ich hätte etwas damit zu tun, daß es in ihrer Ehe nicht klappte, was sie vermutlich nur allzu gern sagen würden... Ich will da *nicht* hineingezogen werden, nicht um deinetwillen und nicht um meinetwillen. Von dieser Sorte Ärger haben wir genug gehabt, nicht wahr?«

Vitas Affäre mit Violet war in die Gefilde des höheren Klatsches vorgedrungen. In diesem Jahr erschien Ronald Firbanks *The Flower Beneath the Foot*, in dem Vita, die Firbanks nie begegnet war, als die Ehrenwerte Mrs. Chillywater auftritt, schreibende Ehefrau eines jungen Diplomaten:

»Mrs. Harold Chillywater, *née* Victoria Gellyborne Frinton und einzige Erbin von Lord Seafairer auf Sevenelms, Kent, hatte seit ihrer Heirat ›aus Liebe‹ einen beunruhigenden Hang zur Belletristik entwickelt – ein Hang, dem man seitens des Auswärtigen Amtes mit mißbilligender Nachsicht begegnete... Bis jetzt haben sich ihre Bemühungen (geschrieben unter ihrem Mädchennamen, an den sie der Vollständigkeit halber den ihres Gatten anhängte) auf unheimliche Studien über das Leben der einfachen Leute (von dem sie überhaupt nichts versteht) beschränkt; doch hat man dem Ehrenwerten Harold Chillywater diskret zu verstehen gegeben, der Stil seiner Gattin müsse wirklich, wolle er nicht bis ans Ende seiner Laufbahn in Kairoulla bleiben, weniger *viril* werden.«

Harold war Ronald Firbank begegnet; und er sollte ihn später seinerseits als »Lambert Orme« in *Some People* porträtieren. Während sich Vita Sorgen um Dorothy Wellesley machte, erschien *Challenge* – ihre damals zurückgezogene Ausgabe der Liebesgeschichte um Julian und Eve – in den Vereinigten Staaten bei Doran, dem Verlag, der auch *Knole and the Sackvilles* herausgebracht hatte. Es war in Amerika bekannt, daß *Challenge* in England zurückgezogen worden war, doch über die Gründe wußte man nichts. Neunmalkluge tischten plausible, aber falsche Erklärungen auf. So verkündete der New Yorker *Bookman* im Juni 1923 triumphierend, V. Sackville-Wests Roman habe eine »wirkliche Familie« zum Gegenstand, die er »im allgemeinen und im besonderen behandelt. Diese Familie ist zum Teil die der Verfasserin; und sie war nicht ohne Einfluß.« (Julian heißt im Buch mit Nachnamen Davenant; er ist in revolutionäre Umtriebe verwickelt, und seine Familie verfügt über alte Handelsbeziehungen zu Griechenland und dem Mittleren Osten.) Es seien die englischen Gesetze gegen Schmähschriften gewesen, schrieb der *Bookman*, welche die Zurückziehung des Buches erzwungen hätten. Der Rezensent verglich den Roman mit Conrads *Nostromo* und besprach ihn respektvoll.

Vita gab George H. Doran die Anweisung, ein Exemplar an Violet Trefusis zu schicken, der das Buch gewidmet war.

Harolds *Tennyson* kam im März heraus; am Erscheinungstag war er wieder in England, und er und Vita gingen zu einer echten Bloomsbury Dinnerparty in Gordon Square mit den Woolfs, Duncan Grant, Clive Bell und Lytton Strachey. Es war kein Erfolg. Die Nicolsons als Paar fanden keinen Kontakt zu Bloomsbury als Gruppe. »Ich meine«, schrieb Mrs. Woolf, »daß wir sie beide für unheilbar stupid hielten. Er ist gutmütig-derb, aber so distanzlos; sie richtet sich nach ihm und hatte, nach Duncans Meinung, keine Chance, selbst etwas zu sagen. Lytton, der geschmeidig und elegant wie ein alter Lederhandschuh ist, ließ ihre Steifheit um so deutlicher spürbar werden. Es war ein knochentrockener, unglaublicher Abend.«[2]

Vita, die die öffentliche und organisatorische Seite des literarischen Lebens akzeptiert hatte, mißverstand Virginia Woolf gründlich, als sie sie formal einlud, dem PEN-Club beizutreten; Mrs. Woolf lehnte höflich ab (vermutlich lehnte sie ab, weil man einander möglicherweise mit Vornamen hätte anreden müssen). Vita hingegen war im Mai im »Trocadero« Gast beim jährlichen Dinner der Englischen Sektion. Lord Grey of Falloden hatte den Vorsitz, und Vita und der spanische Botschafter erwiderten für die Gäste die Toasts.

Ihre Mutter war zwar durch ihre öffentlichen Erfolge beeindruckt, weniger jedoch von ihren Leistungen als Hausfrau. Sie war verärgert über den Zustand, in welchem Ebury Street 182 zurückblieb, als die Nicolsons für den Sommer nach Long Barn gingen: »Zwei Sofas mit heraushängenden Sprungfedern, Stickereien an Couches ganz verdorben und dicker Schmutz überall... Ich suche nach Entschuldigungen für sie, da sie talentiert ist und emsig schreibt. Long Barn ist ebenfalls in schlechtem Zustand!«

B. M. selbst verkaufte ihr großes Haus in Brighton und zog nach White Lodge ins nahe Roedean. In ihrem Haus in Brighton veranstaltete sie eine siebentägige Versteigerung und entledigte sich des größten Teils von Seerys Möbeln, Schmuck – darunter ein Halsband aus zweiundvierzig Diamanten, das Königin Catherine Parr gehört hatte – und Skulpturen von Rodin und Epstein. Sie schenkte Vita zwölf weitere vollkommene Perlen, die zu denen gehörten, die Seery ihr hinterlassen hatte, so daß Vita jetzt über eine lange, imposante Perlenkette verfügte: sie trug sie tagsüber zu maßgeschneiderten Seidenhemden.

Vitas dritter Roman, *Grey Wethers*, erschien in England und fand eine gemischte Aufnahme. Das Buch ist der archetypische frühe V. Sackville-West-Roman. Im Mittelpunkt steht Clare, verheiratet mit einem überkultivierten, unverkennbar nicht-maskulinen Mann, die verliebt ist in den hageren, dunklen Zigeunertyp Lovel. »Sie hatte Angst, daß ein Tag kommen würde, an dem sie gezwungen wäre, sich wieder einmal nicht zu belügen; wenn das anständige, gewöhnliche, konventionelle Ich mit einem Schlag aufgehoben wäre.« Vitas Geschichte ist narzißtisch: Sie ist sowohl Clare als auch Lovel, verliebt in beide Hälften ihres Ichs, die, im Roman, ineinander verliebt sind. (Im Leben konnte sie nicht so leicht starke, maskuline Männer finden. Sie liebte Harold; in zwei Monaten sollte sie sich zu einem schwachen, kultivierten Mann hingezogen fühlen, den ihre unsentimentale Vitalität reizte.)

Raymond Mortimer, der *Grey Wethers* in der *Nation* besprach, lobte das Buch zunächst, bevor er schrieb, daß »alles, was sie schreibt, von der verheerenden Ungeniertheit verdorben wird, mit der sie in eine gewisse Art von leerer Rhetorik verfällt«. Das entbehrt nicht der Ironie, weil einer der Kritikpunkte Clares an ihrem Gatten im Roman darin besteht, daß er, obwohl sein Schmerz echt ist, theatralisch ist und »Phrasendrescherei nicht unterlassen kann«. In *Grey Wethers* war Vita Harolds Rat gefolgt, ihren Fluchtphantasien freies Spiel zu lassen: Clare und Lovel ergreifen für immer die Flucht, tun das, woran Vita und Violet gescheitert waren. In späteren Jahren ließ sich Vita nicht gern an diesen Roman erinnern.

Im Juli 1923 machten Harold und Vita die Art von Ferien, die sie mochten – nur sie beide und fern von allem: eine Fußwanderung. Die Wirklichkeit war möglicherweise weniger romantisch. B. M.'s Tagebuch:

»Harold und Vita kamen in aller Frühe an [in White Lodge] und waren am Verhungern und wollten ein frühes Mittagessen, da sie den ganzen Weg von Steyning bis nach Basingstoke zu Fuß zurücklegen wollen. Heute wollen sie bis Amberley kommen – 12 Meilen ... Das arme Kind hatte seine Brille im Auto vergessen, so daß ich mich auf die Suche nach den beiden Wanderern machte, die ich nach einer halben Stunde bereits in Schweiß gebadet vorfand. Mein Herz schmolz, als ich sah, wie meine arme Vita den Rucksack trug, dessen Lederriemen ihr in die Schultern schnitten.«

Sie sah ein, daß Harold, der Gewicht ansetzte, die Bewegung brauchte. »Aber sie keuchte schrecklich, als ich sie fand, das arme Ding. *Enfin*. Ich kehrte in meinen Garten zurück.«

Am letzten Tag des Juli tauchte Geoffrey Scott, den sie im vergangenen Herbst in Rom getroffen hatte, in England auf. Er war in erster Linie gekommen, um Vita zu sehen.

Geoffrey Scott war acht Jahre älter als Vita – großgewachsen, schlank, kurzsichtig, geistreich, ein guter Plauderer. Im Jahr 1909, als Vita und Rosamund ihn mit Cecil Pinsent in Florenz getroffen hatten, waren die beiden jungen Architekten mit Umbauarbeiten an der Berenson'schen Villa I Tatti beschäftigt gewesen. Mary Berenson, zwanzig Jahre älter als Geoffrey, hatte sich in ihn verliebt und war sehr bestürzt, als er 1918 Lady Sybil Cutting heiratete, die reiche und schöne Tochter von Lord Desart und Witwe des amerikanischen Diplomaten Bayard Cutting. Lady Sybil lebte mit ihrer Tochter Iris in der nahen Villa Medici.

In der kleinen Künstlerkolonie an der Südseite der Hügel von Fiesole ging es recht inzestuös zu. Lady Sybil hatte eine Liaison mit Bernard Berenson gehabt. Geoffrey hatte sich nach seiner Heirat mit Lady Sybil in Nicky Mariano verliebt, Berensons Bibliothekar und letztes Verhältnis. Als die Nicolsons Geoffrey in Rom während ihrer Ferien mit den Wellesleys getroffen hatten, hatten er und Lady Sybil sich gerade auf Probe getrennt: sie blieb in Florenz in der Villa Medici, während er den Posten des Pressesekretärs bei der Britischen Botschaft in Rom annahm.

Im Sommer 1923 waren Nigel und Ben mit »Goggy«, ihrer französischen Gouvernante, in der Bretagne, während Vita Geoffrey Scott für eine Woche in den Lake District begleitete. Harold wollte einen Teil des Herbstes in Griechenland verbringen, um für sein neues Buch über Byron zu recherchieren, und es war vereinbart, daß er und Vita sich in Italien treffen und zusammen bei den Scotts in Florenz wohnen sollten.

Der neunjährige Nigel ging im September auf die Vorbereitungsschule – Summer Fields in Oxford. Vita ließ ihn ungern dort. Jedoch er schrieb ihr: »Meine allerliebste Mama, mach dir um Himmels willen keine Sorgen, ich bin hier so glücklich wie zu Hause. Eigentlich bin ich glücklicher, weil es andere Jungen gibt... zuerst war ich unglücklich, als du weggingst, aber vom nächsten Morgen an bis jetzt liebte ich es.« Vita schickte Nigels Brief an Harold weiter – »bitte, bewahre ihn gut für mich auf« – und schrieb ihm zu ihrem zehnten Hochzeitstag: »Mein allerliebster Schatz, an unserem Hochzeitstag dachte ich an uns und war halb traurig (weil du nicht da warst) und halb glücklich (weil wir einander mehr lieben als alle anderen auf der Welt).«

Sie fuhr vor ihm nach Florenz und kam am 15. Oktober an. Sie lunchte bei B.M., bevor sie abreiste, und B.M. notierte hellsichtig: »Ich hoffe nur, daß sie sich dort nicht in G. S. verliebt.« Vitas erster Brief ließ sie aufatmen. »Sie schrieb aus Florenz, daß sie mit Geoffrey S. im Mondschein zusammensaß und sich ganz unempfänglich fand. Möge es so bleiben! Pucci ist eilig zurückgekehrt! um sie zu sehen!«

Aber eine Woche später hörte sie wieder von Vita, »der das Unvermeidliche widerfahren war. Oh, mein Gott! Möge sie nicht zu unglücklich sein! Ich werde ihre große Freundin und Vertraute sein. Aber um sie und den armen Harold habe ich Angst.«

Doch wie sehr sie sich auch sorgte, diese »normale« Affäre war etwas, das B.M. verstehen konnte und über das zu sprechen Vita keine Hemmungen hatte. »Sie sagt, daß sie keinen neuen Skandal heraufbeschwören will. Aber sie sagt, daß sie ihn fürchterlich vermissen wird und es vor Harold verbergen will. Ich bin die einzige, der sie es erzählt hat. Und natürlich kann mein armes Kind mir sein Herz aufschließen; ich bin die Verschwiegenheit selbst und so verständnisvoll.«

Nachdem die Nicolsons Florenz verlassen hatten, schrieben sich Vita und Geoffrey täglich. Er teilte ihr mit, er glaube, seine Frau habe begriffen, was geschehen sei, stelle indes keine Fragen. »Ich habe versucht, sehr nett zu ihr zu sein, habe ihr vorgelesen und so fort... Meine Liebe, alles, was du berührst, wird schön, und jeder spürt es, glaube ich.«

B.M. machte sich Sorgen, weil Vita ihr erzählt hatte, Geoffrey sei »sehr leidenschaftlich«. »Sie ist sicher, daß Harold nichts dagegen hat und Lady Sybil lieber sie als eine andere sieht. Er [Geoffrey] hat viele Affären gehabt, aber natürlich glauben sie und er, daß diese *die* einzige und wahre ist. Sie ist nicht seine Geliebte, das hat sie mir versichert.«

Geoffrey wußte alles über Violet »und sagt, seine Liebe werde [Vitas] Ruf wiederherstellen, der in Wirklichkeit bereits wiederhergestellt ist.« (B.M. selbst war in eine Beziehung zu Edwin Lutyens verstrickt, die in den folgenden drei Jahren »gewiß eng genug war, um eine Liebesaffäre zu sein«[3], wie Lutyens Tochter schrieb. Vita ging davon aus, daß die beiden ein Liebespaar seien; deshalb hat sie vermutlich nach B.M.'s Tod ein paar von Lutyens Briefen an ihre Mutter vernichtet.)

Vita und Geoffrey sprachen in ihren Briefen davon, es sei notwendig, »das Leben in Ordnung zu bringen«, wenn man einander einen Gefallen erweisen wolle. Pat Dansey war verärgert, daß man sie beiseite geschoben hatte; die arme Dorothy Wellesley wurde noch anhänglicher. »Tue, was du in Hinblick auf Dottie für das Beste hältst«, schrieb Geoffrey. »Es tut mir schrecklich leid, daß du so schreckliche Dinge hast durchmachen müssen. Ich weiß, wovon ich spreche, und verstehe, wie scheußlich das alles ist.« Er bat sie, um Sybils willen, nicht zu »sprechen«. »Ich hoffe, daß B.M. es nicht herumerzählen wird. Und falls Ozzie [Dickinson] es erfährt, können wir es ebensogut in die Zeitung setzen.«

Lady Sybil, älter als Geoffrey und dreizehn Jahre älter als Vita, war nicht so verständnisvoll, wie das Liebespaar angenommen hatte. Sie war außer sich vor Kummer: »vierundzwanzig Stunden lang schien es so, als sei alles vorbei… sie war völlig gebrochen.« Geoffrey wollte seine Ehe nicht zerbrechen lassen: »Wenn meine Ehe darüber in Stücke geht, werden mich Gewissensbisse verfolgen, denn ich werde wissen, daß ihr Leben dann wirklich in Trümmern liegt. Es ist anders als bei Harold, dessen Leben tief in dem deinen wurzelt, der seine Jugend hat, seinen Ehrgeiz, seine Arbeit und – andere Dinge.« Vita war fassungslos und schrieb einen Brief (der nach ihren eigenen Worten »hysterisch« war), in dem sie anbot, Geoffrey aufzugeben. Geoffrey zeigte den Brief seiner Frau, die kurz vor Weihnachten sehr liebenswürdig an Vita schrieb und sie lediglich darum bat, diskret zu sein und gelten zu lassen, daß sie Geoffrey noch immer genauso liebe »wie am ersten Tag unserer Ehe«. Ihre Versuche, sich zu einer einsichtigen und toleranten Haltung durchzuringen, waren nicht von Dauer. Nur zehn Tage später gestand Geoffrey Vita verzweifelt, es sei unmöglich, eine (nach seinen Worten) »funktionierende Beziehung« zu jemandem zu haben, der über Sybils »blinde, quälende Hartnäckigkeit« verfüge.

Wenn sie sich nicht gerade mit einer Entscheidung in Sachen Sybil abquälten, war ihre Beziehung eine sehr literarische Liebesaffäre. Geoffrey Scott hatte 1914 *The Architecture of Humanism* veröffentlicht und arbeitete an *The Portrait of Zélide*. In ihren Briefen diskutierten sie seine Arbeit und ihre Gedichte. Vita hatte angefangen, für die *Nation* Bücher zu besprechen, und sie gewann einen Wettbewerb um das beste Meeres-Sonett, den die amerikanische *Poetry Review* ausgeschrieben hatte. Das von ihr herausgegebene *Diary of Lady Anne Clifford* erschien (Lady Anne war die Gattin des dritten Earl of Dorset und Tochter des Earl of Cumberland). Und sie stellte emsig Material für ein langes Gedicht zusammen, *The Land*. Sie hatte an Eddie Marsh geschrieben, daß die von ihm geprägte Formulierung der »kurzen lyrischen Schreie« junger

Dichter exakt die »Verärgerung« ausdrücke, »die mich anstachelt, das Experiment eines Bandes mit *zusammenhängenden* Versen zu versuchen«. Als sie am 6. Januar 1924 in Knole war, legte sie sich am Nachmittag nieder und begann »zwischen Schlafen und Wachen ein Gedicht über Wälder«.

> Hier ist nichts Farbe, alles Form, Gefüge,
> Gebeine nur von Bäumen, gefleckte Birkenrinde.[4]

Geoffrey Scott traf am 10. Januar 1924 in London ein. Am selben Abend speiste Vita mit ihm im Berkeley Hotel. Sie waren beide schüchtern, weil ihre eigentliche Beziehung sich in der Intimität ihrer Briefe ausgedrückt hatte. In ihrem Tagebuch sprach Vita von einem »verwirrenden und nicht sehr realen Abend«. Am nächsten Tag kam Geoffrey zum ersten seiner zahlreichen Besuche nach Knole; Vitas Vater, Harold und die Kinder waren ebenfalls da. B. M., in ihrem Haus außerhalb von Brighton isoliert, machte sich Sorgen. Vita schrieb ihr, sie brauche »kein kleines mar [d.h. ein Kind von Geoffrey] zu befürchten, da G. S. mich kalt läßt und ich nicht mit ihm ›leben‹ will«; aber »ob ich seiner Leidenschaft widerstehen kann?«

Sehr bald nahm Vita Geoffrey zum Lunch mit zu B. M. Wie alle Bewunderer Vitas (Pat Dansey besuchte B. M. ständig) bemerkte er B. M.'s Vorrangstellung in Vitas Leben und schrieb ihr versöhnliche Briefe. »Ich weiß, daß Vita, sobald uns klar wurde, wie tief unsere Freundschaft war, zuerst an Sie schrieb und es Ihnen erzählte... so verspürte denn auch ich den sehnlichen Wunsch, Sie wissen zu lassen, wie ich für Vita empfinde, denn ich kann mir nicht denken, daß Sie mich völlig ablehnen können, wenn Sie mein Gefühl kennen.«

Es war für Vita nicht leicht, den anspruchsvollen Geoffrey in ihr alltägliches Leben zu integrieren, und sie begann sich in ihrer Haut unwohl zu fühlen. Ein Essen mit Bogey Harris war unerquicklich »wegen der Spannung zwischen Aprile [Dorothy Wellesley] und Geoffrey und weil wir Bogeys Neugier kannten etc.« Ozzie Dickinsons Neugier war noch brennender und wurde zwangsläufig von B. M. befriedigt, die zur Diskretion unfähig war.

Harold war bedrückt, weil er sich, offenbar bedingt durch einen Regierungswechsel, im Augenblick im Auswärtigen Amt unwohl fühlte; bei einem Essen, das B.M. am 1. Februar gab, sprach er kein Wort. »Ich führte es auf G.S. zurück«, schrieb seine Schwiegermutter in ihr Tagebuch. »Bestenfalls kann er es nicht ertragen, und sein Stolz muß leiden.« Zu Hause begann er nach dem Abendessen einzuschlafen und klagte über seine Gesundheit. Vermutlich hatte B.M. mit ihrer Annahme recht: »Ich bin sicher, daß Harold völlig sprachlos und wegen dieses ›Flirts‹ unglücklich ist... und niemand weiß, was sie im nächsten Augenblick anstellen wird.« Vita nahm Geoffrey als ihren Gast zum Dinner des PEN-Clubs mit – »haben viel gelacht« – und ging anschließend mit ihm in die Wohnung, Hanover Terrace 8, die er sich gemietet hatte. Am 8. Februar kaufte er ihr einen Ring.

Ihre freudige Erregung machte sie attraktiv – für andere Männer. Nach einer Party bei Mary Hutchinson in Chiswick nahm sie Duff Cooper in ihrem Auto mit, und »zu meinem Erstaunen machte er mir eine Liebeserklärung... alles in allem ein sonderbarer Abend.« Am nächsten Tag sandte er ihr einen riesigen Blumenstrauß und schrieb, er sei »als eine Art Bestätigung« gedacht, »um zu zeigen, daß Schwüre um Mitternacht nicht immer falsch sind. Sie waren alle unschuldig, und ich hoffte, daß Sie ihr makelloses Zeugnis akzeptieren werden.«

Mitte Februar kehrte Geoffrey nach Italien zurück, nachdem er mit Vita eine Nacht in Knole verbracht hatte. Sie hatte Grippe und war alles andere als romantisch gestimmt. Der Klatsch, genährt von Ozzie Dickinson und dem Künstler George Plank, B.M.'s Nachbar und Vertrauten, nahm von solchen Feinheiten keine Kenntnis. Es sei wieder einmal wie zu Violets Zeiten, klagte B.M.: »Jedermann mißbilligt, daß sie sich mit einem solchen Burschen eingelassen hat. Jeder nennt ihn einen *Herumtreiber*.«

Vita überstand seine Abreise bemerkenswert gut. Am 22. Februar fuhr sie nach Richmond, um bei den Woolfs zu speisen, »wie gewöhnlich in der Küche«:

»Virginia köstlich wie eh und je; wie recht sie hat, wenn sie sagt, die Liebe mache jeden zum Langweiler, aber das Aufregende am Leben liege in den ›kleinen Schritten‹ näher an die Menschen heran. Vielleicht ist sie dieser Auffassung, weil sie ein Experimentator der Menschlichkeit ist und in ihrem Leben keine *grande passion* gekannt hat. Raymond Mortimer kam mit zu mir, und wir unterhielten uns bis um halb zwei.«

Duff Coopers »kleine Schritte« dauerten an, und Vita, amüsiert und geschmeichelt, speiste mehrere Male mit ihm im »Ivy«. Sie erzählte B.M. davon und auch Geoffrey, der überhaupt nicht erfreut war. Dottie erhielt wieder ihren Status als Vitas ständige Begleiterin; in ihren Briefen an Harold hob Vita immer die einseitige Natur dieser Beziehung hervor und untertrieb ihre eigene emotionale Beteiligung.

Kurz nachdem Geoffrey abgereist war, hatte Vita mit Lord Berners gespeist, um Lady Ottoline Morrell kennenzulernen, »deren Haar wie üblich herunterfiel und deren Kleider mit Leopardenflecken übersät waren... Ich mochte sie.« Sie und Dottie gingen zum Lunch zu Lady Ottoline nach Garsington: »Möpse, Pfauen und Pekinesen; Photoalben; Plauderei – zumeist über Virginia.« Bei einem anderen Essen saß sie neben George Bernard Shaw, und sie mochte ihn nicht; »er saugte an seinen Zähnen«. In Ethel Sands Haus begegnete sie Arnold Bennett: »Nach dem Dinner sprach ich mit ihm über zeitgenössische Literatur und Kritik – sein Weitblick ist erfrischend nach den Beschränkungen von Bloomsbury.« Mit einemmal wurde sie gesellig. »Aß daheim, Gott sei Dank, mit meinem kleinen H.« – ist ein wegen seiner Seltenheit bemerkenswerter Eintrag im Tagebuch.

Pat Dansey war, trotz regelmäßiger Treffen mit Vita, auf jedermann rasend eifersüchtig. Am 8. März »gab sie zu verstehen, sie werde sich eine Kugel durch den Kopf jagen und einen Brief hinterlassen, der bei der gerichtlichen Untersuchung zu verlesen sei, des Inhalts, ich sei an ihrem Tode schuld, weil ich so unfreundlich zu ihr gewesen sei, aber schließlich ließ sie davon ab – und wir trennten uns als Freundinnen, wobei ich mir den Schweiß der Bestürzung von der Stirn wischte«.

Virginia hatte gesagt, die Liebe mache jeden zum Langweiler. Geoffrey Scott liebte Vita. Weit fort, in Italien, litten er und seine

Frau unter der Anspannung und Ungewißheit. Geoffrey hatte gehofft, daß Vita sich ihm in kürzester Zeit erklären würde. Doch ihre Briefe, so klagte er, seien »unnatürlich zurückhaltend (halbe Seiten, die einen Brief für den nächsten Tag versprechen, den du dann nicht schreibst)«.

Vitas kühleres Verhältnis zu Geoffrey gab Harold das Selbstvertrauen, sich ihr sexuell wieder zu nähern. Am 10. März schrieb er in sein Tagebuch: »Vita nuova.« Sie schrieb in das ihre: »Hadji. Mein Gott!« Das Experiment ist vermutlich nicht oft wiederholt worden, doch Vita erzählte einer erleichterten B.M., daß sie wirklich glaube, daß sie niemand anderen wahnsinnig lieben könne, weil sie Harold so liebe. Sie sagte, daß sie *des béguines* bekomme, »die zwei oder drei Tage dauern und über die sie leicht hinwegkomme«.

Was Vita an Harold enttäuschte, war das Aufgehen in seiner Arbeit und in Büchern auf Kosten dessen, was sie »Leben« nannte. Ihr Aufgehen in ihrer eigenen Arbeit und in ihrem eigenen Leben konnte ihn oft für gewisse Zeit ausschließen; es war verständlich, daß er ihr seine Aufmerksamkeit nicht bei jeder Gelegenheit zuwandte, wo sie es gern gehabt hätte – doch es verbreitete die Kluft zwischen ihnen. Long Barn, 18. April 1924: »H. hatte heute frei, doch er schenkte Ronnie [Balfour] und mir nicht viel Beachtung, da er ganz in [die Lektüre über] Jane Carlyle vertieft ist. Ich glaube, die Toten bedeuten ihm mehr als die Lebenden. Ronnie und ich machten nach dem Dinner einen Spaziergang im Mondschein, doch er wollte nicht mitkommen. Es ist warm, und die Nachtigallen haben zu singen begonnen.« B.M. machte einen furchtbaren Wirbel, als Vita, Harold und Dottie just in dem Augenblick nach Wales aufbrachen, als sie Vitas Hilfe brauchte, um ihren Londoner Haushalt in Hill Street aufzulösen; sie wollte das Haus verkaufen. Ihr Zorn über diese geringfügige Unannehmlichkeit zog sich über Wochen. Vielleicht hat die lange und schmerzliche Erfahrung mit ihrer Mutter die Behandlung ausgelöst, die Vita anderen Menschen zuteil werden ließ. Der schlecht behandelte Geoffrey zumindest dachte das:

»Du weißt, daß du von Natur aus sehr ausgeglichen bist und durch ›Szenen‹ anderer zu beeinflussen... Und da ich mich solcher Sze-

nen enthalte, wäre es nur fair, mir das hoch anzurechnen, oder?...
Vergiß nicht, daß der Druck, uns auseinanderzubringen, stetig und
nachhaltig sein wird... Manchmal glaube ich, daß du auf Leute
reagierst, je nachdem, wie sie ihre Leidenschaft oder ihren Kummer zur Schau stellen [er nannte Violet, B.M., Dottie, Pat]. Ich
habe nicht die Absicht, mit ihnen zu wetteifern.«

Zum selben Schluß war Harold schon vor längerem gekommen.
Die Woolfs zogen von Richmond nach Tavistock Square in
Bloomsbury, und Vita besuchte sie während des Umzugstrubels.
(Vita fand die Paneele für den neuen Salon, die Duncan Grant und
Vanessa Bell bemalt hatten, »unvorstellbar häßlich«.) Sie blieb den
Nachmittag über, unterhielt sich mit Virginia – »Bücher und Leben, wie üblich. Es war, glaube ich, das erste Mal, daß ich längere
Zeit mit ihr allein war.« Ein weiterer »kleiner Schritt« hatte stattgefunden.

Währenddessen gab Geoffrey Scott die Hoffnung nicht auf, obwohl der kühle Ton ihrer Briefe ihn verblüffte und ängstigte. Er gab
seinen Posten bei der Botschaft in Rom auf – »es war bloß ein weiteres Hindernis, das dich von mir trennte« – 'und plante, sechs Monate im Jahr bei seiner Gattin in Florenz und die restlichen sechs
mit Vita in England zu verbringen. Vita hatte noch eine Gnadenfrist von einigen Wochen; während des ganzen Frühjahrs arbeitete
sie im Garten von Long Barn und schrieb ihren ersten Artikel über
die Gartenarbeit, »Notes on a Late Spring«, für den *Evening Standard*, ein lyrisch getöntes Stück ohne praktischen Hintergrund. Sie
schrieb auch für *Vogue* und arbeitete weiter an *The Land*. Im Mai
wurde sie von Virginia Woolf gebeten, etwas für die Hogarth Press
zu schreiben – ein neuerlicher »kleiner Schritt«.

Im Juni kehrte Geoffrey zurück. Er hätte sogleich merken müssen, woher der Wind wehte; Vita holte ihn am Bahnhof ab und
»mußte« darauf sofort zu einem Besuch zu Dottie nach Sherfield eilen. Sie hatte ihm bereits »Grundsätze, die in Long Barn zu beachten sind, geschickt« und deutlich gemacht, daß in Harolds Haus
keine Unschicklichkeiten stattfinden dürften. Als B.M. Geoffrey in
Long Barn sah, fiel ihr auf, daß er »am ganzen Leib zitterte« und
schlecht aussah. (B.M. war ihrerseits wieder einmal empört. Lionel

hatte sie gebeten, in die Scheidung einzuwilligen, damit er Olive Rubens heiraten könne. »NEIN zu dieser furchtbaren und ganz überflüssigen Demütigung, daß diese *Schlange im Gras* meinen Platz in Knole einnimmt.«)

Am gleichen Wochenende kam Virginia Woolf, die Geoffrey vor ein paar Jahren in Florenz begegnet war, mit Vita und Dottie im Auto zum ersten Mal nach Long Barn, »nahm ziemlich verlegen wahr, wie sehr man sie schätzte«, und kam sich »nicht provinziell, doch schlecht angezogen und schlecht ausgerüstet« vor. »Am Abend saßen wir in dem langen Raum, und nachdem Harold, der auf dem Kamingitter gesessen hatte und mit dem Kopf gegen die italienische Schutzplatte auf dem Kaminsims gestoßen war, schläfrig geworden war, saß Geoffrey bei uns und wurde von Dottie animiert, Geschichten zu meiner Erheiterung zu erzählen. Er machte seine Sache sehr gut.«[5] Geoffrey habe, so kam es Virginia vor, »das charakteristische Gesicht eines Versagers«; sie spürte, daß er, Vita, Harold und Dottie eine intime und vertraute »Gruppe« waren. Als sie am Sonntag alle gemeinsam in Knole waren, schien Geoffrey ganz unbefangen, schrieb Virginia, »nannte Lord Sackville Lionel, als sei er seit Jahren mit ihm und Vita eng befreundet«.

Sie hatte keine Ahnung, daß es zwischen Vita und Geoffrey eine Liebesbeziehung gab, die vor der jähen Auflösung stand. Geoffrey, im Glauben, Vita werde sich ihm doch noch ganz hingeben, hatte gerade erfahren, daß sie und Harold gemeinsam Ferien in den Dolomiten machen würden. In seinem Schlafzimmer schrieb er ihr in dieser Nacht: »Mein Liebling – ich schreibe dies an meinem Fenster und warte darauf, daß du das deine öffnest und mir durch den Garten einen nächtlichen Gruß zuwinkst.« Sie habe ihn, ganz »ihr altes Ich«, am heutigen Abend mit kurzen Worten abgespeist; sie solle ihre Ferien genießen, dann »zurückkommen und alles besser für uns beide einrichten. Es liegt alles allein in *deinen* Händen... Meine Zigeunerin, bewahre meine Liebe, töte nicht sie und mich.« Schmerzlich wurde ihm »das Farcenhafte all der Bemühungen, ein wenig Freiheit zu erlangen« bewußt; nachdem er es geschafft habe, von Italien nach England zu kommen, um mit ihr zusammenzusein, finde er sie »völlig in ihre Welt vertieft« und mitten im Aufbruch – nach Italien.

Daß Vita Geoffrey aufgab, empfand ihre Mutter als Erleichterung. Am Tag, bevor Harold und Vita abfuhren, sagte sie ihnen, daß das Haus in Ebury Street gänzlich ihnen gehören solle – sie wolle das Geld, das sie ihnen geliehen hatte, nicht zurückhaben. Zu seiner Instandhaltung wolle sie ihnen überdies jährlich 500 Pfund zahlen, 200 Pfund jährlich für Bens Schulgebühren und Harolds gesamten Einkommenssteuerzuschlag (der erhoben wurde, weil Vitas Einkommen dem seinen zugeschlagen wurde). »Sie sind *begeistert*, gütiger Himmel.«

Kapitel 13

Während des Urlaubs in den Dolomiten im Juli 1924 schrieb Vita beinahe den ganzen Text ihres kurzen Romans *Verführer in Ecuador*. Aus dem »Tre Croci« in Cadore schrieb sie an Virginia:

»Ich hoffe, niemand hat bis jetzt einen Handschuh fallen lassen oder wird je einen fallen lassen, den ich nicht bereit wäre aufzuheben. Du hast mich gebeten, eine Geschichte für euch zu schreiben. Auf den Gipfeln der Berge und neben grünen Seen schreibe ich sie für euch. Ich verschließe meine Augen vor dem Blau des Enzian, dem Korallenrot des Aronstabes; ich verschließe meine Ohren vor dem Brausen der Flüsse, meine Nase vor den Piniendüften; ich konzentriere mich auf meine Geschichte.«

Doch die wirkliche Herausforderung war nicht die Geschichte, sondern ein Brief von Virginia, die sie ermahnte, keine »intimen«, sondern Briefe von »unpersönlicher Gefühlskälte« zu schreiben. Es war schwierig, im Gebirge diesem Prinzip zu folgen:

»Ich habe das Gefühl, als ob der ganze Verstand von reiner körperlicher Energie und Wohlbehagen geschluckt worden wäre. Ich bin überzeugt: So muß man fühlen... Ich frage mich, ob du wohl jemals Bloomsbury und die Kultur im Stich lassen und mit mir auf Reisen gehen wirst? Nein, natürlich wirst du das nicht tun. Ich sagte dir einmal, mit dir würde ich lieber nach Spanien gehen als mit jemand anderem, und du sahst verwirrt aus, und ich merkte, daß ich einen Fauxpas begangen hatte – zu persönlich gewesen, gewiß – dennoch bleibt es dabei, ich werde nicht eher richtig zufrieden sein, bis ich dich weggelockt habe.«

Und sie spann ihre Phantasie fort, mit Virginia zu einem Treffen spanischer Zigeuner zu gehen, Virginia könne die Leute, wenn sie wolle, »als Vorlage« betrachten – »so wie du nach meiner Meinung alles betrachtest, menschliche Beziehungen eingeschlossen. Oh ja, du magst Leute eher mit dem Kopf als mit dem Herzen – verzeih mir, wenn ich mich irre. Natürlich, es muß Ausnahmen geben; es gibt sie immer. Aber im allgemeinen stimmt es schon.«[1] Virginia erwiderte, sie habe sich über den »intimen Brief aus den Dolomiten gefreut. Er hat mir einigen Schmerz zugefügt – was, woran ich nicht zweifle, die erste Stufe der Vertrautheit ist.«[2] Vita wußte sich auf den »Schmerz«, den sie zugefügt haben sollte, keinen Reim zu machen. »Oder war es bloß eine deiner Spitzen, auf mich abgefeuert? Meinst du immer, was du sagst, oder sagst du, was du meinst? Oder macht es dir einfach bloß Spaß, Leute zu narren, die versuchen, ein wenig näherzuschleichen?«[3]

Vita fügte auch Geoffrey eine Menge Schmerz zu; die Frage intimer Beziehungen tauchte hier ebenso auf, weil Vita, nach Geoffreys Meinung, »von Natur weniger offenherzig« war als er. Er sprach über Sex. »Verleugne das armselige, närrische Ventil nicht zu sehr, das die Natur eingebaut hat.« Es ermutigte ihn, daß ihr sein Buch *The Portrait of Zélide* gefiel, das sie und Harold bei ihrer Rückkehr nach Long Barn lasen. Wie er in einem sehr langen Brief an Vita vom 2. September ausführte, war er nicht imstande, die beiden Vitas in Einklang zu bringen – die eine zärtlich und ermutigend, die andere feindlich und gleichgültig. Sollte er sich ihr gegenüber schlecht benommen haben, sei das nicht seine Schuld. (Vita erzählt Virginia später, daß er sie eines Nachts in der Wohnung in Hanover Terrace beinahe erwürgt habe.) »Lebten wir zusammen, wäre nichts dergleichen passiert… Mein Liebling, ich kann nicht vorgeben, dich auf eine symbolische platonische Weise zu lieben, die Gleichgültigkeit einfach hinnimmt… Du wolltest mich ganz, und ich wollte dich; und das hast du bekommen. Und, Vita, *du kannst mit der Liebe nicht so umspringen, wie du mit der meinen umgesprungen bist*, wahrhaftig, das kannst du nicht.« Er erwartete inzwischen nicht einmal von ihr, Harold zu verlassen, sondern er flehte sie an, ihm die Wahrheit über ihre Gefühle zu sagen. Er speiste mehrere Male mit einer argwöhnischen, aber immer wißbegierigen B.M. – und wurde immer elender und bedrückter.

Am 15. September fuhr Vita zum ersten Mal nach Monk's House, Rodmell, dem spartanischen Landhaus der Woolfs (kein Badezimmer, keine Innentoilette, kein Telephon). Sie brachte das Manuskript von *Verführer in Ecuador* mit. Virginia sagte, es gefalle ihr: »Ich bin sicher, daß diese Arbeit weitaus interessanter ist (zumindest für mich) als die bisherigen… Ich bin sehr froh, daß wir sie veröffentlichen werden, und außerordentlich stolz und, wegen meiner kindischen, verwirrten Zuneigung zu dir, wirklich gerührt, daß du sie mir widmen möchtest.«[4]

Das Buch ging in die Druckerei, und Geoffrey kehrte nach Italien zurück, weniger fordernd, doch noch immer unfähig, die Hoffnung aufzugeben. Er grämte sich, da ihre Briefe wieder kürzer wurden und weniger häufig kamen. »Dein zukünftiger Biograph«, schrieb er ihr, »der die Poststempel deiner Briefe – und deren Inhalt – während des Sommers 1924 überprüft, wird zu dem Schluß gelangen, daß du den angeblichen Kesselflicker [Vitas Kosename für ihn] kein bißchen liebgehabt hast. Würde dein Geist das übelnehmen? Meiner schon.« Doch lediglich seine Briefe an sie sind erhalten.

Verführer in Ecuador ist kurz und ironisch: Sowohl die Fabel als auch das Genre sind phantastisch. Der Held, Arthur Lomax, setzt eine farbige Brille auf, die Welt präsentiert sich ihm verändert, und er ist dadurch von dem »allzu realistischen Glanz« der Sonne abgeschirmt. Unter Aufgabe des gesunden Menschenverstandes wird er leichtgläubig in die Phantasien anderer Leute verwickelt. Jeder Mitreisende auf der Kreuzfahrt nach Ägypten, die er unternimmt, ist in einem irrationalen persönlichen Mythos befangen, der ihn oder sie beschäftigt und dem Leben einen Sinn gibt. So gibt es, zum Beispiel, keinen Empfänger für die langen Briefe, die Miss Whitaker an eine Adresse in Ecuador richtet. Als er des Mordes angeklagt wird, macht Lomax die Erfahrung, »welch eine erbärmliche Waffe die Wahrheit ist« – die individuelle Phantasie erscheint als einzige überzeugende Verteidigung.

Vita zog Mythomanen in besonderem Maße an und fühlte sich ebenso zu ihnen hingezogen: Violet, Dottie und Pat (erst kürzlich hatte sie Vita erzählt, sie werde ihr ein Aktienpaket der *Morning Post* schenken, das sie zum Direktor machen werde; die Aktien existierten gar nicht). Vita selbst lebte mit phantastischen Spielarten des eigenen Ich – Julian, ihr Ich als »spanische Zigeunerin« und das Ich, das für immer Herrin auf Knole war. Sie bewältigte ihre Geschichte mit leichter Hand und Witz.

Bloomsbury hieß Vitas neue Schreibweise gut. »Sie bilden sich ein, dich entdeckt zu haben«, erzählte ihr Harold, der Raymond Mortimer und Clive Bell getroffen hatte – »und können von nichts anderem sprechen.« Der *Spectator* lobte das Buch verständnisvoll »als eine gut geschriebene, phantastische *conte* in der Bloomsbury-Manier«. Eddy Sackville-West fürchtete, seine Cousine könne auf die andere Seite gezogen werden, und hoffte, sie sei nicht zur Bloomsbury-Mentalität konvertiert. »Ich mag sie alle (besonders Mrs. Woolf)«, schrieb er an Vita, »aber ihren Verstandeskräften mißtraue ich gründlich... Sie haben entsetzliche Angst davor, sich zu einer Aussage zu bekennen... Ich verabscheue die Art, in der Mrs. Woolf mir das Buch empfahl, so als wolle sie sagen: ›Nun hat auch ihre Cousine endlich den Pfad der Tugend eingeschlagen‹!«

Es zeigte sich, daß Vita in einigen Kreisen Bloomsbury überstrahlte. *Verführer in Ecuador* erschien im folgenden Jahr in den Vereinigten Staaten und wurde in derselben Ausgabe der Literaturbeilage der *New York Evening Post* rezensiert wie Virginia Woolfs *Mrs. Dalloway*. Betrachtet man die persönliche und berufliche Beziehung zwischen den beiden Frauen, ist es wichtig, sich folgendes klarzumachen: Obgleich Virginia Woolf Vita nie für eine große Schriftstellerin hielt und obwohl Vita Virginias intellektuelle und künstlerische Überlegenheit immer anerkannte, war der normale Leser zu beider Lebzeiten ganz anderer Ansicht. Vita war ganz einfach erfolgreicher. Der *Verführer* wurde oben auf der Seite rezensiert, versehen mit einer melancholischen Zeichnung der Verfasserin. Die Kritik von Joseph Collins schloß: »Es ist eine amüsante Geschichte, gut erzählt, die den Leser nach einstündiger Lektüre mehr dazu anregt, über den Wert dessen, was er als Realität ansieht, zu reflektieren, als viele andere Romane das vermögen.« *Mrs. Dalloway*, weiter unten rezensiert, erfuhr durch Walter Yust eine kühlere Aufnahme; als Roman »mangle dem Buch die Qualität der illusionären Kraft, die den Tag verwandeln kann... in ein Leben, das kostbarer ist als das jeder Figur, die durch das Buch tappt... der Tag ist zuweilen trübselig und glanzlos unter einem Schleier von Worten und (sensibel erfaßten) Details.«

Leute, die Vitas nüchterne »georgianische« Lyrik bewunderten, waren verblüfft. »*Verführer in Ecuador* war ein Spaß«, schrieb Vita an Eddie Marsh, »was hat Sie daran so verwirrt?« Geoffrey Scott war ablehnend. Er meinte, das Buch sei unsicher und für Vitas Verhältnisse zu gekünstelt: »Virginia hat sich ihre eigene, sehr persönliche Methode zur Wahrnehmung der Erscheinungen geschaffen. Dein unmittelbares instinktives Auffassungsvermögen ist, denke ich, dem ihren diametral entgegengesetzt und steht, wie ich meinen möchte, dem von [D. H.] Lawrence *au fond* näher.« Er schrieb ihr, sie sei in der Lage, etwas zu schreiben, »das mehr Dauerhaftigkeit besitzen wird als die Gescheitheit von Bloomsbury. In fast allen deinen Büchern steckt eine gewisse *Sperrigkeit*, die mehr Realität umfaßt als jeder Aufwand an neumodischer Psychologie und Stilisierung.«

In Wirklichkeit war das auch Vitas Meinung. Die »gewisse Sperrigkeit«, die sie manchmal als ihre Stärke, manchmal als ihre Schwäche empfand, ging in *The Land* ein. Proben davon, die sie ihren Briefen beilegte, unterzog Geoffrey eingehender Kritik und gab Ratschläge. Für ihn war es »unser Gedicht, so wie *Zélide* unser Buch ist... Ich möchte dir den Rat geben, es als Ganzes nicht eher zu veröffentlichen [sie veröffentlichte Auszüge des Gedichts in Zeitschriften], bis es letzte Gestalt angenommen und seinen letzten Glanz erfahren hat, denn sehr wahrscheinlich ist es dieses Gedicht, durch das du letzten Endes bestehen wirst: du verschießt sonst dein Pulver.«

Er wußte, daß die Bloomsbury-Mentalität eine Bedrohung seines Einflusses auf Vita bedeutete. Eine größere Bedrohung lauerte im Dezember auf sie. Vita fuhr für zwei Tage nach Paris, um einer Versteigerung übriggebliebener Objekte aus Seerys Wohnung in der Rue Laffitte beizuwohnen. Sie sollte bei dem amerikanischen Rechtsanwalt Walter Berry in der Rue de Varennes wohnen. Nach ihrer Ankunft schrieb sie voller Schrecken an Harold, Berry habe für sie eine Dinnerparty arrangiert, an der auch Violet Trefusis teilnehmen solle. »Oh, mein Gott. Was soll ich machen? Ich kann Walter B. nicht sagen, daß diese Vorstellung mich krank macht.« Harold war entsetzt. »Oh, mein Liebling, sei vorsichtig. Du bist immer so schwankend und *so* schwach. Und sie ist ein solcher Teufel der Zerstörung. Was ist Walter doch für ein alter Dummkopf!« Am gleichen Tag schrieb er ein zweites Mal: »Ihr bloßer Name bringt das ganze schmerzliche Unglück jener Monate wieder zurück: den Zweifel, die Kränkung und die Einsamkeit. Ich glaube, sie ist die einzige Person, die mir angst macht.«

Doch Vita kam unversehrt wieder: zurück zu Harold und einer kühlen Bloomsbury-Gruppe, die trotz des *Verführers* ihre Zweifel an Vita aufrechterhielt. Sie speiste am 19. Dezember mit den Woolfs und beleidigte, folgt man Virginia, Roger Frys Quäkertum; »& sie hat die Angewohnheit, kritiklos über Kunst zu reden & Lob zu verteilen, die in ihren Kreisen durchgehen mag, doch nicht bei uns.« Es war ein weiterer »dorniger« Abend, bis Clive Bell auftauchte und sich »der Aufgabe widmete, den lieben alten, begriffsstutzigen, aristokratischen, leidenschaftlichen Grenadier Vita zu versöhnen«.[5]

Zwar teilte Virginia die Skepsis ihres Kreises bezüglich Vitas schriftstellerischer und intellektueller Fähigkeiten, doch als Frau faszinierte sie Virginia, die Vita durch die farbige Brille ihrer Phantasie neu erfand. In einem im Plauderton geschriebenen Brief an Jacques Raverat in Frankreich schilderte sie Vita als Aristokratin und als Romanschreiberin, »doch was wirklich Beachtung verdient, sind, wenn ich mich dieser derben Ausdrucksweise bedienen darf, ihre Beine«:

»Oh, sie sind exquisit – führen wie schlanke Säulen hinauf zu ihrem Leib, dem eines brustlosen Kürassiers (dennoch hat sie zwei Kinder), doch alles an ihr ist jungfräulich, ungezügelt, adlig; und warum sie schreibt – was sie mit vollendeter Kompetenz und einer Feder aus Erz tut –, ist mir rätselhaft. Wäre ich sie, ich würde lediglich schreiben, zwölf Elchhunde im Gefolge, durch meine mir angestammten Wälder.«[6]

Und Vita schritt in der Tat. Leonard Woolf schrieb später, er habe gedacht, »schreiten« sei etwas, das Leute nur in Romanen täten. Das sei zu einer Zeit gewesen, als er Vita noch nicht gesehen habe. Er beschrieb sie als »buchstäblich – und wie wenige Menschen sind je etwas buchstäblich – in der Blüte des Lebens, ein Tier auf dem Gipfel seiner Kraft, eine wunderschöne Blume in voller Blüte«:

»Wenn man an einem Hochsommernachmittag mit Vita durch London fuhr – sie war eine gute, aber ziemlich unorthodoxe Fahrerin – und hörte, wie sie einen aggressiven Taxifahrer zurechtwies, auch wenn sie im Unrecht war, konnte man einen Ton in ihrer Stimme klingen hören, den die Sackvilles und Buckhursts vor sechshundert Jahren in Kent oder sogar in der Normandie noch dreihundert Jahre früher ihren Leibeigenen gegenüber angeschlagen haben. Sie gehörte tatsächlich zu einer Welt, die völlig anders war als die unsere.«[7]

Vita schenkte ihrer Mutter Vertrauen. Sie erzählte B. M. von der Homosexualität Eddy Sackville-Wests; sie erzählte ihr, wie sie sich – während der Violet-Phase – als »Julian« verkleidet hatte, »um ein Muster zu haben«; sie erzählte, wie ausdauernd Geoffrey war und wie kühl ihr Gefühl für ihn. Geoffrey wurde von ihr genarrt. »Jedoch nach einem besitzergreifenden Liebhaber zu verlangen«, beklagte er sich, »und alles zu tun, um ihm zu zeigen, daß er nichts ›besitzt‹, ist nicht nur verwerflich, es ist idiotisch.« Es war ein verwerfliches, idiotisches Muster, das Vita mehrere Jahre lang mit verschiedenen Leuten wiederholen sollte.

Anfang April 1925 fuhren sie, Harold und der elfjährige Ben nach Italien. In Venedig stieß Geoffrey zu ihnen, und er und Vita gingen zusammen durch die Stadt. Außerhalb Englands gefiel er Vita besser. Harold und Ben verbrachten ruhige Morgen miteinander (der eine schrieb ein Buch über Swinburne, der andere sein Tagebuch); darauf trafen sie in der Regel zum Lunch mit den beiden anderen auf der Piazza San Marco zusammen.

Vita erzählte B. M., wie anhänglich Geoffrey gewesen sei, »doch sie würde nie, weder ihn noch jemand anderen, mit Ausnahme von Harold, heiraten«. Vielleicht war hier wieder einmal der Punkt erreicht, da Vita sich danach sehnte, daß Harold in eigener Sache tatkräftiger handelte. Sie erzählte ihrer Mutter, daß er »sich zu sehr in seiner Schale verschließt«, daß er »sich um zu wenige Menschen kümmert«. Dem sollte bald abgeholfen werden; durch eine wichtige neue Freundschaft mit Raymond Mortimer sollte er aus seiner emotionalen Flauheit gerissen werden.

Vita verbrachte, ganz nach ihrem Herzen, einen ländlichen und abgeschiedenen Frühling und Sommer in Long Barn. In *The Land* schrieb sie:

> Ich begriff sie nicht, die menschliche Natur.
> Aber diese reinen Dinge, das Evangelium des Jahrs,
> Belehrten mich: ich glaub dem Einfachen nur.

Lutyens kam zu Besuch und gestaltete den holländischen Garten auf der unteren Terrasse für sie. Sie erzählte Virginia: »Ich kann nicht schreiben, also ziehe ich Küken auf.« Am letzten Wochenende im Mai wurden Harold und Vita vom Herzog und der Herzogin von Marlborough nach Blenheim eingeladen. Dort fand eine Haus-Party für zwanzig Personen statt, und beim Dinner saß Vita zwischen Winston Churchill – »ich liebe Winston« – und einem »Wissenschaftler namens Lindemann [später Lord Cherwell], der absolut sensationell ist«.

Dies waren die Gesellschaftskreise, in welchen sich ihre Tochter nach B. M.'s Meinung bewegen sollte. Sie beschloß, die Bezahlung eines »richtigen Gärtners« für Long Barn zu übernehmen, damit Vita »durch das Gärtnern in dieser Hitze nicht völlig ausgelaugt« würde; sie hatte Vita gerade eine Ladung farbenfroher einjähriger Pflanzen gebracht – auf die Vita leicht hätte verzichten können –

und sah zu, wie sie in aller Eile eingepflanzt wurden, weil »sie nach London fahren muß, um mit Virginia Wolff [sic!] zu dinieren und Foster [sic!] zu treffen, der dieses zauberhafte Buch *Passage to India** geschrieben hat«. (Ein weiteres mißlungenes Bloomsbury-Dinner: Forster lobte Edith Sitwell und sprach kein Wort mit Vita, »die verletzt, bescheiden, stumm wie ein kurz abgefertigtes Schulmädchen dasaß«.[8])

Ende Mai erfuhr Vita von Geoffrey, daß seine Frau Sybil die Scheidung wolle. Während er sich in London herumtrieb, hatte sie bei dem amerikanischen Literaten Percy Lubbock Trost gefunden und wollte ihn heiraten. Das war eine höchst unerwartete Wendung. »Sie sagt: ›Du hast ja Vita, also wird's *dir* an nichts fehlen.‹ (Die Ironie dieses ›hast‹.)« Es bestand unter Umständen die Gefahr, daß man Vita zum Scheidungsprozeß vorladen würde, doch sollte Harold noch nichts erfahren, schrieb Geoffrey. »Ich habe das Gefühl, nirgendwohin zu gehören« – er mußte die Villa Medici verlassen. Ob er auf Vita zählen könne? »Oh, meine Liebe, du wirst den Kesselflicker nicht im Stich lassen, nicht wahr?« Er wollte nach England kommen, und er würde arm sein, da er von Sybils Geld gelebt hatte.

Vita erzählte Harold von dieser neuen Krise und veranlaßte ihn, an Geoffrey zu schreiben und ihn zu bitten, fernzubleiben. Harold belohnte das Vertrauen, das Vita ihm entgegengebracht hatte, indem er sich ihr seinerseits anvertraute. Aus seiner Freundschaft mit Raymond Mortimer war eine Liebesaffäre geworden. Dankbar schrieb er ihr am 2. Juli 1925:

»Mein Liebling – letzte Nacht warst du so reizend zu mir. Sei dir bitte im klaren darüber, daß es *nicht* wichtig ist – doch immerhin wichtig genug, um sich von einem Gefühl zu einem Verhältnis zu mausern –, und das schließt auf meiner Seite die Gefahr des Betruges ein, wenn es verhüllt wird. Mir ist eine schwere Last von der Seele gefallen, Liebling – ich habe einfach keine Lust, bei dir in ein falsches Licht zu geraten. Und jetzt ist *das* alles in Ordnung – mein Engel.«

---

* Edward Morgan Forster (1879-1970), *Auf der Suche nach Indien*, 1924 [Anm. d. Übers.]

Der verzweifelte, mit Selbstmord drohende Geoffrey wohnte bei B. M. (die seine Fahrkarte bezahlt hatte). Als Vita kam, um die Situation mit ihrer Mutter zu besprechen, stellte B. M. Geoffrey mit Lutyens auf die gleiche Stufe, »der so hartnäckig an mir klebt, ganz gleich, wie gern ich ihn habe«. Zusätzlich fügte es sich, daß Lionel wieder um die Scheidung bat und davon sprach, Baron Bildt und Lutyens mit hineinzuziehen. Gleichermaßen von Schwierigkeiten bedrängt, kamen Mutter und Tochter sich sogar näher. In diesem Sommer schrieb Vita ihrer Mutter einen Brief, der ihrer Solidarität Ausdruck gab und in einer Liebeserklärung gipfelte:

»Ich fühle, daß ich dich noch nie zuvor so vollständig für mich hatte... aber als ich dich heute in deinem Salon sah, so wunderschön, so anmutig, so huldvoll, so reich an Menschlichkeit, so warmherzig, so großmütig, hatte ich plötzlich das Gefühl, dich tausendmal besser zu kennen, und zugleich war mir, als sehe ich dich zum ersten Mal – ich kann es nicht beschreiben – aber ich betete dich einfach an und wußte, daß ich für dich sterben könnte – das ist alles, was ich sagen kann.«

Über die Jahre gab es viele Leute, die Vita gegenüber ebenfalls dieses Gefühl hatten; es war eine Anbetung, die sie unbewußt einforderte. Für sie war die Persönlichkeit ihrer Mutter, schrieb sie, »wie eine große warme Sonne, die mein ganzes Leben bestrahlte – eine Inspiration und ein Ideal. Ich verstehe McNeds [Lutyens'] Gefühle sehr gut.«

Im Spätsommer 1925 fühlte Virginia Woolf sich nicht gut, sie litt unter Kopfschmerzen und Erschöpfung. Die Faszination, die Vita auf sie ausübte, wuchs in Briefen – »Ich versuche, dich für mich zu erfinden«, wie sie am 7. September schrieb. Zwei Wochen zuvor hatte »ich eine vollkommen romantische und zweifellos irrige Vision von dir – in einem großen Bottich in Kent stampftest du Hopfenblüten – splitternackt, braun wie ein Satyr und sehr schön. Erzähle mir nicht, daß dies eine Sinnestäuschung ist.«[9] Vita, die ein wenig über Virginias gefährliche Depressionen Bescheid wußte, schrieb ihr aufmunternd: »Du bist eine sehr, sehr ungewöhnliche Person... Du bist immer unterwegs zu einem Ziel.«[10]

Ende September fragte das Auswärtige Amt bei Harold an, ob er darauf eingerichtet sei, als Botschaftsrat nach Teheran oder Peking zu gehen. Er lehnte ab: »Ben braucht ständig jemanden, der sich um ihn kümmert, entweder V. oder mich, wenn er nicht entgleisen soll«, und das dauernde Hin und Her würde Vita zu sehr belasten. Doch änderte er seine Ansicht. Seine Karriere stand auf dem Spiel: »Es ist wirklich der Wendepunkt, und wenn ich ihn verpasse, werde ich aus dem Rennen sein.« Er sagte Vita, er werde den Posten in Teheran annehmen. »Sie ist ziemlich bestürzt.« In Sherfield beugte sich die aus Dottie, den Nicolsons und Raymond Mortimer bestehende *partie carré* über Landkarten von Persien. »Wie quälend das alles ist«, schrieb Vita in ihr Tagebuch.

Es war keine Frage, daß sie auf der Stelle mit Harold fortgehen würde. Doch sie war erregt – weil sie so bald nach Persien gehen würde? Weil sie bald allein sein würde? 30. September 1925:

»Allein. Ein *guter* Tag. Ging mit Barnes [der neue Gärtner] durch den Garten. Schrieb 71 Zeilen – Georgica [*The Land*]. Ein Rekord, glaube ich. Sehr warm; verhangen. Wunderbar, allein zu sein. Erörterte mit Hadji nach dem Dinner seine mangelnde Spontaneität. Wünschte, ich hätte fortlaufend Tagebuch geführt. Werde es in Zukunft tun. (*Ich glaube nicht.*) Das Leben ist mit einemmal so ungemein aufregend.«

Der nächste Tag war ihr Hochzeitstag – »Beide so erfreut darüber«.

In *The Portrait of Zélide* hatte Geoffrey Scott geschrieben:

»Man darf mit einiger Sicherheit behaupten, daß der Hang zum Briefeschreiben mehr Liebende einander entfremdet als sie vereinigt hat... Das Wesen, das durch die Feder freigesetzt wird, ist ein wenig abgesetzt und oft auf ironische Weise verschieden von jener anderen Persönlichkeit des Handelns und Sprechens. Es sind also bei einer Korrespondenz unter Liebenden vier Elemente im Spiel – statt zweier müssen vier Egos unter einen Hut gebracht werden. Und aufgrund dieses grausamen mathematischen Gesetzes werden die wechselseitigen Möglichkeiten, sich zu kränken, kalkulierbar multipliziert.«

Er schrieb über Benjamin Constant und Zélide: Er dachte an sich und Vita. Doch traf das, was er schrieb, auf Harold und Vita nur zum Teil zu. Zwar war das »durch die Feder freigesetzte« Wesen für Harold und Vita, wie Geoffrey schrieb, von »jener anderen Persönlichkeit des Handelns und Sprechens« ganz verschieden, doch hatte es eine ausschließlich positive Funktion. Der leibhaftige Harold war, wie Vita sagte, nicht emotional, er war reserviert und hatte eine starke Abneigung, seine Gefühle zu zeigen. Vita war oft in der Stimmung, sich zurückzuziehen. Aber in ihren Briefen war der eine der Geliebte des anderen.

In ihren Briefen wandte sich jeder von ihnen an das eigentliche Ich des anderen, und dort erlebten sie ihre Ehe am eindringlichsten. Sie gaben ihren Neigungen und Bedürfnissen Ausdruck. Menschen, die sexuell aneinander gebunden sind, haben nicht so viel zu sagen. Ihre Ehe im Briefwechsel war deren platonisches Ideal, an das beide glaubten. Falls dies ein instinktiver psychologischer Kunstgriff war, die Lockerheit ihrer Vereinigung im Zaum zu halten, war es ein erfolgreicher – so erfolgreich, daß er ein Eigenleben zu führen begann. Je inniger sie sich auf dem Papier trafen, desto abgesonderter konnten sie im Alltag leben. Was als einigender Prozeß begann, legitimierte ihre Getrenntheit.

Vita schickte in die Städte, die Harold auf seinem langen Weg nach Persien passierte, Briefe voraus; und sie schenkte ihm eine St. Christophorus-Medaille. Auch der achtjährige Nigel schickte einen Brief voraus: »Es muß lustig sein, Long Barn für zwei Jahre zu verlassen, du wirst vergessen, wie es aussieht. Aber es wird hübsch sein, nach Hause zu kommen und den Garten voll von schönen Blumen zu finden, und dein Zimmer wird eine ›féte de fluers‹ [sic!] sein, arrangiert von Mama, die Rosen im Haar haben wird.«

Harold reiste am 4. November ab, und an diesem Abend schrieb ihm Vita: »Du hast keine Ahnung, keine Vorstellung davon, wie sehr ich dich liebe... Ich wünschte, ich wäre mit dir gegangen und hätte mich um alles andere den Teufel geschert. Ich empfinde ganz stark, daß ich dir gehöre.«

Und am nächsten Tag:

»Es zeigt einem bloß, Hadji, wie sehr oberflächlich alle *béguins* sind, wenn man sie auf den Prüfstein wirklicher Liebe legt – der Liebe fürs Leben –, selbst wenn die *béguins* vielleicht erregender und zwingender sind (zumindest scheinbar), solange sie dauern... Liebling, es ist sehr sonderbar, nicht wahr? weil es nicht das Körperliche ist, das der Liebe gewöhnlich diese leidenschaftliche Qualität verleiht. Und ich hege keine Eifersucht gegen dich – ich, die ich schrecklich, mörderisch eifersüchtig bin.«

Und am Tag danach: »Es ist mir gleich, mit wem du schläfst, solange ich nur dein Herz behalte!« Vier Tage nach der Abreise übertrug sie säuberlich einen Text in ihr Manuskriptbuch, ein neues Gedicht über die zerbrechliche Sicherheit ihres häuslichen Glücks:

Manchmal, wenn Nacht sich in den Wäldern ballt
Und wir im Haus, der Sicherheit aus Stein,
Lesen, ein wenig sprechen, wieder lesen
Über das Leben aus zweiter Hand, über Kleinigkeiten,
Zufrieden sind, für kurze Zeit befreit
Von Ängsten und Gefahren, die ganz verschwunden
Oder ganz verborgen sind – ertönt manchmal ein Schuß,
Unversehens, grell; nichts sonst. Nichts folgt,
Nichts folgt für uns, nur das jähe Krachen,
Das Schweigen brechend, gefolgt von neuem Schweigen,
Nicht wert ein Wort; unwichtig und alltäglich,
Ein Schuß im Dunkel von unsichtbarer Hand
Auf ein unbekanntes Leben; traf oder fehlte er sein Ziel?
Brachte er Tod? Oder Wunden? Trieb er vielleicht zur Flucht
Vor einer jähen Drohung, die leicht sich wiederholt
Oder endet ein für allemal? Doch weiter lesen wir,
Denn er galt ja nicht uns, wir waren nicht das Ziel,
Nicht dein Herz und nicht meines, nicht dieses Mal, mein Freund.[11]

Den ganzen Herbst hindurch hielt sie Harold auf dem laufenden über das, was Nigel gesagt und getan hatte, über die größeren Verbesserungen im Garten, die sie gemeinsam geplant hatten. Sie pflanzte Einfassungen aus Buchsbaum und ließ den Steinpfad neu in Fischgrätenmuster pflastern. (Barnes, dessen Lohn von B. M. bezahlt wurde, machte diese Projekte möglich.) Sie bestellte Eiben, »die zuerst komisch aussehen werden, die aber, wenn die Mars zu Asche geworden sind, Omnibusse voller Touristen aus London anlocken werden«. In der letzten Novemberwoche hatte sie rund um den Teich »große Felder von japanischer Iris« und im Gras Türkenbundlilien und rote Anemonen gepflanzt; um den Schwertlilien einen Hintergrund zu geben, bestellte sie rosafarbenen Geißbart. »Weißt du, ich glaube wirklich, ich könnte für unbegrenzte Zeit ganz allein leben, völlig zufrieden – wenn ich nicht mit dir lebte, was ich vorziehe. Ich schätze, für mein Alter [sie war 33 Jahre alt] ist der Gedanke sehr ausgefallen, aber vollkommen ernst gemeint.«

Sie schrieb ihm von den Störungen ihrer Einsamkeit – von Geoffrey, zum Beispiel, der sie anrief, um ihr zu sagen, er sei nicht mehr bei Sinnen, werde nach Mexiko gehen, werde sich umbringen. Er hatte angefangen, sich mit Dorothy Warren zu trösten, einer Nichte von Lady Ottolines Gatten Philip, die eine Gemäldegalerie in Brook betrieb; und Dorothy Warren begann, sehr zu Vitas Irritation, in Geoffreys und in ihrem eigenen Interesse Vitas Gesellschaft zu suchen. Am 12. November schrieb sie Vita einen langen, doppelseitigen Brief, in dem sie ihrer Sorge um Geoffrey Ausdruck gab:

»Er ist unbeschreiblich deprimiert und zerschmettert gewesen. Ich habe ihn sehr oft gesehen... Ich habe nie Gelegenheit gehabt, dir zu sagen, wie ich für dich empfinde. Du erscheinst mir ganz wunderbar und vollkommen schön. Ich weiß, daß du für Geoffrey unendlich mehr tun kannst als jedes andere menschliche Wesen... Armer Geoffrey, er hat keine stärkenden männlichen Reserven oder Hypokrisien.«

Geoffrey, der Vita aus dem Scheidungsfall heraushalten wollte, mußte, um die Scheidung von Sybil zu erlangen, einen falschen Beweis für seinen Ehebruch präsentieren. Vita schrieb Harold: »Er trat mit einer flachsblonden Lady auf, die er überhaupt nicht mochte und die ihn eine verdammte Menge Geld kostete. Ich sagte, er solle Sybil die Rechnung schicken, doch das lehnte er ab.« Harold mutmaßte, daß Vita durch dieses Durcheinander mehr geängstigt wurde, als sie zugab. »Liebling, es tut mir so leid um dich wegen Geoffrey. Mit Tray [Raymond Mortimer] würde es mir genauso ergehen, wenn ich spürte, daß er um meinetwillen überschnappte. Aber ich glaube, daß Geoffrey einer der Wirrköpfe auf der Welt ist, die mit derselben makabren Freude ihr Unglück genießen wie der Hypochonder die Krankheit.«

Virginia Woolfs Gesundheitszustand war noch immer heikel; Vitas Besuche dauerten nie länger als eine halbe Stunde. Am 27. November schrieb Virginia in ihr Tagebuch: »Vita ist zweimal bei mir gewesen. Sie ist dazu verdammt, nach Persien zu gehen; & mir mißfiel dieser Gedanke so sehr... daß ich daraus schließe, daß ich sie ernsthaft gern habe.« Das Beste an ihren immer wiederkehrenden Krankheiten sei, glaubte sie, daß »sie die Erde zwischen den Wurzeln lockern. Sie bewirken Veränderungen. Menschen drücken ihre Zuneigung aus.«

Sie schloß sich enger an Vita an und diese an sie. Anfang Dezember teilte sie Vita mit, der Arzt erlaube ihr keine Ausflüge; schüchtern deutete sie an, sie könne vielleicht für einen oder zwei Tage nach Long Barn kommen. Zwei Tage zuvor hatte sie in ihrem Tagebuch geschrieben, wenn sie Vita nicht jetzt, bevor sie nach Persien abreiste, sehe, werde es zu spät sein – »denn der Augenblick der Intimität wird bis zum nächsten Sommer verflogen sein«.[12]

Am 17. Dezember kam Virginia, ohne Leonard, nach Long Barn. An den beiden vorangegangenen Tagen hatte Vita Geoffrey zu Gast gehabt – »sehr gegen meinen Willen« –, und sie brachte ihn mit dem Auto zurück nach London und nahm Virginia auf dem Heimweg mit. Sie verbrachten einen »friedlichen Abend«, wie sie in ihrem Tagebuch schrieb. Später in derselben Nacht schrieb sie an Harold:

»Virginia ist eine exquisite Gefährtin, und ich liebe sie wie einen Schatz. Bis zum Lunch muß sie im Bett bleiben, da sie noch längst nicht gesund ist, und sie hat viele Übungen zu machen... Bitte glaube nicht, daß

a) ich mich in Virginia verlieben werde
b) Virginia sich in mich verlieben wird
c) Leonard sich in mich verlieben wird
d) ich mich in Leonard verlieben werde,

denn dem ist nicht so. Ich weiß nur, daß mein törichter Hadji sich sagen wird: ›Allons, bon!‹, wenn er hört, daß V. hier ist, und ›Ca y est‹ und so fort... Ich vermisse dich schrecklich. Ich vermisse dich besonders, weil Virginia so sehr lieb und verständnisvoll über dich gesprochen hat.«

Am nächsten Tag, einem Freitag, gingen sie spazieren, in Sevenoaks einkaufen und unterhielten sich; und am Abend kam der »Augenblick der Intimität«, den Virginia sich ausgemalt hatte, in Vitas Wohnzimmer, Virginia auf dem Sofa am Kamin liegend. Vita schrieb: »Sprach mit ihr bis drei Uhr früh. – Kein friedlicher Abend.«

Virginias Erfahrungen mit körperlicher Liebe waren begrenzt. Sie teilte mit Leonard kein sexuelles Leben. Sie war klug, kritisch, ironisch, sogar boshaft – und doch so nervös, phantasievoll, kindlich, daß selbst ein Kuß oder eine liebkosende Hand ihr vielleicht aufregend erschienen. »Sexuell war ich immer ängstlich«, sollte sie später schreiben. »Meine Angst vor wirklichem Leben hat mich immer in einem Nonnenkloster festgehalten.« Später erzählte sie Ethel Smyth, Clive Bell und Vita hätten sie einen »Fisch« genannt: »Und ich erwiderte (ich denke oft daran, während ich ihre Hände halte und beim Berühren eines männlichen oder weiblichen Körpers köstliches Vergnügen empfinde): Aber was ich von euch will, ist Illusion – die Welt tanzen machen.«

Am nächsten Tag kam Leonard, um seine Frau abzuholen, und Vita fuhr mit ihnen nach London. »Wir haben uns in diesen zwei Tagen im Handumdrehen befreundet. Ich liebe sie, aber ich könnte mich nicht in sie verlieben, also brauchst du nicht nervös werden!« schrieb Vita an Harold. Bezeichnenderweise distanzierte sich Virginia von dem, was geschah, indem sie es in ihrem Tagebuch analysierte. Am 21. Dezember:

»Die Lesbierinnen *lieben* Frauen; ihre Freundschaft ist nie frei von Erotik... Ich habe sie gern und bin gern mit ihr zusammen und habe den Glanz gern, den sie ausstrahlt – sie verbreitet einen Schein wie von Kerzen, wenn sie, klunker- und perlenbehangen, in Sevenoaks im Laden des Krämers umherstöckelt. Das ist das Geheimnis des Zaubers, nehme ich an. Mich jedenfalls fand sie unglaublich schäbig gekleidet.«

Virginia fragte sich, wie das alles auf sie wirke; »Sehr geteilt«, war die Antwort.

»Da ist ihre Reife und ihre Vollbusigkeit; da ist die Tatsache, daß sie mit vollen Segeln die hohe See befährt, wo ich Küstenschiffahrt betreibe; ich meine ihre Fähigkeit, in jeder Gesellschaft das Wort zu führen, ihr Land zu vertreten, Chatsworth zu besuchen und über Silber, Dienerschaft und Chows zu gebieten; da ist ihre Mutterschaft (obwohl sie ein bißchen kalt zu ihren Jungen ist), kurz, die Tatsache, daß sie (was ich nie gewesen bin) eine wirkliche Frau ist.«

Was »Verstand und Scharfblick« betraf, fühlte Virginia sich überlegen. »Aber darüber ist sie sich klar, und so verschwendet sie an mich jene mütterliche Fürsorge, die, aus irgendeinem Grund, das ist, was ich mir immer am meisten von jedem gewünscht habe. Was Leonard mir gibt und Nessa mir gibt und Vita mir auf unbeholfenere und äußerliche Art zu geben versucht.«

Vita wurde eingeladen, am 2. Weihnachtsfeiertag in Charleston mit den Woolfs und den Bells zu speisen; sie hatte Virginias Schwester Vanessa bislang erst einmal getroffen und war nervös. Harold schilderte sie das Essen als »Hausmannskost und hohe Gespräche. Ich mag Virginias Schwester schrecklich gern... Virginia liebt deinen Mar. Sie tut es wirklich. Es ist eine Seelenfreundschaft. Sehr gut für mich und auch gut für sie.«

Dottie Wellesley war, wie vorauszusehen, wenig begeistert. (Virginia glaubte später, Vita habe »Dottie ursprünglich, ich glaube, in erster Linie um meinetwillen« verlassen.[13]) Harold nahm es gelassen, sprach jedoch eine unüberhörbare Warnung aus: »Ich bin wegen Virginia nicht wirklich beunruhigt und glaube, daß ihr wahrscheinlich sehr gut füreinander seid. Ich habe nur das Gefühl, daß du im Umgang mit Ehepaaren nicht gerade *la main heureuse* hast.« Das war eine Untertreibung: Selbst wenn man die Wellesleys außer acht läßt, hatte Vita zugelassen, daß Geoffrey sein Leben ruinierte und seine Ehe sinnlos aufgab.

Vita und die Kinder verbrachten den Neujahrstag wie gewöhnlich in Sherfield mit Dottie und ihren Kindern. Raymond Mortimer, Clive Bell und Leigh Ashton (der am Victoria and Albert Museum tätig war) waren auch da. Die Silversterparty geriet außer Kontrolle. Einige waren betrunken. »Tray war, offen gestanden, sternhagelvoll, und Clive führte lockere Reden«, wie Vita Harold den Abend beschrieb:

»Stell dir mein Entsetzen vor, als er [Clive] plötzlich sagte: ›Möchte doch wissen, ob ich den Mut habe, Vita eine sehr indiskrete Frage zu stellen.‹ Und ich in meiner Unschuld und nicht auf der Hut, sagte ja, er solle nur fragen, und er kam damit heraus: ›Bist du je mit Virginia ins Bett gegangen?‹; aber ich denke, mein ›NIEMALS‹ überzeugte ihn und jeden anderen von der Wahrheit. Du magst daraus ersehen, welcher Art die Konversation war!«

»Ich hoffe, Clives Version unterscheidet sich nicht wesentlich von meiner«, schrieb Vita an Virginia. »Und unterschied sich deine Version von der meinen? leider nein.«[14]

Dorothy Warren, die in Geoffrey verliebt war, wollte Vita jetzt dauernd besuchen, um darüber zu reden. Geoffrey erkannte, daß es vernünftig wäre, sie zu heiraten, doch er liebte Vita immer noch und wollte sie ebenfalls dauernd besuchen, um darüber zu reden. Dorothy Warren liebte Vita und wollte... Es war alles sehr zeitraubend. Vita kehrte nach Hause zurück, um Long Barn zu schließen und alle Dinge zusammenzusuchen, die sie mit nach Persien nehmen wollte. Harold hatte sie gebeten, Lampenschirme, Aschenbecher, ein Teeservice und andere englische Annehmlichkeiten mitzubringen, denn das Haus auf dem Gelände der Britischen Gesandtschaft war ziemlich karg ausgestattet. Es gab nur ein Trockenklosett (»Mar wird das hassen«) und ein winziges Badezimmer, »beheizbar mit einem Ofen *ad hoc*«. Von Long Barn schrieb sie an Virginia: »Bitte, in all diesem Wirrwarr des Lebens bleibe du weiterhin ein strahlender und beständiger Stern. Bloß ein paar Dinge bleiben als Leuchttürme: Dichtung und du und Einsamkeit. Du siehst, ich bin überaus sentimental. Hast du das erwartet?«[15] Sie verabschiedete sich von ihrem Wohnzimmer und ihrem Schreibtisch, auf dem die Rodin-Büste, ihr marmornes Tintenfaß und eine Riechschale nach Knole'schem Rezept standen. Sie verabschiedete sich von ihrem winterlichen Garten mit einem flüchtigen Blick durch die Terrassentür, neben der an Pflöcken die Hundeleinen und ihre schmutzstarrenden Gartenhandschuhe hingen. Sie sagte dem ländlichen England Lebewohl: Am 9. Januar überreichte sie die Preise auf einem Kostümball in der Club Hall von Sevenoaks. Sie sagte B. M. in White Lodge Lebewohl, »in ihrem alten Flanellnachthemd und einem Gewirr von wollenen Schultertüchern«; sie verabschiedete sich von Virginia, die Angst vor Vitas Abreise hatte und erregte, vernarrte Briefe an das »Liebste Wesen« schrieb. Virginia war wieder krank, und ihr Eisenbett stand abermals im Salon; sie unterhielten sich in der Dämmerung. Auch Vita war erregt: »Alles in allem finde ich das Leben berauschend«, schrieb sie an Virginia, »es ist nicht weniger Schmerz als Vergnügen – und an dem hat Virginia keinen geringen Anteil.«

Ihr halbgepacktes Reisegepäck war in Knole, wo Eddy als mutmaßlicher Erbe von Vitas Vater gerade eine eigene Wohnung bekommen hatte.

»Sachen über das ganze Zimmer verstreut. Und der plappernde Eddy, während ich mich zu erinnern suche, was ich einzupacken habe. ›Kennst du Tom Eliot?‹ ›Nein. – Kodak-Filme, Aspirin, Pelzhandschuhe, Zahnpulver.‹ ›Sind die Holzschnitte in *Schwermut der Liebe** nicht wunderschön?‹ ›Nein, Eddie, ich finde sie ganz schrecklich. – Tu meine Reitstiefel nicht in den Koffer, an Bord reitet man nicht.‹ ›Soll ich mein Wohnzimmer rosa oder gelb streichen lassen?‹ Und so weiter...

Wo ist Virginias stilles Zimmer?... Eines Tages werde ich schreiben und dir erzählen, was alles du mir bedeutest. Soll ich?«[16]

---

* *The Anatomy of Melancholy* von Robert Burton (1577-1640) erschien erstmals 1621 [Anm. d. Übers.].

Sie ließ Virginia das fast vollendete Manuskript von *The Land* zur Lektüre da; Heinemann, nicht die Hogarth Press, würde das Buch herausbringen. Dann nahmen Vita und Raymond Ben und Nigel – der »arme kleine Niggs«, der seinem Bruder in die Schule folgen sollte – als Abschiedsgeschenk mit in eine Zirkusvorstellung; bei Clive gab es eine letzte Party, und am Morgen danach, am 20. Januar, verließ ihr Zug Victoria Station.

Kapitel 14

Vita war unterwegs, doch sie war nicht allein: Dorothy Wellesley begleitete sie. Vita schrieb Virginia während der Zugfahrt und am folgenden Tag nochmals auf dem Weg von Paris nach Mailand:

»Ich bin reduziert auf ein Wesen, das sich nach Virginia sehnt. In den schlaflosen, alptraumhaften Nachtstunden entwarf ich einen wunderschönen Brief an dich, und er ist ganz verschwunden. Ich vermisse dich einfach, auf eine ganz schlichte, verzweifelte kreatürliche Art... Es ist unglaublich, wie wichtig du mir geworden bist. Ich schätze, daß du an Leute gewöhnt bist, die diese Dinge sagen. Ich verfluche dich, verderbte Kreatur; ich werde dich nicht dazu bringen, mich noch mehr zu lieben, indem ich mich so verplappere. Doch, o, meine Liebe, ich kann mich dir gegenüber nicht klug und distanzierend verhalten: dafür liebe ich dich zu sehr. Das ist nur allzu wahr. Du hast keine Ahnung, wie gut ich mir Leute vom Leibe halten kann, die ich nicht liebe. Darin habe ich's zu einer wahren Meisterschaft gebracht. Aber du hast meine Schutzwälle durchbrochen. Und im Grunde habe ich nichts dagegen.«[1]

Sie schrieb einen weiteren Brief aus Triest und einen vom Schiff von Triest nach Kairo, wo sie und Dottie Ronald Balfour trafen. (Virginias lange, liebevolle, forschende Antworten sind in ihren veröffentlichten *Letters** nachzulesen.) In Kairo entschloß sich Vita, einen Hut zu kaufen; sie würde ihn in Teheran zur Krönung des Schahs brauchen. Dorothy Wellesley beschrieb den Kauf in *Far Have I Travelled*:

»Es machte sie wütend, daß sie einen Hut haben mußte. Ronnie und ich standen draußen. Schließlich erschien sie, eine Art schwarzen Hut auf dem Kopf, an den sie einen der größten Smaragde gesteckt hatte, den ich je sah. Die Wirkung war unglaublich. Jemand sagte: ›Sie sieht aus wie die Kaiserin Zenobia.‹ Ihre Würde war durch nichts zu erschüttern; zumindest schien es so. Nur die anderen lachten.«

Am 29. Januar schrieb sie aus Luxor an Virginia: »Die einzige Art, mit Ägypten fertig zu werden, besteht für mich darin – wie Molly MacCarthy es mit Weihnachten machte –, alphabetisch vorzugehen.« Und sie spulte eine Liste ab, die mit »Amon, Amerikaner, Alabaster« begann und bis zu »Xerxes, Xenophon, Yogurt, Zauber (meine eigene Verzauberung)« reichte. »Machen dich dünne Seidengewänder und Sonnenbräune neidisch? Nein, du armes Ding, du ziehst dein altes, nebliges Bloomsbury und deine Londoner Squares vor. Der Wunsch, Virginia zu rauben, überkommt mich – sie zu rauben, mitzunehmen und in die Sonne zu stellen, zwischen all die Dinge, die ich in alphabetischer Reihenfolge aufgezählt habe.«

Sie beschrieb Virginia ihren Besuch im Tal der Könige:

»Wenn menschliche Wesen halb so aufregend auf dich wirken wie Dinge der Natur auf mich, dann verstehe ich in der Tat, warum du gern in London lebst. Ich kann nicht erklären, warum sie diese berauschende Eigenschaft haben. Ich verstehe vollkommen, warum menschliche Wesen sie haben... Und, merke dir – ich mache mir so viele Sorgen um die wenigen Menschen, die mir etwas bedeuten. (Um Virginia? Weiß Gott, JA, um Virginia.)«[2]

---

* Virginia Woolf, *Letters*. Gesammelte Briefe, Bd. 1-3, erscheinen voraussichtlich ab 1995 im S. Fischer Verlag, Frankfurt am Main [Anm. d. Übers.].

Während ihrer Flitterwochen hatte ihr Sonnenstich sie und Harold daran gehindert, das Tal der Könige zu besuchen; jetzt bedauerte sie das und schrieb ihm, es sei »eines der eindrucksvollsten Dinge, die ich je gesehen habe; es ist haargenau Eliots wüstes Land.«* Und sie hatten Karnak bei Mondschein gesehen. Dottie sei, so schrieb sie ihm, »die beste Reisegefährtin, die man sich denken kann, weil sie so leicht zu entzücken ist; sie sagt jedesmal ›Sieh doch nur!‹, wenn sie einen Esel sieht. Das ist die richtige Einstellung.« Sie versicherte ihm, für den letzten Teil ihrer Reise nach Persien, der bitterkalt zu werden versprach, sei sie bestens gerüstet: Sie habe einen Pelzmantel, eine Pelzkappe, »eine Jaeger-Decke und einen flauschigen Jaegerschlafsack... drei Thermosflaschen... und auch eine riesige Taschenflasche mit Dotz' bestem Cognac«. Auch die Holzfigur der Heiligen Barbara, Harolds erstes Geschenk an sie, hatte sie bei sich.

Doch vorher machten sie und Dottie noch einen Abstecher – nach Indien. Sie durchfuhren den Suez-Kanal, »mit Sicherheit der abscheulichste Platz der Welt«, und überquerten den Indischen Ozean. In Bombay wurden sie von McNed – Edwin Lutyens – empfangen, der an seinem Neu-Delhi-Projekt arbeitete. »Bombay, ein entsetzlicher Ort«, schrieb Vita in ihr Tagebuch. Indien besaß für keine der beiden Frauen etwas Zauberhaftes. In Agra meinte Dottie, ihr Hotel sei voll von Schlangen; in der Nacht schlich sie entsetzt in Vitas Zimmer, aus dem sie wie gewöhnlich unverzüglich wieder in das ihre expediert wurde – schrieb Vita jedenfalls an Harold. Dottie fuhr von Indien aus nach Hause; Vita reiste allein weiter und nahm in Karatschi ein Schiff durch den Persischen Golf. Für sie war das Reisen relativ einfach; als Gattin eines Diplomaten kümmerten sich bei jedem größeren Zwischenaufenthalt Angestellte der Britischen Botschaft um sie.

Auf dem Schiff schrieb sie einen desillusionierten Brief an ihren Vater: »Indien ist ein abscheulich schmutziges bedint Land, und es macht mir nichts aus, wenn ich es nie wiedersehe. Die Hindus sind eine schmutzige, kriecherische Bande; die Ägypter konnte ich täglich um mich haben.« Sie hatte einen verstauchten Knöchel, einen entzündeten Hals, eine Magenverstimmung und fühlte sich ziem-

---

* T.S. Eliot, *Das wüste Land*; erschienen 1923 in der Hogarth Press, dt. 1972 [Anm. d. Übers.].

lich einsam. Sie las Proust, studierte ihre persische Grammatik und begann mit der Niederschrift eines neuen Buches. Sie hatte bereits beschlossen, über diese Reise eine Reiseerzählung zu schreiben; aber sie beneidete Virginia um die fiebrige Erregung, mit der diese an ihrem neuen Roman arbeitete, und gestand sich ein, daß nur das Schreiben schöner Literatur jenen besonderen Reiz vermittelte, als »dirigiere man ein Orchester oder modelliere in Ton. Ein Gefühl, einer Sache wirklich Gestalt zu geben.«

Sie schrieb Virginia ein wenig befangen, in deren Stil, um ihre wechselseitigen Erkundungen des Partners fortzusetzen. Über Indien schrieb sie, der Tadsch Mah'al habe ihr gefallen, ein »reines und heftiges lyrisches Gedicht. Und überall Schmutz, Schmutz, Schmutz.« Sie wußte, daß Virginia sie intellektuell und künstlerisch in die Tasche stecken konnte: »Ich weiß nicht, ob ich nach der Lektüre der Bücher von Virginia Woolf deprimiert oder ermutigt sein sollte. Deprimiert deshalb, weil ich nie imstande wäre, so zu schreiben, oder ermutigt, weil jemand es kann.«[3] Vom Schiff schrieb sie:

»Du hast nun einmal (Oh, ja, ich weiß, ich sagte, ich würde auf der Fahrt durch den Persischen Golf über Virginia schreiben) das *mot juste*, mehr als jeder moderne Schriftsteller, den ich kenne. Als einzigen Nebenbuhler würde ich in diesem Punkt Max [Beerbohm] ins Feld führen. Ich frage mich, ob es dich viel Mühe oder Nachdenken kostet oder ob es dir entspringt wie die jungfräuliche Athene dem Haupt des Zeus? Ich glaube nicht, daß es dich viel Mühe kostet, verflixt noch mal! Weil du es auch in deinen Briefen hast, für welche du gewiß keinen Entwurf gemacht hast...

Das Sonderbare ist, daß du der einzige Mensch bist, den ich richtig kenne, der sich von den vulgäreren, fröhlicheren Dingen des Lebens fernhält. Und ich frage mich, ob du dabei verlierst oder gewinnst. Ich stelle mir vor, daß du gewinnst – *du*, Virginia –, weil du so veranlagt bist und einen ausreichenden Fonds an Reizmitteln in dir selbst hast... Du wirst denken, daß ich fortwährend versuche, dich von deinem Sockel herunterzuziehen, aber wirklich, dort oben liebe ich dich am meisten. Es wäre bloß ein großer Spaß, dich zu verpflanzen, den Sockel und dich, bloß einmal... Gute Nacht, liebe und entrückte Virginia.«[4]

Ende Februar kam Vita im Irak an. In Bagdad wohnte sie bei Gertrude Bell, dieser bemerkenswerten Frau, die Arabistin, Historikerin, Alpinistin, Archäologin und politische Beraterin der irakischen Regierung war und zu dieser Zeit gerade die Gründung eines Nationalmuseums in Bagdad abschloß. Miss Bell gab ein Essen für Vita, führte sie durch die Basare und nahm sie mit zum Tee beim König des Irak – »ein bezaubernder, stattlicher, romantisch wirkender Mann, der schlecht Französisch spricht und unendlich einsam aussieht«, schrieb Vita in ihr Tagebuch. Sie war Gertrude Bell schon früher begegnet, doch jetzt war sie von ihr weit stärker beeindruckt, »an dem ihr angemessenen Ort, in ihrem Haus mit dem Büro in der Stadt, ihrem weißen Pony in einer Ecke des Gartens, ihren arabischen Dienern, ihren englischen Büchern, ihren babylonischen Tonscherben auf dem Kaminsims, ihrer langen schmalen Nase und ihrer unwiderstehlichen Vitalität«. (Sie starb nur vier Monate nach Vitas Besuch im Alter von achtundfünfzig Jahren.)

In Bagdad erwarteten Vita Briefe von Virginia, und sie antwortete ihr: »Der Satz, daß du mich vermißt, brennt wie eine kleine warme Kohle in meinem Herzen. Oh, ich vermisse dich so sehr... das ist schmerzlich, doch auch ein wenig angenehm, wenn du weißt, was ich meine... es tut gut, ein so lebhaftes und dauerhaftes Gefühl für jemanden in sich zu spüren. Es ist ein Zeichen von Vitalität. (Ich wollte kein Wortspiel machen.)«[5]

Vita erzählte Miss Bell, daß sie sich als Geschenk für Harold einen Saluki-Hund wünsche. Nachdem sie einen Telephonanruf getätigt hatte, ging Miss Bell in ihr Büro. Dann begannen, wie Vita ihrem Vater schrieb, »Scharen von Arabern zu erscheinen, die Salukis an der Leine führten. Und als Gertrude zum Lunch heimkam, war es eine richtige Meute geworden, an verschiedenen Pfosten der Veranda angebunden. Und alles meine Schuld. Und sie sind alle noch hier, zur Ansicht.« Vita wollte sie alle haben; auf Anraten Miss Bells entschied sie sich für eine junge, gelbe Hündin namens Zurcha. (Sie erwies sich als unrettbar blöde und war der einzige wirklich enttäuschende Hund, den die Nicolsons je besaßen.)

Vita reiste mit der Trans-Desert-Mail (einem Autokonvoi) durch Kurdistan nach Persien. Während der Nacht verfolgten berittene

Banditen den Konvoi; es war ein wirkliches Abenteuer von der Art, wie Vita es sich immer erträumt hatte. »Ich war beinahe traurig, als ich die Lichter von Kermanschah vor uns auftauchen sah.« Dort, am 1. März, wartete Harold auf sie, in einem »Zustand schrecklicher Ungeduld, Angst und Aufregung«. Er sah die Scheinwerfer und dann das Auto und dann »meine Viti mit einer kleinen Pelzkappe«, den Saluki auf den Knien. »Ungestüme Erregung.«

Die fünfhundert Meilen von Kermanschah nach Teheran legten sie gemeinsam zurück; sie beschrieb ihr Vergnügen ihrem Vater:

»Man fährt durch endlose Ebenen, umgeben von Amphitheatern schneebedeckter Berge, liebliche braune Ebenen und Herden, die an den Hängen grasen; und dann überquert man das Bollwerk der Berge auf höchst aufregenden Pässen und überschaut vom höchsten Punkt (10 000 Fuß hoch) Zentralasien, in der einen Richtung zum Himalaja, in der anderen nach China blickend. Natürlich liegt der große Zauber dieses Fleckens in der völligen Wildheit und Abwesenheit der Zivilisation; man spürt, so wie es heute ist, war es während der letzten tausend Jahre, und genauso muß es gewesen sein, als Marco Polo über diese Route reiste.«

Sie erreichten Teheran und »Hadjis kleines Haus« am 5. März bei strahlendem Sonnenschein.

Vita schrieb, im Jahre 1926 sei Teheran »eine schmutzige Stadt mit schlechten Straßen, Abfallhaufen und streunenden Hunden« gewesen, »verrückte kleine Kutschen mit verhärmten Pferden; ein paar protzige Gebäude und schäbige Häuser, kurz vor dem Einstürzen«.[6] Die Stadt lag noch immer innerhalb ihrer alten Befestigungsanlagen aus Lehm; einst begann unmittelbar hinter dem Stadttor aus blauen und gelben Ziegeln die Wildnis. »Wir ernähren uns von Rebhühnern, Melonen, Granatapfelmarmelade und Schiras-Wein.«

Vitas Vorurteile gegen das diplomatische Leben wurden bestätigt, obgleich sie Besuche machte, Festessen gab oder ihnen beiwohnte, wie schon in Konstantinopel; sie überreichte sogar die Preise bei einem Hockeyturnier. »Ich mag die Diplomatie nicht, obgleich mir Persien gefällt«, schrieb sie ihrem Vater. »An Sonntagen unternehmen wir Erkundungsfahrten aufs Land.« Es war Frühling in Persien; auf den Hügeln und in den Tälern vor der Stadt fanden sie und Harold Goldwurz, Königskerzen, roten und purpurnen Mohn, scharlachroten Hahnenfuß, blühende persische Iris, wilde Mandeln, Glyzinen und in abgelegenen Nischen Flieder und Rosen. In der Wüste hinter Doschau Tapeh fanden sie am 26. März kleine purpurne Anemonen, und zwei Tage später sahen sie weiße und gelbe Tulpen und junge Gazellen.

Sie beschrieb Virginia die Geburtstagsfeier des Schahs: »Also, um 8.15 fährt ein riesiges gelbes Automobil vor; Harold in Uniform und Goldbesatz, kleines Schwert, das zwischen seine Beine gerät; Vita spöttisch, aber mit Smaragden bedeckt« – und »ganz wunderbar« aussehend, dachte Harold. Am 19. März schrieb er an Clive Bell: »Oh, Vita in Persien! Clive, ich versichere dir, es ist ein wunderschöner Anblick. Majestätisch und gelassen bewegt sie ihre langen schlanken Beine; majestätisch und gelassen nimmt sie die unverhohlene Bewunderung der persischen Notabeln entgegen – und nach dem Dinner geht sie mit leisem Ächzen ins Bett.«[7] An manchen Abenden arbeitete Vita lange, korrigierte die Fahnen von *The Land* und machte Ergänzungen. In Teheran schrieb sie am 23. März die Schlußzeilen, in denen die Dichterin von der anderen Seite der Welt ihr heimatliches Kent beschwor:

Der Mond, der Stern, leuchtend über meinem englischen Weald*
Zu dieser Stund', und ich bin nicht da, sie zu grüßen.

Vita half Lady Lorraine, Gattin des britischen Gesandten in Teheran, den Gulestan-Palast für die Krönung von Schah Reza Khan herzurichten und zu dekorieren. Der Palast befand sich in einem jammervollen Zustand, »eine Mischung aus Glanz und Schmutz, wie ein riesiger Ramschverkauf«. Sie zog eine Schürze an, mischte in der Großen Halle Farben und fragte sich, wie wohl das persische Wort für »Pointillismus« laute. In einem ihrer langen Briefe an Virginia schrieb sie, daß sie sich gegen ihren Willen immer mehr zurückzöge und besorgt sei wegen dieser Neigung; sie verfüge nicht über Virginias Geschick in bezug auf Menschen: »Und das ist viel-

---

* *The Weald*: Hügellandschaft im Südosten Englands [Anm. d. Übers.]

leicht einer der Gründe, warum mir Frauen lieber sind als Männer (sogar platonisch); sie können mehr Mühen ertragen und sind geschickter in der Kunst, Freundschaften eine Form zu geben; es ist ihre Aufgabe; Männer sind zu verderbt und faul.«

Ihr und Harold wurde das Vergnügen zuteil, die Schätze des persischen Reiches besichtigen zu dürfen. Auch das schilderte sie Virginia:

»Ich bin blind. Geblendet von Diamanten. Ich bin in Aladins Höhle gewesen. Säcke von Smaragden wurden vor unseren Augen ausgeleert. Säckeweise Perlen. *Buchstäblich.*

Beim Fortgehen schüttelten wir uns die Perlen aus den Schuhen.

Schnüre mit ungeschliffenen Smaragden. Schwertscheiden, überzogen mit kostbaren Steinen. Große Priesterkronen.

All dies in einem schmutzigen Raum mit schmuddeligen teetrinkenden Persern... Es war wie ein Märchen aus Tausendundeiner Nacht, ausgestattet von den Sitwells. Reiner Tagtraum. Oh, *warum* warst du nicht dabei?«[8]

Verglichen damit, war die Krönung selbst »Amateurtheater«. Raymond Mortimer, der Harold sehr vermißt hatte, kam Ende März zu ihnen auf Besuch; und im April fuhren die drei für ein paar Tage nach Isfahan – »Flieder, Iris und blaue Ziegel«, wie Vita in ihr Tagebuch schrieb. Dort stieß Gladwyn Jebb zu ihnen, damals ein junger Sekretär an der Teheraner Gesandtschaft. Gern sah Vita den Teppichknüpfern bei der Arbeit zu. »Ich hatte gedacht, meine Freiheit zu gewinnen, indem ich mich mit meinen Wurzeln ausriß, und hier war ich bereits in Liebe zu Persien verstrickt.«[9]

Raymond erzählte ihnen, er schreibe an einem Roman über Sodomie. (Falls das zutraf, hat er ihn nie veröffentlicht.) Vita sagte, berichtete Harold Clive am 1. Mai, sie habe »einen solchen Roman bereits geschrieben« und das Manuskript sei »in den Tresorräumen der London County and Westminster Bank in Sevenoaks deponiert. Ich soll ihn als ihr literarischer Nachlaßverwalter nach ihrem Tod publizieren.«

Dies ist beinahe der einzige belegte Hinweis Vitas auf ihr Manuskript von 1920, wenn er sich denn darauf bezog; darüber hinaus der einzige belegte Hinweis, wenngleich spaßig gemeint, daß Vita das Buch nach ihrem Tod veröffentlicht sehen wollte. Es ist unmöglich, etwas Verläßliches über ihre Absichten zu sagen. Doch ist die Tatsache, daß sie das Manuskript nie vernichtete, bezeichnend; sie schrieb in dem Manuskript, sie glaube, daß ihre Erfahrungen für andere Menschen hilfreich sein könnten, und sie lieferte Hintergrundmaterial, das sie selbst nicht brauchte, das aber den Schluß nahelegt, daß sie künftige Leser im Blick hatte. Der einzige andere und weniger aussagekräftige Hinweis auf das Manuskript findet sich in einem Brief, den sie am 17. September 1926 an Virginia schrieb; sie entschuldigte sich, daß sie einen alten Umschlag benutze, weil »der kleine, dicke Schlüssel, den ich verloren habe, nicht nur meinen Ruf, sondern auch mein Schreibpapier unter Verschluß hält«. (Das Manuskript wurde in einem kleinen geschnitzten Schrank ohne Schloß gefunden.) Der Hinweis auf den Banktresor war vermutlich eine falsche Spur oder ein Spaß, und Harold nahm es gelassen: »Das Ganze hat gewiß einen femininen Anstrich – ich, ein ältlicher Witwer, zweifellos Botschafter, gewiß ein K.C.M.G.*, lasse stellvertretend die Schimpfkanonaden der Kritiker über mich ergehen.« Zwar überlebte er Vita, doch er wurde nie Botschafter, und die Kritik wegen der Veröffentlichung des Manuskriptes hatte ihr Sohn Nigel zu tragen.

Am 5. Mai waren sie in Rescht, nahe dem Kaspischen Meer. Vitas Aufenthalt war zu Ende. Sie würde nach Rußland abreisen und von dort den langen Heimweg antreten. Harold erschütterte der Abschied zutiefst. Nachdem sie fort war, brach er zusammen und weinte. Raymond war machtlos und konnte ihm nicht helfen, da er selber durch diesen Beweis von Liebe und Schmerz erschüttert war. In langen Briefen, die Harold an Vita in den folgenden Tagen schrieb, schilderte er ihr jede Nuance seines Kummers, seiner Niedergeschlagenheit, seiner allmählichen Erholung und die genaue Beschaffenheit seiner Gefühle für sie.

Der Ausdruck von Liebe kann gehemmt und eigennützig sein, selbst wenn die Liebe aufrichtig ist. In seinen Briefen an Vita (so wie in den ihren an ihn) lagen Gefühl und »Literatur« dicht beiein-

---

* K.C.M.G.: Knight Commander of the St. Michel and St. George (hoher britischer Orden) [Anm. d. Übers.].

ander. Die Worte machten das Gefühl erträglich; das Gefühl schürte die Worte. Harold war ein besessener und talentierter Chronist. Für solche Leute stellt sich zuweilen ein Gefühl oder eine Handlung, die sie in Worte gefaßte haben, wie eine Erfahrung dar, die sie gemacht haben. Darauf ist der Eindruck des Theatralischen und Vorsätzlichen zurückzuführen, den eine fortgesetzte Lektüre seiner Briefe möglicherweise vermittelt:

»Meine einzige geliebte Viti, als ich die Schlafzimmertür in Rescht hinter mir geschlossen hatte, stand ich einen Augenblick lang auf dem Treppenabsatz ganz schwindlig vor Qual, und das ganze Haus schwankte und wackelte hin und her. Ich hielt mich mit größter Anstrengung davon zurück, wieder in dein Zimmer zu stürzen – wo ich deinen lieben Kopf in Tränen gebeugt gefunden hätte... Ich ging die Treppe hinab in den Garten.«

Es ist ziemlich klar, daß Harold sich vorstellte, seine Tagebücher und Briefe eines Tages im Druck und anderen Augen zugänglich gemacht zu sehen. Am 17. Juni 1926 merkte er in seinem Tagebuch mit heiterer Ironie an: »Oh, mein zukünftiger Biograph! Wenn du dieses mein Tagebuch liest, sage nicht: ›Welch ein leeres Leben!‹ Wirf lieber einen Blick auf meine Briefe an Viti, die ein vollständigeres Bild meiner edlen und nimmermüden Anstrengungen auf den Feldern des Lebens und der Literatur vermitteln.«

Vita stellte solche Überlegungen erst viel später an. Auch sie war durch die Trennung aufgewühlt, doch mehr durch seinen als durch ihren Schmerz. Sie gelobte ihm:

»Wir werden einander nicht mehr verlassen. Jedermann sonst kann geopfert werden, doch es ist niemand auf der Welt, der mir mehr bedeutet als du... Es ist die Zärtlichkeit, die ich für dich empfinde, die so schmerzt; Liebe ist etwas viel Grausameres; Zärtlichkeit dagegen ist so beschützend. Ich kann den Gedanken nicht ertragen, daß du vielleicht weinen wirst. Liebling, die Mars müßten verrückt sein zu glauben, sie könnten jemals ohne den anderen auskommen... Glücklicher Tray [Raymond], der bei dir sein kann.«

»Das war eine sonderbare Heimreise«, schrieb Vita später, »sie begann mit persönlicher Trübsal, zeigte in der Mitte intensives unpersönliches Interesse und endete in einer reinen Farce.«

Bis Moskau reiste sie mit dem persischen General Hassan Arfa und seiner englischen Gattin Hilda; ihr Zug sauste durch den Kaukasus, und vom Fenster aus sah Vita Mohn, Flachs und Borretsch in »weiten blauen Flächen«. In Moskau – Stalins Moskau – wurde sie von zwei riesigen, mit Union Jacks geschmückten Autos abgeholt und in rasendem Tempo zur Britischen Botschaft gefahren. Ihre Eindrücke waren begrenzt, doch niederdrückend; sie schrieb an Harold:

»Jedermann scheint von Angst erfüllt, er könne belauscht werden; jedermann sieht verschreckt und furchtsam aus. Alle Leute auf der Dinner Party in der Botschaft sagten zu mir, einer nach dem anderen und nicht, weil ich sie dazu genötigt hätte: ›Wissen Sie, das Leben ist schrecklich hier. Man weiß nie, wer als nächster verschwindet.‹ An den Straßenecken sieht man offensichtlich verzweifelte Leute stehen oder sitzen; keine Bettler... Und doch sagen sie, es sei unvergleichlich besser als vor einem oder zwei Jahren!«

Vita hatte sich vorgenommen, in Warschau Station zu machen und die Potockis zu besuchen, die jetzt in beschränkteren Umständen lebten; ihr Schloß, in dem sie 1909 gewohnt hatte, war dem Erdboden gleichgemacht. Im Nachtzug nach Polen mußte sie ein Schlafwagenabteil mit vier russischen Männern teilen – »Wenn das bei der Demokratie herauskommt, bin ich jederzeit mit der Tyrannei zufrieden.« Als sie sich der Grenze näherten, kam die Nachricht, in Warschau sei Revolution: Unmittelbar hinter der Grenze, in Bialystok, hielt der Zug, und alle Reisenden mußten aussteigen. Vita, eine Gruppe von Deutschen, ein Russe und zwei Österreicher schafften es, einen Personenzug nach Graceivo an der deutschen Grenze zu erwischen, wo man auf einen Zug nach Berlin vier Stunden warten mußte. Die kleine Schar fand ein Café:

»Es war alles sehr slawisch. Wir zehn saßen an einem langen, schmalen Tisch wie beim Abendmahl. Wir waren alle müde und trübsinnig. Dann tauchte wie durch Zauberhand eine Flasche Wodka auf. Die Zungen lösten sich... Einer der Deutschen beugte sich über den Tisch und sagte plötzlich zu mir: ›Ich bin mit Singer-Nähmaschinen mehr als hunderttausend Kilometer durch die Mandschurei gereist.‹«

Dann trank eine Frau sechs Gläser Wodka und begann zu tanzen; ein polnischer Offizier spielte Csárdás auf einem Klavier; die Konversation fand in Russisch, Polnisch, Deutsch, Englisch und Chinesisch statt. Vita gab ihre persischen Eindrücke zum besten. »Irgend jemand spielte ›An der schönen blauen Donau‹ auf dem Klavier, und die zwei Österreicher liebten sich vor aller Augen.« Endlich kam der Zug.

All dies schrieb Vita im Hotel »Kaiserhof« in Berlin auf den Rückseiten der Fahnen von *The Land*. »Ich glaube, ich muß eine eiserne Konstitution haben, denn ich bin wirklich nicht sehr müde.«

Der männlich-weiblichen Hauptperson V. Sackville-West stand noch ein weiteres kleines Abenteuer bevor. Als der Zug nach Holland in Bertheim hielt, stieg ein blonder junger deutscher Offizier zu; Vita döste in ihrem »Jaeger-Schlafsack«. Der Offizier sagte, »die Vorsehung habe ihre Hand im Spiel, und ich müsse ihn heiraten«:

»Also erklärte ich ihm, daß ich bereits verheiratet sei und er fortgehen müsse. Aber er wollte nicht gehen, fiel auf die Knie, zerraufte sich das Haar und nannte mich ›Mein Schatz, meine Seele‹... wäre ich eine solche Person gewesen, wäre ich gewiß nach Amsterdam gefahren, um ihn zu treffen, wie er vorschlug. All das um sechs Uhr morgens, während draußen der Regen niederströmte und ich mich noch nicht einmal gepudert hatte – was mir peinlich bewußt wurde.«

»Ich weiß, es hört sich an wie eine ›Verführer in Ecuador‹-Geschichte«, schrieb sie Harold im Zug, »aber ich schwöre, daß es nicht so ist.« Es sei ein Jammer gewesen, schrieb sie, daß Tray [Raymond] nicht an ihrer Stelle gewesen sei, »denn es war solch eine Verschwendung«.

Am nächsten Tag, dem 16. Mai, wurde sie von Dottie an der Victoria Station abgeholt und mit ihrem Rolls-Royce in Dotties Wohnung in Mount Street gebracht, »wo ich eine Flasche Champagner praktisch in einem Zug leerte und in einen tierischen Schlaf fiel«.

Kapitel 15

Vita fuhr unverzüglich nach Oxford, um die Kinder in Summer Fields zu besuchen – »Ich liebe sie beide« –, und machte bei dieser Gelegenheit dem Poet Laureate, Robert Bridges, einen Besuch; sie brachte ihm Nachricht von seiner Tochter Elizabeth Daryusch, die mit einem Perser verheiratet war und die Vita in Teheran getroffen hatte. »Der Laureate entsprang einem Rhododendronbusch, um das Tor zu öffnen. Er ist sehr schön und sieht aus wie Tennyson – Schlapphut, karierter Schal, ein Norfolkjackett, ein Frackhemd (gestärkt), graue Flanellhosen, rosa Stricksocken, leichte Halbschuhe. Langes weißes Haar, weißer Bart; lange Oberschenkel; schöne Hände. Der Inbegriff eines Viktorianers.« Als sie einen Besuch in Knole machte, stellte sie fest, daß Eddy, »in schwarzen Samt gekleidet einhertrippelnd«, den Turm, in dem er wohnte, in einer sehr *outré* Art neu ausstaffiert hatte. »Ich habe nichts gegen Homosexualität, aber ich hasse Dekadenz«, schrieb Vita an Harold. »Und überall in Knole breitet sich häßlicher üppiger Schwamm aus ... ich glaube nicht, daß Dada das sehr behagt.«

In Long Barn gab es sieben neue Elchhund-Welpen und vier neue Kätzchen, und als Vita eine Woche wieder daheim war, warf ihr Spaniel Pippin fünf Junge. Der Garten stand in voller Frühlingsblüte. »Dein neuer Pappelweg steht in vollem Saft. Der Wald ist eine Pracht von Primeln, Anemonen, Tulpen, Azaleen, Iris, Schlüsselblumen ... Im Apfelgarten wachsen jede Menge Iris und Lupinen. Der Rasen ist vollkommen ... Die Rosen sind wundervoll beschnitten; der Flieder ist unter Blüten begraben. Desgleichen dein Geißblatt an der Tür des großen Zimmers.« Lediglich der Tennisplatz war »eine Katastrophe«. Sie hatte »solche Sehnsucht nach Hadji, der hier sein sollte und es nicht ist«. Horne, ihr alter Butler, machte sich Sorgen wegen ihrer Einsamkeit. »Wenn er wüßte, wie unendlich ich die Einsamkeit den klatschenden, schreienden, nachäffenden Fatzken vorziehe, die London zu bieten hat! Ein Abend mit Ozzie ist so schlimm wie eine ganze Clique.« Sie beabsichtigte, »sehr exzentrisch und distinguiert zu sein und nie jemanden zu besuchen... Aber die Exzentrizität ist leichter zu erwerben als die Vornehmheit. Das Exzentrische liegt einem im Blut.«

Der »Schock des Wiedersehens nach der Abwesenheit«, wie Vita es nannte, und die spielerische Intimität ihrer Briefe machten das erste Treffen mit Virginia ein wenig verlegen und gezwungen. Die Enttäuschung verflog, als Vita zwei Tage in Rodmell verbrachte. Virginia teilte ihrer Schwester Vanessa mit, Leonard sei im Begriff, nach London zu fahren – »Mehr sage ich nicht: da Vita dich verdrießt, da Liebe dich verdrießt... Trotzdem, die Juninächte sind lang und warm; die Rosen stehen in Blüte; und der Garten ist voll von Lust und von Bienen, die sich auf den Spargelbeeten vermischen.« Vanessa erwiderte: »Übermittle meine untertänigsten Grüße an Vita, die mich wie ein arabisches Vollblut behandelt, das aus einem Augenwinkel auf ein langohriges Muli blickt.«[1] (Tatsächlich war Vita sehr darum bemüht, Vanessa zur Freundin zu gewinnen; es war Vanessa, die auf Distanz hielt.) Vita schrieb am 13. Juni aus Rodmell an Harold:

»Ich bin, wie du ersehen kannst [aus dem Briefkopf], bei Virginia. Sie sitzt mir gegenüber, stickt eine Rose, einen schwarzen Spitzenfächer, eine Streichholzschachtel und vier Spielkarten auf einen malvenfarbenen Stramin, nach einem Entwurf ihrer Schwester, und von Zeit zu Zeit sagt sie: ›Du hast genug geschrieben, laß uns jetzt über Beischlaf reden‹; wenn dieser Brief also aus den Fugen gerät, ist es ihre Schuld und nicht die meine.«

Die Woolfs hatten in Monk's House gerade ein Badezimmer und eine Toilette installieren lassen, da *Mrs. Dalloway* sich recht gut verkaufte, was Vita freute. Die Woolfs freuten sich ebenfalls; wie Vita schrieb, »rannten sie alle beide von Zeit zu Zeit nach oben und zogen aus lauter Spaß an der Spülung, kamen wieder herunter und sagten: ›Es hat gut funktioniert, hast du gehört?‹« Virginia sagte (und Vita teilte es ihm anzüglich mit), Harold solle die diplomatische Laufbahn aufgeben und sich in England einen Posten suchen.

Das Wochenende vertiefte ihre Intimität mit Virginia, und bei einem weiteren Treffen in Sherfield wiederholten sich Clive Bells Indiskretionen: »Clive brüllte, daß es jeder hörte: Bin ich schon mit Virginia im Bett gewesen? Falls nicht, werde ich es in naher Zukunft sein? Falls nicht, werde ich meine Aufmerksamkeit darauf richten, denn es ist hohe Zeit, daß V. sich verliebt (armer Clive, wenn er wüßte!).« Vita beschrieb einen Ballettabend, den sie mit Virginia besuchte:

»Sie trug ein neues Kleid. Es war wirklich höchst sonderbar, orangefarben und schwarz, mit einem dazu passenden Hut – eine Art Zylinder aus Stroh mit zwei orangefarbenen Federn wie die Flügel von Merkur – doch so merkwürdig es auch war, es stand ihr auf eine kuriose Weise und erfreute Virginia, weil es nicht den geringsten Zweifel geben konnte, wo vorn und wo hinten war.«

Als sie aus dem Theater kamen und zum Haymarket gingen, fröstelte Virginia, nicht vor Kälte, sondern vor Aufregung. »Ich konnte sie vom Theater überhaupt nicht wegbekommen, und wir schritten auf und ab, den dunkelblauen Himmel über uns, inmitten gutgekleideter Leute, die sich unterhielten, und alles war ganz so wie in *Mrs. Dalloway*...«; so sehr, daß Virginia Angst bekam und Vita sie zum Kaffee ins Restaurant »Eiffelturm« brachte.

Zwei Tage später waren sie abermals im »Eiffelturm« und speisten, bevor sie *Façade* von den Sitwells anhören gingen. Sie unterhielten sich so lange, daß sie zu spät kamen. »Aber weißt du, Hadji, ich bin ganz sicher, daß sich heute in fünfzig Jahren kein Mensch mehr an die Schwindeleien der Sitwells erinnern wird, oder nicht mehr als an George Robey.« (Vita war nicht im Einklang mit ihrer Zeit.) Sie machte sich daran, eine Parodie auf *Façade* zu schreiben – »Hast du in deiner *Nation* ein paar funkelnde und witzige Verse über die Sitwells gelesen? Hinter dem Pseudonym verbirgt sich dein Mar«, teilte sie Harold mit.

Im Juli kam B.M. nach Long Barn. Sie hatte sich mit nahezu all ihren Freunden zerstritten, war in einem sehr schlechten Gesundheitszustand und brauchte ständige Aufmerksamkeit. Sie hatte Diabetes, Dickdarmentzündung, ein vergrößertes Herz und einen beginnenden grauen Star. Vita hatte Harold versprochen, ihn im Oktober abermals in Persien zu besuchen; diese Aussicht machte B.M. vollends elend, und Vita teilte Harold mit, sie könne nicht kommen. Harold akzeptierte ihren Entschluß; in gewisser Weise war es weniger schmerzlich, Vita nicht zu sehen als nur während eines kurzen Besuches. Einen neuerlichen »Trennungsschmerz wie in Rescht« konnte er nicht ertragen.

Doch er war verletzt – so wie er gekränkt war, als Vita ihm schrieb, sie habe *The Land* nicht ihm, sondern Dorothy Wellesley gewidmet. Vita schlug vor, an ihrer Stelle solle Raymond nach Teheran fahren. »Das will ich nicht«, erwiderte Harold. »Ich glaube wirklich, daß es einen zu großen Skandal verursachen könnte.« Nichtsdestoweniger fand er Trost in einer Schwärmerei für den jungen Patrick Buchan Hepburn, der krank und pflegebedürftig von der Botschaft in Konstantinopel gekommen war. Er schrieb Vita viel über seine Vorzüge, zum Teil vermutlich, um sie zu necken und zu provozieren. Was ihm Sorgen bereitete, war, daß es vielleicht nicht B.M. sei, die Vita in England zurückhielt, sondern ihre Bindung an Virginia. Ihre »Entschuldigungen« gemahnten ihn an die Zeit mit Violet. Er sorgte sich auch um Virginias willen, da er um ihre seelische Instabilität wußte. »Es ist, als ob man neben einem Benzinkanister rauchte.«

An einem gewittrigen Nachmittag ging Vita mit Virginia nach Kew Gardens, und die Woolfs nahmen eines von Pippins Jungen zu sich und nannten es Pinker. Halb Bloomsbury kam zu einem sommerlichen Wochenende nach Long Barn: »Ich werde Clive den Gastgeber spielen lassen. Ich habe ihn und Mary [Hutchinson] nebeneinander einquartiert, dann können sie, wenn sie wollen, die ganze Nacht vögeln – was sie offenbar tun. Ich mag sie schrecklich gern – sie hat die angenehmsten Manieren, die man sich vorstellen kann, und das gefällt mir. Die leibhaftige Liebenswürdigkeit der Alten Welt.« Am 17. August schrieb sie Harold einen langen ernsten Brief wegen seiner Befürchtung, sie könne mit Virginia die Violet-Situation wiederholen.

»Was du bei Violet nie begriffen hast:

a) daß es eine Verrücktheit war, der ich nie wieder fähig sein würde; so etwas passiert nur einmal und sengt die Fähigkeit zu einer solchen Empfindung aus einem heraus;

b) daß du mich zu jedem Zeitpunkt hättest zurückholen können, aber es aus irgendeinem erstaunlichen Grunde nicht wolltest. Ich habe dich angebettelt, ich wollte doch gerettet werden, aber du wolltest nicht die Hand nach mir ausstrecken.«

(Das war unfair. Harold streckte unentwegt seine Hand nach ihr aus. Aber sie hätte etwas mehr gebraucht als eine ausgestreckte Hand.)

»Du erwähnst Virginia: das ist einfach lachhaft. Ich liebe Virginia – und wer täte das nicht? Aber wirklich, mein Liebster, Liebe zu Virginia ist eine völlig andere Sache, eine geistige Sache, wenn du willst, eine intellektuelle, und sie flößt einem ein Gefühl von Zärtlichkeit ein, das wohl seinen Grund in ihrer komischen Mischung aus Härte und Weichheit hat – die Härte ihres Verstandes und ihr Schrecken davor, wieder geistesgestört zu werden.«

Vita hatte »eine Todesangst davor, körperliche Empfindungen in ihr wachzurufen, eben wegen der Geisteskrankheit«:

»Du verstehst, ich weiß nicht, welche Wirkung es haben würde; es ist ein Feuer, mit dem ich nicht spielen möchte. Ich habe zuviel wirkliche Zuneigung und Achtung für sie. Außerdem hat sie nie mit jemanden zusammengelebt, außer mit Leonard, was ein schrecklicher Mißgriff war und sehr bald aufgegeben wurde. Das ist alles folglich eine unbekannte Größe... Du siehst also, daß ich sehr klug bin – obgleich ich wahrscheinlich weniger klug wäre, wenn ich stärker in Versuchung geführt würde, was zumindest aufrichtig ist... Ich *habe* mit ihr geschlafen (zweimal), aber das ist auch alles. So, und jetzt weißt du die ganze Geschichte, und ich hoffe, ich habe dich nicht schockiert.«

Des weiteren versuchte sie ihn zu beruhigen, indem sie ihre Briefe mit Familienneuigkeiten füllte. Ben, inzwischen zwölf Jahre alt, war ein sehr guter Tennisspieler geworden: »Ich verehre ihn heiß.« Nigel verletzte sich den Kopf an einem Kübel auf der Terrasse – »Blut lief auf die Türschwelle hinunter, und seine jämmerlichen kleinen weißen Tennisschuhe waren mit Blut bespritzt. Aber, du lieber Gott, was war er für ein tapferes Kind! denn er versuchte zu lachen und sagte: ›Bin ich tot, Mama?‹« Vita war so entzückt von ihm, daß sie ihm gern verzieh, daß er die Pässe mit Butter eingeschmiert hatte. (Sie schickte sie, zusammen mit Dottie und deren beiden Kindern, für eine Woche in die Normandie.) Harold bemerkte in einem seiner Briefe, er sei überrascht, daß ihre Söhne so »normal« seien: »Ich hätte gedacht, die Mars würden Homosexuelle werden und nicht so etwas Ähnliches wie Mitglieder in einem Tennisclub.« Vita war nicht so sicher. »Liebling, für Ben befürchte ich das Schlimmste. Sein Trieb, sich herauszuputzen, ist schrecklich feminin.«

Sie war nicht traurig, als die Jungen in die Schule zurückkehrten. »Allein. Ein ganz außergewöhnliches Gefühl!« Sie korrigierte die Fahnen von *Passenger to Teheran*.

Am 30. September erschien *The Land* mit einem von George Plank gestalteten Einband. Es war zu einem Werk von 2500 Zeilen angewachsen, doch wirkte ein so umfangreiches Gedicht nicht abschreckend auf eine Generation, die mit langen Gedichten aufgewachsen war – mit Hardys *Die Dynasten*, zum Beispiel, oder den Balladen von John Masefield. Robert Bridges' *Das Testament der Schönheit*, erschienen drei Jahre nach *The Land*, erfreute sich eines noch größeren Erfolges und erreichte im ersten Jahr vierzehn Auflagen; doch bis 1971 verkaufte sich *The Land* stetig, und allein in England wurden bis dahin 100 000 Exemplare verkauft.

»Den Kreislauf sing ich meines ländlichen Jahrs«, beginnt es, und die Dichterin tut genau das und beschreibt in regelmäßigen Jamben, Jahreszeit für Jahreszeit, die Rituale und Pflichten des bäuerlichen Lebens. Die Ich-Form erleichtert den Zugang zu einer sonst vielleicht unpersönlichen Auflistung dessen, was sie in dem Gedicht die »klassische Einförmigkeit« des bäuerlichen Kreislaufs nennt, »das sanfte, immerwährende Epos der Ackerkrume«.

Das Gedicht ist nicht darauf angelegt, aufregend zu sein. »So setzt mein Wandrer gemessen Fuß vor Fuß, erzählt von einem bäurisch-plumpen Leben« – und bietet Stoff zur Parodie von seiten der Zyniker, Experimentatoren und Modernisten. Harold hatte die Parallele zu Vergils *Georgica* schon immer gesehen, doch Vita erzählte Richard Church 1940:

»Ich hatte nie eine Zeile der *Georgica* gelesen, weder in Latein, das ich nicht gelernt habe, noch in einer Übersetzung, bis ich *The Land* zur Hälfte fertiggestellt hatte; ich zeigte ein Stück davon einem Freund, der darauf sagte: ›Aber du ahmst ja die *Georgica* nach.‹ Ich bestritt indigniert und wahrheitsgemäß, irgend etwas nachzuahmen... Darauf gab er mir Lord Burghcleres Übersetzung und die Loeb-Edition der *Georgica*, und ich sah zu meinem Entsetzen, daß mein Gedicht als eine Fälschung oder Nachahmung erscheinen mußte.

Es war keine Fälschung. Es war auch keine Nachahmung.«[2]

Vita hatte sich vorgenommen, die jahrhundertealten Gebräuche und Arbeitsabläufe und die Landschaft von Kent zu dokumentieren, die gerade in den zwanziger Jahren durch die Mechanisierung einer Veränderung unterworfen wurden. Ihre Quellen waren nicht nur ihre eigenen täglichen Beobachtungen, sondern auch landwirtschaftliche Enzyklopädien, alte Gedichte und Abhandlungen über Landbau. In ihr bewußt archaisches Vers-Vokabular nahm sie nicht nur noch benutzte ländliche Worte, alte Orts- und Flurnamen des Weald auf, sondern auch Worte, die bereits nicht mehr gebräuchlich waren. (Von diesen wurde das Wort »undern«, was »am Nachmittag« bedeutet, Bestandteil ihrer Privatsprache mit Virginia.)

In dieser Dichtung von Dung und Mergel und Acker und Plage – klassische georgianische Verse, Lyrik in Gummistiefeln – zeichnete sie den bäuerlichen Jahreslauf des Weald auf: Imkern, Jagd, Schafschur, Säen, Jäten und Ernten, Handwerkern, Dreschen, Pflügen, Apfelweinkeltern und Hopfenpflücken – ihr Leben lang hatte sie sich jedes Jahr an den wüsten Lagern der Hopfenpflücker erfreut, die

Aus Londons Elendsvierteln jährlich fallen ein in Kent,
Das Land erweckend mit rauhem Cockney-Akzent.

Sie schrieb mit Liebe (»Die ländliche Welt, ich habe sie tief ins Herz geschlossen«) und mit Leidenschaft (»Wer nie den Frühling sah, ist blind, ist tot«). Zusätzlich werden die detaillierten Beschreibungen von Abläufen durch lyrische Passagen, die oft unabhängige Gedichte sind, unterbrochen; die beste Lyrik findet sich in diesen Abschnitten, hier verfügt sie über symbolische Kraft und verrät individuelles Vorstellungsvermögen, wie in dem Bild von einem Feld von Kaiserkronen:

> Düster und fremdartig, die nattergefleckte Blume,
> In stumpfem Purpur geschweift, ägyptischen Mädchen gleich,
> Zwischen Ginster lagernd, die Einöde fleckend
> Mit fremder Farbe, matt, dunkel und bizarr,
> Gefährlich auch, wenn vielleicht ein Mädchen heimlich naht,
> Ein ägyptisches Mädchen mit uraltem, bestrickendem Zauber,
> Das ein Netz auswirft, Glieder und Herzen umschlingend,
> Gefangenschaft, sanft und zuwider, ein engmaschiges Netz...
>
> Und vor dem Feld englischer Kaiserkronen weich ich zurück,
> Bevor es zu spät ist, bevor ich vergesse
> Das Kirschenweiß in den Wäldern und die milchigen Wolken
> Und die Kiebitze, die frei hoch überm Pfluge schrein.

Es gibt noch mehr persönliche Anspielungen: da »Kesselflicker« der Spitzname für Geoffrey Scott war, las er die Zeilen

> Der Kesselflicker mit seinem kleinen Karren,
> Hausieren geht er mit seinem Zinngeschirr

als an ihn gerichtet. Der berühmteste Text aus *The Land*, der sich am Ende ihres Lebens auf so bewegende Weise auf die Dichterin selbst zu beziehen schien, war in Wirklichkeit für Dorothy Wellesley geschrieben:

Sie schreitet durch die Schönheit, die sie weckte,
Zwischen Apfelblüten und des Wassers Saum,
Über des Teppichs Muster, das buntgescheckte –
Jede Blume ihr Sohn, ihre Tochter jeder Baum.

J. C. Squire war der erste, der *The Land* im *Observer* schmeichelhaft rezensierte. »Ich weiß, daß Squire ein alberner alter Esel ist und all das, aber sei's drum... Was soll ich jetzt schreiben? Mein Kopf ist von Gedichten prall. Ich *will* ein weiteres langes Gedicht schreiben. Ich *will* mich in die englische Literatur hineinschreiben. So oder anders.« Sogleich entwarf sie ein »Pendant zu *The Land* mit dem Titel *The Garden*« und begann am selben Tag mit der Arbeit. »Es wird viel mehr darinstecken als das bloße Gärtnern – alle meine Meinungen und Zweifel.«

Sie ließ das Projekt fallen – um es fast zehn Jahre später wieder aufzunehmen. In diesem Herbst nahmen B. M.'s Krankheit und ihre Wutanfälle Tage und Wochen ihrer Zeit in Anspruch. »Sie weint die ganze Zeit. Sie sagt, sie wolle sterben. Es ist unaussprechlich schmerzlich.« Dottie meinte, daß B. M. in erster Linie an »Gewissensqualen« leide, weil »man nicht mit so völlig falschen Wertvorstellungen durchs Leben gehen kann, ohne am Ende dafür zu bezahlen«.

Vita verordnete sich einen Schnellkurs in englischer Literatur des 19. Jahrhunderts. Sie kam zu dem Schluß, »die Brontës müssen im wirklichen Leben unerträglich gewesen sein, und von der ganzen Sippe wäre es vermutlich nur Branwell gewesen, mit dem man Mitleid gehabt hätte«. Charlotte Brontës Briefe an Ellen Nussey »lassen sehr wenig Zweifel daran, in welche Richtung Charlottes Neigungen wirklich gingen. Es ist eine andere Sache, ob sie es wußte oder nicht. Aber es sind, schlicht und einfach, Liebesbriefe.« Wordsworth' *Prelude* brachte sie in Rage: »Ich HASSE Wordsworth, den alten Tugendbold, Langeweiler und seine abgestandenen Moralpredigten – BUH! BÄH! Er macht mich ganz wild, wie D. H. Lawrence.«

Sie wußte, warum: »Je mehr ich lese, desto mehr gelange ich zu der Überzeugung, daß ich in einem Zeitalter hätte leben sollen, in dem Ernsthaftigkeit und edles Denken Widerhall fanden... Nicht, daß es mir gefiele; und es gefällt mir um so weniger, als ich in mir selbst den natürlichen Hang zu eben dieser aufgeplusterten Ernsthaftigkeit erkenne; also versah ich, da uns an anderen mißfällt, was uns bei uns selbst mit Argwohn erfüllt, meinen Wordsworth mit wütenden Kommentaren und schleuderte meinen Arnold* durchs Zimmer. Jetzt habe ich mir Jane Austen vorgenommen.« Aber Jane Austens »eher klammheimliche humoristische Seitenhiebe« befriedigten sie nicht. »Im Grunde weiß ich nicht, was ich von Literatur verlange; ich halte es nicht mit der Misthaufen-Verzweiflung Eliots.«

Sie versuchte, ihre Gedanken für die Vorlesung auszuarbeiten, die sie am 27. Oktober vor der Royal Society of Literature, unter dem Vorsitz von Gosse, halten sollte; ihr Thema war: »Einige Tendenzen moderner englischer Lyrik«. Virginia saß in der hintersten Reihe, »mich angrinsend, ironisch, *émue*«, schrieb sie an Harold. (Beide Nicolsons waren in diesem Jahr als Mitglieder in die RSL aufgenommen worden.) Virginia war ironischer, als Vita dachte; in ihrem Tagebuch schrieb sie: »Sie trug ihre Rede mit düsterer, gedrückter Stimme vor, wie ein Schuljunge; das blasierte, schöne Gesicht einer Dame der Gesellschaft leuchtete am Ende des schrecklich verräucherten Saales unter einem schwarzen Hut hervor, es wirkte sehr adlig & wie ein Bild unter Glas in einer Gemäldegalerie.« Virginia empfand die zur Schau gestellte Würde der Royal Society lächerlich und hielt Vita für »zu unwissend, um es zu bemerken«.[3]

Abermals kam sie nach Long Barn für eine Nacht, die Vita in ihrem Tagebuch mit einem (!) versah, und sie trafen sich fast täglich, wenn Vita in London war. Vita schrieb Harold, Virginia sei an »Gefühlsstürme nicht gewöhnt« und habe Angst vor ihrer Reise nach Persien, die für Februar 1927 geplant war. Die beiden Frauen hatten in ihrer Beziehung eine neue Phase der Nähe erreicht. »Öffentlichen« Briefen, die Leonard zu Gesicht bekommen durfte, legte Vita private an Virginia bei. Sie las über Aphra Behn, die unkonventionelle Dramatikerin des 17. Jahrhunderts, von der es hieß, sie habe sich als erste Frau ihren Lebensunterhalt durch Schreiben ver-

---

* Arnold, Matthew (1822-1888), Dichter, Essayist und Kulturkritiker. Berühmt wurde seine These, Dichtung sei die Kritik des Lebens [Anm. d. Übers.].

dient. In einem ihrer privaten Briefe berichtete sie Virginia, daß »mich eine Lektion bei Mrs. A.B. in eine anmaßende lüsterne Person verwandelt. Nicht mehr als Mrs. A.B. finde ich Gefallen an der Keuschheit oder heiße sie gut.«[4]

Aber Virginia ging es nicht gut, und sie war darauf bedacht, sich selbst zu schützen: »Aber verstehst du denn nicht, West, du Eselin, daß du meiner eines Tages überdrüssig werden wirst (ich bin viel älter) und ich darum meine kleinen Vorsichtsmaßnahmen treffen muß? Darum lege ich den Schwerpunkt auf ›aufschreiben‹, anstatt auf ›fühlen‹. Aber Eselin West weiß, daß sie mehr Brustwehren niedergerissen hat als jeder andere.« Und sie drehte den Spieß um und umriß haargenau die Entfremdung, die unnachgiebige Mitte der Dunkelheit in Vitas Persönlichkeit:

»Und gibt es nicht etwas Undeutliches in dir? Es ist etwas in dir, das nicht schwingt; es könnte Absicht sein – das ließest du nicht zu; doch ich sehe es im Verkehr mit anderen Menschen, ebenso wie mir gegenüber: etwas Reserviertes, Gedämpftes – Gott weiß, was es ist... nebenbei, es findet sich auch in deinen Büchern. Das, was ich zentrale Transparenz nennen möchte – manchmal mißlingt es dir auch dort. Ich will dir darüber in Long Barn einen Vortrag halten.«[5]

(Virginia, die der Erfolg von *The Land* erfreut und auch ein wenig neidisch gemacht hatte, konnte das Werk als Dichtung nie sonderlich ernst nehmen.) Ihr Brief erregte Vita über die Maßen, wenngleich er schloß: »Die Blumen sind gekommen und sind bewunderungswürdig, düster, gequält, leidenschaftlich, wie du.« Vita erkannte, daß er die Wahrheit enthielt, wie sie Harold schrieb:

»Verdammtes Weib, sie hat den Finger genau auf den wunden Punkt gelegt. Es ist da etwas Gedämpftes. Was ist es, Hadji? Etwas, das nicht schwingt, das nicht lebendig wird... Es macht alles, was ich tue (d.h. schreibe), ein wenig unwirklich; wirkt, als sei es von außerhalb gemacht. Es ist genau das, was mich als Schriftstellerin verdirbt, als Lyrikerin zerstört. Doch wie konnte V. dahinterkommen? Ich habe es nie jemandem eingestanden, kaum mir selbst.

Das ist es, was auch meine menschlichen Beziehungen verdirbt, doch das stört mich weniger.«

Es war bitter für Vita, sich trotz ihres großen Erfolges – *The Land* erlebte bereits eine Neuauflage – mit ihren Schwächen konfrontiert zu sehen. Die »gewisse Sperrigkeit«, die Geoffrey Scott als ihre Stärke angesehen hatte, erschien Virginia bloß als ein Hindernis. Vita drückte ihre Selbstzweifel in dem Gedicht »Year's End« aus, das sie in diesem Herbst schrieb; sie vergleicht darin den Dichter mit einem Kaufmann, der Bilanz zieht:

> Wenn all der Handel, das Geschäft mit Träumen,
> Das Münzenwechseln, das Krämertreiben,
> Bände füllt, die meine Regale säumen,
> Am Ende ohne Überdruß soll bleiben,
> Sollt ich nicht besser schließen und das Lager räumen?[6]

Virginia wollte über den Tod sprechen. Während sie an *Die Fahrt zum Leuchtturm* schrieb, dachte sie sich den Tod als »große Erregung«, als etwas Aktives. Doch der Tod sei »die einzige Erfahrung, die sie nie beschreiben werde«, sagte sie zu Vita, die in einer Samtjacke und rotgestreifter Seidenbluse zu ihren Füßen saß, während Virginia die berühmten Perlen »zu Haufen großer schimmernder Eier« zusammenballte. So schrieb Virginia in ihrem Tagebuch. Vita schilderte Harold den Nachmittag so:

»Liebling, ich weiß, daß Virginia sterben wird, und das wird ganz schrecklich sein (ich meine nicht *hier*, übers Wochenende; aber sie wird jung sterben). Ich ging gestern nach Tavistock Square, sie saß in der Abenddämmerung beim Schein des Kaminfeuers, und ich saß auf dem Fußboden, wie ich es immer tue, und sie fuhr mir durchs Haar, wie sie's immer tut... und dann sagte sie, du würdest dich nächsten Sommer über sie ärgern, weil sie dir im Weg sein werde. Aber ich sagte, nein, das würdest du nicht... Ich liebe sie wirklich innig. Nicht ›verliebt‹ – einfach Liebe – Verehrung und Hingabe.«

Während des nächsten Wochenendes in Long Barn sagte Virginia zu Vita: »Jetzt, da du die Frage der Technik geklärt hast, wirf deine Technik in die Luft und laß sie auf dem Pflaster zerschellen.« Vita konnte es nicht; doch sie begann, »Reddín« als Gedicht neu zu schreiben.

1926 war ein reiches Jahr gewesen. Da war die persische Erfahrung; ihre intensive Freundschaft mit Virginia; die Veröffentlichung von *The Land* und *Passenger to Teheran*, verbunden mit einer Erschütterung ihres Glaubens an ihre literarischen und menschlichen Qualitäten; und das ganze Jahr hindurch ein Dialog mit Harold über das Wesen der Beziehung, die sie untereinander und zu anderen hatten. Raymond Mortimer, beeindruckt von der Kraft der Nicolson'schen »offenen« Ehe, hatte nach Vitas Abreise aus Persien zu Harold gesagt, er halte ihre Beziehung für ein Ideal, das für alle Ehepaare Geltung haben sollte. Vita wußte, daß es nicht so einfach war:

»Trays Theorie ist so weit ganz gut und schön. Doch übersieht er das Faktum, daß die zwei Menschen, die diese sonderbare spirituell-mystisch-praktische Einheit erreichen sollen, sich mit sehr speziellen Charaktereigenschaften auf den Weg machen müssen, d.h., es ist leicht gesagt, das Ideale sei ›Ehe mit Liaisons‹. Aber wenn du eine andere Frau liebst und ich einen anderen Mann, würden wir beide oder einer von uns eine natürliche sexuelle Erfüllung finden, die unserer eigenen Beziehung unweigerlich etwas rauben würde. Tatsache ist, daß die Liaisons, auf die du und ich uns einlassen, von ganz anderer Qualität sind als das natürliche Verhältnis, das wir zueinander haben, und dieses nicht beeinträchtigen.«

Ihrer Meinung nach wäre es für »gewöhnliche Leute« gefährlich, und auf keinen Fall könne man Gefühlsbeziehungen in Gesetze fassen: »Entweder du liebst oder du liebst nicht, das ist alles.« Am Tag nach Weihnachten 1926, als sie mit Grippe zu Bett lag, ging sie noch weiter in ihrer Abneigung gegen jeden regulierenden Eingriff in Beziehungen. Abgesehen von der Tatsache, daß »die Diener kündigen würden«, stellte sie ihm die Frage, was überhaupt bei einer Ehe der springende Punkt sei. (Sie und die Kinder waren in Knole; vielleicht hatte der Kompromiß, den ihr Vater in seinem Zusammenleben mit Olive Rubens demonstrierte, ihre Stimmung beeinflußt.)

»Verstehst du, wenn die Mars einfach zusammengelebt hätten, würden sie noch genauso zusammenleben, genauso glücklich sein, und es würde an ihrer Leidenschaft für den Garten oder an ihrem Interesse für die Kinder nichts ändern. Das ganze System der Ehe ist falsch... Es sollte zumindest auf eine freiwillige Grundlage gestellt werden; und kein Stigma, falls du eine weniger klaustrophobische Form der Verbindung vorziehst. Denn die jetzige Form *ist* klaustrophobisch.«

Es seien nur sehr intelligente Leute (wie sie selbst), die es schafften, daß die Ehe funktioniere – und Intelligenz allein würde nicht ausreichen, »wenn nicht unsere charakterlichen Schwächen zufälligerweise so gut zueinander passen würden, wie es der Fall ist« – und sie brauchten beide gleichermaßen persönliche Freiheit. Sie kam immer wieder auf denselben Punkt zurück. »Aber natürlich liegt das wirkliche Geheimnis darin, daß wir einander lieben. Am Ende kommt man immer auf diese schlichten menschlichen Dinge zurück, und ›Intelligenz‹ wird zum alten Eisen geworfen.«

Auch an Virginia schrieb sie zu Weihnachten. »Ich bin im Bett und beobachte den Feuerschein an der Zimmerdecke und höre die Uhr schlagen und denke daran, wie herrlich es sein wird, wenn du herkommst.« Daß Virginia nach Knole kam, war für sie von ungeheurer Wichtigkeit, bevor sie ihren verschobenen Besuch in Persien machte. »Mein Bett ist mindestens neun Fuß breit, und ich komme mir vor wie die Prinzessin auf der Erbse – nur daß keine Erbse da ist. Es ist ein Himmelbett, ganz wie ich es mag. Komm und sieh selbst.«[7]

Mitte Januar 1927 kam Virginia nach Knole. »Gestern haben wir das ganze Haus durchstreift«, schrieb Vita am 19. an Harold, »und als wir die Rolladen hochzogen, war sie entzückt. Sie und Dada kommen prächtig miteinander aus.« Virginias Einbildungskraft wurde durch Knole entflammt, wenngleich sie der Massigkeit, der unangemessen »selbstbewußten Schönheit« kritisch gegenüberstand und »den allgemeinen Mangel an Eleganz bei der Einrichtung« beklagte. Ihr gefiel, wie »Vita in ihrem türkischen Gewand durch die Galerie schritt, von ihren kleinen Jungen begleitet, wie ein großes Segelschiff vor ihnen herziehend – eine Art mütterlicher Symbolfigur vornehmen englischen Lebens«. Sie sah zu, wie der von Pferden gezogene Wagen Holz aus dem Park herbeischaffte, das für die großen Kamine zersägt wurde. »Was empfindest du dabei?« fragte sie Vita. »Sie sagte, für sie sei das etwas, das schon seit Hunderten von Jahren so sei.« Alle Jahrhunderte liefen in Knole zusammen, »und so gelangen wir ganz bequem zu den Tagen Elizabeth'«.[8]

Gegen Ende Januar ging *The Land* in die dritte Auflage. Eddie Marsh hatte Vita gesagt, seiner Meinung nach sei sie »die beste lebende Dichterin unter 80« – folglich war sie mit fast niemandem bis auf Hardy und Bridges zu vergleichen.* Vita faßte neuen Mut und ließ ihre Hoffnungen und ihren Ehrgeiz wieder aufleben. Sie fing an zu hoffen, *The Land* werde vielleicht den Hawthornden-Preis gewinnen; drei Mitglieder aus dem Gremium der Preisrichter hatten ihr gegenüber bereits ihrer Begeisterung Ausdruck gegeben.

Sie reiste zum zweiten Mal nach Persien, zusammen mit Leigh Ashton, Gladwyn Jebbs Schwester Marjorie – und, in letzter Minute, Dorothy Wellesley, die in ihren Erinnerungen schrieb, daß Vita »plötzlich in mein Wohnzimmer in Mount Street kam. Es war an einem Donnerstag. ›Willst du am Montag mit nach Persien kommen?‹ ›Natürlich.‹«

Vita verbrachte ihren letzten Morgen bei Virginia und schrieb ihr vor der Abreise aus Ebury Street: »Geliebte Virginia, ein letztes Lebewohl, bevor ich gehe. Ich glaube in tausend Stücke zerrissen zu sein – es ist *mörderisch – ich kann dir nicht sagen*, wie ich es hasse, dich zu verlassen – ich glaube, ich kann es wirklich nicht – du bist so wichtig für mich geworden. Sei bedankt für all das Glück, das du mir schenkst.« Als Postskriptum kritzelte sie: »Nimm ›Honig‹, wenn du schreibst. Liebling, bitte, liebe mich auch weiterhin. Ich bin so unglücklich. Vergiß mich nicht.«[9] Und im Zug schrieb sie, sie erinnere sich an Virginia: »Du standest da in deiner blauen Schürze

---

* Thomas Hardy war 1927 siebenundachtzig. Robert Bridges dreiundachtzig Jahre alt [Anm. d. Übers.].

und winktest – oh, verdammt, Virginia, ich wünschte, ich liebte dich nicht so sehr. Nein, ich wünsche es nicht.«

Sie schrieb, daß sie während ihrer Abwesenheit hart arbeiten werde. »Es ist absolut wahr, daß du intellektuell mehr Einfluß auf mich gehabt hast als irgendein anderer, und allein schon deswegen liebe ich dich... Du willst doch, daß ich gut schreibe, nicht wahr? Und ich hasse es, schlecht zu schreiben – und daß ich in der Vergangenheit so schlecht geschrieben habe.«[10]

Virginia selbst geriet unversehens in eine Krise zwischen dem Liebespaar Clive Bell und Mary Hutchinson, die sie so aufzehrte, daß sie sich Vita nur noch »als fern, schön und ruhig« vorstellen konnte. Als einen »Leuchtturm in reinen Gewässern«. (Ihr Roman *Die Fahrt zum Leuchtturm* erschien einen Tag nach Vitas Rückkehr aus Persien.)

Nachdem Vita ihr geschrieben hatte, sie wolle versuchen, gut zu schreiben, wiederholte sie in ihrem Antwortbrief ihre These von Vita als »einer wirklichen Frau« und sich selbst als »Eunuch«: »Hier in meiner Höhle sehe ich viele Dinge, die ihr strahlenden Schönheiten durch das Licht eures eigenen Glanzes unsichtbar macht.« Ja, sie hatte es gern, wenn Vita gut schrieb:

»Für dich, mit deinem Gefühl für Tradition und all diese Worte – wenngleich ein Geschenk der Götter –, liegt die Gefahr darin, daß du dem zu sorglos zum Leben verhilfst... Ich will sagen, daß es in deinem Inneren merkwürdigere, tiefere, unbequemere Gedanken gibt, als du sie bis jetzt hast hervorkommen lassen. Trotzdem, du wirst den Hawthornden bekommen, o ja, und ich werde ein wenig neidisch, stolz und entrüstet sein.«[11]

Vita war kaum eine Woche in Teheran, als sie erfuhr, daß *The Land* tatsächlich den Hawthornden-Preis gewonnen hatte.

Zuvor waren sie und ihre Reisegefährten durch Moskau gekommen, wo bei einem Dinner in der Britischen Botschaft auch Denys Trefusis zu den Gästen gehörte; und sie schilderte Virginia die Stadt Moskau – »der ganze Verkehr verläuft hin und her über den zugefrorenen Fluß, als wäre er eine Straße; und überall Pferdeschlitten und Kutscher, in Stroh eingepackt«. So bereicherte sie, wie schon in

Knole, Virginias Einbildungskraft mit Szenen und Bildern, die später in *Orlando* Gestalt annehmen sollten. Während Vita fort war, konzipierte Virginia nicht exakt den *Orlando*, sondern ein Projekt, das sie »The Jessamy Brides« nannte: »Lesbisches soll angedeutet werden. Der vorherrschende Ton soll satirisch sein – Satire und Wildheit. Die Damen sollen Konstantinopel im Blick haben... Meine eigene lyrische Ader soll satirisch beleuchtet werden.« Sie wollte, sagte sie, »schreibend eine Eskapade unternehmen«. Und an Vita, ihren »lieben Schatz«, schrieb sie: »Ich liege im Bett und denke mir Geschichten über dich aus.«

»Ich bin über diese vertrauten Berge gekommen und überquerte diese vertraute Ebene«, schrieb Vita bei ihrer Ankunft in Teheran, »und von Anfang an war mir so, als wäre ich nie fortgewesen.«[12] Doch Ende Februar schrieb Vita in ihr Tagebuch, sie sei den ganzen Monat lang niedergedrückt gewesen »wegen 1) der Unfähigkeit zu schreiben, 2) der Furcht, daß Hadji im diplomatischen Dienst bleibt. Das Auswärtige Amt sagt, daß er im September für ein weiteres Jahr herkommen muß. Gott steh uns bei! Ich hatte erwartet, ihn wegen des Exils und der gesellschaftlichen Verpflichtungen verärgert vorzufinden, doch genau das Gegenteil ist der Fall.« Ihre langen Briefe an Virginia waren voll von ihrer Unzufriedenheit mit ihrer eigenen Unausgefülltheit und Harolds Neigung zum diplomatischen Leben. »Ich kann es nicht ertragen, ein drittes Jahr auf diese öde Weise zuzubringen. Doch Harold baut im Geist emsig am Empire. Es wird eine enorme Geschicklichkeit nötig sein, ihn davon abzubringen.«[13]

Sie schrieb Virginia, in diesem Punkt verhalte sie sich Harold gegenüber »klugerweise ruhig«. Doch ihr Schweigen war grollend. Er wußte genau, was sie dachte. Am 12. März schrieb er in sein Tagebuch: »Wachte am Morgen mit der Überzeugung auf, daß ich den diplomatischen Dienst hinschmeißen werde.« Er bemühte sich sogleich bei der Anglo-Persischen Öl-Gesellschaft um einen Posten.

Vita war außer sich vor Freude, und eine Woche darauf brachen sie zu einem Abenteuer auf, das sie als den Höhepunkt ihrer Reise betrachtete: eine zwölftägige Exkursion (mit Harold, Gladwyn Jebb, Copley Amory von der Amerikanischen Botschaft und Lionel Smith aus Bagdad) über die Bakhtiari-Berge von Schalamsar zu den Ölfeldern auf der anderen Seite. Dorothy Wellesley, die am rauhen Lagerleben keinen Gefallen fand, kehrte um. Barbara, die hölzerne Heilige, begleitete Vita und wurde jeden Abend ausgepackt und in Vitas Zelt aufgestellt. Aus Schalamsar schrieb Vita an Virginia: »Liebling, ich schreibe dir einen Brief aus Isfahan; ich war ziemlich überreizt und übermüdet und hatte Sehnsucht nach dir. Im Garten von Isfahan stand der Neumond über den Pappeln... und versank wie jener Mond, den wir auf unserem Spaziergang in Long Barn sahen (der Abend, an dem du dich so scheußlich benahmst).« Vita war traurig, »dachte an Menschen, die aus meinem Leben gegangen waren... Oh, wärst du doch bloß hier. Ich bin allein mit vier Männern.«[14] Das Wiedersehen mit Denys hatte sie an Violet erinnert, die Abenteuer geschätzt hatte.

Es gab Augenblicke tiefer Enttäuschung über den Ausflug. Am 8. April schrieb Vita in einem schlammigen Wald bei Shalil in ihr Tagebuch, sie hätten »einander gestanden, daß sie alle den Ausflug haßten«. Harold war am meisten deprimiert: »Ein schreckliches Gefühl der Verzweiflung überkommt mich. Ich sage, daß ich die Bakhtiari-Berge verabscheue und wünschte, ich wäre nie hergekommen. V. ist ein Engel der Tröstung.« An diesem Abend bekam er im feuchten Lager einen »Wutanfall, der durch einen plötzlichen Abscheu vor Vitas Reisetasche hervorgerufen wurde«. Und dann erregte sich Vita über Lionel Smith, der ihr erzählte, er glaube, Gertrude Bell habe Selbstmord begangen, weil sie um ihre Krankheit wußte.

Mit dem Wetter besserte sich ihre Stimmung. Für die schönsten Blumen war es ein wenig zu früh im Jahr, doch die tiefblauen Traubenhyazinthen standen in Blüte, und Vita sammelte Knollen kleiner dunkler Iris. Sie plante ein zweites persisches Reisebuch über diese Expedition, für das sie ihre eigenen Photographien verwenden wollte. Das Buch, das einige ihrer besten Prosastücke enthält und ihrer Leidenschaft für die ursprüngliche Natur Ausdruck gibt, erhielt den Titel *Zwölf Tage in den Bakhtiari-Bergen* und war Harold gewidmet. Es ist interessant, was sie darin über die damals aufstrebende Öl-Industrie zu sagen hat, besonders wenn man es im Licht von Persiens (Irans) späterer Entwicklung zum Ölstaat liest. Sie schrieb über die Frage künftigen gesellschaftlichen Fortschritts

– »und unser imaginärer Schah konnte sich glücklich schätzen, wenn er diese Aufgabe lebend überstünde. Denn er hätte halsstarrige Gegner: die Tradition, nationale Besonderheiten und – in Persien nicht zu unterschätzen – die Priesterschaft.« Fünfzig Jahre später sollte sich zeigen, daß sie recht gehabt hatte.

Doch 1927 sah sie das Land als ein »potentielles Paradies« und den Weg zu den Ölfeldern auf der anderen Seite als einen Übergang vom Paradies in eine »Hölle der Zivilisation«. Als sie dort war, waren etwa 100 Öltürme auf einer Fläche von fünfzig Quadratmeilen in Betrieb. Dieses große Vorkommen wurde erst seit zehn Jahren ausgebeutet, wenngleich Vita schrieb, daß die eingeborenen Bakhtiari, vertraut mit der Flüssigkeit, die auf der Oberfläche ihrer Pfützen schwamm, immer um einige ihrer Verwendungsmöglichkeiten gewußt hätten.

Aus Persepolis schrieb Vita an Virginia:

»Innerhalb der letzten Woche habe ich am Steuer eines Autos in Persien mehr als tausend Meilen zurückgelegt. Ich bin schmutzig, sonnenverbrannt, nun ja… die Ansicht, daß man der Zivilisation entfliehen könne, ist ein Irrtum: im Gegenteil, denn von morgens bis abends denkt man nur an folgendes: Haben wir die Eier lange genug gekocht? Haben wir genügend Brom dabei? Wer hat heute morgen das Geschirr abgewaschen, denn ich hab's nicht getan? Wer hat den Büchsenöffner verstaut, denn wenn es niemand getan hat, ist er weg?«[15]

Virginia ihrerseits beklagte sich, daß Vita in ihren Briefen keine Kosenamen gebrauche – wenn Vita in der persischen Morgendämmerung erwachte, sagte sie Virginias Namen.

In Abadan erkundigte sich Harold bei der Geschäftsleitung der APOC nach einem Posten; er bekam keinen, und so schied er auch nicht aus dem diplomatischen Dienst aus. Doch er kam mit nach Hause auf Urlaub, und er und Vita reisten über Damaskus, Beirut, Alexandria und Marseille und erreichten London am 5. Mai. Raymond Mortimer und Dottie Wellesley holten sie in Folkstone ab.

Kapitel 16

Seine Heimkehr in ein blühendes Long Barn überwältigte Harold derartig, daß er sich ganz elend fühlte. Vita stürzte sich wieder in ihre Gartenarbeit und traf sich mit Virginia, die Vita »unverändert« fand, »obwohl ich sagen möchte, daß eine Beziehung sich von Tag zu Tag verändert«. Die beiden fuhren am 18. Mai nach Oxford und übernachteten im »Clarendon«-Hotel. Virginia hatte vor den Studentinnen von St. Hugh ein Referat zu halten. Ihrer Schwester Vanessa beschrieb sie Vita in St. Hugh als

»sehr eindrucksvoll; wie ein Weidenbaum; so elegant mit ihren langen weißen Beinen und scharlachroter Schleife; doch ziemlich unpassend, als sie sich beim Dinner tatsächlich genötigt fühlt, ihre Strümpfe herunterzustreifen und ihre Beine wegen der Mücken mit Salbe einzureiben – das gefällt mir an der Aristokratie. Ich mag die Beine; ich mag die Mückenstiche; ich mag die vollendete Arroganz und die Realitätsferne in ihren Köpfen...«

Und sie führt an, wie Vita, ganz nebenbei, einen seidenen Morgenmantel für fünf Pfund kauft, beim Lunch die Füllung aus einer Sahnetorte herauslöffelt und den Rest auf dem Teller läßt, wie sie Gepäckträgern zuviel Trinkgeld gibt, alles »sehr großzügig, sinnlich und absurd«:

»Außerdem hat sie ein goldenes Herz und einen Verstand, der, wenn auch langsam, hartnäckig arbeitet; und sie hat ihre hellsichtigen Augenblicke – Doch genug – Du wirst nie dem Zauber einer deiner Geschlechtsgenossinnen erliegen – Welch ein unfruchtbarer Garten muß die Welt für dich sein! Welch eine Avenue mit Steinpflaster und Eisengeländern!«[1]

Virginia schrieb dies an dem Tag, als die Nicolsons zum ersten Mal dem südafrikanischen Dichter Roy Campbell begegneten; sie trafen ihn und seine Frau Mary auf dem Postamt in Weald, wo die

Campbells ein Haus gemietet hatten. Vita hatte im Jahr zuvor Campbells langes Gedicht *The Flaming Terrapin* gelesen und es Virginia mit der Bemerkung geschickt, es sei »eine wilde, unausgeglichene Arbeit, stellenweise beinahe lächerlich, streckenweise beinahe großartig«.[2] Vita war geneigt, sich mit ihren neuen Nachbarn anzufreunden. Roy Campbell war sechsundzwanzig Jahre alt und seine attraktive, aufsässige Gattin Mary, eine der zahlreichen schönen Töchter von Dr. Garman aus Birmingham, zwei Jahre älter. Sie waren vor kurzem aus Südafrika gekommen, wo er Redakteur der Zeitschrift *Voorslag* gewesen war, seine Stellung jedoch wegen seiner Ansichten zur Rassenfrage, aus denen er keinen Hehl machte, verloren hatte. Jetzt versuchte er sich, aufgrund des Erfolges von *Terrapin*, in England als Schriftsteller zu etablieren. Die Campbells hatten zwei kleine Töchter und hatten, abgesehen von den zwanzig Pfund, die sie monatlich von Roys Familie bekamen, kein Geld.

Am 23. Mai begann Vita mit der Niederschrift ihres Buches *Zwölf Tage in den Bakhtiari-Bergen*, und die Campbells kamen zum ersten Mal zum Dinner. Virginia fühlte sich nicht wohl, und als Vita sie besuchte, fand sie sie »unglaublich hübsch und zerbrechlich auf zwei Sesseln unter einem goldenen Cape«. Es war schwer zu sagen, wie krank sie wirklich war. »Virginia brillant, daran ist man gewöhnt; aber Virginia niedergeworfen ist anders und überraschend liebenswert. Lieber Clive, für deine Schwägerin würde ich bis ans Ende der Welt gehen«, schrieb Vita an Clive Bell.[3]

Vita war in der Stimmung, für etwas oder jemanden »bis ans Ende der Welt zu gehen«. Für einen Teil des Sommers bezogen Freunde Nigels und Bens Cottage in Long Barn, und die hartnäckige Ethel Smyth kam für eine Nacht nach Long Barn, um den Nachtigallen zu lauschen. Mary Campbell kam vorbei, ebenso Roy Campbell, der Harold die Geschichte seines unsteten Lebens erzählte – »ein zweiter Rimbaud«, dachte Harold. Vita begann eine Beschreibung des Lebens der literarischen Abenteurerin Aphra Behn; und als sie an einem Sonntag Mitte Juni in Sherfield war, schrieb sie provozierend und verantwortungslos an Virginia:

»Weißt du, was ich tun würde, wenn du nicht ein Mensch wärst, mit dem man ziemlich streng umgehen muß? Ich würde morgen nacht um zehn Uhr heimlich meinen Wagen aus der Garage holen, gegen halb zwölf in Rodmell sein... ich würde Kiesel an dein Fenster werfen, dann würdest du herunterkommen und mich einlassen; ich würde bis fünf Uhr bleiben und um halb sieben wieder hier sein. Aber weil du nun mal so bist, wie du bist, kann ich's nicht; mehr als ein Jammer.«

Sie hatte Virginia gerade *Challenge* geliehen, ihren Roman über Julian und Eve/Violet. »Vielleicht habe ich mir damals die Hörner abgestoßen. Doch ich glaube nicht, daß diese Triebkraft mich verlassen hat; und für eine andere Virginia würde ich in der Nacht nach Sussex fliegen.«[4] In einer anderen Notiz schrieb Vita in diesem Sommer: »Mein armer Liebling. Ich hasse diese verdammten Kopfschmerzen, die du kriegst. Ich wünschte, du wärst ROBUST.«

Aber Virginia war nicht robust. Sie hatte *Challenge* gelesen, als Vitas Brief aus Sherfield kam, und erkannt, daß der Brief selbst eine Herausforderung war – »wärst du doch bloß nicht so ältlich und kränklich«, sagte er im Grunde, »dann würden wir zusammen den Tag verbringen«. Doch für die Art von Eskapade, nach der es Vita verlangte, war Virginia nicht zu haben, wenngleich sie nach Erhalt des Briefes gekabelt hatte: »Dann komm.«[5]

Virginia fühlte sich kräftig genug, um mit Leonard und Harold der Verleihung des Hawthornden-Preises an Vita beizuwohnen, die am 16. Juni stattfand. Vita trug einen schwarzen mexikanischen Hut und einen geknoteten roten Schlips; sie hielt keine Dankesrede. Anschließend, als die Woolfs und die Nicolsons zu »Gunter« Eis essen gingen, äußerte sich Virginia verächtlich über die ganze Veranstaltung. Sie hielt sie für »eine entsetzliche Bloßstellung« unserer selbst, »all diese plappernden Schriftsteller... Der ganze Literaturbetrieb wurde unendlich widerwärtig.« Es träfen sich, schrieb sie in ihrem Tagebuch, »die dumpfe langweilige Mittelklasse der Schreiber«, nicht die Elite. »Nachts weinte Vita«[6], zweifellos wegen Virginias ambivalenter Einstellung zu ihrem Erfolg.

Edith Sitwell ging in der Presse mit *The Land* und der Preisverleihung hart ins Gericht. Vita war getroffen und klagte gegenüber

Virginia, Edith sage, es sei das schlechteste Gedicht in englischer Sprache: »Ich bin nun wirklich nicht eitel, doch ich will gehenkt werden, wenn es so schlecht ist!«[7] Virginia erwiderte, *The Land* müsse »sich verkaufen wie schmelzender Schnee«, und zu Edith Sitwell (Virginia kannte und mochte sie): »Ich glaube, daß du es dir vermutlich nicht vorstellen kannst, wie schwer es für sie, die natürliche Innovatorin, ist, dir gegenüber, der natürlichen Traditionalistin, fair zu sein.« Vita sei durch den Hawthornden, den bedeutendsten Preis, »geteert«; außerdem »verkaufen sich deine Bücher und ihre nicht – alles gute Gründe für eine Sitwell, in der Öffentlichkeit Feuer zu speien«.[8] Vita hielt es für wahrscheinlicher, daß es Ediths Rache wegen der Parodie auf *Facade* war, die sie geschrieben hatte. So jedenfalls äußerte sie sich gegenüber Wilfred Meynell und fügte hinzu: »Bitte, *bitte*, lesen Sie keinen meiner Romane... sie sind die eitlen Unbedachtheiten der Jugend, und ich mag nicht an sie denken.«[9] Für sie gründete sich jetzt ihr guter Ruf auf *The Land*.

Ende Juni verbrachte Harold mit Raymond Mortimer eine Woche in Paris, wo er für den Sommer als Hauslehrer der Jungen einen stillen jungen Mann namens Couve de Murville (den späteren französischen Premierminister) engagierte. Währenddessen nahm Vita Virginia wieder mit nach Kew und dann in ein Restaurant, wo sie »große Mengen Chianti tranken, zum Tavistock [Square] zurückkehrten, im Kellergeschoß saßen und weiterplauderten«. Die Campbells kamen erneut zum Dinner nach Long Barn, zusammen mit Eddy Sackville-West und David Garnett*. Am 29. Juni herrschte eine totale Sonnenfinsternis – seit 200 Jahren die erste, die in England zu sehen war. Besonders Vita war an den Nachthimmeln interessiert; sie hatte von ihrem Vater einen Hang zur Astronomie geerbt. Die Nicolsons, die Woolfs, Quentin Bell und Eddy reisten mit dem Nachtzug von London nach Richmond im nördlichen Yorkshire, wo um 3.30 Uhr Kutschen bereitstanden, um die Zuschauer nach Bardon Fell, dem besten Aussichtspunkt, zu bringen.

* David Garnett (1892-1981), Schriftsteller, locker mit der »Bloomsbury«-Gruppe verbunden. Sein Roman *Lady into Fox* (1922) (dt. *Meine Frau, die Füchsin*, 1923) bekam 1923 den Hawthornden-Preis [Anm. d. Übers.].

Im Zug schliefen die Nicolsons, Harold den Kopf auf Vitas Knie gebettet: sie »sah aus wie die schlafende Sappho von Leighton*; so rumpelten wir durch die Midlands...« schrieb Virginia in ihr Tagebuch. Auf den Yorkshire-Hügeln war es eisig kalt vor der Morgendämmerung, und die Sonnenfinsternis erwies sich als ein wenig enttäuschend. Vita fuhr mit Dottie zurück, die auch nach Yorkshire gefahren war, und wurde im Zug von Depressionen überwältigt. »Hasse die Midlands, denke an Persien und breche in Tränen aus. A[prile] entsetzt.«

Während eines Wochenendes mit Virginia in Long Barn Anfang Juli – als Virginia ihr die »Geschichte von den Motten« erzählte und »darüber sprach, verrückt zu werden« – schrieb Vita die symbolische Bemerkung »Eröffnung« in ihr Tagebuch. Virginia beschreibt diesen Besuch ausführlicher:

»Welche Opulenz und Freizügigkeit, überall Blumen, Butler, Silber, Hunde, Biskuits, Wein, heißes Wasser, Kaminfeuer, italienische Kabinette, Perserteppiche, Bücher... Vita sehr prächtig in ihrem braunen Samtumhang mit den geräumigen Taschen, Perlenhalsband & mit leichtem Flaum überzogenen Wangen... Ich mochte auch Harold. Er ist ein ungekünstelter, kindlicher Mann mit geringen Fähigkeiten zur Langeweile.«

Vita erschien ihr sehr freimütig und ungezwungen, immer ein erfreulicher Anblick »& das Bild eines Schiffes heraufbeschwörend, das gegen die Wellen ankämpft, stattlich, prächtig, alle Segel gesetzt & das goldene Sonnenlicht bescheint sie«.

Aber trotzdem zog Virginia Vitas Dichtung und sogar ihre Intelligenz in Zweifel. »Niemals erobert sie Neuland. Sie greift auf, was die Flut ihr vor die Füße spült. Zum Beispiel folgt sie mit instinktivem Gefühl all der ererbten Tradition, Häuser zu möblieren, so daß ihres anmutig, leuchtend, prächtig ist, doch ohne Neuigkeit oder Abenteuer.« (Die Produkte der »Omega«-Werkstätten waren nichts für Vita. In der Innenarchitektur lief ihr Geschmack, durch ihre Kindheit in Knole geprägt, auf sechzehntes Jahrhundert, edwardianisch durchsetzt, hinaus.) Virginia fuhr mit Raymond Mortimer

---

* Frederick Leighton (1830-1896), englischer Maler [Anm. d. Übers.].

nach London zurück und unterhielt sich mit ihm über ihre Gastgeber. »Sie hat den edelsten Charakter, sagte er... Ihnen fehlt bloß, was wir haben – eine scharfe Kante, eine unschätzbare Überempfindlichkeit, Intensität, für die ich alle Sonnen & alle Monde der Welt nicht eintauschen würde.«[10]

Vita war in ihrer Ruhelosigkeit bereits von Virginia abgeschweift, da sie ihre sexuelle Vitalität nicht zufriedenstellte. Doch an diesem Wochenende hatte sie ihr alles über ihren Seitensprung erzählt. Vielleicht war die »Eröffnung« – einer neuen Phase – dadurch bewirkt worden, daß sie zu Virginia von ihren natürlichen Bedürfnissen sprach. Virginia empfand bei diesem Geständnis spöttische Eifersucht; bei anderen Episoden sollte das nicht anders sein. »Sei nur ein vorsichtiger Delphin, wenn du deine Luftsprünge machst, sonst könntest du Virginias sanfte Tiefen hakenbewehrt vorfinden«: Luftsprünge in Ebury Street um vier Uhr morgens, »ich bin nicht so sicher«.[11] Kurz vor ihrer Fahrt nach Yorkshire hatte Vita mit Mary Hutchinson, Clive Bells Freundin, eine Nacht in Ebury Street verbracht. Am 28. Juni hatte Mary an Vita geschrieben: »Ich vergaß einen Perlenohrring auf dem Tisch neben deinem Bett. Ich erinnere mich genau, wohin ich ihn gelegt habe – auf die Ecke neben dir. Würdest du so nett sein und ihn mir rasch schikken? Hast du zwischen den Dornen und Blumenblättern geschlafen?« Vita wies Virginia nicht zurück; doch Virginia war nicht nur gefährlich verwundbar, sie war auch unfähig zu natürlichem Verlangen, und sie war nicht jung. Lange nach dem Wochenende in Long Barn schrieb ihr Vita: »Es war alles sehr gut, weißt du, aber diese Augenblicke des Glücks sind außerordentlich ärgerlich – und warum verstehst du dich so gut darauf, soviel von dir selbst zurückzuhalten?... Es macht mir Spaß, dich eifersüchtig zu machen, mein Liebling (und ich werde darin fortfahren), aber es wäre lächerlich, wenn du es wärst.«[12]

Ihre Freundschaft hielt an; sie besuchten zusammen den Zoo, und Vita gab Virginia Fahrunterricht in Regent's Park. Die Woolfs hatten sich von den Honoraren von *Die Fahrt zum Leuchtturm* gerade ihr erstes Auto gekauft. Die Eifersucht verringerte Virginias Liebe zu Vita nicht, sondern verstärkte sie; mit uncharakteristischer Aufdringlichkeit suchte sie nach Vorwänden, um allein nach

Long Barn zu kommen; in ihren häufigen Liebesbriefen benutzte sie die sexuelle Bildersprache von Kindern; sie bat Vita, »Herzallerliebste«, nicht ins Ausland zu reisen. »Bleibe in England. Liebe Virginia. Nimm sie in deine Arme.« Sie war jetzt sogar auf Dorothy Wellesley eifersüchtig und beklagte sich selbstironisch bei Vanessa, daß der »arme Billy« – sie selbst – »weder das eine noch das andere ist, weder ein Mann noch eine Frau, was also soll er machen?« Vita hingegen wurde frostig, wenn Virginia sie mit ihrem neuen Verehrer aufzog – Philip Morrell, der ihr eine Liebeserklärung gemacht hatte. »Ich will damit nicht behelligt werden. Das ist mein Ernst«, sagte Vita zu Virginia. Während sie bei anderen jede Form tyrannischer Liebe haßte und verabscheute, war sie selbst überaus besitzergreifend.

In den Sommerferien kamen die Jungen nach Hause, und mit Vitas gewohntem Leben war es vorbei. »Wie soll man da schreiben? Jeden Augenblick geht die Tür auf. ›Wo ist meine Hängematte?‹ ›Dürfen wir Tennis spielen?‹ ›Was sollen wir jetzt machen?‹« Verstockt versuchte sie ein Gedicht zu schreiben, »Solitude«. Sie kümmerte sich auch um die Planung ihres »Hawthornden« (was Weißdornholz bedeutet) – ein Stück Land, das mit Bäumen (nicht mit Weißdorn, sondern mit Haselnußbäumen und Pappeln) bepflanzt werden sollte – zur Feier ihres Preises. Gegen Ende August beendete sie *Aphra Behn*, brachte das Manuskript zur Post und fühlte sich »frei wie eine Lerche«: »Frei für Lektüre, frei für den Garten, frei zum Nachdenken und um nett zu meinen Kindern zu sein. Ein wahnsinniges Gefühl – aber schon regen sich neue Kräfte in mir, 24 Stunden, nachdem Aphra beendet ist. Ich verfluche diese Kraft und danke Gott dafür.«

Vitas Tagebuch, Freitag, 2. September 1927: »Am Morgen ließ M.C. nach mir schicken. Brachte sie zum Bahnhof.« »Warum hast du mich kommen lassen?« fragte Vita Mary Campbell, die für eine Nacht nach London fuhr. »Weil ich dich so sehr brauchte. Mehr ist nicht zu sagen«, war Marys Antwort. Es war die Aufforderung zu einer Liebesaffäre und eine Antwort auf Vitas Ruhelosigkeit und Überschuß an Energie.

Von da an trafen sie sich fast jeden Tag, gewöhnlich abends, und gingen auf Feldwegen und im Wald spazieren. Mary zeichnete ihre Affäre in einem beredten Liebes-Tagebuch auf, das die Vielschichtigkeit ihrer Beziehung und Marys tiefe Abhängigkeit und Leidenschaft belegt. Mit Roy, der depressiv und kränklich war, nicht arbeiten konnte und viel trank, machte sie eine schwierige Phase durch. Mary hatte schon früher Trost bei einer Frau gefunden, und nach Vita würde es eine andere sein. Berühmt war die Geschichte, daß Roy, nachdem Mary sich allzu überschwenglich der Schönheit einer früheren Geliebten erinnert hatte, sie aus dem Fenster ihres Schlafzimmers über einer Londoner Straße hielt. (Vita schrieb über diese Geschichte ein Gedicht, das unveröffentlicht blieb, »Interior«, und vermerkte darunter: »Dies war die Geschichte, die Mary Campbell mir über Roy erzählte.«)

Mary Campbell liebte ihren Dichtergatten, doch das Leben mit ihm war unsicher, von materieller Armut geprägt und oft erschreckend. Sie selbst war dunkel und knabenhaft; sie malte, spielte Gitarre und trug romantische Kleider – Samtumhänge und Hosen in Schwarz und Rot. Augustus John, Roys Zechkumpan, nannte sie den »Kleinen Lord Fauntleroy«.* Kindlich wie sie war, fand sie in Vita mehr als eine Geliebte. Sie nannte sie ihre St. Anna, ihre Demeter, Geliebte, Mutter, »alles an Frauen, das ich am meisten brauche und liebe«: »Manchmal bist du wie eine Mutter für mich. Niemand kann die Zartheit einer Geliebten ermessen, die sich plötzlich dazu herabläßt, mütterlich zu sein. Es ist ein köstlicher Augenblick, wenn sich Stimme und Hände der Mutter in die der Geliebten verwandeln.« Diese Verschmelzung von Mutter und Geliebter rührte auch in Vita an eine stets vorhandene Saite. Kurz nach Beginn der Affäre schrieb sie an ihre eigene schwierige Mutter: »Du hast *absolut keine Vorstellung*, wie sehr ich dich liebe und *bewundere* – liebste, liebste B.M. – ohnegleichen und zärtlich. Ich erzählte Mary Campbell von dir; sie sagte: ›Welch eine tiefe Leidenschaft du für deine Mutter empfinden mußt.‹ Ich war verblüfft über diese Feststellung und sagte bloß: Ja.«

Sie nahm Mary mit nach Knole und küßte sie in dem Schlafzimmer, das noch immer das ihre war; in ihrem alten Wohnzimmer in

---

* Little Lord Fauntleroy ist der Held des gleichnamigen Kinderbuches (dt.: *Der kleine Lord*) von Frances Hodgson Burnett, erschienen 1886 [Anm. d. Übers.].

Knole lasen sie zusammen Shakespeares Sonette. Sie und Mary liebten sich auf dem Sofa in ihrem Wohnzimmer in Long Barn, wo Virginia sich ihr endgültig mit »kleinen Schritten« genähert hatte. Als Nigel Grippe hatte und sie sich um ihn kümmern mußte, ging sie das beträchtliche Risiko ein, mit Mary zu schlafen, während der fiebernde Zehnjährige in einem kleinen Nebengelaß lag. »Wunderschöne dunstige Mondscheinnächte«.

Als die Jungen zur Schule zurückkehrten, zogen die Campbells in »Babies Cottage« in Long Barn. Roy Campbell war erfreut, denn man wohnte mietfrei; er konnte die Nicolsons gut leiden und war dankbar, ihre Bibliothek benutzen zu dürfen. Mary freute sich, weil sie Vita näher war.

Außerdem stellte sich eine neue Freundin ein – die junge Schauspielerin Valerie Taylor, eine Freundin von Clive, die einmal bis ein Uhr nachts blieb und Vita ihre Liebesprobleme anvertraute; ein anderes Mal blieb sie bis drei Uhr 30, nachdem sie sich während des Tages als Lord Byron verkleidet hatte. »Wir sprachen über H[arold], der ein Stück über Byron schrieb, in dem sie auftreten wollte.« Auch Dottie und Virginia sah Vita regelmäßig; diese beiden waren ein unbehagliches Bündnis eingegangen, da Dottie Geld in die Hogarth Press investiert hatte, um für die Woolfs eine Reihe »Hogarth Living Poets« herauszugeben. »Lady G. Wellesley hat mich gekauft«, meinte Virginia. Aber »euch beiden werde ich nicht gehören oder einer von euch, falls zwei von uns einer gehören. Kurz gesagt: Falls Dottie die deine ist, bin ich es nicht.«[13] Virginia brütete über dem Buch, aus dem *Orlando* hervorgehen sollte. Am 20. September hatte sie in ihr Tagebuch geschrieben: »Jedenfalls werde ich hier eines Tages, wie in einem großen historischen Gemälde, die Umrisse aller meiner Freunde skizzieren... Vita soll Orlando sein, ein junger Edelmann... und das Bild soll der Wahrheit entsprechen, aber phantastisch sein.« Vita erfuhr von dem Projekt am 10. Oktober:

»Aber hör zu: Angenommen, Orlando erweist sich als Vita; und alles ist wie bei dir, die Begierden deines Fleisches und der Reiz deines Denkens (Herz hast du keines, du, die sich mit [Mary] Campbell auf Feldwegen herumtreibt) – angenommen, es fände sich eine Art

Abglanz von Wirklichkeit, der meinen Figuren gelegentlich anhaftet... Wird es dich stören?«

Vita störte es überhaupt nicht:

»Mein Gott, Virginia, wenn ich jemals durch etwas aufgeregt und erschreckt worden bin, dann durch die Aussicht, in die Gestalt von Orlando hineinversetzt zu werden. Welch ein Spaß für dich; welch ein Spaß für mich. Versteh doch, zu jeder Rache, die du nehmen willst, wirst du leicht Gelegenheit haben. Ja, fang an, wirf deinen Pfannkuchen in die Luft, bräune ihn hübsch von beiden Seiten, beträufle ihn mit Cognac und serviere ihn heiß. Du hast mein vollkommenes Einverständnis.«

Sie verlangte lediglich, Virginia solle das Buch ihrem »Opfer« widmen. Sie fuhr fort – denn ihre Beziehung zu Virginia war plötzlich von ihrem alten Zauber überflutet –:

»Und welch einen schönen Brief du mir schriebst, Campbell hin, Campbell her. (Wie geschmeichelt sie sich wohl fühlen würde, wenn sie es wüßte. Aber sie weiß es nicht und wird es nicht wissen.)... Wie recht ich doch hatte... mich dir in Richmond aufzudrängen und den Weg zu bahnen für die Explosion, die hier in meinem Zimmer und auf meinem Sofa geschah, als du dich so schändlich benahmst und mich für immer gewannst.«

Die Herbstnächte seien herrlich, schrieb sie; sie selbst sei »gütig, unternehmend und liebevoll«:

»doch wie lange wird es wohl dauern, bevor ich ausbreche? Ich würde niemals ausbrechen, wenn ich dich hier hätte, doch du läßt mich unbehütet. Nun, nichts davon hat etwas zu bedeuten, also glaube nicht, daß es das tut. Ich bin Virginias braves Hündchen, reagiere auf einen freundlichen Klaps und wedele mit dem Schwanz.«[14]

Vita war bereits ausgebrochen. Dennoch hatte die Vorstellung, in Virginias Buch Orlando zu sein, ihre Einbildungskraft tief bewegt. Ebenso wie die Virginias, wenn ihre Phantasien Gestalt annehmen sollten. In ihrem geheimen Leben mit Mary wurde Vita mit einemmal »Orlando«.

Ein paar Tage später wurde sie auf weniger angenehme Weise beunruhigt. »Der Schlag trifft«, schrieb sie am 14. Oktober. Nachdem Harold sechs Monate im Auswärtigen Amt in London gewesen war, wurde er nach Berlin beordert; in zehn Tagen sollte er aufbrechen. Dazu kam, daß ihre leidenschaftliche Beziehung zu Mary auf dem Höhepunkt war und eine vernarrte Valerie Taylor sie weiterhin besuchen kam. Ihre emotionale Anspannung und ihre reale Furcht vor Harolds Abreise entluden sich dramatisch. Bei einer Autofahrt mit Valerie am 17. Oktober wurde sie plötzlich von Halbblindheit und einer, wie sie schrieb, lähmenden Neuralgie befallen. Harold schrieb in seinem Tagebuch über seine Niedergeschlagenheit wegen der Versetzung nach Berlin und von seiner Besorgnis über Vitas Zustand. Auf diese Seite seines Tagebuchs hat sie geschrieben: »Liebling, wie sehr ich dich liebe!« (Gelegentlich tauschten sie ihre Tagebücher aus.)

Am Tag seiner Abreise schrieb Harold an Vita: »Kleines, sei nicht zornig über mich, weil ich so hartnäckig und selbstsüchtig bin. Sie [die Diplomatie] ist Othellos Beruf – und so sehr er mich auch niederdrückt und verwirrt, spüre ich, daß ich ohne ihn nicht eine Tasse Tee, sondern ein großer Krug voll lauwarmer Milch werden würde.« Aus Berlin schrieb er, er würde sich, gäbe er seine diplomatische Laufbahn »bloß aus emotionalen Gründen auf«, wie ein »Wurm fühlen«, der unwürdig sei – »einer der wenigen ernsten und männlichen Seiten meines Charakters«.

Vita hätte gut daran getan, dafür Verständnis zu haben, aber sie hatte es nicht. Nachdem sie sich von ihm verabschiedet hatte, ging sie in Dotties Wohnung und weinte. Auch Virginia war voll Mitgefühl, doch sie konnte an nichts anderes denken als an *Orlando*. Worüber sie und Violet zu streiten pflegten, wollte sie von Vita wissen, und worüber sie mit Lord Lascelles geplaudert habe? (Er sei immer sehr schweigsam gewesen, erwiderte Vita, »also kamen wir nicht sehr weit«. Doch er hatte schöne Hände.) Vita übersetzte die

Passagen, die Virginia für das Buch in französischer Sprache wünschte – und unterzeichnete ihre Übersetzungen mit »Orlando«. Die beiden fuhren nach Knole, um obskure Familienphotos als mögliche Illustrationen herauszusuchen, und nach London zu einem Photographen, wo von »Orlando« in seiner weiblichen Verkörperung ein Photo im Stil von Lely* aufgenommen wurde. »Ich fühlte mich elend«, schrieb Vita an Harold, »in einen unzureichenden Fetzen rosa Satin gekleidet, nachdem ich meine Kleider abgelegt hatte – aber V. war entzückt und schlüpfte immer wieder unter das schwarze Tuch der Kamera, um sich an der Wirkung zu ergötzen.«

Vitas Tagebuch, Samstag, 5. November 1927: »Ein sehr schöner, sonniger Tag; ein brauner, blauer, purpurner Tag. Ging am Morgen mit Mary spazieren... Roy rief an, um zu sagen, daß er über Nacht in London bleiben werde. Ich schrieb an meinem Vortrag für Oxford [den sie in St. Hugh's halten sollte], während Mary am Abend Schallplatten hörte. Wir speisten zusammen. Ein sehr glücklicher Tag.« Doch Mary sei, wie Vita in derselben Nacht an Harold schrieb, wegen Roy »in ziemlicher Aufregung«, denn er hatte Augustus John in London getroffen, was »immer bedeutet, daß er sich betrinken und die nächsten vierzehn Tage krank sein wird«.

Am nächsten Tag holten Vita und Mary Roy vom Zug ab. In der Abenddämmerung ging Vita hinaus, um »einen Fasan zu schießen«, und begegnete den beiden Campbells: Roy sagte Vita auf den Kopf zu, daß er um sie und Mary wisse. Alle drei gingen in Vitas Wohnzimmer zurück. Roy verkündete, er schlafe mit Dorothy Warren. »Er ging ganz freundschaftlich fort, dann kam Mary zurück und sagte, er sei völlig verändert.«

Vitas Tagebuch, 7. November:

»Ein gräßlicher Tag. Roy hat Mary praktisch die ganze Nacht mit Drohungen über Mord, Selbstmord etc. wach gehalten. Schrieb weiter an meinem Oxford-Vortrag, unglücklich über ihr fortwährendes Eindringen, um mir zu erzählen, wie R. sich verändert habe etc. Wir schickten Mr. Burnett zu ihm. In einer regnerischen Däm-

---

* Sir Peter Lely (eigentl. Pieter van der Faes) (1618-1680), engl. Maler [Anm. d. Übers.].

merung ging ich mit M. ins Dorf, um Bier für ihn zu holen. Nach dem Dinner konnte ich es nicht länger ertragen, ging zum Cottage hinüber und sprach mit ihm. Sie, armes Kind, ganz betäubt und todmüde. Rief in völligem Elend bei A[prile] an.«

Vita teilte Harold mit, Roy sei »in der letzten Nacht mit einem Messer auf sie [Mary] losgegangen«, nannte jedoch nicht den Grund. Diese Streitigkeiten und Gewalttätigkeiten setzten sich tagelang fort. »Ist Mar in diesen Tagen nicht wundervoll allein gewesen? Nicht eine Seele«, schrieb sie einschmeichelnd an Harold nach Berlin. Ihr Tagebuch, 9. Oktober: »Unsere Kisten aus Teheran eingetroffen. Fing an, sie im großen Zimmer auszupacken, als Clive und sein Bruder, Valerie und Virginia nach dem Lunch ankamen. Nahm sie später mit nach Knole. Sehr kalt, fröstelig. Kurz vor dem Lunch kam Roy, um zu sagen, daß sie sich scheiden lassen würden. Ich sagte ihm, er solle nicht albern sein.« Nachdem die Besucher fort waren, ging sie zum Cottage und fand Roy ruhiger. »Er kam nach dem Dinner herunter und unterhielt sich mit mir, bis Mary sich uns anschloß. Trafen gewisse Abmachungen; fühlte mich viel besser.« Roy hatte Vita einen großzügigen Brief geschickt, den er auf einem aus einem Schreibheft herausgerissenen Blatt geschrieben hatte:

»Ich bin der Versuche müde, dich zu hassen, und ich begreife, daß es keine Möglichkeit gibt, dir weh zu tun (wie ich es gern getan hätte), ohne zugleich uns allen weh zu tun. Ich nehme keinen Anstoß an irgendeiner deiner persönlichen Eigenarten, und bevor ich etwas wußte, mochte ich dich sehr. Diese ganze Bitterkeit meinerseits ist auf unsere entsprechenden Standorte in dem Wirrwarr zurückzuführen. Ich bin weitaus wütender auf M.«

Er und Vita, schrieb Roy, könnten »einen ruhigen Gemütszustand erreichen, wenn wir uns klarmachen, daß wir einander keinen *bleibenden* Schaden zugefügt haben: und ich will diesen Gemütszustand so rasch als möglich erreichen, weil dies die absolute Hölle ist.«

Vita pflichtete ihm bei, wie die Gedichte, die sie in den folgenden Wochen schrieb, beweisen. Sie hegte starke kameradschaftliche

Gefühle für ihn, genauso wie einst für Denys Trefusis; das zeigt das sechste Sonett der ersten Folge von Gedichten, die sie in den folgenden Wochen an Mary richtete:

> Wir kannten beide deine Schönheit, und es erfreute
> Uns beide im Verborgnen deine Leidenschaft;
> Aus diesem Grunde fliehen wir uns heute,
> Die wir uns labten an der Quelle deiner Kraft.
> Ist das ein Grund? Wär's besser nicht, man träfe sich
> Gemeinsam in der Liebe, die uns einst verbunden,
> Um so ein neues Band zu finden, über dich,
> Das fester ist, weil wir's in dir allein gefunden?[15]

Aber die Hölle ging weiter, nicht nur wegen der Eifersucht, sondern auch, weil Mary gegen die einengenden »Abmachungen« rebellierte, auf die Roy und Vita sich geeinigt hatten. Sie überhäufte Vita mit verzweifelten Liebesbeteuerungen, schrieb ihr auf Seiten, die sie aus Rechnungsbüchern und Schreibheften herausgerissen hatte: »Kommt die Nacht nie wieder, in der ich Stunden in deinen Armen verbringen kann, in der ich spüren kann, wie du, einer riesigen Schutzheiligen gleich, mich überall umhüllst, und ich ganz nackt bin, bis auf einen Schleier deiner rosenblättrigen Küsse?« Sie warf Vita vor, daß sie gesagt habe, der Preis ihrer Liebe sei zu hoch. »Liebling, wie oft haben wir Wochen unglaublichen Glücks erlebt... und *ich bereue es in keinem Augenblick*, ja, wenn ich am meisten leide, erscheint es mir um so mehr der Mühe wert.« Roys unglücklicher Zustand war das einzige, was Mary bedauerte. Wenn Vitas Bindung der ihren an Intensität nicht entspreche, sei Vita »schuldig« und Mary »eine schwache Närrin, die von dir an der Nase herumgeführt wurde«.

Vita war »schuldig«, weil sie Marys Verlangen nachgegeben und sich in sie verliebt hatte, ohne an den gefährlichen emotionalen Aufruhr zu denken, den sie vielleicht auslösen würde. Angesichts des sich selbst entwickelnden und beinahe literarischen Dramas, das sich entspann, fühlte sie sich in zunehmendem Maße unbehaglich:

> Zwischen zwei Dichtern, du, eine hurtige Maus,
> Geschäftig mit einem neuen satirischen Vers,
> Mit Gift geschrieben, von Haus zu Haus,
> doch glaub ich, dein Interesse ist pervers.[16]

Zusätzliche Schwierigkeiten kamen von Dorothy Warren, die am Rande von Vitas Affären allzeit auf der Lauer lag: sie, die zuerst Geoffrey Scotts, dann Roys Geliebte war, bat Vita, sie zu besuchen. Vita ging nicht; statt dessen suchte sie Virginia auf und vertraute ihr die ganze entsetzliche Geschichte und ihre Nebenhandlungen an. Virginia war streng (»Ich hasse es, wenn man mich langweilt«), kritisch, ein wenig angewidert und – wie sie später einräumte – eifersüchtig. Sie sagte Vita, sie mache ein Mischmasch aus ihrem Leben und verpfusche ihre gesamte Beziehungen. Vita blieben nur Tränen. Sie schrieb Harold: »Ich hatte das Gefühl, auf der ganzen Linie versagt zu haben. Ich wollte zu dir kommen.«

Harold antwortete besänftigend, der einzige wirkliche Prüfstein seien »*gewachsene* Beziehungen«, nicht zufällige, die auf Leidenschaft basierten. »Ich glaube sehr wohl, daß du ein wirkliches Talent zu dauerhaften Beziehungen hast« – und er zählte die Beziehungen zu ihren Eltern, zu Dottie, Raymond und zu ihm und den Kindern auf. Vita war nicht getröstet. Sie wußte, daß er es ihr zu leicht machte, und sie kannte ihre eigenen Verhaltensmuster:

»Sieh mal, ich habe immer das Gefühl, daß ich noch niemals einen Menschen ganz und gar glücklich gemacht habe. Du wirst sagen, *du* seist dieser Mensch. Aber selbst dir habe ich ein paar verdammt scheußliche Dinge angetan, *dans le temps* – die unvereinbar sind mit jedem Ideal von Treue oder Liebe, Liebling. Wie du siehst, bin ich darüber niemals wirklich hinweggekommen, es hat Narben bei mir hinterlassen. Und doch weiß ich, daß ich dich liebe, wie wenige Menschen lieben.«

Was Dottie betrifft, »so hast du keine Ahnung, wie unglücklich ich Dotz gemacht habe. Nein, Liebling, dein Mar ist dazu bestimmt, alles durcheinanderzubringen. Weder das eine noch das andere, nicht genug Charakter, um entweder enthaltsam oder ausschweifend zu sein. Das Resultat ist ein einziges Durcheinander und niemand ist zufrieden.«

Harold schrieb, ihre Bestimmung, alles durcheinanderzubringen, käme daher, weil ihre »zweitrangigen Affären dazu neigen, in Tränen zu enden... Du bist sorglos und unvorsichtig. Du gerätst in eine Situation und kannst nicht zurück wie eine Maus in einer dieser Fallen, deren Stacheln nach innen zeigen.« Er sei immer »ein wenig *nervös*«, wenn er von solchen zweitrangigen Dingen höre – »von Mary Campbell und dergleichen. Oh, bitte, Mar, verstricke dich nicht in diese Sache.« Sein Rat war vernünftig und seine Einschätzung richtig. Aber sie steckte bereits im Durcheinander.

Es fand eine weitere Sitzung für *Orlando* statt, diesmal mit Vanessa Bell und Duncan Grant als Photographen. Virginia las laut die Nachrufe aus der *Times* vor »und spickte sie mit ihren Kommentaren, was uns zum Lachen brachte und das Photo verdarb«. Vita besuchte mit ihrer Schwiegermutter und Harolds unverheiratetem Bruder Freddy eine Aufführung des *Kaufmanns von Venedig*, die von der Schule der Jungen in Oxford veranstaltet wurde (Nigel hatte als Nerissa einen »tollen Erfolg«.). Drei Tage später war sie abermals in Oxford, weil Ben sich die Mandeln entfernen lassen mußte. Sie blieb zwei Tage bei ihm.

Eine ihrer »zweitrangigen Affären« fand zeitweilig von selbst eine Lösung: Valerie Taylor und Raymond Mortimer verliebten sich ineinander und dachten ernsthaft an Heirat. »Er darf mit ihr schlafen«, teilte Vita Harold mit, »aber ich habe ihm nicht erzählt, daß sie in der folgenden Nacht mit mir schlafen wollte – in Oxford – ich *tat's nicht*, doch es lag nicht an ihr. Im ganzen genommen, habe ich eher eine Collage denn eine Ehe gefördert.« (Freilich war die »Collage« kurzlebig.)

Am Abend des 1. Dezember schrieb Vita, allein in Long Barn, in einem wahren Ausbruch kreativer Energie nicht weniger als elf Sonette über sich und Mary Campbell. Bevor sie am nächsten Morgen nach London fuhr, um Valerie spielen zu sehen, schrieb sie zwei weitere. Am 5. Dezember, einem Tag, den Mary mit ihr verbracht hatte, entstanden drei weitere. Nachdem sie die ersten elf Gedichte vollendet hatte, schrieb sie an Harold: »Unglücklicherweise sind sie so b. s. [die Nicolsonsche Chiffre für ›homosexuell‹; von ›backstairs‹], daß man sie unmöglich drucken kann. Aber ich spüre, daß sie als eine Art Katharsis für so viele aufgestaute Gefühle dienen. Vielleicht werde ich sie dir eines Tages zeigen. Ich bin nicht ganz sicher.«

Da Vita in Kürze Harold in Berlin besuchen wollte, bat er sie, die Sonette mitzubringen. »Oh, wie ich hoffe, daß sie nicht in einem Durcheinander steckt – mein Gott! mein Gott! Man schreibt nicht in einer Nacht zehn [sic!] Sonette, wenn man nicht in der Klemme steckt.« Tatsächlich bedeutete das Herausschleudern aller sechzehn Sonette für Vita eine Wiedergewinnung ihrer Selbstbeherrschung; es waren Abrechnungen. Jetzt war sie auch imstande, offen mit Harold über das Geschehene zu sprechen. »Keine Gedichte mehr. Keine Sonette. Ja, natürlich gerät sie in die Klemme, wenn er fortgeht. Sogar, bevor er geht. Aber es bleibt alles im Rahmen. Nichts, worüber er sich sorgen müßte.«

Das Gerüst des Alltagslebens hält Menschen in Zeiten emotionaler Umbrüche aufrecht. Der »Hawthornden« wurde zur rechten Zeit gepflanzt, und in Long Barn wurde eine Zentralheizung eingebaut. Vita war über das dadurch verursachte Chaos verärgert – »Und, mein Gott, wie Arbeiter stinken. Das ganze Haus riecht nach ihnen. Wie ich das Proletariat hasse«, schrieb sie mit der schnoddrigen Arroganz einer reichen Frau, die uns heute so grausam in den Ohren klingt. Das Haus in Ebury Street wurde verkauft; die Möbel, die allesamt B. M. gehörten, sollten Vita und Harold bekommen.

Vita war eine sehr tüchtige Geschäftsfrau; sie verwaltete ihr Geld, ihr Land und ihre Pächter gut und überlegt. Dies war eine Facette ihres Wesens, die Virginia faszinierte, und es war ein Feld, auf dem sie Harold gegenüber fast eine moralisch überlegene Position behauptete; er war nicht nur ärmer, sondern chronisch verschwenderisch. Warum er so abgebrannt sei, fragte sie ihn am Ende des Jahres. »Der Teufel soll mich holen, wenn ich weiß, wie du das machst – zwar zweigst du jährlich 400 Pfund für die Schule der Jungen ab, aber schließlich habe ich nicht mehr als du und muß viel mehr davon bestreiten.« (Sie unterhielt Long Barn; Harold behielt sein Gehalt.) »Das ist kein Vorwurf, bloß ein Rätsel. Ich liebe dich.«

Am 14. Dezember fuhr sie für eine Woche nach Berlin – nach einer ungestümen Forderung Mary Hutchinsons, ihren letzten Abend mit ihr zu verbringen: »Ich werde dich um Mitternacht überall treffen – sag mir, wo.« In Berlin verfolgten sie die Briefe Mary Campbells an »meine Rose, meine liebe Mutter«; Mary hatte während einer Autofahrt durch London mit Roy und Dorothy Warren Streit gehabt: »Du hättest mich in deinem Auto am Piccadilly Circus sitzen sehen sollen, hilflos und in Tränen.«

Der Besuch in Berlin bekräftigte lediglich Vitas Abneigung gegen das diplomatische Leben. »Sehr bedrückt, als ich ihn an diesem unangenehmen Ort zurückließ«, schrieb sie, als sie wieder abreiste, um Weihnachten mit den Kindern in Knole zu verbringen. Nachdem sie fort war, vertraute Harold seine Eindrücke der treu ergebenen Dorothy Wellesley an:

»Vita schien in ziemlich guter Verfassung, als sie hier war. Natürlich hat es einen Wirrwarr gegeben – aber ich glaube nicht, daß er ernsterer Natur war. Aber wie lästig diese Dinge sind – sie machen einen so unfroh. Ich warnte sie, mußt du wissen, aber sie hat mich nur verspottet. Ihr fehlt die Gabe der Voraussicht. Von Vorsicht als Eigenschaft halte ich nicht viel... Aber zu dem opheliaähnlichen Leichtsinn, dem mein Liebling frönt, läßt sich wenig sagen. Es ist ihr Optimismus, verstehst du, Dotz – sie weigert sich einfach zu glauben, daß die Dinge am Ende vielleicht schlecht ausgehen könnten – eine Art, sich treiben zu lassen.«

Man könnte hinzufügen, daß ihr Verhalten auch eine Folge ihrer »Nichts ist wichtig«-Philosophie war und der Vorstellung, körperliche Liebe sei unwiderstehlich, doch kurzlebig, ein Fieber, von dem man sich rasch erhole. Als »ehrlich sinnlicher Mensch«, wie sie sich nannte, unterließ sie es, die Tatsache zu berücksichtigen, daß die Menschen, die sich in sie verliebten, der Affäre eine weitaus größere Bedeutung beimaßen und zuweilen bereit waren, die Stabilität ihrer Leben für das aufs Spiel zu setzen, was sie für eine große Liebe hielten. Am Anfang einer Affäre forderte sie die totale Zuwendung; sie zog Personen an (und wurde von ihnen angezogen), die wesensmäßig dazu neigten, sich zeitweise einer solchen Liebe hinzugeben – »Verrückte«, wie Harold und sie später diese Menschen nannten. Unabhängige Frauen oder solche, die wie sie in erster Linie an einem Abenteuer interessiert waren (wie Mary Hutchinson), hatten für sie wenig Reiz. Harold schloß seinen Brief an Dottie: »Aber sie ist nun mal so. Wir können es nicht ändern. Alles, was wir tun können, ist, sehr lieb zu unserer Ophelia zu sein – und zu versuchen, sie an den Gefahren vorbeizusteuern. Aber sie sind schon eine kuriose Familie, diese Sackville-Wests.«

Kapitel 17

Vitas Vater war, wie schon ihr Großvater, mit den Jahren immer einsamer und introvertierter geworden. Anfang 1928 erkrankte er. Eine Grippe zog eine Herzbeutelentzündung nach sich. Thomas Horder, königlicher Leibarzt, wurde gerufen, Harold aus Berlin herbeigeholt. Olive Rubens, Vita und Harold schlugen ihr Lager in Lionels Wohnzimmer auf, um nachts in seiner Nähe zu sein. Er starb am 28. Januar kurz nach Mitternacht, im Alter von einundsechzig Jahren. Sein Leichnam wurde in einem Bleisarg in der Kapelle von Knole beigesetzt. Harold schrieb eine Würdigung für die *Times*.

Während seiner Krankheit hatte Vita in *T. P.'s Weekly* eine ungeschminkte Kritik von *The Land* aus der Feder von Rebecca West gelesen; der Beitrag führte aus, das Gedicht drücke konventionelle Gefühle mit literarischer Anmut aus und sei das Werk einer Autorin, »die gewohnt ist, schöne Verse zu lesen... keine Zeile daran ist schwach, doch keine weist individuelle Schönheit auf.« Virginia, der bewußt war, wie tief Vita unter dem Verlust ihres Vaters leiden würde, schrieb ihr darum zwei Tage vor seinem Tod: »Ich habe *The Land* gelesen... einige Verse, denke ich, sehr gut«; was wie ein gewöhnliches Lob klingt, war der tröstlichste Kommentar, den sie abgeben konnte.

Virginia begriff, daß der Verlust Dadas für Vita auch den Verlust Knoles bedeutete. Es ging jetzt auf Lionels jüngeren Bruder, Vitas Onkel Charlie, über und dann auf Charlies Sohn Eddy. Drei Tage lang, bis zum Begräbnis, gehörte Knole zum ersten und zum letzten Mal uneingeschränkt Vita. Sie traf Vorbereitungen, sie stand dem Haushalt vor, sie gab Anweisungen. Was diese drei Tage für sie bedeuteten, beschrieb sie später in einem Brief an Ben, als er in Eton war und sich für unfähig hielt, sich einzufügen. Sie selbst und Ben, schrieb sie ihm, besäßen beide »die Sackvill'sche Schwäche der Unentschlossenheit und Introvertiertheit« und hätten – wie sie einst an Eddy schrieb – »die falsche Einstellung zum Leben«. Doch sie lernte, daß man diese Schwäche besiegen konnte: »Es hat mit Großpapas Tod und den drei oder vier Tagen zu tun, in denen ich Knole zu führen hatte und jede Entscheidung treffen mußte... Aber ich mußte es tun, und es hat in der Tat einen Wendepunkt in meinem Leben bedeutet. Wirklich, meine geistigen Muskeln wuchsen überraschend, und seitdem bin ich nie mehr ganz dieselbe gewesen.« Sie habe das Gefühl, schrieb sie Ben, »daß du und ich viel Mitgefühl füreinander haben und daß wir einander darum auf einer merkwürdig vertraulichen Ebene verstehen (oder verstehen *könnten*), zu der Niggs und Papa vielleicht nie Zugang haben, weil sie Menschen sind, denen es von Natur aus gegeben ist, mit dem Leben zurechtzukommen«. Vita teilte die Familie in »Lager« ein: sie selbst und Ben, Harold und Nigel.

Aufgrund ihrer zweifelhaften Stellung blieb Olive Rubens der Beerdigung fern. Auch Lady Sackville erschien nicht. Unter den zahlreichen Kondolenzbriefen war auch ein zartfühlendes Schreiben von Violet an Vita: »Ich weiß, welch eine makellose Kameradschaft euch verbunden hat, und als Kind staunte ich oft eifersüchtig über euer gemeinsames Schweigen, das, was ich damals nicht wußte, von einem vollkommenen gegenseitigen Einverständnis herrührte.«

Als alles vorüber war, notierte Vita am 11. Februar in ihrem Tagebuch: »Reticulata und Anemona blanda blühen.« Roy Campbell erholte sich von einer Blinddarmoperation; Mary verbrachte Tage und Nächte mit Vita, die vier weitere Sonette, diesmal in elegischen Tönen, für sie schrieb. Vita fuhr abermals nach Berlin, und Roy war darauf bedacht, das Cottage so rasch als möglich zu räumen. Vita schrieb darüber hinaus Abschiedsverse für ihren Vater und Gedichte über ihre Verwandtschaft mit ihm. »Heredity«, das sich mit ihm befaßt, findet sich in ihren *Collected Poems*; in der Manuskriptfassung fügte sie eine Schlußstrophe über Ben hinzu. Welche Charaktereigenschaften hatte die Familie?

> Ist's die Stärke, ist's die Schwäche,
> Die uns zusammenflicht?
> Gott, ich habe sie wiedergesehen
> In meines Sohnes Gesicht.

Es war schmerzhaft, nach Knole zurückzukehren, um Canute zu holen, den Elchhund, den sie ihrem Vater geschenkt hatte; noch schmerzhafter war es, durch seine persönlichen Besitztümer zu gehen:

»Von draußen, im Sonnenschein, sah Knole besonders schön aus; doch drinnen düster, da alle Rolläden runtergelassen und alles mit Schonbezügen bedeckt war, die an Leichentücher erinnerten, welche ich wirklich vorziehe, denn ich mag's nicht, wenn alles gleich aussieht. Habe irgendwie das Gefühl, als hätte ich jetzt das Eis gebrochen und könnte hierhergehen, obgleich ich künftig niemals ohne triftigen Grund hierhergehen werde.«

Sie hatte ihrem Vetter großmütig geschrieben: »Lieber Eddy, jetzt ist Knole für dich, was es für mich immer war; doch ich weiß, daß du es ebenso liebst wie ich.« Sie wußte zuverlässig, daß dies nicht der Fall war; Harold malte sie aus, daß, »falls weder Charlie noch Eddy Knole haben wollten, ich auf der Stelle bereit wäre, es ihnen aus den Händen zu nehmen«. Und, halb verzweifelt, halb scherzend: »Ich will Knole... Ich habe eine Idee: Wollen wir es nicht eines Tages erobern?... Ich habe Dadas Revolver an mich genommen. Und die Patronen.« Sie verabscheute Onkel Charlies zweite Frau, Anne, eine Amerikanerin, und haßte den Gedanken, daß sie jetzt Schloßherrin war. Anne war der Hauptgrund, warum Vita sich von Knole fernhielt.

Gegen Ende Februar war sie bei Harold in Berlin und wohnte mit ihm in der Wohnung, die er in der Brückenallee 24 bezogen hatte. Sie kam an, wie Harold Virginia berichtete, mit einem Schluckauf, die Brillengläser von einem alten Pfeifenreiniger zusammengehalten und 200 Zigaretten, die sie unter Berufung auf ihren Diplomatenpaß durch den Zoll geschmuggelt hatte. Sie selbst schrieb an Virginia:

»Dies ist ein abscheulicher Ort, ganz bestimmt; und meine Gefühle wären, wenn ich ihnen freien Lauf ließe, nichts als Rebellion und Verzweiflung – bloß Zorn und Tränen –, und sie werden durch das Gefühl kompliziert, daß ich Harolds wegen Berlin nicht hassen darf, d. h., weil sich dahinter Kritik an ihm verbirgt und ein Groll und ich es nicht ertragen kann, einen Gedanken zu hegen, der ein schlechtes Licht auf ihn wirft – übrigens glaube ich, daß er nichts dafür kann –, und mit diesen beiden Gefühlen zugleich zu leben ist sehr schwierig.«

Harold wollte nach wie vor Botschafter werden – »aber kannst du dir deine arme Vita als Gattin eines Botschafters vorstellen? Ich kann's nicht – und die Aussicht erfüllt mich mit Abscheu. Das Schicksal spielt einem wirklich böse Streiche – wenn man nichts anderes will als gärtnern, schreiben und mit Potto [Virginia] reden... Armer Orlando.«[1]

Harold beschrieb Clive Bell einen frösteligen Spaziergang durch den Tiergarten, mit einer Vita, die, vor Kälte mit den Zähnen klappernd, zischte: »Welch ein abscheulicher Ort!«

»Und was soll ich sagen? ›Eine Ehefrau‹, sollte ich sagen, ›sollte ihren Gatten in seiner Karriere nicht nur unterstützen, sondern ermutigen.‹ Das sage ich nicht, sondern: ›Liebling, du weißt, daß ich ohne meine Arbeit unglücklich wäre.‹ ›Unsinn‹, erwidert sie. Und dann kommt ein Brief von Virginia, in dem steht, daß sie sich fast schämt, eine Freundin zu haben, die mit einem Mann verheiratet ist, der Botschafter werden will (wohlgemerkt, nicht ›möchte‹).«[2]

Virginia unterstützte Vita auch weiterhin in ihrem Feldzug, Harold zur Aufgabe der diplomatischen Laufbahn zu überreden. In ihrer Beziehung zu ihrem eigenen Ehemann verhielt sie sich ganz anders; sie konnte die herkömmliche Ehefrau überzeugend spielen, begleitete Leonard zu politischen Versammlungen in entfernten und glanzlosen Städten und unterminierte niemals seine Karriere oder das Bild, das er von sich selbst hatte. Aber schließlich schätzte sie Leonard, den sie liebte, viel höher ein als Harold, den sie bloß um Vitas willen zu mögen lernte.

Vitas Egoismus in bezug auf Harolds Karriere bestand nicht so sehr darin, daß sie, abgesehen von kurzen Besuchen, daheimblieb, wenngleich dieses Verhalten für die Frau eines Diplomaten ungewöhnlich war. (Aber 1928 gab es nicht viele Diplomatenfrauen, die wie Vita selbst Karriere machten.) Es war vielmehr ihre Geringschätzung des von ihm gewählten Berufes – in dem er Geschicklichkeit und Begabung bewiesen hatte und erfolgreich gewesen war – wenn er auch wenig von seinen Fähigkeiten und Erfolgen hermachte und diesen Aspekt seiner Persönlichkeit abwertete. Trotz ihrer Dementis schloß jede Kritik an seiner Arbeit unweigerlich die Kritik an ihm ein, der sie sich ausgesucht hatte.

In Berlin hatte Harold vor kurzem die Bekanntschaft von Frederick und Margaret Voigt gemacht: Er war Journalist und Historiker, sie schrieb unter ihrem Mädchennamen Margaret Goldsmith und war als literarische Agentin englischsprachiger Autoren in Deutschland tätig. Vita traf die Voigts gleich zu Anfang ihres Besuches und fing an, regelmäßig mit Margaret zu speisen und ins Kino zu gehen. Am 8. März kam Margaret in die Brückenallee, um Vita aus ihrem Roman, an dem sie gerade schrieb, vorzulesen; am 9. März, Vitas Geburtstag, waren sie, ihr Gatte und Sinclair Lewis Gäste beim Dinner; am 10. März »kam Margaret Voyt [sic!] morgens und berichtete von Folgen, die ich hätte voraussehen können«.

Gelangweilt, unglücklich, krank vor Heimweh, hätte Vita das möglicherweise »voraussehen« können, aber sie traf keine Vorsichtsmaßnahmen. Wie gewöhnlich verstrickte sie sich viel zu tief. Sie sagte Dinge, die sie vergessen würde; nicht dagegen Margaret. »Ich liebe dich auf jede mögliche Weise, wie man einander nur lieben kann, vergiß das nicht«, sagtest du (du standest neben dem

Divan in der Brückenallee), und, meine Liebe, ich trage diese Worte in meinem Herzen, denke jeden Tag und jede Nacht an sie« – so schrieb Margaret an Vita nach deren Rückkehr nach England.

Vita schrieb an Virginia und fragte, ob Margaret sich um die Übersetzungsrechte ihrer Bücher in Deutschland kümmern sollte: »Sie ist außerordentlich nett, energisch und intelligent und zufällig eine Busenfreundin von mir, obgleich ich sie nicht empfehlen würde, wenn ich nicht sicher wäre, daß du mit ihr gut bedient wärst!«[3] Virginia roch sofort den Braten; im übrigen wurden ihre Bücher in Deutschland bereits vom Insel Verlag verlegt. Wegen Vitas neuem Projekt – einer Übersetzung Rilkes ins Englische – fuhren Vita und Margaret nach Leipzig zum Insel Verlag. (Harold war um diese Zeit von einem jungen Amerikaner, Bobby Sharpe, ganz in Anspruch genommen.) Vita und Harold reisten zusammen nach Kopenhagen, wo sie beide einen Vortrag hielten – laut Vita war Harold »höchst brillant und amüsant« –, und anschließend zurück nach Berlin, um Vitas Abreise vorzubereiten.

Ihren letzten Abend verbrachte sie mit Margaret Voigt, die sie auch zur Bahn brachte. (Harold hatte ein dienstliches Dinner, und beide haßten sie Abschiede auf Bahnhöfen.) Man plante, daß Margaret bald nach England kommen solle; in der Nacht der Abreise schrieb Margaret an Vita: »Es gibt nichts darüber zu sagen – mit Worten –, was der heutige Tag bedeutet hat ... Ich habe nie gewußt, daß es ein solches Eins-Sein, solche Nähe gibt ... Gute Nacht, mein Liebling, wann, o wann werde ich in deinen Armen schlafen, bis der Morgen heraufdämmert? *May*:«

Vita überquerte den Kanal, aus den Armen einer Frau in die der nächsten. Mary Campbell hatte ihr jeden Tag geschrieben und Vita ihr (aber Mary war von Louise Genoux, Vitas französischer Zofe, standhaft des Hauses verwiesen worden, als sie, um sich Vita näher zu fühlen, einen Morgen in Vitas Wohnzimmer hatte verbringen wollen). Sie und Roy standen kurz vor einer Trennung auf Probe, und sie machte wohldurchdachte Pläne, die erste Nacht nach Vitas Rückkehr am 29. März mit ihr in London zu verbringen. Als Ort ihres Wiedersehens hatte sie das Foyer des Capitol Picture House in Haymarket gewählt. Vita erfüllte ihren Wunsch. »Meine Einzige, ich spüre noch immer die Wärme deiner Arme. Ich brenne noch immer von der Liebe der letzten Nacht«, schrieb Mary am 2. April.

In Long Barn standen die Knollen, die Vita aus Persien mitgebracht hatte, in Blüte; und Dorothy Wellesley kaufte ein wunderschönes neues Haus, Penns-in-the-Rocks in Withyham, Sussex. Vitas Jungen kamen über Ostern nach Hause, und sie beklagte sich bei Harold, daß Ben, inzwischen vierzehn, ihr in den Ohren liege, er habe nichts zu tun. Es müsse am modernen Leben liegen, sagte Vita zu Ben, daß jedermann die fixe Idee habe, »er müsse durch irgendwas unterhalten werden«. Nigel wollte ihr beweisen, daß er sich allein beschäftigen könne:

»Niggs, der diese Unterhaltung mitangehört hatte, machte sich mittendrin aus dem Staub. Er ging Golf spielen. Ich beobachtete ihn durch das Fenster. Seine Hosen rutschten. Er legte den Ball sehr sorgfältig auf den Erdhaufen. Dann sprach er den Ball sehr umständlich an; doch er rollte vom Haufen herunter, und er mußte ihn noch einmal aufsetzen. Das passierte viermal. Darauf führte er einen wuchtigen Schlag, verfehlte den Ball ganz und gar und kippte vornüber.«

Seit Lord Sackvilles Tod stand Ärger mit B.M. ins Haus, die den Winter im Hotel »Metropol« in Brighton verbrachte. Sie fürchtete, ihren Anteil als Ehefrau nicht zu bekommen, und steigerte sich in einen Zustand von Paranoia. (Erst nach langem Zögern hatte sie darauf verzichtet, Testamentsvollstreckerin des ihr entfremdeten Gatten zu werden.) Am Morgen des 18. April war Vita in London bei Pembertons, den Familienanwälten, um die Frage des Nachlasses ihres Vaters zu erörtern. Unerwartet erschien ihre Mutter in der Kanzlei und machte eine unerhörte Szene. »Gib mir deine Perlen«, schrie sie Vita an, »zwölf davon gehören mir, und ich will sehen, wie viele davon du ausgetauscht hast, du Diebin!« Eine Flut von Schimpfwörtern ergoß sich über Vita. »Sie benahm sich wie eine Verrückte, schrie ›Diebin‹ und ›Lügnerin‹ und drohte mir mit der Faust, daß ich dachte, sie werde mich schlagen.« Die Anwesenheit der beiden Anwälte vermochte den Sturm von Schmähungen nicht zu unterdrücken. Als sie anfing, ihren toten Gatten zu beschimpfen, verließ Vita das Zimmer. Schließlich zog sich Lady Sackville in ihren Rolls-Royce zurück, schickte jedoch ihren Sekretär hinein, um Vita mitteilen zu lassen, sie müsse mit ihr zu einem Juwelier gehen, um zwölf Perlen aus ihrer Halskette herauslösen zu lassen.

Vita ging zum Wagen hinaus und schnitt auf der Stelle, mitten auf der Straße, ihre Kette in zwei Teile. Das stellte ihre Mutter nicht zufrieden – sie verlangte die Rückgabe aller Juwelen, die sie Vita je geschenkt habe; Vita solle sie ihr ins »Savoy« bringen, sie durch einen Kellner zu ihr hinaufschicken »und wie eine Dienerin draußen vor der Tür warten, während sie die Steine überprüfte, um zu sehen, wie viele ich ihr gestohlen hatte, während sie krank war«. Sie schrie Vita durch das Wagenfenster an, sie hasse sie und wünsche ihr den Tod, bis Vita ein Taxi stoppte und entkam.

Völlig vernichtet machte sich Vita auf, um eine Verabredung zum Lunch mit Raymond Mortimer einzuhalten, der sie mit einer halben Flasche Champagner tröstete. Anschließend ging sie zu Virginia, die sie besänftigte und den vernünftigen Vorschlag machte, in den Zoo zu gehen. Später begleitete sie Vita zu den BBC-Studios, wo Vita die erste Rundfunksendung ihres Lebens machte – die Ereignisse des Tages waren kaum eine gute Vorbereitung gewesen. Danach gingen die beiden den Strand hinunter und tranken im »Charing Cross«-Hotel Kaffee; »dann setzte ich mich in meinen Zug und kam heim – zerrüttet, doch voller Zustimmung für Virginias Überlegung, das Leben sei nicht ereignislos«. Daheim wartete Mary Campbell.

Lady Sackville hatte Vita die Juwelen vor fünfzehn Jahren zur Hochzeit geschenkt. Das Geld der Familie wurde von Treuhändern verwaltet, und B. M. war nicht in der Lage, Vita ihre Jahreszinsen wegzunehmen. Aber Vita beschloß, in Zukunft von ihrer Mutter keine Geschenke oder Geldzuwendungen mehr anzunehmen. An jenem Nachmittag im Zoo war sie nach Virginias Bericht »sehr tapfer & wild & warf ihren Kopf hin und her... & sagte, sie sei frei und ungebunden & wolle sich ihr Geld durch Schreiben selber verdienen«.[4]

Nachdem Vita den Schock über das Benehmen ihrer Mutter überwunden hatte, beschrieb sie Harold den Ablauf dieser frühen Live-Aufnahmen im Rundfunk – von denen sie in der folgenden Woche eine weitere machte:

»Man bringt dich in ein Studio, welches ein großer und luxuriös ausgestatteter Raum ist; dort steht ein dick gepolsterter Tisch, und darüber hängt an zwei Drähten von der Decke herab ein kleiner weißer Kasten. Überall sind drohende Aufschriften angebracht: ›NICHT HUSTEN – Sie werden Millionen Leute taub machen‹, ›NICHT MIT DEM MANUSKRIPT RASCHELN‹ und ›Wenden Sie sich nicht an den Ansager und fragen ihn, wie es war, wenn Sie fertig sind‹… Für jemanden, der noch nie zu so vielen oder wenigen Leuten gesprochen hat, ist es sehr komisch. Und dann verstummst du, und es tritt ein furchtbar grausames Schweigen ein, als ob du komplett versagt hättest… und dann hörst du den Ansager sagen: »Hier ist London. Wetterbericht und Nachrichten«, und du schleichst dich weg.«

Die Jungen seien perfekte Rundfunkhörer, schrieb sie ihm: »Sie stellten das Gerät auf den Küchentisch und saßen mit allen bedints drumherum« (das heißt mit der Dienerschaft, die jetzt aus Mrs. Staples, der Köchin, George Horne, dem Butler, Elsie, dem Hausmädchen, und der Französin Louise bestand).

Harold reagierte wütend auf die Geschichte von Lady Sackvilles Tobsuchtsanfall; er war um so wütender, als er hörte, daß B. M. so weit gegangen war, sich beim Außenministerium telephonisch nach der Höhe seines Gehaltes zu erkundigen. Vita war über die Vehemenz gerührt, mit der er sie in Schutz nahm – »Alles, was an Femininem in mir steckte, sprach darauf an. (Es mag sehr tief verborgen sein, doch ist es gleichwohl da.)« Doch sie konnte die Vorstellung nicht ertragen, daß jemand gegen ihre Mutter ihre Partei ergriff. Sie wußte, daß B. M. »sich irgendwo in ihrem sonderbaren Herzen sehr einsam fühlen muß. Ich wünschte, ich könnte hingehen und ihre Partei gegen uns ergreifen.« Was immer ihre Mutter tat, Vita würde sie immer lieben.

Nachdem die Krise vorüber oder in der Schwebe war, hörte Harold auf, Vita von Berlin aus anzurufen, wie er es getan hatte. Es nahm ihn zu sehr mit: »Du sagtest ›Gute Nacht, lieber Hadji‹ und legtest fünfhundert Meilen zwischen uns. Und dann Niggs Gekicher! Weißt du, es war nicht bloß ein Gekicher, das ich hörte, sondern das unverwechselbare Kichern meines lieben Niggs. Es tat mir in der Seele weh – und als ich den Hörer auflegte und wieder in Berlin war, fühlte ich, daß mir die Tränen kamen.« Sie kamen überein, das Telephon nur in Notfällen zu benutzen. Schließlich schrieben sie einander, wie immer, wenn sie getrennt waren, täglich.

Auch Vita und Margaret Voigt schrieben einander täglich. Eine Woche nach dem Auftritt mit B.M. kam Margaret in London an. (Ihr Mann arbeitete für den *Manchester Guardian*.) Sie hatte gedacht, sie werde bei Vita in Long Barn wohnen, doch statt dessen hatte Vita dafür gesorgt, daß sie Vanessa Bells Wohnung am Gordon Square 37 benutzen konnte. Dieses Arrangement hatte Virginia getroffen (Vanessa war in Cassis), die gegen Margarets »vulgäre, aufdringliche, primitive, ungehobelte« amerikanische Stimme am Telephon eine tiefe Abneigung hatte. »Das ist eine der Wirkungen der Eifersucht«[5], gab sie zu; und sie kam nach Long Barn, um für *Orlando* von Vita eine Aufnahme in ländlicher Kleidung zu machen (die letzte in der illustrierten Ausgabe); dann nahm sie Vita mit nach London zu Lenare, um »Orlando« in einem viktorianischen Kleid photographieren zu lassen.

Margaret Voigt kam für ein Wochenende nach Long Barn, und wie alle Geliebten Vitas, nahm man sie mit, um Knole anzuschauen – nunmehr von außen. Danach entschwand Vita mit Dorothy Wellesley, um deren neues Haus zu besichtigen, anstatt mit Margaret nach London zurückzufahren – diese war verletzt, interpretierte Vitas Entschluß jedoch bezeichnenderweise so: »Du bist so treu, deine Treue ist wie eine Flamme in meinem Herzen... vielleicht weil du um ihretwillen für immer Unterhalt zahlst – in Form von Kraft, Unterwerfung, teilweiser Hingabe – an die Lieben, Leidenschaften, Freundschaften oder Bindungen, die ihrerseits vielleicht ein wenig von ihrer Bedeutung eingebüßt haben.« Sie hatte recht. Zum Teil, weil sie sich für die Feuer verantwortlich fühlte, die sie entzündet hatte; zum Teil, weil sie es nicht leiden konnte, wenn jemand, der sie liebte, damit aufhörte, und zum Teil, weil Vita, wie Margaret mutmaßte, aus schlichter Treue Menschen nicht fallenließ (Geoffrey Scott ausgenommen.) Mit den Jahren wuchs Vitas Liste emotionaler »Pensionärinnen« und mit ihr ihre Korrespondenz und ihr Zeitaufwand. Nahezu alle Frauen, die Vita geliebt hatte, sagten: »Ich war nicht wie die anderen«; und sie hatten insofern recht, als sich Vita in ihrer intensiv erotischen, einfühlsamen

Konzentration auf den geliebten Menschen sich jedem auf eine andere Weise rückhaltlos hingab. Oder besser gesagt: sie schenkte ihnen rückhaltlos einen Teil ihrer selbst – und niemals jenen Teil, der Harold und dem Heim gehörte, nie mehr nach Violet.

Margaret Voigt sollte ziemlich bald auch eine emotionale Pensionärin werden. Bereits eine Woche nach ihrer Ankunft teilte Vita Harold mit, daß »sie mir auf die Nerven geht«. Was in Deutschland funktioniert hatte, versagte hier. Vita hatte ihre *béguins* und »echten Gefühle«, wie sie Harold schrieb, »aber sie sind mit meinen Gefühlen für dich nicht zu vergleichen... Ich vergesse Menschen sehr schnell, wenn ich von ihnen fort bin. Ich trenne mich von ihnen in heftiger ›Abschiedsstimmung‹*« – von der sie aus Erfahrung wußte, daß sie rasch schwand (doch sie wurde aus der Erfahrung nicht klug und änderte ihr Verhalten nicht).

Die einzige Hoffnung, schrieb Vita, bestehe darin, »sein Leben in seinem Inneren zu führen, um in hohem Maße frei und unabhängig zu sein« (sie arbeitete wieder an ihrem »Reddín«-Gedicht); »doch dann erheben sich die irrationalen Leidenschaften und führen den Verstand an der Nase herum«.

Jemand, der im Begriff stand, sie zu verlassen, war Mary Campbell. Roy war bereits nach Martigues in Südfrankreich abgereist, und Mary, obwohl noch immer leidenschaftlich in Vita verliebt, hatte sich für ihre Ehe entschieden und wollte ihm folgen. Vita brachte Mary zum Zug, dann holte sie Margaret von einem anderen Zug ab und nahm sie mit nach Long Barn. Mary schrieb Vita weiterhin: sie brauchte die ständige Versicherung, daß Vita sich um sie sorgte, weil es schwierig war, mit Roy wieder eheliche Beziehungen aufzunehmen; zuweilen bat sie Vita, Geld zu schicken (was diese tat), da sie bitter arm waren. Die beiden Campbell-Mädchen waren in der Obhut einer Frau im Dorf Weald zurückgeblieben, und Vitas und Marys Trennung wurde durch das Wissen gemildert, daß Mary bald zurückkommen werde, um die Mädchen zu holen. Sie kam im Juni, doch ihr kurzer Besuch änderte nichts, und Vita lud sie nicht zum Bleiben ein.

---

* Deutsch im Original

In diesem Sommer schloß Vita eine neue literarische Freundschaft – mit dem jungen Cyril Conolly.* Er schrieb ihr einen achtseitigen Brief, »der von Dichtung handelte« und in dem er darum bat, »nicht als ein Neo-Bloomsbury-Mann betrachtet zu werden«. Eddy Sackville-West warnte Vita vor ihm: »Er ist sehr klug, aber ein SCHNORRER und ein schrecklicher Unruhestifter; und um so gefährlicher, weil er weiß, wie er sich einschmeicheln kann.« (In jenem Sommer begegnete Harold ihm in Berlin – »Wie der junge Beethoven mit kleinen Fehlern«.) Im Juni verbrachte Conolly zwei Nächte in Long Barn, und danach schrieb er Vita einen außerordentlich langen Brief über »den Wert des Exils, des Heimwehs und der Obskurität als literarische Stimulantia« und über ihr »federndes, unpersönliches Gedicht« *The Land*, seine Qualitäten und Mängel; darüber, was am Romantizismus, der Religion und dem Schreiben von Virginia Woolf falsch sei. »Wir wollen eine berühmte literarische Kontroverse haben.« Er mochte Vita.

Am Tag nach seiner Abreise unterwarf sie sich einer, wie sie es nannte, Folter-Prozedur. Nach Einbruch der Dunkelheit fuhr sie nach Knole und schlenderte durch den Garten. (Onkel Charlie hatte ihr einen Hauptschlüssel gegeben, den sie als kostbaren Schatz hütete.) Sie hatte den Garten ganz für sich, so daß »ich sehr gut der einzige lebende Mensch auf der Welt hätte sein können – und nicht in der heutigen Welt, wohlgemerkt, sondern in einer Welt, die mindestens dreihundert Jahre zurücklag... Lieber Hadji, es ist vielleicht verrückt, aber es gibt eine Art Nabelschnur, die mich mit Knole verbindet.« Harold antwortete mitfühlend, wandte aber ein, er sei froh, daß Knole nicht ihr gehöre, »denn das wäre eine Last für Hadji, der es nicht mag, den Prinzgemahl zu spielen«. Seine eigene Familie konnte es an Größe und Glanz in ihren Augen mit der ihren nicht aufnehmen, wie er wußte.

Vita ging allein durch den dunklen Garten, sie nahm Margaret nicht mit. Die beiden hatten sich in Long Barn ihre phantastische Liebeswelt geschaffen (in welcher Margaret den »Kleinbauern«

---

* Cyril Conolly (1903-1974), Literaturkritiker (*The Sunday Times*) und Essayist. Gab von 1939-1950 die einflußreiche Literaturzeitschrift *Horizon* heraus. Veröffentlichte unter dem Pseudonym »Palinurus« 1944 *The Unquiet Grave* (dt. *Das Grab ohne Frieden*) [Anm. d. Übers.].

und Vita die Aristokratin spielte; für Margaret – wie auch für spätere Geliebte – war Vita »David«). Margaret wollte wie ein Kind von Vita abhängig sein, genauso wie Mary Campbell. »Niemals bin ich mehr dein Kind gewesen als heute abend«, schrieb sie; und »Liebling, meine Liebste, ich wünschte, ich wäre drei Jahre alt und könnte in deine Arme kriechen und einfach dortbleiben, während du die *régie* über mein Leben übernimmst.«

Gegen Ende Juni war Vita vier Tage lang ganz allein in Long Barn, sprach mit niemandem außerhalb des Hauses und »fühlte sich infolgedessen ganz anders«. Sie versuchte, *Zwölf Tage in den Bakhtiari-Bergen* abzuschließen. Margaret erkannte das Menetekel und schrieb am 3. Juli: »Unsere Beziehung hat – äußerlich – eine ganz andere Form angenommen, als ich dachte. Ich habe mir nicht vorgestellt, daß wir so wenig zusammensein würden, daß unsere äußeren Leben so wenig miteinander verschmelzen würden, sonst hätte ich mich niemals zu der Haltung verführen lassen, so sehr auf dich zu bauen, mich so abhängig zu machen.« Margaret war sehr gütig, stolz und würdevoll. Sie half Vita weiterhin bei ihren Rilke-Übersetzungen, und Vita überredete Harold, ein Vorwort zu Margarets Biographie Friedrichs des Großen zu schreiben. Anfang September teilte Vita Harold mit, Margaret sei »charakterlich ein Pfundsmädchen« und es gebe »keine Mißverständnisse oder falschen Einstellungen«.

Inzwischen von Leidenschaften nicht mehr berührt, half Vita Dottie bei der Gestaltung ihres neuen Gartens, erneuerte ihre Einwände gegen Harolds Posten in Berlin, »diese schmutzige, schmutzige Stadt«, und belebte wieder ihren, ein wenig veränderten, vertrauten Umgang mit Virginia, die am 7. Juli einen, wie sie sagte, »guten, ziemlich glücklichen Besuch« in Long Barn machte:

»Es interessiert mich, wie in einer Freundschaft die Formationen zersetzt werden; wie man unbewußt in ein anderes Verhältnis gleitet; Dinge leichter nimmt; so gut wie kaum noch an Kleidung oder etwas anderem Anstoß nimmt; sie kaum als erregende Atmosphäre empfindet, was indes auch eine Einbuße an ›Prickel‹ bedeutet; doch ist dieses Gefühl gesünder, vielleicht tiefer. Liege bei den Johannisbeerbüschen und halte Vita einen Vortrag über ihr wetterwendisches Verhalten, zum Beispiel den Campbells gegenüber.«[6]

Dieses Mal weinte Vita nicht; Virginia war »absolut bezaubernd«, schrieb sie Harold. Vita hatte gerade eine Geschichte beendet, die sie im Manuskript »A History« nannte (sie wurde unter dem Titel »Liberty« 1930 in *Harpers's Bazaar* veröffentlicht) und die eine Fußnote zur Affäre mit Mary Campbell darstellt. Sie handelt von zwei Liebenden, die durch den Edelmut des gekränkten Ehemanns so gedemütigt und beschämt werden, daß sie beschließen, sich zu trennen. In der Geschichte ist die Bindung zwischen dem Gatten und dem Liebhaber – dessen Name »David« ist – beinahe ebenso stark wie die zwischen den Liebenden oder wie die zwischen Gatten und Ehefrau. Der Ehemann erschießt sich, weil er unfähig ist, seine Eifersucht zu überwinden und seine eigenen Ideale von persönlicher Freiheit auszuleben. Der erste Teil der Geschichte folgt, Schritt für Schritt, der Geschichte von Vita und den Campbells. Roy Campbell, wenn er auch in den schlimmsten Zeiten mit Selbstmord drohte, erschoß sich nicht; doch Vita sagte immer, sie verstehe seinen Standpunkt und hätte in seiner Lage ebenso heftig reagiert. Übersteigerte Emotionen zogen sie immer an.

Kapitel 18

Immer mehr verwirrte sich für B. M. die Realität. Über Ozzie Dikkinson verbreitete sie das verrückte Gerücht, Vita habe vor, sich von Harold scheiden zu lassen und Eddy zu heiraten, um Knole zurückzubekommen. »Der Tag wird kommen, an dem wir sie vielleicht unter irgendeine Art von Aufsicht werden stellen müssen«, meinte Harold. Mitte August 1928 überfiel B. M. die Bewohner von Knole, um einzuheimsen, was nach ihrer Meinung ihr Eigentum war; kühl wies sie Vita an, all ihre Juwelen und anderen Wertgegenstände nach Knole zu bringen, damit sie sie inspizieren könne. »Vergiß nicht, daß ich, soweit ich mich erinnern kann, niemals eine Schenkungsurkunde unterzeichnet habe.«

Vita wurde bereits wieder von den Jungen geplagt, die die Sommerferien zu Hause verbrachten. Sie, die immerfort geschäftig war, konnte die natürliche Ziellosigkeit der Jungen nicht begreifen — »sie lungern einfach herum und wissen nichts mit sich anzufangen und gähnen. Sobald sie mich sehen, rennen sie hinter mir her, ganz einfach, weil sie nichts anderes zu tun haben... Sie *lesen* nie. Sie tun buchstäblich nichts!«

Sie löste das Problem, indem sie eine junge Frau namens Audrey Bosquet engagierte, die von allen bald »Boski« genannt wurde; sie wohnte fortan im »Babies' Cottage«, um sich während der Ferien um die Jungen zu kümmern und Vita in der übrigen Zeit für ein Jahresgehalt von 225 Pfund als Sekretärin zur Verfügung zu stehen. Harold mißfiel die Idee mit Boski. Mit deutlichen Worten erinnerte er Vita an B.M., die »dachte, indem sie alles aus dem Weg räumte, das ihren Egoismus hemmte, völlige Unabhängigkeit zu erlangen: und sie fand sich allein in der Wüste wieder.« Sein Mar solle sich nicht sagen: »Ich hätte meinen Frieden, wenn die Leute sich bloß nicht einmischten«, sondern: »Wenn ich es nicht schaffe, meine bitteren Pillen besser zu schlucken, werde ich am Ende eine Nervenkranke werden.« (»Bittere Pillen« standen für »Dinge, die wir nicht tun wollen«.)

»Oh, mein Liebling, mein Liebling — wie wäre es doch gut, wenn du deinem Schreiben ein bißchen mehr und deinem Leben ein bißchen weniger Verschrobenheit angedeihen ließest. Ich wünsche sehr, ich könnte der Närrin habhaft werden (war es Violet?), die dir eingeredet hat, Verantwortlichkeiten seien mitnichten Trittsteine in einem Sumpf, sondern Dinge, denen man ausweichen und derer man sich schämen müsse.«

Was die »Bitteren Pillen« anging, war Vita im Prinzip mit ihm einig. Doch *ihm* würde es nicht gefallen, hielt sie dagegen, wenn man ihm sagte, er müsse für vier Monate im Jahr die ganze Verantwortung für zwei Kinder übernehmen: »Ich möchte gern sehen, wie du das versuchst; am Ende der ersten Woche würdest du schreien.«

»Angenommen, jemand – sagen wir Eddy – erzählte dir, er habe auf zwei Jungen aufzupassen und das sei zuviel des Guten, dann würdest du ihm sofort zustimmen. Du weißt, daß du's tun würdest. Es würde dir nie in den Sinn kommen zu sagen, er sei verrückt. Warum ist es dann für mich etwas anderes? Es liegt am Geschlecht, schätze ich. Nun, ich verstehe nicht, was das für einen Unterschied machen soll.«

Kurz bevor sie mit den Jungen in die Ferien zu Harold in Deutschland aufbrach, begann ein literarischer Streit. Im Juni hatte Vita den Roman *Lady Chatterley* gelesen, der in Italien veröffentlicht worden war: »Als Ganzes gesehen ist es kein gutes Buch, obgleich es einige gute Passagen enthält; doch nie habe ich in irgendeiner Sprache solche Schilderungen von Sinnlichkeit gelesen... Alle anderen Bücher sind in diesem Punkt verlogen.« Zwei Wochen später las sie in der *Nation* Leonard Woolfs Rezension von Radclyffe Halls lesbischem Roman *Quell der Einsamkeit** und berichtete Harold: »Es ist ein vollkommen ernsthafter Versuch, ein ganz freimütiges und absolut unpornographisches Buch über b.s. [Homosexualität] zu schreiben. Es ist ein Jammer, daß es, wenngleich ernst gemeint und nicht sentimental, kein Kunstwerk ist. Das schreibt er [Leonard].« Vita wollte den Roman nach Deutschland mitbringen; Cyril Conolly und Raymond waren bereits bei Harold, und sie wollte sehr gern mit ihnen darüber diskutieren. »Natürlich reizt es mich sehr, dasselbe zu versuchen... Weißt du, wenn man über b.s. schreiben darf, verdoppelt sich mit einem Schlag das Gebiet der Belletristik.«

Doch wie es schien, sollte man letztlich doch nicht »über b.s. schreiben« dürfen. Während Vita in Deutschland war, wurde *Quell der Einsamkeit* verboten. Leonard Woolf und E.M. Forster begannen, Unterschriften zu sammeln, um gegen das Verbot zu protestieren – »nicht die deine«, schrieb Virginia an Vita, »denn *deine* Neigungen sind allzu gut bekannt.« Vita antwortete ihr aus Potsdam, während Ben und Nigel im See schwammen: »Über *Quell der*

---

* Radclyffe Hall (1886-1943) veröffentlichte zunächst Lyrik und 1924 ihren ersten Roman. *The Well of Loneliness* erschien 1928 (dt. 1929); der Roman wurde in England als »besonders gefährlich und sittenverderbend« verboten [Anm. d. Übers.].

Einsamkeit bin ich sehr empört. Nicht aufgrund meiner, wie du sie nennst, Neigungen; nicht, weil ich den Roman für ein gutes Buch halte; sondern wirklich aus prinzipiellen Gründen... Persönlich möchte ich meine Nationalität gern verleugnen, als eine Geste; aber ich möchte keine Deutsche werden, wenn ich auch gestern abend eine Revue besuchte, in der zwei hinreißende junge Frauen ein freizügiges lesbisches Lied sangen.«[1]

Später im Jahr, am 1. November, nahm Vita an einem Treffen im Atelier des Architekten Clough Williams-Ellis teil, auf dem über die Verteidigung des Buches diskutiert wurde. Laut Virginia sprach George Bernard Shaw sehr amüsant; ansonsten war die Gesellschaft »eine schäbige Bande«, in der ihr Vita erschien »wie eine Lampe oder eine Fackel inmitten all dieser Kleinbürger; ein Tribut an die gute Erziehung der Sackvilles, denn, unbesorgt um ihre Kleidung, erscheint sie zwischen ihnen... wie ein Laternenpfahl, gerade und leuchtend.«[2]

In der Verhandlung im November befand Sir Charles Biron, das Buch sei obszön. »Ich hoffe, sie legen Berufung ein«, schrieb Vita. »Ich hoffe, daß es einen Aufstand gibt.« Radclyffe Hall legte Berufung ein; Vita ging zur Verhandlung, »aber es war sehr öde, so daß ich wegging und Einkäufe machte« und zum Tee zu Mary Hutchinson ging. Die Berufung wurde abgewiesen.* Später schrieb Radclyffe Hall, die Vita im Gerichtssaal erkannt hatte, an Vita (c/o Mrs. Leonard Woolf, Tavistock Square 52) und beklagte sich über die Art, in der man ihren Fall verhandelt habe – und, deutlicher, über die gewaltigen Unkosten, die ihr entstanden seien.

Vorher hatten Vita und Virginia ihren viel diskutierten und lange geplanten gemeinsamen Urlaub gemacht. Mitte September war Vita aus Deutschland zurückgekehrt – »Lilium auratum blüht noch« – und hatte Ben, den »armen, kleinen Jungen«, nach Eton gebracht, wo er mit dem Besuch der Public School begann. Am 24. September brachen sie und Virginia für sechs Tage nach Frankreich auf.

Virginia, die sich nach dieser Reise so sehr gesehnt hatte, war

---

* In der Berufungsverhandlung sagte der Generalstaatsanwalt: »Mag auch das Buch zu 99 % einwandfrei sei, so kann doch eine einzige Stelle sein Verbot als obszönes Werk rechtfertigen.« [Anm. d. Übers.]

ängstlich. Im Gegensatz zu Vita war sie fast nie für länger als eine Nacht von ihrem Mann getrennt gewesen. Sie bekannte in ihrem Tagebuch, die Vorstellung, eine Woche lang mit Vita allein zu sein, »beunruhige« sie: sie könnten »einander durchschauen«.

Vita schrieb fünf Seiten von einem unveröffentlichten »Tagebuch einer Reise nach Frankreich mit Virginia Woolf im Jahr 1928«. Es ist unvollendet und ziemlich banal. Es vermittelt im wesentlichen den Eindruck, daß Virginia gereizt war, weil sie nichts von Leonard hörte, und Vita sich Sorgen machte, Virginia könne sich zu sehr anstrengen. Oberflächlich betrachtet, war es eine bescheidene, unspektakuläre kleine Reise – sie kehrten sogar einen Tag früher als geplant nach Hause zurück. Mehr hätte Virginia bei ihrer Konstitution nicht bewältigen können. Ihren ersten Abend verbrachten sie in Paris, tranken Kaffee in der Brasserie Lutétia in der Rue de Sèvres und schrieben auf den herausgerissenen Vorsatzblättern ihrer Bücher an ihre Ehemänner. Virginia gestand Vita, »sie und Leonard hätten am Morgen einen kleinen, plötzlichen Streit über ihre gemeinsame Reise gehabt«.

Am nächsten Tag fuhren sie nach Saulieu, wo ein Jahrmarkt stattfand und Virginia ein grünes Cordjackett für Leonard kaufte. Dann saßen sie in einem Feld und schrieben abermals an ihre Ehemänner. Vita genoß es mehr als Virginia. Vita an Harold: »Liebling, es ist sehr schön: ich fühle mich erheitert und verantwortungslos. Ich kann nach Herzenslust über Leben und Literatur reden – und es amüsiert mich, daß ich plötzlich mit Virginia mitten in Burgund bin.« Virginia an Leonard: »Ich glaube nicht, daß ich es ertragen könnte, länger als eine Woche von dir getrennt zu sein, weil ich dir so vieles zu sagen habe, was ich Vita nicht sagen kann – obwohl sie mitfühlender und intelligenter ist, als du glaubst.« Am Tag darauf, als sie in Vitas Zimmer frühstückten, gerieten sie in »einen hitzigen Streit über Männer und Frauen«. Virginia war »merkwürdigerweise feministisch«, schrieb Vita, die ihrerseits immer bestritt, eine Feministin zu sein, obgleich ihr tägliches Verhalten – im häuslichen Bereich, in ihrer Arbeit, gegenüber der Bürokratie, die darauf bestand, sie »Mrs. Harold Nicolson« zu titulieren – sie Lügen strafte. Virginia, schrieb Vita, mißfalle »an den Männern die Besitzgier und die Liebe zur Herrschaft. Tatsächlich mißfällt ihr die Eigenschaft der Männlichkeit. Sagt, daß Frauen ihre Einbildungskraft durch ihre Anmut und Lebenskunst stimulieren.«

Gleichwohl haßte Virginia das Wort »Feministin«, von dem sie in *Drei Guineen* sagt, es sei »ein bösartiges und verderbtes Wort, das zu seiner Zeit viel Unheil angerichtet hat«. Diese Zeit, hoffte sie, sei vorüber und Männer und Frauen würden gemeinsam gegen die Tyrannei kämpfen. Gleichwohl blieb der »patriarchalische Zustand« ihr Hauptgegner. Vita lehnte das Etikett »Feministin« aus demselben Grund ab, doch mit Sicherheit verwarf sie nie die »Männlichkeit«, die ein zu starker und wertvoller Bestandteil ihrer eigenen Veranlagung war, als daß sie das hätte wünschen können. In *Erloschenes Feuer* stellte Vita Feminismus auf eine vollkommen negative Weise dar – indem sie das hektische, klaustrophobische, durchtriebene Ritual, das eine Braut vor ihrer Hochzeit umgibt, beschrieb, das Ritual, mit dem man sich um die Braut sorgt, damit sie ihrerseits später »einen Mann umsorgt«.

In Avallon erwarteten Vita Briefe von Harold; Virginia war aufgeregt, weil keine Nachricht von Leonard da war, und schließlich sandte sie ihm ein Telegramm. Virginias Einstellung zur männlichen Vorherrschaft, welche sie so beredt verdammte, erwies sich in der Praxis als überaus fragwürdig.

In dieser Nacht tobte ein heftiges Gewitter. Vita ging in Virginias Zimmer, weil sie dachte, Virginia werde sich womöglich fürchten: »Wir sprachen eine Stunde lang über Wissenschaft und Religion – und über das höchste Prinzip –, und dann, als das Gewitter vorüber war, verließ ich sie und ging wieder schlafen.« Fünf Jahre später sollte sie Virginia fragen, ob sie sich an diese bedeutungsvolle Nacht erinnere – »als ich durch den dunklen Flur in dein Zimmer kam und wir dalagen und darüber sprachen, ob wir uns fürchteten oder nicht? Das ist die richtige Gelegenheit, bei der die Dinge, die ich dir sagen will – und nur dir – gesagt werden sollten.«[3] Nach Virginias Tod schrieb Vita, in jener Nacht seien durch nackte Angst in Virginia »die Quellen spirituellen Entsetzens«[4] freigelegt worden. Es wirkte bis zum nächsten Tag nach, als sie Vézelay erreichten und beide wieder nach Hause schrieben. Vita erzählte Harold, welche Beschützerinstinkte Virginia in ihr wachrufe: »Die Kombination dieses glänzenden Verstandes und dieses zerbrechlichen Körpers ist sehr liebenswert – so unabhängig in allen geistigen, so abhängig ist sie in allen praktischen Dingen.«

Ihre letzte Nacht verbrachten sie in Offranville in der Normandie im Haus von Ethel Sands und Nan Hudson; Virginia las ihren unschicklichen Bericht über »Old Bloomsbury« vor, und die »beiden alten Jungfrauen entrüsteten sich mit entsetztem Entzücken«. Vita hatte das Gefühl, daß sie Virginia zum ersten Mal verstand: »Sie hat ein liebes und kindliches Wesen, von dem ihr Intellekt völlig getrennt ist. Aber das würde natürlich niemand glauben, außer Leonard und Vanessa.«

Rückblickend erschien die Ferienreise Virginias als eine Leistung und als ein großer Erfolg; so sah es auch Vita, die an Virginia schrieb: »Ich war sehr glücklich. Du auch?... Jedenfalls bin ich als ein anderer Mensch zurückgekehrt. Diesen ganzen Sommer über war ich nervös wie eine Katze – aufspringend, träumend, grübelnd – jetzt bin ich wieder ganz kraftvoll und entschlossen und erneut gierig nach Leben. Und alles verdanke ich dir, glaube ich... Ich segne dich für all das, was du mir gewesen bist.«[5]

Vita wurde sich von neuem der Bedeutung ihrer Freundschaft mit Virginia bewußt; bald nach ihrer Rückkehr las sie Virginias an sie gerichtete Briefe durch und ließ sie, die intimsten Passagen ausgenommen, von Boski tippen. Dieses Bewußtsein stand in engem Zusammenhang mit der Veröffentlichung von *Orlando*.

Untereinander hatten sie gescherzt, ihre Freundschaft könne womöglich für immer zerbrechen, wenn Vita *Orlando* schließlich lesen würde. Sie las das Buch nicht im Manuskript; eine Woche nach ihrer Rückkehr aus Burgund, am 11. Oktober, traf mit der Morgenpost ein Vorausexemplar in Long Barn ein. Vita las den ganzen Tag mit zunehmender Erregung und Ungläubigkeit und nahm sich kaum Zeit, an Harold zu schreiben, weil sie

»in einem solchen Aufruhr der Erregung und Verwirrung [sei], daß ich kaum weiß, wo (oder wer!) ich bin... Teile meiner selbst bringt es zum Lachen, andere zum Weinen; als Ganzes verblüfft und verwundert es mich... In Nicholas Greene wirst du Gosse wiedererkennen und in der Großfürstin Henriette Lord Lascelles! Nun, ich weiß nicht – mir scheint es ein Buch zu sein, das in der englischen Literatur einzigartig ist... Ich fühle mich unendlich geehrt, der Pflock zu sein, an dem es aufgehängt ist, und sehr demütig. Oh, ich möchte wissen, was Hadji davon hält!«

An diesem Abend schrieb sie nach beendeter Lektüre einen langen euphorischen, ehrfürchtigen Brief an Virginia. Darin spricht sie davon, Virginia habe eine neue Form von Narzißmus erfunden – denn Vita stellte fest, sie sei »in Orlando verliebt. Das ist eine Komplikation, die ich nicht vorausgesehen hatte.«[6]

In Wahrheit war Vitas indirekter Narzißmus – die Faszination, welche die Widerspiegelung ihrer maskulinen Seite für sie hatte – nicht neu. Aber Virginia hatte nicht bloß Vita »neu erfunden«; sie hatte ihr eigenes Kunstwerk geschaffen, indem sie Vitas Mythen und Phantasien über sich selbst und Knole mit mehr Geist und Zauber verewigte, als Vita das hätte tun können. Virginia Woolfs Triumph mit *Orlando* bestand darin, daß sie auf der »öffentlichen« Ebene Erfolg hatte und dabei doch ein ganz intimes Buch geschrieben hatte – »den längsten und bezauberndsten Liebesbrief in der Literatur«, wie Nigel Nicolson gesagt hat.[7]

Dort entsteht Knole wieder, ungenannt, doch mit seinen heraldischen Leoparden, großen Steinmauern, den Delphinen und Meerjungfrauen auf dem Fries des Ballsaals, dem Hirschpark, Gobelins, Silbergeschirr und dem Karren, der vom Park Holz zum Haus bringt. Es gibt Hinweise, die jeder, der Vita gut kannte, verstand, und andere – wie »der Tümmler in einer Fischhandlung« –, über die nur Vita und Virginia Bescheid wußten.

Orlando ist eine Phantasmagorie von Bildern und Ereignissen und Phantasien aus Vitas Leben und Persönlichkeit, die sich über drei Jahrhunderte erstreckt. Orlando ist ein junger Mann aus großem Haus zur Zeit von Elizabeth I., der mit flotter jugendlicher Feder Dramen schreibt, wie Vita es einst getan hatte. Die herrliche russische Prinzessin, in die sich Orlando verliebt, als beide auf der zugefrorenen Themse Schlittschuh laufen und die ihn betrügt, ist Violet Trefusis. »Jour de ma vie«, ihr verschlüsseltes Zeichen für Flucht, ist das Sackvill'sche Motto. *The Land* wird zu »Die Eiche«, Orlandos *opus magnum*. Lord Lascelles tritt als Transvestit auf und macht als Großfürstin eine groteske Figur. Orlando – die Jahrhunderte fliegen vorbei – wird unter König Charles Botschafter in Konstantinopel; er heiratet Rosina Pepita (»Tänzerin, Vater unbekannt«) und fällt in tiefe Bewußtlosigkeit – aus der er nicht als der junge Mann, der er war, sondern als eine schöne junge Frau erwacht, die mit ihrem Saluki-Hund ins England des 18. Jahrhunderts zurückkehrt, zu Canute, ihrem Elchhund, Pippin, dem Spaniel, und ihrem großen Haus.

»So verschieden die Geschlechter auch sind«, schrieb Virginia hier, »sie mischen sich. In jedem Menschen vollzieht sich ein Schwanken zwischen dem einen Geschlecht und dem anderen, und oft bewahrt nur die Kleidung das männliche oder weibliche Aussehen.« Orlando hat sich gleichermaßen der Liebe beider Geschlechter erfreut. Doch nun ist sie eine Frau, die sich im Zeitalter Königin Victorias in den Seefahrer Marmaduke Bonthrop Shelmerdine verliebt, der für Harold steht; und in ihrer entzückten Liebe zueinander entdecken sie:

»Du bist ein Weib, Shel!« rief sie.
»Du bist ein Mann, Orlando!« rief er.

Und doch dachte sie, als sie ihn liebte: »Ich bin ein Weib... bin endlich ein wirkliches Weib.‹ Und sie dankte Bonthrop aus tiefstem Herzen dafür, ihr diesen seltenen und unerwarteten Genuß verschafft zu haben.« Und Orlando bringt einen Sohn zur Welt. Diese kurze bizarre Passage umreißt vielleicht, so getreu wie irgend möglich, die Art und Weise, in der Vitas und Harolds Wesensarten miteinander in Verbindung standen.

»Bist du ganz gewiß, nicht ein Mann zu sein?« fragte er sie dann wohl besorgt, und sie antwortete wie ein Echo: »Ist es möglich, daß du nicht ein Weib bist?« Und dann mußten sie wohl ohne weitere Umstände die Probe darauf machen. Denn ein jedes war immer so überrascht von der Schnelligkeit des Mitgefühls und Verständnisses des anderen, und es war für ein jedes von ihnen eine solche Offenbarung, daß eine Frau so duldsam sein konnte und doch so unumwunden in ihrem Reden wie ein Mann und ein Mann so sonderbar und doch so feinfühlig wie eine Frau.

Orlando gibt auch Vitas Zweifeln Ausdruck (und denen anderer), wie denn eine Verbindung wie die ihre zu definieren sei. »Gewiß, sie war verheiratet; aber wenn der Ehemann immerzu ums Kap Horn segelte, war das Verheiratetsein? Wenn man ihn gern hatte, war das Verheiratetsein? Wenn man doch auch andere Menschen gern hatte, war das Verheiratetsein? Und schließlich, wenn man noch immer und mehr als alles andere auf der Welt zu dichten wünschte, war das Verheiratetsein?«

Das Buch endet am »heutigen Tag« – am 11. Oktober 1928, dem Tag der Veröffentlichung, dem nämlichen Tag, an dem Vita es las und mit Orlando eine Königin in dem großen Haus willkommen hieß, wie man einst Königin Elizabeth auf Knole willkommen geheißen hatte. Orlando sagt zu ihr: »Der tote Lord, mein Vater, wird Euch hineingeleiten.«

Orlando flößte Vita sogar Trost über den Verlust ihres Vaters ein. Denn im Buch gab Virginia Vita zurück an Knole und Knole zurück an Vita, für immer. »Ich habe das unbestimmte Gefühl, daß Knole um Orlando weiß und sich freut«, schrieb Vita an Harold und unterzeichnete mit »Orlando«.

Im letzten Abschnitt entsteigt Harold, in der Gestalt des Marmaduke Bonthrop Shelmerdine, einem Flugzeug; über seinem Kopf kreist ein wilder Vogel. »›Sie ist es!‹ rief Orlando. ›Die Wildgans.‹« Das verwirrte Vita: »Je mehr ich darüber nachsinne, desto schwächer erscheint mir der Schluß.« Harold vertraute sie an: »Ich kann einfach nicht begreifen, was sie damit meinte. Wofür steht die Wildgans? Ruhm? Liebe? Tod? Heirat? Offensichtlich hat ein Mensch mit V.'s Intellekt irgendeine Absicht verfolgt, aber welche? Die Symbolik erschließt sich nicht.«

Vita hatte einen nüchternen Verstand. Virginia Woolf verfolgte, wie man von ihr selbst weiß, ohne Zweifel immer eine Absicht, wenn sie sich eines Mittels bediente, das anderen Menschen als »Symbolik« erschien. Die Wildgans taucht indessen schon früher im Buch auf: sie kreist über Orlandos Kopf, als diese in ihr großes Haus zurückfährt. Wenn sie denn gedeutet werden soll, so könnte man in ihr vielleicht das zweite namenlose Etwas sehen, das Vita, nach Knole, am meisten ersehnte. Nicht Ruhm oder Liebe, sondern Schöpferkraft oder Größe – die wahre Kunst des Ausdrucks und

Fühlens, die ihr nie ganz gelang – jenes Element, das, wie Virginia ahnte, Vitas Schreiben fehlte. In *Orlando* wollte Virginia, voller Zärtlichkeit und Spott, Vita alles schenken. Vitas anderer Einwand gegen *Orlando*, den sie nur Harold anvertraute (»und dies mußt du ganz für dich behalten und darfst weder Eddy noch jemand anderem davon erzählen«), war, die »allgemeine Schlußfolgerung« sei »überhaupt nicht überzeugend«. Dadurch, daß Virginia Orlando heiraten und ein Kind bekommen ließ, habe sie den Ausgang in Unordnung gebracht. »Heirat und Mutterschaft würden Orlando als Figur entweder verändern oder zerstören; sie tun keines von beiden.« Vita selbst war durch Heirat und Mutterschaft verändert worden; sie war enttäuscht, daß Orlando, die Inkarnation ihres unversehrten Ich, nicht auf sich selbst gestellt blieb. Aber *Orlando* war Virginias Buch; und Vita als ein »wirkliches Weib«, ihren Orlando-Eigenschaften zum Trotz, war wichtig für die jungfräuliche, kinderlose Virginia.

Man machte keinen Versuch, das Vorbild für Orlando zu verheimlichen, eher im Gegenteil. Drei der acht Photographien der Erstausgabe zeigen Vita. Das eine, ein angebliches Lely-Porträt, »in Draperien aus rosa Satin«, das Virginia so entzückt hatte, ist untertitelt »Orlando bei ihrer Rückkehr nach England«. Auf dem von Lenare aufgenommenen Photo – »Orlando um das Jahr 1840« – posiert Vita in einem karierten Wollrock, einem orientalischen Schal und einem Gartenhut und sieht nicht im mindesten nach 1840 aus; auf dem Photo »Orlando heute« steht Vita mit ihren zwei Hunden in hohem Gras neben einem Gatter mit fünf Stangen und ist alltäglich in Rock, Bluse und Weste gekleidet, wiederum unverwechselbar sie selbst.

Raymond Mortimer, der *Orlando* im *Bookman* besprach, schrieb, es sei »kein Geheimnis, daß Orlando ein Porträt von Mrs. Harold Nicolson ist, die unter ihrem Mädchennamen V. Sackville-West schreibt«. Amerikanische Zeitungen griffen das sofort auf. Die Londoner *Daily Mail* überschrieb ihre Rezension: »Eine phantastische Biographie: Mrs. H. Nicolson und Orlando. 300 Jahre als Mann und Frau.« Ende November faßte der *Daily Chronicle* die Wirkung von *Orlando* zusammen: »In Bloomsbury ist das

Buch ein Spaß, in Mayfair eine Notwendigkeit und in Amerika ein Klassiker.«

Vita stellte aus den Meldungen ein Sammelalbum zusammen, als handele es sich bei *Orlando* um ihr eigenes Buch. Für Virginias Karriere bedeutete es einen Wendepunkt. Leonard Woolf hat geschrieben, daß »die Hogarth Press in den ersten sechs Monaten 8104 Exemplare verkaufte, mehr als das Doppelte von *Die Fahrt zum Leuchtturm*« und daß »Harcourt, Brace in den ersten sechs Monaten 13031 Exemplare verkaufte... Das hatte sofort Auswirkungen auf Virginias Einnahmen als Schriftstellerin.«[8]

Harold erkannte den Kernpunkt von *Orlando* und was das Buch für Vita bedeutete; er schrieb ihr, es sei »ein Buch, in dem du und Knole für immer identifiziert seid, ein Buch, das diese Identität bis in die Zeit nach unserem Tod bewahren wird. Das ist ein tiefes Geheimnis, das sich aus diesem Buch vermutlich nur uns beiden erschließt; Virginia dürfte es nicht begriffen haben.« Virginia begriff es. Doch es fiel Harold schwer zu glauben, daß jemand anderer seine »private« Vita kannte. Mary Campbell, die ebenfalls ihre »private« Vita hatte, las *Orlando* und schrieb aus Frankreich:

»Ich hasse die Vorstellung, daß du, der du selbst gegenüber Menschen, die du am besten kennst, so verschlossen und geheimnisvoll und stolz bist, plötzlich so nackt präsentiert wirst und jedermann über dich lesen kann... Vita, Liebling, für mich bist du in solchem Maße Orlando gewesen, daß mir gar nichts anderes übrigbleibt, als das Buch vollkommen zu verstehen und zu *lieben*... Ungeachtet des leichten Spotts, der in Virginias Stimme immer mitschwingt, der Analyse etc., ist *Orlando* von jemandem geschrieben, der dich offenkundig liebt... Erinnerst du dich noch, wie wir uns ausmalten, du wärest der junge Orlando?«

Es gebe einen wichtigen Aspekt von Vitas Persönlichkeit, der im Buch überhaupt nicht zur Sprache komme, schrieb Mary. »Er wird lediglich durch das Wort ›genußsüchtig‹ angedeutet.« Was Mary meinte, war die Tatsache, daß »Orlando zu vorsichtig, zu unerotisch, zu gelassen ist, um dir wirklich zu gleichen. Denn wenn ich dann daran denke, wie er *mir* erschien, ist er ganz anders als bei

Virginia. Ah! ein ganzes Buch über Orlando, ohne ihre tiefe, feurige Sinnlichkeit zu erwähnen – diese sonderbare Mischung aus Feuer und Schwermut, Hitze und Kälte – das kommt *mir* ein wenig bläßlich vor.«

In diesem Herbst kam Mary kurz nach England zurück, um Vita zu besuchen. »Virginia hat recht, Liebling«, schrieb sie traurig aus Paris auf ihrem Rückweg zu Roy in die Provence. »Ich wünschte, es wäre nicht so, aber nie hast du in der Liebe dich selbst aufgegeben.«

Jemand, der über *Orlando* entsetzt war, war Vitas Mutter. Sie verunstaltete ihr Exemplar des Buches, entstellte es durch Randbemerkungen, Unterstreichungen und Ausrufungszeichen. Auf das Vorsatzblatt klebte sie ein Zeitungsphoto von Virginia – der sie bislang Respekt entgegengebracht hatte – und schrieb daneben: »Das schreckliche Gesicht einer Verrückten, beseelt von dem erfolgreichen, wahnsinnigen Verlangen, Leute auseinanderzubringen, die einander etwas bedeuten. Ich verabscheue diese Frau, weil sie meine Vita verändert und mir weggenommen hat.« (Vita und B.M. hatten sich seit der Auseinandersetzung wegen der Perlen nicht mehr gesehen.) Bei Harolds Schwester, Gwen, warb sie um Unterstützung: »Gwen fürchtet, daß Harold aus dem Amt entlassen wird, weil er die Veröffentlichung dieses Buches zugelassen hat.«

B.M. schickte jedermann Briefe: Sie schrieb an Mrs. Belloc Lowndes, an die sie sich vor der geplanten Veröffentlichung von *Challenge* gewandt hatte; an »Mr. Gossip« (Alan Parsons) von der *Morning Post* und bat ihn, das Buch in seiner Kolumne nicht zu erwähnen; sie schrieb an ihren alten Freund »Garve«, J.L. Garvin, Herausgeber des *Observer*, und bat ihn, eine Rezension des Buches in seinem Blatt zu unterbinden. In ihrem Brief listete sie Garvin alle zweideutigen sexuellen Anspielungen in *Orlando* auf und versäumte nicht, die Seitenzahlen anzugeben. Sie zitierte Virginias Formulierung: »Wenn man liebt, streift man die Unterröcke ab«, und bemerkte dazu: »Alles das ist so unanständig und wird in erster Linie auf die Mittelklassen schockierend wirken... Und der arme Lord Carnock [Harolds Vater, der kurz darauf starb] ist entsetzt, desgleichen seine Gattin und ich selbst; ich habe meine Augen abwenden müssen... Ich habe Jahre hindurch für mich behalten, was Harold und Vita wirklich sind, wie ich leider bekennen muß. Und das Buch macht es jetzt doppelt schlimm und bietet unzüchtigem Klatsch Nahrung.« Garvin gab das Buch zur Rezension an J.C. Squire, Vitas Förderer in ihrer Vor-Bloomsbury-Zeit. Unter der Überschrift »Prose-de-Société« bezeichnete er *Orlando* als eine »hübsche Bagatelle... Aber ich glaube, daß es selbst in seiner Art nicht erstklassig ist.« Nach seinem Geschmack war es in seiner Konzeption »frivol und unausgewogen«. Er konnte nicht umhin, zu erwähnen, daß Vita als Modell für die Illustrationen Modell gestanden hatte und daß das Buch ihr gewidmet war.

B.M. war mit ihren Bemühungen noch nicht am Ende. Sie setzte das Gerücht in Umlauf, Vita habe das Buch selbst geschrieben; sie scheute die Mühe nicht, in Buchläden *Orlando* unter Stapeln andrer Bücher zu verstecken. Kurz, sie tat alles, um sicherzustellen, daß der legitime Erfolg von *Orlando* mehr ein *succès de scandale* wurde, als er es hätte sein müssen. Sie schrieb auch an Mr. Chute, Bens Lehrer in Eton, um ihm mitzuteilen, Bens Eltern kämen nicht miteinander aus und Ben habe ein unglückliches Familienleben.

Virginia schenkte Vita das prächtig gebundene Manuskript von *Orlando*; es fand »sogleich seinen Platz unter meinen Besitztümern, die ich am höchsten schätze«. Vita fuhr mit Virginia nach Cambridge, wo diese vor Studentinnen ihren Vortrag über »Frauen und Literatur« hielt – einen von zwei Vorträgen, die später unter dem Titel *Ein Zimmer für sich allein* veröffentlicht wurden, ein schmales, wundervolles Buch, aus dem sich die ganze Bedeutung ihrer feministisch-humanitären Gefühlswelt erschließen läßt. Darin werden einige der Themen *Orlandos* variiert: Der Künstler, führt Virginia aus, muß auf gewisse Weise androgyn sein, wenn er groß sein will. Sie sprach auch über Freundschaften zwischen Frauen und deren unerforschtes revolutionäres Potential: Wenn Frauen aufhören, um die Gunst der Männer zu rivalisieren, und anfangen, einander zu mögen, eröffnet sich eine neue Welt.

Auch Vita erschloß sich eine neue Welt. Am 6. Dezember hielt sie vor dem National Trust eine Rede: »Ich spreche gern in der Öffentlichkeit... es erregt mich.« Die größere Öffentlichkeit, die sich durch das neue Medium des Rundfunks herstellte, wurde ihr in zunehmendem Maße eröffnet. Es hatte in diesem Jahr mit einer Reihe von Vorträgen über moderne Dichtung begonnen; für jeden erhielt sie fünfzehn Guineen – für 1928 ein stattliches Honorar. Sie zeigte für den Rundfunk ein großes Talent; doch der Weg zum Erfolg wurde ihr durch eine bedeutsame neue Freundschaft geebnet.

Kapitel 19

Immer noch traf Vita Margaret Goldsmith Voigt regelmäßig, und die beiden korrespondierten täglich; Margaret, noch immer verliebt, stellte keine Forderungen. »*Du schuldest mir nichts, bis auf das, was sich von selbst gibt*«, schrieb sie Vita am 20. November 1928. »Mein Liebling, verstehst du? Es kann nicht die Rede davon sein, daß du mir emotionale Unterhaltszahlungen leistest.«

Vitas große neue Freundin wurde Hilda Matheson, Leiterin der Abteilung Unterhaltung bei der BBC. Hilda war Schottin, vier Jahre älter als Vita, hübsch, blauäugig, die Tochter eines presbyterianischen Geistlichen. Sie hatte als »Heim-Studentin« in Oxford Geschichte studiert und während des Ersten Weltkrieges in Rom für den britischen Nachrichtendienst gearbeitet. Bevor sie zur BBC kam, war sie Nancy Astors politische Sekretärin gewesen. Hilda war eine Persönlichkeit von großen Fähigkeiten und ausgeprägter Vornehmheit, doch ihre vorherrschende Charaktereigenschaft war Ergebenheit; sie machte im Hintergrund die Arbeit, für die andere die Lorbeeren ernteten. Den jüngeren Rundfunkleuten in den ersten BBC-Studios in Savoy Hill erschien sie als alter Drachen. Vita schrieb nach Hildas Tod: »Bei ihr mußte ich immer an ein stämmiges Pony denken«[1]; ihr Kosename für Hilda war »Stoker«.

Sie und Vita hatten sich Anfang des Jahres getroffen, um über die Vortragsreihe über Lyrik zu sprechen. Im Oktober schrieb Hilda abermals an die »Liebe Mrs. Nicolson« und erwähnte taktvoll, wie gut ihr *Zwölf Tage in den Bakhtiari-Bergen* gefallen hätte – deren Erscheinen von *Orlando* ein wenig überschattet worden war. Anfang Dezember kam sie mit Hugh Walpole nach Long Barn, um über eine Diskussion zu sprechen, die Hugh und Vita im Rundfunk über das Thema »Die moderne Frau« führen wollten. Nach diesem Besuch schrieb Vita über Hilda an Harold: »Ich halte sie fast für einen Engel der Selbstlosigkeit – oder, besser, des Un-Egoismus –, und sie liebt alle ländlichen Dinge, was immer mein Herz gewinnt. Sie ist eine wirkliche Freundin geworden.« Harold, erfahren genug, zwischen den Zeilen zu lesen, schrieb am 13. Dezember: »Hadji ist wegen Miss Mathison [sic!] ziemlich besorgt.«

Am 10. Dezember fand die Diskussion zwischen Hugh Walpole und Vita über die moderne Frau statt. In der Mitte bekam Vita Lampenfieber: »Da war Hildas hübsches, aufmunterndes Lächeln; aber da war auch das Mikrophon.« Hugh sprang für sie ein, und niemand schien etwas zu bemerken. Später schüttete sie Harold ihr Herz aus und vertraute ihm alles an, was sie gern in das Mikrophon gesagt hätte: »Frauen *können nicht* Karriere und normales Leben verbinden... Sie lieben zu sehr; sie lassen zu, daß die Liebe alles andere überlagert. Männer tun das nicht. Oder, anders gesagt, die Männer sorgen dafür, daß Menschen, die lieben, sich unterwerfen.« Sie selbst, sagte sie, liebe ihn zu sehr. Er sei ihr wichtiger als alles andere.

»Aber Liebling, ich bin kein guter Ehepartner für dich« – schrieb sie und vermied das Wort Ehefrau – »Männer und Frauen, die einander heiraten, sollten jeweils positiv und negativ sein – sich ergänzende Elemente. Aber wenn zwei positive Menschen wie wir heiraten, wird daraus ein Kompromiß, der für keinen von beiden wirklich befriedigend ist. Aber ich liebe dich, ich kann es mir nie abgewöhnen, dich zu lieben; was also ist zu tun?«

Diese Gedanken fanden erst zwei Jahre später öffentlich Ausdruck, als sie begann, *Erloschenes Feuer* zu schreiben. In diesem Roman, den sie über einen Menschen schrieb, der gemäß seiner eigenen Überzeugung lebt, heißt es: »Die meisten Menschen machen den Fehler, sich in ihrem Leben zu verzetteln, womit sie niemandem einen Gefallen tun, am wenigsten sich selbst. Der Kompromiß ist der wahre Ausdruck der Verneinung.« Doch der Kompromiß machte das Zusammenleben der Nicolsons möglich. »Ich kann es mir niemals abgewöhnen, dich zu lieben«, schrieb ihm Vita; in *Erloschenes Feuer* bezeichnet sie die Liebe ihrer Heldin zu ihrem Mann »als eine gerade schwarze Linie... die quer durch ihr Leben lief. Sie hatte ihr weh getan, sie hatte ihr Schaden zugefügt und sie klein gemacht, aber es war ihr unmöglich gewesen, davon loszukommen.«

Männer, hatte sie Harold geschrieben, sorgten dafür, »daß Menschen, die lieben, sich unterwerfen«; in *Erloschenes Feuer* heißt es von dem Ehemann,

»er würde sein freies, abwechslungsreiches und männliches Leben fortsetzen, ohne daß ein Ring an seinem Finger oder ein anderer Name die in seinem Zustand eingetretene Änderung anzeigte. Wenn er sich aber getrieben fühlte, nach Hause zu kommen, mußte sie dasein, mußte gleich ihr Buch, ihre Zeitung oder ihren Brief beiseite legen... Man konnte in einer Welt voll so fester, tiefeingewurzelter Begriffe nicht annehmen, daß sie gleiche Rechte hatte.«

Vita beendete den Brief an Harold – in dem im Keim so viel von *Erloschenes Feuer* angelegt ist –, indem sie wiederholte, daß Harold sie nie hätte heiraten dürfen. »Ich empfinde meine Unzulänglichkeit aufs bitterste. Wozu tauge ich für dich? Zu nichts. Welch ein Durcheinander.«

Zu diesem Durcheinander gehörte nun auch Hilda Matheson. Harolds Warnruf kam zu spät. Nach der frustrierenden Radio-Diskussion hatte Vita in Hildas Haus, Sumner Place 31 in South Kensington, übernachtet. Am Morgen fühlte Hilda sich nicht wohl und ging nicht zum Dienst: ihre Liebesaffäre begann.

Für berufstätige Frauen wie Hilda Matheson, die einem kultivierten, aber weltfremden Milieu entstammten und die von ihren bescheidenen Gehältern lebten, war eine reiche, berühmte, begabte Frau wie Vita Sackville-West eine aufregende und glanzvolle Erscheinung. Intim mit ihr befreundet zu sein, war nicht nur berauschend, sondern schmeichelhaft, wenn nicht gar märchenhaft. Vita ihrerseits, der das Wissen um den Eindruck, den sie machte, Selbstbestätigung verschaffte, erwiderte die Liebe leidenschaftlich.

»Wenn irgend etwas mich davor bewahren kann, die Art von verknöcherter Person zu werden, an die ich mit Schrecken denke, wirst du es sein und das, was geschieht«, schrieb Hilda an dem Tag an Vita, an dem diese ihren langen, oben zitierten Brief an Harold schrieb. Im ganzen genommen fühlte sich Hilda in Vitas Kreis unbehaglich – besonders »wenn die Atmosphäre stark aufgeladen ist, weil Dottie zugegen ist – fürchte ich mich, dich anzuschauen«. (Auch Virginia äußerte sich in diesem Dezember über Dottie und ihre »nörgelnde, anstrengende Art«; Vita schien Dottie »übertrieben sanft und freundlich« zu behandeln. Margaret Voigt hätte gesagt, Vita zahle ihr Unterhalt.)

Vita war leidenschaftlich in Hilda verliebt – auf ihre jähe, unkontrollierte, besitzergreifende Art. Bis Weihnachten hatte sie Hilda bereits fünfzig Briefe geschrieben, die sich, wie ihren Freundschaften und ihrer Arbeit, auch der Liebe vollständig hingab; sie schrieb nach Berlin an Vita (die dort mit den Jungen bei Harold das Weihnachtsfest verbrachte):

»Liebste – alles, was du mir geschenkt hast – auch die körperliche Seite davon –, scheint mir Leben in seiner allerhöchsten Ausprägung zu sein – es vermischt sich für mich mit allen schicklichen Gedanken oder Gefühlen, die ich habe oder je hatte – im Grunde mit allem, was wahr und schön ist und in gutem Ruf steht. Und doch denke ich, daß einige Leute es als schändlich und unmoralisch ansehen könnten.«

Hilda hatte sich niemals so tief mit einem Menschen eingelassen. Sie hatte keine Affären mit Männern gehabt – 1928 waren Frauen wie sie oft zu klug, zu seriös oder zu ehrgeizig für die berufstätigen Männer der Mittelklasse, die sie sonst vielleicht geheiratet hätten –, viele echte Freundschaften mit Frauen und eine, wie sie es nannte, kurze körperliche Beziehung zu einer weiteren Frau; doch die lag mehr als drei Jahre zurück.

Hilda schrieb Vita so häufig, daß Vita, in Verlegenheit gebracht, die Post in die Brückenallee abfangen mußte. Doch Hilda schickte ihre Briefe oft »Expreß«, so daß sie zu unpassenden Zeiten, zum Beispiel während des Dinners, zugestellt wurden. Vita mußte Hilda ermahnen, Diskretion zu wahren; Hilda war indes so stolz und glücklich, daß sie es der ganzen Welt erzählen wollte. Sie teilte das Haus in Sumner Place mit zwei anderen alleinlebenden Frauen, der Historikerin Marjorie Graves und mit Dorothy Spencer, die »eine lästerliche Zunge hat, angereichert durch eine klassische Erziehung; und deren Vergangenheit (wie ich mutmaße) ein Kapitel für sich ist«. Beide wußten, was geschehen war. Vita bat Hilda, vorsichtig zu sein – Harolds, der Jungen und der öffentlichen Meinung wegen. Widerstrebend akzeptierte sie Vitas Argumente.

»Aber ich sehe ein, daß du recht hast – daß die homosexuelle Liebe an sich schwieriger ist und viel mehr Klugheit und Vernunft erfordert. Vielleicht ist das der Grund, warum sie bei Männern gewöhnlich so schlecht zu funktionieren scheint – vielleicht behandeln sie solche Dinge weniger vernünftig... Für mich ist es sehr natürlich und unumgänglich, dich so zu lieben, wie ich es tue – auf jede Weise –, aber es wäre falsch, wenn ich's nicht täte.«

Eine von Hildas Freundinnen war Janet Vaughan. (Die Wissenschaftlerin, Tochter von Virginia Woolfs erster Liebe, Madge Symons – Vorbild für die »Sally« in *Mrs. Dalloway* –, wurde später Dame Janet Vaughan und Rektorin des Somerville College in Oxford.) Hilda erzählte Janet vier Stunden lang von Vita, und Janet war »sehr vernünftig und einfühlsam... Von ihr erfuhr ich, daß nicht nur Bloomsbury über dich und mich spricht – was sie gewiß gern tun –, sondern auch die BBC.« Das war das letzte, was Vita zu hören wünschte. Sie war nie im geringsten darauf aus gewesen, öffentlich als Lesbierin bekannt zu werden. Sie war nicht nur in herkömmlicher Weise auf ihren – und Harolds – »guten Ruf« bedacht, sondern die Geheimhaltung ihrer Affären vermittelte ihr den Reiz des Abenteuers, den sie brauchte.

Hilda ihrerseits entdeckte, daß »gewisse Arten von Männern alle Freundschaften zwischen Frauen mit Entsetzen und Mißtrauen betrachten und zu dem Schluß kommen, sie seien alle von der Art, die sie als unmoralisch ansehen – weil offenbar Tausende von Beziehungen – wie solche, die ich in der Vergangenheit hatte – vielleicht in Ursprung oder Anlage homosexuell sind, ohne daß sie jemals vollständigen Ausdruck finden oder jene Gestalt annehmen, welche diesen verschrobenen Gentlemen verdächtig erscheint«. Sie schrieb sehr scharfsinnig über Vitas Charakter und Probleme: »Ich vermute, es ist... ein experimentierendes Interesse und ein Interesse an dem Spiel, Tricks anzuwenden und zu warten, was passiert, das dich in die, wie du sagst, Klemme bringt – besonders wenn du dich ein wenig langweilst. Ich beklage mich über keine deiner Neigungen, mein Engel. Ich nehme dich, wie du bist.« Menschen, die so kompliziert und gefühlsstark waren wie Vita, mußten Betätigungsfelder finden, meinte Hilda, »und wenn sie keines haben, das sie wollen oder mögen, müssen sie sich mit Schatten oder Surrogaten oder Ersatzhandlungen begnügen. Ist es nicht so?«

Es war in der Tat so. Nicht immer zufriedenstellend, wie Hilda mutmaßte, »aber besser als ein Vakuum«.

Zurück zum Problem der Geheimhaltung: »Man ist ganz zerrissen zwischen einem Haß auf die Verstellung, einem Groll, daß es überhaupt Anlaß zur Verstellung gibt, und dem Instinkt, sein schönes Geheimnis vor dem lüsternen Blick der Leute zu verbergen, die Böses denken. Ich würde Orlando mit Freuden heiraten – sei nicht albern –, weißt du eigentlich, daß ich über alle Anlagen zur Hausfrau verfüge?« Diese befriedigte sie, indem sie Long Barn an den Wochenenden mit Beschlag belegte, wenn Vita in Berlin war. Von dort schrieb sie am 18. Januar 1929, vermutlich als Antwort auf eine weniger romantische Bemerkung Vitas: »Ich bin nicht damit einverstanden, daß die körperliche Seite der einzige zauberhafte Teil der Liebe sei – ich glaube nicht, daß das bei uns so ist.«

Am Tag, bevor sie diesen Brief schrieb, kamen Virginia und Leonard Woolf in Berlin an, um die Nicolsons zu besuchen, einen Tag später gefolgt von Duncan Grant, Vanessa Bell und ihrem Sohn Quentin. Die Gruppe wohnte im Hotel »Prinz Albrecht«. Vita hatte sich nach Virginias Besuch gesehnt – »Weil du dir wirklich nicht vorstellen kannst, wie elend ich mich hier fühle«, gleichwohl hatte sie mit großem Vergnügen den »Sodomiten-Ball« besucht: »Viele von ihnen waren angezogen wie Frauen, doch ich bilde mir ein, daß ich das einzige echte Fabrikat im Raum war... es gibt in Berlin sicherlich sehr merkwürdige Dinge zu sehen, und ich glaube, daß Potto [Virginia] Spaß daran haben wird.«[2]

Aber dieser Besuch machte niemandem sehr viel Spaß. Harold war sehr beschäftigt, sowohl, was seine Arbeit, als auch, was seinen eigenen Freundeskreis betraf, und er war verärgert, als die Woolfs sich sträubten, an zwei Mittagessen teilzunehmen, die er für sie arrangiert hatte. Die Gruppe war zu groß und in sich zu verschieden, als daß es viele Dinge hätte geben können, die ihnen allen zusammen Spaß machten (auch Eddy war in Berlin); Vanessa sah nicht ein, warum sie alle überhaupt soviel Zeit mit den Nicolsons verbringen sollten.

Seine Folgen überschatteten diesen Besuch zusätzlich. Virginia reagierte übertrieben auf ein Schlafmittel, das ihr Vanessa während der Kanalüberquerung verabreicht hatte, und war viele Wochen krank. Vita schrieb an sie, daß »deine kleinen zittrigen Bleistiftbriefe mir das Herz zerreißen... Berlin hat dir das angetan – der Dämon.« Sie hatte inzwischen den Dramatiker Pirandello kennengelernt, der sie mit einer rothaarigen Photographin, Frau Riess, bekannt machte; sie zeigte Vita »Photographien von Josephine Baker, nackt bis zur Taille – sehr schön –, und andere anstößige Photographien, die ich nicht beschreiben möchte... Sie verursachte mir eine ziemliche Gänsehaut.«

Verärgert über Virginias fortgesetzte Kränklichkeit, schrieb sie: »Weißt du, was es, wie ich glaube, war, abgesehen von der Grippe? UNTERDRÜCKTE GEILHEIT. Basta. Erinnerst du dich an deine Eingeständnisse, als der Scheinwerfer sich drehte?« (Während des Besuches waren Vita und Virginia zusammen auf dem Funkturm gewesen: »V. höchst indiskret«, hatte Vita in ihr Tagebuch geschrieben.) Und sie bat Virginia, dafür zu sorgen, daß Leonard mit der nächsten Sendung ihr nicht einen Roman mit dem Titel *Belated Adventure* nach Berlin schicke, den sie für die *Nation* besprechen sollte – »weil es darin teilweise um mich geht und ich es unmöglich machen kann«.[3] (*Belated Adventure*, Margaret Goldsmiths zweiter Roman, enthielt ein paar Seitenhiebe gegen die »Salonlöwen« von Bloomsbury und eine Charakterstudie von Vita »als Hester Drummond«.)

Bevor Vita nach England zurückkehrte, entflohen sie und Harold für ein paar Tage nach Italien. Es war bitterkalt in Rapallo, doch

»die Bummler waren übersprudelnd glücklich«, schrieb Vita an Virginia. Hilda Matheson wurde instruiert, die Umschläge ihrer Briefe nach Rapallo mit der Schreibmaschine zu schreiben: Harold wußte nicht um die Tiefe und das Ausmaß dieser Beziehung, und Vita wollte nicht, daß er es erfuhr. Sie waren vollkommen zufrieden miteinander, wanderten und schrieben.

Vita hatte eine Idee für einen Roman gehabt – »und ich werde ihn in diesem Sommer schreiben und ein Vermögen verdienen. Das wird ein Spaß, und ich hoffe, jedermann wird ernsthaft verärgert sein.«⁴ Dieses Buch sollte *Schloß Chevron* werden, die romantische Geschichte ihrer Liebe zu Knole, leichtfertig begonnen, vielleicht eine Ergänzung zu *Orlando*. Es sollte ihr kommerziell erfolgreichstes Buch werden. Im Augenblick war sie mit Harold glücklich: »Jeden Morgen, wenn ich noch köstlich schlummernd in einem riesigen *letto matrimoniale* (aber allein) liege, werde ich von nebenan durch das Klappern hochgezogener Jalousien geweckt, und dann stürmt eine Gestalt in einem kanariengelben Schlafanzug in mein Zimmer«, um ihre Jalousien für den Sonnenaufgang über dem See zu öffnen.

Nach Rapallo schreckte sie die Aussicht mehr denn je, daß Harold in Berlin blieb. »Du würdest Leonard auch nicht gern in ähnlichen Umständen wissen? Nein, natürlich nicht«, schrieb sie an Virginia. »Long Barn, Virginia, mein eigenes Zimmer, Pippin, England – und mein Harold allein in Berlin, ich hasse es... Ich wäre so glücklich zurückzukommen und von ganzem Herzen froh, wenn er doch nur auch mitkommen könnte.«⁵

Vitas in England zurückgelassene Freundinnen hatten in ihrer Einsamkeit Verbindung miteinander aufgenommen. Dottie Wellesley an Hilda: »Ich möchte Sie so gern sehen. Mit Ihnen sprechen. Aber ist das eine gute Idee? Ich möchte nicht, daß einer den andern unabsichtlich verletzt. Ich weiß, daß wir das absichtlich nicht tun würden. Ich bin viel allein gewesen, seit Vita fort ist.«

»Liebling«, schrieb Hilda an Vita, nachdem sie Dottie getroffen hatte, »woher stammt eigentlich die Legende, daß du Leuten gegenüber so distanziert seist? Ich bemerkte, daß Margaret Goldsmith sie aufgebracht hat und Dottie sie ernst zu nehmen schien.«

Hilda, in ihrer Stellung als augenblickliche Geliebte, nahm diese Legende nicht ernst. Vitas grundlegendes Gefühl für Harold erkannte sie an (»Um verheiratet zu sein, ist er ganz und gar der richtige Mensch für dich — in mancherlei Hinsicht«), und sie erfuhr mehr über Vitas »Zwickmühlen«, als diese ihr einen Brief schickte, den sie von Mary Campbell erhalten hatte. Zum ersten Mal begann Hilda sich zu fragen, ob sie selbst nicht auch bloß eine weitere »Zwickmühle« Vitas war.

Dottie sah auch Virginia und beklagte sich bei ihr über Vitas Kälte. Dann machte Dottie eine Szene, als sich herausstellte, daß dieses Mal Hilda dazu ausersehen war, Vita in Folkestone vom Schiff abzuholen. Hilda, Dottie und Virginia — doch zumeist Hilda — nahmen in diesem Frühjahr den größten Teil von Vitas Zeit in Anspruch.

Sie arbeitete sowohl an einem kleinen Buch über den Dichter Andrew Marvell* als auch an ihrem Roman. Als im Sommer der Poet Laureate Robert Bridges starb, war Vita unter denen, die ernsthaft für die Nachfolge vorgeschlagen wurden. (Edith Sitwells Vorschlag war weniger ernst gemeint. Miss Sackville-West, sagte sie, »hätte, wäre da nicht ein Makel an ihrem Schicksal, einer der Herren der Schöpfung sein können«.) Es war natürlich *The Land*, das ihr dieses Prestige verschafft hatte; es war ein auf allen Ebenen berühmtes Gedicht geworden. Vita rezitierte es von der Kanzel in der Savoy-Kapelle, und die General Bus Company verwendete sieben Zeilen daraus als Überschrift auf einem Plakat, das das Land im Frühling anpries.

Die einzige Quelle des Ärgers war immer noch B. M., der es gelungen war, Vitas alten Verehrer Kenneth Campbell so gegen Vita einzunehmen, daß er sein Amt als Treuhänder des Familienvermögens niederlegte. Vita wetterte, die Zivilisation sei in einem armseligen Zustand, »wenn 85 % der Leute der Meinung seien, Tray [Raymond] müsse der ewigen Verdammnis überantwortet und Kenneth als ehrbarer Bürger betrachtet werden«. Lady Sackville kaufte noch ein weiteres Haus — eine große Villa auf einem fünf Acres großen Grundstück in Crown End Lane, nahe Streatham Common,

---

* Andrew Marvell (1621-1678), bedeutender Vertreter der »Metaphysical Poetry«. Vitas Buch erschien 1929 bei Faber [Anm. d. Übers.].

in den Außenbezirken Süd-Londons. Sie forderte das Mobiliar zurück, das sie Harold für seine Wohnung in Berlin überlassen hatte.

Harold war nicht bei bester Gesundheit und wieder bereit, darüber nachzudenken, ob er den diplomatischen Dienst quittieren sollte. Virginia hatte vorgeschlagen, er solle sich als Kandidat von Labour um einen Sitz im Unterhaus bewerben. »Ha!Ha!Hi!Hi!« schrieb er an Vita. »Aber ich habe kein Geld und bin kein Labour-Mann – und überhaupt. Aber ich sollte darüber nachdenken und es mit dir besprechen.« Mittlerweile hatte Hilda ihre Bereitschaft erklärt, sowohl Harold als auch Vita regelmäßige Aufträge der BBC zu verschaffen. Hilda selbst, das »stämmige Pony«, wurde in Long Barn bei den Arbeiten eingespannt – Auslichten von Gebüsch, Unkrautjäten; außerdem half sie Vita bei der Errichtung eines Vogelhauses für die Wellensittiche, Vitas neuer fixer Idee. Dorothy Wellesley fuhr fort, Hilda zu umwerben, lud sie in ihre Wohnung in Mount Street ein, empfing sie in ihrem Schlafzimmer und fing intime Unterhaltungen an.

Vitas Freundschaft mit Virginia wurde durch ihre, wie Vita es nannte, »lustigen kleinen Expeditionen« fortgeführt – nach Hampstead, um Keats' Haus zu besichtigen oder die alten römischen Bäder hinter dem Strand zu besuchen. Vita hielt Virginia über ihre Arbeit an dem Roman auf dem laufenden; die Hogarth Press würde *Schloß Chevron* herausbringen. »Das Buch ist voll von Aristokraten. Wird dir das gefallen? Ich glaube, daß es allein schon aus snobistischen Gründen sehr erfolgreich werden dürfte. Ich hoffe es, denn Leonards Angebot war sehr stattlich – und ich möchte die Press ungern ruinieren.«[6] Und ein paar Wochen später: »Ich versuche mich genau daran zu erinnern, wie es in dem Bus roch, der einen 1908 immer am Bahnhof abholte... Der Eindruck von Verschwendung und Extravaganz, der einen in dem Augenblick überkam, da man durch die Türen des Hauses trat. Die Scharen von Bedienten; die Namen der Leute auf kleinen Schildern an den Türen ihrer Schlafzimmer; schläfrige Hausmädchen, die nach dem Dinner in den Fluren warteten.« Vita war erst siebenunddreißig, doch die Welt ihrer Kindheit war bereits eine verlorene Welt – »weitaus lebendiger als viele Dinge, die seitdem geschehen sind«, schrieb sie

Virginia, »aber wird sie jemand anderem noch etwas zu sagen haben? Trotzdem bleibe ich an der Arbeit.«[7]

Mitte Juni 1929 kam Harold für kurze Zeit nach Hause, denn er sollte in der BBC mit Vita über die »Ehe« diskutieren. »Über Sex werden wir wohl kaum etwas sagen dürfen, schätze ich«, schrieb er ihr. »Wir können des längeren über die Konflikte sprechen, die auftauchen, wenn Mann und Frau berufstätig sind. Das wird sicher lustig.« Im Anschluß an eine Dinner Party in Dotties Haus gingen sie ihr Manuskript noch einmal durch; auch die zuständige Redakteurin war dabei, Hilda – die sich wie immer in diesem Zirkel von unbefangenen Vertrauten wie »ein Emporkömmling und Eindringling« vorkam und Vita nicht nahe kommen konnte.

Die Rundfunkdiskussion wurde als Erfolg betrachtet. Harold betonte, daß die Ehe ein lebendiger Organismus sei, »eine Pflanze und nicht ein Möbelstück. Sie wächst; sie verändert sich; sie entwickelt sich.« Vita wandte sich gegen die Neigung der meisten Männer, »*sich selbst* als die Pflanze und die Frauen als den Nährboden zu betrachten«; die Männer bildeten sich ein, daß die Ehe zu ihrem Wachstum beitragen müsse – auf Kosten der Lebenskraft der Frauen. Dieser Zustand, sagte sie in ihrem längsten Beitrag, sei schlecht für beide Geschlechter, weil »er die Männer lehrt, dominierend und rücksichtslos zu sein, und die Frauen lehrt, schüchtern zu sein. Das, was *ihr* feminin nennt.« Harold hielt dagegen und wagte sich auf gefährlicheres Terrain. Er kam auf den anlagebedingten Unterschied zwischen Mann und Frau zu sprechen – so »tief und deutlich«, das er »von Formen sexueller Abweichung nur oberflächlich berührt wird« – und sagte, nach seiner Meinung sei »die männlichste Frau unendlich femininer als der unmännlichste Mann«. Vita widersprach ihm, als er behauptete, die Arbeit eines Mannes sei eine Notwendigkeit, die Karriere einer Frau ein Luxus. Und als er sie fragte, ob sie nicht mit ihm darin übereinstimme, daß die »Freuden der Mutterschaft« ein ausreichender Ersatz seien, erwiderte sie: »Nein, dazu sage ich nachdrücklich nein.« Sie war auch ganz und gar nicht der Ansicht, daß es immer die Frau sein solle, »die ihre eigenen Interessen der Pflicht unterordnet«. Sie waren sich einig, daß eine Frau die männlichen Qualitäten wie Vernunft, Toleranz und Unpersönlichkeit und ein Mann »die weiblichen wie Zartheit, Einfühlsamkeit und Intuition verfeinern« sollen.[8]

Nachdem er nach Berlin zurückgekehrt war, schrieb sie ihm, was ihre eigene Ehe ihr bedeute:

»Du bist mir teurer, als irgend jemand es je gewesen ist oder jemals sein könnte. Wenn du sterben würdest, würde ich mich umbringen, sobald ich Vorsorge für die Jungen getroffen hätte. Ich könnte ohne dich nicht leben. Jedesmal, wenn ich dich bei mir habe, wirst du mir teurer. Ich kann mir nicht denken, daß jemand eine Liebe empfinden kann, die ausschließlicher, zärtlicher und reiner ist als die meine zu dir. Sie ist völlig losgelöst von körperlicher Liebe – Sex – wie man heute sagt. Ich halte sie für unsterblich.«

»Körperliches Verlangen, schrieb sie, »ist das irreführendste aller menschlichen Gefühle. Ich fühle ganz einfach: du bist ich, und ich bin du – was du meintest, als du beim Abschied sagtest, daß ›du mein einsames Ich geworden‹ seist.«

Mitte Juli fuhren Vita und Hilda Matheson zusammen in die Ferien ins Val d'Isère in den Savoyen. Hilda hatte den Ort ausgesucht; sie hatte bereits vorher mit anderen Freundinnen im Haus des Pfarrers gewohnt. Eine dieser Freundinnen, Janet Vaughan, verplapperte sich bei Virginia, die auf diese Weise erfuhr, daß die Reise lange geplant worden sei. Vita hatte sich Mühe gegeben, Virginias Gefühle zu schonen, indem sie ihre Abreise bis zum letzten Augenblick geheimhielt und dann verkündete, es sei ein spontaner Entschluß. Virginia war verärgert, verwirrt und eifersüchtig. »Warum stört es mich? Wie sehr trifft es mich?« Hilda Matheson erschien ihr als eine unwürdige Rivalin:

»Eine dieser Tatsachen ist, daß diese Hildas ein chronischer Fall sind; & da diese nicht verschwinden wird & ohne Anhang ist, könnte sie zu einem Dauerfall werden. Und da ich nun mal der intellektuelle Snob bin, der ich bin, hasse ich es, auch nur entfernt mit Hilda in Verbindung gebracht zu werden. Ihr ernstes, ehrgeiziges, sachkundiges, hölzernes Gesicht erscheint vor mir, Unterstützung suchend bei der schwerwiegenden Frage, wen man im Rundfunk bringen kann. Ein merkwürdiger Zug Vitas – ihre Leidenschaft für die ernsten Mittelklasse-Intellektuellen, wie trist & langweilig sie sein mögen. Und warum schreibe ich dies auf? Ich habe es noch nicht einmal Leonard erzählt.«[9]

Mehr als drei Jahre später überkam Virginia in der Erinnerung immer noch ein »Anfall wütender Eifersucht«, wenn sie daran dachte, daß »du in jenem Sommer in Hilda verliebt warst, als ihr zusammen in die Alpen fuhrt! Weil du gesagt hast, du seist nicht verliebt. Warst du es?... Erinnerst du dich an dein Geständnis oder besser deine Rechtfertigung in meiner Hütte [ihre Gartenhütte in Rodmell]? Und du warst damals nicht schuldig, nicht wahr? Du hast es geschworen.«[10] Vita mußte Virginia anlügen. Im Val d'Isère unternahmen sie und Hilda elfstündige Bergwanderungen mit Rucksäcken, ausgehend von ihrem Standort, dem Haus des Pfarrers – das sie mit seiner Kuh Marquise teilten, »die dazu neigte, einem den Weg zu versperren«. Vita sammelte Pflanzen und sandte sie an ihren Gärtner in Long Barn. Hilda war praktisch veranlagt, konnte »aus Aprikosenmarmelade und Schnee einen Pudding machen« und Karten lesen.

1929 gab es dort wenige Straßen; der Col d'Isère war nur zu Fuß zu erreichen, ebenso wie der Col de la Vanoise, wo sie in 2440 Meter Höhe in einer Schutzhütte wohnten. Von dort schrieb Vita begeistert an Harold über weitere Blumen, »viel besser als in den Dolomiten« – sie hatten Steinrosen, Alpenrosen, fünf verschiedene Arten von Enzian, Alpenglöckchen, Feuernelken, Cenisia, Anemonen, Nelkenwurz, Leimkraut, Fingerkraut, Schafgarbe und »unsere eigene kleine Vanilla orchis« gesehen.

In Berlin hatte Harold ein Angebot der Beaverbrook Press* für einen Posten beim Londoner *Evening Standard* zu 3000 Pfund jährlich bekommen. Er schrieb an Vita und an Leonard Woolf wegen ihrer Meinung. Vita, die sich noch in den Bergen aufhielt, war von diesem Gedanken entzückt; sie verabredete mit Harold ein

---

* Max Aitken, der spätere Lord Beaverbrook (1879-1964), war ein konservativer Politiker und »Pressezar«, der einen beträchtlichen Teil der britischen Presse beherrschte [Anm. d. Übers.].

Treffen in Karlsruhe am 1. August, um das Angebot zu erörtern, und trennte sich in Genf von Hilda. Auf einer Autofahrt durch das Moseltal kamen Vita und Harold überein, daß er den diplomatischen Dienst verlassen und den Posten annehmen sollte: Bei ihrer Rückkehr nach London trug Vita einen Brief Harolds an Lord Beaverbrook bei sich.

Sie war außer sich vor Freude; Harold hatte Bedenken, nicht nur wegen der Aufgabe des diplomatischen Dienstes, sondern auch wegen seiner Verbindung mit Beaverbrook. Zurück in Berlin, vertraute er seinem Tagebuch seine Furcht an, »bevorstehende Veränderungen im Dienst würden mir vielleicht eine Chance eröffnen, wenn es zu spät ist... Ich wäre lieber Gesandter in Athen als ein Arbeitstier unter Lord Beaverbrook.« Er war überhaupt nicht begeistert; er war niedergeschlagen und besorgt.

Sobald Vita wieder in England war, schaute sie sich für Harold nach einer Wohnung in London um – Bloomsbury wäre ihr am liebsten gewesen. Doch im August ereigneten sich Dinge, die dazu beitrugen, ihre Begeisterung zum Erlöschen zu bringen. Eddy Sackville-West – »aufwendig herausgeputzt, mit einem goldenen Armreif an einem Handgelenk und *zwei* riesigen Ringen« – kam zum Dinner nach Long Barn und erzählte ihr, die Gobelins aus der Kapelle von Knole seien an das Museum in Boston verkauft worden. »Ich weiß nicht, wieviel sie dafür bekommen haben. Es kam im Radio in den Nachrichten, komisch... Wie auch immer, *ich* werde nie wieder nach Knole gehen; oder vielleicht noch einmal, bevor ich sterbe.«

Danach bekam sie einen schweren Hexenschuß und hatte tagelang Schmerzen. (Hilda kam, um sich um sie zu kümmern.) Während sie noch das Bett hüten mußte, erfuhr sie, daß Geoffrey Scott in New York plötzlich an einer Lungenentzündung gestorben war. Kurz bevor er nach Frankreich ging, hatte sie ihn in London auf der Straße getroffen und ihn »sehr stark gealtert und unrasiert« gefunden. Sie war über seinen Tod bestürzt. »Wie furchtbar, so zu sterben, in einem ausländischen Krankenhaus, weit weg von allen Freunden... Ich wünschte, ich hätte wieder mit ihm Freundschaft schließen können. Ich habe immer gedacht, es würde eines Tages so weit kommen.« Ein paar Tage später erfuhr sie von Pat Dansey, daß auch Denys Trefusis tot sei. Seine Ehe mit Violet existierte nur noch auf dem Papier; sie hätten sich in Kürze getrennt, hätte seine tödliche Tuberkulose ihre Scheidung nicht überflüssig gemacht. Violet kümmerte sich nicht um ihren kranken Mann und besuchte ihn während der letzten Wochen selten.

Endlich begannen die Jungen Vita mehr Vergnügen zu bereiten. Schwärmerisch schrieb sie an Harold, sie sei in ihren hübschen fünfzehnjährigen Ben »verliebt«; an Nigel hob sie weiterhin seine komischen Seiten hervor. Sie schilderte seine Bemühungen, Schmetterlinge zu fangen, mit »einem zerrissenen Netz, einem zerbeulten Topf mit Löchern und einem Handbuch«: »Er fängt an, läßt erst das eine, dann das andere Ding fallen. Dann jagt er wild hinter einem Insekt her und fällt platt auf die Nase. Wenn er wirklich etwas fängt, entwischt es ihm sofort. Er sollte wirklich zum Film gehen.«

Die Ferien der Jungen wurden durch Vitas Mutter gestört. Ende August lud sie ihre Enkelsöhne in ihr neues Haus in Streatham ein (Vita wollte sie immer noch nicht sehen) und hatte nichts Besseres zu tun, als ihre jugendlichen Ohren mit bösartigem Klatsch zu füllen. Sie erzählte ihnen, Vita habe ihr Silber gestohlen; Virginia – die von beiden Jungen geliebt wurde – sei eine niederträchtige Frau, die die Ursache für die Entzweiung zwischen ihr und Vita sei; daß sie sich schrecklich einschränken müsse, damit Nigel ebenso wie Ben nach Eton gehen könne; daß Vita in Berlin bei ihrem Vater sein sollte. Sie fragte Ben, ob er schon verliebt gewesen sei, und erzählte ihnen, wie ihr Großvater sie mit Olive Rubens betrogen habe.

Die Jungen kehrten ziemlich schockiert nach Hause zurück und erzählten Vita alles. Vita war wütend, doch sie wußte, daß es vielleicht noch schlimmer gewesen war. »Ich fing an, mir schreckliche Sorgen zu machen, was sie gesagt haben könnte!« Doch als sie die Jungen nach dem Schlimmsten fragte, was »Großmama« gesagt hatte, erklärten sie, es seien nach ihrer Meinung die Worte gewesen, daß man Vita zusammen mit ihrem Vater hätte »ins Grab legen« sollen.

An diesem Abend führte Vita ein »langes Gespräch« mit ihren Söhnen über B.M.'s Probleme und verbrachte am folgenden Tag »einen glücklichen Tag allein mit den Jungen«. Als Harold von diesem Zwischenfall erfuhr, schrieb er, daß es nicht damit getan sei, sie verrückt zu nennen: »Sie ist nicht verrückt, sie ist einfach böse.«

Kapitel 20

Kurz nach ihrer Rückkehr von dem Treffen mit Harold, bei dem sie das Beaverbrook-Angebot erörtert hatten, hatte Vita eine Sammlung von Gedichten, die sie *King's Daughter* nannte, an Leonard Woolf und die Hogarth Press gesandt. Die Gedichte waren von einer Art, die es ihr notwendig erscheinen ließ, sich mit Harold darüber zu verständigen.

»Ich werde sie dir zeigen müssen, ehe sie veröffentlicht werden. Es ist nicht die Frage, ob sie gut oder schlecht sind, die mich beunruhigt... aber du mußt wissen, daß es Liebesgedichte sind und obendrein ausschließlich artifiziell – ich meine, sehr artifiziell, die meisten davon eher 17. Jahrhundert, und obgleich ich zunächst dachte, diese Tatsache (daß sie nichts als »literarisch« sind, meine ich) sei ziemlich eindeutig, ist mir doch seitdem in den Sinn gekommen, die Leute könnten sie für lesbische Gedichte halten. Das würde mir nicht behagen, weder um meinetwillen noch um deinetwillen... Ich möchte, bitte, eine ehrliche Meinung.«

Harold erwiderte, auf keinen Fall solle sie die Gedichte veröffentlichen, bevor er sie gelesen habe. Nach der Lektüre schrieb er: »Ich möchte nicht so tun, meine Süße, als ob mir dein kleines Buch gefiele.« Er machte seine Einwände an den Gedichten selbst fest, nicht an ihren lesbischen Implikationen. »Ich mache mir wirklich weiter keine Gedanken darüber, was die Leute zu ihren sapphischen Anklängen sagen, doch bin ich ernstlich um deinen Ruf besorgt und finde, offen gesagt, daß keines dieser Gedichte gut genug ist, um veröffentlicht zu werden. Oder, anders gesagt, gut genug für

eine Veröffentlichung, die deinem gegenwärtigen Ruf entspräche.«
Er bat sie, das Buch zurückzuziehen.

Vita war betroffen. Auf Einwände, die sich gegen den lesbischen Inhalt der Gedichte richteten, war sie vorbereitet gewesen, »doch ich hatte nicht erwartet, daß du sagen würdest, sie seien ausgesprochen schlecht«. (Keiner von beiden war ganz ehrlich: Vitas Liebesgedichte waren von ihr nie als bloße literarische Übungen geschrieben worden; und Harold kann seinen Widerwillen gegen den Inhalt durchaus, auch vor sich selbst, als literarisches Urteil getarnt haben.) Die Gedichte seien bereits gedruckt, bekannte Vita, und Virginia halte sie für gut.

In Wirklichkeit hatte Virginia gesagt: »Zum Teufel mit Harold. Und warum solltest du der Kritik eines Diplomaten irgendeine Bedeutung beimessen?« Am 4. September, einem glühendheißen Tag, machten die Woolfs und Vita in Ashdown Forest ein Picknick »und lagen im Gras und sprachen über *King's Daughter*«. Virginia fand, Vita sei so bemerkenswert ruhig und zurückhaltend gewesen, wie es »ein weniger empfindlicher Dichter nie war. Aber kann denn ein wirklicher Dichter unempfindlich sein?« Sie fand Vita an diesem Tag »beinahe wie immer; schreitend; Seidenstrümpfe; Hemd & Rock; prächtig; unbefangen; abwesend«. Zurück in Long Barn, sprach sie »ausgiebig & gelassen« mit dem Ferienlehrer der Jungen und stritt langatmig mit Ben darüber, ob Nigel (»der auf seinem Fahrrad zwischen den Blumenbeeten herumkurvte«) nicht besser ins Haus gehen und sich die Füße waschen solle.[1]

Ein paar Tage danach kehrte Harold nach Hause zurück, um die Verhandlungen über seine neue Stellung zu einem Abschluß zu bringen. Am ersten Sonntag nach seiner Rückkehr schrieb Vita in ihrem Tagebuch: »Heute nichts anderes getan als mit Hadji und den Jungen geplaudert. Die Jungen badeten beinahe den ganzen Nachmittag. Glühende Hitze.« (Die Nicolsons hatten in Long Barn gerade ein Schwimmbecken bauen lassen.) Und Vita besprach mit Harold die Veröffentlichung von *King's Daughter*, die bevorstand. Die darin enthaltenen Gedichte wurden während ihrer Affäre mit Mary Campbell geschrieben, doch nahm sie aus ihrer langen Sonett-Folge nur drei Gedichte in das Buch auf. Die meisten Verse des Buches sind leichtgewichtig und oberflächlich, manieriert, idyllisch und haben einen Hauch von Kinderliedern; und sie nahm ein viel früheres Gedicht auf, »Full-Moon«. Das einzige neue Gedicht von einiger Qualität ist »The Greater Cats«, ein Stück im Stil von Yeats, das dieser selbst bewunderte:

> Die größeren Katzen mit goldenen Augen
> Starrn durch die Gitterstäbe hinaus.

Wenn Harold in Long Barn war, erlitt das vertraute Verhältnis zwischen Vita und Virginia notwendigerweise Einbußen. »Es ist immer kompliziert, wenn er heimkommt«, wie Vita ihr sagte; sie einigte sich zuerst mit ihm und dann, so gut es ging, mit Virginia. In jenem Herbst 1929 hatte ihre Freundschaft eine elegische Note. Vita besprach *Ein Zimmer für sich allein* im Rundfunk, und Virginia schrieb im Anschluß daran: »Als deine Stimme sagte: ›Virginia Woolf‹, glaubte ich einen Trompetenstoß zu hören, der mich zu Tränen rührte; aber ich meinte zu hören, wie du ein Lachen unterdrücktest. Es ist ein kurioses Gefühl, zu hören, wenn man vor 50 Millionen alten Ladies in Surbiton von einer gelobt wird, mit der man den Tag anbrechen sah und der Nachtigall gelauscht hat.«[2]

Vita hatte einen bösen Traum über Virginia gehabt; sie hatte geträumt, Leonard und Virginia seien nie wirklich verheiratet gewesen und hätten beschlossen, es sei höchste Zeit, die Zeremonie nachzuholen. »So hattet ihr denn eine prächtige Hochzeit. Du warst in eine Art mittelalterliches Gewand aus Goldstoff gekleidet und trugst einen langen Schleier... Du hattest mich nicht zur Hochzeit eingeladen. Also stand ich in der Menge und sah dich an Leonards Arm vorübergehen.« Aus Gründen, die nicht schwer zu erraten seien, schrieb Vita, habe dieser Traum sie traurig gemacht und sie sei weinend aufgewacht.

Sie wußte, daß jetzt, da Harold für immer zu Hause sein würde, große Veränderungen bevorstanden. »Auf jeden Fall scheinen sich alle Arten verschiedener Landschaften zu öffnen, wohin ich auch schaue.« Diesen Brief an Virginia unterschrieb sie mit »Orlando« und fügte ein Postskriptum hinzu: »Die Tatsache, daß ich *dich* nicht sehe, verhindert es, daß ich diese Tage zu den glücklichsten meines Lebens zähle.«[3] Aber die Intensität ihrer Freundschaft überdauerte diese Brüche und Veränderungen nicht.

Auch Hilda Matheson mußte sich mit dem zweiten Platz begnügen; sie hatte recht mit der Annahme, daß, wenn Harold und Vita erst einmal eine Wohnung in London haben würden, »du wohl kaum noch nach Sumner Place kommen und bei mir sein wirst«. Sie wurde nie sehr weit weggeschoben, denn sie und Vita sahen sich regelmäßig, wenn Vita in die BBC kam, um ihre wöchentliche Literaturkritik aufzunehmen. Hilda wurde nach und nach eine treue Freundin aller Nicolsons, sie wurde in die Pläne und Gespräche der Familie einbezogen. Mit Hilda zusammen fand Vita die Wohnung – King's Bench Walk 4 in Temple. Während Harold in Berlin seine Sachen packte und sich von seinen Kollegen verabschiedete, bestellte Vita Klempner, Elektriker, Dekorateure und entdeckte, zusammen mit Boski, ihrer Sekretärin, die Freuden von Woolworth: »Es ist das betörendste Geschäft. Wir kauften Mausefallen, Staubwedel, Kasserollen, einen Zinnteller für Henry [Harolds Hund], Korkuntersetzer für Gläser, gläserne Handtuchhalter, Wassergläser, einen Hammer, Nägel – o, ich weiß nicht, wie viele Sachen – es war ein Riesenspaß.« Sie kaufte für die Wohnung auch ein Gemälde von Duncan Grant*. Hilda Matheson brachte auch Virginia zum Rundfunk, und sie sprach dort über Beau Brummell**. Aber Virginia – die spürte, daß Hilda, wie sie geargwöhnt hatte, ein »Dauerzustand« zu werden begann – fuhr fort, sie zu verachten und lehnte ihre Vorschläge, den Brummell-Beitrag zu veröffentlichen, ab. Danach »ergoß sie ihre Wut wie heiße Lava über Vita«:

»Und dann brachte ich ihre Freundinnen aufs Tapet, Vitas Freunde & sagte, daß hier, in ihrer Zweitklassigkeit, der Anfang meiner Entfremdung liege. Ich kann es nicht leiden, wenn es heißt: ›Vitas große Freundinnen – Dottie, Hilda und Virginia‹. Ich verabscheue die zweitklassige Schulmädchenatmosphäre. Die meiste Zeit saß sie stumm da & sagte bloß, ich hätte recht. Harold hätte dasselbe

---

* Maler und Innenarchitekt. Mitglied der Bloomsbury-Gruppe. Eng befreundet mit Virginia und Leonard Woolf [Anm. d. Übers.].
** George B. (1778-1840), Urbild des »Dandy«. Gefeierter Modeheld der Londoner Gesellschaft. Freund des Prinzen von Wales [Anm. d. Übers.].

gesagt. Man muß der Sache Einhalt gebieten. Sie kann nicht aufhören, wenn sie mal was angefangen hat.«[4]

Virginia vermochte immer noch, Vita aus dem Gleichgewicht zu bringen, wenn sie sie in diesem Punkt kritisierte. Sie gab ihr das schon von früher bekannte Gefühl, ihr Leben sei ein Fehlschlag und sie selbst nicht dazu in der Lage, auch nur eine unverdorbene Beziehung zu unterhalten. »Was soll ich dagegen machen, Virginia?« Ihre »Fehler«, behauptete Vita, seien »alberne oberflächliche Dinge«, doch ihre Liebe zu Virginia sei »absolut echt, lebendig und unwandelbar«.

Auch ihr eigenes Wesen schien unwandelbar. Sie nahm Virginias Kritik demütig hin, so wie sie in der Regel auch Harolds Vorhaltungen akzeptierte. Doch in einem Manuskriptbuch finden sich drei schroffe Zeilen:

> Du besiegst mich mit Worten, doch ich weiß,
> Daß mein Leben in einer Höhle überlebt, wohin die Vögel
> Deiner Seele niemals fliegen.

Ein Widerhall, ob unbewußt oder nicht, jener Worte, die Virginia ihr zwei Jahre vorher geschrieben hatte: »Hier in meiner Höhle sehe ich viele Dinge, die strahlende Schönheiten wie du durch das Licht deines Glanzes unsichtbar machen.«

Das Ende des Jahres 1929 brachte Vita eine zerbrechliche Aussöhnung mit ihrer Mutter. Sie hatten nur über B.M.'s Sekretär miteinander verkehrt, der in Long Barn gewesen war und seiner Chefin berichtet hatte, daß Harold »mit einem schreiend gelben Pullover ohne Kragen bekleidet war. Eine seiner H[omosexuellen]-Kostümierungen!!!« (wie sie in ihrem Tagebuch schrieb). B.M. hatte auch einen Bericht von George Plank bekommen, der Vita in Dotties Haus getroffen hatte. »Er glaubt, daß sie sich jetzt sehr wichtig nimmt – sich nationale Bedeutung beimißt, weil sie im Rundfunk so erfolgreich ist. Er glaubt, wie auch ich, daß sie sich geistig vor Harold fürchtet, und sie braucht seine Unterstützung für ihr Schreiben. Für ihre *King's Daughter* hat sie bestimmt nicht so gute

Kritiken bekommen wie für *The Land*, dieses wunderbare *Land*.«
Der Inhalt von *King's Daughter* hatte keinen Skandal ausgelöst,
doch Harold hatte mit seiner Ansicht recht behalten, daß die Verehrer von *The Land* an diesem neuen Band nichts Besonderes finden
würden. Auch Vitas *Andrew Marvell* erschien im Herbst: eine kurze
Monographie, die erste in der renommierten Faber-Reihe »Dichter
über Dichter«. (Als zweiter Band erschien T. S. Eliots »Dante«.)

Zur Wiedervereinigung mit B. M. kam es, nachdem Vita, widerstrebend und schmerzlich bewegt, nach Knole gefahren war, um an
der Hochzeit von Eddys Schwester Diana mit Lord Romilly teilzunehmen. Sie verbrachte einen »fürchterlichen Nachmittag« und
wurde nur durch die Freundlichkeit der älteren Bediensteten getröstet, die verstanden, wie ihr zumute war. Am 7. Dezember schrieb
B. M. in ihr Tagebuch: »Vita schrieb mir über die Hochzeit von
Diana und Lord Romilly und über ihre Gefühle in der Kapelle von
Knole; ich verstehe das. Sie schrieb sehr lieb.«

Am Weihnachtsabend fuhr Vita mit den Kindern nach Streatham; sie nahm auch einen Teil des Familiensilbers mit, das sie nach
Meinung B. M.'s gestohlen hatte. Nach fast zwei Jahren sahen sie
sich zum ersten Mal. Beide waren vorsichtig und darauf bedacht,
Distanz zu halten. B. M. beschrieb ihr Zusammentreffen – wobei
sie zugleich eine Frau beschrieb, ihre Tochter, die nun über die erste
Jugendblüte hinaus und des Zaubers und des Glanzes beraubt war,
den sie in den Augen ihrer Verehrer besaß:

»Sie umarmte mich und sagte: Oh, Mama! Und ich küßte sie und
sagte wie in alten Zeiten: Mauvaise, kleine Mar. Sie sah sehr prächtig aus, trotz des bedauerlichen Bartanfluges. Doch sie hatte eine
schöne Farbe, und ihr Haar war wunderbar gewellt. Um die Hüften
ist sie rund geworden, und sie sieht exakt so aus, als sei sie *enceinte*;
so sah sie nicht einmal aus, als Nigel unterwegs war.«

Gegen Ende Februar 1930 war »der fürchterliche Alptraum« (B. M.)
ihrer Entfremdung von Vita vorüber. Sie gab Vita die umstrittenen
Perlen zurück, und Vita akzeptierte sie ebenso, wie sie B. M. akzeptierte.

B. M. war von dem modernen Wunder des Rundfunks nicht beeindruckt, noch nicht einmal durch den neuen Ruhm ihrer Tochter als Radiostar. Nach ihrer Ansicht ließ der Rundfunk die Stimmen »so fett« klingen. Vitas Bekanntheitsgrad, den sie Hilda Matheson verdankte, gewann ihr neue Freunde und Verehrer und erregte einigen Unwillen. In einem Artikel über »die Gefahren eines Mikrophon-Monopols« ließ der *Manchester Guardian* höflich durchblicken, man gestehe Vita zuviel Sendezeit zu: »Es ist kaum fair gegen irgend jemanden und gewiß höchst unfair gegen Miss Sackville-West, mit der Aufgabe betraut zu sein, von Januar bis Dezember den ganzen Bereich der erzählenden Literatur für ein so gewaltiges und vielfältiges Publikum kritisch zu sichten.« Virginia blieb, trotz aller Abneigung gegen Hilda, eine Stütze. Nachdem Vita und Harold im Frühling über »Glück« im Radio diskutiert hatten, schrieb sie an Vita: »Wie, um alles in der Welt, hast du dir die Kunst zu eigen gemacht, subtil, gründlich, humorvoll, schalkhaft, scheu, satirisch, gefühlvoll, vertraulich, gewöhnlich, umgänglich, feierlich, vernünftig, poetisch und ein lieber, alter schäbiger Schäferhund zu sein – im Radio?«[5]

Am 4. März, dem Tag, an dem Vita *Schloß Chevron* fertigstellte, erfuhren sie, daß Westwood, das an Long Barn grenzende Gehöft, von Geflügelzüchtern gekauft werden sollte. Den Nicolsons mißfiel der Gedanke an eine uneingeschränkte Sicht auf Hühnerställe, und sie dachten daran, das Angebot zu überbieten, um sich die vier in Frage kommenden Felder zu sichern. Oder war der Augenblick gekommen, Long Barn zu verkaufen und umzuziehen? Das war Harolds Meinung. Sie hatten die Möglichkeiten, die Haus und Garten boten, ausgeschöpft. Vita war unschlüssig: »Long Barn ist sehr hübsch und nett.«

Als sie am 3. April bei Dorothy Wellesley in Penns-in-the-Rocks war, erzählte ihr Dotties Gutsverwalter, daß ein Anwesen bei dem Dorf Sissinghurst, etwa zwanzig Meilen östlich von Long Barn und mehr im Inneren von Kent, zum Verkauf stehe. Am nächsten Tag fuhren Vita, Dottie und Nigel hin, um es in Augenschein zu nehmen. »War vor Liebe überwältigt«, schrieb Vita in ihr Tagebuch. Ihre Liebesbeziehung mit Sissinghurst sollte bis an ihr Lebensende dauern.

Am folgenden Tag fuhr sie mit Harold und Ben nach Sissinghurst. »Hadji angetan, aber vorsichtig.« Am Sonntag fuhren sie, ohne die Kinder, abermals hin. »Plötzlich gelangten wir in die Allee mit den Nußbäumen, und die Sache war entschieden«, schrieb Harold in sein Tagebuch. »In diesem Augenblick beschlossen wir zu kaufen.« Das Wetter war trübe, so daß sie die Szenerie nicht sehen konnten. Als sie Harolds Mutter mit nach Sissinghurst nahmen, regnete es in Strömen; sie war ebensowenig beeindruckt wie Ben und Nigel. Sissinghurst Castle war eine Ruine oder ein Ruinenkomplex inmitten einer schlammigen Wildnis von 7 Acres. Es verfügte weder über Wasser- noch Elektrizitätsleitungen; kein einziger Raum war bewohnbar. Dreiundzwanzig Jahre später schrieb Vita:

»Die Unmenge alter Bettgestelle, Pflugschare, alter Kohlstrünke, alter zusammengefallener Trockenklosetts, Drahtknäuel und die Berge von Sardinenbüchsen, alles verfilzt in einem Wirrwarr von Winden und Zwergholunder, hätte ausgereicht, jedermann zu entmutigen.

Doch als ich den Ort an einem Frühlingstag des Jahres 1930 zum ersten Mal sah, entflammte er auf den ersten Blick mein Herz und meine Phantasie. Ich sah, was daraus zu machen war. Es war das Schloß von Dornröschen.«[6]

Harold stöberte in der London Library in einem Buch einen alten Stich des Schlosses auf, und sie begannen seine Geschichte zu erforschen. Sie entdeckten, daß es zur Zeit von Heinrich VIII. das Haus von Sir John Baker gewesen war, dessen Tochter 1554 Thomas Sackville geheiratet hatte – folglich konnte Sissinghurst als »Familienhaus« betrachtet werden, was für Vita von großer Bedeutung war. Mitte des 18. Jahrhunderts war das Schloß bereits verlassen und verfallen. Während des Siebenjährigen Krieges wurden in einem Teilgebäude französische Gefangene untergebracht. Um 1800 brach man einen Teil des Gebäudes ab, und das übrige diente als Armenhaus des Kirchspiels. Mehr als hundert Jahre lang, bis Vita und Harold es erwarben, waren einzelne Teile der alten rosaroten Ziegelgebäude von dem angrenzenden Schloßgehöft als Ställe, Speicher und Arbeiterwohnungen genutzt worden.

Sissinghurst zu restaurieren, ja nur einen Teil des Schlosses bewohnbar zu machen, war ein schwieriges Unterfangen. Ein richtiges Haus gab es eigentlich nicht: Der eindrucksvolle einzige Überrest war ein hoher rechteckiger Turm, der von zwei achteckigen Türmchen flankiert wurde. Am 24. April machte Harold für Vita eine Aufstellung der Kosten. Der Erwerb des Anwesens würde über 12 000 Pfund kosten, und mindestens weitere 15 000 Pfund würden erforderlich sein, es wiederherzustellen. »Für 30 000 Pfund könnten wir ein hübsches Plätzchen kaufen, komplett mit Park, Garage, Wasser, heiß & kalt, Zentralheizung, historischen Reminiszenzen und zwei Gartenhäusern, rechts und links.« Doch Sissinghurst stand auf romantische Weise mit der Familie in Verbindung – »für dich ist es ein angestammtes Herrenhaus ... Es ist in Kent. Es liegt in einer Gegend von Kent, die wir mögen. Es versorgt sich selbst. Ich könnte einen See anlegen.« Und, am wichtigsten von allem: »Wir mögen es.«

So machte denn Vita ein Angebot von 12 375 Pfund, und am Abend des 6. Mai wurde es telephonisch akzeptiert. Sie umarmten sich. Harold begann, Pläne zu zeichnen. B. M. war einverstanden, daß die Treuhänder der Familie 13 000 Pfund für den Kaufpreis aus dem Fonds entnahmen. Vita, vor Tatkraft und Aufregung überquellend, beendete die Korrektur der Fahnen von *Schloß Chevron* und begann unverzüglich mit der Niederschrift eines neuen Romans, *Erloschenes Feuer*.

Am nächsten Wochenende übernachteten sie und Harold im Hotel »George« in Cranbrook, der Sissinghurst nächstgelegenen Stadt, und stapften bei strömendem Regen durch Schlamm und Unrat ihres neuen Domizils – »aber wir waren sehr glücklich«. Vita hielt es nicht zu Hause. Ein paar Tage später war sie wieder da und nahm voller Optimismus, als ein Akt des Vertrauens, in Sissinghurst ihre erste Anpflanzung vor – ein Lavendelbusch. Dottie und Hilda (die inzwischen eng befreundet waren) trafen sie dort, und die drei nahmen einen Imbiß auf den Stufen jenes Turmes zu sich, der Vitas private Zitadelle werden sollte. Es war ein vollkommener Tag – zum ersten Mal sah Vita Sissinghurst im Sonnenlicht. Was sie ein paar Monate früher, als sie von Sissinghurst weder etwas gehört noch gesehen hatte, an Virginia schrieb, war jetzt buchstäblich wahr: »Alle Arten verschiedener Landschaften scheinen sich zu öffnen, wohin ich auch schaue.«[7]

Teil 4

Sissinghurst
1930 - 1945

Kapitel 21

Vita begann sogleich, *Sissinghurst* zu schreiben, ein Gedicht der Hingabe, der Heimkehr und der völligen Versenkung:

> Eine müde Schwimmerin im Meer der Ewigkeit,
> Laß ich die Wellen über mir zusammenschlagen:
> Sink durch Jahrhunderte in eine andre Zeit
> Und finde Schloß und Rose, die dort begraben lagen.

Die »Rose« war eine alte Gallica*, die sie zwischen Schutt und Nesseln eingewurzelt fanden. »Eingewurzelt ist genau das richtige Wort, denn kein noch so mühevolles Graben wird sie von dem Ort vertreiben, wo sie unerwünscht ist: Sie erscheint ebenso sicher wieder wie die Winde.«[1] Die »Sissinghurst-Rose« ist von einem dunklen samtigen Rot, einer weiteren Gallica mit Namen »Toskana« nicht unähnlich.

Vita widmete *Sissinghurst* »V.W.«, was B.M. in Zorn versetzte, die sich bei den Jungen über »diese bösartige Virginia Woolf« beklagte. (Als das Gedicht im folgenden Jahr veröffentlicht wurde, versuchte B.M. – erfolglos –, die gesamte Auflage der Hogarth Press aufzukaufen, um das Buch verschwinden zu lassen.)

Virginia, zum Teil durch Vitas neues Leben, »so voll und blühend«, angeregt, schrieb an *Die Wellen*. So wie Sissinghurst Vitas Leben und Energien ganz in Anspruch nahm, so wurde Virginia durch eine neue Freundschaft – mit Ethel Smyth, einer mehr als siebzig Jahre alten, tauben, fordernden, vitalen, redseligen, hingebungsvollen Frau – in den Bann gezogen. Als Vita Virginia zum ersten Mal nach Sissinghurst führte – am 23. Mai 1930 – war Ethel Smyth' Stern bereits am Steigen.

Schloß Chevron erschien am 29. Mai; an diesem Tag arbeitete Vita im Wald an ihrem Gedicht »Reddín«, zu dem sie in Zeiten der Ungewißheit immer Zuflucht nahm. Doch Mitte Juli wurde offen-

---
* Rosa gallica, auch »Essig-Rose«, Stammpflanze vieler Gartenrosen [Anm. d. Übers.].

kundig, daß der Hogarth Press ein Erfolg ins Haus stand. »Vitas Buch ist ein solcher Bestseller, daß Leonard und ich im Geld schwimmen.« Virginia schrieb an ihren Neffen Quentin: »Wir verkaufen täglich etwa 800.« Bis zum 30. Juli hatte der Verkauf bereits 20 000 Exemplare überschritten. In Amerika wurde das Buch von der Literary Guild ausgewählt, und Hugh Walpole schrieb für die *New York Herald Tribune* einen »Literarischen Brief aus London«, der sich ausschließlich mit dem begabten Ehepaar V. Sackville-West und Harold Nicolson befaßte. Der Erfolg von *Schloß Chevron* hielt lange an, billige Ausgaben folgten, und 1936 erzählte Leonard Woolf Vita, daß von der »Sixpenny«-Penguin-Ausgabe mehr als 64 000 Exemplare verkauft worden seien.

Vita hatte genau das getan, was sie sich vorgenommen hatte: ein Erfolgsbuch zu schreiben; und es war ihr gelungen, indem sie das verschwenderische, feudale, unmoralische *ancien régime* ihrer Kindheit wiederaufleben ließ. Ihre Geschichte beginnt im Jahr 1905; Chevron, das große Haus im Buch, ist Knole bis ins Detail, von den Leoparden auf den Zinnen zur Dienerhierarchie außerhalb und innerhalb des Hauses, den »endlosen, übertriebenen Mahlzeiten«, den großartigen, düsteren Prunkschlafräumen und der Christbaumzeremonie in der Großen Halle. Die Dame des Hauses erhebt sie in den Rang einer Herzogin und teilt ihre eigene Persönlichkeit zwischen den beiden Kindern des Hauses auf – Sebastian, der junge Erbe, dunkel, launenhaft und bezaubernd, und Viola, seine introvertierte, glatthaarige, skeptische Schwester. »Keiner der Charaktere in diesem Buch ist völlig erfunden«, schrieb sie herausfordernd in der Vorbemerkung der Verfasserin. Sie gab Sebastian sogar ihre eigenen Hunde, Henry und Sarah. (Die letztere ersetzte den vielbeweinten Pippin.)

Für Romola Cheyne, »eine Frau, die mit gewisser Größe ihre Abwege ging«, stand Mrs. Keppel Modell; und Lady Roehampton, eine Altersgenossin von Sebastians Mutter, eine üppige »verblühende Rose«, mit der Sebastian eine unglückliche Liebesaffäre hat, steht für die Gräfin von Westmorland, wie Vita an Virginia schrieb:

»ein wunderschönes Luxusgeschöpf, die nach Knole kam, als ich acht war, und die, wie ich mir einbilde, meinen Fuß zum ersten Mal auf den falschen Weg setzte, die jedoch selbst relativ jung an Drogen und einem Zuviel an Liebhabern starb. (Nein, es war nicht Lady Westmorland, die mich auf den falschen Weg brachte, fällt mir jetzt, wo ich darüber nachdenke, ein, sondern die Königin von Rumänien, die eines Tages in meinem Schulzimmer auftauchte.)«[2]

Sebastians Liebesleben bildet das dürftige Gerüst der Handlung. Nach Lady Roehampton versucht er Teresa zu verführen, eine hübsche, bürgerliche Arztgattin, die von Chevrons und Sebastians Glanz geblendet ist. Er nähert sich ihr bei Mondschein in dem silberstrotzenden Prunkschlafzimmer, spricht von dem großen Himmelbett, doch sie entflieht – eine tugendhafte Frau, die einer anderen Welt als der seinen angehört. Er wird von einem Modell aus der Bohème getröstet, einer Frau mit einem »roten, üppigen Mund« und einer »schwellenden weißen Kehle«, lässig, amüsant und unmoralisch. Schließlich läßt er sich auf eine Vernunftehe mit einem hübschen, langweiligen, einfachen Mädchen aus einer standesgemäßen Familie ein.

Oder wird er vor Chevron und allem, was es mit sich bringt, davonlaufen? Das subversive Element wird durch Leonard Anquetil verkörpert, einem düsteren Außenseiter – für den Bill Bickerton Pate stand, ein Forschungsreisender, den Vita flüchtig kannte –, der allem, wofür Chevron steht, und allen Wertvorstellungen von Sebastians Familie skeptisch begegnet. Er nimmt sich der beiden jungen Leute an und sät Zweifel in ihre Herzen. Um Viola zu überzeugen, braucht es nicht viel. Sebastian ist aufgrund seiner leidenschaftlichen Liebe zur Tradition, zu seinem Haus und Land, zerrissen. Ist Chevron ein »toter Gegenstand« oder etwas, das seinen Wert in sich selbst hat? Er erkennt die Seichtheit der Freunde seiner Mutter und die Dummheit unter der glitzernden Oberfläche ihrer Leben. Ihre Werte sind gesellschaftlich, nicht moralisch fundiert. Selbst seine Liebe zu Chevron ist nicht rein, sondern von der Annahme seiner Überlegenheit abhängig, von einem herrschaftlichen Verhältnis zu Dienern und Gutsarbeitern, damit sie fortbestehen kann. Diese Liebe erfordert eine Übereinstimmung mit den nichtssagenden gesellschaftlichen Ritualen und den scheinheiligen Konventionen seiner Klasse.

Diese Ambivalenz wird nicht aufgelöst; die Verfasserin selbst hatte sie nicht gelöst und würde sie niemals wirklich lösen. Dieses Element sorgt für die notwendige Spannung in einem Roman, der genauso ordinär, lebendig, problematisch, falsch und faszinierend ist wie sein Hauptgegenstand – die wohlhabende Oberklasse des edwardianischen Englands.

Der Roman schließt mit dem Ende der Ära: der Krönung von George V. im Jahr 1910. Das ist Vitas letzter sorgfältig geplanter Kunstgriff; zusammen mit ihrem Vater hatte sie die Zeremonie als achtzehnjähriges Mädchen selbst miterlebt. Als seine Kutsche auf der Rückfahrt von der Westminster Abbey im Verkehr anhält, blickt Sebastian durch das Fenster geradewegs in die herausfordernden Augen von Leonard Anquetil, der ihm erzählt, er sei wieder im Begriff, sich in ferne Weltteile zu begeben. »Wollen Sie mitkommen?« fragt Anquetil. Vielleicht wird Sebastian Chevron verlassen – für ein paar Jahre. Dann wird er zurückkommen.

Schloß Chevron ist ein Roman des Kompromisses. In einem ein wenig anderen Sinn hatte Vita das Gefühl, sich mit diesem Buch kompromittiert zu haben: »Oh, dieses verdammte Buch! Ich werde rot, wenn ich daran denke, daß du es liest«, schrieb sie an Virginia. Und an den amerikanischen Schriftsteller Frederick Prokosch: »Sie fragen mich, welchen meiner Romane ich am liebsten habe. Ich mag sie alle nicht – *Verführer in Ecuador* ist der einzige, den ich vielleicht vor dem Abfallhaufen bewahren würde.«[3]

Leonard Woolf hatte recht, wenn er schrieb, daß in Vita eine »ehrliche, schlichte, gefühlvolle, romantische, naive und sachkundige Schriftstellerin« stecke:

»Alle diese Eigenschaften flossen zusammen in ihrem Roman über das Leben der gehobenen Gesellschaft, und es entstand mit *Schloß Chevron* ein Zeitgemälde und ein richtiger Bestseller... Romane von ernsthaften, genialen Schriftstellern werden oft mit der Zeit zu Bestsellern, aber die meisten zeitgenössischen Bestseller werden von zweitklassigen Schriftstellern geschrieben, deren Können ein Gebräu aus einer Prise Naivität, einer Prise Sentimentalität, Erzähltalent und einer mysteriösen Sympathie für die Tagträume gewöhnlicher Leute enthält. Vita war gar nicht so weit von dieser Art Bestsellerautoren entfernt. Sie war aber dann trotzdem keiner, weil der dritte und vierte Zusatz in ihrem Bestsellergebräu nicht ganz ausreichend vorhanden war.«[4]

Schloß Chevron bescherte Vita die Briefe vieler Verehrer, darunter auch einen von ihrem alten Kindermädchen Giovanna, nunmehr Mrs. Tubman und in Neuseeland lebend. Wie gern sähe sie, schrieb sie, »die Lady, deren Hals ich wusch, als sie ein kleines Mädchen war!! Erinnern Sie sich?« Giovanna erinnerte sich auch an die »Herzogin, die unentwegt auf und ab ging, während sie angekleidet wurde, und die einen mit Rubinen und Diamanten besetzten hohen Kragen mit einer großen Tüllschleife trug...!!«

Als Vita Sebastians Mutter bei ihrer komplizierten Toilette beschrieb, lieferte sie ein Bild ihrer Mutter, die sich demselben wollüstigen Ritual unterzog. Die Intensität ihrer Beschreibung spiegelt den tiefen Eindruck wider, den Sinnlichkeit auf die kindliche Vita gemacht hatte, denn unter den Verehrerbriefen war auch ein pornographischer Brief von einer ungenannten Frau, die durch Vitas kurze Beschreibung der kunstvollen edwardianischen Unterwäsche der Herzogin autoerotisch entflammt worden war.

Long Barn war in diesem Sommer besonders schön. 1. Juli: »Hadji kam am Abend. Zur Zeit speisen wir auf der Terrasse. Einer der schönsten Abende, den ich je erlebt habe. Wir gingen und legten uns in die halbfertige Heugarbe auf Paiges Feld. Junger, grüner Mond und ein wunderschönes Abendlicht.«

Sie fuhren für ein Wochenende nach Wilton, dem Haus von Lord Pembroke; die Churchills waren dort. Winston Churchill »macht mit Vita einen langen Spaziergang und erzählt ihr von seinen Schwierigkeiten und Hoffnungen«, notierte Harold. Churchill war die einzige Person, »mit der ich jederzeit durchbrennen würde, wenn er mich fragte«, sagte Vita, die mit Politikern glänzend auskam: Später im Jahr schüttete der Premierminister, Ramsay MacDonald, Vita in Chequers sein Herz aus.

Das mit *Schloß Chevron* verdiente Geld gab Vita in bezug auf

Sissinghurst eine freiere Hand. Virginia machte sie mit Hugo bekannt, einem Antiquitätenhändler in Warren Street, wo sie einen Eichentisch, einen spanischen Walnußtisch, einen Eichenschrank und zwei Stühle kaufte – alles für weniger als fünfzig Pfund. Sie kaufte große Mengen Bettwäsche – sowohl für den Haushalt als auch für Boski, die sie verließ, um zu heiraten. Sie kaufte den Woolfs ihre alte Minerva-Tiegeldruckpresse* ab, die in Sissinghurst aufgestellt werden sollte.

Als erstes sollte der Turm von Sissinghurst bewohnbar gemacht werden. Sie durchbrachen die Wand des Raumes im ersten Stock, der an das Türmchen stieß; hier sollten, so hatte Vita am 12. Juli entschieden, ihr Arbeitszimmer und ihre Bibliothek Platz finden. »Wir beschlossen«, schrieb sie nach ihrer Rückkehr nach Long Barn, »den Kamin quer in die Ecke des Turmzimmers bauen zu lassen und den Bogen über dem Eingang zum Türmchen zu erhalten.« So geschah es. Die Möbel von Hugo kamen an, »und wir trugen sie nach oben und tranken zum ersten Mal in unserer Sissinghurst-Geschichte unseren Tee an einem Tisch... Als wir heimkamen, fanden wir Stephen Spender** vor, der schon vor uns eingetroffen war.« (Er war damals ein junger Mann von 22 Jahren, und beide Nicolsons hatten im Sommer mit ihm Freundschaft geschlossen.) Obgleich sie durch die Rückenschmerzen, die sie mit Unterbrechungen immer wieder plagten, behindert war, schaffte sie es, bei ihrem nächsten Besuch den Eckschrank in ihrem Turmzimmer grün anzustreichen (was er noch immer ist).

Schloß Chevron ermöglichte auch die Ferien in Italien, die Vita, Harold und die Jungen im August machten. Sie wohnten in Portofino, wo Vita an ihrem neuen Roman *Erloschenes Feuer* arbeitete, und dann fuhren sie nach Florenz, wo sie mit Dorothy Wellesley und Hilda Matheson zusammentrafen, die gemeinsam Urlaub machten. Harold kehrte als erster mit dem Zug zu seiner Arbeit beim *Evening Standard* zurück, und Vita und die Jungen fuhren

---

* Diese Druckmaschine erwarben die Woolfs 1921 für die Hogarth Press. Die ersten Bücher des Verlages waren auf einer 1917 für knapp 20 Pfund gebraucht gekauften Handpresse hergestellt worden. Erstes Buch: *Two Stories* von Virginia und Leonard Woolf (1917) [Anm. d. Übers.].

** Stephen Spender (geb. 1909), von Yeats und Auden beeinflußter kontemplativer, intellektueller Lyriker und Essayist [Anm. d. Übers.].

gemächlich mit dem Wagen heim. Aus Mailand schrieben sie einen gemeinsamen Brief an Harold. In Piacenza hatten sie die Wagenschlüssel verloren, nachdem sie angehalten hatten, um etwas zu trinken. Ben schrieb, daß »Mama unheimlich gut damit fertig geworden ist und, ganz anders als die Italiener, ihren Kopf behalten und ruhig gesucht hat. Ich erwähne das, weil Nigel und ich so beeindruckt waren.« Nigel legte sein »Logbuch« ihrer Fahrtzeiten und Meilen bei und hoffte, sein Vater werde nicht nur dadurch, sondern auch durch »Mamas hervorragenden Fahrstil und ihre Durchschnittsgeschwindigkeit« beeindruckt. »Die Babies sind so reizend«, schrieb Vita; »sie sind so tüchtig.« Die drei erreichten Newhaven am 29. August und frühstückten auf dem Heimweg bei den Woolfs in Rodmell – Virginia bewunderte ihren staubbedeckten Wagen, »auf den Sitzen, kunterbunt durcheinander, Strandschuhe, florentinische Kerzenleuchter, Romane, und so weiter«.[5]

Daheim arbeitete Harold bereits mit befreundeten Architekten am Entwurf für das »Boys' Cottage« in Sissinghurst. Ihren früheren Plan, den Turm mit den anderen erhalten gebliebenen Gebäuden zu verbinden, hatten sie aufgegeben und sich auf eine Gruppierung selbständiger Baueinheiten geeinigt. Das verfallene, sogenannte »Priest' House« wurde zum »Boys' Cottage« und sollte außerdem ein Badezimmer und im Erdgeschoß die Küche und das Eßzimmer der Familie beherbergen. Ein weiteres, zum Teil erhaltenes Gebäude, das »South Cottage«, sollte umgebaut werden und Vitas und Harolds Schlaf- und Badezimmer sowie Harolds Wohnzimmer und ein kleines Bücherzimmer aufnehmen. Gästezimmer waren nicht vorgesehen, obgleich mit dem Komplex des Pförtnerhauses, das zur Zeit als Stall genutzt wurde, geeignete Räumlichkeiten zur Verfügung standen. Ihr Plan bedeutete, daß sie alle, zu welchem Zweck auch immer, bei Tag oder Nacht, bei gutem und bei schlechtem Wetter, den Garten würden durchqueren müssen. Und obwohl Vita und Harold für jeden ein Wohnzimmer als wichtig erachteten, war an ein gemeinsames Wohnzimmer für die Familie nicht gedacht.

Das Schloßgehöft verpachteten sie an den Reserveoffizier (»Ozzie«) Beale, einen in der Gegend angesehenen Landwirt, doch die Umbauten kosteten mehr Geld, als sie vorausgesehen hatten. Vita mußte sich einen Betrag von dem Geld leihen, das Seery B. M. hinterlassen hatte und für das B. M. Zinsen verlangte; sie versuchte auch, Vita dazu zu bewegen, eine Urkunde zu unterzeichnen, die besagte, daß sie niemals ihre Jahresrente noch die damit verbundenen Forderungen beanspruchen werde. Vita hatte nicht die Absicht, jemals wieder eine persönliche Zuwendung von ihrer Mutter anzunehmen, aber sie weigerte sich zu unterschreiben, nur für den Fall, daß, wie sie sagte, sie jemals wegen der Jungen in eine Notlage geraten würde.

Nachdem dieser Zwist beigelegt war, erwies sich B. M. ein weiteres Mal als großzügig – sie bot an, die Kosten für die Möblierung des »Boys' Cottage« zu übernehmen, und sandte im Laufe des Jahres Wagenladungen wertvoller Stücke nach Sissinghurst: Perserteppiche, Glas, Silber und Ebenholzspiegel aus Knole; zwölf Ansichten von Knole, gestochen von Nash, jakobische Truhen; eine Kopie des Kneller-Porträts von Charles Sackville und eine große weiße Badewanne. Sollte Vita auch ihre Jahresrente nicht in Anspruch nehmen, die Großzügigkeit ihrer Mutter faszinierte sie wie immer.

Zwei Jahre lang, bis zum April 1932, wohnten die Nicolsons nur mit Unterbrechungen in Sissinghurst; doch am 16. Oktober schlief Vita dort zum ersten Mal in dem Türmchen, das an ihr zukünftiges Arbeitszimmer grenzte. Sie hatte ihre Hunde Henry und Sarah bei sich: »Keine Furcht. Hörte Hadji [im Radio], der über Deutschland sprach.« An diesem Abend schrieb sie ihm: »Hayter hat den Schloßgraben gesäubert und eine wunderschöne Mauer ist zum Vorschein gekommen.« Hilda Matheson kam, um den nächsten Tag und die Nacht bei ihr zu verbringen – gemeinsam grenzten sie Pfade mit Ziegeln ein –, und danach kam Harold. Sie maßen den Garten am South Cottage aus und pflanzten Madonnenlilien. »Wir schlafen oben im Turm auf zwei Feldbetten. Wir lesen bei Kerzenlicht.« Zwischen Long Barn und Sissinghurst pendelnd, gestaltete Vita weiter ihren Garten – sie pflanzte einen Feigenbaum – und überwachte die Baumaßnahmen, oft zusammen mit Hilda. Im »South Cottage« legten die Arbeiter »in meinem Schlafzimmer den allerschönsten riesigen Tudor-Kamin aus Stein frei«. (Der größte Teil der Arbeiten wurde von der Firma H. C. Punnett ausgeführt, die ihre Rechnungen an »Die Ehrenwerte Mrs. Arold Nickleson« schickte.)

Vita war glücklich. Harold war es nicht. In jener ersten Nacht in Sissinghurst gestand er sich in seinem Tagebuch ein, wie unglücklich er war. Er fühlte sich armselig, erfolglos, gedemütigt, mittleren Alters. Es befriedigte ihn nicht, ein Schriftsteller, Journalist und Rundfunkmann (er hatte eine regelmäßige Sendung »Leute und Dinge«) zu sein. Alle Befürchtungen, die er wegen der Aufgabe seiner diplomatischen Karriere gehabt hatte, schienen sich bewahrheitet zu haben. »Nie zuvor bin ich so unglücklich gewesen.« Vita wußte das. Auch Ben war nicht glücklich. Er haßte Eton; auch das wußte Vita und fragte sich, ob sie ihn nicht besser von der Schule nahmen. Ihre eigene Seifenblase zerplatzte im Spätherbst, als die Verschlechterung ihrer Beziehung zu Virginia ihr zu Bewußtsein kam. Am 30. Oktober hatte Virginia geschrieben, daß der Verlust der Vertrautheit bedeute, daß »eine schwarze Kruste sich bildet«: »Aber wie soll ich dich jemals ohne Hilda treffen? Ist ein Nachmittag zu zweit nie mehr möglich? Seit Rodmell, und da auch nur für zwei Minuten, sind wir nicht mehr allein in einem Zimmer gewesen – ganz zu schweigen von den anderen Plätzchen.« Virginias lange, selbsterforschende Briefe waren jetzt an Ethel Smyth gerichtet und nicht an Vita, die das übelnahm, wenngleich sie sich das selbst zuzuschreiben hatte. »Als Vita neulich abends neben mir auf dem Fußboden saß, litt sie schwer unter der Eifersucht auf Ethel. Sie pries sie hartnäckig, aber bitter. Sie verfügt über all die Hingabe, die ich, ein Kind dieses Zeitalters der Subtilität und Reserviertheit, verloren habe. Sie verlangt nach dir; stürmt los, wo ich mich zur Zurückhaltung zwinge.«[6]

Virginia war nicht immer so subtil und reserviert. 3. Dezember 1930: »Gibt es denn keine Möglichkeit, daß wir irgendwann in der nächsten Woche einen glücklichen Tag verbringen, zur Mint gehen oder zum Tower oder in den Zoo oder in einem Café Semmeln essen?

Oder willst du mich fallen lassen? Antworte.

Willst du mich Ethel vermachen? Antworte.«

Ethel Smyth schrieb in ihrem Tagebuch, Vita sei wohl »der einzige Mensch, außer Vanessa Bell und Leonard, ihrem Mann, den sie [Virginia] wirklich liebt«.[7] Ethel sagte von Virginia auch: »Man kann mit ihr nicht eine Beziehung haben wie mit anderen. Die Tatsache ist, daß du dir von Virginia nehmen mußt, soviel du kannst.«[8]

Vielleicht hatte Vita, ungeachtet ihrer augenblicklichen Eifersucht, alles genommen und gegeben, was ihr möglich war. Ihr Tagebucheintrag, zwei Tage nach Virginias Appell, zeigt, wo sie mit dem Herzen war: »Hilda und ich verbrachten in Sissinghurst den ganzen Tag damit, Harolds Wohnzimmer, Schlafzimmer und mein Schlafzimmer herzurichten. Paige kam mit einem Wagen voller Möbel von Long Barn.« Am nächsten Tag schliefen sie und Harold zum ersten Mal im South Cottage. Dort, wo ein »offenbar künstlicher Damm zwei sumpfige Wiesen umgab«, wurde ein See angelegt. Ein vom Wald herabströmender Bach wurde gestaut, und binnen drei Tagen »lag eine friedliche Wasserfläche, wo ein nutzloser Sumpf gewesen war«.[9] Am Weihnachtstag 1930 bestand Vita darauf, daß das Weihnachtsessen von Long Barn herübergeschafft und dort verspeist wurde.

Mitte Februar 1931, nachdem ein wenig Schnee gefallen war, der nicht liegenblieb, pflanzte Vita »500 Narzissen und Osterglokken, wo die Kirschbäume wachsen sollen, am Ende des Schloßgrabens. Sechs Wildgänse flogen vorüber. Ein wunderschöner Nachmittag. Pflanzte Rosen und den persischen Pfirsichbaum. Sah eine große, weiße Eule...« Alles im Garten gedieh prächtig; und im selben Monat dinierten die Nicolsons mit Albert Einstein und sahen Charlie Chaplin zum Lunch.

Was fehlte also? Es fehlte etwas. Am 23. Januar hatte Vita Virginia erzählt, die Lobpreisung ihrer Bücher bereite ihr mehr Schmerz als Vergnügen. Und weiter: »Wenn ich, die ich die glücklichste aller Frauen bin, schon nach dem Sinn des Lebens frage, wie können dann andere Leute überhaupt leben?«[10] Vita und Virginia nahmen ihre Expeditionen wieder auf – sie besichtigten Dickens' Haus in Doughty Street –, doch Virginia konnte Vitas irrationale Depression nicht erleichtern. Dorothy Wellesley und Hilda Matheson machten zusammen Ferien in Sizilien. Am 3. März beendete Vita

Erloschenes Feuer und widmete »Benedict und Nigel, die jung sind, diese Geschichte von Menschen, die alt sind«. Lady Slane, die Heldin des Buches, ist in der Tat sehr alt: Sie ist achtundachtzig.

Um Vita verstehen zu wollen, ist dieser Roman wichtiger als *Schloß Chevron*; es gelingt ihr, durch die Meditationen der sanften Lady Slane über die Vergangenheit ihre eigenen unsanften Gefühle über die entstellenden Wirkungen der Ehe und die Erwartungen der Gesellschaft an das Individuum auszudrücken. Lady Slane ist ein hübsches, unterwürfiges »Anhängsel« ihres Gatten, einem Vizekönig, gewesen; »immer eine einsame Frau, immer im Widerspruch zu den Weltanschauungen, denen sie augenscheinlich zustimmte«, beschließt sie bei seinem Tod, die ihr verbleibenden Jahre nach ihren eigenen Überzeugungen und endlich ehrlich gegen sich selbst zu verbringen.

Es war Vitas verwitwete Schwiegermutter, Lady Carnock, in der sie das Vorbild für ihre Heldin fand. Lady Carnock klammerte sich an ihre Familie und lebte bei Freddie, ihrem ältesten Sohn; Lady Slane im Roman tut das, was nach Vitas Meinung Lady Carnock hätte tun sollen. Sie entscheidet sich dafür, mit ihrer betagten französischen Zofe Genoux (der Name von Vitas französischer Zofe) in einem ruhigen Haus in Hampstead zu wohnen, in das sie sich dreißig Jahre vorher verliebt hatte. Hier machte sich Vita die Erfahrungen zunutze, die sie auf ihren Ausflügen mit Virginia nach Hampstead Heath und zum Hause Keats' gewonnen hatte; und Lady Slanes Haus, das im Buch ebensosehr einen Charakter besitzt wie jede der menschlichen Figuren, dürfte mit Sicherheit in der Church Row liegen, wenngleich Vita nicht genauer darauf eingeht. Lady Slanes Erinnerungen an diplomatisches und vizekönigliches Leben werden aus Vitas eigenen Erinnerungen an einen kurzen Indien-Besuch gespeist; darunter eine virtuose Passage, ganz in Vitas Manier, in der eine schwirrende Wolke gelber und weißer Schmetterlinge auf einer Wüstenstraße in Persien beschrieben wird.

Lady Slane stößt ihre konventionellen, alternden Kinder vor den Kopf, indem sie kein Interesse mehr an ihnen nimmt. Sie beleidigt sie weiterhin dadurch, daß sie allzu leichtfertig auf ihre wertvollen Juwelen verzichtet und ein ererbtes Vermögen fortgibt. Drastisch vereinfacht sie ihr Leben und verkehrt lediglich mit einer Gruppe ältlicher Außenseiter ohne gesellschaftliche Stellung – »törichte Phantasten«, denen es gefällt, daß sie nach ihren Anschauungen lebt. Sie waren »Künstler« im Erkennen großer Leistungen, ohne sie freilich selbst zu vollbringen, weil das einschloß, daß man vor den Werten und Hierarchien des Marktes zu Kreuze kroch. (Es gibt einen Zusammenhang zwischen den Anschauungen von *Erloschenes Feuer* und denen von Virginia Woolf in *Ein Zimmer für sich allein* und *Drei Guineen*; letzteres Buch wurde 1931 konzipiert, erschien jedoch erst 1938.)

Leonard Woolf, Vitas Verleger, hielt *Erloschenes Feuer* für ihren besten Roman. Er hat Zehntausende von Lesern bewegt, die Vitas ungestüme Vereinfachungen inspirierend fanden (und finden). »Dir selbst sei treu«, war Vitas Credo, und die Tatsache, daß sie selbst sich zu Lady Slanes Vereinfachung des Lebens nie durchrang – indem sie ihre Juwelen dahingab oder auf ihren ererbten Reichtum verzichtete –, unterstreicht ihr Dilemma. 1931 war Vita jedenfalls nicht bereit, sich zurückzuziehen. Die Lebenskraft ihrer alten Lady Slane ist im Schwinden; am Ende hat sie nur noch die Kraft zu einer einzigen »sonderbaren und schönen Tat«, bevor sie stirbt. Für Lady Slane waren jene Tage dahin, »als das Gefühl seine Grenzen sprengte und heiß aus der Quelle strömte, als das Herz vor sonderbaren und widersprüchlichen Sehnsüchten zu zerspringen schien«. Nicht so für Vita. Zwei Tage nach der Fertigstellung von *Erloschenes Feuer* verliebte sie sich. Der Vulkan brach wieder aus.

Im Frühling schrieb sie an ihre neue Geliebte: »Verdammte Liebe. Durch ihre fiebrigen Überredungen zerstört sie unsere Energien. Durch die Augenblicke der Ekstase verleitet sie uns zu glauben, das Leben sei lebenswert.« Und noch einmal: »Es ist ein großer Fehler, sich zu verlieben, und doch scheint die Liebe das einzige zu sein, das das Leben aus dem Wellental emporhebt.«

Vita, sich der Vierzig nähernd, erkannte, daß es für sie einfach notwendig war, sich leidenschaftlich zu verlieben, um sich von Spannungen und Depressionen zu befreien – eine einfache, wenn auch nur teilweise Erklärung für ihre oft unerklärlichen Liebesaffären. Mit ähnlicher Selbsterkenntnis hat sie in *Schloß Chevron* im Charakter des Sebastian beschrieben, wie Menschen ihrer Art versuchten, ihre eigenen sexuellen und schwärmerischen Bedürfnisse mit den Erwartungen anderer in Einklang zu bringen:

»Sebastian gehörte zu den reizenden, aber gefährlichen Menschen, die immer nur zufällig unrecht tun. Solch eine Unzufriedenheit, wie sie ihn innerlich verzehrte, blieb ihm allein bewußt... Auf irgendeine komplizierte Weise überzeugte ihn dieses Gefühl mangelnder Bindung auch von der Unversehrtheit der Frauen. Er spielte ein Spiel mit einem weichen Ball; ein Spiel, bei dem niemand Veranlassung hatte, verletzt zu werden.«

Aber irgend jemand wird immer verletzt.

Vita schrieb gelegentlich Verse, die sie »Tagebuch-Gedichte« nannte: intime Gedichte in freier Form, die nie zur Veröffentlichung vorgesehen waren; sie wurden spontan niedergeschrieben und nicht überarbeitet, im Gegensatz zu der strengen Prosodie ihrer »wirklichen« Lyrik. Jetzt schrieb sie ein Tagebuch-Gedicht, das wieder erkennen läßt, daß sie sich einzig im Zustand der Liebe mit »irrationaler Menschlichkeit« im Einklang fühlte, befreit von der Empfindung des Stillstandes und der Entfremdung.

Dies ist Schmerz.
Ich erkenne ihn wieder.
Ich fürchtete, vergessen zu haben, wie er sticht.
Ich fürchtete, ich sei so eingehüllt in Glück und Geborgenheit,
Daß ich den Stachel vergessen hatte von Schmerz und Pein;
Doch da ist der vertraute Aufruhr, das Brennen.
Ich begrüße ihn; ich fürchte ihn; ich grüße die Furcht,
    die ich vor ihm empfinde.
Ich bin froh, daß ich meine Gefühle noch immer fürchten kann.
Ich bin froh, daß mich immer noch ein Gefühl hinreißen kann,
    das ich anderen logisch nicht erklären kann;
Daß ich einer irrationalen Leidenschaft noch immer fähig bin,
Ich, die ich so geordnet, vernunftbestimmt aufgewachsen bin,
Habe die Verbindung mit meiner irrationalen Menschlichkeit
    hergestellt.
Kriege, Haß, Neid – alles kam mir kindisch vor.

Aber mit diesem jähen, brennenden, stechenden Schmerz in mir
Werden all diese Dinge wieder verständlich, ja unausweichlich.
Die Wüste meines Herzens hat wieder zu blühen begonnen,
   ist lebendig geworden.
Ich leide, doch ich bin froh zu entdecken,
   daß ich noch immer die Fähigkeit in mir habe zu leiden.

Evelyn Irons war Schottin, dreißig Jahre alt, eine Studentin am Somerville College, Oxford, und betreute 1931 die Frauenseite der *Daily Mail*. In der Absicht, einen Beitrag über V. Sackville-West zu schreiben, hatte sie ihr eine Reihe von Fragen geschickt, die Vita interessant fand; sie lud Miss Irons nach King's Bench Walk zum Lunch ein. Zwei Tage später, am 6. März, kam Miss Irons nach Sissinghurst und blieb über Nacht; nach dem Dinner spazierten sie im Mondschein am neuen See entlang. Später beschrieb Evelyn Vita aus der Erinnerung den Abend, »als ich in deinem Zimmer in Sissinghurst vor dem Kamin stand und dich ansah und dachte, daß ich mich in dich verliebt hatte und es mir nie träumen ließ, du könntest dich in mich verlieben, und mich doch so ungeheuer glücklich und erregt fühlte... Und du sahst so reizend aus in deinem kurzen Morgenrock.«

Bald darauf ging Vita zu einer Party in Evelyns Wohnung in der Royal Hospital Road 80 in Chelsea »und hatte einen großen Auftritt, als sie als ihren Beitrag, ein Fäßchen Oliven, mitbrachte«. Auf dieser Party erzählte Evelyn Vita, daß sie sich »hoffnungslos in sie verliebt« hätte. Innerhalb weniger Tage waren sie ein Liebespaar, und Evelyn verbrachte mit Vita soviel Zeit in Sissinghurst, wie beiden zu erübrigen möglich war. Evelyn arbeitete mit ihr im Garten, jätete Unkraut und räumte Abfall weg. In diesem ersten Jahr in Sissinghurst entwickelte Vita die bequeme Kleidung, die es mit Nesseln, Dornen, Schmutz, Stacheldraht und zerbeulten Konservenbüchsen ebenso aufnehmen konnte, wie sie zum Graben und Pflanzen geeignet war. Von nun an trug sie üblicherweise Breeches aus Whipcord von Simpsons, Piccadilly, hohe Stiefel mit einem Oberleder aus Segeltuch nach ihrem eigenen Entwurf (in denen oben eine Gartenschere steckte), eine grobe Jacke oder Weste über einer Bluse – und ihre Perlen und langen Ohrringe.

Sie vertiefte sich um so mehr in den Garten und in ihr privates Idyll mit Evelyn, als es Ärger von außen gab. Roy Campbells Rache hatte literarische Form angenommen. Vita hatte wohl vorausgesehen, daß sein Buch *The Georgiad*, eine »satirische Phantasie« in Versen, einen heftigen Angriff auf Bloomsbury und die »Georgian Poets«* darstellen würde; doch griff er auch die Nicolsons an, insbesondere Vita – sie ist »Georgiana«, die Gastgeberin in der »Sommerschule der Liebe« für »flötende Weichlinge und unsägliche Langweiler«. Er verspottete ihre Liebe zu Hunden (er erwähnte Canute) und *The Land*:

> Schreib mit deinem Spaten und ackre mit der Feder,
> Häufle deine Verschen, damit sie schlafen gehn,
> Und hege deine Rübchen, bis sie in Reihen stehn.

Und über ihre Erscheinung schrieb er:

> Ihr grober Bart, der um die Lippen hängt,
> Von dem ein End' nach Norden, eins nach Süden drängt,
> Gleicht mehr den Bärten nasser Robben oder Wale
> Als einer Priesterin erhabner Ideale –
> Erloschnes Feuer entströmt dem Auge und dem Loche
> Ihres Federhalters; und in dieser Woche
> Ließ man sie mehr als siebenmal allein,
> Und sie faßt es nicht, trotz aller Reimerein.

Eine ähnliche Behandlung erfuhr ihre Ehe mit dem »Hahnrei«, Harold:

> Im Rundfunk schwafeln sie (der Hahnrei und sein Weib)
> Vom ehelichen Leben zu ihrem Zeitvertreib,
> Als wären ihre Leben ein einzger langer Kuß
> Und sie die Musterbilder von Lieb und Hochgenuß,
> Dabei sind sie in Wahrheit aus demselben Holz –
> Schwankend in der Treue, noch im Versagen stolz.

---

* Sammelbezeichnung für eine Gruppe konventioneller, spätromantischer Naturlyriker während der Regierungszeit Georges V. (u. a. J. Masefield, W. de la Mare, D.H. Lawrence), deren Gedichte von 1912 - 1922 in fünf Anthologien *Georgian Poetry* veröffentlicht wurden [Anm. d. Übers.].

Vita und Harold beschlossen, auf Vergeltungsmaßnahmen zu verzichten. Am 23. März antwortete Vita auf eine Anfrage von Herbert E. Palmer mit Würde und ohne Falschheit:

»*The Georgiad* – ja, das ist eine schmerzliche und komplizierte Sache: Ich bewundere Roys Lyrik außerordentlich und habe sie enthusiastisch rezensiert, wann immer ich Gelegenheit dazu hatte – und das gilt auch für meinen Mann. Es gibt, fürchte ich, keinen Zweifel, daß das ganze Gedicht einen höchst brutalen und schmutzigen Angriff auf uns beide darstellt – auf unser Haus, unseren Garten, unsere Freunde und sogar unsere Hunde!«

Sie berichtete Palmer, Roy habe acht Monate bei ihnen gewohnt, »als wir ihm und seiner Frau ein Cottage in unserem Garten überließen«:

»Tatsächlich hat er Stücke der *Georgiad* geschrieben, während er hier wohnte, was vielleicht nicht gerade sehr geschmackvoll war. Es ist nur fair gegenüber Roy, zu erwähnen, daß er und ich einen schrecklichen Streit haben und sich daher, wie ich vermute, berechtigt glaubte, mich angreifen zu können, aber gegenüber Harold hat er keinen Grund zur Klage, der ihm nie etwas anderes als Gutes getan hat...

Trotzdem, ich weiß, daß er ein schwieriger Charakter ist, und hege wirklich keinen Groll gegen ihn, und ich werde ihn weiterhin für einen sehr guten Dichter halten. Ich hasse Gezänk unter Literaten und werde mich nie in eines hineinziehen lassen.«[11]

Sie hielt es für besser, ihren bereits starken einsiedlerischen Neigungen nachzugeben und sich auf ihren Garten und ihre neue Geliebte zurückzuziehen. Vita verbrachte ebensoviel Zeit in Sissinghurst wie in Long Barn; sie hatte jetzt auch ein Boot, mit dem sie und Evelyn an den langen Abenden den See befuhren.

Als die Jungen (Nigel war jetzt bei Ben in Eton) in den Osterferien nach Long Barn kamen, trafen die Liebenden sich seltener, was das Begehren nur noch verstärkte. Doch eine wirkliche Schwierigkeit bestand darin, daß Evelyn nicht frei war; sie lebte mit einer anderen jungen Frau zusammen, Olive Rinder, die an Tuberkulose litt und zur Hysterie neigte. Trotzdem legte Olive eine nahezu übertriebene Großzügigkeit an den Tag und unterstützte Evelyns Affäre mit Vita nach Kräften. Nach Evelyns Ansicht war Harold eine weitere Schwierigkeit:

»Nicht, daß ich ihn nicht gern hätte. Aber am Samstagmorgen mußte ich immer nach London zurückkehren, weil er mit dem nächsten Zug übers Wochenende kam. Da er und Vita sich darin einig waren, daß sie ihre Freundinnen und er seine Jungen haben durfte, verstand ich nicht, warum diese ganze Heimlichtuerei nötig war. Aber Vita war entschlossen, unsere Beziehung geheimzuhalten.«[12]

Wie Hilda Matheson in der Vergangenheit, hätte auch Evelyn nichts dabei gefunden, daß »Leute über uns reden« (weil Olive Rinder etwas über Vita und Mary Campbell hatte »munkeln« hören): »Ich habe eine meiner Anwandlungen, die mich dazu bringen könnte, alles in der *Times* zu verkünden«, schrieb Evelyn. »Ich glaube nicht, daß es verheerend wäre, doch selbst wenn, wäre die Sache es wert.« Dieser Ansicht würde Vita sich nie anschließen, und wenn sie auch noch so verliebt wäre. »Unsere Korrespondenz verkommt zu einer bloßen Auflistung heimlicher Treffen«, schrieb sie am 27. April von Long Barn an Evelyn; »bei heimlichen Liebenden, vermute ich, unvermeidlich. Aber welch eine romantische Welt schließen diese beiden Worte ein.« Für Vita war Geheimhaltung von ausschlaggebender Bedeutung. Sie hatte immer den Wunsch, ihre »romantische Welt« von der Außenwelt und von ihrem Leben mit Harold fernzuhalten; darum gehörten die Wochenenden ihm und keinem anderen. Vita war unendlich verschwiegen und raffiniert, obgleich sie sich selbst für ehrlich hielt.

So hatte sie auch Freude daran, in der Öffentlichkeit private Späße zu riskieren: so, als sie eine ihrer »Ländlichen Bemerkungen«, die sie für den *New Statesman* verfaßte, zur Gänze dem Thema »Scrape«* widmete.

---

* Scrape = Kratzer, Schramme, Kratzfuß, aber auch Klemme, Zwickmühle, Schwulität [Anm. d. Übers.].

»Scrape« war das Wort, das Dottie, Hilda und Harold benutzten, um ihre lästigen Affären zu umschreiben; »Scrape« war der insgeheime Spitzname für Evelyn; »Scrape« ist aber auch eine Krankheit bei Schafen. Sie schrieb in ihrem Artikel, Scrape (bei Schafen) sei »nichts weniger als Heimweh; es tritt nur bei Schafen auf, die sich nach ihrem angestammten Land sehnen«: »In diesem Fall ist das Heimatland zufällig das schottische Hochland... Das einzige Heilmittel, so sagt mein Freund, besteht darin, die Art mit einem südlichen Widder zu kreuzen, was offenbar zur Folge hat, daß der Norden sich im Süden wohl zu fühlen beginnt.«[13]

Verliebt zu sein half Vita immer beim Schreiben. Ihre Übersetzung der *Duineser Elegien* von Rilke – begonnen mit Margaret Goldsmith Voigt und am Ende in Zusammenarbeit mit Eddy Sackville-West fertiggestellt – war in einer limitierten, signierten, von Eric Gill illustrierten Ausgabe erschienen. »Meine eigene Produktion ist einfach schrecklich (in der Quantität, meine ich, nicht in der Qualität)«, schrieb sie Mitte Mai an Evelyn. »Ich höre nie auf, Geschichten und Artikel zu schreiben... ich muß das Beste daraus machen, solange die Schreibwut andauert – aber es ist minderwertiges Zeug.« Die Geschichten wurden im Jahr darauf unter dem Titel *Thirty Clocks Strike the Hour* veröffentlicht, wobei die Titelgeschichte eine Beschwörung ihrer Kindheit in Seerys Pariser Appartement darstellt. Sie schrieb auch Gedichte: Die in ihren *Collected Poems* »1931« datierten Liebesgedichte sind an Evelyn gerichtet, doch die stärker erotisch betonten veröffentlichte sie nicht. Ein anderer riskanter Spaß: Sie überredete Evelyn, eine Geschichte für eine Zeitschrift zu schreiben und sie als »von V. Sackville-West« verfaßt zu verkaufen – Evelyn strich das Honorar ein.

Wie schon mit Hilda, erörterte Vita auch mit Evelyn die Freuden und Probleme homosexueller Liebe. Vita liebte Evelyn in der eleganten Garderobe, die sie in Ascot trug oder um über die Pariser Mode für ihr Blatt zu berichten. Es machte ihr Freude, Evelyn zu beschenken – ein neuer Handkoffer, voll mit seidenen Männerpyjamas, Blumen, die sie ihr in ihr Büro bei der *Daily Mail* schickte, eine diamantenbesetzte Armbanduhr, Alella-Wein, ein Ring – »Deine Fessel«. Evelyn war es nicht gewohnt, die feminine Rolle zu spielen; sie liebte Orlando, doch sie liebte auch Vita, die Frau. Sie beuteten ihre Verschiedenheit aus, wie Vita sagte: »In mir hast du zwei Saiten einer Lyra, auf denen du spielen kannst.«

Die vierfache Abwechslung, die ihnen ihre »hermaphroditischen Seelen« bescherten, war angenehm. »Unsere inner-homosexuelle Homosexualität ist so beschaffen«, schrieb Evelyn, »daß wir nicht den naheliegenden Nutzen daraus ziehen, sondern lieber in ähnlichen Rollen erscheinen. Am Freitag könnten es, zum Beispiel, die des Gärtners und des Wasserjungen sein.«

Doch bereits Mitte August veränderte sich Vitas totale Hingabe an die Liebe, und Evelyn war einzusehen gezwungen, was andere vorher und andere nach ihr einsehen mußten. Sie begann zu ahnen, daß sie für Vita »ein Spaß oder eine Zerstreuung« war: »Ich bin keinesfalls ein Teil deines Lebens. Nicht, daß ich nicht ungeheuer glücklich wäre, einen Teil von dir zu besitzen, wie klein er auch sein mag; ich liebe und verehre deine Briefe, und ich denke, daß du ein Schatz bist, mir jeden Tag zu schreiben und mit mir zu lunchen, wenn du vielleicht auch bei Boulestin speisen könntest.«

Olive Rinder komplizierte die Angelegenheit letztlich doch. Zwar ermutigte sie Evelyn in ihrer Affäre mit Vita, aber dahinter verbarg sich Verzweiflung; sie wurde krank und gab ihre Stellung auf. »Der Teufel hole mein Eheleben und deines auch«, schrieb Evelyn. Um das Ganze noch gefährlicher zu machen, ließ Vita sich auf eine ihrer zerstörerischen Dreiecksbeziehungen ein. Olive, die eines Tages nach Sissinghurst kam, war von Vita derart fasziniert, daß sie es Vita ohne Umschweife mitteilte. »Verlieb dich nicht in sie wegen ihrer Zerbrechlichkeit, für die man so empfänglich ist«, warnte Evelyn. Aber Vita, für Zerbrechlichkeit und Verehrung stets anfällig, stieß Olive nicht zurück. Vita liebte es, geliebt zu werden.

Kapitel 22

Erloschenes Feuer erschien Ende Mai 1931, als Vitas leidenschaftliche Beziehung zu Evelyn Irons auf dem Höhepunkt war. Am 11. Juni schrieb Virginia an Vita, der Verkauf sei »*sehr gut... Mein Gott! Welch eine Freude!*« Vita hatte sich wegen des Romans Sorgen gemacht, als sie die Fahnen gelesen hatte; damals erschien er ihr als »ein schwaches Buch«. »Es ist ganz, ganz bedeutungslos«, schrieb sie Evelyn, »und die Kritiker werden mich in Stücke reißen.« Trotzdem hatte sie sich nach Erscheinen mit dem Buch auf eine Weise wieder versöhnt, wie es bei *Schloß Chevron* nie der Fall gewesen war. *Erloschenes Feuer* trug ihr eine große Zahl von Leserbriefen ein, »weit mehr als *Schloß Chevron*. Das freut mich, weil dieses Buch besser ist.« Sie begann auf der Stelle mit der Arbeit an einem neuen Roman, *Eine Frau von vierzig Jahren*, dessen Heldin sie Evelyn nannte.

Den doppelten Triumph von *Schloß Chevron* und *Erloschenes Feuer* teilte sie mit den Woolfs, ihren Verlegern. Doch Virginia trauerte um den Verlust Vitas oder um das, was ihr der Verlust Vitas zu sein schien. Potto (Virginias Name für ihr liebendes Ich) war Ende Juli »an gebrochenem Herzen gestorben«. Im Oktober schaltete sich Ethel Smyth ein – die gelegentlich nach Long Barn kam, um mittels ihres Hörrohrs den Nachtigallen zu lauschen. Virginia hatte sie gefragt: »›Aber glaubst du, daß Vita mich wirklich in ihrem Leben will?‹ Und ich war gerührt, und ihre große Einsamkeit tat mir leid«; also schrieb die großzügige alte Ethel an Vita, wobei sie klugerweise noch hinzufügte:

»Denn wir beide wissen natürlich, daß Virginia in gewisser Weise andere Leben nur am Rande berührt – vermutlich selbst die von Vanessa oder Leonard; daß die menschliche Nähe, die andere erreichen können, für ihresgleichen nicht möglich ist – und nicht möglich wäre, selbst wenn ihr Leben von körperlicher Liebe aller Arten überquellen würde... Und darum möchte ich, daß du ihr menschlich entgegenkommst – jedenfalls hatte ich das Gefühl, sie hätte gern die Bestätigung, daß du ›sie wirklich in deinem Leben willst‹ – auf eine sehr menschliche Weise.«

Vita besuchte Virginia – sie spazierten »immer wieder um Tavistock Square herum und sprachen über *Die Wellen*« –, bevor sie zum Rundfunk ging und dann nach Chelsea, um mit Evelyn und Olive zu speisen. Ein paar Tage später besuchten sie abends eine Vorstellung von Ethel Smyth' *The Wreckers* und gaben danach für sie ein Dinner.

Vita machte Virginia sogar mit Evelyn bekannt, da Virginia den Wunsch geäußert hatte, zu sehen, wie eine Zeitung gedruckt wurde. Auch Leonard kam mit, und Evelyn führte die drei im *Daily Mail* herum; sie sprachen mit den Setzern in der Setzerei, sahen zu, wie die Überschriften gesetzt wurden, und Virginia, der das Drukken nicht fremd war, stellte Fragen, die zeigten, daß sie sich auskannte. In der »Morgue«, wo die Nachrufe solange aufbewahrt wurden, bis sie gebraucht wurden, lasen Vita und Virginia die ihren. Vita faßte beide in Verse zusammen. Über ihren eigenen Nachruf schrieb sie:

> Ein altes Haus und ein Name, der zählt,
> Mit fremden romantischen Zügen vermählt:
> »Spanische Zigeunerin und spanischer Adel,
> Vermengt mit echtem englischen Blut,
> Und ein baskischer Hirte noch als Ahne
> Und ein paar erbärmlich schlechte Romane
> Und ein paar Verse, die gelungen sind.«[1]

Dies alles geschah, nachdem Vita und Evelyn Irons zusammen eine Ferienreise in die Provence unternommen hatten. Virginia wußte, daß Vita mit ihrer Gefährtin gereist war; Harold wußte es nicht. Vita hatte ihm gesagt, daß eine Klimaveränderung und Wärme ihre immer wiederkehrenden Rückenschmerzen und ihren Ischias lindern würde. Daß sie nicht allein fuhr, verbarg sie ihm, und sie machte sich sogar die Mühe, in ihrem Tagebuch »Ich« und nicht »Wir« zu schreiben. Alle Hinweise auf Les Baux (einer der Orte, die sie besuchten, und Höhepunkt der Reise) überkritzelte sie später in Evelyns Briefen mit »Ägypten, Ägypten, Ägypten«.

Für dieses Täuschungsmanöver gab es gute Gründe. Harold war noch immer auf dem Tiefpunkt. Zu Beginn des Jahres 1931 hatte er sich, trotz Vitas Mißbilligung (die Oswald Mosley verabscheute), Mosleys »New Party«* angeschlossen. Er mochte Mosley und wünschte nichts sehnlicher, als in das öffentliche Leben zurückzukehren. Im April gab er seine Radiosendung »Menschen und Dinge« auf, um sich auf die Politik zu konzentrieren. Im August schied er beim *Evening Standard* aus, um *Action*, die Zeitung der »New Party«, herauszugeben – bei einem weit geringeren Gehalt. (Vita sah das als Gelegenheit, Olive Rinder zu helfen, und sorgte dafür, daß ihr die Redaktion der Frauenseite in der *Action* übertragen wurde.)

Es war ein furchtbares Wagnis, und Harold war gar nicht zuversichtlich. Am 12. September traf er mit Vita in Sissinghurst zusammen und schrieb in sein Tagebuch: »Düsternis: Feuchtigkeit: Furcht: Sorgen: Verwirrung: Niedergeschlagenheit.« In seiner Furcht baute er vertrauensvoll auf die Dauer und das Verständnis seiner Beziehung zu Vita. Sie antwortete mit dem weiblichen Trost, den er so dringend brauchte. Was zu dieser Zeit zwischen ihm und ihr geschah, hat sie in *Erloschenes Feuer* beschrieben: »Sie mußte schnell entdecken, ob er etwa ein tröstendes Wort brauchte, wenn eine augenblickliche Entmutigung ihn befallen hatte, wenn er unruhig zu ihr kam und sich über ihren Stuhl neigte, ohne etwas zu sagen, aber darauf wartete (wie sie wußte), daß von ihr ein sanfter Schutz kam und sich wie eine sichere Hülle um ihn legte.«

Am Tag ihrer Abreise nach Frankreich hielt er in seinem Tagebuch fest, er und Vita seien einander unentbehrlich, und er gedachte dankbar ihrer vollkommenen Harmonie. »Niemand sonst weiß darum oder versteht sie.« An sie schrieb er: »Ich teile mit dir das Vergnügen, unter Olivenbäumen zu sein. Selbst wenn ich nicht bei dir sein kann, bin ich so eins mit dir, daß von den Dingen, die du als warm und schön empfindest, ein schwacher Hauch bis zu mir dringt.« In der Provence wanderten Vita und Evelyn zwölf Meilen von Tarascon und Les Baux; sie fuhren weiter nach Arles und

---

* Sir Oswald Ernald Mosley (geb. 1896), zunächst Labour-Politiker, gründete 1931 als Antwort auf die Sozialpolitik der Regierung die vom italienischen Faschismus beeinflußte »New Party«, die er 1932 zur »Union of Fascists« umformte [Anm. d. Übers.].

Nîmes, Vita selbstsüchtig, leidenschaftlich und Gedichte schreibend: »Liebe mich, das genügt; alles andre schenk ich dir«:

> Mein ich's nicht gut? Ich will nicht kleinlich sein.
> Ich lege dir die ganze Welt zu Füßen.
> Bloß mein geheimes Wort präg' ich dir ein,
> Damit du fähig werdest, mich zu grüßen.[2]

Diese Zeilen sandte sie Evelyn nach ihrer Rückkehr aus Frankreich. Während Vita fort war, hatten Ben und Nigel ihren Eltern zum Hochzeitstag ein Telegramm geschickt: »Gratulation zu 18 glücklichen Ehejahren. Benedict und Nigel.« Vita hätte darin keine Ironie gefunden. Harold höchstwahrscheinlich ebensowenig, selbst wenn er die Tatsachen gekannt hätte.

Bei ihrer Rückkehr fand Vita nichts als Kummer und Elend vor. Ben hatte in Eton »so etwas wie einen Nervenzusammenbruch« erlitten. Vita besuchte ihn; »Hadji war zu beschäftigt, um mitzukommen«. Die erste Nummer der *Action* erschien. »Hadji ist fleißig, *viel zu* fleißig: Ich wünschte, er wäre es nicht, aber es hat keinen Zweck, etwas zu sagen«, schrieb Vita am 14. Oktober in ihr Tagebuch. Am folgenden Wochenende in Long Barn war er wegen seiner Zeitung und der bevorstehenden Wahlen zum Unterhaus, zu denen er als Kandidat der »New Party« antrat, ein »Nervenbündel«. Vita ließ ihn nicht im Stich. »Meine Heilige«, schrieb er ihr, »selten habe ich die Wirkung deiner Liebe so tief empfunden wie gestern nacht. Ich war ganz ungefestigt und entnervt – und du hast mich aufgerichtet.«

Bei der Wahl am 27. Oktober schnitt die »New Party« sehr schlecht ab, alle 24 Kandidaten verloren ihr Reugeld.* Das war das Ende für Harold. (Mosley wandte sich danach dem Faschismus zu, und Harold folgte ihm nicht.) Die *Action* stellte bald danach ihr Erscheinen ein, so daß Olive Rinder wieder ihre Stellung verlor. Auch ihr Verhältnis zu Evelyn verschlechterte sich zusehends.

Die Schuld lag zum größten Teil bei Vita. Olives Liebesbezeugungen hatten an Intensität zugenommen, und Vita hatte sie erwi-

---

* Jeder Unterhauskandidat muß ein »Reugeld« deponieren, das er einbüßt, wenn er nicht einen Mindestanteil der Stimmen bekommt [Anm. d. Übers.].

dert. *Zwei* Briefe pro Tag, in Vitas unverwechselbaren dunkelblauen Umschlägen, die in der Wohnung in Royal Hospital Road eintrafen, sorgten für häuslichen Unfrieden. Vita liebte Evelyn noch immer, um so mehr nach dem erfolgreichen Provence-Urlaub, und die Verwirrung, das Unglück und das Schuldgefühl dieses Eifersuchtsdramas zu dritt führte zu Streitereien, Erklärungen, Versöhnungen und neuerlichen Streitereien.

In den Leben beider Nicolsons war ein Tiefpunkt erreicht, ungeachtet der Erfolge, die Vita mit ihren Romanen hatte. *The Georgiad* war längst kein Gesprächsstoff mehr. Zwei Tage vor Weihnachten 1931 ging Vita zu Harolds Bank – er war ohne Stellung und Einkommen – und machte einen »ungern gegebenen Kredit« locker, für den sie vermutlich selbst bürgte. »Meine finanzielle Zukunft sieht so schwarz aus, daß ich nur stöhnend in den Abgrund blicke. Ich komme mir unheilbar minderwertig vor«, schrieb Harold in sein Tagebuch. Vita, tief im emotionalen Morast steckend, ließ sich zu Täuschungen, Hinterhältigkeiten und Briefen unwürdiger diplomatischer Zweideutigkeiten an Evelyn und Olive herab, deren »Ehe« inzwischen schwer zerrüttet war.

Inmitten all dieser Schwierigkeiten schrieb Vita so viele Artikel und Kritiken, wie sie nur konnte, dieses Mal nicht so sehr aus der Hochstimmung der Liebe, sondern des Geldes wegen. Sie nannte diese Arbeiten ihre »Knochen« – analog einem Hund, der seinem Herrn Knochen zurückbringt. Virginia (durch Ethel Smyth' Berichte auf dem laufenden gehalten, die diese von Hilda hatte – auch sie jetzt ohne Stellung, weil sie aus Protest gegen Reith'* Weigerung, Harold den *Ulysses* in der BBC besprechen zu lassen, noblerweise gekündigt hatte) war der Ansicht, »das ganze Gewicht der Nicolsons« ruhe jetzt auf Vitas Schultern, die »so viel arbeitet, daß sie nicht mehr schlafen kann«.[3] Virginia verstand nicht, warum die Nicolsons sich nicht einschränkten – der Butler, die Söhne in Eton, sowohl Long Barn als auch Sissinghurst »in vollem Gang«, alles erschien Virginia überflüssig.

Doch anders als ihre Lady Slane in *Erloschenes Feuer* wollte Vita sowohl alles haben als auch alles tun, in der Liebe wie im Leben,

---

* Sir John Reith, Generaldirektor der BBC, verbot H. N., den *Ulysses* in einer Vortragsreihe über moderne Literatur zu behandeln [Anm. d. Übers.].

und sie hatte immer noch die Kraft, es zu versuchen. Oder war sie »sich selber treu«? Am 11. Januar schrieb ihr Olive Rinder: »Aber du hast nun mal gern deinen Kuchen und ißt ihn – und so viele Kuchen, so viele, ein Übermaß an süßen Sachen... Liebling, Liebling, ich bete dich an.« Im Januar wurden Vita und Olive ein Liebespaar; von da an unterwarf sich Olive wie ein Kind Vitas Willen. »Ich bin ganz und gar die deine, und alles, was du mir sagst (mag es auch unangenehm sein), werde ich tun.«

Trotz Unglück und Aufruhr nahm Sissinghurst Gestalt an. Anfang 1932 waren die Hauptwege gepflastert, Rasenflächen angelegt und »Sissinghurst Crescent«, östlich von Vitas und Harolds Cottage, mit Treppen zum Schloßweg, vollendet. Am »Boys' Cottage« hatte sie einen Rosengarten angelegt, und fast das ganze alte Gerümpel war fortgeräumt. Doch am 31. Januar 1931 schrieb ein deprimierter Harold in Sissinghurst in sein Tagebuch: »Im Seerosenteich liegt eine tote, ertrunkene Maus. Ich fühle mich wie diese Maus – regungslos, fett und verwesend. Viti ist ruhig, tröstlich und rücksichtsvoll.« Sie ermutigte ihn, wieder zu schreiben, und er folgte ihrem Rat. Soweit wie möglich hielt sie das Chaos ihres Privatlebens von ihm fern, zum einen, weil sie ihn nicht noch mehr belasten wollte, zum anderen, weil sie wußte, daß er auf ihr »Durcheinander« mit verzweifelter Mißbilligung reagieren würde. Beim Überschlagen seiner Schulden in seinem Tagebuch schrieb Harold: »Ich bin es, der das Durcheinander angerichtet hat – nicht Viti. Und niemals läßt sie mich einen Hauch von Vorwurf spüren.« Er warf Vita nichts vor. Die Tatsache unterschlagend, daß sie es gewesen war, die ihn jahrelang gebeten hatte, einen Beruf aufzugeben, der ihm gefiel, suchte er die Schuld bei B.M. und den Auseinandersetzungen mit ihr über Geld:

»All unsere gegenwärtigen Ängste und Demütigungen rühren daher, daß wir auf die festgesetzte Jahresrente von 2400 Pfund verzichtet haben. Dafür habe ich die Diplomatie aufgegeben und das Joch des Journalismus auf mich genommen. Die Leute glauben, ich hätte meine Seele für Geld verkauft. Sie begreifen nicht, daß ich meine Rechte und meinen Stolz freiwillig hingegeben habe. Welch ein Durcheinander.«

In seinem Mangel an Selbstachtung kamen ihm immer wieder Zweifel über die Art, wie Sissinghurst sich entwickelte; daran anknüpfend, war er imstande, ihr zu sagen, daß er sich ausgesetzt fühle; er wies Vita darauf hin, daß sie – da sie im South Cottage schliefen und im Priest's House aßen –, »wenn wir alt sind, sterben werden, wenn wir jedesmal zwischen den Mahlzeiten eine Landpartie machen müssen. Und das bei Nacht.« Aber Vita gefiel alles, so wie es war. Er beklagte sich auch darüber, daß er weder in Sissinghurst noch in King's Bench Walk ein Zimmer nur für sich allein habe: »Ich möchte keinen Raum häßlich machen, aber ich möchte das Gefühl haben, daß es in einer privaten Wohnung Freiräume für mich gibt, für eine Orgie schlechten Geschmacks. Das Verdrießliche daran ist nur, daß ich Vitis Geschmack liebe – und mich in Wirklichkeit nie von ihm abzusetzen wünsche. Ich möchte bloß ein Zimmer für mich haben.« Aber Vita konnte ihn immer wieder aufrichten oder zum Lachen bringen, indem sie die Auseinandersetzung mit dem Vorschlag beendete, sie sollten beide nach Biarritz oder Syrakus ausreißen, wenn sie auch kein Geld hätten.

Währenddessen lüftete Louise die persischen Teppiche, die B. M. gerade aus Streatham geschickt hatte – »von Motten zerfressen, aber prächtig«, wie er schrieb: »Es ist bezeichnend für unser Dasein, daß wir ohne festes Einkommen... in einem Durcheinander von Museumsteppichen, Schloßruinen und Geldsorgen leben... So ist unser Leben. Arbeit, Unsicherheit und riesige kapitalistische Vorhaben. Und machen wir es falsch? Bei Gott, wir machen es nicht falsch.«

B. M. schickte ihnen nicht nur Teppiche, sondern auch Glas, einen blauen Buddha und acht Bronzeurnen für den Garten aus Bagatelle. Ein weicher chinesischer Teppich wurde für Harolds Wohnzimmer bestimmt – das, abgesehen von der Ausstattung, ausschießlich sein Zimmer war, da Vita es nie benutzte, die zu allen Zeiten ihr Turmzimmer vorzog.

Virginia erklomm Vitas Turm am 29. März 1932 zum ersten Mal, als sie und Leonard zum Essen kamen, das aus Lachs, Himbeeren mit Sahne und »von Lady Sackville geschickten kleinen vielfarbigen Pralinen« und »vielen, vielen Drinks« bestand. Vita trug Breeches und ein rosa Hemd. Sissinghurst war romantisch, doch die nüchternen Woolfs waren entsetzt über den Aufwand an Arbeit und Mühe, der damit verbunden war.

Zwei Jahre lang hatten die Nicolsons halb in Long Barn, halb in Sissinghurst gelebt; Anfang April forcierte Vita den Auszug, indem sie Long Barn vermietete; Sissinghurst, wo inzwischen ein Telephon installiert war, wurde ihr einziges Familiendomizil. Noch immer traf sie sich mit Evelyn Irons und Olive Rinder, schlief mit beiden und wehrte Krisen mit beiden ab. »Das Leben ist zu kompliziert – manchmal habe ich das Gefühl, daß ich mit allem nicht fertig werden kann«[4], schrieb sie an Virginia, die sich in Griechenland aufhielt. Dieses Mal vertraute sie Virginia ihr »Durcheinander« nicht an, noch antwortete sie auf ihre besorgte Frage: »Warum ist das Leben im Augenblick so kompliziert? Geld? Dottie? Schreiben?«[5]

Vita nahm Evelyn mit, als sie am Somerville College, Oxford, Evelyns altem College, einen Vortrag hielt. Anfang Juli fuhren Evelyn und Olive zusammen nach Lamorna in Cornwall und bezogen ein Cottage. Vita hatte gerade das Manuskript ihres neuen Romans *Eine Frau von vierzig Jahren* an die Hogarth Press geschickt und war frei. Sie richtete es so ein, daß sie das Paar in Cornwall besuchen konnte, wobei sie jedem erzählte, sie fahre weg, um sich zu erholen. Evelyn wurde zum Schweigen verpflichtet: »Höre, ich habe es H. N. *nicht* gesagt, daß ich euch aufsuchen werde. Also erzähle es bitte niemandem.« Harold ermunterte sie, solange fortzubleiben, wie ihr notwendig schien: »Es ist viel wichtiger, daß deine Batterien wieder aufgeladen werden, als daß du dir Sorgen um meine Einsamkeit machst... Also werde ich dich nicht erwarten, bevor ich dich sehe, mein einziger Liebling.«

Der Besuch in Lamorna war eine Katastrophe. »Es gab furchtbare Streitigkeiten schmutziger, demütigender Art wegen all der Verwicklungen und Eifersüchteleien... Es war die Hölle.« Das war Evelyns Meinung. Vita kam heim und sagte Harold kein Wort. Die Briefe zwischen den drei Frauen wurden länger und verzweifelter. Am 15. Juli schrieb Vita an Evelyn:

»Oh, wie ich den Schlamassel hasse, in den ich euch beide unabsichtlich gebracht habe. Wärest du damit einverstanden, wenn sie

[Olive] für einen Tag herkäme, oder nicht? Du scheinst deine Beherrschung wiedergewonnen zu haben. Ich nehme es dir nicht übel – in deiner Lage würde ich dasselbe tun. Ich denke, ich werde allein auf meine Bananeninsel gehen. Zumindest würde ich dort niemandem Ärger bereiten.«

Evelyn Irons nahm ihr Leben auf eine Weise in die Hand, die Vita nicht voraussah. Anders als viele Menschen, die Vita liebten, fehlten ihrem Charakter infantile oder masochistische Züge. Am Tag zuvor hatte sie auf einer Party eine andere Frau kennengelernt und sich in sie verliebt. Durch die Streitigkeiten und Betrügereien der vergangenen Monate erschöpft, jedoch immer noch stark an Vita gebunden, verheimlichte sie ihr zunächst alles. Doch am 1. August wurde Vita argwöhnisch: »Liebling, was ist das für eine geheimnisvolle Unternehmung, die dich am Wochenende ferngehalten hat? Und warum war dir plötzlich soviel daran gelegen, daß Olga [Olive] hierherkam? Ich habe das Gefühl, daß da etwas im Gange ist.« Also sagte Evelyn Vita die Wahrheit. Das war eine Situation, mit der Vita nicht vertraut war. Sie schrieb an Evelyn:

»Die widerstreitenden Gefühle machen mich körperlich krank. Ich glaube, wir hätten bei den verschiedenen Vorwürfen und Wünschen, denen wir ausgeliefert waren, besser aufhören sollen. Das einzige, was ich vielleicht zu meiner Verteidigung anführen könnte, ist, daß alles so allmählich und so schleichend vor sich ging, daß es keinen genau bestimmbaren Augenblick gab, in dem mir klar wurde, was geschah. Andererseits habe ich nie aufgehört, dich zu lieben – ich tue es immer noch –, und ich bin mehr denn je überzeugt, daß es möglich ist, zwei Menschen zu lieben... Wir wollen uns an Les Baux erinnern und alles andere vergessen.«

Olive Rinder war das wirkliche Opfer in der Geschichte, denn sie mußte Evelyns Wohnung verlassen, als deren neue Geliebte (es sollte eine Liebe fürs Leben werden) einzog. Vita besorgte Olive einen Bungalow, Nightingale Cottage, in der Nähe von Sissinghurst und unterstützte sie finanziell. Harold, der ja die Hintergründe nicht kannte, hieß es gut, daß Vita sich um Olive kümmerte, für die auch er nach dem Ende der *Action* eine gewisse Verantwortung empfand. »Ich hoffe sehr, daß es O.R. besser geht – armer, lädierter kleiner Buchfink – so tapfer.«

Vita fuhr fort, Evelyn zu schreiben; in erster Linie berichtete sie über Olives Gesundheitszustand und legte ihren Briefen kleine nostalgische Zeichen bei – einen Kofferaufkleber von ihrer Provencereise, einen Rosmarinzweig, der von einem Ableger aus Les Baux stammte. Im Oktober schrieb sie:

»Liebling, ich dachte, ich sollte dich wissen lassen, daß es Olive wirklich besser zu gehen scheint...

Wirst du je herkommen, um sie zu besuchen? Es ist eine sonderbare Umkehrung, nicht wahr? Sissinghurst ist jetzt ungemein hübsch, mit einem gepflasterten Pfad von der Vorhalle zu meinem Turm und elektrischem Licht... du würdest es nicht wiedererkennen.«

Aber Evelyn kam nicht.

Am 11. August, sechs Tage, nachdem sie von Evelyns Abtrünnigkeit erfahren hatte, sandte Vita ein Gedicht, das sie gerade geschrieben hatte, an Miss Evelyn Irons bei der *Daily Mail* und vermerkte auf dem Umschlag: »Persönlich«. Sie nannte das Gedicht »Valediction« [»Abschiedsworte«]:

> Wir liebten uns dereinst, vergiß es nicht,
> Geliebte. Erinnre dich, daß sich kein Makel fand
> An unsrer Leidenschaft – sie scheute nicht das Licht –,
> Und daß dein Leib erbebte unter meiner Hand.

> Und wenn du auch, da alles wandelbar,
> Dich jetzt von mir hast abgekehrt,
> Bedenk dabei, daß unser Herz fürwahr
> Ein rascher Überläufer ist und keine Träne wert.

> Bemessen – vergessen – sollten die Worte Brüder sein?
> So mögen sie sich, wenn sie wollen, reimen!
> Verlasse du mein Herz, geh in ein andres ein,
> Doch wenn du gehst, denk meiner im geheimen.[6]

Harold wußte, daß sie aus dem Gleichgewicht war, doch Vitas Selbsttarnung war erprobt und wirksam. Als sie, Harold und die Jungen ein paar Tage später bei den Woolfs zum Lunch waren, fiel Virginia nicht auf, daß etwas nicht stimmte; die ganze Familie erschien ihr »sehr blühend... in jeden Winkel des Lebens überquellend«.[7]

Aber jemand anderem kam sie vor wie »eine tragische Gestalt... All diese Schönheit ringsum, und sie ist nicht glücklich.« Das war am Tag, bevor sie die »Abschiedsworte« abschickte, und die scharfsichtige Besucherin in Sissinghurst war eine ältere Frau, Christopher St. John. Vita zeigte Christopher und ihren Begleiterinnen ihr Schlafzimmer. »Während ich ein verblaßtes Stück grünen Samts auf ihrem Toilettentisch betrachtete, spürte ich, wie mein ganzes Dasein sich in Liebe auflöste. *Von diesem Augenblick an habe ich nie aufgehört, sie zu lieben*«, schrieb Christopher.

Die große Schauspielerin Ellen Terry, die Heldin von Vitas Jugend, hatte ihr Leben in einem malerischen und einfachen Cottage in Smallhythe beschlossen, nur wenige Meilen von Sissinghurst entfernt, das jetzt von einem sonderbaren Trio bewohnt wurde: Ellen Terrys alternder Tochter Edith (Edy) Craig, der Malerin Claire Atwood (bekannt als »Tony«) und Christopher St. John.

Christopher St. Johns richtiger Name war Christabel Marshall; sie hatte seit 1899 mit Edy Craig in deren Londoner Wohnung in Covent Garden und später in dem Cottage in Smallhythe zusammengelebt. Unzulänglich unterhielt sie sich durch Musikkritiken und Buchmalereien. Sie war eine glühende katholische Konvertitin; ihr »St. John« stand für Johannes den Täufer, für den sie eine besondere Verehrung hegte. Als Vita sie 1932 kennenlernte, hatten sie und Edy Craig gerade ihre gemeinsame Ausgabe von Ellen Terrys *Memoirs* abgeschlossen.

In ihrer alten Scheune in Smallhythe, die zu einem Theater umgebaut war, führte Edy Craig Stücke auf. Vita wurde eingeladen, im Scheunentheater *The Land* vorzutragen; nachdem sie zu einer Probe dort gewesen war, beschrieb sie Evelyn Irons die Szene:

»Die Leiterin ist die prächtigste alte Lesbierin − deiner Freundin Radclyffe Hall nicht unähnlich −, doch ohne jeden Reiz für mich, wie ich mich hinzuzufügen beeile... Als ich versuchte, einen Bleistift anzuspitzen, kam sie an und nahm ihn weg. ›Geben Sie her‹, sagte sie, ›keine Frau weiß, wie man einen Bleistift anspitzt.‹ Du kannst dir vorstellen, wie indigniert Orlando war.«

Zur Erinnerung an Ellen Terry gab das Scheunentheater einmal im Jahr eine größere Vorstellung. Vita und Harold waren am 24. Juli dort gewesen, um John Gielgud und Peggy Ashcroft in *Was ihr wollt* zu sehen. Es war nicht die dominierende Edy Craig, auf die Vita den größten Eindruck machte, sondern deren Gefährtin Christopher St. John, die Vita an diesem Abend zum ersten Mal sah. An Vitas Augen fiel ihr auf, daß die Iris »wie eine Insel in das Weiße gesetzt« sei. »Das ist normalerweise selten und wirkt sehr ausgewogen.« Christopher hielt Vita für eine furchtsame Frau. Als Dank für die Theateraufführung wurde die Truppe nach Sissinghurst eingeladen, wo Christopher sich unwiderruflich in ein Stück ausgebleichten grünen Samt verliebte.

Mittlerweile hatte sich Vita, von Evelyn verlassen, Olive aufgebürdet; Boski war gegangen, und Hilda übernahm einige ihrer Aufgaben als Sekretärin; und die Croydon Repertoire Company führte eine Bühnenbearbeitung von *Schloß Chevron* auf. Am 18. September trug Vita im Scheunentheater *The Land* vor; die Woolfs, Stephen Spender, William Plomer*, Eddy Sackville-West, Raymond Mortimer und der mit ihnen befreundete Maler Eardley Knollys waren neben den örtlichen »Größen« zugegen. »Es war sehr erfreulich, und Viti ist überglücklich«, notierte Harold in seinem Tagebuch.

Freilich wußte Vita nicht, daß Stephen Spender und William Plomer während ihres Vortrages andauernd kichern mußten. Sie hatten Vita gern, doch die Kombination von Breeches, *The Land* und der feierlichen rustikalen Szenerie war zu viel auf einmal. Virginia tadelte sie nachher zornig. Vitas Lesung, schimpfte sie, habe ihr Tränen der Rührung in die Augen getrieben. (Sie ertrug es nicht, wenn Vita von jemand anderem als von ihr ausgelacht wurde.)

---

* William Plomer (1903-1973), aus Südafrika stammender Lyriker und Romancier, der sich 1930 in England niederließ. Sein bekanntester Roman, *Turbott Wolfe*, erschien 1926 [Anm. d. Übers.].

Mit Vitas Rezensionen im Rundfunk war es jetzt, da Hilda die literarische Abteilung nicht mehr leitete, vorbei; aber von *Eine Frau von vierzig Jahren*, Mitte Oktober erscheinend, wurden bereits im Vorverkauf 6000 Exemplare abgesetzt. Dieser nicht sehr bemerkenswerte Roman, von Vita ihrer Mutter gewidmet, ist in erster Linie dadurch interessant, daß die Handlung sich mit den zerstörenden Auswirkungen »femininer« Liebe befaßt. Überdies unternahm Vita in diesem Buch eine Rechtschreibungsreform, die nirgendwo Zustimmung fand und die sie nie wiederholte. Sie führte »thatt« als Alternative zu »that« ein, um im Interesse der Deutlichkeit zwischen der Konjunktion und dem Relativpronomen zu unterscheiden; zum Beispiel: »I fear that thatt will irritate my readers.«

Von »thatt« abgesehen ist der Roman die Geschichte einer vierzigjährigen Frau, Evelyn Jarrold, romantisch, fraulich und konventionell. Sie hat eine enge Beziehung zu ihrem hübschen, siebzehnjährigen, in Eton erzogenen Sohn Dan, der sie verehrt. Diese gefühlstiefe Mutter-Sohn-Beziehung entspricht zwar nicht der zwischen Vita und Ben, doch ist der Dan des Buches ein idealisiertes Porträt von Ben – wie Vita ihm erzählte.

Im Erscheinungsjahr des Romans zeigte Ben ihr ein Gedicht von sich. Vita war begeistert und schrieb ihm: »Bist du nicht dankbar, daß ich es nicht mehr rechtzeitig erhielt, um es in meinem Roman aufzunehmen? Ha, ha! Aber wie wünschte ich jetzt, ich hätte Dan ein paar Gedichte schreiben lassen, anstatt ihn zu einem Maler zu machen. Ich hätte wissen müssen, daß er ebensogut ein Dichter wie ein Maler hätte sein können. Wie dumm von mir.« In *Eine Frau von vierzig Jahren* verliebt sich Dans Mutter, Evelyn, in den fünfzehn Jahre jüngeren Miles Vane-Merrick – der Altersunterschied, auf den sich die Mißbilligung der Welt konzentriert, steht vielleicht für Homosexualität. Vane-Merrick ist der V. Sackville-West-Held mit Zügen von Harold: Er ist ein »elisabethanischer Mann«, Mitglied des Parlaments, Gelehrter und Schriftsteller, groß, gutaussehend, landliebend, politisch linksstehend, voller Hingabe an seine Arbeit und sein Heim – ein Schloß auf dem Land, das bis ins Detail Sissinghurst entspricht. Evelyn ärgert sich über Miles' Bedürfnis, allein zu sein, um sich dem Schreiben, der Politik und der Landwirtschaft widmen zu können; sie will, daß er immer bei ihr ist, sie strebt nach einem romantischen Idyll ohne Unterbrechungen. Obgleich die beiden eine tiefe Liebe verbindet, wird ihre Beziehung durch ihre unvernünftigen Erwartungen zerstört.

Der Roman ist eine Rechtfertigung der Idee von der »getrennten Entwicklung« in einer Ehe, die Harold und Vita selbst praktizierten, und eine Verdammung der ausschließlichen, besitzergreifenden Liebe. Unfähig, ohne Miles zu leben, stirbt Evelyn – nach einer rührseligen, 32 Seiten langen Krankheit, würdig eines viktorianischen Liebesromans. Der Roman enthält auch eine Skizze des Bloomsbury-Milieus (dem die konventionelle Heldin zutiefst mißtraut), in dem Miles' intellektuelle Freunde Viola und Anquetil leben, die als gesellschaftlich subversive Figuren zuerst in *Schloß Chevron* auftauchten. Der Roman wird davor bewahrt, ein Traktat zu sein, weil die Verfasserin, so sehr sie Evelyns Wertvorstellungen auch mißbilligt, ihren Charme, ihre Anziehungskraft und ihre Gutgläubigkeit ebenso überzeugend zu vermitteln weiß.

Harolds *Public Faces** erschien etwa um dieselbe Zeit wie Vitas *Eine Frau von vierzig Jahren*, und Michael Sadleir vom Verlag Constable erzählte ihm stolz, vor dem Erscheinen seien bereits 1600 Exemplare verkauft worden. Harold wies ihn auf Vitas erheblich bessere Zahlen hin. »Er sagt: ›Aber sie hat sich auch durchgesetzt.‹ Ich sage: ›Wo durchgesetzt?‹ Er sagt: ›Im Kleinbürgertum.‹ Kaufe mir bei Fortnum & Mason ein Paar Schuhe.« Doch er ärgerte sich nicht über ihren Erfolg. »Für mich bedeutet sie ewige Sonne«, schrieb er an einem verregneten Oktobersonntag. Und Vita ließ sich durch den Erfolg ihrer Romane nie beeindrucken.

In dem Vakuum, das Evelyn Irons hinterlassen hatte, ließ sie sich von Christopher St. Johns Bewunderung trösten – ein Fehler und gegenüber Christopher unfair. Sie nahm sie mit nach Long Barn, ließ sie ihre Hand halten, schenkte ihr eine Kette blauer Perlen aus Persien und schenkte ihr Hoffnung.

Christophers Verehrung bot auch Zuflucht vor den Geldschwierigkeiten – ihren eigenen und denen B. M.'s. Ihre Mutter wurde allmählich blind; Vita entdeckte, daß sie auf einem speziellen Papier mit erhabenen Linien schrieb. Überdies wurde B. M. zusehends sonderbarer – sie gab z. B. Lunch Parties in ihrem Badezimmer in

---
* Deutsch unter dem Titel *Die Herren der Welt privat* (1933) [Anm. d. Übers.].

White Lodge, weil es der wärmste Raum im Haus sei. Als Vita am 4. November mit B.M. speiste und versuchte, sich über die schmerzliche Verstrickung ihrer Geldstreitigkeiten mit Lutyens Klarheit zu verschaffen, brach sie in Tränen aus und rief, »daß alles an ihr hängenbliebe und sie für alle Geld verdienen müsse«. Plötzlich tat sie B.M. leid, und sie ordnete an, daß die Delikateßkörbe, die sie noch immer regelmäßig jede Woche von Selfridges bezog, nach Sissinghurst geliefert werden sollten.

Eine andere Ursache für Vitas nervöse Spannung war die Nachricht, daß Violet Trefusis Virginia besucht hatte, um sich nach der Möglichkeit zu erkundigen, ihren Roman *Tandem* bei der Hogarth Press zu veröffentlichen. »Mein Gott, welch ein Spaß!« schrieb Virginia an Vita:

»Jetzt verstehe ich genau, warum du so bezaubert warst – also: sie ist jetzt ein wenig zu füllig, ein bißchen verblüht – doch welch eine Versuchung! Welch eine Stimme – mit der Zunge anstoßend, stokkend, welche Wärme und Geschmeidigkeit; und sie ist auf ihre Weise – es ist nicht die meine – liebenswürdig, wie ein Eichhörnchen unter Jagdhunden – ein rotes Eichhörnchen zwischen braunen Nüssen. Wir blickten uns an und zwinkerten durch die Blätter.«[8]

Anfang November besuchte Vita Christopher St. John in Edy Craigs Wohnung in Covent Garden und ließ sie anschließend bis Tonbridge in ihrem Wagen mitfahren, wo sie in einen Zug nach London zurück umstieg. Vita erzählte ihr, daß »die Liste derer, die sie wirklich liebe, kurz sei und ich nun daraufstünde«. Auf der Westminster Bridge Road »streckte mir Vita ihre linke Hand entgegen und sagte: ›Ich liebe dich für alles, was du mir gibst‹«. (Christopher führte, wie Mary Campbell, ein Liebes-Tagebuch über Vita.) Bevor sie Christopher in den Zug nach Hause setzte, parkte Vita den Wagen in einer Seitenstraße von Tonbridge. »Dann küßte sie mich wie eine Geliebte. In allen meinen Träumen von ihr hatte ich mir das nicht vorstellen können... Ich habe mit Vita nie ein ungetrübtes Glück erfahren, bis auf diesen Novembertag.« Sie schrieb Vita am 10. November:

»Orlando, ohne Breeches, erlaube mir, dir zu sagen, daß du mir so genauso lieb bist wie mit Breeches. Ich denke nie an dein Geschlecht, bloß an deine Menschlichkeit. Ich könnte dich in Breeches lieben oder in Röcken oder in jeder anderen Kleidung oder in gar keiner. Ich weiß, daß du eine Frau sein mußt – Beweis: dein Mann und deine Söhne. Aber wenn ich an dich denke, denke ich nicht an eine Frau und auch nicht an einen Mann. Vielleicht an jemanden, der beides zugleich ist, das vollkommene menschliche Wesen, das beide übertrifft.«

Am 20. Dezember 1932 schenkte Vita Christopher – die sehr unansehnlich und kauzig aussah und Ende Fünfzig war – eine Liebesnacht, die sich nie wiederholen sollte. Kurz gesagt: Vita brauchte die Konsequenzen nicht zu tragen; binnen zehn Tagen würde sie mit Harold an Bord der *Bremen* sein, um für drei Monate nach New York und in die Vereinigten Staaten zu fahren.

Kapitel 23

Die Vortragsreise durch die Vereinigten Staaten wurde unternommen, um Geld zu verdienen. Als Hilda Matheson die Sekretärinnenaufgaben von Boski übernahm, führte sie Vita und Harold vor, daß sie über ihre Verhältnisse lebten, was diese nur zu gut wußten; sie mußten »entweder unsere Kosten reduzieren oder unsere Einnahmen erhöhen«. Sie entschieden sich für das letztere. Hilda kümmerte sich um den Terminkalender und die Abrechnungen mit dem Colston Leigh Bureau (da Vita in Amerika besser bekannt war, hatte sie das anstrengendere Programm zu absolvieren) und brachte sie am 29. Dezember 1932 zum Schiff. Sie ließen ein Sissinghurst zurück, das sich im Lauf des Jahres abermals verändert hatte: Die Pappelalleen, die Eiben im vorderen Hof, die Eibenallee und das Rondell waren gepflanzt worden. Während ihrer

Abwesenheit lag alle Verantwortung für Sissinghurst bei Hilda; sie hatte ihr Heim nun auf Rocks Farm, die auf Dorothy Wellesleys Gut in Withyham lag.

In Amerika diskutierten sie im Rundfunk über das Thema »Was ich von der Ehe halte«; und Vita hatte Vorträge über das Romanschreiben vorbereitet, über »Romane und Romanschriftsteller«, »Wandel in der englischen Gesellschaft«, »Der Geist der Moderne in der Literatur«, »Reisen durch Persien« und »D.H. Lawrence und Virginia Woolf«. Sie wählte diese beiden, weil sie die Schriftsteller waren, die sie von ganzen Herzen bewunderte. Ihre Bewunderung für Lawrence hatte zugenommen, seit sie seine veröffentlichten Briefe gelesen hatte; sie ging so weit, an Ben zu schreiben, nach ihrem Gefühl sei er »eine Art Christus, ein zweiter Shelley«:

»Ein wirklich und wahrhaftig *reiner* Geist – ganz Flamme und keine Schlacke. Es kommt einem wie Ironie vor, wenn die Bischöfe und Sir John Reiths unserer Zeit ihn als einen pornographischen Schriftsteller betrachten... und die Leute, die seine Gedichte mißverstehen und seine *Lady Chatterley* mißverstanden, sind die wirklich schmutzigen Leute, nicht Lawrence selbst.«

Bei der Ankunft Anfang Januar 1933 in New York stiegen sie im »Waldorf Astoria« ab. Am ersten Abend trafen sie und Harold beim Dinner die Lindberghs. Fünf Jahre vorher hatte Colonel Lindbergh den ersten transatlantischen Alleinflug geschafft; erst kürzlich hatten sie für tragische Schlagzeilen gesorgt, als ihr einziges Kind entführt und ermordet wurde. »Man weiß, wieviel sie durchgemacht haben, und begegnet ihnen verlegen«, wie Harold schrieb. Anne Morrow Lindbergh war zu dieser Zeit wieder schwanger; und die Lindberghs und die Nicolsons sollten sich in der Zukunft noch häufiger begegnen.

New York litt unter den Auswirkungen der Großen Depression; die Hotels waren halbleer und die Atmosphäre düster. Die Ankunft der Nicolsons, insbesondere die von Vita, war ein Ereignis von öffentlichem Interesse. Vitas Aussehen bei der Ankunft wurde detailliert beschrieben:

»Sie trug einen braunen Filzhut von männlichem Schnitt und mit weicher Krempe und bekräftigte durch ihr Aussehen ihre Theorien von der Unabhängigkeit für Frauen. Sie trug ein blaues Woll-Ensemble mit einer slawischen Hemdbluse, kirschrote Ohrringe und Glasperlen von derselben Farbe. Ihre derben Straßenschuhe waren mit Ledersenkeln wadenhoch geschnürt. Wenn sie gegrüßt wurde, folgte sie dem Beispiel ihres charmanten Gatten und rückte nervös an ihrem maskulinen Hut.«

Die meisten Pressekommentare waren frei von diesem leicht ironischen Unterton; sie und Harold hatten in Amerika eine einmütig gute Presse. Reporter nannten sie großgewachsen, schön, lobten ihre weiche Stimme, ihre Natürlichkeit, ihre schönen dunklen Augen, die bernsteinfarbenen oder roten Samtkleider, die sie bei ihren Vorträgen trug, und ihre Juwelen. Bedauerlicherweise wurde sie oft irrtümlich als »Erbin von Knole« bezeichnet: »Sie hat den größten Landsitz in England geerbt.« In Buffalo wurde sie von einem Reporter gebeten, sich das Rouge abzuwischen: »Er weigert sich, zu glauben, daß es meine natürliche Gesichtsfarbe ist, bis ich ihm anbiete, ihn meine Wange mit einem Taschentuch reiben zu lassen.«[1]

Ihre ersten Vorträge in Springfield und Yale verliefen gut, und sie begann sich zu entspannen. Sie hatten ein aufreibendes Programm, an dem Harold weniger Vergnügen hatte als sie. Am 13. Januar schrieb er an Ben:

»Mama hat schon vier Vorträge gehalten und ich drei. Wir sind ein allgemeiner Erfolg. Mama wird gefeiert wie keine zweite. Man schenkt ihr Orchideen, und Scharen von Leuten empfangen sie auf den Bahnhöfen. Du weißt, wie bescheiden sie ist. Es wird ihr guttun. Aber es ist wirklich enorm, welch ein großes Publikum sie in diesem Land hat und wie berühmt sie ist.«

Harold mochte die Zeitspannen nicht, in denen sie durch ihre verschiedenen Reisewege und Termine voneinander getrennt wurden. »Ich bin nicht dazu gemacht, Vorträge in den USA zu halten, außer ich werde von meiner Nachbarin begleitet.« (»Nachbar« hatte für Vita und Harold eine besonders zärtliche Bedeutung. In Long Barn, wo sie in angrenzenden Zimmern geschlafen hatten, pflegten sie sich jeden Tag, wenn Harold zu Hause war, mit »Guten Morgen, Nachbar!« zu begrüßen.)

Einen Museumsbesuch in Boston, in dem die Gobelins aus der Kapelle in Knole ausgestellt waren, wußte Vita zu vermeiden. In Washington wohnte sie in der Britischen Botschaft, die Lutyens entworfen hatte: »McNeds Botschaft hier ist wunderschön, aber das Dach leckt und alle Kamine qualmen. Wie entzückt Großmama wäre, wenn ich ihr das erzählte!« schrieb sie an Ben. Sie war zum Tee bei Präsident Hoover im Weißen Haus, ehe sie nach Buffalo, Niagara und Toronto weiterfuhr. »Oh, mein Liebling«, schrieb ihr Harold, »wie jung du aussahst, als du gestern nacht die Treppe herunterkamst. So ein Mar. So allein. So begehrt und so allein.« Voller Begeisterung berichtete sie ihm von den Niagarafällen, wo sie von Dr. Harry Grant herumgeführt worden war, »ein alter Mann, halb Gelehrter und halb Philosoph«, der allein in einem Haus den Fällen gegenüber wohnte: »Und der Niagara donnert fortwährend am Rande seines Rasens... Ich glaube, es ist für dich und mich sehr gut, daß wir nach Amerika gekommen sind. Ich bin froh, daß wir es getan haben. Ich habe viel davon. Es gibt Augenblicke, in denen wir müde, angewidert, gelangweilt sind. Aber im ganzen ist es unendlich wertvoll.« Doch als Harold sie in Chicago wiedersah, fand er, daß sie müde aussah. »Ich fürchte, alles ist eine schreckliche Strapaze für sie.« Sie war bereits wieder unterwegs, mitten in einem Blizzard, nach St. Louis – wo die College-Mädchen sie durch ihre Bitte, *Orlando* zu »erklären«, in eine schwierige Lage brachten und wo sie dankbar bemerkte, daß die Exemplare von *Erloschenes Feuer*, die sie zu signieren gebeten wurde, inzwischen den Vermerk »10. Auflage« trugen. Sie fuhr weiter nach Kansas City, Des Moines, Bloomington und Minneapolis. Aus Des Moines schrieb sie am 15. Februar an Evelyn Irons:

»Alles ist wie ein Wirbel in meinem Kopf – ein Wirbel von Parties, Eisenbahnzügen, Vortragssälen, Autogrammbüchern, fremden Häusern, fremden Hotels, Reportern, Blitzlichtaufnahmen und Frauen, Frauen, Frauen. Wenn irgend etwas mich von meiner Schwäche für mein eigenes Geschlecht kurieren könnte, dann wäre es ein längerer Aufenthalt bei den Frauenvereinen Amerikas. Es scheint einfach überhaupt keine Männer zu geben, und ich fange an, mich nach einem Paar ehrlicher Hosen zu sehnen... Alles Gute, meine böse, aber liebe Scrape. Ich habe dich von Herzen lieb – Gott weiß, warum. Vielleicht, weil du mich so unglücklich machst.«

Aus Columbus, Ohio, schrieb sie abermals an Evelyn wegen eines Arrangements, das sie getroffen hatte, um Olive Rinder während ihrer Abwesenheit etwas Geld zu verschaffen. Olive sollte Artikel schreiben, die Hilda Matheson unter dem Namen V. Sackville-West Zeitschriften anbieten wollte.

»Wenn sie 16 Knochen [Artikel] fertig hat, wie sie sagt, sollte sie 244 Pfund (ungefähr) dafür bekommen.
  Trotzdem, erzähle um Himmels willen niemandem, daß sie die Artikel geschrieben hat. Es ist eine ziemlich schändliche Sache – ich meine nicht, daß ich die Tätigkeit von Ghostwritern billigte –, aber es war die einzige Möglichkeit, auf die ich kam, für ihren Unterhalt zu sorgen und ihr dennoch das Gefühl zu geben, sie habe das Geld selbst verdient.«

In Cincinnati traf sie mit Harold zusammen, und wieder fiel ihm auf, wie gut sie mit ihrer neuen Tätigkeit zurechtkam. »Sie spielt mit ihren Orchideen und tritt Tausenden mit einem Lächeln gegenüber«, schrieb er Nigel. In seinen Brief an Ben vom selben Tag schlich sich ein Unterton liebevoller Ironie ein; ihre neuerliche Begabung für Redekunst und die Entgegennahme von Schmeicheleien »wird sich in der Zukunft als höchst lästig erweisen. Ich sehe schon, wie in Hastings ein Frauenverein gegründet wird, bloß zu dem Zweck, Mama Raum zur Entfaltung ihrer neuen Fertigkeiten zu geben.« Und an Vita – die schon wieder nach Philadelphia unterwegs war – schrieb er: »Mein Schatz – was für ein altes kräftiges Pferd du doch bist – unberufen... Ich gestehe, daß ich selbst diese ganzen kitschigen Schmeicheleien sehr ermüdend finde – und irritierend in dem Sinne, daß alle Unwirklichkeiten irritierend sind. Natürlich, ich weiß, daß du und ich sehr begabte und bezaubernde

Leute sind. Bloß daß wir nicht auf die Weise begabt und bezaubernd sind, wie diese Leute annehmen.«

Während sie fort waren, hatte Ben, inzwischen achtzehn Jahre alt, die Schule verlassen und verbrachte ein paar Monate im Ausland, bevor er im Herbst auf das Balliol College, Oxford – das alte College seines Vaters – ging. Aus Frankreich hatte er seinen Eltern regelmäßig geschrieben und unter anderem auch von seinen sexuellen Ängsten gesprochen. Harold schrieb ihm tröstend aus Lexington, Kentucky, daß er und Vita »verständnisvoll und nicht schokkiert« sein würden, was er ihnen auch berichte. Auch Vita schnitt in einem Brief aus Lake Forest, Illinois, das Thema Sexualität an; sie wisse nicht, schrieb sie, was Harold ihm geschrieben habe, »aber ich bin sicher, es war ein guter Brief«. Sie fuhr fort:

»Sexualität ist wahrscheinlich die aufregendste, aber nicht die wichtigste Sache im Leben. Ihr außerordentlicher Reiz läßt sie leicht als das wichtigste erscheinen. Ich erinnere mich, daß einmal jemand zu mir sagte: ›Ich möchte für nichts anderes leben als dafür‹. Und dann, Jahre danach, traf ich diese Person wieder, und sie sagte, sie sei der Sexualität überdrüssig... Promiskuität ist *in hohem Maße* gräßlich und billig. Nicht aus moralischen Gründen – du weißt, daß ich ohne konventionelle Moralvorstellungen bin –, sondern eher aus ästhetischen Gründen. Sie ist *billig*. Bequem. Vulgär. Demütigend. Als ob man sich selbst prostituierte...

Gott, was schreibe ich dir für besserwisserische Briefe! Trotzdem, in Wirklichkeit sind sie es gar nicht. Ich schreibe sie nur, weil ich dich so sehr liebe... Ich komme immer wieder auf meinen alten Wahlspruch zurück, den du inzwischen wohl nicht mehr hören kannst: ›Dir selbst sei treu.‹... Ich wünschte, ich hätte jemanden gehabt, der mir diesen Rat gegeben hätte, als ich achtzehn war. Ich mußte das alles selbst herausfinden. Zum Glück verliebte ich mich in Papa.«

Als sie am frühen Morgen des 25. Februar nach Washington zurückkehrte, begrüßte sie Harold, der inzwischen wieder von Ben gehört hatte, am Bahnhof mit den Worten: »Ich fürchte, du wirst etwas dagegen haben. Ben sagt, daß er homosexuell ist.« Später am Tag schrieb Vita einen weiteren langen Brief an Ben, wenn sie auch, wie sie schrieb, wisse, daß »ich nicht so kluge und amüsante Briefe wie Papa schreiben kann«:

»Aber in einer Hinsicht hatte Papa nicht recht: Ich habe *nichts* dagegen. Ich hätte viel dagegen, wenn ich dächte, das bedeute, du seist in dem Glauben, notwendigerweise auf das verzichten zu müssen, was du zu Recht ›die ganze Glückseligkeit und Freude der Ehe‹ nennst. Schlag dir das gleich aus dem Kopf. Das folgt daraus in keiner Weise. Zwei der glücklichsten verheirateten Menschen, die ich kenne, deren Namen ich dir aus Gründen der Diskretion verschweigen muß, sind beide homosexuell – denn du weißt vermutlich, daß es Homosexualität sowohl bei Frauen als auch bei Männern gibt. Des weiteren nimm einmal Duncan und Vanessa. (Sie sind nicht eigentlich verheiratet, doch sie haben jahrelang zusammengelebt, und das ist so gut, als wären sie verheiratet.) Sie lieben sich genauso, wie Papa und ich es tun, obwohl Duncan in erster Linie homosexuell ist. Du siehst also, daß das nicht notwendigerweise ein Hindernis für ein Glücklichsein *unserer* Art ist...

So sehe ich denn für dein zukünftiges Leben nicht schwarz – sieh mal, ich glaube wirklich, daß eine Ehe von der Art, wie Papa und ich sie zustande gebracht haben, bereichert durch Kinder wie dich und Nigel, das höchste Glück ist, nach dem man im Leben streben kann – ich sehe nicht schwarz, weil ich keinen Grund erkennen kann, warum du solches Glück nicht auch erreichen solltest, eventuell nachdem du dir dir Hörner abgelaufen hast und klüger geworden bist. In diesem Land [Amerika] lernt man folgende Lektion: Man erkennt, wie sehr man sich nach menschlichen *Wurzeln* sehnt; und die tiefsten Wurzeln überhaupt findet man im eigenen Heim, bei den eigenen Angehörigen. Und zu ihnen gelangt man nur durch eine glückliche Ehe – wenigstens stelle ich mir das vor.

Also gräme dich nicht, mein Benzie, über Homosexualität. Eigentlich kennst du so wenig attraktive Frauen, daß du dich vielleicht in dir völlig irrst... Ich weiß, daß eine Menge Unglück aus einer Unklarheit herrührt: Man weiß nicht, was von Bedeutung ist und was nicht. Ich wünsche so sehr, daß du vom Unglück verschont bleibst. Ich will nicht, daß du dir den Kopf über Dinge zerbrichst, die nicht von Bedeutung sind.«

Vita verbrachte einige Zeit in Neu-England und wohnte bei einer wohlhabenden Lehrerin, Mina Curtis, auf ihrer Farm in den Berkshire Hills. Bei einem Dinner lernte sie Robert Frost* kennen, »ein prächtiger Mann, der sich auf ein gutes Gespräch versteht«. Hilda Matheson übermittelte in einem Telephongespräch aus Dorothy Wellesleys Haus – Vita sprach mit beiden – die neuesten Nachrichten aus der Heimat: Mrs. Staples – seit 1926 Köchin der Nicolsons – wollte den Gärtner, George Hayter, heiraten. Sie war einundvierzig und er sechsundzwanzig; Louise Genoux, Vitas Zofe, war entrüstet. Die Heirat fand statt, wenngleich Vita und Harold aus alter Gewohnheit weiterhin Mrs. Staples zu ihr sagten.

Am 20. März war sie in Santa Cruz, wo sie mit Mabel Dodge Luhan** Tee trank – »untersetzt und dunkel, schwarzgekleidet mit einem weißen Jabot; ihr Haar streng geschnitten wie bei einem mittelalterlichen Pagen«. Dort traf sie auch Dorothy Brett, »sehr ungepflegt mit fliehendem Kinn und taub, ein indianisches Tuch um den Kopf gewickelt«. Sie hatte mit Carrington und Mark Gertler in Slade Malerei studiert und war eine Freundin von Virginia; seit neun Jahren war sie nicht in England gewesen. Sowohl sie als auch Mabel Dodge Luhan hatten D. H. Lawrence, der 1930 gestorben war, verehrt und unterstützt – und sie bombardierte Vita mit Fragen: »Wie geht es Duncan? Verliebt er sich immer noch in junge Männer? Ist es war, daß Carrington sich umgebracht hat? Wie geht es Ottoline? Und Virginia? Wie geht es Gertler und Siegfried Sassoon?«[2] Und Vita brüllte ihre indiskreten Antworten in Bretts Hörrohr.

Der beste Teil der Nicolson'schen Amerikatournee kam zum Schluß. Ende März weilten sie zusammen auf der Smoke Tree Ranch in Südkalifornien; »ein Cottage mit drei Zimmern, mitten in der Wüste, nur ein paar Cowboys und hin und wieder ein streunen-

---

* Robert Frost (1874-1963), bedeutender amerikanischer Lyriker; wurde dreimal mit dem Pulitzer-Preis ausgezeichnet [Anm. d. Übers.].

** Mabel Dodge Luhan (1879-1962), amerikanische Schriftstellerin; seit 1918 in Neu-Mexiko; mit einem Indianer verheiratet [Anm. d. Übers.].

der Kojote«, schrieb sie an Virginia. »Riesige Sterne über uns und ringsum Berge. Die Wüste ist mit einem Teppich rosiger Verbenen bedeckt. Es ist genau wie in Persien, und wir sind so glücklich wie Lerchen.« William Randolph Hearst hatte sie eingeladen, doch als sie hörten, daß George Bernard Shaw dort sein würde, lehnten sie ab, weil es sie nach Ruhe und Frieden verlangte.

»Los Angeles ist die Hölle. Nimm Peacehaven [ein heruntergekommener Badeort an der Küste von Sussex], multipliziere es mit 400 Quadratmeilen, besprenge das Ganze mit französischer Riviera, schütte die Chelsea Flower Show darüber aus, füge ein paar spanische Paläste hinzu, und du hast die Küste von Los Angeles. Die Amerikaner haben die unerreichte Gabe, alles abscheulich zu machen.«[3]

In Hollywood dagegen war es sehr lustig gewesen; Gary Cooper hatte sie herumgeführt. Und in Pasadena, so schrieb sie Virginia, war eine junge Dame auf sie losgestürzt »und sagte, daß sie ein Buch über dich und mich schreibt. Ist das nicht schön für uns? Ob ich ihr ein Interview geben wolle, um ihr unsere (deine und meine) Ansichten über Metaphorik mitzuteilen? Zum Glück konnte ich sagen, ich hätte gerade noch Zeit, meinen Zug zu erwischen.«

Wenn sie heimkämen, sagte sie, würden sie »zerschlagen« sein, »aber reicher – nicht nur an Dollars«. Als sie sich mit Bedauern von der Smoke Tree Ranch verabschiedeten, erzählte Vita Harold von der Handlung eines neuen Romans, den sie schreiben wollte – ein weiteres Buch über Verwandlung und Erneuerung, wie *Erloschenes Feuer*. Harold bemerkte in seinem Tagebuch:

»Es geht um eine Frau mittleren Alters, die in ihrem Leben einen tiefen Schmerz erlitten hat und mildtätig und gleichmütig geworden ist. Es ist in zwei Hälften geteilt. Eine Hälfte spielt im Leben, die andere im Tod. Das Leben soll die Gestalt des Grand Canyon annehmen. Der Tod erscheint in Gestalt eines Segelschiffes, von dem in bestimmten Abständen Leute über Bord fallen... Das ist ein Stoff, den nur sie bewältigen kann, und eine Sache, die sie besser meistern kann als andere. (Ich hoffe, sie liest das hier.)«

Vita plante dieses Buch, das *Grand Canyon* heißen sollte, bevor sie den Grand Canyon mit eigenen Augen sah. Der Roman blieb einige Jahre ungeschrieben, und das Thema des Todes auf See griff sie erst in ihrem letzten Buch auf, fast dreißig Jahre später.

Sie erreichten den Grand Canyon am 1. April. Vita war unendlich begeistert. Beim »El Tovar«-Hotel sahen sie einen Tanz der Hopi-Indianer (etwas, das sie in dem Roman verwenden sollte). »Viti (es gelang ihr nur schwer, sich von dem benachbarten Souvenirladen wegzureißen, wo es Handschuhe mit Perlstickerei und Türkisringe gibt und Stücke von versteinertem Holz; sie hat dort unter anderem einen kleinen grünen Stab gekauft, der an einem Ende eine Feder und am anderen einen Stein hat, der in derselben Farbe bemalt ist) ist vom Grand Canyon tief beeindruckt. Ich ebenfalls«, schrieb Harold, der nicht ganz so entzückt war wie sie. Vom indianischen Wachturm bei Desert View sahen sie den Canyon in allen seinen Farben und dahinter die Bunte Wüste. »Viti sagt, es gebe nichts Vergleichbares auf Erden. Sie setzt hinzu, sie fühle sich ›vermehrt‹, ich sage, das tue ich auch.« Vita reagierte auf Orte heftig und spontan.

Von Charleston aus – dem letzten Aufenthalt vor der Heimreise – schrieb sie an Virginia, der Grand Canyon sei »der erstaunlichste Ort der Welt... Du kannst dir nicht vorstellen, Virginia, wie die Bunte Wüste aussieht. Du findest dort jede Farbe des Regenbogens, gebrochen durch große Klippen von der Farbe der Felsen in Devonshire. Und die Sonne brennt jeden Tag, und die Luft macht dir Lust, über den Mond zu hüpfen.«

Sie und Harold wollten zurückkommen, »um mit dem Auto durch Texas, Arizona, Kalifornien und Mexiko zu fahren, und Zelte mitnehmen, um in der Wüste zu kampieren... Warum kommst du und Leonard nicht mit?«[4] Aber Vita fuhr nie wieder in die Vereinigten Staaten.

Beide zusammen hatten sie, so errechnete Harold, 53 verschiedene Städte besucht, 63 Nächte in Zügen verbracht und 53643 Kilometer zurückgelegt. Die *Bremen*, mit der sie zurückfuhren, erreichte Cherbourg am 21. April, wo sie von Nigel und Ben in Empfang genommen wurden. Über Southampton ging es nach London, wo Hilda sie in King's Bench Walk 4 begrüßte.

Die alte Lady Sackville war über die Art pikiert, mit der Hilda Vitas Leben zu organisieren schien. »Ich habe *Anweisungen* von Miss Hilda M. erhalten, wann ich Vita treffen oder besuchen kann«, schrieb sie verärgert am Tag vor der Ankunft der *Bremen* in ihr Tagebuch. Als die Nicolsons sie zwei Tage nach ihrer Ankunft in White Lodge besuchten, hatte Harold einen heftigen Streit mit ihr. Zwei Wochen später, am 9. Mai, besuchte Ben seine Großmutter allein.

B.M. hatte sich den Kindern gegenüber bereits mehrfach feindlich gegen ihre Eltern und deren Freunde geäußert, doch sie war nie so weit gegangen wie bei dieser Gelegenheit. In senilem Groll überschüttete sie Ben mit den ungeschminkten Tatsachen vom unkonventionellen Privatleben seiner Eltern. Sie erzählte ihm, in allen Städten, wo er *en poste* gewesen sei, habe sein Vater seine Jungen gehabt; sie erzählte ihm die Geschichte mit Violet Trefusis und sagte, die Ehe sei durch die Beziehung seiner Mutter zu Virginia Woolf beinahe ein zweites Mal in die Brüche gegangen. Als Ben nach Hause kam, erzählte er seinen Eltern beim Essen, was B.M. gesagt hatte. »Sie waren es, die in größte Verlegenheit gerieten, nicht ich«, schrieb Ben. »Ich glaubte, ihre Verlegenheit bedeute, sie seien empört darüber, daß Lady Sackville etwas so Ungeheuerliches tun konnte. Ich kam gar nicht auf den Gedanken, es könne ihnen auch Kummer und Qual bereiten, daß das große Drama ihres Lebens ihnen von ihrem eigenen halbwüchsigen Sohn zurückgespielt wurde.«[5]

Ben sagte später, die Behauptungen seiner Großmutter hätten ihn verwirrt, aber nicht beunruhigt. Er wußte, daß seine Eltern keine bösartigen Menschen waren, wie B.M. behauptet hatte. Er war achtzehn Jahre alt; er war sich seiner sexuellen Ambivalenz bereits bewußt, und er mag geahnt haben, wer die »zwei glücklichsten verheirateten Menschen, die ich kenne«, waren (»beide homosexuell«), von denen ihm seine Mutter in ihrem Brief aus Amerika berichtet hatte.

Doch auch das Gegenteil ist möglich. Junge Menschen beziehen Abwehrstellungen, um sich selbst zu schützen. Beide Nicolson-Söhne müssen als Heranwachsende viele Dinge gewußt haben, die sie nicht begriffen oder nicht begreifen wollten. Ben war ein außerordentlich sensibler Mensch: Er hatte bereits während der Schulzeit eine Art Nervenkrise durchgemacht. Diese grausame Enthüllung von Tatsachen könnte Bens Abwehrhaltung noch verstärkt, Gefühle, die unkontrollierbar waren, niedergedrückt und ihn auf Dauer gegen eine intime Beziehung zu einem anderen Menschen abgeschirmt haben. Im späteren Leben sollte er viele Freunde haben, doch er schien unfähig, eine Liebesbeziehung, ob zu einem Mann oder zu einer Frau, für längere Zeit aufrechtzuerhalten. Falls das der Preis war, den er zahlte, war es ein hoher.

Harold und Vita waren entsetzt über das, was geschehen war. Sie hatten sich immer bemüht, den Kindern ihre Ehe als ein Muster an Zuneigung und Festigkeit zu präsentieren. Obgleich B. M.'s Versuch, Ben gegen sie aufzuhetzen, fehlgeschlagen war, schrieb Harold in sein Tagebuch: »Es wird ein Schock für ihn gewesen sein und kann vielleicht sehr ernste Konsequenzen haben. Bin rasend vor Wut.« Als Virginia und Leonard am Ende des Monats zum Lunch nach Sissinghurst kamen, erfuhren sie von der Geschichte. »Dieses alte Weib sollte man erschießen«, war Virginias Reaktion. Sie schrieb Vita später: »Versteh doch, wenn man 18 ist, haben Worte, Neuigkeiten, Enthüllungen über die Eltern eine unglaubliche Kraft; und daß sie sich erlaubt hat, diese Worte zu sagen... Es kommt mir so niederträchtig vor, so unmoralisch, so verteufelt unmenschlich.«[6] Vita erwiderte:

»Virginia, Liebes, du bist ein Engel – ein Engel, meine ich, weil du so unfehlbar spürst, wenn jemand betroffen ist, so wie mich betroffen gemacht hat, daß meine Mutter Ben von meinen und Harolds Moralvorstellungen erzählt hat. Nicht, daß ich mich meiner oder Harolds Moralvorstellungen in irgendeiner Weise schämte. Nur Ben hat vielleicht einen schrecklichen Eindruck gewonnen, der sich ihm eingeprägt hat. Zum Glück ist das nicht der Fall – was, wie ich denke, für unsere Erziehung spricht, oder? (Das ist eine Prahlerei. Doch auch du, selbst du, prahlst zuweilen... ich brüste mich lediglich damit, meine Söhne auf eine Art erzogen zu haben, daß sie ohne zu zucken die Enthüllung akzeptiert haben, ihr Vater und ihre Mutter seien den aus der menschlichen Rasse Ausgestoßenen zuzurechnen.) Du bist jedenfalls ein Schatz, erkannt zu haben, daß ich betroffen war.«[7]

Harold suchte Venning, ihren Anwalt, auf, um ihn von B. M.'s Geisteszustand in Kenntnis zu setzen, für den Fall, daß eine Zwangsmaßnahme notwendig werden sollte. Doch es war Vita, nicht Harold, die in jener Nacht, als er von White Lodge zurückgekommen war und erzählt hatte, was dort geschehen war, für Ben das menschlich Richtige tat. Wie Ben später schrieb, hätte es sein Vater »bei seinem heiklen Wesen niemals über sich gebracht, mich aufzuklären; brieflich vielleicht, aber nicht von Angesicht zu Angesicht«:

»Es war meine Mutter, die um Mitternacht und bis zum Morgengrauen auf meinen Bettrand saß, und ich glaube, es war wohl das erste vertraute Gespräch, das wir miteinander hatten. Sie sagte mir, es sei alles durchaus wahr, mit Ausnahme der Geschichte, daß Virginia ihre Ehe gefährdet habe, aber das Ganze habe nicht die geringste Bedeutung, denn die Liebe, die sie füreinander empfänden, sei so stark und mächtig, daß sie allem standhalten könne.«[8]

Sie hatte ihm die reine Wahrheit gesagt; und ihre Beziehung blieb unversehrt. Ben sollte nach seinem Frankreichaufenthalt den Sommer über nach Italien gehen, um Kunst zu studieren. Vita schrieb an Virginia: »Wärest du nicht auch gern achtzehn und gingst allein für zwei Monate nach Italien? Ich wäre gern an seiner Stelle. Er ist ein feiner Kerl, mein Ben.«[9]

Kapitel 24

Als Vita aus den Vereinigten Staaten zurückkehrte, hielt sich Virginia in Italien auf. Vita hatte ihr geschrieben, sie komme besser rasch zurück, »sonst werde ich anfangen, London nach einer Zerstreuung zu durchsuchen... Würde es dich überraschen, zu erfahren, daß ich dich wirklich sehr vermisse? Um mich zu trösten, spiele ich mit dem Gedanken, mit Marlene Dietrich etwas anzufangen. Also treibe dich nicht länger in Montepulciano herum, wenn du auf die ziemlich rührende Treue deines alten Schäferhundes Wert legst.«[1]

Diese neckische Grausamkeit gegen Virginia erwies sich als ein Signal der Ruhelosigkeit, des gefürchteten emotionalen Vakuums, das Virginia nicht mehr füllen konnte. Bei Vitas Heimkehr gab es nicht viele Wiedervereinigungen; da gab es bloß die Krise mit B.M. und Ben. Hildas Rolle war verwaltender und unterstützender Art. Olive Rinder erhielt emotionale und finanzielle Unterstützung. Christopher St. John stand zur Verfügung; sie hatte in ihrer wundervoll stilisierten Handschrift viele lange Briefe an »My Lord Orlando« geschrieben, während Vita fort war, doch Vita liebte Christopher nicht, die in ihrem Liebes-Tagebuch schrieb:

»In dem Brief, den sie mir von der *Bremen* schrieb, als sie sich England näherte, hieß es: ›Sage nicht, daß du von mir enttäuscht bist. Das könnte ich nicht ertragen. Es gibt niemanden, an dessen Wertschätzung mir mehr liegt als an der deinen.‹ Nun, ich war nicht von *ihr* enttäuscht, sondern ich war enttäuscht über die Entwicklung unserer Beziehung. Sie hat mich nicht auf der Stelle aufgesucht, als sie zurück war.«

An einem heißen Tag im Juni machte Vita mit Christopher eine Autotour. »Ich liebte sie so sehr an diesem Tag... ›Sollen wir eine zweite Nacht miteinander verbringen?‹ fragte ich und sehnte mich danach, durch ihren Körper in die Tiefe ihres Herzens einzudringen. ›Warum nicht?‹ sagte sie.« Es gab nie eine zweite Liebesnacht, doch Christopher hörte nie auf, Vita zu lieben. Da sie sich als St. Christophorus sah, schwor sie, Vita für immer »hinüberzutragen«. Vita, die zugelassen hatte, daß es so weit gekommen war, trug diese Situation wie eine Bürde, solange Christopher lebte; sie war nie illoyal gegen das Trio in Smallhythe.

In einem ihrer gemeinsamen Auftritte berichteten sie und Harold im Scheunentheater von Smallhythe über »Eindrücke von Amerika«. George Plank, der unter den Zuhörern war, beschrieb B.M. den besonderen Erfolg ihrer inzwischen wohlerprobten Technik: »Ich glaube, sie haben eine vorzügliche Form der Unterhaltung entwickelt. Es liegt sehr große Kunstfertigkeit in der Art, *wie* sie es machen: Vita sitzt am Tisch, während Harold auf und ab geht, und das Ganze wirkt so ungezwungen, als wären sie zu Hause, und alles überhaupt nicht einstudiert – sie schreiben bloß ein paar Themen auf, und dann diskutieren sie sie.«

Vita versuchte, mit ihrem amerikanischen Roman zu beginnen, und gab es auf; und die Woolfs forderten sie auf, Material für einen Band *Collected Poems* zu sammeln, den sie herausbringen wollten. Vita meinte, Leonard habe recht, wenn er sage, »das würde den Boden für jedes längere Gedicht bereiten, das ich später vielleicht schreiben würde«. Doch sie wurde den Verdacht nicht los, »daß das alles ein wenig hochgestochen ist«. Nach *Peacemaking** schrieb Harold an einer Lebensbeschreibung von Lord Curzon, und sie bewunderte seine Hingabe und seine literarische Gewandtheit – die anders war als die ihre und dieser, wie ihr schien, oft überlegen. »Ich mag seinen klaren Verstand und die Leichtigkeit seines Ausdrucks. Er ist wie jemand, der es versteht, mit einer Sense umzugehen – rhythmisch, energisch und selbstsicher.« Sie besprachen beide auch Bücher für den *Daily Telegraph*, aber Vita fühlte sich unterbeschäftigt und kraftlos.

Sie hatten bei einer Pariser Bank Tantiemen und verwendeten dieses Geld für einen Italienurlaub mit dem Auto, das dieses Mal von Jack Copper, ihrem neuen Chauffeur, gesteuert wurde. Nahezu zwanzig Jahre später erhielt Harold den Brief eines Verehrers, der einen charakteristischen Eindruck von den Nicolsons wiedergab, den er in einem Restaurant in Dieppe zu Beginn eines längst vergangenen Urlaubs bekommen hatte:

»Sie waren in die Lektüre einer französischen Zeitung vertieft und schaukelten mit dem Stuhl vorwärts und zurück, bis Sie mit einem Krachen rücklings aus meinem Blickfeld verschwanden. Ich war im Begriff, Ihnen zu Hilfe zu kommen, doch der Anblick von Miss Sackville-West, die, reserviert, leicht amüsiert, ganz ruhig, an Vorfälle solcher Art gewöhnt zu sein schien, ließ mich auf meinem Platz verharren und abwarten, bis Sie unversehrt an den Tisch zurückgekehrt waren.«

* *Peacemaking 1919*, deutsch: *Friedensmacher 1919*, Berlin 1934 [Anm. d. Übers.].

In praktischen Dingen war Harold ebenso unbeholfen und unfähig, wie er in literarischen penibel und energisch war. Als sie nach einem Treffen mit Ben in Bologna Mitte Juni nach Hause kamen, mußten sie in der Nacht nach Eton fahren, um Nigel, der eine Blinddarmentzündung hatte, zur Operation nach London zu bringen.

In diesem Sommer war Nigel nicht der einzige Kranke in der Familie. Während sie in Amerika waren, hatte Harolds jüngere Schwester, Gwen St. Aubyn, die er sehr liebte, einen schweren Autounfall erlitten und eine Schädelverletzung davongetragen. Vita und ihre Schwägerin waren nie befreundet gewesen; Gwen bewegte sich in anderen gesellschaftlichen Kreisen. Doch gegen Ende Juli 1933 begann Vita sie näher kennenzulernen; da Gwens Nerven nach dem Unfall zerrüttet waren und sie viele Monate lang sowohl Ruhe als auch medizinische Versorgung brauchen würde, erwies sich Sissinghurst als der ideale Ort, um sich zu erholen und wieder zu Kräften zu kommen.

Gwen hatte fünf Kinder (sie hatte für Evelyn Irons' Frauenseite beim *Daily Mail* Artikel über Kinderbetreuung geschrieben), doch in ihrer augenblicklichen Schwäche weckte sie Vitas Beschützerinstinkte. Gegen den Widerstand ihrer Familie war sie Novizin in der Römisch-Katholischen Kirche, und ihr wachsender Glaube sollte Vitas Denken und Schreiben beeinflussen. Doch für flüchtige Beobachter erschien Gwen weltlicher als Vita, und auch das beeinflußte Vita überraschenderweise: Virginia fiel auf, daß sich Vita, wenn auch ungeschickt, die Lippen schminkte – »Warum das?«

Gwen verbrachte immer mehr Zeit in Sissinghurst; Christopher St. John, die in diesem Herbst regelmäßig kam, um Ben in Kalligraphie zu unterrichten, kam sie vor wie ein »arg mitgenommenes, zügelloses Kind«. Vita erklärte Virginia im August ihre wachsende Freundschaft mit Gwen und teilte ihr gleichzeitig mit, warum sie nicht nach Rodmell kommen könne: »Es liegt daran, daß ich meine Schwägerin hier habe, die krank gewesen ist und deren Pflege ich wahrscheinlich übernehmen werde. Landaufenthalt und all das. Und Harold schreibt ein Buch über Lord Curzon, ich dagegen schreibe überhaupt kein Buch, so daß ich Zeit habe, mich um seine Schwester zu kümmern – und es macht mir Spaß.«[2]

Gwen gab einen Ratgeber für Eltern heraus (*The Family Book*,

1934), ein Buch, das Vita interessierte. Sie saßen auf der Treppe des Turms, erörterten familiäre Beziehungen und das Seelenleben der Frauen. Vitas Zuneigung zu Personen des eigenen Geschlechts führte oft zu Beziehungen, in denen sie eine dominierende, »mütterliche« Rolle spielte; und zur selben Zeit war ihre eigene Mutter Ursache neuer Schmerzen. B. M. wollte ihren Butler verklagen, der sie wegen nicht bezahlter Gehälter hatte vorladen lassen. Sie beschuldigte Vita und Harold, daß sie mit dem Butler unter einer Decke steckten, um sie zu ruinieren, und verbot ihnen ihr Haus. Es ist kein Wunder, daß Vita, welcher der Vorfall mit Ben noch sehr gegenwärtig war, bereit war, Gwens Beschäftigung mit Müttern und Kindern zu teilen. Und im Zentrum von Vitas Interesse stand die fortwährende Selbstbefragung ihrer eigenen Psyche. Um diese Zeit schrieb sie in ihr Manuskriptbuch ein Gedicht mit dem Titel »To My Mother«, das folgende Verse enthält:

> War es ein kostbares Metall,
> Dein dunkler Geist, die irgendwann
> Sich tief in mir vereint
> Und zwangen mich in ihren Bann?
>
> Dein sonderbares, fremdes Blut,
> Dein Stahl, gefährlich, zäh und wild,
> Sind sie's, die seltsam prägten mich
> Mit deines Siegels Spiegelbild?
>
> Südliche Anmut, die sich mischt
> Mit meinem Englischen gepaart,
> Hat sie mich denn so reich beschenkt,
> In mir dein Wesen offenbart?
>
> War es der Glanz der blauen Augen,
> Ein Wink nur deiner schönen Hände,
> Die mich zu Reim und Vers getrieben
> Und führten mich ins Traumgelände?

Vita hatte das Gedicht als Widmung an ihre Mutter geschrieben und wollte sie ihren *Collected Poems* voranstellen (die sie optimistisch »Teil 1« untertitelte – es sollte nie einen zweiten Teil geben), aber B. M. erklärte sich damit nicht einverstanden. Sie wollte nicht »zusammen mit V. Woolf in einem Buch erscheinen, der Verfasserin dieses gräßlichen *Orlando*, und ich wünsche auch nicht, der Öffentlichkeit so viel von unserer Privatsphäre mitzuteilen.« Sie gestattete Vita die schlichte Widmung »Für meine Mutter«. B. M. war durch die Liebesgedichte bewegt und beunruhigt und mochte die anderen. Vita nahm jede Gelegenheit zur Versöhnung wahr und schrieb ihr:

»Ich bin froh, daß dir »Reddín« [in ihren *Collected Poems* enthalten] gefallen hat. Ich habe in dieses Gedicht eine Menge Dinge hineingelegt, an die ich glaube und die ich für wahr halte. Es war ein regelrechtes Bekenntnis zur Wahrheit.

Warum aber, Liebes, sagst du, nach deiner Meinung hätten du und ich die Liebe mißachtet oder falsch verstanden? Das glaube ich nicht! Ich weiß, daß ich dich liebe – und ich weiß, daß du mich liebst – trotz aller unserer Zwiste und Streitereien und Unfreundlichkeiten und Meinungsverschiedenheiten... Wir sind beide vielleicht ziemlich schwierige Menschen, aber vielleicht läßt unsere Verschiedenheit einander besser verstehen, als jeder andere auf der Welt glaubt.«

Jeden Freitagabend sprach Vita jetzt in der BBC über ihre Arbeit als Gärtnerin; die Beiträge wurden im *Listener* abgedruckt. Ihre Ratschläge an die Zuhörer folgten dem System, dem sie und Harold in Sissinghurst huldigten; sie trat als Grundlage für die Anlage eines Gartens für »klare festgelegte Linien« ein, gebrochen durch überhängende Büsche und einzeln plazierte Pflanzen: »Ein zu strenger Formalismus ist beinahe ebenso abstoßend wie das Fehlen jeglicher Ordnung.«

Was den Garten anging, war die Harmonie zwischen Harold und ihr in diesem Jahr nicht immer ungetrübt. Er hätte es gern gesehen, wenn ihre Voliere für die Wellensittiche entfernt worden wäre, und sie zankten sich. Harolds Tagebuch:

»27. September 1933: Messe den Mittelweg im Gemüsegarten aus, wobei Gwen mir hilft. Schließlich weigert sich Vita, an unserer Entscheidung festzuhalten und die elenden Bäumchen zu entfernen, die meinem Entwurf im Wege stehen. Wie üblich behindert das romantische Temperament das klassische.

30. September: Versuche die Perspektive des Gemüsegartens durch Verlängerung der gepflasterten Pfade zu erweitern, stoße aber auf Artischocken und Vitas Entrüstung. Danach betrübt auf dem Rasen Unkraut gejätet. Wir haben eine Diskussion über die Rechte der Frauen.«

Aber in diesem Jahr brachten sie ein paar wichtige und dauerhafte Projekte zum Abschluß – in erster Linie die Pergola, die auf Säulenresten im Rosengarten (jetzt der Weiße Garten) ruhte, mit dem darunter liegenden gepflasterten Platz, wo sie im Sommer aßen; sie nannten ihn nach einem der Tempel der Akropolis Erechtheum.

Harold hatte noch immer kein regelmäßiges Einkommen. Rupert Hart-Davis, der damals für den Verlag Cassell arbeitete, versuchte Vita von der Hogarth Press wegzulocken, indem er Vorschüsse in Aussicht stellte, die weit höher waren, als Leonard sie bieten konnte, doch Vita ließ sich nicht bewegen. Sie schrieb an Virginia, daß Hart-Davis »bei weitem nicht so liebenswert« sei, und sie könne Leonard sagen, daß »keine Versuchung groß genug sein kann, die Hogarth Press zu verlassen«.[3] Die Woolfs waren durch ihre Treue gerührt und vergaßen sie nicht. Nach dem Erfolg von *Schloß Chevron* und *Erloschenes Feuer* wäre Vita von jedem der größeren und zahlungskräftigeren Verlage mit offenen Armen empfangen worden. (*Erloschenes Feuer* war bereits zu einem Theaterstück mit dem Titel *Indian Summer* umgearbeitet worden.)

Harold dachte daran, seinen Stolz hintanzustellen und den *Evening Standard* zu bitten, ihn wieder einzustellen, doch er war erst mal gerettet, als Vita entdeckte, daß sie auf ihrem Bankkonto in Frankreich fast 3000 Pfund hatte. Trotzdem gingen auch an ihr die Anstrengungen nicht spurlos vorüber. Eines Nachmittags im Oktober, nachdem sie an den Fahnen der *Collected Poems* gearbeitet hatte, fühlte sie sich schwindlig und brach am See zusammen. »Ich glaube, es sind nur die Nerven«, schrieb Harold in seinem Tagebuch. Auch Gwens Gesundheitszustand gab noch immer Anlaß zur Besorgnis. Ihr Arzt sagte, es werde noch ein weiteres Jahr dauern, bis sie wiederhergestellt sei. Vita beschrieb Virginia die Behandlung Gwens: Zweimal täglich wurde ihr ein »glühendheißer Kaninchenstall« über den Kopf gestülpt, worauf sie in eine Ohnmacht fiel. »Man scheint zu glauben, das werde ihrer Kopfverletzung guttun.«[4] Gwens Arzt billigte es, daß sie die meiste Zeit in der Stille von Sissinghurst verbrachte, und erläuterte Gwens Gatten, der, wie Harold sagte, »recht vernünftig darüber denkt«, die Vorzüge dieses Aufenthalts. »Er versteht vollkommen, daß es Gwen überlassen bleiben muß, ihre eigenen Entscheidungen zu treffen, und daß sie nicht mit häuslichen oder anderen Verpflichtungen belastet werden darf.« In Vitas Turm wurde für Gwen ein Zimmer möbliert.

Als Vitas *Collected Poems* Ende November erschienen, erregten sie nicht viel Aufsehen. Die Rezeption, oder ihr Ausbleiben, schien die kritische Selbsteinschätzung zu rechtfertigen, die sich in einer Verszeile des Gedichtes *An Enid Bagnold* ausdrückt, das sich in dem Buch findet: »Und ich, Gott weiß es, ein verwünschter altmodischer Poet.«

(W.H. Auden* kam in diesem Jahr nach Sissinghurst und forderte Harold zu der Überlegung heraus, daß er, »wäre ich Kommunist, den Wunsch hätte, weniger die Millionäre oder Imperialisten anzugreifen, sondern die sanften, vernünftigen, toleranten, sorglosen, selbstzufriedenen Intellektuellen wie Vita und mich«. Doch Vita war als Dichterin nicht mit sich zufrieden.) Virginia schrieb ihr nach der Veröffentlichung: »Als Dichterin bist du eine sonderbare Mischung. Ich mag dich, weil du ›altmodisch‹ bist und dir überhaupt nichts daraus machst: Darum bist du offen für Veränderungen; frei und stark.«[5]

Seit dem Erscheinen von *The Land* hatte Virginia Vita auf sanfte Weise zu Veränderungen zu drängen gesucht; doch Vita glaubte, daß sie ihr Schreiben nicht ändern könne. Sie, die sich selbst immer als avantgardistisch angesehen hatte, zumindest in ihrem Verhal-

---

* W.H. Auden (1907-1973), einer der wichtigsten und vielseitigsten engl. Lyriker des 20. Jahrhunderts. (*The Age of Anxiety*; 1947; dt. *Das Zeitalter der Angst*, 1952) [Anm. d. Übers.].

ten und in ihren Ansichten, fühlte ihr zerbrechliches Ich und ihre Wertvorstellungen bedroht.

Obgleich Vita es nicht ahnen konnte, hatte sich auch Virginias Art, anderen gegenüber über Vita zu sprechen, unmerklich geändert; am letzten Tag des Jahres schrieb sie an Lady Ottoline Morrell: »Und Vita kam mit ihren Söhnen, einer in Eton, einer in Oxford, was erklärt, warum sie sich diese Romane für schlafwandelnde Dienstmädchen ausdenken muß« (doch das hielt Virginia nicht davon ab, angesichts der Aussicht auf einen neuen Roman Vitas für die Hogarth Press entzückt zu sein):

»Ich werde sie immer gern mögen – ich sage dies, weil sie äußerlich ziemlich rot und schwarz und protzig ist, ich weiß: und sehr träge; und, mit uns verglichen, sehr primitiv: Doch ist sie unfähig zur Unaufrichtigkeit oder Pose und gräbt und gräbt und wässert und führt ihre Hunde aus und liest ihre Dichter und verliebt sich in jede hübsche Frau, genau wie ein Mann, und ist in meinen Augen echt aristokratisch; doch ich könnte nicht beschwören, daß sie dir nicht auf die Nerven gehen würde.«

Am Weihnachtsabend 1933 hatte es in Sissinghurst eine unschöne Szene gegeben. Alle vier Nicolsons – Gwen war bei ihrer Familie – waren im Schlafzimmer der Jungen und hörten die Weihnachtssendung im Radio. Sie begann damit, wie Harold in seinem Tagebuch schreibt, daß jemand »in einer Art Singsang die ein wenig schwülstigen Passagen aus dem Neuen Testament vorlas. ›Oh, Gott‹, sagte Nigel. ›Poesie!‹ Das führte bei Vita zu einer Art ›Wutanfall‹. Sie schaltete das Radio ab, und wir trotteten mit gesenkten Köpfen wieder die Treppe hinunter«:

»Wir essen schweigend. Dann bricht Vita in Tränen aus und verläßt das Zimmer. Schluchzend geht sie in der Dunkelheit am See entlang. Ich bin sehr besorgt. Darauf erscheint sie wieder und sagt, Nigel sei zynisch und spotte über alles, was wichtig sei. Er habe meine schlimmsten Eigenschaften. Hart und kalt. Nie *fühle* er etwas. ›Oh ja, er ist freundlich und zärtlich und all das, aber er hat keine tiefen Gefühle – in seinem Inneren ist er nichts als harte, kalte

Intelligenz.‹ Der arme Niggs ist trotzig zu Bett gegangen, ziemlich verwirrt, was das alles zu bedeuten hat.«

Harold machte sich Vorwürfe, daß er Vita und das häusliche Glück als etwas Selbstverständliches hinnahm. »Sie ist ein dunkler Fluß, der tief im Schatten strömt«:

»Sie macht sich eigentlich nichts aus familiärer Zuneigung. Sie möchte gern, daß das Leben als eine Reihe von *grandes passions* verliefe. Oder das glaubt sie wenigstens. Wäre ich ein leidenschaftlicher Mann, so hätte ich ihretwegen Qualen der Eifersucht ausgestanden, hätte ihr endlose Szenen gemacht, und wir wären jetzt getrennt; ich wäre britischer Gesandter in Montevideo, und sie züchtete Samojedenhunde in der Wüste Gobi.«

Hier hat Harold wie gewöhnlich im allgemeinen, wenn auch nicht im einzelnen, recht. Unter der Voraussetzung, daß Vita Vita war, hing das Weiterbestehen der Ehe davon ab, daß Harold so war, wie er war, so oft ihn auch danach verlangen mochte, anders zu sein. Vitas Tagebuch verrät nichts von den Turbulenzen; am letzten Tag des Jahres zog Harold die Bilanz seiner bedenklichen finanziellen Situation und setzte hinzu:

»Eine weitere und größere Sorge ist Vitas Gesundheit. Ihre nervliche Verfassung ist besser gewesen als im letzten Jahr, und doch ist sie ziemlich schlecht. Sie neigt zu Gefühlsausbrüchen, die sie bewundernswert unter Kontrolle bekommt, die aber womöglich Symptome des nahenden Klimakteriums sind, was mir Furcht einjagt. Ihre gesammelten Gedichte haben bei der Kritik wenig Aufmerksamkeit gefunden, und das war für sie eine tiefe Enttäuschung. Ich kann mich des Gefühls nicht erwehren, daß die kommenden zwei Jahre für sie schwierig und unglücklich sein werden.«

Doch Vita, fast zweiundvierzig, litt nicht unter dem Klimakterium, und die kommenden beiden Jahre wurden nicht so schlecht, wie Harold befürchtete. Gwen St. Aubyn unterzog sich im Januar 1934 einer Kopfoperation, und Vita nahm sie mit nach Portofino, damit sie sich erholte; dort stellten sie fest, daß das mittelalterliche *castello* samt Dienerschaft gemietet werden konnte. Es gab dort einen schönen Garten mit Iris und Narzissen, die bereits blühten, und Oliventerrassen, die sich zum Meer hinunterzogen. Noch besser war, daß das *castello* von Portofino Schauplatz des bekannten Romans *The Enchanted April* (1928) von Elizabeth Russell* war. Zwei enttäuschte Ehefrauen fliehen in diesem Buch vor ihren Hausfrauenpflichten auf das romantische Schloß; das neue Leben übt einen unwiderstehlichen Reiz auf sie aus. Am Ende kommen sie wieder mit ihren Ehegatten zusammen und finden ihre Leben und Ehen erneuert. Harold schrieb an Vita: »Es rührt alles daher, daß Gwen Tauchnitz-Ausgaben der Werke von Lady Russell liest. Ich hoffe, ihr beide seid sehr zufrieden und glücklich. Ich grüße euch, ihr reizenden Kinder.« Gwen schrieb ihrem Bruder, sie sei »glücklicher, als ich je in meinem Leben gewesen bin. Weißt du, zum ersten Mal habe ich keine Verpflichtungen, weil Vita sie alle übernommen hat.« Und Vita an Virginia:

»Ich schreibe an dich auf der Terrasse eines winzigen alten Schlosses, hoch über dem Meer... Das Meer funkelt dreihundert Fuß tiefer... neben mir steht eine große Flasche mit goldenem Wein.

Ich schreibe und schreibe und schreibe... da fällt mir ein, würdest du Leonard bitte sagen, daß ich ihm mein neues Buch wahrscheinlich im Mai oder Juni werde geben können... Zur Zeit trägt es den Titel *The Dark Island*.«[6]

Es blieb bei diesem Titel; sie schrieb eine Geschichte, deren Schauplatz von der Lage des Schlosses nicht unbeeinflußt, stärker aber noch von St. Michael's Mount in Cornwall inspiriert wurde, dessen Erbe Gwens Gatte, Sam, sein würde.

Harold kam zu ihnen nach Portofino, und die drei fuhren weiter nach Monte Carlo – dort waren sie zum Tee bei Somerset Maugham, bevor sie Harold für ein paar Tage in eigenen Angelegenheiten verließ – und von dort nach Marseille, wo sie ein Schiff nach Tanger nahmen. In Casablanca erörterten Vita und Harold

---

* Elizabeth Russell (1866-1941) veröffentlichte (auch als Elizabeth von Arnim) unterhaltsame Romane und autobiographische Berichte [Anm. d. Übers.].

bei einem Spaziergang am Meer das Leben der Frauen und ihre
Freude an der Freiheit. Harolds Tagebuch vom 23. Februar:

»Ich erkläre, daß Frauen, die in der Ehe 1910 ganz glücklich und zufrieden gewesen wären, heute ruhelos und nervös sind. V. sagt, es gebe in jeder Revolution ein Übergangsstadium. Die Frauen seien seit Jahrhunderten unterdrückt worden, und man könne nicht erwarten, daß sie ganz selbstverständlich in die Freiheit hinübergleiten. Das betrübt mich. Ich weiß, daß es eine Gleichheit der Geschlechter nicht gibt und daß Frauen ihre eigentliche Aufgabe nicht erfüllen, wenn sie nicht einem Mann untergeordnet sind. Ich sage das jedoch nicht, weil es Vita kränken würde.«

Es hätte Vita mehr als nur gekränkt. Es hätte sie mit Zorn und Verzweiflung erfüllt. Der Streit ging weiter:

»Die Liebe ist für Frauen so weit gespannt, daß sie verloren sind, wenn ihre Gefühle nicht irgendwie gesellschaftlich eingefriedet werden. Gwen hätte sich beispielsweise vor dreißig Jahren glücklich gepriesen, weil sie einen treuen Ehemann und fünf liebevolle Kinder hat. Heute hat sie das Gefühl, daß diese Verpflichtungen ihr Schranken auferlegen, daß es für sie eine wichtigere Aufgabe gebe, die irgendwo jenseits ihrer Rolle als Mutter und Gattin liegt.«

Dieses nicht unverständliche Gefühl war vermutlich im Zusammenhang mit Harolds Äußerung zu sehen, daß Frauen »verloren« seien, wenn sie »nicht gesellschaftlich eingebunden werden«. (Es war gut für ihre Ehe, daß er im Fall seiner Frau eine Ausnahme machte. Harold mochte Frauen nicht übermäßig, wenngleich er ihnen gegenüber charmant sein konnte. Vita war für ihn eine besondere Kategorie.) »V. sieht in diesem neuen Gefühl die Auflehnung gegen die jahrhundertelange Vorherrschaft des Mannes. Der Mann hat aber immer Verantwortungsgefühl gehabt. Frauen scheint dieses Gefühl zu fehlen; sie haben nur das Gefühl, zu besitzen oder zu gehören.« Aus einem Zelt am Rande der Sahara schrieb sie an Virginia und berichtete von Festen, bei denen ganze Hammel am Spieß gebraten und unter den Sternen verzehrt würden, von tanzenden Derwischen, die »Messer und Nägel in ihre nackten Bäuche trieben... Oh, es ist herrlich, in der Fremde zu sein! Wie geschniegelt kommt einem England vor. Es hat hier seit drei Jahren nicht mehr geregnet.«[7] Harold fuhr mit dem Zug nach Hause, während Vita und Gwen durch Frankreich zurückbummelten; als sie am 23. März in England eintrafen, fanden sie ihn mit einer Blutvergiftung in einer Privatklinik, die durch einen Moskitostich in Marokko entstanden war.

Auch Ärger anderer Art wartete auf Vita. Sie hatte es abgelehnt, die romantisch verliebte Christopher St. John zu besuchen; diese vertraute ihren Kummer Ethel Smyth an, die Vita durch ihre Härte herausforderte. Ethel erzählte Virginia die Geschichte, welche ebenfalls auf Christopher, »diese eselgesichtige alte Vettel«, zu sprechen kam. Vita blieb hartnäckig dabei, sie wolle Christopher allein nicht sehen, lud sie aber zusammen mit Edy Craig und Tony Atwood nach Sissinghurst ein.

Außerdem hatte Ben seine Vorprüfungen in Oxford nicht bestanden. »Ich bin darüber deprimiert, daß man mich zwingt, etwas zu tun, was ich, ginge es nach meinem Kopf, nicht tun würde.« Es war weniger die Tatsache, daß er die Examina nicht bestanden hatte, als seine Einstellung, die Vita beunruhigte, weil sie diese nur allzu gut kannte; sie schrieb an Ben ein wenig in der Art, wie Harold in der Vergangenheit zuweilen an sie geschrieben hatte: »Mein lieber Ben! Ich muß schon sagen! Woraus, glaubst du, besteht das Leben?«

»Ich verwünsche dich, weil du faul gewesen bist, verschwenderisch (mit Zeit, nicht mit Geld) und *ohne Mumm*. Ich verfluche dich, weil du denkst, daß eine kulturelle Tünche, die du aus der Unterhaltung älterer, besser erzogener und vor allem härter als du arbeitender Leute aufgeschnappt hast, ein adäquater Ersatz für wirkliche Kenntnisse sei, für wirklichen Fleiß und wirkliche geistige Muskulatur.«

Er habe, schrieb sie, eine »beschönigende Einstellung« zum Leben:

»Du leidest an der Schönfärber-Krankheit, das ist mit dir los... Glaube nicht, daß ich verärgert bin; ich bin's nicht; ich bin bloß hart. Und entschlossen, dich nicht zu einem weichen und schwammigen Menschen werden zu lassen. In dieser Richtung habe ich selbst zu viele Versuchungen erlebt, um die Gefahr nicht zu kennen, die sie darstellen. Ich habe sie selbst nicht zufriedenstellend überwunden...

Alles Liebe für deinen albernen, schwarzen Kopf, mein einziger Liebling.«

Die beiden hatten ein sehr enges Verhältnis. Ein paar Wochen später schrieb Ben seinem Vater, er werde ein Wochenende bei Robert Birley verbringen, der ihn in Eton unterrichtet hatte: »Auf ihr Eheleben bin ich ebenso neidisch wie auf das eure und das von Virginia und Leonard«:

»Mama ist kürzlich besonders nett zu mir gewesen, hat meine Unabhängigkeit respektiert und ist doch keinen Augenblick unbeteiligt gewesen. Auf eine bestimmte Art sind unsere Beziehungen sehr befriedigend: Obwohl wir niemals oder sehr selten – und wenn wir's tun, bringt es uns in Verlegenheit – dem anderen unsere Gefühle zeigen, wissen wir beide (zumindest ich), daß ich so sehr liebe, daß es niemals ein entscheidendes Mißverständnis zwischen uns geben wird. Und bei dir habe ich dasselbe Gefühl.«

Als Ben im folgenden Sommer in Wien war und sie ihn drängte, den Kaiserpalast in Schönbrunn zu besichtigen, schrieb sie ihm: »Oh, Lieber, das ist alles ziemlich *à la recherche du temps perdu* – meine verlorene Jugend und so weiter. Aber ich erwecke in dir meine verlorene Jugend wieder zum Leben, also macht es nichts – ›Du bist deiner Mutter Augenglas, und sie erweckt in dir zu neuem Leben den süßen April ihrer Jugend.‹ Ein tröstlicher Gedanke. Alles Gute, mein dunkler Junge, mein dunkler liebenswerter Junge.« Vita kam auch mit Gwens Kindern gut aus, besonders mit Philippa, der ältesten Tochter. Mit ihrem eigenen Sohn Nigel tat sie sich schwerer; er schrieb im Oktober an seinen Vater: »Ich muß jetzt an Mama schreiben. Übrigens: Ich bin doch wohl nicht in Ungnade gefallen?

In diesem Halbjahr hat sie mir nur einmal geschrieben.« Harold war der Empfänger von Nigels Geständnissen, und er antwortete ihm ausführlich mit gleicher Vertraulichkeit. (Harold schrieb bemerkenswerte Briefe an seine beiden Söhne.) Nigels offensichtlich gedankenloser Ausruf »Oh, Poesie!« hatte bei Vita seine Spuren hinterlassen und war kein vereinzelter Vorfall. In seinem Buch *Portrait einer Ehe* berichtet er von ähnlichen Mißverständnissen, darunter von einem besonders unglücklichen, das sich etwa um diese Zeit ereignete:

»Eines Abends blieb sie auf der untersten Treppenstufe stehen, wandte sich schüchtern an mich und sagte: ›Ich habe ein neues Gedicht geschrieben, das ich dir gern widmen möchte.‹ ›Oh, tu das nicht‹, erwiderte ich gedankenlos. ›Du weißt doch, daß ich deine Gedichte nicht richtig verstehe.‹ Sie ging wortlos in das Turmzimmer hinauf, und als sie zum Dinner herunterkam, sah ich, daß sie geweint hatte. Mit meiner unvorstellbar grausamen Bemerkung hatte ich sagen wollen: ›Deine Dichtung ist die Seite deines Wesens, an der ich nie Anteil genommen habe und auf die ich keinen Anspruch erheben darf. Ich verdiene die Widmung nicht. Es wäre eine Art von Aufdringlichkeit.‹ Aber eben das sagte ich nicht... Ich war damals siebzehn.«

Um zu beschreiben, was er tatsächlich gemeint hatte, war das Wort »Aufdringlichkeit« durchaus richtig. Vita hielt ihre Arbeit sehr geheim. In all ihren Jahren in Sissinghurst betraten die Jungen den Turm nicht öfter als sechsmal. Nachdem Nigel im November 1934 übers Wochenende daheim gewesen war, schickte sie einen sehr wohlwollenden Bericht an Harold, der in den Vereinigten Staaten für seine Biographie über den Staatsmann Dwight Morrow recherchierte, den Vater der Anne Lindbergh. Doch Nigel schrieb an Harold: »Mama kam mir sehr müde vor, nein, eigentlich nicht müde, sondern eher ausgebrannt: ich glaube, sie braucht mehr Kontakt mit der Außenwelt. Aber das haßt sie.«

Das traf in wachsendem Maße zu. Sie fand es schwierig, mit Besuchern fertig zu werden, wenn Harold als Gesprächspartner und Vermittler fehlte; sie erzählte ihm, sie fühle sich »vermindert, wenn sie spreche, während andere an Zahl zunehmen«. Virginia, die in diesen Sommer zu Besuch kam, spürte ihre Verkrampfung. Da sie von Gwen ziemlich wenig hielt, meinte sie, daß deren Anwesenheit zu dem Unbehagen beitrug. Doch Gwens Gesellschaft, wenn Vita Gesellschaft brauchte, machte sie glücklich: Sie schrieb, arbeitete im Garten, fuhr mit dem Boot, sammelte das Fallobst ein, um Cider zu machen, und pflückte die Samenflöckchen großer Binsen, um Kissen damit zu stopfen: »Du brichst sie bloß auf, und eine große Wolke des zartesten, gold-weißen Seidenflaums kommt heraus... es ist, als wenn du mit deiner Hand in einen Schwarm von Entchen fährst, die noch gar keine Knochen haben.« Abgesehen von ihren Terminen beim Rundfunk verließ sie Sissinghurst im Herbst 1934 nur einmal zu einem Lunch mit Ivy Compton-Burnett*, um die Forschungsreisende Freya Stark zu treffen, über die sie an Harold berichtete: »Sie ist weder beeindruckend noch attraktiv. Klein und schlank mit biskuitfarbenem Teint. Sie ist gerade im Begriff, in den Jemen zu reisen, allein... Sie muß eine tapfere Frau sein.«

Es war nicht Gwen St. Aubyn, die wollte, daß Vita der Welt entsage; im Gegenteil, sie tat sich mit Harold zusammen, um Vitas ausgefallene Garderobe zu verbessern. Ihre Sonderangebotsklamotten sollten verschwinden, und Vita sollte »hier Breeches und alte Lumpen tragen und schlichte Jacken und farbige Hemden zu anderen Gelegenheiten. In London einfache Kleider und Jacken mit leuchtenden Oberteilen – und abends vor allem hübsche Kleider und keine Hausschuhe«. Widerstrebend fügte sich Vita, zum Teil, weil sie für die sechs Northcliffe-Vorträge an der Universität London, zu denen sie sich verpflichtet hatte, etwas zum Anziehen brauchte. Sie schrieb Harold am 9. November: »Habe heute bei Jay's meine neuen Kleider anprobiert; sie sind in Ordnung, denke ich. Aber ich hasse Damengeschäfte und all das Gerede über Kleider. Ich hasse es auch, mich im Spiegel zu betrachten und dazu aufgefordert zu werden. Ich finde meine eigene Erscheinung einfach unausstehlich.« Virginia war von der neuen Vita nicht beeindruckt. »Sie ist üppig geworden & aufdringlich & rot – tomatenfarben, und malt sich ihre Finger und Lippen an, die keine Farbe nötig haben

---

* Ivy Compton-Burnett (1892-1969). Ihre Romane sind Gesellschaftssatiren, meist am Modell der viktorianischen Familie orientiert [Anm. d. Übers.].

– der Einfluß von Gwen; darunter fast dieselbe; bloß ohne den Glanz des Delphins, und die Perlen haben ihren Glanz eingebüßt.« Das war, als Vita das Manuskript von *The Dark Island* ablieferte. Leonard Woolf las es zuerst und erzählte Virginia, es sei ein »gefährlicher, phantastischer Stoff über eine Frau, die in einer Höhle gegeißelt wird. Wieviel wird das Publikum ertragen?«[8]

Am 1. Oktober, ihrem einundzwanzigsten Hochzeitstag, schrieb Harold aus Amerika an Vita: »Mein Liebling – mein einziger Liebling – wenn ich innehalte und auf die hinter uns liegende Zeitspanne zurückblicke, empfinde ich solche Dankbarkeit für dich. Ich weiß, daß du die Ehe verabscheust und daß sie für dich kein natürlicher Zustand ist, doch ich weiß auch, daß du mich innig liebst.«

The Dark Island, Gwen St. Aubyn gewidmet, erschien zehn Tage später. Bereits vor Erscheinen waren 4000 Exemplare verkauft, und der Verlag Doubleday & Doran zahlte 5000 Pfund für die amerikanischen Rechte. Unter Vitas Romanen ist es das rätselhafteste Buch, aber auch das intimste. Virginia meinte: »Für mein Gefühl bewegt sich dein Schreiben zu sehr in der persönlichen Zone, als könntest du nicht genug Abstand gewinnen, um das Problem von außen anzugehen«[9], folglich bliebe die Motivation der Figuren unklar. Harold mochte das Buch nicht. »Ich hoffe, daß du keine unangenehmen Kritiken bekommst wirst, mein Liebling. Irgendwie erscheint mir dieses Buch ziemlich bedenklich ... Ich meine damit, daß Sadismus ein Thema ist, über das ich nicht gern etwas lese.«

Vita war in bezug auf ihre Romane immer bescheiden. »Ich weiß, daß du mein Buch haßt«, sagte sie zu Harold. »Kein Groll.« Und kurz vor der Veröffentlichung sagte sie in Sissinghurst ruhig zu Virginia, die meisten Leute seien sich mit ihr darüber einig, daß es ein schlechtes Buch sei. Virginia war wie immer von Vitas »Milde, Wahrheitsliebe, Bescheidenheit« gerührt. Ben, der die Beschriftung für den Schutzumschlag entworfen und das Buch im Manuskript gelesen hatte, traf ins Schwarze, als er seinem Vater schrieb: »Sie ist offensichtlich eine Lyrikerin und keine Romanschriftstellerin, und *Erloschenes Feuer* war nur deshalb so gut, weil es so poetisch war. Aber das alles sage ich ihr natürlich nicht. Und dieser Roman ist interessant, weil er ihre Meinung über Gwen wiedergibt und in der Gestalt der alten Lady le Breton Großmama idealisiert.«

Die Heldin von *The Dark Island* ist Shirin, deren heiterer, »natürlicher« Charakter dem von Gwen entspricht (Shirin war Vitas Kosename für Gwen; er bedeutet im Persischen »lieblich«). Shirin begegnet als junges Mädchen Venn, dem Erben der Insel Storn, die von einer normannischen Burg gekrönt wird, in der er mit seiner Großmutter, Lady le Breton, lebt – intrigant, bezaubernd, »schön und verrucht und gut«. Venns geheimnisvolles Wesen offenbart sich sogleich; er verdreht dem Mädchen die Handgelenke, zeigt ihm »Andromedas Höhle« und sagt: »Ich möchte dich gern fesseln... nackt... und dich schlagen und immer wieder schlagen, bis du schreist.« Das »seltsame Vergnügen«, das er bei dieser Vorstellung empfand, erinnerte ihn »an die sonderbare Lust, die er erlebte, als er in seiner Eigenschaft als Aufsichtsschüler zum ersten Mal einen jüngeren Schüler verprügelt hatte«. Venn und Lady le Breton werden später als »zu Recht verdammte Seelen, verderbt« beschrieben: Vita erforschte und gestaltete die dunkleren, wilderen Züge in ihrem und ihrer Mutter Wesen. (Drei Jahre nach dem Tod ihrer Mutter, als sie sich daran erinnerte, wie sie die Hand der Bewußtlosen gehalten hatte, sagte sie: »Wenn es je *une âme damnée* gegeben hat, dann war sie eine.«)

In Vitas Charakter finden sich sadistische Züge. Man denke an die Geschichten aus ihrer Kindheit, als sie Spielgefährten terrorisierte und mit Nesseln peitschte. Dort lag eine Seite ihres Wesens verborgen, die sie, wie sie häufig andeutete, Harold nie offenbart hatte. Es finden sich erotische Gewaltphantasien in einigen ihrer unveröffentlichten Gedichte an Mary Campbell (welche sie 1931 Evelyn Irons neu widmete):

> ... Und willst du, prächtig in Seide gekleidet,
> Verbergen, wo dein Leib zerschunden,
> Und lassen deine Ehrenmale unerkannt?
> Komm; wenn sie schwinden, brenn ich dir neue Wunden.

Die Phantasie von grausam gerächter Untreue taucht in einem anderen Evelyn-Gedicht auf, das in ihren *Collected Poems* den Titel »Tess« trägt:

Oh, hüte dich! Denn solltest du einst schwanken
In der Treu, die dir mein Hochmut zugemessen,
Nehm ich wie eine Löwin dich in meine Pranken
Und werde rächend alle Zärtlichkeit vergessen.

In dem Jahr, als *The Dark Island* erschien, sprach sie, bezogen auf den Entführer des Lindbergh-Babys, gegenüber Harold von ihren Ansichten über Rache:

»Wenn es nach mir ginge, ich würde den Mann gern mit meinen eigenen Händen auf den elektrischen Stuhl setzen und ihn zwei Monate lang leiden lassen, um ihm die seelischen Qualen heimzuzahlen, die er sie zwei Monate lang hat leiden lassen. Ben und Gwen sagen, daß sie das nicht verstehen. Du freilich weißt, daß ich sehr rachsüchtig bin, wenn ich liebe, und darum kann ich andere Leute verstehen, die ebenfalls rachsüchtig sind. Es kommt mir so vor, als seien die Leute größtenteils sehr zahm, aber vielleicht habe ich unrecht. Jedenfalls weiß ich, daß ich mit Freuden denjenigen quälen würde, der jemandem, den ich wirklich liebe, weh getan hat.«

Wie ein Kind war sie in der Lage, Enttäuschung oder Wut körperlich auszudrücken. Doch nicht nur Harold, auch Virginia und jeder, der sie näher kannte, sprachen von ihrer nie versagenden Sanftheit als einer jener Eigenschaften, die sie an ihr am meisten liebten und schätzten. Die Grausamkeit war die andere Seite der Medaille, ihre »verruchte Seele«, und diese fand in *The Dark Island* düsteren Ausdruck. Im Buch heiratet Shirin Venn später nicht, weil sie ihn liebt, sondern weil sie die Burg und die Insel Storn liebt. Folglich besitzt Venn Shiron niemals wirklich, obgleich er Storn besitzt und sie dort wie einen Eindringling behandelt.

Etwa so wie Virginia in *Mrs. Dalloway* ihre Persönlichkeit in Clarissa Dalloway und den geisteskranken, furchtsamen Septimus aufgespalten hat, so projizierte Vita ihre nichtgrausame Seite, die frei von Venn-Eigenschaften ist, auf Shirins hingebungsvolle Freundin Cristina. Diese ist »groß und gebräunt«, eine Bildhauerin und »eine Art Gärtnerin«; sie glaubt, daß Shirin »bei mir sicherer wäre«. Während Shirin unter ihrem Schutz steht, begreift Cristina, warum Venn so geworden ist, wie er ist – was heißt, daß Vita um die Ursachen ihrer grausamen Regungen wußte. Die Herrschaft seiner Großmutter und das Wissen, daß er der Erbe großer Besitztümer war, hatten bei Venn zu »einer Selbstherabsetzung und dem damit korrespondierenden Verlangen nach Herrschaft« geführt. Gegenüber den Leuten, »über die zu herrschen er nach Natur und Gesetz berechtigt war, hatte er sich als ein freundlicher und gütiger Herr erwiesen; aber gegenüber Shirin, die ihm widerstanden hatte, verhielt er sich, moralisch und körperlich, wie ein Teufel und Sadist«.

Vitas Helden befinden sich immer im Besitz ihrer angestammten Heimat; sie schrieb nie einen erzählenden Text über den Verlust von Knole. Doch mehr als jede Einzelperson war es Knole, das sich Vita entzogen hatte. Dieser grundlegende Schmerz war ein Faktor im Kampf um Integration zwischen »Venn« und »Cristina«, dem sie manchmal unterlag. Eddy Sackville-West war einer der wenigen, der ihr schrieb und *The Dark Island* lobte. Sie erwiderte:

»Ich freue mich, daß dir *The Dark Island* gefallen hat. War es wirklich so indiskret? Ja, ich denke schon. Aber nur für Eingeweihte...

Lieber Eddy, ich liebe dich wirklich sehr... Erinnerst du dich noch, einmal in Long Barn waren wir allein und ich fing an, dir zu erzählen, wie überaus schwierig ich es immer gefunden habe, eine wirkliche Verbindung zwischen uns herzustellen? Und dann wurden wir durch irgendwas unterbrochen, und der Augenblick ging vorbei und ist nie wieder zurückgekehrt. Ich glaube, es dreht sich vielleicht immer um Knole. Im Unterbewußtsein. Du wirst das nicht verstehen, und ich kann es nicht erklären.«[10]

Im Roman wird Cristina Zeuge, wie Venn sich seine Knabenphantasie erfüllt und die nackte gefesselte Shirin in Andromedas Höhle schlägt; und das Buch endet damit, daß Venn Cristina durch einen bewußt herbeigeführten Unfall beim Segeln tötet und daß Shirin Venn umbringt, der sie seelisch bereits getötet hat. In der überregionalen Presse nahm man das Buch kühl und ein wenig verwirrt zur Kenntnis, während es in der Provinz bessere Kritiken bekam. »Die dankbaren Leute auf dem Land verehren die Aristokratie«, wie Virginia sagte. In den kommenden acht Jahren veröffentlichte Vita keinen weiteren Roman.

Kapitel 25

Gwen St. Aubyns religiöser Glaube fand ein Echo in Vitas Suche nach Integration. Als Harold in Amerika war, schrieb sie ihm – für sie ganz untypisch: »Ich bete für dich jeden Abend, jeden Morgen und in Abständen tagsüber.« Als Nigel ihr in einem Gespräch im Januar 1935 berichtete, was Religion betreffe, befinde er sich »auf der Grenzlinie«, sagte sie, »das gilt auch für mich«. In dieser Atmosphäre beschloß sie, ein Buch über Johanna von Orleans zu schreiben. »Ich beneide Gwen, die ehrlich an die Wirksamkeit des Betens glaubt. Das tue ich nicht, ich kann es nicht, aber ich bete trotzdem.«

Im Februar 1935 fuhr sie mit Gwen nach London, die in der Römisch-Katholischen Kirche gefirmt wurde, und wünschte, sie könne »ernsthafter mitempfinden«. Vita blieb im Auto und las einen Roman, während Gwen die Beichte ablegte, wohnte jedoch der Firmung bei, wobei sie sich »als völlig Außenstehende fühlte«. »Ich möchte verstehen können, was das alles für Menschen bedeutet, die wirklich glauben«, schrieb sie an Harold. Ihre Neugier und Ambivalenz lenkten sie in ihren Forschungen über Johanna von Orleans: »Sie führt einen zu allen Arten ergänzender Lektüre, wie, zum Beispiel, Bücher über die Psychologie anderer Visionäre.«

Im April fuhren Harold, Vita, Gwen und Nigel mit dem Auto durch Frankreich nach Marseille und bestiegen ein Kreuzfahrtschiff nach Griechenland; ihr alter Freund Hugh Walpole war an Bord. Harold hielt den Passagieren Vorträge über Sehenswürdigkeiten in Griechenland, und auf der Rückreise sprach Vita über moderne Dichtung. Anschließend trafen sie mit ihrem Chauffeur

Copper in Rom zusammen, und Nigel und Harold kehrten mit dem Zug zurück, währen Vita und Gwen gemächlich mit dem Auto durch Frankreich fuhren. Vita wollte die Wirkungsstätten Johannas, Orléans und Domrémis, besichtigen und in Paris Bücher über sie kaufen, die sie für ihre Arbeit benötigte. Anfang Mai waren sie rechtzeitig wieder in Sissinghurst, um die Glockenblumen blühen zu sehen, und Vita begann sogleich, ihr Buch zu schreiben.

Das Hauptprojekt in Sissinghurst war in diesem Jahr die Vollendung des »großen Raums« (jetzt die Bibliothek genannt), ein Umbau des Torhaus-Blocks, der mit einer Tür versehen wurde, die auf den Turmhof führte. In den 30er Jahren war das Gebäude ein Stall für Kutschpferde gewesen. An einem Ende ließen sie ein großes Fenster brechen, und aus Resten eines elisabethanischen Kamins, den sie im Garten vergraben gefunden hatten, ließen sie einen neuen aufbauen. Als Harold den neuen Raum vor Vitas Rückkehr aus Frankreich besichtigte, war er wenig glücklich. Ihm gefielen die Proportionen nicht, und er wußte, daß er ihnen nie so ans Herz wachsen würde wie das große Zimmer in Long Barn: »Der Raum wird immer etwas von einer Krankenstation in einer türkischen Kaserne an sich haben.«

Im Sommer, als Harold mit Ben in den Vereinigten Staaten war, begann Vita den Raum zu möblieren. Die Jungfrauen-Statue des jugoslawischen Bildhauers Rosandic aus Walnußholz bekam ihren Platz; sie war Gegenstand ihrer Gedichte »Vestal Virgin« und »Absence«. Ein Bleiguß dieser Statue stand im Garten vor dem Fenster des Speisezimmers. Von ihrer Mutter bekam sie einen schöne Lapislazuli-Tisch und andere Stücke aus Long Barn. (Long Barn war möbliert an Sidney Bernstein vermietet worden; um ihre finanzielle Situation zu erleichtern, hatte B.M. das Anwesen nominell für 8000 Pfund von ihnen gekauft, doch es war kein legaler Kauf. Vita kassierte die Miete, bezahlte die Steuern und überwies B.M. den Restbetrag.) Nachdem sie ihr Bestes getan hatte, mußte auch sie zugeben, daß sie gescheitert war, als sie am 20. Juli an Harold schrieb: »Dies ist eine Vorwarnung: Das große Zimmer ist ein REINFALL. Ich kann mir noch soviel Mühe geben, ich kriege es nicht so weit, daß es stimmt.«

Sie füllten die neuen Regale mit ein paar Hundert ihrer Tausende von Büchern und versuchten, den Raum zu nutzen. Doch als regelrechtes Wohnzimmer der Familie wurde er bald aufgegeben. Die Nicolsons nahmen ihr fragmentarisches Familienleben wieder auf; das Eßzimmer im Priesterhaus war der einzige Raum, wo sie leicht zusammenkommen konnte, aber das auch nur zu den Mahlzeiten.

Im vorigen Sommer hatte Vita im *Observer* Dorothy Wellesleys *Poems of Ten Years 1924-34* ermutigend besprochen. Nun erfuhr Dottie plötzlich Ermutigung durch eine ganz außerordentlich prominente Stimme. Ottoline Morrell führte W. B. Yeats in Penns-in-the Rocks ein; Yeats fand sowohl an Dottie als auch an ihren Gedichten Gefallen, und sie wurden rasch Freunde. Der siebzigjährige Yeats sammelte Material für sein *Oxford Book of Modern Verse*. Da er mit den zeitgenössischen Strömungen keine Berührung hatte, folgte er Dotties Rat in Hinblick darauf, welche Autoren er berücksichtigen sollte. Die Gedichte Dotties, die er in seine Anthologie aufnahm, füllten nicht weniger als siebzehn und eine halbe Seite, und er glaubte, wie er ihr sagte, daß sie »das Zeug zu einer großen Dichterin« habe.

Das war genau das Stimulans, das Dottie brauchte. Sie dürfte auch im großen und ganzen nicht ungehalten darüber gewesen sein, daß man Yeats gewaltsam zu einer anderen Ansicht über das Werk ihrer berühmten Freundin bekehrt hatte. Der Dichter schrieb ihr am 6. Juli: »Ich nehme zurück, was ich über deine Freundin Sackville-West gesagt habe, nachdem ich auf ›The Greater Cats‹ [aus *King's Daughter*] gestoßen bin; das Gedicht hat ein irrationales Element, das in der Alltagssprache nicht enthalten ist. Es ist sehr bewegend.«[1] Er nahm es in seine Anthologie auf.

Ende Oktober lud Dottie Vita nach Penns ein, damit sie Yeats kennenlernen konnte. Diese Aussicht entzückte Vita nicht übermäßig, aber »ich werde wohl mal hingehen, und den alten Mann würde ich gern kennenlernen«. Sie war erschöpft, da sie bis in die späten Nächte an ihrem Johanna-Buch gearbeitet hatte. Über ihren Eindruck von Yeats schrieb sie an Harold:

»Er ist ein Mensch, der zur Plauderei gänzlich unfähig ist, sondern entweder stumm bleibt oder sich geradewegs über die Dinge ausläßt, die ihm wichtig sind. Er hat so wenig Verbindliches an sich, daß er noch nicht einmal ›Wie geht es Ihnen?‹ sagt, wenn man hereinkommt. Er sitzt bloß auf dem Sofa, betrachtet zwei Minuten stumm seine Fingernägel, und dann erzählt er einem Geschichten über Manley Hopkins oder Lady Gregory oder Gogarty oder erläutert seine Ansichten über T. S. Eliot und *les-jeunes*.«

Er las ihnen auch einen Teil der Einleitung zu seinem *Oxford Book* vor. »Ein stattlicher Mann«, schrieb Vita in dieser Nacht in ihr Tagebuch, »mit einem schönen Gesicht, doch unglücklicherweise auch mit einem schönen Bäuchlein.«

Anfang 1935 schrieb Virginia in munter-nostalgischem Ton an Vita: »Mein Kopf ist voller Träume von romantischen Treffen. Weißt du noch, wie wir einmal in Kew in einem Purpurhagel saßen?« Im März hatte Virginia sich mit der Situation abgefunden; in ihrem Tagebuch sprach sie vom »Abfall Vitas«.

»Meine Freundschaft mit Vita ist vorbei. Sie endete nicht mit einem Streit oder einem Knall, sondern wie der Fall einer reifen Frucht... Aber ihre Stimme, die außerhalb des Turmzimmers ›Virginia?‹ sagte, war bezaubernd wie immer. Bloß, daß dann nichts geschah. Und sie ist sehr dick geworden, hat sehr viel von einer trägen Lady vom Land, heruntergekommen, will jetzt von Büchern nichts mehr wissen; hat keine Gedichte geschrieben; fängt nur Feuer, wenn's um Hunde, Blumen und neue Gebäude [in Sissinghurst] geht... Und ich empfinde keine Bitterkeit, nur eine gewisse Leere.«[2]

Daß Vita nicht mehr so gut aussah, betrübte Virginia mehr als alles andere. Im November sahen sie sich in London, und Virginia schrieb an Ethel Smyth, sie könne Vita einfach nicht verzeihen, daß sie »so stark geworden« sei:

»Mit solchen Tomatenwangen und diesem dicken, schwarzen Bart – das war gewiß nicht nötig; und der Teufel will es, daß es ihre Augen beeinträchtigt, wegen deren strahlender Schönheit ich sie zuerst liebte... aber sie bedeutet für mich immer noch Bescheidenheit und Sanftheit, wenn auch nicht mehr verkörpert, sondern sozusagen wie ein Nimbus über ihr schwebend.«[3]

Harold sorgte sich weniger um ihr Aussehen. Er war besorgt über ihre Weigerung, Menschen zu sehen. Im Februar hatte er sie wegen ihrer »Liebe zur Einsamkeit« getadelt:

»Es fängt damit an, daß du etwas gegen Ansammlungen von Menschen hast, dann gehst du dazu über, Parties zu hassen, bald danach ist sogar die Gesellschaft deiner Freunde anstrengend, niemand fühlt sich ermutigt zu kommen, und schließlich betrachtest du jedes lebende Wesen als Störung deiner Einsamkeit, und ich und Ben und Niggs, wir werden uns vorkommen, als seien wir unerwünscht. Was für uns ein Unglück wäre. Mein Schatz – ich fürchte sehr, daß es soweit kommt.«

Er machte sich immer noch Sorgen darüber, als sie im Frühjahr mit Gwen in Frankreich war: »Ich wünschte, ich wüßte, wie weit deine Abscheu vor Anhänglichkeit geht. Auf der einen Seite steht bei dir die Abneigung, ein Anhängsel zu sein. Andererseits muß es doch sogar dir gefallen, zu spüren, wie wichtig es anderen Leuten ist, was mit dir geschieht... *Ich habe eine sehr schwierige Aufgabe.*« Vor allem deshalb, weil er nicht einmal mehr wußte, welche Anschrift er auf die Briefumschläge schreiben sollte: Sie zog es jetzt sogar in ihrer privaten Korrespondenz vor, nicht mehr »Die Ehrenwerte Mrs. Harold Nicolson« zu sein, sondern »Die Ehrenwerte V. Sackville-West«. Ein Tagebuch-Gedicht, das sie vor zwei Jahren nach ihrer Rückkehr aus Amerika in ihrer unfruchtbaren Zeit geschrieben hatte, beschreibt die seelische Verfassung, die allmählich zu einer so auffälligen Entfremdung vom gesellschaftlichen Leben geführt hatte. Es trägt im Tagebuch das Datum 16. Mai 1933, und es drückt das aus, was jetzt in erster Linie ihr Gefühlsleben beherrschte:

Tage, die ich lebe, sind Tage, an denen nichts geschieht,
Wenn auf meinem Terminkalender keine Verabredungen stehn,
Wenn niemand kommt, um meinen Seelenfrieden zu stören,
Wenn niemand mich von mir selbst entfernt

Und mich in ein Flickwerk verwandelt oder in ein Puzzle,
Einen zerbrochenen Spiegel, der einst ein getreues Abbild gab,
Wenn ich nicht schauspielern muß, damit es nicht zu lange dauert,
Um mich selbst zurückzugewinnen, wenn sie gegangen sind.
Die Jahre sind zu karg bemessen, das Leben ist zu kurz,
Um Stücke meiner selbst an Freunde zu verteilen.
Was kann ich ihnen geben, wenn sie Zuflucht suchen?
Verlegenheit und Schüchternheit und ein Bruchstück nur,
Kein echtes Stück von mir, nutzlose Scherben,
Den Abfall meiner selbst, denn mein Leben gehört mir
Wie ihnen wohl die ihren – und sie können sich nicht treffen.

Es verletzte Harold am meisten, daß sie offenbar selbst an den Dingen kein Interesse hatte, die ihn betrafen. Für ihn bestand noch immer die dringende Notwendigkeit, in das öffentliche Leben zurückzukehren; im Juni hatte er telephonisch erfahren, daß er es nicht geschafft hatte, von der Konservativen Ortsgruppe in Sevenoaks als Parlamentskandidat angenommen zu werden. Zu dieser Zeit war Vita im Zimmer, doch »sie kümmerte sich gar nicht darum, sondern spielte nur mit Martha, dem jungen Hund, den ich ihr aus Uckfield mitgebracht habe... Es ist so, als ob sie überhaupt nicht gemerkt habe, daß dies eine endgültige Entscheidung zwischen Politik und Literatur bedeuten könnte. Seltsam, sehr seltsam.« (Vita nahm die Politik nicht ernst, Literatur war für sie viel wichtiger.) Harold war verärgert und enttäuscht. Er hatte Sehnsucht nach seinem alten Platz im Außenministerium. »Hier unten fühle ich mich schrecklich aus allem heraus und in einer Sackgasse.«

In diesem Sommer fuhr er ins Ausland, schrieb *Helen's Tower** und amüsierte sich mit Victor Cunard in Paris und Venedig. Aber »ich möchte dich keine Spur anders haben«, schrieb er an ihrem Hochzeitstag an Vita; und fast um die gleiche Zeit im Herbst nahm seine politische Zukunft Gestalt an. Italiens Invasion in Abessinien erfüllte ganz Europa mit Unruhe; ihm wurde angeboten, im Wahlkreis West Leicester für die National Labour Party zu kandidieren.

Mitte Oktober war Vita wieder in Frankreich, um für ihr Johanna-Buch zu recherchieren. (Auf dem Heimweg liefen sie und

---
* Erschienen 1937; dt.: *Rose und Sporn. Porträt eines Vizekönigs* (1938) [Anm. d. Übers.].

Gwen im Pariser Ritz Violet Trefusis in die Arme; sie befand sich am nächsten Tag auch auf derselben Kanalfähre. »Gehe ihr aus dem Weg«, schrieb Vita in ihr Tagebuch.) Während sie fort war, schrieb ihr Harold wegen seiner Kandidatur. Er hatte finanzielle Probleme wegen der Wahlkosten und bat sie, ihm 500 Pfund zu leihen. Sie war sehr wohl bereit, ihm zu helfen, aber sie hatte nicht die Absicht, als sein »Anhängsel« in den Wahlkampf miteinbezogen zu werden: Das betrachtete sie ausschließlich als seine Aufgabe. Es war peinlich für Harold, obgleich er den Organisatoren in West Leicester klargemacht hatte, daß seine Gattin an Politik nicht interessiert sei. Trotzdem schrieb er ihr: »Liebling, ich fürchte, du wirst zweimal herkommen müssen, da sie hier sehr bigott sind und glauben werden, wir seien geschieden. Ich habe andeutungsweise gesagt, du seist nicht recht gesund und für ein paar Wochen nach Frankreich gereist. Aber ich fürchte, du wirst hier mindestens zweimal erscheinen und auf dem Podium sitzen müssen.« Am ersten Wochenende nach ihrer Rückkehr erfüllte die Kluft zwischen seiner Erregung und ihrer Distanzierung sie beide mit Schrecken. Am Sonntagabend hatten sie »ein qualvolles Dinner«. »Sehr unglücklich über alles«, schrieb Vita in ihr Tagebuch. Aber trotzdem mochte sie sich nicht bereit erklären, nach Leicester zu fahren. Am Tag darauf schrieb sie ihm dorthin:

»Ich fürchte, du bist gekränkt abgefahren, und das finde ich schrecklich. Es lohnt nicht, alles zu wiederholen, und deshalb tue ich das nicht. Nur möchte ich sagen, daß ich abgesehen von dem, was du ›prinzipiell‹ nennst, wirklich meine, ein einziger Auftritt in Leicester wäre schlimmer als gar keiner, weil das so unlogisch wäre, und daß es, wenn du durchkommst, was ich aufrichtig hoffe, *nach* der Wahl zu Basaren und dergleichen führen würde... Weißt du auch noch, was ich gestern abend sagte? Daß mir dein Schreiben immer sehr, sehr am Herzen gelegen hat, und mehr noch deine Rundfunksendungen (bring mich nicht um!); und meine Bewunderung für deine sehr seltene Begabung, die ich viel höher bewerte als du, ist groß und immer von der tiefsten Anteilnahme begleitet worden. Also laß nicht die Vorstellung mit dir durchgehen, daß ich mich, wie du sagtest, ›niemals interessiert habe‹ für die Dinge, die dir am Herzen liegen.«

Die Wahrheit war, daß Vita dort an den Dingen Anteil nahm, die ihm am Herzen lagen, wo sie sich mit ihren Interessen berührten. Diplomatie und Politik zählten nicht dazu. Harold antwortete, er sei nicht gekränkt. »Nur verwirrt und ziemlich ärgerlich. Ich begreife deinen Standpunkt wirklich nicht, aber ich glaube nicht, daß der Beweggrund Selbstsucht im gewöhnlichen Sinne ist – nur selbstsüchtig insoweit, als es meine Bedürfnisse und Schwierigkeiten ignoriert.« Er sagte seinem Wahlkampfmanager, seine Gattin stehe »nicht zur Verfügung« – was nach seinem Gefühl nicht ganz gelogen war. Ben und Nigel (der jetzt auch auf dem Balliol College war) fuhren nach Leicester, um am Wahltag bei ihrem Vater zu sein. Vita blieb zu Hause und schrieb täglich, manchmal zweimal am Tag, Briefe der Liebe und Aufmunterung an Harold. Er riet ihr, nicht solange aufzubleiben, bis die Wahlergebnisse bekanntgegeben würden: »Meine einzige liebste Viti – du bist jetzt mit Briefen und Telegrammen so aufmerksam gegen mich gewesen. Es ist wirklich etwas anderes, wenn man spürt, daß du wirklich Anteil an meinem Schicksal nimmst. Manchmal glaube ich, du tust es nicht.« »*Natürlich* werde ich aufbleiben und Radio hören«, erwiderte Vita; und in den frühen Morgenstunden des 15. November hörte sie, daß Harold mit einer Mehrheit von 87 Stimmen gewählt worden war.

Harold war Mitglied des Unterhauses. Er hatte das erreicht, was er am meisten gewollt und gebraucht hatte. Er konnte sich fröhlichen Herzens wieder auf die Differenzen zwischen sich und Vita einstellen, Differenzen, die bei anderen Ehepaaren inzwischen zu unversöhnlichen Widersprüchen geführt haben würden. In Eile und Aufregung schrieb er ihr am 16. Dezember auf Unterhaus-Schreibpapier:

»Ich werde in diesen Tagen nicht oft schreiben können, was ich hasse. Oh, mein Liebling, ich liebe dich so, du meine alte verrückte, liebste, liebste Viti.

Ich glaube nicht, daß jemals ein Mensch so überschwenglich geliebt worden ist wie du von mir. Aber du glaubst das alles nicht, weil das, was du liebst, LEIDENSCHAFT ist, von der nicht das Geringste vergeudet werden soll. Wirklich echte Eifersucht und Messer. Das ist es, was Mar gefällt. Alles andere ist bloß dein alter Lehnstuhl.«

Ende Januar 1936 machte sich Vita wieder Sorgen wegen Gwen, die sich einer weiteren Operation unterziehen mußte. Während sie in London den Ausgang der Operation abwartete, wurde Vita in King's Bench Walk von Miss Macmillan, ihrer neuen Sekretärin, von Sissinghurst aus angerufen. (Hilda Matheson hatte eine ihren Fähigkeiten entsprechende Stellung als Sekretärin beim »African Survey«, dem Sir Malcolm Hailey vorstand, gefunden.) »Mac«, wie jeder Miss Macmillan nannte, sagte Vita, daß B. M. in White Lodge gefährlich erkrankt sei. Vita erreichte das Krankenbett ihrer Mutter, kurz bevor B. M. starb. Harold traf ein wenig später ein: »Bringe Viti in das Nebenzimmer... Sie hat eine rührende kleine Botschaft in Maschinenschrift hinterlasssen, daß sie verbrannt werden und ihre Asche ins Meer gestreut werden solle. Viti ist sehr verstört und erschüttert, aber innerlich, so glaube ich, erleichtert.«

Die Jungen kamen aus Oxford; Vita legte großen Wert darauf, daß sie ihre Großmutter sahen, vielleicht weil sie ein paar Tage zuvor so gerührt gewesen war, als sie in Westminster Hall den aufgebahrten Leichnam Georges V. gesehen hatte.* Danach schrieb sie an Nigel:

»Ich bin froh, daß ihr nach White Lodge gekommen seid und euch mit dem Tod auseinandergesetzt habt. Ich glaube, er wird euch jetzt niemals mehr einen Schrecken einjagen. Wie du sagtest, ist er etwas sehr Stilles und Natürliches. Besonders etwas Stilles. ›Nach des Lebens launenhaftem Fieber schläft er ruhig.‹ Ich glaube, daß Großmamas Leben ein launenhaftes Fieber war, aber auch, daß sie jetzt ruhig schläft. Ich glaube auch, daß all ihre Fehler ihr verziehen sind und man sich nur an ihre Tugenden erinnern wird. Dafür habe ich gebetet, als ich neben ihrem Bett kniete.

Ihr beide wart so gut zu ihr und verständnisvoll, und dafür werde ich euch immer dankbar sein. Ich darf gar nicht daran denken, wie sehr es mich geschmerzt hätte, wenn meine Söhne schreckliche Zyniker gewesen wären, die meine sehr schwierige Mutter kein bißchen verstanden hätten! Aber ihr habt sie verstanden, und mein einziger Kummer ist, daß ihr sie nicht in jenen Zeiten erlebt habt, als sie wirklich heiter und bezaubernd war. Dann hättet ihr sie so

* König George V. starb am 20. Januar 1936 [Anm. d. Übers.].

sehr geliebt wie ich. Ich liebte sie wirklich, Niggs, und ihr Tod geht mir schrecklich nahe, obgleich ich weiß (mit dem Verstand), daß er das Beste für sie ist.«

»Betäubt«, wie sie in ihrem Tagebuch schrieb, kehrte Vita an Gwens Krankenbett zurück. Harold streute, assistiert von B. M.'s Sekretär, die Asche ins Meer. »Vermisse B. M.«, schrieb Vita traurig am 9. März, ihrem vierundvierzigsten Geburtstag.

Dennoch hatte sie sich aufgemacht und dreißig neue Wellensittiche für ihr Vogelhaus gekauft und zweihundert Forellen für den See bestellt. Die Lindberghs waren in England, und sie kamen überein, Long Barn zu mieten. Vita war erfreut. »Sie sind reizend und wirrköpfiger, als ich es für möglich gehalten hätte. Ich habe ihre sämtlichen Angelegenheiten in die Hände genommen, habe sogar ihre Kohlen bestellt! Offenbar haben sie sich schon in Long Barn verliebt.« *Saint Joan of Arc* wurde beendet und an den Verlag Cobden-Sanderson geschickt, wo das Buch mit einer Widmung für Gwens Tochter, Philippa, erschien.

B. M.'s Tod verbesserte die finanzielle Situation der Nicolsons erheblich, wenngleich sie Wertpapiere im Wert von 46 000 Pfund verkaufen mußten, um die Erbschaftssteuer zu bezahlen. »Du wirst mit 5000 Pfund jährlich brutto und dem, was du verdienst, in guten Verhältnissen leben«, teilte Harold Vita mit. Die Jungen würden jeder 1000 Pfund im Jahr haben, was sie unabhängig machen würde. Doch Vita machte sich Sorgen, daß der von ihr so verehrte Ben so gleichgültig und offensichtlich ohne Zielstrebigkeit war. Es gefiel ihr nicht, daß er sich nicht sportlich betätigte, sich nur gelegentlich rasierte und Dinge zu tun vergaß, um die man ihn bat. Sie war erleichtert, als er im Sommer bei seinen Abschlußprüfungen in Oxford als Zweiter abschnitt; weiterhin liebte sie an ihm eine »Art Unschuld und Idealismus und Reinheit... ich meine, er ist so ganz ohne Zynismus und Blasiertheit.« Zynismus wurde in zunehmendem Maße die Hauptsünde in ihrem Wertsystem und »Charakter« ihre bevorzugte Tugend. Sogar Harold gab sie den ernsten Rat, wie wichtig es sei, im Unterhaus »wohlüberlegte Äußerungen« zu machen: »Ich denke, das ist es, was einem auf lange Sicht im öffentlichen Leben Respekt verschafft, mag man auch noch soviel Geist und Verstand haben, über die du ja ausreichend verfügst. Und speziell du hast soviel davon, daß die Leute dazu neigen könnten, dir zu mißtrauen – du weißt, wie die Engländer sind.« Die »englische«, konservative Seite ihres Wesens trat stärker hervor, während das unzuverlässige »Zigeuner«-Element zurückgedrängt wurde. In kleinen Dingen rückte sie politisch mehr nach rechts und hatte, zum Beispiel, keine Geduld mit Lady Hastings, dieser »entsetzlichen Frau«, die kam, um für »die Roten« im Spanischen Bürgerkrieg zu sammeln. Sie hatte wenig Sympathie für die Zwangslage, in die sich der neue König Eduard VIII. mit Mrs. Simpson gebracht hatte und die Ende des Jahres zu seiner Abdankung führte.* »Das all das geschehen konnte wegen eines solchen billigen Unsinns! Natürlich hätte sie das nie zulassen dürfen, und jede anständige Frau hätte es verhindert.« Vita haßte das, was sie »die moderne Welt« nannte. Im Gegensatz zu Harold haßte sie den *Ulysses*. Ihr Arzt, den sie wegen einer kleinen Unpäßlichkeit aufsuchte, sagte ihr, sie sei in den Wechseljahren.

Am 27. Mai 1936 fuhr Vita nach London, um eine Forellenangel zu kaufen, das erste Exemplar von *Saint Joan of Arc* beim Verlag abzuholen und um mit Virginia zu speisen; diese fand Vita »sehr stabil, körperlich wie seelisch. Ich finde keine Unlauterkeit oder Veränderung; aber freilich hat sich meine Beziehung zu ihr nie geändert: immer liebevoll«, schrieb sie an Ethel Smyth. Virginia stand kurz vor einem weiteren ernsten Anfall ihrer Nervenkrankheit, und tatsächlich regte sie Vitas Besuch so auf, daß sie anschließend Chloral nehmen mußte. Sie bat Ethel, Vita nichts davon zu sagen.

Ethel Smyth mißfiel *Saint Joan of Arc* sehr, und sie schrieb das auch der Verfasserin. Sie sei »verärgert« und »sprachlos«, daß »die Person, die *Passenger to Teheran* verfaßt« habe, ein nach ihrer Meinung so schlechtes Buch habe schreiben können. Sie hatte den Verdacht, Vita habe sich zu sehr auf die Ansichten von Gwen St. Aubyn gestützt. Christopher St. John bat eigens darum, Vitas Buch für den *New Statesman* rezensieren zu dürfen, dessen Feuilletonredakteur

---

* Eduard VIII. (1894-1972), seit Januar Nachfolger von George V., mußte wegen seiner Freundschaft mit der zweimal geschiedenen Amerikanerin Wallis Warfield-Simpson bereits am 11. Dezember abdanken [Anm. d. Übers.].

Raymond Mortimer war. In ihrem Liebes-Tagebuch verdammte Christopher Vitas »unerträglich herablassende Haltung gegenüber einer Heiligen Gottheit« und bezeichnete das Buch als »schwach und unschlüssig, langatmig« und voll von »schwächlicher Fröhlichkeit«. Ihre Kritik war entsprechend scharf.

Auch Virginia mochte Vitas Buch nicht; Vita gegenüber nannte sie es »ein festgefügtes und geschlossenes Werk«, und in einem Brief an Ethel bezeichnete sie es als »ordentliche Fleißarbeit«. Doch in England und in den Vereinigten Staaten wurde es Buch des Monats, und die Kritiken waren meistens respektvoll. Was Vitas Freundinnen eigentlich beklagten, war ihre Hinwendung zu einem Thema, für das sie nach ihrer Meinung schlecht geeignet war und das sie nur wegen der religiösen Ansichten ihrer Schwägerin aufgegriffen habe.

Tatsächlich war das Thema sehr wohl Vitas Stimmung und Interesse angemessen, ganz abgesehen von der Tatsache, daß sie die greifbare Sekundärliteratur solide verarbeitet hatte. Johannas klare Entscheidung für männliche Kleidung konnte sie gut verstehen, und sie deutete Johanna als »sonderbare Mischung aus weiblichen und männlichen Eigenschaften, rücksichtslos den Feind angreifend und weinend, wenn sie seine Wunden sah«. Es war leicht für sie, sich in Johannas widerspenstiges, glühendes Naturell einzufühlen. Sie war ganz aufrichtig, als sie über Johannas Beziehung zum Dauphin schrieb: »In den Augen lauwarmer Menschen sind leidenschaftliche Menschen immer eine Plage. Aalglatte Menschen betrachten dynamische Menschen immer... als eine Plage.« Dem Problem von Johannas Visionen und Stimmen näherte sie sich »im Geist völliger Aufgeschlossenheit und im Bewußtsein unserer Unwissenheit«, wie sie in der Einleitung schrieb; dort umriß sie auch ihre eigene religiöse Position:

»Ich selbst bin nicht das, was man im orthodoxen Sinne unter einem ›religiösen Menschen‹ versteht, und ich bin auch nicht Mitglied einer Religionsgemeinschaft. Gleichwohl glaube ich, glaube ich fest, konfrontiert mit dem letzten Rätsel, an eine geheimnisvolle, zentrale, Leben schaffende Kraft, welche die natürliche Schwäche der menschlichen Natur notwendigerweise in einem Namen glaubt symbolisieren zu müssen, einem Amalgam aus Furcht und Trost.«

Diese Haltung war es, die der orthodoxen Katholikin Christopher St. John »herablassend« vorgekommen sein mag.

Zehn Tage nach Erscheinen von *Saint Joan of Arc* sah Vita in White Lodge die persönliche Habe ihrer Mutter durch und stieß dabei auf ein paar Schriftstücke, »die mich in höchste Erregung versetzten«. Sie nahm sie mit nach Hause. Diese Papiere enthielten die Aussagen der spanischen Zeugen, die dem Gericht im Prozeß um das Knole-Erbrecht 1910 vorgelegen hatten. »Sie sind genauso wie die Zeugen im Fall der Johanna: alles Arbeiter und ähnliche Leute, die in einem kleinen Dorf in Spanien lebten. Ich habe sie noch nicht ganz durchgelesen, aber was ich gelesen habe, genügte, mir den Mund wäßrig zu machen. Sie alle sind Menschen, die Pepita und ihre Mutter gekannt haben.«

Sie ging zu den Familienanwälten und lieh sich die Protokolle und Akten des damaligen Erbstreites aus. Sie las alles, was sie über das romantische Leben ihrer zigeunerischen spanischen Großmutter in die Hände bekommen konnte. Am 20. August, nach dem Dinner, begann sie *Pepita* zu schreiben, jenen Roman, der das persönlichste, menschlichste und lebendigste ihrer Bücher werden sollte. Indem sie die Familiengeschichte über Pepita hinaus weiterschrieb, nahm sie die Gelegenheit wahr, das komplexe Leben und die Persönlichkeit ihrer Mutter mit Humor und Scharfblick auszuleuchten und künstlerisches Kapital aus ihrer eigenen Kindheit und ihrem sonderbaren Erbe zu schlagen. Sie erweckte die spanische Zigeunerin zum Leben, unterwarf sie den Regeln der Geschichte und der Kunst und brachte auf diese Weise, zum Guten oder Bösen, die Austreibung der spanischen Zigeunerin in ihrem Charakter zu einem Ende – eine Austreibung, die mit der Introvertiertheit ihrer mittleren Jahre ein Sissinghurst und vor allem mit dem Tod ihrer Mutter begonnen hatte.

Kapitel 26

Vita versuchte ihren Hang zur Zurückgezogenheit zu bekämpfen, um Harold eine Freude zu machen. Am ersten Sonntag im November 1936 hatten sie eine Invasion zu verzeichnen: »Peter Quennell*, Cyril Connolly und Mrs. C., Mrs. Quennell und einer der Paget-Zwillinge kamen am Morgen von Possingworth herüber; alle sehr schmutzig und angesäuselt.« Dann kamen Eddy und Eardley Knollys zum Lunch, Sam St. Aubyn und zwei seiner Töchter und Ozzie Dickinson zum Tee. Obwohl Vita die meisten dieser Leute als Einzelpersonen mochte, hatte sie, wenn sie zusammen auftraten, keine Freude an ihnen. »Ruhiger Tag in Sissinghurst«, war ihr bevorzugter Tagebucheintrag, ein Ausdruck, der zu einem Familienspaß wurde. Peter Quennell hat nach fast fünfzig Jahren seine Erinnerungen an das Treffen mit den Nicolsons an jenem Sonntag veröffentlicht. Wenn seine Begleitung Vita »schmutzig und angesäuselt« vorkam, so rief ihre Erscheinung bei ihren Gästen Erstaunen hervor. Ihre Befürchtungen, ihr Aussehen könne den Leuten sonderbar vorkommen, beruhten nicht nur auf Paranoia:

»Fülliger und ein wenig größer als ihr Gatte, der mit seinem frischen rosigen Gesicht, Pfeife und konventionellem Tweed-Jackett neben ihr ein wenig jungenhaft und studentisch wirkte, stellte sie sich als eine kraftvolle Mischung beider Geschlechter dar – Lady Chatterley und ihr Liebhaber in einer Person, wie nach meiner Erinnerung ein zeitgenössischer Humorist bemerkte. Unter der Krempe eines steifen spanischen Hutes kamen schwarze, drahtige Locken hervor. Ihre Augenbrauen waren dicht; ihre Augen waren sehr dunkel; ihre Wangen hatten eine intensive, karminrote Färbung; und sie machte keinen Versuch, den merklichen Bart zu verbergen, den Virginia Woolf liebevoll erwähnt. Obwohl sie lange Ohrringe und eine kleine Perlenkette trug, deren Ende in ein Spit-

---

* Peter Quennell (geb. 1905), Schriftsteller, Kritiker und Essayist. Verfaßte u.a. Arbeiten über Ruskin, Byron und Hogarth [Anm. d. Übers.].

zenhemd gesteckt war, wurde der Schmuck von einem dicken
Cord-Jackett begleitet; ihre Beine, die Mrs. Woolf an kräftige
Baumstämme erinnerten, steckten in Jagdhüter-Breeches und bis
zum Knie geschnürten Stiefeln... Sie hat die eindrucksvolle Aura
einer archaischen Kult-Statue; und ich schüttelte nicht ohne ein gewisses Schmerzempfinden ihre kräftige Hand.«[1]

Sie arbeitete, nachdem sie den ganzen Tag im Garten tätig gewesen
war, bis zwei oder drei Uhr früh an *Pepita*. Im Lauf des Jahres war
die Lindenallee fertiggestellt und die Beete zwischen den Linden
bepflanzt worden. Sie versuchte, ein Enzianbeet anzulegen, und
hatte ihr Orchideenhaus in Betrieb genommen. Im großen Zimmer
war eine Zentralheizung installiert worden.

Zu Beginn des Jahres 1937 trotzte sie abermals der Außenwelt
und verbrachte drei Tage in London, ihre »Wintersaison«, wie sie
es nannte. Harold weilte in Regierungsangelegenheiten in Afrika,
und die Party, die sie in King's Bench Walk ausrichtete, gab sie ausschließlich Ben zuliebe. Er hatte eine befristete Anstellung bei der
National Gallery am Trafalgar Square, und Vita war der Meinung,
wenn er Leute einlade, würden sie »ihn vielleicht ihrerseits zum
Dinner oder zu Lunch-Parties einladen«.

Als die drei Tage vorüber waren, schrieb sie an Harold: »Ich kann
nicht verstehen, wie Leute aus freien Stücken in London leben können. Alles erscheint mir so unwirklich und verwirrend.« Doch ihre
Bemühungen, mit anderen Verbindungen anzuknüpfen, schienen
zu Ergebnissen zu führen – eines der besten war die Tatsache, daß
sie besser mit Nigel auskam. »Er sagte Gwen, daß er gern mit mir
hier [in Sissinghurst] sei, was mir zu Herzen ging, weil ich bereits
das Gefühl hatte, daß wir viel besser miteinander auskommen; weniger verkrampft und so, weißt du«, schrieb sie an Harold.

Eine regelmäßige Besucherin in Sissinghurst, selbst in Vitas un-
geselligsten Phasen und obwohl dort für das leibliche Wohl nur
höchst unzulänglich gesorgt wurde, war Sibyl Colefax*. In erster
Linie als Prominentenjägerin und Gastgeberin bekannt, zeigte sie
den Nicolsons, die sie liebte und verehrte, eine anderes Gesicht. Sie

---

* Lady Sibyl Colefax war neben Lady Cunard die führende Gastgeberin des politischen
und literarischen Londons. Sie starb 1950 [Anm. d. Übers.]

schickte Vita einen »Flauschmantel«, wie sie einen trug, bloß weil Vita ihn bewundert hatte; sie fühlte sich in Sissinghurst verstanden und pflegte Vita lange, unleserliche Tiraden voller Zuneigung und Dankbarkeit zu schreiben. Vita, die einige davon aufbewahrte, schrieb auf einen Umschlag: »Dies ist ein Brief von einer angeblich kalten und herzlosen Person. Ich habe ihn aufbewahrt, weil ich immer der Meinung war, daß man sie falsch eingeschätzt hat.«

Während sich Vita mit Gwen im Frühling auf einer Urlaubsreise in Nordafrika befand, erfuhr sie von Mac, ihrer Sekretärin, daß sie und Harold für den 17. März zu einem Dinner im Buckingham Palast eingeladen worden seien. Trotz ihrer neuen Linie, in bescheidenem Maße am gesellschaftlichen Leben teilzunehmen, weigerte sie sich hinzugehen. Sie habe kein Abendkleid, schrieb sie Harold, und keine Zeit, eines anfertigen zu lassen. »Ich brauche mich bloß zu verstecken, und du brauchst bloß heftig zu lügen, wenn jemand fragt, wo ich bin.« Doch sie nahm eine Einladung an, von Mrs. Morrows Zimmer im Carlton dem Krönungszug von George VI. zuzuschauen, und lud auch weiterhin ein paar Leute nach Sissinghurst ein.

Eine dieser Besucherinnen war Olive Rubens, ihres Vaters alte Liebe, die seit 1932 glücklich mit einem General Nation verheiratet war. Im Mai kam Jack Squire zum Lunch, der sich inzwischen ganz dem Trunk ergeben hatte. Als das Essen halb vorüber war, schrieb Vita, »war ich sein ›Liebling‹ geworden und ließ mir erzählen, es gebe nur zwei Menschen in England, die er liebe, nämlich Mr. Baldwin* und mich«. Um ihn von der Flasche wegzulocken, führte sie ihn in den Garten, »wo er liebevoll meinen Arm nahm, weil er nicht mehr gerade gehen konnte. Es war einfach schrecklich... manchmal hatte er einen wirklich tragischen Ausdruck in den Augen.« Angenehmere Sommergäste waren ihre alte Freundin Enid Bagnold Jones und die Dichterin Ruth Pitter, die für ihr Buch *A Trophy of Arms* den diesjährigen Hawthornden-Preis erhalten hatte, überreicht durch Vita: »Eine bezaubernde Person, eine wirklich sehr ausgeprägte Persönlichkeit; sehr intelligent, voller Ideen. Ich habe mich selten mit jemandem auf Anhieb so gut verstanden. Wir rede-

---

* Stanley Earl Baldwin of Bewdley (1867-1947), mehrere Male Premierminister; zuletzt 1935/36. Trat nach der Krönung Georges VI. zurück [Anm. d. Übers.].

ten fünf Stunden ohne Unterbrechung und machten einen langen Waldspaziergang.«

Eine Abordnung von Harolds Wählern kam zur Besichtigung des Gartens; Harold, der ihr gemeinsames Werk mit den Augen der Besucher sah, begriff zum ersten Mal, wie gut es war. Den Plan rechnete er sich selbst als Verdienst an; doch Vita habe den Garten einzigartig gemacht. »Das Geheimnis deiner Gärtnerei besteht ganz einfach darin, glaube ich, daß du den Mut hast, häßliche oder wenig erfolgreiche Blumen wegzutun. Abgesehen von diesen gräßlichen knallroten Kniphofien, für die du eine Schwäche hast, gibt es auf dem ganzen Grundstück keine häßliche Blume... Es ist schön, schön, schön – und du mußt mit deiner Arbeit zufrieden sein.« Harold hatte starke Vorurteile gegen bestimmte Blumen – »Ich wäre überaus glücklich, wenn ich wüßte, daß ich nie mehr eine Buddleia zu sehen brauchte«, schrieb er später im Jahr, und ihm zu Gefallen nahm Vita zwei Buddleias fort.

Nachdem sie *Pepita* abgeschlossen hatte, bereitete sie ein kleines Buch mit dem Titel *Some Flowers* vor – kurze Texte, die durch Photographien ergänzt wurden. Christopher St. John, die dieses Buch Ende des Jahres als Weihnachtsgeschenk verschickte, erzählte einer ihrer Freundinnen, Vitas eigener Garten sei »sehr schön und originell«; doch dann: »Dabei kommt ihr ein sehr fruchtbarer Boden zu Hilfe und der Schutz der alten Mauern ihres Schlosses... (Außerdem Berge von Geld!!).« Der Plan des Gartens änderte sich laufend: Wo der Gemüsegarten gewesen war, pflanzten sie Rosen um das Rondell; und den alten Rosengarten machten sie zum Kräutergarten mit vielen Rittersporrnstauden.

Vita ließ sich dazu herbei, Einladungen zu Vorträgen anzunehmen, und im Juli ging sie sogar auf eine königliche Garten-Party. Ende des Monats war sie mit Gwen in Oxford, wo sie als Preisrichterin beim Festival der gesprochenen Dichtung fungierte. Auden war einer ihrer Kollegen; später schrieb sie über ihn an Ben: »Ich mag ihn sehr gern, aber ich wünschte, er wäre nicht so schmutzig... Wenn man schon die offenen Sandalen eines spanischen Maultiertreibers trägt, müssen die Füße so aussehen, als habe man sie im Lauf der letzten sechs Wochen wenigstens einmal gewaschen. Seine sehen nicht so aus.« Ihre Briefe an Ben, der den Sommer im Ausland verbrachte, befassen sich oft mit seiner lässigen Einstellung zum Leben und zur Arbeit, die sie weiterhin beunruhigte. 18. Oktober 1937:

»Du weißt, daß ich die moderne Welt ebenso verabscheue wie du, wenn nicht noch mehr, und ebenso wie dich langweilen auch mich Politik und Probleme. Wie du würde ich es tausendmal vorziehen, wenn alles sicher, geregelt, menschlich, heiter, gemütlich, gelehrt und überhaupt charmant wäre... Doch zugleich kann man sich der Einsicht nicht verschließen, daß Kunst und praktische Wirksamkeit immer Hand in Hand gegangen sind und daß die vitalsten und tatkräftigsten Nationen immer diejenigen gewesen sind, welche die größte Kunst hervorbrachten... Kurz, ich möchte sagen, daß man, da es nicht gut ist, sich gegen die moderne Welt abzuschotten und sich in seine eigene kleine, goldene, zentralbeheizte Klause zurückziehen, sie seinen Bedürfnissen anpassen, sich das Beste nehmen muß, helfen muß, wo man kann, und erst nach reiflicher Überlegung fallenlassen darf.«

Das waren die Lektionen, die sie selbst nach ihrem langen Rückzug hinter die *huis clos* von Sissinghurst zu lernen versuchte.

Sie schrieb Ben aus Lisieux in Frankreich, wo sich Heimat und Grab der Heiligen Thérèse befanden, der »Kleinen Blume Jesu«. Gwen, der als Katholikin die Kathedrale und das Haus der Thérèse viel bedeuteten, war bei ihr; für Vita war Lisieux »ein sonderbarer Ort«, und die Geschichte der Thérèse faszinierte sie. Copper chauffierte sie durch die Dordogne nach Rocamadour: »ein erstaunliches Dorf, das sich an eine mehrere hundert Fuß hohe Klippe anklammert und von Kirchen gekrönt wird«. Im nahegelegenen Padirac kletterten Vita und Copper in die tiefe *gouffre* hinunter. Diese Ferien machten auf Vita einen großen Eindruck. In der Nacht ihrer Rückkehr nach Sissinghurst begann sie ein Gedicht über Rocamadour; und am nächsten Tag: »Denke daran, ein Buch über die Heilige Teresa von Avila und die Heilige Therese von Lisieux zu schreiben.« Doch für den Augenblick blieb das Buch *Adler und Taube* noch ungeschrieben.

Im Oktober, eine Woche nach ihrer Rückkehr aus Frankreich, erschien *Pepita*. Das Buch war auf Anhieb ein Erfolg und wie nichts sonst dazu angetan, Vita wieder unter Menschen zu bringen. Die Hogarth Press verkaufte in den ersten zwei Monaten 10 000 Exemplare, und das Buch erwies sich als ein »Dauerbrenner«. Was die Aufnahme des Buches betraf, blieb Vita zurückhaltend; sie schrieb an Harold:

»Ich glaube nicht, daß ich jemals so viele nette Briefe über ein Buch bekommen habe wie über *Pepita*... und außerdem viele sehr gute Kritiken. Um B. M.'s willen erfreut mich das, doch es irritiert mich auch ein wenig... da in Wirklichkeit der Wert, den das Buch haben mag, hauptsächlich auf dem Stoff beruht – und obwohl man ihn geschickt zusammenfügen muß, ist das doch nur ein Trick, den man in jahrelanger Erfahrung gelernt hat.«

Die Charakterstudie und die Beschreibung B. M.'s in *Pepita* waren so treffend, liebevoll, unsentimental und ausgewogen, daß dieser Teil des Buches die meiste Resonanz hervorrief. Olive Rubens (Nation) schrieb: »Arme B. M., wieviel davon hätte sie verstanden! Ohne ihre Fehler zu verniedlichen, hast du es geschafft, daß man sich liebend ihrer Qualitäten erinnert... Ich bin dankbar, daß ich jetzt wieder dieselbe Faszination empfinden kann, die mich vor so vielen Jahren zuerst in ihren Bann schlug. Bravo, Mar, wie Lionel gesagt hätte.« Edwin Lutyens, »McNed«, der B. M. so sehr geliebt hatte und von ihr so schmählich mißbraucht worden war, schrieb: »Welch ein Stoff, und wie vortrefflich erzählt. B. M. tritt wie Porzellan hervor, dessen Glasur krakeliert ist. Ich wünschte, ich hätte am Ende mehr Geduld gehabt. Sie verließ mich!... Die Klosettdeckel waren alle abgeschraubt – ›sie wollte keinen Mann im Haus dulden‹!... Es war alles zuviel für mich, und dann begannen die Schwierigkeiten. Mein Gott!« George Plank schrieb über B. M., nachdem er *Pepita* gelesen hatte: »Ich weiß, ich werde sie vermissen, solange ich lebe.«

Auch Vitas Kinder fanden an dem Buch Gefallen. Aus Oxford schrieb Nigel, bereits als der Historiker der Familie: »Liebe Güte, welch bewunderungswürdige Eltern ich doch habe; welch ein Vorbild – mehr noch: welch eine Verbindung –, deren Ruf man gerecht werden muß. Glaubst du, daß du oder Papa oder Ben oder ich oder ein Außenstehender jemals ein Bild unserer Familie entwerfen wird, wie du und D. [in *Helen's Tower*] es von der eurigen gezeichnet habt?« Und Ben schrieb aus Bologna, er habe »wegen Großmama mehrere Male einen Klumpen im Hals gehabt«; Vita habe, schrieb er weiter, »alle Tatsachen ausgebreitet, wie schrecklich und wie wundervoll auch immer«.

Innerhalb der Familie gab es nur zwei abweichende Stimmen. Die eine kam von Lord Sackville, Vitas Onkel Charlie. Er schrieb aus Knole, er sei »verstimmt«. Er habe nichts gegen das, was Vita über Pepita und B.M. geschrieben habe, doch er wende sich gegen »die Art, mit der mein Onkel Lionel und dein Vater porträtiert sind«. (Vita hatte die passiven, introvertierten Sackville-Eigenschaften ihres Vaters und Großvaters betont.) Doch »wenn ich vielleicht auch verstimmt bin, vermindert das nicht meine Zuneigung zu dir«.

Die andere abweichende Stimme kam von B.M.'s ältlicher Schwester Amalia, die, ohne Verbindung zur Familie, in Kent, in der Nähe von Canterbury, lebte. Sie war wütend, daß der Schmutz wieder aufgerührt würde. Sie schrieb an die Presse und an Vita und drohte mit einer Verleumdungsklage, wobei sie durch ihre Behauptung, B.M.'s Vater sei nicht Lord Sackville, sondern ein in Spanien ermordeter Jude gewesen, ihrerseits neuen Schmutz aufwirbelte. Dann kam eine Lady Norbury, eine Freundin Amalias, zum Tee nach Sissinghurst »und erzählte mir, B.M.'s Vater sei in Wirklichkeit ein baskischer Ziegenhirt gewesen«. Vitas Anwalt nannte Amalias Einlassungen »die Hirngespinste eines verqueren Geistes« und Harold schrieb ihr einen besänftigenden Brief.

Seit Harold Mitglied des Unterhauses geworden war, sahen er und Vita sich weniger häufig, obgleich er an den Wochenenden zu Hause zu sein pflegte – falls er nicht im Ausland war oder anderswo eingeladen wurde. Ihre täglichen Briefe offenbaren kein falsches Bedauern über diesen neuen Zustand, in dem jeder das Leben führte, dessen er bedurfte. Wie immer teilten sie einander mit, was sie dachten und taten; doch in Harolds Briefen schwächten sich die sehnsuchtsvollen, gefühlvollen Töne ab. In der Vergangenheit war es Vita gewesen, die unruhig und unberechenbar war und zu privaten Eskapaden verschwand; inzwischen gab es für sie viel seltener keinen »ruhigen Tag in Sissinghurst«, während er geschäftig und gefragt und immer in Eile irgendwohin unterwegs war. Im äußeren Ablauf ihrer Leben glichen sie mehr Mutter und Sohn als Ehemann und Ehefrau. Im Dezember 1937 erhielt er eine Einladung vom Herzog und der Herzogin von Windsor. »Bist du sicher, daß du Weihnachten nicht lieber mit ihnen als hier verbringen möchtest?« fragte ihn Vita. »Ich würde das vollkommen verstehen, also nimm auf *mich* keine Rücksicht.«

Harold antwortete, er wolle Weihnachten »nicht mit dem lustigen Weib von Windsor verbringen, sondern nur DAHEIM«. Nach Weihnachten schrieb er ihr einen Liebesbrief; und an Ben schrieb er, er sei zwar »nicht im mindesten ›in Mama verliebt‹«, doch liebe er sie mehr als alles andere auf der Welt.

»Sie ist keine einfache Ehefrau im herkömmlichen Sinn. Sie ist eine schwierige Ehefrau. Doch sie bedeutet mir alles auf Erden, wie du weißt. Und warum? Weil wir, obwohl wir in vielen Neigungen verschieden sind und viele Aktivitäten nicht gemeinsam haben, im Grunde eins sind. Und warum? Weil jeder von uns den anderen ein klein wenig fürchtet. Einer begegnet dem anderen mit tiefer Achtung.«

Vita, wenngleich scheu und zaghaft, außer in verläßlicher Gesellschaft, war der stärkere Charakter: In ihren gelegentlich unbequemen Vorstellungen und Idealen war sie kompromißloser und entschiedener. Harold neigte zu übergroßer Flexibilität und zum Ausgleich; er brauchte ihre Bestimmtheit.

Die Niederschrift von *Pepita* war für Vita eine Befreiung und die Möglichkeit, sich offener auszudrücken. Mit einem plötzlichen Aufschwung des Gefühls wandte sie sich Virginia wieder zu und schrieb »Meiner (einstigen) Virginia« am 13. November einen langen selbstbewußten Brief. »Du sagtest, ich sei eine Närrin, dir zu schreiben, wenn meine Feder verlangend zuckt.« Sie bat Virginia, nicht zu antworten. »Ich werde wissen, daß der Brief angekommen ist und du ihn als einen lieben Gedanken von deinem Orlando empfangen wirst.«[2] Virginia antwortete beruhigend und schrieb sinngemäß, daß sie immer für Vita da sein werde; und ihre Briefe und Treffen füllten sich wieder mit Leben und Sinn.

Pepita hatte Knole Vita sehr nahegebracht, und sie versuchte, ihren alten Kummer durch den ziemlich unrealistischen Versuch zu entschärfen, ihre Beziehung zu ihrem Vetter Eddy in der Phantasie auszuspinnen:

»Knole ist eine furchtbare und tiefe Blockade gewesen. Ich schätze, meine Liebe zu Knole ist tiefer gegangen als alles andere in meinem Leben. Wärest du mein Bruder gewesen, hätte es diese Blockade nicht gegeben, weil ich überhaupt nichts dagegen gehabt hätte, daß du Papa nachfolgst, ja, es hätte mir gefallen. Wie die Dinge liegen, liebe ich dich, als wärst du mein Bruder und sogar noch darüber hinaus, vielleicht weil ich nie einen Bruder hatte – und du der beste Ersatz bist, den ich bekommen kann.«

Eddy war Vita zugetan, doch er begrüßte oder teilte diese Phantasie nicht, weil er selbst ihrer nicht bedurfte. Da Vita sich standhaft weigerte, Knole aufzusuchen, wurde ihr Bild von Knole im Laufe der Jahre nicht etwa blasser, sondern immer mythischer und magischer, wenn auch die Erschaffung Sissinghursts den Schmerz in gewissem Maße neutralisierte.

Anfang 1938 erkrankte Vita auf unerklärliche Weise an akuter Gastritis. Die rätselhafte Krankheit dauerte mit Unterbrechungen zwei Monate an, und schließlich kam noch eine Rippenfellentzündung hinzu. Mac, eine ausgebildete Krankenschwester, ließ Vita mit einem Krankenwagen nach London zum Arzt bringen, der sie in ein Krankenhaus einwies. Schließlich diagnostizierte man eine Bleivergiftung. Als Ursache des Übels erwies sich das Mahlwerk der Cider-Presse in Sissinghurst: »Gwen sagt, es sei der poetische Lohn dafür, daß ich *The Land* geschrieben habe.« Vor ihrer Erkrankung war Vita, wie Virginia feststellte, übergewichtig gewesen. Als sie sich im April wieder erholte, hatte sie 35 Pfund verloren, und sie ließ nie wieder zu, daß sie derart zunahm.

Da sie während der Krankheit nicht arbeiten konnte, studierte sie die Kataloge von Samenhändlern und gab üppige Bestellungen auf. Aus ganz England begannen Pflanzen einzutreffen. »Aber ich schätze, daß es tatsächlich nicht mehr als zehn Pfund ausmacht, und viele Leute würden das für eine Dinner Party und vier Theaterplätze mit nachfolgendem Abendessen ausgeben. Und *meine* Investition ist etwas für Jahre und wird sich mehr und mehr auszahlen (es sei denn, jemand wirft Kampfstoffbomben auf den Obstgarten).«

Anfang März, als die Gastritis ihr eine Ruhepause gönnte, hatte sie in London mit Virginia gespeist; Kingsley Martin, der Herausgeber des *New Statesman*, war dazugekommen und hatte sie gefragt, ob sie ihre »Ländlichen Bemerkungen«, die sie bereits hin und wieder schrieb, nicht regelmäßig veröffentlichen wolle, jede zweite oder dritte Woche. Sie sagte zu. (Die Artikel wurden später gesammelt und in Buchform herausgebracht.*)

Zum ersten Mal sah sie sich genötigt, ihre achtjährige Sissinghurst-Erfahrung in Worte zu fassen und ihre Vorstellungen zu formulieren. Ihre *Country Notes* von 1938 haben fast den Charakter eines »Manifests«, da die Schreiberin und die Gärtnerin, indem sie ihre Grundsätze darlegte, miteinander verschmolzen: »Ich glaube an die Übertreibung; ich glaube an große Gruppen, gewaltige Formen; ich bin sicher, daß es wirkungsvoller ist, zwölf Tulpen zusammen als in zwei Gruppen von je sechs zu pflanzen; daß es wirkungsvoller ist, den Rittersporn in einem Beet zusammenzufassen, als die Pflanzen zu zweit oder zu dritt zu verstreuen.« Sie führte 1938 ein »Garten-Tagebuch«, in dem sie Woche für Woche festhielt, was gepflanzt wurde und wie es gedieh. Sie beschäftigte drei Gärtner – Farley, Hayter und Sidney Neve – und zeitweise eine Miss Lee. Doch nichts geschah, was sie nicht anordnete und überwachte, und sie arbeitete so hart wie jeder andere. In diesem Jahr kamen riesige Mengen von Knollen, Sträuchern und Blütenbäumen an, das Ergebnis ihrer Kataloglektüre auf dem Krankenbett. Im Obstgarten wurden Rosen gepflanzt: »10 weitere Moschus, 6 Moos, 1 Setipoda, 1 Oniemensis, 12 Rugosa und ein paar Kletterrosen für die Bäume.« In das Magnolienbeet wurden zwei Macrophylla, ein Dutzend Malus und drei Dutzend Lilien gepflanzt.

* *Country Notes* (1939) [Anm. d. Übers.].

Das war im Februar. Im März bepflanzte sie den Kräutergarten und ließ ein paar Eiben umsetzen. (Diese radikale Rücksichtslosigkeit war typisch für sie: Nichts wurde je als definitiv oder unabänderlich erachtet.) In diesem Frühjahr stammten ihre neuen Nelken nicht aus Setzlingen, sondern »von unserem eigenen aufbewahrten Samen«; die Treibhäuser wurden nicht nur zur Aufzucht aus Samen, sondern auch zum Reifen von Feigen, Pfirsichen, Nektarinen und Weintrauben benutzt.

Nach dem letzten späten Frost Mitte Mai, der den Kaiserlilien Schaden zufügte, säte sie im Obstgarten »Mengen von Kornblumen und gemischten Blumensamen« aus. Mitte Juni war nach ihrer Meinung der Garten am schönsten, wenn Lilien, Rosen, Päonien, Zistrosen, Ochsenzungen und Rittersporn in Blüte standen. »Achtung: im nächsten Jahr den Garten um diese Zeit oder sogar noch eine Woche früher öffnen.« Dies war das erste Jahr, in dem sie den Garten für wohltätige Zwecke der Öffentlichkeit zugänglich machte – an einem einzigen Wochenende. Doch gab es eine wachsende Zahl einzelner Besucher, darunter Berufsgärtner, Gartenbauexperten und Baumschulgärtner. »Es amüsiert mich, wie diese Gärtner inzwischen anfangen, einander zu erzählen, man müsse unseren Garten sehen«, schrieb sie an Harold am letzten Tag eines »vollkommenen, duftenden, glühenden Juni«. Vita war geschmeichelt, wenn die berufsmäßigen Gärtner sie um Rat fragten oder um Stecklinge baten. »Wenn du ein wirklich anspruchsvolles Gespräch willst, vertraue mich drei Experten an, die sich über Auriculas unterhalten. Bloomsbury ist nichts dagegen. Ich konnte nicht die Hälfte von dem verstehen, was sie sagten.«

Der Juli war weniger vollkommen. »Die Rabattenränder drohen zu verblühen. Achtung: etwas besorgen, was um diese Zeit blüht.« Ihre Löwenmäulchen mußten gejätet und verbrannt werden, weil sie vom Rost befallen waren. »Schrecklich viel Unkraut.« Aber dann retteten die Dahlien die Situation; Vita füllte den ganzen Sommer über die unschönen Winkel mit Trögen, irdenen Töpfen, Becken und Tiegeln, die sie mit Hochgebirgspflanzen und kleinen Veilchen bepflanzte. Im Herbst pflanzte sie erneut: zwölf chinesische Päonien in den Obstgarten und in das Randbeet der Lindenallee knallrote Kermesbeeren (was Harold nicht behagt hätte). Des weiteren Mengen von Tulpen und Kaiserkronen in den Obstgarten; 200 Zyklamen an den Rand des Schloßgrabens; Lilien in den Walnußgarten und weitere Quitten und japanische Kirschen in den Obstgarten.

Nach ihrem Garten-Tagebuch blühten Mitte Dezember Arum und Nemesium unter Glas, und sie fand und pflückte die erste Iris stylosa. Weihnachten waren deren Artgenossen tief unter Schnee begraben, »der stellenweise bis zum oberen Rand der Schaftstiefel reicht«.

Anfang August war Vita in Rodmell gewesen, um wie in alten Zeiten eine Nacht in Monk's House zu verbringen. Bei diesem Anlaß hatte ihre neue Harmonie eine kurze Trübung erlitten: Vita hatte Vorbehalte gegen Virginias neues Buch *Drei Guineen* und sagte es ihr. In *Drei Guineen* verband Virginia Anti-Kriegsthesen mit einer Darlegung der Methoden, mit denen Frauen im Berufsleben unterdrückt und entmutigt werden. Ihre These lautete, daß die stammesgemäßen, hierarchischen, konkurrierenden, aggressiven »männlichen« Eigenschaften, die es Frauen unmöglich machten, Spitzenstellungen in Medizin, Rechtswesen, Verwaltung oder Kirche zu erlangen, dieselben seien, die Konflikt und Konfrontation unvermeidlich machten. In der unbeständigen Situation, in der sich Europa 1938 befand, wurden pazifistische Anschauungen von vielen Leuten als subversiv und unterminierend angesehen. Aus diesem Grunde wurde das Buch falsch verstanden und bedenklich unterschätzt. In der Vergangenheit hätte Vita mit Virginias satirischer Verdammung von Uniformen, Orden, Ritualen und exklusiven Institutionen übereingestimmt: Dies waren Themen, über die sie sich zehn Jahre zuvor, als Harold noch Diplomat war, einig gewesen waren. Doch jetzt war Vita alles teuer, was englisch und traditionell war. Auch konnte sie Virginias Ansicht nicht zustimmen, daß Frauen, wenn sie sich frei und unabhängig von dominierender männlicher Einschränkung entfalten könnten, weniger kriegerisch als Männer sein würden.

Sie überwanden diese Meinungsverschiedenheit, und Vita schrieb an Harold, der in Frankreich Ferien machte: »Oh, mein Lieber, was für eine bezaubernde Person Virginia ist! Wie sie Zauber in das Leben wirkt!... Und Leonard ebenfalls: Ich weiß, er ist ermüdend und verschroben und manchmal jüdisch [d.h. knauserig mit Geld], aber in Wirklichkeit ist er mit seiner schuljungenhaften Liebe zu Tieren und Spielzeug (technischen Spielereien) unwiderstehlich jung und anziehend.«

Welche falsche Meinung die Leute doch von Bloomsbury hätten, meinte Vita, »wenn sie sagen, es sei schwächlich und mache schwächlich. Du könntest keine Leute finden, auf die das weniger zutrifft als auf die Woolfs.« Es sei der Bloomsbury-Anhang, der für den schlechten Ruf verantwortlich sei, »und natürlich hat dieser schlaffe Lytton [Strachey]* in diesem Fall sicher viel Unheil angerichtet. Ich haßte Lytton.«

Vita und Harold hatten gerade erfahren, daß Nigel seine Abschlußprüfung in Oxford mit »Drei« bestanden hatte. Sie hatten hohe Erwartungen in ihn gesetzt; während Vita enttäuscht und »ungläubig« war, überstieg Harolds Ärger jedes Maß. Vita versuchte, ihn zur Vernunft zu bringen. Sie hatte mit Virginia und Leonard darüber gesprochen, »und sie waren nicht entsetzt, sondern erheitert. Sie sagten, daß alle ihre höchst brillanten Freunde in Cambridge, von denen man Einser erwartet habe, nur Dreier bekommen hätten.«

»Ich glaube, du hast eine übertrieben hohe Meinung von akademischen Auszeichnungen... Ich weiß, daß du mit Oxford und besonders mit Balliol** einen Kult treibst und daß du doppelt über Balliol und über Niggs enttäuscht bist, aber das kann doch wohl nicht im mindesten deine und meine Einschätzung von Niggs als einem intelligenten und fleißigen Menschen beeinflussen... Niggs ist erstklassig, was immer die Prüfer von Balliol sagen. Ich bin dessen sicher. Und du ebenfalls; was also spielt das übrige für eine Rolle?«

Im September ging Ben nach Amerika, um beim Fogg Museum in Cambridge, Massachusetts, zu arbeiten. Ein wenig früher im Jahr

* Lytton Strachey (1880-1932), führendes Mitglied der »Bloomsbury«-Gruppe. Stilistisch glänzender Essayist und Biograph (*Queen Victoria*, 1921; *Elizabeth und Essex*, 1928) [Anm. d. Übers.].
** Balliol College in Oxford ist eines der ältesten (gegründet 1263) Colleges in England [Anm. d. Übers.].

war er in Florenz in romantischer Liebe mit einem Mädchen aus Kalifornien liiert gewesen, was seine Eltern ziemlich unbegründet beklagten – immerhin war Ben vierundzwanzig. »Florenz ist ein übler Ort für Liebesgeschichten«, teilte ihm Vita mit. »Ich glaube, ich war nie dort, ohne daß sich eine Verwicklung daraus ergab, und jetzt trittst du in meine Fußstapfen. Komisch.« In ihm sah sie immer noch ihr jüngeres Ich; nach seiner Ankunft in den Staaten schickte er ihr ein Photo von sich, aufgenommen an Bord des Schiffes. »Es war dir so ähnlich«, schrieb sie, »daß ich es irrtümlich zuerst für eine Photographie von mir hielt und verwirrt war.«

Sie bemerkte ein wenig sarkastisch, er sei in Amerika, während in Europa die Gefahr eines Krieges bestehe. Sie war nicht kriegslüstern; im April 1937 hatte sie Harold gesagt, manchmal stimme sie mit den Pazifisten überein, »daß wir uns vom Wettstreit zurückziehen sollten, nicht nur unserer Sicherheit wegen, sondern um mit gutem Beispiel voranzugehen, diese wahnsinnige Barbarei abzuschaffen«. Im Juni 1938 erzählte ihr Harold von den Greueltaten der Nazis in Wien. Er war froh, »in einer Position zu sein, die es mir erlaubt, etwas zu tun, wenn auch wenig, und zu helfen. Ich könnte einfach nicht untätig bleiben und nichts tun.« Vita hatte keine Position im öffentlichen Leben – »Die einzige Hoffnung für Leute wie mich, die nichts ändern können, besteht darin, den Gedanken beiseite zu schieben und auf das Beste zu hoffen. Sonst würde man ja verrückt – man würde zu einem Verrückten in einer Welt von Wahnsinnigen.«

Als der Krieg im Herbst unvermeidlich schien, wurden in Sissinghurst Gasmasken ausgegeben, und im Obstgarten, der gerade so liebevoll bepflanzt worden war, wurde ein Splittergraben ausgehoben. Selbst in Sissinghurst ließ sich der Gedanke an den Krieg nicht länger beiseite schieben. Vita beschrieb Ben am 9. Oktober die Vorsichtsmaßnahmen:

»Das große Zimmer in einen gasdichten Schutzraum zu verwandeln, bedeutete, daß die Fenster mit Asbest verkleidet... der Kamin auf dieselbe Weise verschlossen und Decken aufgestapelt wurden, die man gegebenenfalls über die Türen nageln kann. Es bedeutete, daß ich allen Bernstein und die persischen Vasen wegschaffen und den Raum ansonsten für eine plötzliche Besetzung durch die alte Mrs. Hayter, Mrs. Copper, Fay, Mrs. Farley, Mrs. Adsett, den jungen Adsett und so weiter bereitmachen mußte. Es bedeutete, daß wir 6 Thermosflaschen, Taschenlampen, Konserven, Eipulver und Kakao gekauft haben; die Telephonleitung ist bis ins große Zimmer verlängert worden, falls Mac oder ich benötigt werden – Mac als Luftschutzhelferin, ich als Krankenwagenfahrerin – überhaupt ist hier alles in heller Aufregung.«

Nachdem all das getan war, kehrte Neville Chamberlain aus München mit dem »ehrenvollen Frieden« zurück, und alles mußte wieder in den Normalzustand versetzt werden – für eine gewisse Zeit. Weder Harold noch Vita hießen es gut, Hitler Zugeständnisse zu machen – Vita nannte die »Appeasement-Politik« eine »falsche, törichte und kurzsichtige Sache«, reagierte aber mit Erleichterung auf den Aufschub. Harold beschloß, ein Segelboot zu kaufen – oder besser: Vita sollte es für ihn kaufen, so wie B. M. vor vielen Jahren *Sumurun* für Lionel gekauft hatte. Vitas Antwort auf die Spannung hatte darin bestanden, zuzulassen, daß sich Mac, ihre schottische, presbyterianische Sekretärin, in sie verliebte. Seit September hatten sie eine Affäre miteinander gehabt. Obwohl Mac – von Vita in ihrer neuen Beziehung »Anna« genannt – sich bemühte, »verschlossen wie eine Auster« zu sein, brachte dieses neue Liebesverhältnis in den Mauern von Sissinghurst Komplikationen mit sich. In der kritischen Vor-München-Zeit hatte Mac Vita geschrieben und sich bedankt, daß sie ihr »soviel vollkommenes Glück geschenkt« habe. Doch bald wurden die Briefchen verzweifelter und hoffnungsloser, denn es gab so vieles in Vitas Leben – nicht zuletzt die seit langem bestehende Gemeinschaft mit Gwen St. Aubyn –, das sich zwischen Mac und sie schieben konnte.

In diesem unruhigen Herbst wurde am 27. Oktober von der Hogarth Press Vitas Gedicht *Solitude* ausgeliefert. Leonard Woolf sagte ihr, »für ihn sei das Gedicht das Beste, was du gemacht hast«. Aber Leonard verstand nicht viel von Lyrik, und Vita wußte, daß ihre Art zu schreiben dem Stil der Zeit nicht entsprach; tatsächlich entdeckte Raymond Mortimer in seiner sorgsamen Rezension im *New Statesman* Anklänge an Landor, Tennyson und Arnold. Doch die Themen des Gedichtes waren Vitas ureigene Erfindung, beginnend mit ihren »Rocamadour«-Versen, als ein Teil der Widmung an Gwen St. Aubyn:

> Du sagtest zu mir in der steilen Schlucht:
> »Dies ist dein Ort der Abgeschiedenheit,
> Wohl angemessen deiner Einsamkeit...«
> Wie wußtest du, daß ich der Welt so müd?

In *Solitude* werden Vitas Ideen und Formeln aus den Tagebuch-Gedichten, aus *Erloschenes Feuer* und *The Dark Island* zu einer auf Tod und Nacht bezogenen pantheistischen Hymne verbunden:

> Nacht kam, meine täglichen Wunden zu heilen;
> Teile meiner selbst drangen wieder in mich ein;
> Fragmente meines Ichs, die andre sich geraubt
> Und einverleibt, bis nichts mehr blieb, das mein.
> Armes Flickwerk meiner selbst, zerfetzt
> Und kläglich nur in eine Form gebracht
> Wie Klänge, die sich ohne Harmonie verbunden.
> Ich trieb mein Roß in eine mondeshelle Höhle,
> Wo ich Andromeda in Ketten hab gefunden.

»Die Nacht, die ich liebe, ist der Tod«, sagt die Dichterin; und über die Religion: »Ich brauche keine Kirche, such meinen Gott unmittelbar.« Und die Liebe?

> Diese leichten, billigen Lieben! doch wer drang
> So rüde ein in die dunkelsten Verstecke?...
> Ein andres Herz genommen, das eigne unversehrt.
> Es sind nur Schliche, unwürdig und verlogen,
> Kitzel fürs Fleisch, das leichthin wird benutzt,
> Doch bleibt in ihrem Grunde die Seele unbeschmutzt,
> Unschuldig wie die Halme, die auf den Feldern wogen.

Das Gedicht verstörte ihre Vertrauten, insbesondere die Ex-Geliebten. Mac ließ Vita in Sissinghurst eine Notiz zukommen: »In *Soli-*

tude tust du die Liebe sehr leichtfertig ab, oder meinst du oberflächliche Liebe, wenn du so verächtlich davon sprichst? Ich glaube, es muß so sein.« Hilda Matheson schrieb einen langen Brief:

»Zu meiner großen Freude entdeckte ich Passagen und Ausdrücke, die ich im Kopf behalten hatte, seit ich ein paar davon vor Jahren im Manuskript las... Der wirkliche Grund für meine Enttäuschung liegt eventuell darin, daß ich in diesem selbstkritischen Gedicht keinen Hinweis auf die Dinge in deinem Inneren gefunden habe, die ich in den letzten paar Jahren zu begreifen unterlassen habe. Deine Einstellung gegenüber der Liebe verwirrt mich – leicht und billig, ein Schwindel, die erstickenden Ranken des Efeus –, beziehen sich diese Epitheta auf deine Einstellung zur Liebe in der Vergangenheit oder auf die Liebe selbst und auf alle menschlichen Beziehungen? Wenn nicht, was unterscheidet Liebe dieser Qualität von einer Liebe, die das Herz befreit und die Augen öffnet?«

Hilda unterzeichnete ihren Brief mit »Deine dich liebende Stoker«. Stillschweigend stellte sie sich die Frage – an der alle Geliebten Vitas nicht vorbeikamen: Hat es dir denn nichts bedeutet, alles, was wir miteinander gesprochen und gemacht haben, was mir als die wichtigste Sache von der Welt erschien?

Kapitel 27

Um der Einsamkeit zu entgehen, nahm Vita an einem Dinner teil, das im Londoner Savoy für Edy Craig gegeben wurde – »mit Ansprachen von Sybil Thorndike, Violet Vanbrugh, Knoblock, Dame May Whitty, mir etc.«:

»Meine alte Christopher erschien in einer höchst bemerkenswerten Aufmachung – schwarzer Brokat mit knallroten Knöpfen und Puffärmeln – eine Art Kreuzung zwischen einer viktorianischen Haushälterin und einem elisabethanischen Dienstmädchen. Die erste Person, der ich in den Weg lief, war Margaret Goldsmith, die sich neben mich auf ein Sofa plumpsen ließ und anfing, mir in allen Einzelheiten zu erzählen, wie und warum sie sich von Frederick Voigt hatte scheiden lassen.«

Vita hatte ihre winzige »Winter-Saison« wieder kurz vor Weihnachten 1938. Sie gab ein Essen für Virginia und Freya Stark bei Antoine; im Anschluß daran setzte sie Virginia bei Selfridges ab, die Fleisch kaufen wollte, weil Freud zum Dinner kam, und sah sich mit Freya Stark in einem Geschäft eine Eidechsentasche an. Nach dem Lunch schrieb Vita nostalgisch an Virginia, wie schön »du in deiner braunen Pelzkappe und deiner exquisiten ätherischen Schlankheit aussahst... Und daran zu denken, wie die Decken in Long Barn über uns schwankten!... und Delphine sich auf den Marmorfliesen tummelten.«[1]

Ihre »Winter-Saison« hätte auch ein Dinner im Buckingham-Palast einschließen können, das zu Ehren des Königs von Rumänien gegeben wurde, aber Vita weigerte sich kategorisch, zu diesem Anlaß rechtzeitig nach London zu kommen. Es war die übliche Krise mit Harold, nur dieses Mal schlimmer. Der Streit hatte angedauert, seit im November die Einladung erfolgt war. Damals hatte sie ihm geschrieben:

»Ich kann einfach nicht hingehen, ich weiß, alles wird wunderschön und dekorativ sein – und goldenes Geschirr und Orchideen und Leibgardisten –, aber ich kann es einfach nicht ertragen, wenn das dann all diese entsetzlich snobistischen Details zur Folge hat wie lange Handschuhe, die zwei Guineen kosten, und krumme Rücken und halb ausgezogene Frauen und teure Juwelen... Ach Gott, wie schwierig das Leben ist... wie sehr ich mir wünsche, es wäre einfacher. Du wirst nicht verstehen, was ich damit meine – weil du an der Politik und an Leuten Spaß hast und ich nicht – ich bin wirklich ein sehr einsamer Mensch.«

Vita fürchtete, sie könne einen absonderlichen Eindruck machen; sie beendete ihren Brief in zittriger, erregter Handschrift: »Vielleicht ist es die Tatsache, daß ich ein durch und durch einsamer Mensch bin, die mich mehr als nötig fürchten läßt, mich auf einer öffentlichen Gesellschaft zur Schau zu stellen... Ich hasse den Gedanken, unter elektrischem Licht examiniert zu werden.«

Sie hatte sogar an die Firma Jay geschrieben, um herauszufinden, was ein Abendkleid und das notwendige Zubehör kosten würden. Harold zog Gwen auf seine Seite. »Sie sagt, es sei unrecht von mir, mich zu drücken, sondern ich müsse einfach hingehen. Aber ich bin zu schüchtern. Ginge ich zu dieser Gesellschaft, so würde ich mir selber untreu. Während ich diesen Brief schreibe, liegen meine Juwelen rings um mich verstreut – Smaragde und Brillanten, eben von der Bank geholt –, so daß mir ganz übel wird. Ich kann mich einfach nicht mehr zu der Welt bekennen, die sich in diesen Juwelen repräsentiert. Ich kann mir nicht ein Kleid für dreißig Pfund kaufen oder Schmuck im Wert von 2000 Pfund tragen, während Menschen verhungern.«

Weil sie über das Geld, die Juwelen und die Ideologie verfügte, mußte Harold die Segel streichen. Er war nicht erbaut. »Entfremdung«, schrieb Vita traurig in ihr Tagebuch. Er gab sich geschlagen, wobei seine Unterwerfung ironisch oder loyal oder eine Mischung aus beidem war. »Mein Gott! Wie ich dich bewundere, meine Viti. Du bist in deinem Urteil so sicher. Es hallt wie eine Glocke.«

Als im folgenden Juli Bens neuer Posten als Stellvertretender Sachverständiger bei der Königlichen Bildergalerie (unter Kenneth Clark) ihm eine Einladung zu einem Hofball eintrug, weigerte er sich, wie Vita, hinzugehen. Harold klagte, diese Haltung verrate einen Mangel an Intelligenz. Vita wußte nicht, ob sie lachen oder weinen sollte. Sie stimmte mit Ben überein, doch ebensosehr wünschte sie sich für ihn, er möge glänzen. »Er hat wirklich überhaupt keinen Sinn für Verantwortung«, sagte sie zu Harold. »Ich wünschte, er hätte deine Grundsätze. Aber er hat sie nicht.«

Im Januar 1939 erhielt Vita ein Telegramm von Hilda Matheson, die sich mit Dorothy Wellesley in Frankreich aufhielt; Yeats wohnte in ihrer Nähe und war oft in ihrer Gesellschaft. Das Telegramm besagte, daß der Dichter auf dem Sterbebett liege; Vita wurde beauftragt, diese schlimme Nachricht telephonisch an die Yeats-Familie in Dublin weiterzugeben, »da für Telegramme nach Dublin keine Vertraulichkeit zugesichert werden kann. Ich dachte, daß es ein bißchen umständlich sei, diese Sache zu erledigen – von Beaulieu nach Dublin über den Weald von Kent –, aber ich tat, worum man mich bat.«

Allein in Sissinghurst – getrennt von Mac und den Dienern –, unternahm sie einen neuen Anlauf, ihr lange geplantes Gedicht *The Garden* zu schreiben: »Ich fühle mich miserabel, wenn ich nichts in Arbeit habe.« Am 13. Februar schrieb sie Harold: »Ich habe mein Leben gern und beneide dich nicht um das deine, aber gleichzeitig spüre ich, wie langweilig und bäurisch ich dir oft vorkommen mag.« (Er war im Begriff, nach Ägypten zu fliegen.) »Jedenfalls habe ich den ganzen Morgen damit zugebracht, Gedichte zu schreiben (wenn auch Spender, Auden etc. sie alles andere als Gedichte nennen würden), und das gibt mir ein Gefühl von Rechtfertigung.« Sie erzählte Virginia, sie verfasse »eine Art Pendant zu *The Land*«; außerdem erwarb sie die Bettenham Farm mit 200 Acres. »Herr Gott, wie köstlich ist das Leben, wenn man es richtig anpackt! Acres von Ackerland und ein neues Gedicht in einem Schreibheft – was kann man mehr vom Leben verlangen!«[2]

Dies war in einer ungestümen, krakeligen Handschrift geschrieben. Sie und Mac hatten sich allmählich angewöhnt, abends zuviel Sherry zu trinken. *The Garden* blieb liegen. Vita spielte mit dem Gedanken, das Leben von Leonardo, von Jane Carlyle oder George Sand oder von Thomas Sackville zu beschreiben: Sie schrieb keines dieser Bücher. Ihre Schreibenergie beschränkte sich auf ihre »Country Notes« für den *New Statesman*, für die sie alles verarbeitete, was rings um sie geschah, und die sie ihre »Stichlinge« nannte. Nach dem Kauf von Bettenham schrieb sie über »Buying a Farm«: »Ich habe ein irrsinniges Vergnügen daran, Land zu besitzen... einfach weil ich die Felder und Obstgärten so sehr liebe, daß ich sie gern sicher in meinem Besitz weiß. Sicher vor dem Zugriff eines Bauunternehmers.«

Trotzdem hatte die moderne Welt ein paar Versuchungen bereit. Vita und Harold hatten bei den Beales auf dem Schloßgehöft der

Probevorführung eines Fernsehgerätes beigewohnt, und Vita war Feuer und Flamme darüber. Am 24. Februar gestand sie Harold: »Ich habe etwas ganz Idiotisches getan: Ich habe ein Fernsehgerät gekauft... Wir können jetzt also das Grand National und das Derby und die großen Fußballspiele sehen.« Sie stellte das Gerät im großen Zimmer auf, weil dort neutraler Boden war, wo sowohl die Familie als auch die Dienerschaft nach dem Abendessen zuschauen konnten. In England gab es 1939 sehr wenige Fernsehgeräte: Vita lud die Nachbarn und die örtlichen Bauern ein, das Derby anzuschauen, und veranstaltete ein Sissinghurst-Rennen.

Im Mai erschien Harold auf dem Bildschirm. »Liebling, wie gut du im Fernsehen warst! Es war, als hätte ich dich im Zimmer.« Es gab eine weitere Neuerung: »Habe ich dir schon erzählt, daß ich mich dem Druck gebeugt und einen Rasenmäher mit Motor gekauft habe? Ich hasse das Ding, aber es ist unvermeidlich. Es wird 2 Männer und 2 Tage Arbeit einsparen... Aber ich werde es immer verabscheuen. Bis jetzt ist das Gerät noch nicht eingetroffen, und um meine Gehässigkeit gegen den Mäher abzubauen, verwandele ich ihn wohl besser rasch in einen Artikel.« Sie tat es. In »Buying a Motor Mower« beschrieb sie, wie ihr alter Rasenmäher von einem stämmigen Braunen gezogen wurde, genannt Gracie Fields, »weil er graziös schritt (der Witz ist nicht von mir). Wenn er einmal in der Woche zum Mähen angespannt wurde, trug er Lederstiefel«, um die Grasnarbe zu schützen. Jetzt bediene der Gartenjunge den Motor-Mäher, wobei er aussieht, »als schlage er sich mit einer Art von wildgewordenem Kinderwagen herum«.[3]

Da der Krieg immer unausweichlicher schien, plante Vita instinktiv, als Akt der Treue, langfristig für den Garten. Sie entdeckte eine neue, langsam wachsende, rosafarbene Magnolie – »aber ich glaube nicht, daß wir mit diesen Überlegungen etwas – werden verhindern können. In hundert Jahren wird jemand vorbeikommen, sie zwischen den Trümmern des Turms wachsen sehen... und sagen: ›Es muß sich früher einmal jemand um diesen Ort gekümmert haben.‹« Zu ihrem siebenundvierzigsten Geburtstag schenkte ihr Harold für den Turm eine Sackville-Flagge: »ein Traum von Fröhlichkeit und Protzigkeit«, sagte Vita.

Harold hatte sein neues Boot – die *Mar* –, das auf der Hamble bei

Southampton lag, und war noch seltener zu Hause. Vita war wehmütig. »Es ist schrecklich zu denken, wie viele Wochenenden du mit der *Mar* unterwegs sein wirst – doch ich schätze, die Seeluft wird Hadji guttun – solange er nicht ertrinkt.« Gwen war krank; dieses Mal litt sie an einem Geschwür am Zwölffingerdarm und wurde im römisch-katholischen Kloster in Staplehurst versorgt. (In den vergangenen Monaten hatte sie viel Zeit im Kloster verbracht, um ihr Buch *Towards a Pattern*, das sich mit ihrer Konversion beschäftigt, vorzubereiten.) Nigel war im Norden, wo er bei einem Projekt der Sozialbehörde mit Arbeitslosen zusammenarbeitete; Vita besuchte ihn Ende März, und er nahm sie mit in den Schacht eines Kohlebergwerks. Als sie wieder zu Hause bei Mac und ihren beiden Schäferhunden Martha und Martin war, schrieb sie am 23. April ziemlich verzweifelt an Virginia: »Hier ist Sissinghurst Nummer 250 – ist dort Museum 2621? Bist du's, Virginia? Hier ist Vita. – Ja: Vita – eine Person, die du einst als deine Freundin angesehen hast. Oh, das hattest du vergessen?... Ich mag es nicht, von dir abgeschnitten zu sein, also mache ich den Versuch, Kontakt zu bekommen.«[4]

Als sie den Garten am ersten Wochenende im Mai wieder für wohltätige Zwecke öffnete, kamen 800 Leute. Vita betrachtete diese Invasion in keiner Weise als Störung. »Es ist eine echte Erfahrung, seinen Garten für das Publikum zu öffnen«, schrieb sie in einer der folgenden »Ländlichen Bemerkungen«; »es ist ein Vergnügen, ja, man fühlt sich geschmeichelt... Man teilt seine persönliche Freude; die Anlage, die man über zehn, zwanzig Jahre aufgebaut hat, wird Teil des Vergnügens wißbegieriger, emsiger Gärtner.«[5] Diesen interessierten Fremden gegenüber war sie nie schüchtern, abwehrend oder hochmütig. Sie hatte für sie alle Zeit der Welt. Sie wurde ihrerseits gebeten, bei dörflichen Gartenwettbewerben als Preisrichterin zu fungieren. Der Cottage-Garten in Hurstmonceaux, dem sie im August einen Preis gegeben hatte, war, wie sie später erfuhr, ganz und gar auf der Grundlage ihrer Rundfunksendungen über Gärten geplant worden: »Ich hatte das Gefühl, nicht umsonst gelebt zu haben.«

Der Garten in Sissinghurst erreichte seinen ersten Grad an Perfektion und wurde im letzten Sommer vor dem Krieg bereits als eine größere persönliche Leistung gewürdigt. Wie Anne Scott-James geschrieben hatte: »Es gibt Sissinghurst-Pflanzen und Sissinghurst-Methoden, Pflanzen zu kombinieren, und Sissinghurst-Ideen und -Einfälle. Der Sissinghurst-Stil war 1939 für jedermann klar zu erkennen.«[6]

1913, als Vita heiratete, hatte ihre Zeitgenossin und gelegentliche Kritikerin Rebecca West das Schöpferische definiert als »das Ungewöhnliche, das sich selbst rechtfertigt«; »jene, die wissen, daß sie, aus welchem Grund immer, den Gesetzen des Lebens unterworfen sind... vereinigen sich mit dem Leben durch einen gewaltigen Akt der Schöpfung.« Vita Sackville-West schrieb ein paar gute Bücher und ein paar gute Gedichte, aber ihr einziger »gewaltiger Akt der Schöpfung« war Sissinghurst.

Neben der Voliere mit den Wellensittichen gab es in Sissinghurst mehr als hundert weiße Tauben, die dekorativ auf den Dächern und Wegen rund um den Turm saßen, wo sie in einem der Türmchen nisteten. »Ich pflegte sie immer am Fuß des Turms zu füttern, und sie waren so zahm, daß sie sich auf meinem ganzen Körper niederließen – auf meinem Kopf, auf den Schultern und Händen. Als ich sah, daß der Krieg unmittelbar bevorstand, machte ich mir große Sorgen, was ich mit ihnen anfangen sollte, weil ich wußte, daß ich dann kein Futter mehr für sie haben würde. Und dann geschah etwas ganz Außergewöhnliches: sie verschwanden alle. Es war, als hätten sie es gewußt.«

Als Deutschland am 1. September in Polen einmarschierte, wußte Vita bereits, welche Aufgabe sie im Krieg haben würde. Sie hatte sich bereit erklärt, bei der örtlichen Verwaltung mitzuarbeiten, wo sie sich um Anwerbung und Öffentlichkeitsarbeit für die »Womens' Land Army«* kümmern sollte; sie hatte bereits Strohlager für Flüchtlinge vorbereitet; und sie war, für den Fall, daß es bei Luftangriffen Verletzte gab, als Fahrerin eines Krankenwagens ausersehen. (Am 24. August erkundigte man sich während des Essens telephonisch, ob ihr Buick eine acht Fuß lange Bahre oder »bloß sitzende Fälle und Leichen« aufnehmen könne.)

Am 2. September gab es noch einmal eine routinemäßige Über-

---
* Weibliche Hilfsorganisation für die Landwirtschaft [Anm. d. Übers.].

prüfung des großen Zimmers, bei der man feststellte, daß es gasdicht war. Am 3. September befand sich England im Krieg. »Unruhige Tage in Sissinghurst«. Zwischen London und den Kanalorten gelegen, befand sich Sissinghurst in der Flugroute der Bomber in beiden Richtungen; es waren Bomben, nicht das überaus gefürchtete Giftgas, die zur Gefahr werden sollten. Vita war mit allen Vorkehrungen in Sissinghurst beauftragt und überwachte die obligatorische Verdunklung, wie sie im Oktober in ihren »Ländlichen Bemerkungen« schrieb:

»Jede Nacht mache ich meine Runden wie ein Nachtwächter, um festzustellen, ob die Verdunklung total ist. Nicht ein Lichtspalt deutet darauf hin, daß unter diesen Dächern, hinter diesen verdunkelten Fenstern Leben ist... Ich wandere herum, und gegen Mitternacht wird mir klar, daß die einzige Verdunklung, die mir auffällt, die meiner Seele ist. So tief sind Schmerz und Kummer, daß sie mit Worten nicht auszudrücken sind.«

Am 16. September hatte Vita an Virginia geschrieben: »Wir wollen uns hin und wieder schreiben... Du fragst, wie es mir geht, und ich erzähle es dir«:

»In erster Linie stört mich das, was du den unablässigen Verdruß der kleinen Vorkehrungen nennst – nie ist man für sich; dauernd Leute im Haus; jedesmal fünf, sechs, sieben, acht Personen bei Tisch; die Notwendigkeit, meine Schwiegermutter für ich weiß nicht wie lange aufzunehmen... Darunter kommen dann, in der zweiten Schicht, die Ängste: die jungen Männer, um die man sich sorgt, deren Leben durcheinandergeworfen ist und daß sie vielleicht auf entsetzliche Weise verlieren werden; Ben, bei einer Flak-Batterie, lernt, auf niedrig fliegende Flugzeuge zu achten, die vielleicht mit Maschinengewehren angreifen; Nigel wartet und wartet, zur Garde einberufen zu werden... Dann, in der dritten Schicht, der tiefsten von allen, kommt die eigene Pein und Verzweiflung über diese ganze verruchte Narrheit... in meinem ganzen Leben hab ich mich – körperlich und seelisch – nie so müde gefühlt... Ich möchte dich gern sehen.«[7]

Sie besuchte Virginia, die »so süß und zärtlich zu mir war, daß es mich rührte«.

Es war Ironie, daß Vita gerade den besten Gärtner eingestellt hatte, den sie bis jetzt gehabt hatte. Sein Name war Jack Vass, und er hatte in den großen Gärten in Cliveden gearbeitet. Der Garten würde zweifellos so etwas wie ein Kriegsopfer werden, aber Vass und Vita konnten nicht widerstehen, Pläne zu machen. Er legte den Teich im früheren Rosengarten trocken, was schon seit geraumer Zeit Vitas Wunsch gewesen war; jetzt mußte dieser Raum gefüllt werden, und am 13. Dezember teilte Vita Harold ihren Traum vom Weißen Garten mit: »ganz in Weiß, nur weiße Blumen mit ein paar Einsprengseln von sehr blassem Rosa. Weiße Clematis, weißer Lavendel, weiße Schmucklilien, weiße, gefüllte Primeln, weiße Anemonen, weiße Lilien, darunter in einer Ecke Giganteum und die blasse pfirsichfarbene Pulverulenta.« Harolds einziger Einwand war, der Platz könne vielleicht zu wenig Sonne bekommen. »Allein, es ist eine so gute Idee, daß ich ihr Erfolg wünsche... Liebling, wie sehr entführen einen diese Dinge aus der Kümmernis dieses Krieges.« Vita antwortete, daß sie in bezug auf den Garten aus Prinzip hemmungslos sei. »Laß uns pflanzen und fröhlich sein, denn im nächsten Herbst sind wir vielleicht ruiniert.« Im Februar 1940 errechnete sie, daß sie im Verlauf des vergangenen Jahres auf Versteigerungen zwischen 11 000 und 12 000 holländische Knollen gekauft hatte. Aber der Weiße Garten sollte erst nach dem Krieg fertiggestellt werden.

Nigel ging zu den Gardegrenadieren. Ben war in Rochester bei einer Flak-Batterie unter dem Kommando von Victor Cazalet, einem unmittelbaren Nachbarn der Nicolsons. Bens Einstellung zu einem Krieg, der gewonnen werden sollte, war nach Vitas Meinung »beklagenswert«. Er war im Herzen ein Pazifist; er haßte die Armee und weigerte sich lange, sich zum Militär zu melden. Nigels Haltung war unkomplizierter, und er gab einen guten Soldaten ab – »Nigel ist moralisch kerngesund«, wie Vita Harold auseinandersetzte. So sehr Vita den Krieg auch verabscheute, so war sie doch der Ansicht, er müsse jetzt geführt werden. Sie versuchte, Ben innere Kraft einzuflößen, ohne ihn gegen sich aufzubringen:

»Du mußt wissen, daß ich einen großen Teil deiner Schwäche und Introvertiertheit mit dir gemeinsam habe. Auch die späte Entwicklung teile ich mit dir... Du sagst, daß du mit 22 plötzlich zur Reife gekommen seist; ich fing damit sogar erst mit 26 an [d. h., als sie in der Beziehung zu Violet ihre eigene Natur entdeckte]... Der wirkliche Unterschied zwischen uns besteht, glaube ich, darin, daß ich mich, weil ich über das leidenschaftlichere Wesen verfüge, heftiger gegen meine eigenen Schwächen und Introvertiertheiten gewehrt habe.«

Mitte Mai folgte Churchill Chamberlain als Premierminister, während feindliche Flugzeuge über Sissinghurst hinwegdröhnten, um ihre Bomben über den Marinewerften von Chatham abzuwerfen. Am 17. Mai rief Churchill persönlich in Sissinghurst an und bat Harold, als Parlamentarischer Staatssekretär ins Informationsministerium unter Duff Cooper zu gehen. Harold war entzückt, und Vita freute sich für ihn, meinte jedoch, man müsse ihm eigentlich Duffs Posten geben, denn »mit dir verglichen, ist er eine weiße Maus«.

Ein Angehöriger der Home Guard* stand jede Nacht auf dem Dach von Vitas Turm Wache und hielt nach Fallschirmspringern und Luftlandetruppen Ausschau. »Mit Stahlhelm und Flinte nimmt er sich im Mondlicht über der Brüstung höchst malerisch aus.« Man rechnete mit einer Invasion der Deutschen, und falls dieser böse Traum Wirklichkeit werden sollte, würde man die Bevölkerung von Kent auf Anordnung der Regierung möglicherweise zwangsweise evakuieren. Sollte das geschehen – so Harold mit brutaler Eindringlichkeit –, müsse Vita

»den Buick mit vollem Tank startbereit machen. Ins Innere sollst du die Verpflegung für 24 Stunden packen und hinten hinein deinen Schmuck und meine Tagebücher. Sie sind rechts im Bücherregal, wenn du mein Arbeitszimmer betrittst. Du wirst Kleider benötigen und alles, was besonders kostbar ist (Barbara?) [die hölzerne Heiligenfigur, die Harold ihr geschenkt hatte], aber das übrige wird zurückbleiben müssen.«

---

* Diese freiwillige Heimatwehr hatte Anthony Eden im Mai 1940 ins Leben gerufen [Anm. d. Übers.].

Sie solle Gwen mitnehmen – die das »Horse-race« genannte Cottage in den Feldern unweit Sissinghurst bezogen hatte – und die Coppers und zum Haus von Harolds Bruder, Eric, in Devonshire fahren, dabei »Hauptstraßen vermeidend«. Da Vita wußte, daß sie, falls ein Notfall eintrat, ihren Posten als Fahrerin des hiesigen Krankenwagens nicht verlassen durfte, schickte sie eine kleine Auswahl wichtiger Dinge – Harolds Tagebücher, ihr Testament und das Manuskript von *Orlando* – zur sicheren Aufbewahrung nach Devonshire. Harold akzeptierte, daß Vita ihren Posten nicht verlassen konnte, und schrieb ihr, er glaube nicht, daß die Deutschen, selbst wenn sie Sissinghurst besetzten, ihr etwas antun würden. »Um aber ganz sicherzugehen, daß dir nichts Demütigendes zugemutet wird, solltest du wirklich einen blanken Dolch* zur Hand haben, damit du dich nötigenfalls still davonmachen kannst. Ich werde auch einen haben... Mein Liebstes, ich fühlte mich dir gestern so nahe. Wir brauchen niemals alles in Worte zu fassen.« Vita schrieb am folgenden Tag: »Jedesmal, wenn wir uns jetzt begegnen, müssen wir immer bedenken, daß wir uns vielleicht nie wieder begegnen werden.« Und was den »blanken Dolch« anging, versprach sie, »daß ich damit niemals etwas übereilt oder unbedacht tun werde, aber ich hätte ihn gern bei mir... Es muß etwas Rasches, Schmerzloses und Handliches geben.« Sie hoffte, es werde Zyankali sein, von dem sie in der Zeitung gelesen hatte, es führe »nach ein paar Sekunden zur Bewußtlosigkeit und nach zwei Minuten zum Tod«. Jedoch die Pillen, die Harold von dem mit ihm befreundeten Arzt erhielt, wirkten erst nach einer Viertelstunde. Vita war froh, sie zu haben, »obgleich ich bedaure, daß sie so langsam zum schmerzlosen Tod führen. Siehst du diesen besonderen fünfzehn Minuten wirklich mit viel Freude entgegen? Ich hätte nichts dagegen, wenn wir dann zusammen wären.«

Copper verbrachte seine Zeit damit, Molotow-Cocktails zu basteln, um Invasoren zurückzuschlagen. Doch dann erhielten er und der neue Gärtner Vass ihren Gestellungsbefehl. William Taylor, ein Hilfsgärtner, der unter leichten epileptischen Anfällen litt, blieb. Vita versuchte ohne große Freude, an *Grand Canyon* zu arbeiten,

---

* Unter dem Kürzel »Blanker Dolch« treten in den Briefen die Giftpillen auf, die Harold von seinem Arzt Pierre Lansel erhielt [Anm. d. Übers.].

und akzeptierte einen Auftrag, zu der bei Collins erscheinenden patriotischen Reihe »Britain in Pictures« ein Buch über englische Landhäuser beizusteuern. Auf dem Rücken ihres Tagebuches 1940 stellte sie eine Liste wichtiger Dinge zusammen, die sie mitnehmen mußte, falls sie wirklich vor einer Invasionsarmee würde fliehen müssen:

»Stiefel. Breeches. Pullover. Hemden. Strümpfe. Trauerkleidung. Pyjamas. Unterwäsche. Taschentücher. Päckchen [von Briefen?]. Aspirin. Dialdehyd. Vick. Natriumbikarbonat. Thermosflasche. Morgenmantel. Hausschuhe. Toilettengegenstände. Heißwasserflaschen. *Grand Canyon* [Manuskript]. Barbara. Unveröffentlichte Gedichte. Roget [Wörterbuch]. Scheckbücher. Zigaretten und Spitzen und Streichhölzer. Brille. Mein Exemplar von *Collected Poems* mit Korrekturen. Blanker Dolch. Waschsachen: Zahnpulver und Zahnbürste; Nagelbürste; Rasierapparat. Sibyls Mantel. Handschuhe.«

Weder Vita noch Harold glaubten 1940 insgeheim, daß England den Krieg gewinnen könne. »Ich bin mir deutlich bewußt«, schrieb Harold am 15. Juni in sein Tagebuch, »daß vielleicht in drei Wochen Sissinghurst eine Wüstenei und Vita und ich tot sein werden.«

»Das Leben scheint schwer zu ertragen«, schrieb Vita am selben Tag in das ihre. George Hayter, der Mann der Köchin, Mrs. Staples, erlitt einen Nervenzusammenbruch. »Er schluchzt, zittert und ihm ist übel. Niemand kann sich denken, warum, nicht einmal Mrs. Staples. Ich denke, es ist der Krieg.«

Eine Mrs. Rice, die man eingestellt hatte, damit sie ein paar der Copper'schen Aufgaben übernahm und im Garten half, war ein weiterer Fall von Nervenzerrüttung durch den Krieg; eines Nachmittags wurde sie von Mac und Vita total betrunken in ihrem Zimmer gefunden. Schließlich verschwand sie ohne Erklärung. »Jetzt sickert durch, daß ihr Lieblingsgetränk eine Mischung aus Eau de Cologne und Gin war, also nehme ich nicht an, daß sie es lange machen wird. Im Dorf ist kein Eau de Cologne mehr zu bekommen; sie hat alle Vorräte aufgekauft.« Auch Harolds unverheirateter Bruder Freddy, Lord Carnock, trank schwer, so daß seine alte Mutter, Lady Carnock, kaum mit ihm fertig wurde.

Hilda Matheson leitete einen fremdsprachigen Propagandasender, für den Vita ein paar Beiträge in französischer Sprache beisteuerte. Im Oktober kam Hilda wegen einer Schilddrüsenoperation ins Krankenhaus und starb. Dorothy Wellesley, die völlig von Hilda abhängig geworden war, befand sich in einem hoffnungslosen Zustand. Vita suchte sie sogleich in Penns auf und fand sie »völlig aufgelöst und unfähig zu sprechen« vor. (Am selben Tag erfuhr Vita, daß Long Barn, wo jetzt Flüchtlingskinder aus London untergebracht waren, von einer Bombe beschädigt worden war. »Kein angenehmer Tag.«) Dotties Arzt sagte Vita, daß Dottie eine Krankenschwester brauche, man aber nichts tun könne. »Es gibt keine Möglichkeit, eine Person, die trinkt, zu zwingen oder zu kontrollieren.«

Trotz ihrer weit stärkeren Willenskraft griff auch Vita in zunehmendem Maß zum Alkohol, um die langen, schreckenerregenden Abende zu überstehen.

Die fast ununterbrochenen Luftangriffe hatten im August begonnen. Der Blitz* konzentrierte sich auf London – und dort war Harold –, doch auch in der Nähe von Sissinghurst gab es Luftkämpfe, und Nacht für Nacht fielen Bomben auf Kent. Violet Trefusis war aus dem besetzten Frankreich entkommen und hatte ihr geliebtes Haus Saint-Loup aufgegeben, das ihre Mutter für sie gekauft hatte. Als sie in England war, nahm sie sogleich Kontakt mit Vita auf, die sie zögernd nach Sissinghurst einlud. Violet schob den Besuch hinaus, und dann nahm sie ganz davon Abstand: Sie ging nach Somerset. Vita, durch Erwartung, Furcht und Enttäuschung zermürbt, schrieb ihr:

»Was für ein gefährliches Wesen du bist. Ich denke, wir sehen uns besser nicht zu oft. Wir haben einander zu viele Jahre lang zu tief geliebt, und wir dürfen nicht wieder mit dem Feuer spielen. Allein schon der Klang deiner Stimme am Telephon bringt mich aus der Fassung. Ganz abgesehen von diesen drei Jahren unserer leidenschaftlichen Liebesaffäre hatten wir viele Jahre kindlicher Liebe und Freundschaft hinter uns...

* The Blitz: die deutschen Luftangriffe auf London 1940/41 [Anm. d. Übers.].

Es macht dich mir teuer. Es macht mich dir teuer. Es steht für die kleinen Späße, die wir zusammen ausheckten – Sachen wie die in der Waffenkammer von Duntreath, unser Kinderspielzeug, sogar die Schallplatte mit der Symphonie Antar, die ich heute herausgesucht hatte, um sie dir vorzuspielen...

Ich bin traurig, daß du heute nicht herkommst; eine wirkliche Enttäuschung. Ich hoffe, du kommst, wenn du aus Coker zurückkehrst – doch in gewisser Hinsicht will ich nicht, daß du kommst.«[8]

In Sissinghurst fand man auf einem Feld am See Kugeln eines Maschinengewehrs; zwei Brandbomben gingen in der Nähe nieder; Blindgänger blockierten eine der Zufahrtsstraßen zum Dorf; bei einer Explosion fiel der Putz von der Decke in Vitas Schlafzimmer, und der Bahnhof in Staplehurst wurde schwer beschädigt. Am 11. September – als der Mond im Abnehmen war – warnte Churchill die britische Bevölkerung über das Radio; wenn die Invasion komme, sagte er, sei in den nächsten zwei Wochen damit zu rechnen. In dieser Situation schrieb Vita an Violet: »Seltsam, wie der Krieg die Linien unserer Leben wieder zusammengeführt hat... Man reist weit, nur um zum Ausgangspunkt zurückzukehren.«[9]

Violet schrieb Vita und bat sie, sich auf halbem Weg mit ihr zu treffen; Vita erwiderte: »Liebling, ehrlich, ich glaube, wir gehen einander besser aus dem Weg. Ich glaube, die Liebe, die wir immer füreinander empfanden, ist der Zeitbombe vergleichbar, die vielleicht jeden Augenblick hochgehen kann.« Sie hätte Violet gern in Sissinghurst gesehen, wenn sie sich jedoch »in irgendeinem Dorf in Somerset oder Dorset« träfen, »würde das zu allerlei Sachen führen, die ich nicht wiederbelebt sehen möchte«.[10]

Schließlich erklärte sich Vita einverstanden, Violet zu treffen. Sie setzte Harold davon in Kenntnis: »Aber sei nicht beunruhigt: Keine zehn Pferde könnten mich dazu bringen, mich mit Violet einzulassen. Sie tut mir leid, denn sie hat in Frankreich alles verloren.« Die einstigen Vagabunden trafen sich – die eine inzwischen achtundvierzig, die andere sechsundvierzig Jahre alt – zum Lunch im Roten Löwen in Pulborough, Sussex, am 15. Dezember. Vita verbrachte die Nacht bei ihrer Tante Cecilie im nahen Haslemere, und von dort schrieb sie Violet einen langen, unglücklichen Brief. Sie wagte es nicht, Violet wieder in ihr Leben aufzunehmen:

»Ja, es war gut, dich wiederzusehen – und das unsinnige Glücksgefühl, dich im Auto neben mir zu haben – sogar der jähe Schmerz beim Abschied von dir war belebend.
 Die Vergangenheit macht mir keine Sorgen. Ich trage sie für immer im Herzen. Die Gegenwart beunruhigt mich nicht. Sie wird mit jedem Tag Vergangenheit. Es ist die Zukunft, die mir Sorgen macht, *unsere* Zukunft – und ich muß dir erläutern, wie ich über sie denke. Ich werde dies in der Form einer Erklärung tun.
 1) Ich sagte dir, daß ich mich vor dir fürchtete. Das stimmt. Ich will mich nicht wieder von neuem in dich verlieben oder mich auf eine Weise mit dir einlassen, die mein Leben, wie ich es jetzt eingerichtet habe, komplizieren würde.«

Sie wollte die ganze Heimlichtuerei nicht, die eine Affäre mit sich bringen würde. »Außerdem, wäre es bloß ›eine Affäre‹? Es wäre eine Wiederaufnahme dessen, das du zu Recht eine griechische Tragödie nanntest, und das will ich nicht.« Vitas zweiter Einwand war, sie sei nicht frei, sich auf ein weiteres Abenteuer einzulassen, »und ich will meinen ›Anhang‹ ebensowenig betrügen, wie ich dich je betrogen habe«. Violet hatte sie durch die Behauptung aufgeschreckt, sie habe nie an ihre Treue geglaubt. »Ich war dir absolut treu, bis zu dem Augenblick, als ich dir am Telephon sagte, daß ich dir untreu geworden sei.« Als dritten Grund führte sie an, daß sie niemals zu ihrer kindlichen Beziehung zurückkehren könnten. »Wir könnten diese nette, schlichte, naive, kindliche Verbindung einfach nicht erneuern, ohne daß sie wieder in eine leidenschaftliche Liebesbeziehung umschlägt«:

»Du und ich können nicht zusammensein. Ich gehe über Landstraßen und stoße auf ein Schild ›Vorsicht – Blindgänger‹. Also muß ich einen anderen Weg einschlagen. Für mich bist du wie diese Bombe, die jeden Augenblick explodieren kann.
 Ich will nicht, daß du explodierst.
 Ich will mir mein Leben nicht auseinanderreißen lassen. Mein

ruhiges Leben ist mir teuer, ich hasse es, wenn man mich davon wegschleppt.

Dieser Brief wird dich zornig machen. Es ist mir gleich, wenn er das tut, weil ich weiß, daß keine Wut oder Verärgerung jemals die Liebe zerstören können, die zwischen uns besteht.

Aber wenn du mich wirklich brauchst, werde ich immer zu dir kommen, überallhin.

Mitya.«[11]

Der Krieg und die Möglichkeit, daß jederzeit Tod und Zerstörung hereinbrechen konnten, hatten Vita für Violet anfällig gemacht, wie das seit Jahrzehnten nicht der Fall gewesen war. War ihr Brief ein Ausdruck des Sieges oder der Niederlage, war er ein Schritt auf das Leben zu oder eine Hinnahme des Dunklen? Der letzte Teil ihres Briefes weist die unruhige, krakelige Handschrift auf, mit der sie nur schrieb, wenn ihr Blick von Alkohol oder von Tränen getrübt war.

Kapitel 28

Eine unerwartete Folge der Anwesenheit Violets in England war ihr gelegentlicher Kontakt mit Harold. Wie es unvermeidlich war, trafen sie sich auf Parties in London und speisten hin und wieder zusammen. Vita und Violet schrieben sich weiterhin beinahe jede zweite Woche, wobei Vita die Einladungen Violets konsequent ablehnte. »Man hat in diesen Tagen mehr als genug zu tragen, um sich noch mehr aufzuladen... Nun sage nicht, ich sei ausweichend gewesen, und glaube nicht, die Versuchung, mit dir zusammenzusein, sei nicht groß. Das stimmt nicht.«[1] Im März 1941 bekannte sie Violet, »daß ich dich immerwährend liebe, auf die merkwürdige Art, die uns beiden bewußt ist. Das bedeutet nicht, daß ich dir traue oder mich dir je wieder ausliefern würde.« Von Violet kam die

Idee, man solle ihre Geschichte niederschreiben, ein Gedanke, der Vita ebenfalls beschäftigte: »Könnten wir (du und ich) zusammenarbeiten? – Nein, ich glaube nicht. Es wäre das Buch einer Person. Ich bin der Meinung, daß es ein großes und neues Thema ist, und ich würde es gern in Angriff nehmen. Die intensiven Gefühle, die mich durch mein ganzes Leben begleitet haben, wären es wert, eine Geschichte daraus zu machen.«[2] Sie sagte nichts – zumindest hier – über ihr Manuskript von 1920, und sie hat sich nie in einer anderen Form an diesem »großen und neuen Thema« versucht.

Im Juli 1941 war Ben in Yeovil in Somerset stationiert, nicht weit von Coker Court, wo Dorothy Heneage, die alte Freundin seiner Eltern, lebte. Violet hatte West Coker Manor bezogen, und Ben würde bei Mrs. Heneage bestimmt mit ihr zusammentreffen. Vita schrieb ihm alles über Violet:

»Sie wird dich amüsieren, aber du mußt vor ihr auf der Hut sein. Sie ist eine Sirene. (Nicht eine vom Luftalarm.) Ihre Erscheinung wird dich verblüffen, da sie ihren Sinn für Eleganz verloren hat. Sie hat die lieblichste Stimme von der Welt; durchsetzt ihre Konversation mit französischem Slang, der so aktuell ist, daß man kaum die Hälfte davon versteht; ist eine Mythomanin und dazu von Grund auf unaufrichtig; ist geistreich; ist eine extravagante und phantasievolle Persönlichkeit; geht einem dadurch auf die Nerven, daß sie es liebt, in einer Welt von Intrigen zu leben, und entschlossen ist, dich mit hineinzuziehen; ist, mit einem Wort, einer der gefährlichsten Menschen, die ich kenne. *Ich habe dich gewarnt.* Gleichzeitig verfügt sie über außerordentlich wertvolle Eigenschaften; nun, da ich dich über sie aufgeklärt habe, kannst du auf der Hut sein, aber auch nach dem wertvollen Teil Ausschau halten.«

Es sei merkwürdig, schrieb Vita an Harold, daß Ben, der vermutlich während ihrer Flitterwochen in Coker gezeugt worden sei, jetzt nach Coker ginge, um Violet zu treffen, »die unsere Ehe um ein Haar zerstört hätte, aber Gott sei Dank keinen Erfolg damit hatte«. Das Zusammentreffen von Ben und Violet faszinierte sie: »Ich hoffe, daß Ben sich nicht in Violet verlieben wird. Das wäre möglich, weißt du.«

Nichts war unwahrscheinlicher. Doch für Vita war Ben noch immer in gewissem Sinn die Reinkarnation ihrer selbst; noch immer schrieb sie ihm Briefe, in denen sie wiederholte, wie ähnlich sie sich seien (»wenn je zwei Menschen für den Elfenbeinturm gemacht wurden, dann du und ich«) und warum sie deshalb ihn und seine Probleme auf eine besondere Weise verstehen könne. Aber Ben errichtete notwendigerweise Barrieren zwischen sich und seiner Mutter. Er war im Januar für ein Wochenende zu Hause gewesen und hatte anschließend einen Brief an seinen Bruder geschrieben, der Vita, hätte sie ihn gelesen, zerschmettert hätte. Ben konnte weder die geistige Trägheit noch die konservative Einstellung seiner Mutter ertragen. Er hatte ihr erzählt, seine Einheit werde ins Ausland geschickt, doch er werde nicht mitgehen. Für ihn war das eine Erleichterung, eine Tatsache, die zu begreifen sie sich weigerte. »Du kennst Mutters Gewohnheit, sich einzubilden, daß alles, was (nach ihrer Meinung) so sein sollte, auch so ist. Wenn sie also der Meinung ist, jemand müsse einfach gern ins Ausland gehen, kann man sie durch nichts vom Gegenteil überzeugen.«

»Ich glaube, der Mangel an Realitätssinn erwächst aus ihrer Gewohnheit, uns als 12 und 14 Jahre alte Kinder zu betrachten. Wenn man in diesem Alter etwas aussprach, glaubte sie es nicht, es sei denn, es stimmte zufällig mit ihrer Ansicht überein oder es war pittoresk... Nun hat es aber gar nichts Pittoreskes an sich, wenn man nicht in Kenia kämpfen will... Folglich schenkt man meinen Ansichten keine Beachtung, meine Schwäche übergeht man gewissermaßen mit taktvollem Schweigen, ich werde wieder als der romantische, wilde, dunkle Junge (oh-er-ist-ja-noch-so-jung) abgestempelt, und mir werden edle Gefühle unterschoben, die ich nie geäußert habe – ›Ben ist so enttäuscht, daß man ihn nicht ins Ausland schickt.‹«

Ben machte nicht den geringsten Versuch, zu erklären, warum er nicht ins Ausland wolle. »Das wäre so töricht, als wollte ich meinen Kameraden am Geschütz die Quantentheorie erklären.«

»Sie wünscht, dagegen zu sein und eifersüchtig zu sein, solange man ihr die Gelegenheit gibt, ein wildes, romantisches Verhalten eher abzulehnen als ein zahmes, prosaisches Verhalten. Du weißt, daß wir unser Leben lang Mama enttäuscht haben (wenn sie sich das auch nicht eingestehen würde, denn sie ist zu loyal, zu liebevoll und uneigennützig), weil wir uns nicht töricht benahmen. Wir haben ihr keine Gelegenheit gegeben, uns zu retten. Es ist ihr nie vergönnt gewesen, für den verlorenen Sohn ein fettes Kalb an den Spieß zu stecken.«

Es kam noch schlimmer. Er habe, so schrieb er weiter an Nigel, eine Freundin zum Dinner nach Sissinghurst mitgebracht. Es sei ein »gräßlicher Reinfall« gewesen:

»Mama war unangenehm liebevoll und unfähig, etwas zu verstehen. Sie wird nie mehr etwas Neues lernen. Es ist schrecklich, diese vorzeitige Senilität mitanzusehen. Ihr Moralkodex gründet sich auf vollkommen willkürliche Voraussetzungen und nimmt von dem Wissenszweig keine Kenntnis, in dem, wie jeder zugeben muß, das 20. Jahrhundert enorme Fortschritte gemacht hat – die Wissenschaft der Psychologie. Für sie ist eine Handlung (Diebstahl, Untreue, Unaufrichtigkeit) UNRECHT, ungeachtet der Motive, die ihr zugrunde liegen. Für sie hängt es von der Umgebung ab, ob man unglücklich ist (daher ihre Verwirrung, wenn sie sich Eddy gegenübersieht, »der solch ein leichtes Leben hat, ich kann es nicht verstehen«), und nicht von der Gemütsverfassung. Für sie ist Trunksucht ein unmoralisches Vergnügen und nicht, wie für uns, eine aussichtslose Methode, Elend zu vergessen …

Verstehst du, ich und du haben bis zum Alter von 22 Jahren unter einer schützenden Hülle gelebt. Wir beide haben zuviel als gegeben hingenommen, wir sind zu blind gewesen, um zu begreifen, daß vieles, was man uns beigebracht hat, seit 40 Jahren aus der Mode ist … Im allgemeinen gehören die Eltern intelligenter Leute einer völlig anderen Welt an, so daß ihre Kinder nicht in Versuchung geraten, sie zu kopieren; du und ich hingegen haben Eltern, die dafür gesorgt haben, daß uns bis ins Mannesalter eine sehr befriedigende Schutzhülle umgab.«

Erst jetzt, im Alter von siebenundzwanzig Jahren, warf Ben diese »Schutzhülle« ab, und weil sein Drang nach Unabhängigkeit so spät einsetzte, nahm er um so heftigere Formen an. Er mußte sich emotional vollkommen von Vita lösen, wobei er sie gelegentlich mißdeuten mußte, um das zu schaffen, und er mußte es eine sehr lange Zeit durchhalten. Er schloß seinen Brief an Nigel mit der Feststellung, daß man, habe man diese Schutzhülle erst einmal abgeworfen, »ein neues Verhältnis zu seinen Eltern gewinnt – die gleiche Zuneigung, sogar noch verstärkt, aber nicht mehr die gleiche Abhängigkeit und Verständigung. Genau dasselbe widerfuhr Mama und Papa in den Beziehungen zu ihren eigenen Eltern. Und wenn das nicht geschieht, treten furchtbare unbekannte Kräfte wie Ödipuskomplexe in Aktion. Es ist ein notwendiges Stadium in der Entwicklung eines Mannes.«

Ohne auf Bens psychologische Vereinfachungen einzugehen, lohnt sich die Frage, ob Vita je die Reife erlangte, ihre Mutter, solange diese lebte, vorurteilslos zu sehen; ob sie jemals unter der gefährlichen, verführerischen Schutzschicht hervorkam, die B. M., je nach Lust und Laune, bereithielt, entzog oder mißbrauchte. Vita sagte oft zu Harold, daß Violet sie an B. M. erinnere. Aber in gewisser Weise hatte Vita in allen ihren Liebesbeziehungen B. M. gespielt. In Violet hatte sie ihre Meisterin und in ihrer Persönlichkeit ein Ebenbild ihrer Mutter gefunden. Harold war – ebenso wie Virginia – ein Fall für sich.

Vitas Beziehung zu Virginia wurde durch die Sorgen der Kriegszeit enger und inniger. Vita versorgte die Woolfs mit Butter (man stellte in Sissinghurst eigene Butter her) und mit Strickwolle, die von den Jacobs-Schafen in Sissinghurst stammte. Vita war es gelungen, ein paarmal nach Rodmell zu fahren; Anfang Oktober 1940 erzählte ihr Virginia in Monk's House, sie »kritzele an ihren Erinnerungen«, und schrieb in ihr Tagebuch, sie sei mit einemmal »in ein warmes, anheimelndes Verhältnis« zu Vita geraten. Immer eifersüchtig, fügte sie hinzu: »Sans Gwen ist es so einfach. Gwen, sagt sie, sei für sie ›wie ein Kind‹«. Virginia hielt Gwen für eine vollkommene Egoistin. In ihrer Zweisamkeit stützten Vita und Virginia einander liebevoll. »Du bedeutest mir mehr, als du je wissen wirst«[3], schrieb Vita in einem Dankesbrief.

Am 17. Februar war Vita wieder in Monk's House und verbrachte dort die Nacht, nachdem sie vor dem Frauenverein von Rodmell ihren abgedroschenen Vortrag über Persien gehalten hatte. Sie schrieb an Harold:

»Virginia spricht gerade mit den bedint, und ich sitze allein in ihrem freundlichen Zimmer mit dem unglaublichen Durcheinander von Sachen; es ist so überfüllt, daß ich Angst habe, ich könnte etwas umwerfen. (Einen Stuhl habe ich schon zerbrochen.) Leonard ist, beladen mit Körben voller Äpfel und Mohrrüben, auf den Markt gezogen. Sie sind wirklich reizend. Leonard hat jetzt eine Katze, was bedeutet, daß in den Zimmern zusätzlich Blechnäpfe auf dem Boden herumstehen.«

Vanessa Bell kam zum Tee. »Ich mag sie auch, und sie würde mir noch besser gefallen, wenn sie nicht eine Geschwulst an der Nase hätte.« Das ganze Gespräch drehte sich um Vanessas zwanzigjährige Tochter Angelica, die mit Bunny Garnett – fünfzig Jahre alt – zusammenlebte und vorhatte, ihn zu heiraten. »Die Sache wird dadurch ein bißchen kompliziert, daß Duncan [Grant] und Bunny einmal eine Affäre miteinander hatten... Da Duncan Angelicas Vater ist, scheint zur Sodomie noch Inzest hinzuzukommen. Ich finde das lustig; sie überhaupt nicht, obwohl sie es zweifellos miteinander getrieben haben.«

Vita sollte das Scherzen vergehen. Alle ihre Wellensittiche starben, weil sie das richtige Futter nicht bekommen konnte. Tief deprimiert schrieb sie am 28. Februar in ihr Tagebuch: »Diese seelische Verkümmerung dauert nun schon eine Woche.« Hätte sie doch gewußt, daß Virginias Seele in viel schlimmerem Zustand war. Am 6. März schrieb Vita an sie und schlug den Woolfs mögliche Daten für einen Besuch in Sissinghurst vor – mit dem Autobus, weil kaum Benzin zu bekommen war. Virginia legte sich nicht auf ein Datum fest. Es ist möglich, daß sie am 18. März ihre erste Notiz über Selbstmord machte und ihren ersten Selbstmordversuch unternahm. Am 22. März schrieb sie an Vita und legte einen Brief an den *New Statesman* bei, der offenkundig für Vita bestimmt, aber an »Miss Virginia Woolf« adressiert war: »Was für eine verrückte Gedankenübertragung! Nein, ich bin nicht du. Nein, ich halte keine Wellensittiche. Louie lebt noch: Sie füttert sie mit Brosamen... Wenn wir rüberkommen, darf ich ihr ein Paar mitbringen, falls welche überleben? Sterben sie alle sofort? Wann sollen wir kommen? Der Himmel weiß es...« Am 25. März tötete Martin, einer von Vitas Schäferhunden, einen anderen Hund und mußte erschossen werden. Vita war bei ihm, als er getötet wurde. »Alles höchst qualvoll.«

Am 28. März ertränkte sich Virginia im Fluß, während Leonard im Haus war, und ließ auf dem Kaminsims im Wohnzimmer von Monk's House Briefe für ihn und für Vanessa zurück. Leonard hatte sie noch eine halbe Stunde zuvor in ihrer Gartenhütte gesehen. Es war ein Freitag. Am Montag darauf erhielt Vita Briefe von Leonard und Vanessa und erfuhr, was geschehen war. Sie schrieb beiden sofort; an Harold schrieb sie:

»Als Leonard nach Hause kam [sic], fand er einen Zettel, sie werde Selbstmord begehen, und sie glauben, daß sie sich ertränkt hat, da er ihren Stock im Fluß treibend gefunden hat. Er sagt, sie habe sich die letzte Zeit nicht wohl gefühlt und habe Angst davor gehabt, sie könne wieder verrückt werden. Er schreibt: ›Vermutlich war es die Belastung durch den Krieg und die Fertigstellung ihres Buches [*Zwischen den Akten*]‹; sie fand weder Ruhe noch mochte sie essen.

Warum, warum hat er sie allein gelassen, wo er alles das wußte? Er muß sich die furchtbarsten Vorwürfe machen, der arme Mann. Den Leichnam haben sie noch nicht gefunden.

Ich kann es einfach nicht fassen. Dieses herrliche Wesen, dieser herrliche Geist. Und sie schien so wohl zu sein, als ich sie das letzte Mal sah, und noch vor zwei Wochen hatte ich einen spaßigen Brief von ihr. Sie muß ganz von Sinnen gewesen sein, sonst hätte sie Leonard und Vanessa nicht soviel Kummer und Entsetzen bereitet. Vanessa hat ihn besucht und schreibt, er sei verblüffend beherrscht und ruhig, dringe aber darauf, daß man ihn allein läßt. Ich kann nicht umhin, mich zu fragen, ob er ihrem Beispiel folgen wird. Ich kann mir nicht vorstellen, wie er ohne sie weiterleben kann.«

Am selben Montag schrieb Harold – der von dem Vorgefallenen nichts wußte – einen sehr unglücklichen Brief an Vita. Ihre Briefe kreuzten sich. Die Vita, die er liebte, war unverwüstlich und stützend; an einem der vorhergehenden Wochenenden hatte er ihr geschrieben: »Du bist so klug und sanft, Liebling – ich weiß immer, daß ich bei dir Trost und Rat finden werde.« Doch am letzten Wochenende war Vita, deprimiert durch den Krieg, die toten Wellensittiche, den toten Hund, nicht klug oder sanft gewesen. Ihre Reaktion auf die Depression hatte darin bestanden, daß sie sich betrunken hatte. Harold schrieb ihr aus dem Informationsministerium: »Ich weiß nicht, woran es liegt, aber es scheint, als könne ich dir nie helfen, wenn du Kummer hast«:

»Ich bekomme Angst, wenn ich dich mit ungesunder Gesichtsfarbe sehe, wenn du keinem zuhören und nur langsam und mit Mühe sprechen kannst. Ich weiß immer, daß diese Situationen Schwindelanfälle bedeuten. Ich glaube nicht, daß es die Nerven sind, sondern ich denke eher, daß es etwas mit den Drüsen zu tun hat oder mit der Drüsenfunktion, die für das richtige Gleichgewicht sorgt, und das erschreckt mich. Ich mache mir solche Sorgen, wenn du diese Anwandlungen hast, weil ich dich überreden möchte, einen Arzt aufzusuchen, und du dich weigerst.«

Harold war nicht bloß außerordentlich zartfühlend. Er und Vita sprachen freimütig über die Alkoholprobleme Dorothy Wellesleys und seines Bruders Freddy. Es war nicht so sehr Taktgefühl, das ihn davon abhielt, sie mit der Kernfrage zu konfrontieren oder sie sich selbst zu stellen, sondern Qual und Stolz – er war auf Vita stolz und wollte es bleiben. Er ging dazu über, eine Umschreibung zu benutzen – »Deine Verschwommenheiten« –, um auszudrücken, was ihm auffiel. Er beschönigte die Wahrheit; sogar, soweit es ihm möglich war, vor sich selbst. Bei diesem Anlaß war er so unglücklich, daß er zwei weitere Seiten hinzufügte, auf denen er von tieferen Ängsten und Ungewißheiten spricht:

»Ich frage mich, ob du glücklicher gewesen wärest, wenn du einen entschlosseneren und weniger sensiblen Mann geheiratet hättest. Einerseits wäre dir jedes Gefühl der Kontrolle oder Bevormundung zuwider gewesen, und andere Männer hätten vielleicht dein Verlangen nach Unabhängigkeit nicht verstanden. Das habe ich immer respektiert, und du hast darin bei mir oft fälschlich Zustimmung gesehen. Mich bekümmert die Frage, ob ich deinen exzentrischen Einfällen zuviel nachgegeben habe, so wie Dada B. M.'s Exzentrizitäten zuviel nachgab.

Dagegen hat mir immer dein dualistischer Charakter Kopfzerbrechen bereitet. Die eine Seite zärtlich, klug und so verantwortungsbewußt; die andere aber ziemlich grausam und ausschweifend. An die erste habe ich mich immer als das eigentliche du geklammert, während mich die zweite immer beunruhigt hat, und ich habe versucht, nicht daran zu denken... Ich hatte das Gefühl, daß diese Seite von dir über meinen Horizont hinausgeht. Wenn du dich dadurch richtig in die Nesseln setztest, warst du mir böse, weil ich mit der heftigen Seite deines Wesens nicht fertig geworden bin.

Ich glaube nicht, daß du jemals richtig gemerkt hast, wie tief unglücklich deine exzentrische Seite mich oft gemacht hat. Wenn ich unglücklich bin, schließe ich mich wie eine Auster... Ich liebe dich so sehr, mein Liebstes. Ich stütze meinen Kopf in beide Hände und sorge mich um dich.«

Vitas Brief, in dem sie Harold Virginias Selbstmord mitteilte, kam am nächsten Tag in London an: Harold kam schnurstracks nach Sissinghurst, um bei Vita zu sein. Man sprach nicht über sich und nicht über Virginia. »Wir sind aber doch komische Leute, du und ich«, schrieb ihm Vita, dankbar für sein Kommen, »Virginias Tod hatte dich hergeführt, und doch haben wir das überhaupt nicht erwähnt... Es tut mir leid, daß ich schlafen ging. Ich hatte in der Nacht zuvor nicht viel geschlafen und konnte kaum die Augen offenhalten; du weißt, wie es einen am Nachmittag darauf gegen vier Uhr packt.«

Sein eigener unglücklicher Brief kam erst an, als er wieder nach London zurückgekehrt war. »Es war fast unerträglich, deinen Brief zu lesen«, schrieb Vita in ihrer Antwort, »zum Teil weil ich erwartet hatte, daß er von Virginia handele, und daher ehrlich überrascht war.« Sie weigerte sich, seine Befürchtungen ernst zu nehmen oder sich auf eine der Fragen einzulassen, die er angeschnitten hatte. »Ich bin wirklich eine sehr glückliche Natur und bekomme nur manchmal Anwandlungen von Verzweiflung. Es ist töricht und egoistisch von mir zu sagen, daß mich der Krieg stört, wenn so viele Leute so unendlich viel mehr darunter zu leiden haben«:

»Aber ich glaube ehrlich nicht, daß mit meinen Drüsen etwas nicht stimmt! Ich fühle mich normalerweise so wohl, daß mir das ganz komisch erscheint. Auch verstehe ich nicht ganz, was du mit meiner Exzentrizität meinst; ich habe nicht das Gefühl, daß ich im mindesten exzentrisch bin, sofern nicht die Vorliebe für das Leben hier exzentrisch ist; aber viele Menschen sind von Natur Einsiedler (und das bin ich vermutlich)... Also mache dir keine Sorgen, mein Liebster. Ich gebe dir mein Ehrenwort, daß mir nichts fehlt... Du bist zu mir immer so lieb gewesen, wie ich gar nicht sagen kann, und ich wünsche mir *ganz* gewiß nicht, daß ich jemand anders geheiratet hätte!«

Dieser Brief war nicht dazu bestimmt, ihn zu täuschen, sondern sollte ihm wieder Sicherheit geben, sollte ihm »seine Vita« zurückgeben.

Am 8. April fuhr Vita nach Charleston, um Vanessa zu besuchen. Es versetzte sie in einige Bestürzung, als Vanessa ihr sagte, Leonard wolle sie ebenfalls sehen; also fuhr sie weiter nach Rodmell:

»Er trank gerade Tee – nur eine Teetasse auf dem Tisch, an dem sie immer Tee tranken. Das Haus war voll von seinen Blumen, und Virginias Sachen lagen wie üblich herum. Er sagte: ›Gehen wir irgendwohin, wo es behaglicher ist‹, und führte mich in ihr Wohnzimmer hinauf. Da lag ihre Handarbeit auf einem Stuhl, und ihre bunte Wolle hing über so einer Art Handtuchständer, den sie sich dafür hatte machen lassen. Ihr Fingerhut auf dem Tisch. Ihr Notizblock mit ihrer Schrift. Das Fenster, von dem aus man den Fluß sehen kann. Ich sagte: ›Leonard, ich habe es nicht gern, daß Sie hier so allein sind.‹ Er richtete diese durchdringenden blauen Augen auf mich und sagte: ›Es ist das einzig Richtige.‹«

Leonard erzählte Vita, daß er, als er sie nirgends finden konnte, zu einem verlassenen Haus auf den Downs namens Mad Misery gegangen sei, das sie sehr gern hatte. (Vita erinnerte sich, daß sie ihr einmal von Mad Misery erzählt und gesagt hatte, sie wolle es ihr einmal zeigen.) »Sie haben den Fluß abgefischt, geben jetzt aber die Suche auf.« Vita wußte, daß Virginia schwimmen konnte, weil sie ihr einmal die Geschichte erzählt hatte, wie sie in Cambridge nackt mit Rupert Brooke* geschwommen sei. Aber Virginia hatte wahrscheinlich ihre Gummistiefel getragen, und wenn diese sich mit Wasser füllten, mußten sie sie hinunterziehen; und außerdem hatte sie sich vielleicht, wie Leonard mutmaßte, Steine in die Taschen gestopft.

Er hatte recht. Am 18. April wurde Virginias Leichnam von Kindern gefunden. Leonard gab Vita das Manuskript von *Mrs. Dalloway* zusammen mit einem Teil von *Der gewöhnliche Leser* ; und im Juli schickte er ihr ein Vorausexemplar von Virginias letztem Roman *Zwischen den Akten*.

Es ist behauptet worden, daß *Zwischen den Akten* zum Teil Virginias Abschiedsbrief an Vita war, so wie *Orlando* ihr Liebesbrief gewesen war; und daß die Mrs. Manresa des letzten Buches in ihren lüsternen und verschwenderischen Aspekten eine Version Vitas darstelle. »Es scheint, daß Virginia Woolf ihrem Roman einen für Vita bestimmten privaten Code unterlegte, der die Botschaft von Liebe, Haß, Lust, Untreue, Furcht und Tod in sich schloß. Vita allein war dazu bestimmt, die Botschaft zu entschlüsseln.«[4] Wenn das zutrifft, hat Vita die Botschaft entweder nicht entdeckt und entschlüsselt oder sie verschwieg die Tatsache, daß sie es getan hatte. Sie schrieb an Ben, für sie sei *Zwischen den Akten* »eine schreckliche Enttäuschung«.

Noch anderes bedrückte Vita. Gwen hatte Gallensteine. Der Garten wurde vernachlässigt und der Rasen entheiligt, indem man das Gras als Viehfutter verwendete. Im Juli wurden Duff Cooper und Harold im Informationsministerium abgelöst. Warnend schrieb Vita an Ben: »Es kränkt ihn schrecklich, nicht mehr der Regierung anzugehören... Darüber sollte man keine Scherze machen.« In der Krise war sie die sanfte, hilfreiche Vita, als die er sie brauchte.

Virginias Tod übte auf Vita paradoxerweise eine heilsame Wirkung aus. Sie hatte keine moralischen Einwände gegen Selbst-

* Rupert Brooke (1887-1915), talentierter Lyriker, der im 1. Weltkrieg fiel [Anm. d. Übers.]

mord, außer daß man dadurch andere Menschen verletzte. Sie glaubte, Virginia müsse bereits wahnsinnig gewesen sein, um Leonard und Vanessa solchen Schmerz zufügen zu können. (Vitas Sohn Nigel, der Virginias Briefe herausgab, gelangte zu der Ansicht, daß sie geistig gesund, »mutig und aus freiem Entschluß« gestorben sei.[5]) Vita glaubte, daß sie selbst vielleicht imstande gewesen wäre zu verhindern, daß es überhaupt soweit kam. Als sie acht Jahre später an Harold schrieb, meinte sie:

»Die beiden Menschen, die ich am meisten vermisse, sind Virginia und Geoffrey Scott – nicht, daß Geoffrey mir nicht eine schreckliche Last gewesen wäre – das war er und eine Beklemmung dazu... Und Virginia in noch größerem Maße, weil sie nie eine Last, sondern eine einzige Freude war... Natürlich habe ich auch Angst um sie gehabt, und ich meine immer noch, daß ich sie hätte retten können, wenn ich doch bloß dagewesen wäre und den seelischen Zustand gekannt hätte, in dem sie sich befand. Sie hätte es mir erzählt, glaube ich – wie sie es schon früher getan hat.«

In Erinnerung an Virginia schrieb sie für *Horizon* im Mai 1941, ihr sei die Virginia im Gedächtnis, die »ein einziges Vergnügen« gewesen sei, hob ihren Sinn für Spaß hervor und »die überschäumende Freude, die kleine Dinge ihr machten«, ganz im Gegensatz zu dem öffentlichen Eindruck, Bloomsbury sei kalt und blasiert. Sie schrieb von ihrer »seelischen Reizbarkeit«, die der Grundton von Virginias Leben gewesen sei, und verglich sie darin mit Coleridge; und in einem denkwürdigen Satz umriß sie, wie gut ihr Name zu Virginia gepaßt habe: »Zartheit und Reinheit waren in ihrem Vornamen und eine Andeutung des Reißzahnes im Nachnamen.«

Virginias Tod ließ Vita mit einem Schlag ihre eigenen Prioritäten und Verantwortlichkeiten begreifen; sie erkannte, daß Harold von ihr abhängig war und wieviel sie ihm verdankte. In ihren Briefen an ihn ist jetzt öfter und deutlicher von Zuneigung und Zusammengehörigkeit die Rede:

»Ich habe über mich nachgedacht, wie man das wohl tut, wenn man allein ist und irgend etwas Beiläufiges tut wie Dahlien eintopfen. Ich dachte: ›Wie sonderbar! Ich schätze, Hadji und ich sind einander so untreu gewesen, wie man das aus konventioneller Sicht nur sein kann, ja schlimmer noch als untreu, wenn man Homosexualität hinzunimmt, und doch schwöre ich, daß keine zwei Menschen sich nach all diesen Jahren einander mehr lieben könnten.‹«

Sie hatte Untreue im Sinn; Evelyn Irons, die bei der Londoner Feuerwehr arbeitete, kam für eine Nacht nach Sissinghurst. Vita hatte sie seit neun Jahren nicht mehr gesehen. Der Mond schien, und die Nachtigallen sangen. Davon schrieb Vita an Harold, doch kein Wort darüber, daß Evelyn dagewesen war.

Sie versuchte, ihre Anwandlungen von Verzweiflung vor Harold zu verbergen, hielt sie aber in ihrem Tagebuch fest: 9. September 1941: »Allein hier. Eine plötzliche Sehnsucht nach Virginia. Nicht sehr gut.« 10. September: »Allein hier. Der Garten ist nichts als Unkraut. Komme nicht dagegen an. Deprimiert. Kann nicht schreiben.« Doch als Christopher St. John für eine Nacht und Besucher zum Tee kamen, schrieb sie: »Kann ich denn niemals allein sein?«

Sie schrieb Harold, sie liebe ihn nun »sentimental«, schickte ihm Abschriften ihrer Tagebuchnotizen des Tages, an dem sie Sissinghurst zum ersten Mal sahen, und ging in ihrer gemeinsamen Geschichte noch weiter zurück: »Ich bin froh, daß wir jenen Ball in Hatfield besuchten«, und: »Ich sehe dich immer als den Hadji, der sich 1913 auf dem Weg nach Konstantinopel die Locken bürstete.« Sowohl sie als auch Harold hatten Spaß daran, über die Heiraten ihrer Söhne zu spekulieren. Bens Bedingungen seien so anspruchsvoll, sagte Vita, daß wohl nichts anderes übrigbleibe, als, um sie zu erfüllen, eine Anzeige im *New Statesman* aufzugeben. »Aber er will heiraten, und er *sollte* heiraten.« (Ben war während seiner Besuche daheim sehr schweigsam geworden, wie sie betrübt notierte.) Harold stellte eine Liste mit 21 Eigenschaften auf, die jede Frau, die Nigel heiratete, unbedingt besitzen müsse; er glaubte, daß Sheila Graham, jenes Mädchen, das Nigel Ende September – ein einmaliger Fall – nach Sissinghurst mitgebracht hatte, sie alle besaß. Vita war überhaupt nicht distanziert, sondern aufgeregt und gespannt. Doch das Wochenende verging ohne Erklärung, und später erzählte Nigel ihnen, Miss Graham habe sich mit einem seiner Offizierskameraden verlobt. »Armer Niggs! Das Herz tut mir seinetwegen weh«, schrieb Vita an Harold.

Vitas Tagebuch am 24. Februar 1942: »Komme mit meinem verdammten Buch ziemlich gut voran... Bleibe nachts lange auf und schreibe. Die einzige Art von Glück, die ich finden kann – um Mitternacht – allein mit Martha [dem Hund] in der Abgeschiedenheit.« Sie hatte ihren eiskalten Turm aufgegeben (Kohlen waren schwer zu bekommen), als Mac als Krankenschwester ins Ausland ging, und hatte sich in Macs Zimmer im Pförtnerhaus eingerichtet. Sie beendete *Grand Canyon* am 24. März, und da die Abende länger wurden, verbrachte sie nach dem Dinner viele Stunden mit der Arbeit im verwilderten Garten. Sie kaufte eine neue Japanische Kirsche – »Sie ist wunderschön, mit grünlich-weißen Blüten wie ein Eisberg... Ich hoffe nur, daß Niggs [dem sie Sissinghurst vermacht hatte] dieses Fleckchen nicht als Baugrund verkauft; unsere Enkelkinder würden wirklich wunderschöne große blühende Bäume haben – aber wird in fünfzig Jahren noch jemand an solchen Dingen Interesse haben?«

Dann kam ein Schlag. Leonard Woolf lehnte *Grand Canyon* ab. (Wäre das passiert, wenn Virginia noch gelebt hätte?) »Dies ist einer der unerfreulichsten Briefe, die ich je zu schreiben hatte«, teilte er ihr mit, »in erster Linie deshalb, weil Sie uns als Autorin immer so außerordentlich gut behandelt haben, daß es beinahe unvorstellbar erscheint, daß die Hogarth Press eines Ihrer Manuskripte ablehnt.« John Lehmann*, der damals im Verlag arbeitete, stimmte mit ihm überein, daß das Buch, das im gerade stattfindenden Krieg spielte, »zutiefst defätistisch« sei und »einen schlechten Eindruck hervorrufen« würde.[6]

In ihrer Vorbemerkung nannte Vita *Grand Canyon* eine »Geschichte mit einer Moral«. In ihrem Szenario hat Deutschland den Krieg in Europa gewonnen, und viele Europäer fliehen in die Vereinigten Staaten. Die Regierung der Vereinigten Staaten schließt einen Pakt mit Deutschland, was zur Folge hat, daß Deutschland in

---

* John Lehmann war bereits von 1931 bis 1932 Lektor der Hogarth Press gewesen. 1938 trat er als Partner in den Verlag ein (Virginia verkaufte ihm ihre Anteile), 1946 schied er wieder aus [Anm. d. Übers.].

Amerika die Macht übernimmt. Teil 1 spielt im »Grand Canyon«-Hotel, in dem sich deutsche Flüchtlinge drängen. In Teil 2 sollen sie alle getötet werden, doch sie wissen es nicht, da sie oder ihre Geister über den Strahlenden Engelspfad in den Canyon hinabwandern. Unter den Flüchtlingen ist Mrs. Temple, eine zurückgezogene, einsame Frau von fünfzig Jahren – der Autorin nicht unähnlich. Ihre gelassene, über das Grab hinausreichende Beziehung zu einem anderen Flüchtling reflektiert Vitas Beziehung zu Harold: »Es war wie ein sehr langer, sehr ruhiger Orgasmus des Verstehens, anstelle des raschen und rasch vergessenen Orgasmus der Sinne... Es war vielleicht eine ungewöhnliche Form der Liebe, doch warum sollte Liebe immer so unveränderlich, so konventionell sein?«

Es waren die politischen Implikationen des Buches, die Leonard Sorge machten. Zum ersten die Annahme von Hitlers totalem Sieg über die Welt und zweitens die darin enthaltene Kritik an den Vereinigten Staaten – die, als er das Manuskript las, noch nicht in den Krieg eingetreten waren. Eine Woche, nachdem sie seinen Absagebrief erhalten hatte, schickte Vita das Manuskript an Heinemann, der es ebenfalls ablehnte. In überarbeiteter Form wurde es von Michael Joseph angenommen und Anfang November herausgebracht. Zwar sorgte ihr Renommee dafür, daß vor Erscheinen 8000 Exemplare verkauft wurden, doch sie bekam ein paar, wie sie sagte, »verdammte Kritiken«. *Grand Canyon* konnte an den Erfolg, den *The Dark Island* literarisch und bei der Kritik gehabt hatte, nicht mehr anknüpfen.

Kapitel 29

Seit Ausbruch des Krieges hatte Vita ein- oder zweimal pro Woche eine sehr alte Dame besucht, Katherine Drummond, die mit ihrem Gatten – einem pensionierten General – im Dorf Sissinghurst lebte. Mit der Zeit wurden Mrs. Drummond diese Besuche unentbehrlich, und sie und Vita wurden wie Mutter und Tochter, wenn Vita auch gelegentlich darüber klagte, wieviel Zeit sie diese neue Freundschaft koste. Vita freundete sich auch mit Mrs. Drummonds Schwiegertochter Bunny an, die sie Harold als »eine nette, bescheidene Person, nicht aufregend, aber ungemein bescheiden« beschrieb. Es waren langweilige, bescheidene Leute wie Bunny Drummond, mit denen Vita neuerdings besser auskam als mit ihren weltoffeneren Nachbarn, die, wie Victor Cazalet, den oberen Zehntausend angehörten. Christopher St. Johns leidenschaftliche Zuneigung zu Vita war keusch geworden und hatte Züge einer fast religiösen Verehrung angenommen. Sie hatten eine »feierliche Abmachung«, jeden Freitagabend miteinander zu telephonieren. Vita hatte auch neue Verehrerinnen – wie, zum Beispiel, Margaret Howard, eine aufstrebende Dichterin, die im April 1942 zum ersten Mal zu Besuch kam; von da an schrieben sie sich – wie sich aus Christophers eifersüchtigen Bemerkungen und einem Brief, den Mrs. Howard nach Vitas Tod an Nigel schrieb, schließen läßt – »nahezu jeden Tag«. Vita schrieb auch nahezu jeden Tag an Mac, die beim »Queen Alexandra«-Hilfsdienst in Übersee als Krankenschwester tätig war.

Doch ihre fundamentale Einsamkeit verstärkte sich 1942 durch die Abreise ihrer Schwägerin Gwen, die mit Unterbrechungen seit 1933 in oder in der Nähe von Sissinghurst gelebt hatte und ein fester Bestandteil von Vitas Leben geworden war. 1940 hatte Gwens Gatte Sam von seinem Onkel den Titel eines Lords von St. Levan und das große Haus der Familie auf St. Michael's Mount vor der Küste von Cornwall geerbt. Nach dreijähriger Militärzeit war Sam wieder zu Hause und hatte die Absicht, dort zu wohnen, und Gwen – jetzt Lady St. Levan – ging ebenfalls dorthin.

Vita war aufgebracht. Gwens Bereitwilligkeit, auf St. Michael's Mount zu leben, empfand sie unsinnigerweise als Treuebruch und Pflichtvergessenheit; sie hielt sogar Harold für einen »Quisling«*, weil er das neue Heim seiner Schwester besucht und bewundert

---

* Vidkun Quisling (1887-1945), norwegischer Politiker, Gründer der norweg. faschistischen Partei, bereitete 1940 in Zusammenarbeit mit den Nazis die Besetzung Dänemarks durch deutsche Truppen vor. Sein Name wurde zur Bezeichnung für Kollaborateure [Anm. d. Übers.].

hatte. Auch die beiden Jungen waren fort, sie waren ins Ausland geschickt worden. (Ben war jetzt beim Nachrichtendienst, wo er weniger unglücklich war.) Nigel kam auf Urlaub heim, bevor er fortmußte: »Wir unterhielten uns bis 12.30. Ich war tapfer und fragte ihn direkt nach Sheila... Wir sprachen über das Leben und den Krieg; über Angst und daß wir nicht sterben wollten. Dann warf er mir einen Blick zu, den ich nie vergessen werde, und sagte: ›Aber ich bin zu der Schlußfolgerung gelangt, daß das Leben nicht das Wertvollste ist, das man besitzt.‹« 1942 stimmte Vita mit ihm überein. In diesem Herbst hatte sie Selbstmordphantasien, die in privaten, unveröffentlichten Gedichten Ausdruck fanden. Es war nicht der Tod mittels ihres immer verfügbaren »blanken Dolchs«, an den sie dachte, sondern der Tod durch einen wirklichen blanken Dolch – ein Messer – im Wald. Harold wußte nichts davon, doch kannte er sie gut genug, um zu wissen, daß sie Trost brauchte; nach einem der glücklicheren Besuche Bens versicherte er ihr, daß sie, die einst behauptet hatte, niemals eine vollkommene Beziehung zu einem anderen aufbauen zu können, gleichwohl zu ihm und den Jungen eine Beziehung habe, die von unumschränkter Liebe und Vertrauen geprägt sei.

In ihrer Isolierung war Vita noch konservativer geworden und fühlte sich stärker der Tradition verbunden. Sie, die einst argumentiert hatte, ein Beruf sei für eine Frau notwendig, war verblüfft, als ihre Lieblingsnichte, Philippa St. Aubyn, verkündete, sie werde sich als Säuglingsschwester ausbilden lassen: »Ist das nicht ein Zeichen der Zeit? Die meisten Mädchen in ihrem Alter, mit einem reichen Vater etc., würden sich darauf freuen, nach dem Krieg ›eine gute Zeit zu haben‹. Ich glaube, B. M. würde sich im Grabe umdrehen – und mir selbst läuft bei dem Gedanken, daß unsere Nichte einer solchen bedint Gesellschaft ausgesetzt sein wird, ein Schauer über den Rücken.« Einige Zeichen der Zeit – als, zum Beispiel, Lady Ravensdale auf dem Fahrrad des Cazalet'schen Hausmädchens am Haus der Drummonds ankam – brachten sie zum Lachen. Der Beveridge-Plan* – der Entwurf für den englischen

---

* Der für die britische Sozialpolitik nach 1945 grundlegende Entwurf des liberalen Nationalökonomen Sir William Beveridge (1879-1963) wurde am 2. Dezember 1942 veröffentlicht [Anm. d. Übers.].

Wohlfahrtsstaat der Nachkriegszeit –, der gegen Ende des Jahres veröffentlicht wurde, versetzte sie in Empörung.

»Für mich hört sich das schrecklich an. Das Proletariat wird dazu ermutigt, sich wie die Kaninchen zu vermehren, weil jedes neue kleine Kaninchen 8 Pfund in der Woche bedeutet – als ob es nicht schon genug davon gäbe und nicht genügend Arbeit für alle, bei 2 Millionen Arbeitslosen vor dem Krieg –, und jeder kriegt alles umsonst und wird davon abgeschreckt, zu sparen und sich zu rühren ... Lloyd George gab ihnen die Altersversorgung – und was tun sie? Sie murren, weil sie für ihre Briefmarken bezahlen müssen, und dann murren sie, daß sie nicht genug Geld haben. Oh, nein, ich halte es nicht mit Sir William Beveridge, und alles riecht mir sehr nach der Zeit vor 1792.«

(In *Schloß Chevron* hatte sie Viola zu Sebastian sagen lassen: »Liebster Sebastian, wie gut sehe ich dich auf deine alten Tage voraus – eingeschlossen in den Mauern von Chevron, jammerst du, daß das Land vor die Hunde gegangen ist, ein guter Tory bis zum Ende. Wie schade, daß du nicht um achtzehnhundertfünfzig gelebt hast!«) Ihr Brief kreuzte sich mit dem von Harold, der schrieb: »Ich erkenne wirklich in dem Plan viele Dinge, auf die ich seit Jahren gehofft habe.« Vita war kampflustig:

»Ich fürchte, Mar ist instinktiv ein Tory ... Ich bin durchaus dafür, die *peuple* zu erziehen, so daß sie weniger gräßlich, weniger beschränkt und weniger töricht werden, und ich bin dafür, viel Geld auszugeben 1) für erweiterte Schulbildung und 2) für bessere Lehrerbesoldung, aber ich bin *nicht* dafür, ihnen alles umsonst zu geben, was sie ohnehin nicht zu schätzen wissen. Gesundheitspflege ja, Schulbildung ja. Altersrenten wohl auch ja, da es keine Euthanasie gibt, die ich, wie auch für Geisteskranke, bevorzugen würde. Aber nicht diese Art von Wohltätigkeit, welche dahin führt, daß die Leute mit verschränkten Armen das Gefühl bekommen, sie brauchten nichts zu unternehmen, da in allem für sie vorgesorgt wird. Das ist bestimmt ein psychologischer Fehler.«

Diese Diskussion führte schließlich dazu, daß sie Harold einen Brief schrieb, der sich wie eine verspätete Antwort auf seinen unglücklichen Brief liest, den er ihr am Wochenende von Virginias Tod geschrieben hatte. »Natürlich finde ich ebenso wie du, daß der Krieg und die Nachkriegszeit wichtig sind«, versicherte sie ihm am 9. Dezember. Aber sie besaß nicht die Klaglosigkeit und Tapferkeit, die Harold ihr zuschrieb:

»Meine Gelassenheit ist lediglich meine Kohlkopfnatur. Glücklicherweise hast du nie die stürmischere Seite meines Wesens erlebt. Du hast nur gelegentlich eine Blase an die Oberfläche steigen sehen... aber da du solche Blasen nicht magst, hast du klugerweise immer weggeblickt. Meine Empfindungen für dich sind tief und stark; ich liebe dich mehr als alles auf der Welt. Du bist ungefähr der einzige Mensch, auf dessen Liebe ich vertraue.«

Nicht das geringste unter den Geschenken, die Harold ihr machte — wenn sie es auch nie in Worte faßte —, war sein unwandelbarer Glaube an die kraftvolle »gute« Vita; es half ihr, ebenfalls daran zu glauben. Und obwohl ihr die Vorstellung eines Sozialstaates im allgemeinen heftig zuwider war, reagierte sie im Einzelfall gänzlich anders. Als das Kind der Coppers an einem rheumatischen Fieber erkrankte und der Arzt sich mit seinem Besuch reichlich Zeit ließ, war Vita wütend, daß »sie die armen Leute so behandeln. Zum Glück bat mich Mrs. Copper, mich darum zu kümmern, und ich habe telephoniert; was macht der kleine Mann in diesem Fall? Er nimmt es einfach hin. Ich könnte zur Demokratin werden.«

Vitas Tagebuch vom 8. Januar 1943: »Denke daran, ein Buch zu schreiben, das aus vier Skizzen besteht — über Leonard, die beiden Theresas und eine vierte nicht-weltliche Person.« Am nächsten Morgen holte sie ihre Notizen über die »zwei Theresas«, wie sie sie immer nannte, hervor, fügte die französische und spanische Schreibweise hinzu und begann zu schreiben: Das Buch sollte den Titel *Adler und Taube* tragen und wurde ihr bestes nicht-erzählendes Buch. (Leonard Woolf und die vierte »nicht-weltliche« Person verschwanden wieder.) Die Arbeit ging ihr sofort gut von der Hand, stellte Vitas Gleichgewicht wieder her, und sie bekam ihr Leben wieder in den Griff. Die Druckwelle einer Bombendetonation stürzte alle Gegenstände im großen Zimmer um, wobei, »leider, leider«, ihr Geschirr aus Purpurglas zerbrach; doch abgesehen von ihren regelmäßigen Besuchen bei Mrs. Drummond nahm die neue Routine rasch feste Formen an. »Den ganzen Tag allein. Garten und St. Theresa – meistens St. Theresa.« (Ein paar Narzissenknollen, die sie vor sechzehn Jahren in Persien ausgegraben hatte, blühten in diesem Frühling plötzlich zum ersten Mal – »das zeigt, das man die Hoffnung nie verlieren sollte«.)

Wie vorauszusehen, zog Vita den »Adler«, die derbe, energische Teresa von Avila – »wirklich unwiderstehlich, so völlig unbedint und unumschränkt und gar nicht wie eine Nonne, eine großartige Frau« –, der »Taube« vor, der kleinen Blume aus Lisieux. Sie kämpfte sich durch Teresas Autobiographie in spanischer Sprache, mühsam und mit Hilfe eines Wörterbuches; sie führte eine hilfreiche Korrespondenz mit der vornehmen Äbtissin von Stanbrook, Dame Laurentia McLachlan, die einem geschlossenen Orden angehörte, jedoch die Vertraute vieler Laien war. Nach weniger als einem Monat intensiven Lesens und Schreibens schrieb Vita am 3. Februar an Harold:

»Ich glaube, allmählich beginne ich die Heiligen und ihre Ziele besser zu verstehen als damals, als ich über Johanna von Orléans schrieb; es ähnelt ein wenig dem Versuch, die Relativitätstheorie zu verstehen, wobei einem hin und wieder blitzartig etwas klar wird. Es ist eine völlig andere Welt, und als erstes muß man begreifen, daß alle herkömmlichen Werte in ihr Gegenteil verkehrt sind.«

Ihre regelmäßigen Gefährtinnen, schrieb sie, seien »Heilige und Landmädchen«; sie kam ihren Verpflichtungen bei der örtlichen Sektion der Women's Land Army nach, sorgte für den Transport der Frauen von einer Farm zur anderen und stellte das Cottage von Vass zur Unterbringung einer Gruppe zur Verfügung – mitsamt einer Haushälterin, die Vita sehr ärgerte:

»Was mir an bedint Frauen mißfällt, ist ihre absolute Begeisterung, mit der sie sich in praktische Schwierigkeiten bringen; sie regen sich über eine fehlende Pastetenform so sehr auf, als seien sämtliche Schätze des Britischen Museums über Nacht verschwunden... Dieses Trampel von Haushälterin fragte mich schließlich, was sie den Mädchen zum Dinner vorsetzen solle: Ob gekochte Rübchen wohl das Rechte seien? Oh, mein Gott! Es gibt Zeiten, da ich die Engländer von Herzen hasse.«

In Vitas Unterteilung häuslicher Tätigkeiten, die nebensächlich, und andere, die es nicht waren, gab es Grenzen – und zwar nicht im Sinne ihrer Heiligen. Die Heilige Teresa von Avila, die sie so sehr verehrte, hätte sich des Problems einer fehlenden Pastetenform mit »absoluter Begeisterung« angenommen, so sehr sie sich auch wünschte, es nicht tun zu brauchen.

Nichtsdestotrotz erledigte die einundfünfzigjährige Vita zum ersten Mal in ihrem Leben einen Teil ihrer eigenen Hausarbeit. »Ich poliere noch immer mit großem Erfolg«, schrieb sie Harold am 24. März, »doch bei den Scharnieren am Coromandel-Schränkchen ist das eine Höllenarbeit. Ich stehe jetzt früh auf und arbeite eine Stunde vor dem Frühstück daran. Ich beginne zu verstehen, was die Hausmädchen meinen, wenn sie von ›Staubfängern‹ sprechen.«

Im April 1943 nahm Vita an einer Lyrik-Lesung teil, die von Osbert und Edith Sitwell in der Aeolian Hall veranstaltet wurde und bei der die Königin und die jungen Prinzessinnen anwesend waren. Vorher speiste Vita bei Sibyl Colefax und holte danach Dorothy Wellesley von Hyde Park-Hotel ab. Die Dichter sollten in alphabetischer Reihenfolge aus ihren Werken lesen, was bedeutete, daß Dottie als letzte an die Reihe kam. Harold war unter den Zuhörern und berichtete Nigel und Ben in seinem wöchentlichen Brief (er benutzte Durchschlagpapier und sandte denselben Brief an beide), daß »Mama dasaß und aussah wie Pallas Athene mit einem braunen Hut«. Als sie an die Reihe kam, las sie »Moonlight« (»das Gedicht mit den korallenroten Tafthosen, wißt ihr?«) und dann den Schlußteil von *The Land*. »Nicht ein einziges Mal zitterte ihre

Stimme, sondern erst, als sie zu ›Dieser Mond, dieser Stern‹ kam, wo es ja auch angebracht war. Stürmischer Beifall.«

Dann verließ Vita das Podium, um nach Dottie zu sehen, die in der Zwischenzeit bereits eine lärmende Ablenkung hervorgerufen hatte. Sie fand sie in der Vorhalle, zwar nicht fähig, aufzutreten, jedoch entschlossen, es zu tun. Harold kam heraus, um Vita zu helfen, und wurde zum Dank dafür von Dottie geschlagen. Nach seiner Schilderung weinte Edith Sitwell, als sie sah, daß die Veranstaltung verdorben war; sowohl sie als auch Osbert zeigten »musterhafte Freundlichkeit und Diskretion«.

Mit einem Taxi schaffte Vita Dottie ins Hotel zurück, wo Violet Trefusis sich aufhielt, und die beiden brachten Dottie auf ihr Zimmer. An diesem Abend, der noch Nachwirkungen hatte, kam Vita »zerschlagen« nach Hause. Die arme Dottie rief Vita wiederholt an, bestritt, daß sie betrunken gewesen sei, und sprach von Selbstmord. »Trotz ihres heftigen und offenbar echten Leugnens«, schrieb Vita an Harold, »habe ich nicht den Eindruck, daß wir uns geirrt haben könnten. Ich glaube keinen Augenblick, daß sie Selbstmord begehen wird... aber sie tut mir schrecklich leid.« (»Wie glücklich ihr zusammen sein müßt, du und Harold«, hatte die einsame Dottie am Telephon gesagt.) Duff Cooper sandte Vita ein Kärtchen: »Sie waren bei weitem die Beste – was die Stimme, die Verse und die Schönheit angeht. Osbert und Edith waren amüsant und hörenswert. Der Rest war Schweigen.«

Im Mai kam Violet Trefusis zum ersten Mal nach Sissinghurst und blieb über Nacht. Vita sah dem Besuch mit gemischten Gefühlen entgegen. »Ich möchte, daß sie Sissinghurst kennenlernt, aber es wäre mir lieber, sie käme nur zum Lunch.« Bei ihrer Ankunft sagte Violet, es werde sie ängstigen, allein in Bens Zimmer im Speisezimmer-Cottage zu schlafen; also gab Vita ihr ihr eigenes Schlafzimmer, »teilte es aber nicht mit ihr«: Sie schlief in Harolds Zimmer. »Es war alles sehr sonderbar, und dessen waren wir uns beide deutlich bewußt, doch zum Glück konnten wir es aussprechen, so daß sich Erheiterung anstelle von Verlegenheit einstellte.«

Während Violet vor dem Dinner ein Bad nahm, schrieb Vita an Harold, was es für sie bedeute, wieder allein mit Violet in einem

Haus zu sein. »Es ist, als spreche man eine fremde Sprache, die man einst als Zweitsprache benutzt und seit Jahren nicht mehr gesprochen hat: idiomatische Ausdrücke, sogar Slang-Brocken tauchen plötzlich wieder auf, doch man stellt fest, daß die Grundlage verschwunden ist.« Violet bei sich zu haben, war eine »umwerfende Erfahrung«, zu deren Verarbeitung sie einige Tage brauchte.

Anfang Juli hörten sie, daß ihr Nachbar Victor Cazalet bei demselben Flugzeugabsturz umgekommen war, der den polnischen General Sikorski tötete.* »Jetzt, da er tot ist«, schrieb Vita, »will ich nicht so tun, als ob ich ihn lieber hatte, als das der Fall war, aber ich finde es schrecklich, so sinnlos zu sterben. Ich hoffe auch, daß euch das eine weitere Lehre sein wird, die Finger von diesen entsetzlichen Maschinen [Flugzeugen] zu lassen.« Der Gedanke an das Fliegen erfüllte Vita mit Schrecken, und sie versuchte, alle, die ihr nahestanden, davon abzuhalten. Wenn sie sich ihrem Verbot widersetzten, durchlebte sie Qualen der Angst.

Da sie schnell und mit Freude arbeitete, beendete sie *Adler und Taube* nach sechs Monaten; danach arbeitete sie bis Mitternacht bei Mondschein im Garten. In *The Garden* schrieb sie:

> Sonderbar waren jene Sommer;
> Sommer, beherrscht vom Krieg.
> Ich glaube, es war die Gefahr, welche die Blumen
> Schöner machte.

Vita erwarb weiteres Land – Brissenden Farm mit 109 Acres für 4000 Pfund. »Mr. Venning [ihr Anwalt] muß eben zusehen, wo er das Geld hernimmt.« Harold, ohne Regierungsamt und unzufrieden mit seiner anderen, hauptsächlich außerparlamentarischen Tätigkeit (im Verwaltungsrat der BBC), war weniger schwungvoll. Er machte im Unterhaus eine Vertrauenskrise durch und vertraute Vita seine Ängste an, zu versagen. Sie schrieb ihm einen energischen Brief voller Ratschläge. Er solle eine Bestandsaufnahme machen; er verzettele sich bei zu vielen unwichtigen Tätigkeiten;

---

* Wladislaw Sikorski war von 1939 an Ministerpräsident der polnischen Exilregierung in London. Er kam bei einem Flugzeugabsturz am 4. 7. 1943 bei Gibraltar ums Leben [Anm. d. Übers.].

welche sei ihm am wichtigsten? Sie drängte ihn, ein paar Komitees, Vortragsverpflichtungen und Zeitungsartikel aufzugeben. »Meine Vorstellung vom Himmel auf Erden«, schrieb sie ihm im Sommer, »wäre die, daß Hadji hier wohnte, sich von morgens bis abends in seinem Zimmer vergräbt und schreibt – vielleicht noch mit einem sehr interessanten Posten, der ihn einmal in sechs Monaten nach London führt.«

Er hätte das gehaßt; doch er genoß die Wochenenden im Sommer. Sie waren miteinander glücklich, stutzten die Linden und schnitten abends das Rondell – »während über unseren Köpfen unablässig in gewaltigen Formationen Bomber dahinströmen«. »Wir haben es geschafft, die wichtigsten Arbeiten am Garten durchzuführen«, schrieb er an Nigel und Ben, »und die Hecken sind ordentlich beschnitten. Aber manchmal habe ich das Gefühl, daß Mama zu schwer arbeitet... Sie ist furchtbar mager.«

Sie bekam die Grippe und zog mit Martha in Bens Zimmer, damit Mrs. Staples nicht mit Tabletts durch den Garten laufen mußte. Am 25. Juli um elf Uhr abends hörte sie im Radio, daß Mussolini zurückgetreten war. Sie sprang aus dem Bett, zog einen alten Eton-Pullover von Ben über und rannte quer durch den dunklen Garten zum South Cottage, um Harold die frohe Botschaft zu überbringen. Am 8. September, als sie von einem Besuch bei Gwen zurückkam, die in einer Londoner Klinik lag, wurde sie Zeuge, wie der Stationsvorsteher von Staplehurst »jedem, der aus dem Zug stieg, mitteilte, Italien habe bedingungslos kapituliert«.

The Land brachte plötzlich wieder Honorare; Vita gab Harold den Scheck für einen neuen Anzug. Das war keine Eintagsfliege; *The Land* erfreute sich während des Krieges eines anhaltenden neuen Interesses; im Mai 1944 wurde das Gedicht zu »einer Art von Litanei« umgearbeitet und am Rogate-Sonntag in der Kathedrale von Liverpool gelesen. »Es liest sich wirklich wie etwas aus der Heiligen Schrift.« Vita, nach einer Weile immer niedergedrückt, wenn sie nicht schrieb, fühlte sich beflügelt, an ihrem Gartengedicht weiterzuarbeiten; das Propagandabuch, das sie für die Women's Land Army schreiben sollte, zählte für sie nicht als wirkliche schriftstellerische Arbeit.

Die Umstände, unter denen diese Auftragsarbeit zustande kam, öffneten Vita die Augen für die Art und Weise, mit der es bestimmte Leute – besonders solche, die nicht in einem unbequemen »Lager« wie Sissinghurst hausten – verstanden, weiterhin so komfortabel zu leben wie vor dem Krieg. Am 1. Oktober polierte sie einen Koffer aus Krokodilleder, den sie 1921 in München gekauft hatte, und fuhr durch das »arg zerstörte East Grinstead« nach Balcombe Place, dem Heim von Lady Denman, gleichzeitig ihr Hauptquartier als oberste Chefin der 800 000 Mädchen der Land Army. Vita fand Lady Denman »umgeben von unzähligen Frauen, die alle ein wenig an Hilda Matheson erinnerten«, und man diskutierte das Buch, das Vita schreiben sollte. Wie sie dort übernachtete, beschrieb sie Ben, der zur Zeit in Ägypten war:

»Man stellte mir Lord Denmans Schlafzimmer zur Verfügung (ohne Lord D.), und ich hatte großen Spaß, all die großen Schränke zu öffnen und seine säuberlich aufgereihten Anzüge, Hüte, Schuhe und Jagdpeitschen zu bewundern. So also leben die Reichen! Ein Glas Milch, zwei Kekse und ein Krug Orangeade wurden neben meinem Bett auf etwas abgestellt, was man in besseren Kreisen einen Nachttisch nennt; und es gab ein entzückendes Schreibtischchen mit Stößen von Briefpapier und neuen Relief-Federn in den Federhaltern.«

(Vita hatte angefangen, braune Tinte zu verwenden, eine Gewohnheit, die sie jahrelang beibehielt: Violet nannte die Handschrift ihr »kleines Schokoladengewimmel«.) Lady Denman entschuldigte sich bei Vita wegen des Personalmangels und sagte, »sie fürchte, ich werde die Bedienung mangelhaft finden. Ich dachte an Sissinghurst.« Das Frühstück wurde ihr ans Bett gebracht, »mit einem sorgsam gefalteten Exemplar der *Times*; ich war sicher, daß sie gebügelt worden war, und als ich sie entfaltete, entdeckte ich, daß Gerry [Wellesley] Herzog von Wellington geworden war. Das hieß, daß Dottie, mit der ich an diesem Tag eine Verabredung zum Lunch hatte, ihrerseits die Herzogin war.« (Obgleich die Wellesleys seit Jahren völlig getrennt lebten, hatten sie sich nie scheiden lassen.)

Auch in Vitas Familie gab es Veränderungen. Seit mehr als vier

Jahren führte man Verhandlungen mit dem Ziel, Knole dem National Trust zu übertragen und es zugleich als Heim der Sackvilles zu erhalten. Vita und Harold standen in enger Verbindung mit der Verwaltung des National Trust, in erster Linie durch James Lees-Milne, mit dem sich Harold Anfang der 30er Jahre angefreundet hatte. Vita wußte, daß unter der Kontrolle des Trusts Knole nicht nur in Ordnung gehalten werden, sondern auch vor Veränderung und Schändung bewahrt sein würde. Sie war über die Langsamkeit verärgert, mit der Onkel Charlie und Eddy sich dazu entschlossen: »Eddy ist so schlapp wie ein nicht angebundener Rittersporn in einem Sturm.«

Ein ähnliches Gartenbild benutzte sie in *Adler und Taube*, als sie über den Trost und Halt schrieb, den bestimmte Charaktere in den autoritären Strukturen der römisch-katholischen Kirche fanden:

»Nur der Mißratene, der Rebell, der einsam in eine Welt ihm fremder Werte verschlagen ist, vermag vielleicht die Tröstung abzuschätzen, die es bedeutet, plötzlich in eine Gemeinschaft Einlaß zu finden, deren Ziele sich völlig mit den eigenen decken. Nicht mehr ein vom Sturm zerzauster Baum, dessen gefährdete Wurzeln sich lockern, während er ungestüm hin und her schwankt, wird er jetzt von einem starken Pfahl gestützt, und Drähte halten die Ranken fest umwickelt, während ein satter, jahrhundertealter Belag von Dung und Stroh ihn oberhalb der Wurzeln nährt und kühlt.«

Vita hatte mit autoritären Institutionen nichts im Sinn. Doch die zitierte Passage kann dazu beitragen, ihre eigene Metamorphose von der Möchtegern-Vagabundin, der »Mißratenen, der Rebellin« zur Tory-Anhängerin und Traditionalistin zu erklären. Ebenso blieb ihre spätere Stellung in einem England, das einschneidenden sozialen Veränderungen unterworfen war, die einer Mißratenen und Rebellin.

Adler und Taube wurde von Michael Joseph Anfang November ausgeliefert. Die Erstauflage von 8000 Exemplaren mußte nach drei Tagen noch einmal gedruckt werden; zwischen 1943 und Oktober 1947 gab es fünf weitere Auflagen; billige Ausgaben folgten. Die Intensität und Hingabe, mit der das Buch recherchiert und geschrieben war, verwandelten ein Thema, das eine Minderheit interessierte, in eines, das ein breites Publikum ansprach. Für die Geschwindigkeit, mit der es geschrieben wurde, war vermutlich zum Teil Benzedrin verantwortlich. Als Harolds Arzt diesem im Herbst diese Droge beschrieb, war Vita bereits eine Kennerin: »Es ist wirklich ein wundervolles Stimulans, ein bißchen wie Champagner, nur nicht so teuer. Es läßt dein Hirn arbeiten wie verrückt.«

Harold schickte eine Probe von Vitas Handschrift an einen österreichischen Graphologen, Dr. Strelisker. »›Es handelt sich‹, sagte er, ›um eine hochbegabte Frau, die außerordentlich nervös ist, der es aber gelingt, ihre Nerven zu kontrollieren. Sie fürchtet sich, emotionale Beziehungen zu anderen aufzunehmen. Sie ist stark beeinflußt durch ihre Kindheit.‹ Ich fand das amüsant.« Vita erwiderte, es sei nur allzu wahr, daß sie ihre »außerordentliche Nervosität gut kontrolliere«. Alle Besucher machten sie nervös, selbst so vertraute und willkommene wie Gwen:

»Weißt du, Hadji, es bringt mich ganz durcheinander, wenn jemand zu Besuch kommt, so daß ich zuerst überhaupt nicht nett bin... und dann stelle ich mich darauf ein, und alles geht gut; ich weiß, daß ich am Montag borstig und reserviert war, doch bis Dienstag hatte ich mich wieder erholt und fand Kontakt zu der wirklichen Gwen, die ich kenne und mit der ich *wirklich* sprechen kann; und dann geht sie heute morgen fort, und ich finde kleine Kaffeetassen [d. h. Erinnerungen an sie], die mir das Herz schwermachen, und all mein Ärger verfliegt, und ich wünsche, ich könnte noch einmal von vorn anfangen und netter sein.«

Mit den »klugen« Freunden war es schlimmer. Am 21. Dezember schrieb sie an Eardley Knollys, nach ihrer Meinung drücke »völlige Einfachheit die Dinge, die wir alle fühlen, besser aus als noch so viel Klugheit«. Im selben Brief sprach sie über Religion: »Es gibt Aspekte des Lebens, die eigentümlicher sind, als die Intelligenz dieser Welt sich klarzumachen beliebt.« *Adler und Taube* hatte sie »Maria-Teresa« gewidmet – das war der Name, den Gwen bei ihrer Taufe angenommen hatte – und auf dem Vorsatzblatt den Ausspruch von Kardinal Newman zitiert: »Es ist ein Gott – die erhabenste aller begreifbaren Wahrheiten.« Harold argwöhnte, sie denke daran, selbst zur römisch-katholischen Kirche zu konvertieren (wie Eddy, der »nicht angebundene Rittersporn«.) Nein, sagte sie, niemals:

»Aber ich verstehe nicht, wie du überhaupt nicht an Gott glauben kannst. Nenne ihn ›Ding‹, wenn dir das besser gefällt und das Wort ›Gott‹ dich wegen all seiner Nebenbedeutungen abstößt. Aber ich verstehe nicht, wie du ohne die Vorstellung von einem Schöpfer und Erfinder auskommen willst, wenn nicht alles absolut sinnlos sein soll ... Weißt du, es *muß* irgendeine Erklärung, eine Lösung geben, und die ist Gott.«

Harold wollte den Neujahrstag 1944 bei Gwen in Cornwall verbringen, doch am Tag, als er abreisen wollte, fiel er im Reform Club auf dem Weg zur Garderobe die Marmortreppe hinunter und wurde ohnmächtig. Er ließ sich nicht abhalten, trotzdem zu fahren, und Guy Burgess, der mit ihm im Club gewesen war, rief Vita an, um ihr zu sagen, was passiert war und daß Harold wohlauf sei; es war das erste *memento mori* der Nicolsons. Edwin Luytens starb im Januar 1944, Ethel Smyth im Mai. Rosamund (Grosvenor) Lynch war unter den Toten, als im Juli eine Bombe auf die Savoy Chapel fiel. Ihr Gatte sandte Vita ein Telegramm, obgleich sie und Rosamund sich in den letzten Jahren nur selten getroffen hatten. »Es hat mich ziemlich traurig gemacht«, schrieb Vita, »daß ein Mensch, der so unschuldig, so töricht und so harmlos war, auf diese idiotische und grausame Weise ums Leben kommen mußte.«

Die todbringenden V1- und V2-Bomben hatten zu fallen begonnen, mit denen Deutschland in letzter Minute versuchte, dem Krieg eine Wende zu geben. In einem seiner Briefe an Ben und Nigel schrieb Harold am 6. Februar aus Sissinghurst: »Vita und ich waren in unserem kleinen gemütlichen Kämmerchen neben dem Eßzimmer und fummelten an unserem Radio herum, als es in der Luft zischte ... dann folgten zwei Explosionen, und das Cottage erzitterte. Martha sprang aus dem Kämmerchen, keuchte vor Angst, und Speichel tropfte ihr aus dem Maul.« Mrs. Staples hatte gesehen, wie ein deutscher Bomber brennend abgestürzt war und den Turm nur um wenige Meter verfehlte. Die Bombe fiel neben den

Burggraben und verursachte einen tiefen Krater. »Bis auf unsere Nerven war alles heil geblieben. Ich glaube nicht, daß Kent eine sichere Gegend ist. Ich halte es eher für sehr gefährdet.«

Vita hatte angefangen, ihre Träume in einem Buch festzuhalten. Sie schrieb ihre sich immer wiederholenden Kindheitsträume von Knole auf, aber auch ihre beunruhigenden Kriegsträume. Im allgemeinen träumte sie von Häusern oder leeren Landschaften von »unirdischer Schönheit«. Das waren glückliche Träume. Undatiert hielt sie in ihrem »kleinen Schokoladengewimmel« fest: »Ich träumte, daß ich eine Löwin als Geschenk bekam, zum Spielen – aber obwohl ihr Kopf normal war, hatte ihr Körper kein Fell, sondern war bloß rohes, rotes Fleisch – matschig, als ich es streichelte –, und sie rieb sich dauernd zutraulich an meinen Beinen wie eine Katze, was mir Ekel einflößte, wenn ich mich auch schämte, mich zu ekeln, weil ich das Gefühl hatte, lieb zu ihr sein zu müssen.«

Am 4. Februar 1944, als die Luftschlachten begonnen hatten, hielt sie in ihrem Buch keinen Traum, sondern ein wirkliches Erlebnis fest. Es geschah zwei Tage vor den Ereignissen, die Harold den Jungen beschrieb; er war in London, und Vita war allein im South Cottage, als die Sirene sie weckte. Für ihre Verhältnisse ungewöhnlich, »bekam ich solche Angst, daß ich unkontrolliert zu zittern begann«. Sie lag im Bett, lauschte auf die Flugzeuge, die über sie hinwegdröhnten, und wartete auf das Krachen. Schließlich stand sie auf und ging mit Martha nach unten. Die Türen erbebten unter dem Geschützfeuer, und sie hörte Bomben fallen. Um ihre Furcht zu bekämpfen, versuchte sie an andere Dinge zu denken, doch es gelang ihr nicht.

»Ich versuchte, an Redewendungen zu denken wie: ›Du bist in Gottes Obhut‹, aber das half nicht, weil ich nicht wußte, wie Gott seine Obhut auszuüben beabsichtigte; also versuchte ich Gott zu *sehen* – ich starrte auf einen Astknorren im Holz der Tür und sah natürlich überhaupt nichts, aber nach etwa zwei Minuten überkam mich mitten in meinem Schrecken ein vollkommener Frieden – meine Glieder hörten zu zittern auf, und an die Stelle des Entsetzens trat Gleichmut gegenüber meinem Schicksal. Das alles ist so wahr und verblüffend, daß ich es aufschreiben muß.«

Eine Woche später wurde Knole durch eine Bombe beschädigt, freilich nicht schwer. Eddy rief Vita an, um es ihr zu sagen, und sie war so aufgeregt, daß Elvira Niggeman (Harolds Sekretärin in King's Bench Walk, die für ein paar Tage in Sissinghurst war und für Vita arbeitete) Harold verständigte. Vita schrieb ihm am 16. Februar:

»Das trifft mich schrecklich, schrecklich. Ich rede mir immer ein, daß ich mir Knole endgültig aus dem Herzen gerissen habe, und sobald irgend etwas Knole berührt, ist jede Faser wieder lebendig. Ich ertrage es nicht, mir Knole verwundet vorzustellen, wenn ich nicht da bin, um mich darum zu kümmern und mit ihm verwundet zu werden.

Diese dreckigen Deutschen! ... Ach, Hadji, wenn du doch hier wärest.«

Sie besuchte mit ihm eine Tea Party im Buckingham Palast. Es war nicht gerade ein gelungener Abend. Sie standen mit den anderen Gästen da und starrten auf den König und die Königin »wie Kühe, die einen Zug anschauen«, wie Harold es ausdrückte. Ihm wurde die schmeichelhafte Ehre zuteil, mit der Prinzessin Elisabeth zu sprechen; anders Vita, die keine Gelegenheit fand, sich bei der Königin zu bedanken, daß sie ihr erlaubt hatte, ihr das Buch über die Land Army zu widmen. Anschließend war Harold sehr darum besorgt, daß Vita ihren Zug nach Hause nicht verpaßte, und schaffte sie vorzeitig zur Bahn. Später entschuldigte er sich dafür und sagte, sie habe so »reizend und vornehm und wundervoll« ausgesehen, daß er »mächtig stolz auf sie« gewesen sei. Das war ohne Zweifel die Wahrheit. Zugleich war es für ihn, der so viele Jahre lang sein unabhängiges gesellschaftliches Leben nach Art eines Junggesellen geführt hatte, vielleicht nicht einfach, mit der Verantwortung für seine vornehme, befangene Gattin fertig zu werden. Und Vita war glücklicher, als sie am nächsten Tag auf dem Schloßgehöft mit Ozzie Beale (»Ach, wie gern ich diesen Mann habe!«) und seiner Frau (»Ich aß einen wunderbaren Pudding bei den Beales«) lunchte. Die Regierung hatte für das südliche Küstengebiet Englands ein zeitweiliges Verbot aller privaten Fahrten erlassen, das auch für Sissinghurst galt, so daß Vitas Freiheit für den Augenblick nicht durch

Besucher aus London gefährdet war. »Wenn Sibyl [Colefax] kommt, wird man sie ins Gefängnis stecken oder ihr 100 Pfund Strafe aufbrummen.«

Vita hielt ihre Besuche bei Mrs. Drummond, der liebenden Tyrannin, aufrecht. Es war, als locke Mrs. Drummond Vitas sämtliche warme, bejahende Gefühle für mütterliche Frauen hervor, wogegen die Forderungen von Lady Carnock, Harolds Mutter, sie in Rage brachten. Vita war über Lady Carnocks Abhängigkeit von Harold ebenso verärgert wie über ihre ständigen Aufforderungen, sie im entfernten Cornwall, wo sie in Gwens Nähe lebte, zu besuchen. »Sie ist ein verdammtes, selbstsüchtiges, habgieriges, altes Weib. Das ist sie... Ich hasse deine Mama, ich hasse sie, ich hasse sie, ich hasse sie. Es ist mir egal, daß sie 84 ist. Ich wünschte, sie wäre tot... Ich bin wütend, und du bist genau so schlapp wie eine Tasse Tee mit zuviel Milch drin.« Harold fand die Überschwenglichkeit seiner Mutter geschmacklos und war froh, wenn es Gwen gelang, einen seiner Besuche auf eine Nacht zu verkürzen. »Sie versteht mehr als jeder andere von meinen körperlichen Gefühlen. Auf diese Weise werden Homosexuelle geformt. Meine süße, süße Mar.« »Ich glaube nicht, daß die Entwicklung zum Homosexuellen dadurch *ganz* erklärt werden kann«, antwortete Vita heiter. »Wie steht's denn mit Homosexuellen, die Waisen sind?«

Vita beschloß, Long Barn zu verkaufen. Nachdem sie einige Stücke der Einrichtung nach Sissinghurst hatte schaffen lassen, ließ sie das übrige versteigern. Am meisten erbrachte ein Chippendale-Lehnstuhl, der für 102 Pfund verkauft wurde (der Mindestpreis betrug 25 Pfund); aber ein Kleiderschrank aus Eiche, »der aus Hester Castle stammen und Anne Boleyn gehört haben soll« (vermutlich hatte B.M. ihn William Waldorf Astor abgeschwatzt), blieb unverkauft. Große Mengen jakobinischer Eichenmöbel erzielten lächerlich geringe Preise. Insgesamt belief sich die erzielte Summe auf 1471 Pfund, darin eingeschlossen der Erlös aus dem Verkauf von etwa 3000 Büchern.

Es war keine gute Zeit, um Antiquitäten zu verkaufen; im Laufe der Woche hatte in der Normandie die Invasion der Alliierten begonnen. »Letzte Nacht kein Schlaf wegen der Flugzeuge«, schrieb

Vita am 7. Juni. Sie sah ihre erste doodle-bug*, die am frühen Morgen abgeschossen wurde. Es lohnte sich kaum, ins Bett zu gehen. »Es ist, als schliefe man in der Piccadilly-U-Bahnstation... Jede Stunde hören wir voller Spannung Radio.« Selbst tagsüber »huschen, wenn ich schreibe, Schatten von Flugzeugen über das Papier. Früher pflegten es die Schatten weißer Tauben zu sein.« Die Glasscheiben der Gewächshäuser und ein Fenster in Vitas leerstehendem Turm gingen zu Bruch. Am 27. Juni, als Vita im Eßzimmer ihre Post las, wurde direkt über Beales Scheune eine doodle-bug von einer Spitfire in der Luft abgeschossen. »Mrs. Staples und ich umarmten uns vor Freude.«

Am 1. August mittags hörten sie im Radio, daß Paris befreit worden war. Sie saßen gerade bei Tisch; Harold und Elvira Niggeman waren da – sie war »so außer sich vor Freude, daß sie aus ein paar alten Briefumschlägen von Christopher St. John eine Trikolore fabrizierte und sie in eine Schüssel mit Reineclauden steckte, die auf dem Eßzimmertisch stand«.

An ihrem Hochzeitstag, dem 1. Oktober, überreichte Vita Harold ein Gedicht, daß sie für ihn geschrieben hatte; es begann:

> Ich darf nicht sagen, wie teuer Du mir bist,
> Es ist verborgen, Geheimnis selbst für mich,
> Die's kennen sollte. Selbst wenn ich könnt',
> Enthüllt ich nicht, was dieses Rätsels Lösung ist.

Wie Harold Ben und Nigel mitteilte, wurde »ich verlegen und wußte nicht, was ich sagen sollte – so gerührt und erfreut war ich. Ich kann mich selbst nicht ausstehen, wenn ich keinen Ton herausbringe. Es ist sonderbar, daß ich, der ich bei nebensächlichen Dingen so redegewandt bin, mich nicht ausdrücken kann, wenn etwas Wichtiges geschieht, das mir wirklich nahegeht.« Doch Schriftsteller, der er war, konnte er seine Gefühle schriftlich ausdrücken.

Sie waren in qualvoller Sorge um ihre Söhne, die 1944 beide in Italien waren. Als seinen nächsten Angehörigen hatte Ben Vita, Nigel hingegen Harold angegeben. Vita schrieb an Elvira Nigge-

---

* Name der Engländer für die »V1« wegen ihres unberechenbaren Flugs. Etwa: »Trudelkäfer« [Anm. d. Übers.].

man über die Möglichkeit, daß Nigel fallen würde: »Ich schreibe, um Sie um folgendes zu bitten: Sollte ein Telegramm in KBW [King's Bench Walk] durch Boten zugestellt werden, während Sie dort sind, würden Sie es bitte öffnen? Und wenn es um Nigel geht, vor H. verbergen und mich anrufen? Ich würde dann nach London kommen und es ihm mitteilen... Ich möchte nicht, daß H. diesen Schock ohne mich erleidet.«

Harold, der leidenschaftlich an seinen beiden Söhnen hing, sah in Nigel denjenigen, der ihm ins öffentliche Leben nachfolgen sollte. So wie Ben sich von Vitas, so mußte sich Nigel von Harolds Beeinflussung freimachen. Im Oktober schrieb Nigel aus Perugia an seine Mutter. Wie Ben ärgerte er sich des öfteren über die Vorurteile seiner Mutter, über ihr unlogisches und schwerfälliges Denken und über ihre Passion für die Tradition und die Königliche Familie; doch bei diesem Anlaß schrieb er ihr, »weil ich dich als Verbündete ansehe«. Nicht, daß er seinen Vater als Gegner betrachtet hätte, doch »ich glaube, daß du in gewisser Weise besser weißt, was für eine Art Mensch ich bin, mehr Verständnis für meine Absichten haben könntest und für mich eintreten wirst«.

Er wußte, daß sein Vater ihn im Unterhaus sehen wollte; doch Nigel war der Meinung, er habe ein »zu angenehmes Leben« geführt. Keine anderen Kinder, schrieb er Vita, hätten größere Vorteile gehabt als er und Ben: »Eltern, wie Gott sie nur einem unter Millionen schenkt«, die beste Erziehung, Ermutigung, keinen Druck und keine Beschränkungen, eigenes Geld, Unabhängigkeit und »immer Sissinghurst, um dorthin zurückzukehren«. Das Unangenehme sei, schrieb er, daß er »nie um etwas habe kämpfen müssen«; er wolle sich nach dem Krieg nicht in eine Reihe weiterer »gepolsterter Nester« setzen, wie das Unterhaus eines sei; damit sei er nicht zufrieden. Er habe »eine Passion für Unabhängigkeit« und träume davon, sich sein eigenes Leben in einer abgelegenen ländlichen Gegend aufzubauen. Er wolle auch heiraten – »Denn dieses sonderbare Mißtrauen gegen das Eheleben habe ich nicht mehr – sonderbar, weil ihr beide mir ein solch makelloses Beispiel gegeben habt«.

Nigels Mißtrauen gegen die Ehe war gar nicht so sonderbar. Er wußte sehr wohl – und das war nicht immer angenehm – um die

Vielschichtigkeit des Privatlebens seiner Eltern. Zwar fehlte ihm die unerfreuliche Erfahrung, die Ben mit B. M. gemacht hatte, doch ebenso fehlte ihm deren beruhigende Folge: die vertrauensvolle lange Unterhaltung, die Ben mit seiner Mutter gehabt hatte.

Die Nicolson'sche Ehe war ein »makelloses Beispiel« für etwas, das nur wenige Menschen durchhalten konnten oder erstrebenswert finden würden. Vita und Harold waren in der Tat Eltern, »wie Gott sie nur einem unter Millionen schenkt«, und als Heranwachsende begegneten die Jungen vielen älteren Menschen von Format und Intelligenz, von denen sie ernst genommen wurden und die ihre Freunde wurden. Doch obwohl die Bindung zwischen den vier Nicolsons sehr stark war, scheint sie in strengem Sinne spekulativer Natur gewesen zu sein. Die platonischen Ideale von Beziehungen, so innig man im Herzen auch daran festhält, sind kein Ersatz für Realität. Vita hatte weder Sinn noch Talent für die Gemeinsamkeiten des Familienlebens. Sissinghurst selbst war eine Welt für sich; die Jungen konnten nicht nach Lust und Laune Freunde dorthin bringen. Obgleich jeder notwendigerweise »ein Zimmer für sich allein« hatte, gab es niemals ein gemeinsam genutztes Wohnzimmer der Familie, noch äußerte jemand den Wunsch, eines einzurichten. Die oft ermüdende, geräuschvolle, sich über den ganzen Tag erstreckende Intimität des Familienlebens war Ben und Nigel unbekannt; Intimität war etwas, das mit der morgendlichen Post kam. Harold, der Spaß liebte und ihn sich zu verschaffen wußte, hatte vielleicht die Einzigartigkeit der Familie im Auge, als er im Mai 1944 an Nigel schrieb: »Ich meine, du und Ben, ihr habt in eurem Leben wirkliche Heiterkeit vermißt. Ihr habt Interessantes erlebt, viele Abenteuer, viel studiert und ein ausgefülltes Leben gehabt. Ihr habt die tiefe Zuneigung von Mama und von mir gehabt. Aber wir sind nicht in der Lage gewesen, euch jene Heiterkeit zu vermitteln, über die junge Leute verfügen sollten.« (Nicht, daß Nigel und Ben noch so jung gewesen wären, um von ihren Eltern Heiterkeit oder etwas anderes zu erwarten: Ben feierte 1944 seinen dreißigsten Geburtstag.)

Vita war sich der Auswirkungen ihrer ungewöhnlichen Erziehung auf ihre Söhne weniger bewußt. Sie war erstaunt, als Eddy Sackville-West 1945 über Ben und Nigel sagte: »Wie gehemmt sie sind, die zwei.«

Ihr Rücken machte Vita nun ernstlich zu schaffen. Der Arzt diagnostizierte Arthritis. »Bedrückt; Gefühl, daß meine Jugend jetzt wirklich vorbei ist und nichts als ein verkrüppeltes Alter vor mir liegt«, schrieb sie am 14. November in ihr Tagebuch. Evelyn Irons, die inzwischen Kriegskorrespondentin (und mit dem Croix de Guerre ausgezeichnet) war, kam zu Besuch und berichtete ihnen von der Begeisterung in Paris, wo sie gewesen war. Doch als kurz vor Weihnachten Truppen und Panzer auf dem Gelände von Sissinghurst einquartiert wurden, versank sie wieder in Depression.

»Ich habe allen Spaß am See und sogar am Wald verloren, seit Soldaten eingedrungen sind und sie der Abgeschiedenheit beraubt haben, die ich so liebte...
Ich wünschte, ich könnte mir Klarheit darüber verschaffen, was ich über diese neue Welt denke. Ich glaube, man sollte in der Lage sein, sich anzupassen, und nicht versuchen, in eine überholte Tradition zurückzukehren und darin zu leben.
All das macht mich sehr unglücklich, Hadji. Und auch mein Rücken macht mir Kummer. Daß er weh tut, stört mich nicht, aber die *Schwäche*, die er in meinen Gliedern verursacht, setzt mir zu. Weißt du, ich war immer so stark...
Ich spüre, daß ich und der See und der Wald für immer beschädigt und verdorben sind – und das geht mir sehr nahe. Im Grunde unsere verlorene Jugend...
Wenn ich doch bloß wüßte, daß ich gute Gedichte schreiben könnte, würde mir das alles nichts ausmachen. Aber selbst davon bin ich nicht mehr überzeugt.«

Einer ihrer Träume in diesem Jahr handelte davon, daß sie »Poesie schreiben konnte« und »schrieb und schrieb, bis ich fast starb... Es war einer der glücklichsten Träume, solange er währte, doch einer der traurigsten beim Erwachen.« Doch ihr Gedicht über die Geburt Christi (»Es war recht, es war angemessen«), später Teil von *The Garden*, wurde am Weihnachtsabend von der BBC gesendet. Zusammen mit Harold hörte sie beim Jahreswechsel Hitler im Radio »schnattern«. In der letzten Nacht des Jahres 1944 hatte sie einen weiteren Tier-Traum: Sie versuchte, »meine eigene Kuh« zu erkennen, doch es näherte sich ihr die falsche:

»Diese falsche Kuh war hartnäckig, also gab ich ihr einen Lederhandschuh zum Kauen, um sie bei Laune zu halten. Dann stieß mich eine andere Kuh zur Seite, und wütend schlug ich ihr auf die Nase. Darauf blickte sie mich mit einem (unerträglichen) Ausdruck von Tadel an und entblößte ihr Euter, aus dem dunkles Blut floß... Der vorherrschende Eindruck, den dieser Traum zurückließ, war, daß die andere Kuh versuchte, meine Kuh auszustechen, und daß das blutende Euter meiner Kuh unerträglich mitleiderregend war.«

In diesem Winter mußte Mrs. Staples mit einer Blutvergiftung das Bett hüten. Die Wasserleitungen und Klosetts froren ein. Die akute Unbequemlichkeit seines Hauses erreichte einen Grad, den Harold fast nicht mehr ertragen konnte. Kurz vor Weihnachten war er durch den Schnee zum Priesterhaus (wo die Leitungen nicht eingefroren waren) hinübergegangen, um sich zu rasieren, stellte fest, daß er keine Rasierklinge hatte, und mußte den ganzen Weg zurück zum South Cottage noch einmal machen. »Das überzeugt mich davon, wie widrig es ist, ein so kaltes und zugiges Haus zu bewohnen, das es erfordert, zum Rasieren ein entferntes Cottage aufzusuchen... Im Winter ist Sissinghurst geradezu unerträglich primitiv.« Er wünschte, Vita hätte »ein Wohnzimmer, Speisezimmer, Badezimmer und Schlafzimmer, alle miteinander verbunden und mit Zentralheizung«. Doch ihn störten die Kälte und die Unbequemlichkeit weit mehr als sie, ungeachtet ihrer Arthritis. In die alten Schul-Pullover der Jungen und in einen mottenzerfressenen Mantel aus Kaninchenfell gehüllt, saß sie da und schrieb, und wenn die Arbeit ihr von der Hand ging, war sie zufrieden.

Für eine Überraschung war sie immer gut. Sie war es, die vorschlug, zu ihrem Geburtstag im März in London in King's Bench Walk eine Party zu geben. »Mar würde alles bezahlen: ich habe im Augenblick haufenweise Geld, wie Elvira dir bestätigen wird.« Evelyn Irons gegenüber brüstete sie sich fröhlich mit ihrer Party – »eine hübsche Party, vollgestopft mit jeder Art von Berühmtheit«. Die Party fand nach dem Dinner statt; am Vormittag hatte Vita drei Rundfunksendungen gehabt. James Lees-Milne schrieb in seinem Tagebuch: »Eardley [Knollys] und ich gingen nach King's Bench

Walk zu einer Party, die Harold und Vita gaben, ein sehr seltenes Ereignis. Harold in heiterer und ausgelassener Stimmung; Vita sehr schön, königlich groß und schlank, trug einen breitkrempigen Hut, der die Augen überschattete, und rauchte aus einer langen Zigarettenspitze. Sie ist nie übermütig.«[1]

Zehn Tage später kam Captain Nicolson – Ben – aus dem Krieg nach Hause zurück. »Haben ihn seit Oktober 1942 nicht gesehen. Er sieht ganz ungewöhnlich aus«, schrieb Vita. Er war in Italien von einem Lastwagen angefahren worden, trug Gips und um den Kopf einen schmutzigen Verband. »Mama wickelt Bandagen herum, um die Schmutzflecken zu verbergen«, schrieb Harold an Nigel (ließ sie »Julian« wieder auferstehen?); »Ben hält das alles für überflüssig... Abgemagert und abscheulich stolziert er durch die Straßen von London und erregt Mitleid und Entsetzen.«

Da der Krieg so gut wie beendet war, wurde die Verdunkelung aufgehoben, und Vita machte zum ersten Mal seit fünf Jahren die Lampen im Garten an. Am nächsten Tag nahm sie ihr Turmzimmer wieder in Besitz und »brachte sogleich einen kleinen Vers zu Papier«:

> Es ist ein Schloß an meiner Tür,
> Ein Schild »Privat« ist dort zu sehn.
> Magst, Fremder, alle Wege gehn,
> Die Dich in meinen Garten locken,
> Doch hierher komme bitte nicht,
> Wo ich zwar scheu, doch unerschrocken.

Sie schickte die Zeilen an Harold und schrieb dazu: »Es ist nicht wahr, daß es *mein* Garten ist, weil in Wirklichkeit Hadji ihn nach seinen Plänen gemacht hat, aber Hadji wird es nicht so genau nehmen. Ich habe nur Dinge gepflanzt. Der Verdienst gebührt allein dir.«

Nun, da die Furcht von ihr genommen war, konnte sie wieder flüssig Gedichte schreiben – zu flüssig, wie sie meinte. Sie mißtraute der »erschreckenden Virtuosität«, die sie überkommen hatte. »Meine Furcht ist, daß die Leichtigkeit der Qualität schadet... Ich habe auch das Gefühl, daß mit der wachsenden Beherrschung des Metiers Oberflächlichkeit einhergeht.«

Am »VE-Tag«, dem Tag von Deutschlands bedingungsloser Kapitulation am 12. Mai, saßen Ben und Harold im Garten und hörten im Radio die große Neuigkeit. Harold schrieb an Nigel: »Mit großer Würde erhoben sich Ben und ich von unseren Sitzen und gingen durch den Garten, um Mama zu suchen. Sie war damit beschäftigt, die Akeleien an der Mauer zu befestigen. Feierlich stiegen wir die Turmtreppe hinauf und traten an die brüchige Brustwehr. Wir banden die Flagge an die Taue. Wir hißten sie. Und dort flatterte sie nach fünf traurigen Jahren im Frühlingswind.« Vita, die gern den Siegesfeiern in London beiwohnen wollte, fuhr am Morgen mit Ben und Harold mit dem Zug nach London. Aber die Leute kamen erst am Abend auf die Straßen; nichts geschah; voller Ungeduld kehrte sie zurück zu Martha, dem Garten und dem Turm. Der nächste »große Tag«, wie Vita ihn in ihrem Tagebuch nannte, war der 17. Juni. Der andere Captain Nicolson – Nigel – rief an. »Er frühstückte in Neapel und war zur Teezeit in London.« Der Krieg war vorbei, und beide Jungen waren gesund heimgekehrt.

Teil 5

Die Enklave und der Turm
1945 - 1962

Kapitel 30

Im Sommer 1945 mähten italienische Kriegsgefangene den Rasen von Sissinghurst. Allmählich kehrte Vitas Vorkriegspersonal wieder zurück. Jack Copper erkundigte sich, ob man ihn wieder als Chauffeur haben wolle. »Ich sagte, ja, natürlich, aber er möge nicht vergessen, daß er jetzt anderswo mehr Geld verdienen könne als bei uns. ›Das interessiert mich nicht, Madame; wenn Sie mich haben wollen, möchte ich gern kommen... Sie sind gut zu mir gewesen und verstehen mich; ich gehe mit Ihnen überallhin.‹«

Vita war froh, daß sie Mac zurück hatte – »obwohl es weniger spaßig war, ihr Zimmer zu putzen, in dem drei Jahre lang weder gefegt noch Staub gewischt worden war«. Ihre Beziehung zu Mac, ihrer »Anna«, stand kurz vor der Auflösung. Mac hatte ihr Ende 1944 geschrieben, sie sei jetzt fünfzig, sähe aber aus wie sechzig und fühle sich »manchmal wie siebzig; was also habe ich noch mit Liebe zu schaffen? Gleichwohl werde ich deine Freundschaft immer hochschätzen (abgedroschen, aber wahr).« Mac richtete sich nach und nach als Sekretärin und Vertraute ein und spielte die Rolle (im Rahmen ihrer beschränkteren Möglichkeiten), die Hilda Matheson innegehabt hatte.

Gegen Ende des Jahres kehrte Jack Vass als Obergärtner nach Sissinghurst zurück. Er war bei der RAF gewesen und als vermißt gemeldet worden, nachdem sein Flugzeug über Südfrankreich abgeschossen worden war. Doch er überlebte und schlug sich auf eigene Faust durch das besetzte Frankreich bis nach England durch.

Im Sommer 1945 fanden Neuwahlen statt. Während Harold (er kandidierte als Unabhängiger, wurde aber von den Konservativen in Leicester unterstützt) sich um seinen Wahlkreis in West Leicester kümmerte, stellte Vita die Lyrik-Anthologie zusammen, die sie zusammen herausgaben. Sie nannten sie *Another World Than This* nach einer Zeile aus Vitas *The Garden*. Seit der letzten Wahl hatte Vitas Einstellung sich gewandelt. Dieses Mal war sie nicht nur besorgt, sondern beteiligt. Sie distanzierte sich nicht mehr. »Ach, mein Hadji. Ich liebe dich so wahnsinnig, mehr, als ich dich je zuvor geliebt habe, mehr, als ich dich liebte, als wir jung waren, und solch einen Wirbel um das ›Verliebtsein‹ machten.« Sie fuhr sogar nach Leicester, sprach auf einer Frauenversammlung und nahm an zwei Abendveranstaltungen teil, auf denen Harold sprach.

Noch immer haßte sie die Parteipolitik, aber sie wollte »helfen, wenn ich kann«. Wenn sie diesen Dingen auch zum ersten Mal ihre Aufmerksamkeit schenkte, beurteilte sie die Stimmung in England möglicherweise mit größerem Scharfsinn als Harold. Churchill war ein großer Kriegspremierminister gewesen; aber war ein müder, alternder Churchill oder die Konservative Partei das Richtige für die Welt nach dem Krieg? Am 22. Juni schrieb sie an Harold:

»Du weißt, daß ich eine Bewunderung für Winston hege, die an Vergötterung grenzt, und darum war ich so schrecklich beunruhigt über seine schlechten Wahlreden im Rundfunk. Was funktioniert bei ihm nicht richtig? Die Reden waren konfus, verschwommen, zusammenhanglos und so langatmig, daß es unmöglich ist, einen handfesten Gedanken herauszufiltern. Wenn ich ein unentschlossener Wähler wäre, würden sie mich ins andere Lager treiben.«

Sie drängte Harold, Versammlungen in Fabriken abzuhalten, um die Wechselwähler unter den Arbeitern für sich zu gewinnen. Nach ihrer Ansicht würden die Konservativen jeden Wechselwähler brauchen, den sie kriegen konnten: »Im Ernst, Hadji, wenn ich kein Anhänger der Konservativen wäre, würde ich keiner werden, wenn du verstehst, was ich meine, und ich fürchte, das Argument ›Churchill hat den Krieg gewonnen‹ ist ein schlechtes Argument... Ich glaube nicht, daß Winston der richtige Mann ist, um mit den unmittelbaren Problemen *im eigenen Land* fertig zu werden.« Das glaubten auch die britischen Wähler. Vita war mit den Jungen am Wahltag in Leicester, wo sie erfuhren, daß Harold seinen Sitz verloren und die Labour Party unter Clement Attlee einen klaren Sieg im Land errungen hatte. Zurück in Sissinghurst, nahm Harold zwei Aspirin und ging zu Bett, traurig, daß für ihn in seinem geliebten Unterhaus kein Platz mehr war.

Zwei Tage später mußte Vita ihm eine weitere schlechte Nachricht mitteilen. Seit Monaten drängte Harolds Bruder Eric darauf, daß Lord Carnock (Freddy), ihr ältester Bruder, einen Dauermieter in die Wohnung am King's Bench Walk setzte. Vita hatte sich heftig für Harolds Interessen eingesetzt: »Das muß um jeden Preis verhindert werden. Wenn nötig, werde ich F[reddy] ermorden, aber ich will nicht, daß du ein Zwangsumsiedler wirst und deine schöne Wohnung verlierst, die du so liebst.« King's Bench Walk lag im Inner Tempel, einer der Inns of Court.* Freddy war ein Anwalt, der nicht praktizierte, und Harold hatte die Wohnung nur mieten können, indem er den Namen seines Bruders angab. Jetzt gab es ein neues Gesetz, nachdem nur Anwälte mit Praxis dort wohnen durften, so daß Harold in jedem Fall ausziehen mußte.

Elvira Niggeman unterrichtete Vita davon, die es Harold erzählte. Sie besorgten ihm ein Haus in Neville Terrace, South Kensington, gegen das er eine herzliche Abneigung hatte. Auch Ben und Nigel sollten darin wohnen: Ihre Gesellschaft machte das Wohnen erträglich. An dem Tag, da Harold in Neville Terrace einzog, verließ Mac ihr altes Schlaf-Wohn-Zimmer in Sissinghurst und zog in die weniger intime Nachbarschaft von Horse-race: So fügte es sich, daß an diesem »häßlichen, schmerzlichen Tag« zwei Abschnitte zu Ende gingen.

Nach dem Verlust seines Sitzes im Unterhaus hängte Harold sein Herz daran, eine Peerage** zu bekommen. Als Mitglied des Oberhauses wären seine Karriereprobleme gelöst, er hätte einen ständigen Platz im öffentlichen Leben gehabt und sich einen alten Traum erfüllt – etwas, was er fast als sichere Tatsache angenommen hatte, seit er sich selbst als Botschafter, wenn nicht gar als Vizekönig von Indien gesehen hatte.

Aber es war nicht so leicht. Schließlich gab es keinen überzeugenden Grund, seinen Namen ins Spiel zu bringen. Seine offensichtliche Ängstlichkeit trug wenig dazu bei, seine Sache zu fördern. Vitas Rat in dieser Sache war unvernünftig. »Ich habe

---

* Der Barrister (Anwalt) wird von einer der Londoner Ausbildungsstätten der Barristers (Inns of Court) aufgenommen, wo er zwei Jahre studieren und ein Jahr bei einem praktizierenden Barrister hospitieren muß, ehe er zugelassen wird und Prozesse führen kann [Anm. d. Übers.].

** Die Peerage ist erblich, kann aber vom Monarchen auf Lebenszeit wegen besonderer Verdienste verliehen werden [Anm. d. Übers.].

darüber nachgedacht, was du darüber gesagt hast, ich müsse mich dem Oberhaus gegenüber klar äußern«, schrieb er ihr am 19. September, »also habe ich beschlossen, an William Jowitt zu schreiben.« Vita hieß seinen Brief an den Lordkanzler der Attlee-Regierung gut, der sowohl seine Ambivalenz gegen die Labour Party aussprach, doch auch seine Bereitschaft, ins Oberhaus zu gehen. »Der Brief ist deutlich, würdevoll, so wie er sein sollte«, antwortete sie. »Nun wollen wir abwarten, was geschieht.« Sie waren beide optimistisch und dachten sich mögliche Titel aus. Vita hoffte »unsinnigerweise«, er werde ein Lord werden:

»Ich wüßte nur gern, warum. Bestimmt nicht aus snobistischen Gründen, obwohl ich gern sähe, daß die Jungen The Hon.* sind (ist das nicht seltsam?). Auch ist es nicht deshalb, weil ich in die verschiedenen Formulare, die ich ausfüllen muß, lieber ›Peeress of the Realm‹** als ›Hausbesitzer‹ eintrüge. (Ich würde viel lieber ›Schriftsteller‹ oder ›Dichter‹ eintragen, aber ›Dichter‹ ist eine Bezeichnung, welche die Behörden nicht gelten lassen; da ist es mir ein Trost, daß ich ›Hausbesitzer‹ anstatt ›Ehefrau‹ eintragen kann.) Vor allem aber wünsche ich dir ein Podium, von dem aus du mit Würde sprechen kannst, ohne dich um Wahlen und Wähler zu kümmern.«

Im Oktober entfloh Harold nach Griechenland, um Urlaub zu machen. Vita haßte seine Reise. »Wie auch immer, es ist nun mal so, und das Leben ist jetzt völlig finster. Diese Macht, die Menschen haben, um einander zu verletzen, ist furchtbar, nicht wahr?« Harold wies darauf hin, er habe auf viele große Reisen verzichtet, um ihre neurotischen Ängste wegen seiner Reisen zu beschwichtigen. Er haßte es, wenn sie verärgert war. »Wenn sie mich tadelt, komme ich mir wie eine Clematis vor, die man von ihren Drähten gerissen hat.«

Ben veröffentlichte kunsthistorische Aufsätze in *Cornhill* und in der neuen Zeitschrift *Contact*, die George Weidenfeld gegründet

---

*   Die Kinder von Baronen und Viscounts führen vor ihren Namen das Prädikat »The Honourable« (etwa »Ehrenwert«) [Anm. d. Übers.].
** »Peer of the Realm« ist die Bezeichnung für die erblichen Mitglieder des Oberhauses. Sie führen den Titel »Lord« [Anm. d. Übers.].

hatte. In gewisser Weise fügte er sich besser in das Zivilleben ein als Nigel, der sich im Krieg vorzüglich geschlagen hatte und mit dem MBE* heimgekehrt war. Harold war der Meinung, Ben sei ihr »Problemkind« und brauche, wie eine Clematis, mehr Unterstützung als Nigel. Vita war nicht so sicher. Da sie Ben nicht mehr so nahestand, konzentrierte sie sich stärker auf Nigel. Sie schrieb am 5. Dezember an Harold:

»Ich frage mich, ob Niggs recht hat, wenn er sagt, Ben sei exzentrisch. Ich gestehe, daß ich aus Ben nicht ganz klug werde. Wie sieht es wirklich in seinem Inneren aus? ... Natürlich würde ich ihn nie im Stich lassen, aber gleichzeitig denke ich, daß der robuste Grenadier [Nigel] genausoviel Zuneigung braucht. Ich glaube, er mag uns beide sehr gern; und ich glaube, daß er unter seiner Selbstsicherheit empfindsamer ist, als du annimmst. Ich wünschte bei Gott, Ben würde heiraten, das wäre für ihn das Allerbeste, und wenn es nur eine Art von platonischer Ehe wäre.«

Bens engsten Freund, Philip Toynbee, mochte sie nicht und mißtraute ihm, denn sie glaubte, er ermutige Ben zu seinem »unverantwortlichen« bohemehaften, unbürgerlichen Verhalten.

Die von ihm angestrebte Peerage hatte Harold, wie er Vita sagte, als »eine Auffangstellung, einen Trostpreis« für unerfüllte Ambitionen betrachtet. Doch jetzt, da sie wahrscheinlich unerreichbar war, »merke ich, daß mich inzwischen nach dem Trostpreis mehr verlangt hat als nach dem eigentlichen Preis«. Vita gab ihm zum zweiten Mal einen schlechten Rat. In einem Brief vom 6. Januar 1946 mit dem Vermerk »Dies ist ein sehr ernster Brief« riet sie ihm, er solle sich der Labour Party anschließen – in der Hoffnung, ein von Labour nominierter Peer zu werden. »Ich sehe, daß du in einer Klemme steckst, und die einzige zufriedenstellende Lösung für dich besteht darin, das zu tun, was ich vorgeschlagen habe.« Harold kannte sich mit den Winkelzügen der Politik weitaus besser aus als sie und hätte ihren Rat nicht anzunehmen brauchen; aber in diesem Fall hatte er die Orientierung verloren.

Ordnungsgemäß schrieb Harold im April an den Lordkanzler, er

* MBE = Member (of the Order) of the British Empire [Anm. d. Übers.].

sei bereit, der Labour Party beizutreten. Vita riet ihm, sein Anliegen zu forcieren, dieses Mal beim Premierminister. »Ich glaube, du machst einen Fehler, wenn du Cranfield [sie hatten sich auf ›Lord Cranfield‹ als seinen zukünftigen Titel geeinigt] jetzt, wo du die Möglichkeit dazu hast, Attlee gegenüber nicht erwähnst. Es kann gut möglich sein, daß ihm die ganze Sache nicht mehr gegenwärtig ist... und eine leise Mahnung würde keinen Schaden anrichten.«

Doch Harolds »Mahnungen« hatten bloß Enttäuschung und den Verlust von Würde zur Folge. Formell schloß er sich erst im Frühjahr 1947 der Labour Party an. Um diese Zeit zog sich Vita unmerklich zurück – »allerdings nicht ganz feindselig, besonders, wenn es eventuell zu Lord Cranfield führt. Natürlich will ich nicht wirklich, daß du mit diesen bedints verkehrst.«

Nachdem Vita das Manuskript von *The Garden* endlich abgeschickt hatte, richtete sie ihre Aufmerksamkeit auf den wirklichen Garten. Sie wollte die Spuren der Vernachlässigung aus der Kriegszeit tilgen. »Ach, lieber Gott, bitte laß Vass kräftig und gesund bleiben, wenigstens, bis er achtzig ist, und führe ihn nie durch den Garten eines anderen in Versuchung.« Sie konzentrierte sich auf Blütenpflanzen; Gemüse zu ziehen war ein Teil der abgelegten Kriegsmentalität, obwohl sie immer genügend anbauten, um das Haus mit dem Nötigsten zu versorgen.

Mit Leichtigkeit und Vergnügen warf sie eine Mordgeschichte aufs Papier, ein Auftrag, den sie für reizvolle 3000 Pfund übernommen hatte. Das war *Der Teufel von Westease*, von Doubleday in den Vereinigten Staaten (aber nie in England) verlegt.

Der Roman spielt in einem verschlafenen Dorf in West-England und verwendet in der Person des Mörders das Doppelgängermotiv aus Jekyll-und-Hyde; es gibt kein Motiv, außer dem Verlangen, das perfekte Verbrechen zu begehen. Auch ein moralisches Problem wird aufgeworfen: Wenn ein großer Künstler sich eines Verbrechens schuldig gemacht hat, soll er wie jeder andere bestraft oder um seiner Kunst willen der Gerechtigkeit entzogen werden? Es ist, wie Vita selbst meinte, eine »raffinierte« Geschichte – aber an den Haaren herbeigezogen und in der Ausführung amateurhaft.

Im Februar 1946 bekam sie von Michael Joseph die Fahnen von

The Garden und schrieb in ihr Tagebuch: »Sie haben mich deprimiert. Es ist schlimmer, als ich fürchtete – gar nicht zu vergleichen mit *The Land*, obwohl das nicht viel sagt.« Sie war schon eine ganze Zeit lang wegen des Gedichtes besorgt und hatte im vergangenen Oktober an Harold geschrieben:

»Es bekümmert mich ein wenig, daß ich den Kontakt mit der Dichtung verloren habe, die heute geschrieben wird. Ich bekomme so viele Gedichtbände vom *Observer* und auch direkt von Möchtegern-Dichtern und sehe, daß der Einfluß von Tom Eliot und der Stephen-Spender-Auden-Schule vorherrschend ist – doch ich kann mich mit alldem überhaupt nicht anfreunden. Irgend etwas fehlt mir da einfach in meiner Natur. Es könnte sein, daß es etwas mit meiner Abneigung gegen Politik zu tun hat... Ich meine, ein Mangel an Interesse, was *zeitgenössische* Dinge betrifft.«

Sie verabscheue, sagte sie, ihre Virtuosität: »Meine Geschicklichkeit – sie gleicht dem Ablauf eines elektrischen Klaviers. Warum macht es mich denn so unerträglich glücklich, Poesie zu schreiben, wenn ich weiß, daß es alles überholte, unsinnige Wörter sind, die Bens Generation überhaupt nichts bedeuten. Wird es jemals einer Generation etwas bedeuten? Ich bezweifle das.« Ihre Trübsal wegen der Fahnen rief die Rückkehr zu ihren, wie Harold sie ebenso trübselig nannte, »Verschwommenheiten« hervor. Während sie auf das Erscheinen von *The Garden* wartete, arbeitete sie wie besessen in ihrem eigenen Garten. – »Du siehst, daß ich darauf eingestellt bin, alle meine Energien dem Garten zu widmen, nachdem ich die Literatur aufgegeben habe.« Am Tag vor dem Erscheinen des Gedichtes versteckte sie sich »vor lauter Elend« im Wald.

Es gab einen besonderen Grund für ihre Verzweiflung. Im März nahm sie an einem Treffen des Dichtungs-Komitees der Schriftstellervereinigung teil, die unter dem Vorsitz von Denys Kilham Roberts in seiner Wohnung, in der Nähe von Harolds altem Wohnsitz in King's Bench Walk, stattfand. Das Komitee – dem Edith Sitwell, Walter de la Mare, Henry Reed, Dylan Thomas, Louis MacNeice und George Barker angehörten – sollte eine Lyrik-Lesung planen, die in Anwesenheit der Königin in der Wigmore Hall stattfinden sollte. Aus dieser Zeit findet sich kein Eintrag in Vitas Tagebuch; erst 1950 schrieb sie in einer depressiven Phase: »Ich glaube nicht, daß ich jemals wieder ein Gedicht schreiben werde. An jenem Tag in Denys Kilham Roberts' Wohnung in King's Bench Walk haben sie mich für immer vernichtet.«

Was geschehen war, findet seine Erklärung in einem Brief, den sie 1951 an Eddy Sackville-West schrieb, um ihn zu trösten, daß er auf der von der National Book League veranstalteten Ausstellung der 100 besten Bücher »repräsentativer Autoren« seit 1920 nicht vertreten war. (Harolds *Some People** und Vitas *The Land* waren dabei.) Vita erzählte Eddy von einem Ereignis, »das mich so sehr verletzte, daß ich es nie jemandem erzählt habe – nicht einmal Harold«. Es handelte sich darum, daß auf dem Treffen keiner ihrer Kollegen Vita für die Lesung aus dem eigenen Werk in der Wigmore Hall vorgeschlagen hatte.

»Nun erhebe ich nicht den Anspruch, Lyrik sehr gut zu lesen; aber ich weiß, daß ich mich hören lassen kann, was mehr ist, als man von einigen Mitgliedern des Komitees sagen kann; also kann man nur schließen, daß sie mich nicht für würdig hielten, auf dem Podium zu erscheinen – mit anderen Worten: Meine Poesie war nicht gut genug. Auf mich wirkte sich das so aus, daß ich seitdem niemals mehr eine Verszeile geschrieben habe.«[1]

Von Anfang an war es Vitas Bestreben gewesen, eine Dichterin zu sein – und als Dichterin von nachhaltiger Bedeutung bekannt und anerkannt zu sein. Was sie als junge Frau geschrieben hatte, war mit Zustimmung und Beifall begrüßt worden; gegen Mißachtung hatte sie nie ankämpfen müssen. Das war vielleicht der Grund, warum diese Zurückweisung, diese Einbuße an Bestätigung ihr so vollkommen und niederschmetternd erschienen. Die traurige Ironie ist, daß *The Garden* ein interessanteres und subtileres Gedicht ist als *The Land*. In *The Garden*, ein wenig kürzer als das frühere Gedicht, gibt es viele Stellen, an denen sich, wie sie schrieb, »Marthas Garten in Marias Klause verwandelt«; es ist nicht so sehr ein Traktat über das Gärtnern in Versen als eine lange Meditation, eine

---

* Deutsch: *Miß Plimsoll und andere Leute*, 1929 [Anm. d. Übers.].

Erkundung ihrer persönlichen Metaphysik in Kriegszeiten. Sie widmete das Gedicht der alten Mrs. Drummond:

> Das Unkraut meines Gartens laß ich grünen,
> Und ich weiß nicht, ob ich Dir Freude mache,
> Doch einen winz'gen Fleck hab ich für Dich gejätet,
> Um meiner Seele wilde Flecken so zu sühnen.

In der Widmung sprach sie vom Verlust der Leidenschaft, die das Altern mit sich bringt, von der »tödlichen Ruhe«, gesucht

> Von einem matten Herzen,
> Von einem Geist, der sich verzehrte
> In langem Wahn, der immer nur begehrte.

Doch in dem Gedicht zitiert sie vier Zeilen aus Eliots *Das wüste Land* – »April benimmt das Herz«* –, nur um deren Pessimismus leidenschaftlich zu widerlegen: »Ich will an den Frühling glauben«:

> Ich wollte, meine Feder bohrte wie ein blaues Bajonett
> Sich durch die Eingeweide unsrer Unterwerfung.

Statt dessen bietet sie keinen oberflächlichen Optimismus an:

> Wir wissen nur eines: Wir hatten die Vision,
> Die eine Gnade war, und trafen schon
> Unsre Wahl zwischen Hoffen und Verzagen
> Und hörten den Ruf und folgten ihm nach,
> Um auf andere Art
> Eine Antwort zu wagen.

Die »Vision« besteht zum Teil im Garten und seinen Blumen:

---

* T.S. Eliot, *The Waste Land* (1922); dt. *Das wüste Land*, 1972 (übers. v. Eva Hesse). Die von VSW übernommenen vier Zeilen lauten: »April benimmt das Herz, er heckt / Flieder mit der toten Flur, verquickt / Erinnern und Verlangen, langt / Taube Wurzeln an mit Lenzregen.« [Anm. d. Übers.]

> Ihr träumtet uns. Wir haben die Träume wahr gemacht.
> Wir sind eure Vision, die Erfüllung fand.
> Ihr sätet uns, und folgsam wuchsen wir zur Nacht,
> Doch habt ihr dabei mehr gesät, als ihr gedacht,
> Und eine andre Kraft als unsre hielt uns in der Hand.

Vitas »andre Kraft als unsre« ist nicht der liebende Gott des Neuen Testaments. So schreibt sie über hungrige Vögel:

> Sie fürchten einander; sie fürchten nicht Dich.
> Mag Christus auch sagen: Sie lieben sich.
> Doch Christus spricht selten wie die Natur.

Außerhalb des paradiesischen Gartens, der »kleinen, vollkommenen Welt«, erstreckt sich ein grausames, ödes Universum:

> Am Ende des Lebens ist man entsetzlich allein,
> Am letzten Zufluchtsort;
> Und wenn man selbst sich fremd, was kann schon sein
> Ein Freund? Ein hübsches Versteckspiel zu zwein.

Die inneren Landschaften stehen ebenso im Brennpunkt wie der Anblick des Gartens. Eine Anmerkung im Manuskript, überschrieben mit »Allgemeine Themen«, beginnt: »Mut im Unglück. Entschiedenheit, Freude zu finden und nicht nachzugeben. Keine Schwärmerei. Kampf. Unkraut. Tod und Verlust. Erfolg und Belohnungen.«[2] Die Jahreszeiten in *The Garden* sind ebenso die des Lebens wie die des Jahres. *The Garden* ist ein Gedicht der kritischen Jahre, in dem die gärtnerischen Auflistungen und Litaneien von Arten und Abläufen ebenso der Anlaß wie der Zweck des Schreibens sind. Die Kunst, einen Garten zu schaffen, schrieb sie hier, bestehe darin, »Übermaß mit geschickt gewählten Ruhepausen zu vermählen« – ein Gleichgewicht, das sie im Leben vergeblich aufrechtzuerhalten suchte und das nicht nur durch den Krieg von außen bedroht war:

> Die Chimären in den Verliesen unsres Seins,
> Zerlumpt und bleich, sie selten sehn das Licht,
> Sondern im Keller, von Ratten umhuscht,
> Dumpf vegetieren, bis der Ruf
> Sie aufscheucht, die Köter und Bettler
> Und sie wie eine befreite Meute hetzt,
> Um das zage Kaninchen der Seele zu jagen.

The Garden erhielt den Heinemann-Preis; Vita gab die ganzen 100 Pfund aus, um Azaleen für den Grabenweg zu kaufen; dennoch war sie mit dem Gedicht nicht zufrieden. Ein aufmunternder Brief von Nigel machte sie glücklich; in ihrer Antwort teilte sie ihm mit, wie sehr ihr seine neue Freundin Shirley Morgan (Tochter des Romanciers Charles Morgan) gefalle – »und ich wäre entzückt, wenn du sie heiraten würdest; und denke bitte nicht, ›wenn ich je ein Mädchen nach Sissinghurst mitbringe, wird Mama auf der Stelle zu der Überzeugung kommen, daß ich verliebt bin‹«. Dieses Mal hätte Vita recht gehabt; im August 1946 erzählte Nigel seiner Mutter, er würde Shirley gern heiraten. »Ich hoffe bloß, daß du nicht zu zurückhaltend sein wirst.« Vita schrieb an Harold: »Ich sagte ihm, daß Frauen dazu neigen, Schüchternheit in diesen Dingen mißzuverstehen und sie als Gleichgültigkeit zu deuten... Sie wäre ein Esel, wenn sie ihn nicht heiratete.«

Das Unbehagen über ihr Gedicht machte ihr jedes Lob, woher es auch kam, kostbar. Sie war erfreut, als ihre alte Widersacherin, Edith Sitwell, ihr einen lobenden Brief schrieb – immerhin gehörte Edith zu den wenigen, »auf deren Meinung ich Wert lege«. Aber Vita war »gekränkt und verwirrt«, daß Desmond MacCarthy das Buch nicht in der *Sunday Times* rezensiert hatte, und versuchte sich einzureden, das speziell an ihn gesandte Exemplar habe ihn nicht erreicht.

Vor Ausbruch des Krieges war Vita zum letzten Mal in den Ferien im Ausland gewesen. Eardley Knollys und Raymond Mortimer fragten sie, ob sie mit ihnen nach Frankreich fahren wolle, und sie war einverstanden – vorausgesetzt, man benutze ihren Wagen und lasse nur sie fahren. Sie planten, über Paris zu fahren, um Harold zu besuchen, der für die BBC von der dortigen Friedenskonferenz berichtete, und dann weiter bis nach Albi im Süden. »Oh, ich bin so aufgeregt... Oh, Hadji, welch ein Spaß.« Sie mußte sich einen neuen Paß besorgen:

»Das Ausfüllen der Fragebogen hat mich wie immer in Wut gebracht.* Du weißt, daß ich dich mehr liebe, als je ein Mensch einen anderen geliebt hat, aber ich hasse es wirklich, wenn man mich behandelt, als ob ich dein Hund wäre... Man erlaubt uns überhaupt kein eigenes Dasein, sondern wir sind abhängig von dem, den wir heiraten. Warum gibt man mir kein Halsband, in das dein Name nebst Adresse eingraviert ist?«

Niemals, so lange sie lebte, konnte sie sich mit der patriarchalischen Einstellung der Bürokratie aussöhnen. Eine weitere kleine Widrigkeit war ein Besuch beim Friseur. Sie fragte ihn, ob er die nikotingelben Strähnen aus ihrem Haar entfernen könne. Der Friseur unterzog das Haar einer »Tönung« – »und das Ergebnis ist eine hübsche marineblaue Schattierung«. Außerdem schnitt er es ihr im Nacken außerordentlich kurz. Vita las *Erziehung des Herzens* und achtete nicht darauf.

Mit ihrem marineblauen Herrenschnitt fuhr sie in die Ferien. Sie war glücklich, Harold zu sehen – im Café de Paris veranstalteten sie ein großes Mittagessen –, aber sie kritisierte den Verlauf der Friedenskonferenz. Ihre Bemerkungen mit dem obligatorischen »Du weißt, daß ich keine Feministin bin, aber...« einleitend, sagte sie zu Harold: »Stell dir nur mal vor, diese Konferenz würde anstatt von Männern von Frauen geleitet – würdest du, würde nicht jeder sagen: ›Was kann man von Frauen schon erwarten?‹ Frauen werden ihres Geschlechts wegen verdammt – dabei sind die Männer genauso töricht und kurzsichtig. Q.E.D.**«

Sie fuhr mit Eardley und Raymond nach Süden durch das Tal der Loire, die Auvergne und die Dordogne. Sie »sticht Copper aus«, wie Raymond auf einer Postkarte an Harold schrieb. Aus Souillac schrieb Raymond abermals:

---

* Sie mußte als »Mrs. Harold Nicolson« unterschreiben [Anm. d. Übers.].
** Quod erat demonstrandum: »Was zu beweisen war« (Euklid; Schlußformel jeder Beweisführung) [Anm. d. Übers.].

»Vita geht es prächtig, und nach langen Tagen hinter dem Steuer ist sie nicht müde und ansprechbar für alles. Wir schnattern und kichern unentwegt, wir lesen keine Zeitungen... Jeder hat seine Aufgaben: Vita fährt und wird vorgeschoben, wenn Charme nötig ist, um etwas zu bekommen – und der Charme wirkt immer. Eardley ist Schatzkanzler, der aus einer gemeinsamen Kasse die Ausgaben bestreitet. Ich bin Cicerone, der über Reiseführern und Landkarten brütet.«

Nachdem sie alle wieder zu Hause waren, schrieb er an Vita:

»Die Reise war deine Idee, dir gehörte der Wagen, und du nahmst die Strapaze auf dich, ihn zu steuern. Wir waren die faulen, verschwenderischen Freunde und Fahrgäste. Ich weiß nicht, wann ich eine vierzehntägige Tour so genossen habe. Vielleicht ist Freundschaft in der Regel doch eine zuverlässigere Basis für solche Expeditionen als l'amour – keine wütenden Entzweiungen, keine Erdbeben oder Gewitter oder Zusammenstöße. Ich glaube, wir haben ein interessantes Trio abgegeben.«

Bei ihrer Heimkehr war Vita beschwingt. Raymond hatte die Idee gehabt, sie solle ein Buch über la Grande Mademoiselle (Anne-Marie Louise d'Orleans, leibliche Cousine Ludwigs XIV. und größte Erbin Frankreichs) schreiben.

Doch einen Monat später, als Vass und Neve »Tausende von Narzissen« im Obstgarten pflanzten, war sie unfähig, ihnen bei der Arbeit zu helfen. »Mein Rücken ist schlimmer geworden. Denke ernstlich daran, mich umzubringen.« Im November fand Harold sie an eine Linde gelehnt »und weinend, weil sie keine Gartenarbeit tun konnte«. An einem anderen Novemberabend fand er keine Vita vor, als er wie gewöhnlich zum Dinner ins Eßzimmer-Cottage hinüberging. Er wartete zwanzig Minuten, dann machte er sich auf, sie zu suchen; er fand sie auf der Bank vor ihrem Turm, unfähig, sich zu bewegen. »Ihr Rücken war steif. Sie ist voller Angst und hat Schmerzen. Schließlich schleppt sie sich hinüber zum South Cottage und geht zu Bett. Aber sie ist unglücklich und fürchtet, ein Krüppel zu werden. Ihr Anblick zerreißt mir das Herz, und dieses

Mal schlafe ich schlecht.« Zwischen diesen beiden Vorfällen hatte er an sie geschrieben und von dem gesprochen, was er verblümt die »begleitenden Komplikationen« nannte:

»Was mich außerdem bedrückt, ist die Tatsache, daß die Sorge wegen deines Rückens schlecht für deine Nerven ist und Augenblicke des Schwindels und der Benommenheit herbeiführt. Ich weiß, daß du diesen nervösen Phasen immer unterworfen gewesen bist, wenn du nicht wach wirst... Die Furcht, du könntest lahm werden, bedrückt mich weniger als die Angst, du könntest diesen Stier nicht rechtzeitig bei den Hörnern packen.«

Harolds eigene Unfähigkeit, den »Stier bei den Hörnern zu packen« und mit Vita freimütig über ihr Trinken zu sprechen, hat etwas Trauriges und Mitleiderregendes.

Vitas Rückenleiden besserte sich; und Ben übernahm, zur Freude seiner Eltern, die Stellung eines Herausgebers des *Burlington Magazine*. Nigel sollte in Kürze in die Redaktion von *Contact* eintreten und hatte seine Tendenz zur Isolation und Unabhängigkeit durch den Erwerb einer Hebriden-Insel befriedigt. Vitas Pläne für den Garten erhielten neuen Anreiz durch einen Besuch in Bodnant in Nord-Wales, dem Anwesen von Lord und Lady Aberconway. Harry Aberconway war ein bedeutender Gärtner, und Bodnant beeindruckte sogar Vita. Im Spätsommer hatte sie besonders die »Unmengen von Eucryphias« bewundert, und sie erzählte Harold, sie sollten sie in Sissinghurst anstelle von Kirschen ans obere Ende des Azaleenbeetes pflanzen. »Wir haben im Frühling so viele blühende Dinge und so wenige im Sommer, und sie sind sehr hübsch, ein grünlich-gelbliches Weiß. Es gibt noch andere Dinge, die mich auf Ideen gebracht haben – Wiesenraute in Massen.«

Im Garten geschah nicht alles nach ihren Vorstellungen. Trotz ihrer Schwäche für »Massen« war sie, wenn es darauf ankam, nicht so unnachgiebig wie Harold. Am 29. Dezember schrieb er in sein Tagebuch:

»Nachmittags wandere ich mit Vita umher und versuche sie davon zu überzeugen, daß Planung zum Gärtnern dazugehört. Ich möchte ihr zeigen, daß man die Oberkante der Böschung am Wasserpfad mit Vorbedacht und planvoll bepflanzen muß. Sie möchte einfach die Sachen hineinstopfen, die übriggeblieben sind. Das ist die Tragödie der romantischen Veranlagung: Die Form mißfällt ihr so sehr, daß sie die Wirkung von Massen übersieht. Sie möchte etwas hineinsetzen, ›das sich im Herbst schön rot färbt‹. Ich möchte etwas hineintun, was der Perspektive Gestalt verleiht. Schließlich trennen wir uns – nicht als Freunde.«

Es war diese fortwährende Spannung, die Sissinghurst als Garten so überzeugend machte.

Vita, über das, was sie als Autorin erreicht hatte, enttäuscht, begann in diesem ersten Nachkriegsjahr, für den *Observer* ihre wöchentlichen Garten-Artikel zu schreiben, die sie, ob es ihr gefiel oder nicht, einem größeren Publikum bekanntmachten und zu mehr Lesern verhalfen als alles, was sie je sonst schrieb. Das war nicht alles, was die *Observer*-Artikel bewirken sollten. Sie taten mehr; wie Anne Scott-James schrieb, »veränderten sie die Gestalt des englischen Gartens mehr als jede andere Schrift seit Robinsons *The English Flower Garden*«. Der Sissinghurst-Stil wurde überall nachgeahmt. »In ganz England pflanzte man Tausende von Kletterrosen zu Füßen von Apfelbäumen. Hybride Teerosen wurden zugunsten von Buschrosen verworfen.« Wie Anne Scott-James sagt, gehörten die Sissinghurst-Nachfolger »meistens einer höheren Gesellschaftsschicht an, denn wie alles andere hat auch die Gärtnerei ihre sozialen Aspekte«.[3] Jeder Amateurgärtner wird die Wahrheit dieses Satzes rasch erkennen: Garten-Snobismus in England ist Gegenstand einer ungeschriebenen Abhandlung eines klugen Gartenliebhabers, die jeder verinnerlicht hat. In der Tatsache, daß der Sissinghurst-Stil auf der rein architektonischen Qualität von Pflanzen und Pflanzen-Gruppierungen beharrt, wird Harolds Einfluß spürbar. Die Anmut und der Zauber des Sissinghurst-Stils sind Vitas Werk.

Kapitel 31

Vitas neue Freundinnen nach dem Krieg waren Violet Pym und Edith Lamont. Vi Pym war verheiratet, hatte Kinder und lebte mit ihrem Mann auf dem Gehöft Barnfield, nahe Charing, etwa zwölf Meilen von Sissinghurst entfernt. Sie war eine gute Freundin der »alten Forellen«, wie Vita das Trio in Smallhythe nannte, und durch Christopher St. John hatte Vita Vi kennengelernt. »Ich möchte so gern, daß du sie kennenlernst«, schrieb Vita an Harold. Vi sei »so nett und hat eine wunderschöne Stimme. Sie ist wie ein Kornfeld oder ein Laib Brot oder ein braunes Ei oder Farn im Herbst.« Ihr Gatte war ein »großgewachsener, stattlicher Ex-Major der irischen Garde – attraktiv und kernig. Einfältig, jovial, schaut gern beim Cricket zu – diese Art von Mann.«[1]

Edith Lamont – Mrs. Newton Lamont – lebte in Chart Sutton und war Malerin; sie und Vita lernten sich an einem »offenen« Tag im Garten von Sissinghurst kennen. Bunny Drummond war eine engere Freundin. Ihre Schwiegermutter, Vitas Mutter-Ersatz, starb im Lauf des Jahres 1947, und Bunny und ihr Mann, der Verleger Lindsay, zogen in den Ort Sissinghurst. Bunny war bereits enger mit Vita verbunden, als die Freundschaft es im allgemeinen gestattet. Als sie im März 1947 zum Tee kam, riet ihr Vita, »nicht mit dem Feuer zu spielen«; aber Bunny Drummond konnte es nicht lassen.

Weiterhin verliebten sich Frauen in Vita und erklärten ihr ihre Liebe, ungeachtet ihres Alters und ihrer Arthritis. (Nigel schrieb an Harold, Ben und Vita hätten die Gabe gemeinsam, »unter äußerlicher Schlampigkeit die Fähigkeit zu verbergen, unversehens wie ein Gott auszusehen. Dagegen sehen du und ich niemals wie Götter, sondern immer wie menschliche Wesen aus: das ist eintöniger.«) Es hatte etwas mit Vitas Aussehen zu tun, mit ihrem Ruhm als Schriftstellerin, dem romantischen Ambiente von Sissinghurst und ihrer Abgeschiedenheit, die ihnen Vitas Freundschaft als ein besonderes Privileg erscheinen ließ – aufregend, exotisch und unwiderstehlich. In der Intimität eines *tête-à-tête* war sie mehr sie selbst als in Gesellschaft; ihre kraftvolle Persönlichkeit, ihre Ausstrahlung, ihre tiefe, schmeichelnde Stimme, ihre geduldige Art, Menschen zu ermutigen, von sich zu sprechen, wirkten zusammen und verliehen ihr jene Faszination, die einen Nerv in Frauen von geringerem sexuellen Raffinement berührten, die zuvor noch nie von anderen Frauen angezogen worden waren. Ihre konventionellen Freundinnen mittleren Alters aus der oberen Mittelschicht Kents waren in ihrer Schlichtheit empfänglicher, als es Frauen mit größerer Selbstkenntnis und sexueller Erfahrung gewesen wären.

Im Frühling 1947 starb Edy Craig und ließ Christopher St. John – die achtundvierzig Jahre mit ihr zusammengelebt hatte – und Tony Atwood, inzwischen über achtzig, völlig ratlos zurück. Sie hatten so gut wie kein Geld. Vita gab ihnen das Nötigste zu ihrem Unterhalt, solange die Verhandlungen mit dem National Trust über eine Übernahme des Hauses von Ellen Terry andauerten; so ermöglichte sie es Christopher und Tony, ihr Leben in ihrem alten Heim zu beschließen, ohne für dessen Unterhalt aufkommen zu müssen.

Vita brach mit ihrem Grundsatz und lud Christopher ein, für ein paar Tage nach Sissinghurst zu kommen: »Ich glaube, ich bin die vermutlich einzige Person, die sie aus den Gleisen des Kummers herausreißen kann, in die sie sich selbst begeben hat.« Christopher, mutlos und gebrechlich, rang sich die Bemerkung ab, sie freue sich, daß Vita Freundinnen habe, »die deine Lebensfreude teilen können, damit meine melancholische Zuneigung nicht deine einzige Nahrung ist«.

Vita schrieb im Auftrag des National Trust einen neuen Führer für Knole – ganz »kalt und ungerührt«, wie sie sagte, bis sie sich plötzlich der Tatsache bewußt wurde, daß »dies MEIN Knole ist, das ich mehr als alles in der Welt liebe, Hadji ausgenommen«. Leonard Woolf legte *Pepita* neu auf, und Vita hätte, im Interesse der neuen Touristenströme, die nach Knole kamen, gern eine Neuauflage von *Knole and The Sackvilles* gesehen; und sie war wütend, als sie entdeckte, daß man beim Verlag Heinemann die Druckstöcke für die Illustrationen vernichtet hatte. Aber sie war, anders als ihre Mutter, nach ihren Worten »nicht prozeßsüchtig«.

Sowohl sie als auch Harold standen inzwischen in enger Beziehung zum National Trust – Harold als Stellvertretender Vorsitzender des Exekutivausschusses und Vita als Mitglied des Garten-Ausschusses unter dem Vorsitz von Lord Aberconway. Später wurde auch sie Mitglied des Exekutivausschusses. Im Sommer 1947 unternahmen sie mit James Lees-Milne eine Rundfahrt zu Besitzungen des National Trust; sie legten 1200 Meilen in zehn Tagen bei herrlichem Wetter zurück und sahen vierzig Häuser und Gärten. »Lieber Jim, ich habe Sie so liebgewonnen«, schrieb Vita danach. »Verzeihen Sie, daß ich so un-englisch bin, das zu sagen.«

James Lees-Milne und Eardley Knollys waren zwei Männer, die sie aufrichtig liebte und schätzte. Von ihren beiden Söhnen stand ihr Nigel inzwischen näher, der mit ihr über Shirley Morgan und über seine Ängste sprach und dessen Vertrauen sie respektierte. Als peinlich und mühevoll erwies sich Bens Versuch, sich aus dem Haushalt seines Vaters in Neville Terrace herauszuwinden und eine eigene Wohnung zu beziehen; »wie ein alter Vogel, der mit schweren, ungeübten Flügeln aus dem Nest plumpst«, sagte er zu seinen Eltern. Immerhin war Ben dreiunddreißig Jahre alt – aber Harold war dennoch gekränkt, und Ben blieb.

Vita, die bereit war, im öffentlichen Leben der ländlichen Gemeinde eine Aufgabe zu übernehmen, bot sich als Friedensrichterin* an und wurde im Oktober vereidigt. Unter ihren Kollegen am Magistrates' Court von Cranbrook waren Sir George Jessel, den sie nicht leiden konnte, und »ein gewisser Major Robson aus Tenterden, der mich ganz stark an Dada erinnert«. Sie trat auch dem Komitee für die Erhaltung des Ländlichen Kent bei, das im Rathaus von Maidstone tagte, wo ein Porträt ihres Vaters, in der Robe, die er zur Krönung von George V. trug, auf die Versammlung herabblickte. Die einzige ländliche Aktivität, der sie mit leidenschaftlicher Ablehnung begegnete, war jede Art von blutigem Sport, insbesondere die Hirschjagd. Sie war im Leben und Treiben der Gemeinde verwurzelt – nicht nur als Friedensrichterin und Naturschützerin, sondern auch als Mitglied der Gesellschaft für Dichtkunst in Cranbrook, der Richard Church vorsaß, und als Rednerin im Frauenclub – im Gegensatz zu Harold, dessen Aktivitäten sich immer auf London konzentrierten.

Sie hatte kein Buch in Arbeit; der plötzliche Einfall – nach einem

---

* »Justice of Peace«: unbezahlter Laienrichter an einem Magistrates' Court, einem Gericht mit begrenzter Zuständigkeit in Straf- und Zivilsachen [Anm. d. Übers.].

Besuch von Gwen –, das Leben von Kardinal Newman zu beschreiben, zerschlug sich, als sie feststellte, daß bereits zwei Biographien in Vorbereitung waren. Der »ungeheuerliche Materialismus« des Zeitalters Ludwigs XIV. ließ sie ihren Plan, über la Grande Mademoiselle zu schreiben, für den Augenblick zurückstellen. 1947 veröffentlichte sie lediglich einen »Essay«, *Nursery Rhymes*, illustriert von Philippe Jullian, der in einer limitierten Auflage von der Dropmore Press herausgebracht wurde. (Von Michael Joseph 1950 neu aufgelegt.) Das Buch, »Anna« gewidmet, ist der angestrengte Versuch, in der humorigen, scheinbar gelehrten Manier zu schreiben, die Harold perfekt beherrschte, sie hingegen nicht. In den »Three Blind Mice« zum Beispiel: »Eine helläugige, vollkommen geschwänzte Maus kann für viele Leute schon mehr als genug sein. Ernsthafte Spekulationen könnten überdies den Geist zermürben: Wie, zum Beispiel, kam es, daß sie blind wurden?«

Die Artikel im *Observer* waren eine andere Sache. Ein Artikel über Erdbeerwein an einem Oktobersonntag brachte ihr über 500 Leserbriefe; ein besonderer Postwagen war erforderlich, weil der Briefträger die Briefe nicht tragen konnte.

Auf einer Cocktail-Party im Buckingham Palast Anfang Dezember hatte Vita viel Spaß; sie schrieb an Evelyn Irons: »Ich habe all die großen Tiere gesehen, Molotow, Churchill und so fort. Ich gehe selten zu Parties, aber wenn ich schon gehe, hab ich es gern, wenn sie piekfein sind. Ich trug eine kleine russische Kappe, die ich mir selbst aus einem alten Hut und ein wenig pelzartigem Stoff – beim Kurzwarenhändler des Dorfes vom Meter gekauft – gemacht hatte.« Auf der Party wurde sie dem Premierminister, Mr. Attlee, vorgestellt; von seinem Amt erhielt sie zwei Tage später einen Brief, in dem ihr angetragen wurde, Companion of Honour* zu werden. Sie zeigte Harold den Brief, der überrascht war, daß sie so wenig Begeisterung zeigte. »Aber irgendwo in ihrem Inneren freut sie sich, glaube ich.«

Harold erfuhr später, daß es sein alter Freund Alan Lascelles, Privatsekretär des Königs, gewesen war, der vorgeschlagen hatte,

---

* »Companion of Honour« (CH): Orden mit nur einer Klasse; auf 65 lebende Inhaber(innen) beschränkt [Anm. d. Übers.].

Vita den CH zu geben, und daß Attlee selbst »eine leidenschaftliche Bewunderung für *The Land*« hegte. Es war Ironie, daß es der Führer der Labour Party war, der Vita geehrt hatte und nicht ihren Gatten, der sich, Ehren im Sinn, der Labour Party angeschlossen hatte. »Mr. Attlee ist ein netter Mann«, schrieb Vita an Harold, »und er wird noch netter sein, wenn er sich im Fall Cranfield so verhält, wie er soll.«

Harold reagierte mit makelloser Großzügigkeit. Immerhin akzeptierte er seine Nominierung als Labour-Kandidat bei der bevorstehenden Nachwahl in North Croydon – wo es bei der landesweiten Wahl eine knappe konservative Mehrheit gegeben hatte. Als er sich der Labour Party anschloß, hatte Vita ihn gebeten, nicht abermals für das Unterhaus zu kandidieren; nach ihrer Ansicht würde es ihn »mehr verletzen und verwunden«, einen Wahlkampf durchzustehen, als er sich vorstellen könne.

In Vitas Interesse machte Harold den Behörden klar, daß »V. Sackville-West« den CH erhalten solle und nicht »Mrs. Harold Nicolson«. Er war betrübt, daß sie sich über das öffentliche Aufsehen nicht freute – und daß sie so verärgert war, wenn ihr Name mit dem seinen verbunden wurde. »Ich habe nie ganz verstanden, warum«, schrieb er in seinem Tagebuch, »wo *ich* doch stolz bin, wenn ich mit ihr in Verbindung gebracht werde. Jedenfalls hat die ganze Sache sie nicht froh gemacht, sondern reizbar und nervös.« Er war erleichtert, daß sie fort sein würde – »Gott sei Dank!« –, wenn seine Nachwahl anstand: Sie hatte zugestimmt, im Auftrag des British Council eine Vortragsreise durch Nordafrika zu unternehmen. Ihre mangelnde Begeisterung über ihre Auszeichnung stand im Zusammenhang mit ihrer Überzeugung, ihre Tage als Schriftstellerin seien vorüber. Auf Eddy Sackville-Wests Gratulationsbrief erwiderte sie, es sei »die geringe Zahl von Ideen, das Austrocknen«, was ihr so zu schaffen mache.

Auch in bezug auf Harolds Wahl hegte sie Befürchtungen. Sie meinte, seine Lebenserfahrung habe ihn nicht für die sozialen Probleme gerüstet, die zu erörtern man von ihm erwartete. Ende Januar 1948 beschrieb sie ihm einen Fall, der vor ihrem Gericht verhandelt worden war: »Zwei ungezogene Mars, Bruder und Schwester, zehn und elf Jahre alt, die dutzendweise Fahrradlampen gestohlen haben«. Es stellte sich heraus, daß die Kinder, beide stark erkältet, aus einer neunköpfigen Familie stammten, die in »bloß *zwei Räumen*« lebte:

»Sie haben versucht, ein Cottage zu bekommen, und natürlich gelingt ihnen das nicht. Das ist nun so ein Fall, der mich interessieren würde, wenn ich du wäre – ein potentieller Abgeordneter. Wie können solche Kinder eine anständige moralische Erziehung bekommen?

Ich hasse es, einen Vorschlag anzufügen, der deine vielfältigen Aktivitäten um noch eine vermehren würde, doch ich bin nicht ganz sicher, ob du nicht mehr über das Leben der unteren Einkommensschichten aufgeklärt werden würdest, wenn du dem Gericht von Cranbrook angehörtest. Du würdest Seiten des Lebens kennenlernen, von denen ich nicht glaube, daß du sie je wirklich wahrgenommen hast.«

Der Diebstahl von Fahrradlampen war das Standardvergehen der jugendlichen Übeltäter in Kent – zusätzlich zu schlimmeren Problemen. Ein wichtigtuerischer Vertreter der NSPCC* flüsterte Vita über eine andere elfjährige Übeltäterin ins Ohr: »Und es ist meine Pflicht, hinzuzufügen, daß dieses kleine Mädchen geschlechtlichen Umgang gehabt hat.« Vita war nicht gerade froh, wenn sie die einzige Richterin war, was gelegentlich vorkam:

»Ich muß in einem großen Lehnstuhl hinter einem Tisch sitzen, während der unglückliche Delinquent vor mir steht; der Raum ist voll mit Polizisten und dem Clerk of the Justice** und dessen Clerk und dem Kriminalkommissar, und alle bringen Anschuldigungen und Beweise gegen den Gefangenen vor und das gewaltige Gewicht des Gesetzes und seines Systems, von dem ich ein Teil bin. Ich habe immer das Gefühl, da sei ein wildes Tier in die Falle gegangen und eingesperrt, und wenn es mir plötzlich an die Kehle ginge, würde

---

* NSPCC: National Society for the Prevention of Cruelty to Children: britischer Kinderschutzbund [Anm. d. Übers.].
** Clerks of the Justice: ausgebildete Juristen, die die Laienrichter beraten [Anm. d. Übers.].

ein Dutzend kräftiger Hände es packen und zurückhalten – und vor allem weiß ich: ›Ohne die Gnade Gottes und B. M.'s Ehevertrag könnte *ich* dort stehen‹ – oder natürlich Catalina oder Pepita.«

Vita reiste im Februar nach Nordafrika. Sie litt an einer Darmerkrankung, während sie unterwegs war. »Ich habe die ganze Zeit starkes Heimweh«, schrieb sie an Nigel. »Ich hasse es, gefeiert und unterhalten zu werden; und ich will bloß wieder zu Hause bei euch dreien sein.« Im Britischen Konsulat in Tunis erfuhr sie durch den Rundfunk von Harolds Niederlage in North Croydon. Sein Telegramm traf wenig später ein: »Geschlagen um zwölftausend, meine Güte«. Vita schrieb ihm:

»Persönlich weiß ich, was ich empfinde: Ich bin *entzückt*, daß du so viele Stimmen bekommen hast, und ich weiß, daß du das Gefühl haben wirst, deine Sache gut gemacht zu haben; aber ich bin, offen gesagt, erleichtert, daß du jetzt mit einem absolut reinen Gewissen den Anderen Ort ins Auge fassen kannst. Meine einzige Sorge ist, daß sie dich möglicherweise deswegen im Stich lassen, aber gewiß wird jetzt Frank Pakenham etwas für dich tun, oder?«

Frank Pakenham war Lord Longford, ein Mitglied der Labour Party und zu dieser Zeit Kanzler des Herzogtums Lancaster. Harold unterhielt sich im September mit ihm und erfuhr ein paar düstere Neuigkeiten:

»Frank Pakenham erzählt mir, daß ich letzten Dezember auf der Liste für Peerages war; aber dann meinte der Premierminister, Viti bekäme den CH, und das wäre ein dummes Zusammentreffen. Zum Geburtstag des Königs hätte ich wieder ins Spiel kommen können, wäre da nicht die Niederlage in North Croydon gewesen. Liegt mir wirklich daran? Ja. Ich will auf bequeme, schmerzlose Weise ins öffentliche Leben zurückkehren. Das ist nicht anrüchig.«

Vita verließ Afrika, in erster Linie erfreut, die jährlichen Kosten »für die Art von Garten verdient zu haben, nach der ich seit Jahren gesucht habe«; auf dem Heimweg machte sie in La Tour de Saint-

Loup Station, dem Haus von Violet Trefusis nahe Provins, nicht weit von Paris. Saint-Loup war Violets Gegenstück zu Sissinghurst, und Vita schrieb in ihr Reisetagebuch, daß sie dort »das merkwürdigste Gefühl von Vertrautheit« überkommen habe.

Im Juni traf sie Violet noch einmal in London und schrieb an Harold: »Sie ist einsam und unglücklich, glaube ich, aber es ist nicht einfach, sich über die Gefühle von Leuten klar zu werden, die man eine halbe Stunde lang in der Halle des Ritz sieht.« Im Herbst schrieb sie Violet einen Brief, der mit den Worten »Meine liebe Teuerste« begann – den zärtlichen Worten, mit denen, wie sie sagte, »unser Lehnsherr angeblich irgendwann im Mittelalter – ich habe das genaue Datum vergessen – Dame Julian of Norwich angeredet haben soll und die mir nun als hübsche liebevolle Anrede für meine Luschka dienen sollen«. Sie schrieb Violet noch einmal, wie sehr ihr Saint-Loup gefallen habe; ein »sonderbares Band« zwischen ihnen sei ihr »ausgeprägtes Gefühl für den Charakter von Orten. Wir beide haben es in so starkem Maße, daß es schmerzhaft wird.«[2]

Vitas innig geliebter Hund, Martha, begann an einer Reihe von Herzanfällen zu leiden. Harold schrieb im April, Martha sei keuchend auf dem Rasen zusammengebrochen, und Vita neben ihr: »Mac kommt und bringt Martha fort. Ich finde Vita in Tränen aufgelöst am See.« Sie schrieb ihm am 17. Juni:

»Ich weiß nicht, ob dir bewußt ist, wie unglücklich ich wegen Martha gewesen bin und noch immer bin. Ich weiß, daß ich sie töten muß – aber wenn sie kommt, ihre Nase auf mein Knie legt und mit ihren goldenen Augen so vertrauensvoll zu mir aufblickt, komme ich mir wie ein Verräter vor. Gestern abend hat sie es wieder gemacht, kurz nachdem ich mir einen Welpen angesehen habe, der zum Verkauf steht. Sie schien es zu wissen. Es war aber auch so ein hübscher Welpe. Ich liebte das Tierchen auf den ersten Blick und habe es gekauft. Die Leute werden es solange behalten, bis ich es holen lasse. Aber wenn das geschieht, wird es bedeuten, daß Martha tot ist – auf meinen Befehl getötet... Du verstehst, ich bin im Inneren ein einsamer Mensch, und Martha hat mir soviel bedeutet. Sie war immer da, und ich konnte ihr alles erzählen.«

Der Hund, der dreizehn Jahre lang ihr Gefährte gewesen war, starb drei Tage später und wurde im Wald beerdigt – »Ein Tag wie ein Alptraum«. Vita holte Rollo, den jungen Hund, wiederum ein Schäferhund, noch am selben Abend. »Er ist so sanft und unschuldig und weiß nichts von der Leere, die er ausfüllen soll.«

Während Martha noch krank war, brannte Sissinghurst Place, das Haus der Drummonds, nieder. Bunny und ihr Mann waren in London. Vita und Harold, durch einen Anruf geweckt, fuhren gegen halb drei in der Nacht hinüber und fanden »einen glühenden Backofen« vor. Harolds Tagebuch: »Gegen halb sechs kommen wir zurück, während die Morgendämmerung über dem Wald aufsteigt. Es ist sehr kalt. Ich gehe zu Bett, aber Vita bleibt auf und arbeitet im Garten. Dann holt sie Bunny und Lindsay um acht Uhr vom Zug ab und bringt sie zu den Überresten ihres Hauses.« Bevor ihr Glauben an ihre dichterische Kraft sie verließ, hatte Vita daran gedacht, *The Garden* ein langes Gedicht über das Feuer folgen zu lassen. Sie schrieb es nie; aber der »glühende Backofen«, den sie in jener Nacht beobachtete, und ihre Gedanken über die arme Martha waren die beiden Anregungen für einen Roman, den sie schreiben würde: *Die Ostergesellschaft*.

Die Vollkommenheit von Sissinghurst kam ihnen nach dieser Katastrophe noch kostbarer vor, und während eines Junis voller »Heu und Rosen« sagte Harold zu Vita, er glaube, er habe es in Sissinghurst besser als jeder andere. Sein Wohnzimmer und sein Schlafzimmer seien die hübschesten im ganzen Schloß, »und M.L.A. ist der schönste Teil des ganzen Gartens«. »M.L.A.« stand für »Meine Lebensarbeit« – sonst für »Meine Lindenallee«, deren Rabatte im Frühling Harolds ureigene Schöpfung war und in seiner Verantwortung lag. Vita gewann Vass, ihren Obergärtner, immer lieber: »Sein Eifer ist schier grenzenlos, und nichts ist ihm zuviel.« Vass habe »eine Art von instinktivem gutem Geschmack, außerdem ist er so nett anzuschauen, so dekorativ«. Sie bearbeiteten das flache, steinige Gelände am Priesterhaus und nannten es Delos. Vass' einziger Fehler sei, daß er alles zu ordentlich machen wolle, mit sauberen Ziegeleinfassungen der Wege, doch »natürlich hat er das wirkliche Delos in den Kykladen nie gesehen«.

In diesem August, während Sibyl Colefax da war, besuchte sie der junge Schriftsteller Denton Welch*, der sehr krank war; seine Schilderung von Sissinghurst ist der letzte Eintrag in seinen veröffentlichten Tagebüchern. Er fand es schwierig, mit den Nicolsons ins Gespräch zu kommen: »Vita ist zurückhaltend, ein wenig träge. Sie war nicht umgänglich oder lebhaft genug, um ein erstes Zusammentreffen wirklich einfach zu machen; doch andererseits wäre es falsch, ihr Verhalten bäurisch oder gleichgültig zu nennen. Ich möchte es als träge Würde umschreiben. Ihre Stimme war leise und auch ziemlich schläfrig – beinahe schleppend.« Ein wenig verlegen bewegte sich die Gesellschaft zum Tee durch den Garten zum Priesterhaus:

»Und ich erblickte einen langen spanischen Tisch mit stumpfen Zacken und Kurven aus Schmiedeeisen, die dicht am Boden seine Stemmbretter umliefen. Obwohl nur ein großes Bauernbrot und Gurken-Sandwiches auf dem Tisch standen, spürte man einen Hauch von Reichtum und Luxus. Vielleicht lag das an den Gläsern [für Cider] und Tassen, die an jedem Platz standen. Außerdem lag auf einer großen alten, recht schönen Silberschale beinahe ein halbes Pfund Butter, die mit geriffelten Holzbrettchen hübsch festgedrückt und gemustert war. Als wir eintraten, zog sich ein Diener hinter einen Vorhang zurück. Der Raum hatte ein Fenster mit Mittelpfosten, einen gewölbten, aus Ziegeln gemauerten Kamin, Backsteinfußboden und eine hohe Balkendecke. Orientalische Teppiche, Stücke eines Gobelins hinter einer kleinen mittelalterlichen hölzernen Heiligenfigur. Unsere Stühle stammten aus der Zeit von William und Mary** und hatten hohe Rückenlehnen aus Rohrgeflecht.«[3]

Fast alles, notierte Denton Welch, »war nicht jünger als siebzehntes Jahrhundert«. Er starb gegen Ende dieses Jahres; und als Jocelyn Brooke, der seine Tagebücher für die Veröffentlichung vorbereitete,

---

* Denton Welch (1915-1948), Romancier und Maler, erlitt als Zwanzigjähriger eine schwere Rückgratverletzung, die ihm zuletzt das Schreiben zur Qual machte. Er schrieb neben drei Romanen auch viele Gedichte und 60 Kurzgeschichten [Anm. d. Übers.].

** Wilhelm III. (von Oranien) (1650-1702), König von England; Mary II. (1662-1694), Königin von England, Gemahlin König Wilhelms III. von Oranien [Anm. d. Übers.].

Vita die Passage mit der Schilderung des Besuches in Sissinghurst zeigte, bat sie ihn, eine Fußnote anzubringen; ihre Unbeholfenheit, sollte es dort heißen, sei darauf zurückzuführen gewesen, daß ihnen seine Gebrechlichkeit so überdeutlich bewußt geworden sei, daß sie in Verlegenheit geraten seien, »wie sie ihn am besten unterhalten sollten«.

Harold war glücklich, weil er damit beauftragt worden war, eine Lebensbeschreibung König Georges V. zu verfassen. Sofern man ihm freie Hand ließ, war das eine interessante Aufgabe – obgleich sie ihn, wie er einräumte, für wenigstens drei Jahre der Politik entziehen würde, wenn nicht gar, im Hinblick auf sein Alter, für immer.

Beide Jungen machten persönliche Krisen durch. Nigel war häufig mit Shirley Morgan zusammengewesen, und sie war mehrere Male in Sissinghurst erschienen. Am 30. Juli schrieb Vita in ihr Tagebuch: »Niggs ruft mich nach dem Dinner an, um mir zu sagen, daß Shirleys Verlobung morgen bekanntgegeben wird... Du meine Güte!« Ihr Verlobter war nicht Nigel, sondern der Marquis von Anglesey. Nigel fuhr daraufhin sofort allein auf die Hebriden. Von dort schrieb er an seine Mutter: »Ich danke dir sehr für dein wunderbares Mitgefühl in deinem Brief und am Telephon. Ich brach nach dem Telephongespräch mit dir am Freitagabend in Tränen aus. Zum Teil warst du es, zum Teil Shirley, die mich dazu brachten, und ich war sehr überrascht.«

Shirley heiratete im Oktober – »Nigel hat sich zurückgezogen«, schrieb Vita an diesem Tag dankbar in ihr Tagebuch. (Doch die Freundschaft zwischen den beiden blieb bestehen und dauerte ein Leben lang.) Während dieses schwierigen Herbstes bat Nigel Vita, ihm 4000 Pfund zu leihen, um zu helfen, den neuen Verlag Weidenfeld & Nicolson mit Kapital auszustatten. Das tat sie bereitwillig: »Da es mein eigenes Geld ist, d.h. nicht aus dem Treuhandvermögen stammt, kann ich damit tun, was ich will... Es ist das Geld, das ich für Long Barn bekommen habe.« Das Geld wurde mit Zinsen innerhalb von zehn Jahren zurückgezahlt. Nigels Dankesbrief wurde in Sissinghurst geschrieben. Als echtes Kind seiner Eltern konnte er das schreiben, was er nicht sagen konnte, und hatte zugleich das Bedürfnis, ein dauerhaftes Zeugnis seiner Dankbarkeit abzulegen. Mit unausgesprochenem Bezug auf sein persönliches Leben fügte er hinzu: »Ich glaube, es gibt nichts, was ich dir nicht sagen könnte.« Wie Ben empfand er die Folgen seiner Erziehung – Isolation: »Ich bin so langsam erwachsen geworden, habe die wirklichen Schwierigkeiten des Lebens so lächerlich spät erfahren und bin noch immer – ich denke, das trifft auch auf Ben zu – in mancher Hinsicht merkwürdig unreif.«

In ihrer Erwiderung auf seinen Dankesbrief schrieb Vita:

»Aber, mein Liebling, du brauchst dich nicht zu bedanken: Du weißt zu gut, daß ich alles für dich tun würde und mir bloß wünsche, es wäre mehr. (Übrigens wird dir vielleicht zu Ohren gekommen sein, daß ich Long Barn für mehr als 4000 Pfund verkauft habe; ja, das habe ich – um genau zu sein, für 6500 Pfund –, aber es gab da eine Hypothek, die ich aufgenommen hatte, um Papas Yacht zu kaufen...)

Du denkst vielleicht, daß ich, angesichts der riesigen Beträge, die ich mit dem Schreiben verdiene, mehr hätte investieren sollen – aber du mußt wissen, daß ich mein, nennen wir es Taschengeld immer für Sissinghurst ausgegeben habe oder für Extravaganzen oder auch, um die laufenden Kosten zu decken, die unmöglich aus dem Einkommen bestritten werden konnten, das ich aus dem Treuhandvermögen und der Pacht beziehe.«

Bald danach gab sie Harold eine detailliertere Übersicht über ihre Finanzen. Sie bekam jährlich 2243 Pfund netto aus dem Familienvermögen und weitere 1000 Pfund, vor Steuern, aus Pachteinnahmen:

»Und da die Lohnkosten sich auf 45 Pfund *in der Woche* oder 2340 Pfund im Jahr belaufen, wirst du leicht erkennen, daß nicht mehr viel Spielraum übrigbleibt für Dinge wie Haushalt, elektrisches Licht und Heizung, Kommunalsteuer, Versicherung, Auto, Kohle, Koks (gerade habe ich eine Rechnung über 149 Pfund darüber erhalten), Telephon und tausend Dinge, die für die Instandhaltung eines Hauses nötig sind.«

Ihre Autorenhonorare kamen auf ein separates Konto – »davon habe ich den Traktor und den Anhänger und den Barford-Kultivator und die Heckenschere, die zwei Wasser-Enthärter und viele andere Dinge bezahlt – und natürlich meine persönlichen Ausgaben... und alles läppert sich auf verblüffende Weise zusammen.« Der Garten war während der Sommermonate inzwischen fast jeden Tag für das Publikum zugänglich; Vita hatte ein Kästchen, in das jeder Besucher einen Shilling warf, und diese Shillings – 1948 nur ein paar Pfund in der Woche – wanderten in ihre Lohnkasse. Harold zahlte den Lohn von Sydney Neve, der sich in seinem Auftrag um die Lindenallee kümmerte. Harold war Vita in jeder erdenklichen Weise behilflich, außer in finanzieller. Es war ihr Geld, das Sissinghurst unterhielt und ihnen ihren Lebensstil ermöglichte. Doch Harold erzählte ihr, er glaube besser dran zu sein als Gerry [Wellington], trotz dessen herzoglichen Reichtums. »Ja«, erwiderte Vita, »ich ziehe unser unordentliches, emsiges, wackliges Leben, das von der Liebe, die wie seit nunmehr fünfunddreißig Jahren füreinander empfinden, so unzerstörbar überstrahlt wird, allen Titeln und Besitzungen Gerrys vor.«

Wie Nigel war auch Ben zum ersten Mal in seinem Leben verliebt gewesen. Im Mai hatte er an »Meine liebe Mama« geschrieben, um die Situation zu erläutern:

»Ich schreibe dies, anstatt alles zu erzählen, zum Teil, weil ich während der letzten 24 Stunden keine Gelegenheit dazu hatte, zum Teil, weil es so weniger peinlich ist. Ich werde dich so unverblümt wie möglich mit den Tatsachen vertraut machen. Ich habe mich wahnsinnig in den jungen Mann verliebt, von dem dir Papa vielleicht erzählt hat, weil er ihm begegnet ist... ein Student von Christ Church... Es ist bei weitem die überwältigendste Erfahrung, die ich je gemacht habe und je wieder zu machen erwarte. Man sagt, diese Dinge seien verrucht, man wirft dich deswegen ins Gefängnis; aber diese Erfahrung hat in mir Eigenschaften geweckt (Freundlichkeit, Großzügigkeit, Rücksichtnahme auf andere), von denen ich nie geglaubt hätte, daß ich sie besitze. Diese Erfahrung hat auch meinen wachsenden Zynismus abgetötet. Sie hat mich zur Dichtung zurückgetrieben und zur italienischen Renaissance.«

Zweck des Briefes war die Frage, ob er David Carritt zum Wochenende nach Sissinghurst mitbringen dürfe. Vita solle mit »Ja« oder »Nein« antworten und keine Bedingungen stellen. »Sollte deine Antwort ›Nein‹ lauten, würde ich es vorziehen, nicht weiter darüber zu diskutieren. Nigel braucht es noch nicht zu erfahren.«

Vita sagte »Ja«, und im Laufe des Jahres kam David mehrere Male mit Ben nach Sissinghurst. Ben unternahm einen neuen Anlauf, Neville Terrace zu verlassen: Er erzählte Harold, er wolle mit David in eine Wohnung in George Weidenfelds Haus am Chester Square ziehen. Harold und Vita hatten Angst vor einem Skandal, eine Befürchtung, die zu dieser Zeit nicht grundlos war; doch darüber hinaus schienen sie ihm seine Unabhängigkeit nur widerwillig zugestehen zu wollen. Sie sprachen über Ben, als sei er ein Jüngling und nicht ein Mann von Mitte Dreißig. Sie haben auch nie seine Leistung als Gelehrter anerkannt oder seine persönlichen Qualitäten gewürdigt. Vita schrieb über den Plan mit der gemeinsamen Wohnung an Harold:

»Natürlich bin ich deiner Meinung, daß es ein Jammer ist, fast eine Katastrophe. Sieh mal, er wird sich bestimmt mit D. wieder zerstreiten, und in der Zwischenzeit hat es vielleicht einen Skandal gegeben, der seine beiden Stellungen – im Palast* und beim *Burlington Magazine* – in Mitleidenschaft zieht; und dann säße er auf dem trockenen und hätte seine Karriere verspielt wegen eines schlauen, kleinen Jungen, der das Opfer nicht wert ist. Ich werde am Wochenende mit ihm reden, ob es ihm gefällt oder nicht. Schließlich weiß er, daß ich nicht feindselig bin, was schon viel heißen will... Armer, kleiner Ben – so naiv, so sensibel, so anspruchsvoll, so sehr er selbst und in solch einem Wirrwarr!«

Ben wurde überredet, den Plan fallenzulassen, und er blieb mit seinem Vater und seinem Bruder in Neville Terrace wohnen. Er gab auch seine Stellung bei der Königlichen Bildergalerie auf, um sich auf die Arbeit am *Burlington Magazine* zu konzentrieren. »Wie sehr wünschte ich«, schrieb Vita, »daß er, er vor allen Dingen, heiraten und Kinder haben könnte... Es ist alles ein großer Jammer,

---
* Ben war Stellvertretender Kustos der Königlichen Bildersammlung [Anm. d. Übers.].

und manchmal tut er mir wirklich in der Seele leid.« Die Affäre mit David Carritt, später ein angesehener Kunsthistoriker und Kunsthändler, war nach sechs weiteren Monaten zu Ende.

Kapitel 32

Im Februar 1949 unternahm Vita eine weitere Vortragsreise im Auftrag des British Council, dieses Mal nach Spanien. Mac begleitete sie. Auf dem Weg traf sie Violet in Paris – »mit Federn, die überall aus ihrem Hut hervorwedelten, sah sie aus wie eine Herzoginwitwe« – und fuhr mit ihr für einen Abend nach Saint-Loup. Vita war über die Art entsetzt, mit der Violet ihre alte Zofe Alice behandelte: »das erinnerte mich an B. M. Es ist wirklich mehr als ein bißchen verrückt... Es ist eine Art von Lust an der Macht, glaube ich: Sie muß jemanden haben, den sie herumkommandieren kann.«

Vita war von Madrid entzückt – »Die Gesellschaft ist hier wie in Paris, was Eleganz und Luxus und Amusement angeht« – und sprach zweimal im »Ateneo«. Jemand versicherte ihr entgegenkommend, man habe in Spanien »immer angenommen«, daß der Herzog von Osuna und nicht der obskure Barbier Pepitas Vater gewesen sei. Der irische Hispanist Walter Starkie nahm sie und Mac nach Toledo mit, und an ihrem Geburtstag war sie in Sevilla, »wirklich ziemlich verwirrt, trotzdem glücklich«. Jetzt war Harold an der Reihe, sich zu Hause einsam zu fühlen. »Aber ich weiß, daß ich es in meinem Alter nicht ertragen könnte, sehr lange von ihr getrennt zu sein. Ich könnte es einfach nicht ertragen, und ich werde mich nicht dazu bereit erklären.« Er schrieb ihr: »Du kannst dir nicht vorstellen, wie leer es hier ohne dich ist.«

Vita fuhr weiter nach Malaga, dem Geburtsort ihrer Großmutter. »Nehmen wir nur einmal an, Pepita, als eine kleine muchaga in Malaga, könnte in die Zukunft blicken und ihre Enkeltochter sehen...

als Rednerin auf einem Podium – wäre sie da nicht ungläubig und überrascht? Wie hätte Virginia das gefallen!« Der Dichter Muñoz Rojas führte sie in die Straße, in der Pepita geboren worden war. »Ach, welch eine elende Gasse – sehr schmal, man könnte sich fast von einem Balkon zum anderen die Hand reichen, vollgestopft mit Leuten und Kindern, aber es kann keinen Zweifel geben, daß alles genauso war, als Pepita ein kleines Mädchen war.«

Als sie nach diesem Ausflug zum Parador zurückkehrten, wo sie wohnten, wurde Vita von einem harten, trockenen Husten gequält. Sie fühlte sich sehr krank und ging zu Bett. Es war gut, daß Mac bei ihr war, und Vita klammerte sich an ihre »Anna« – besonders als nach ein paar Tagen die Symptome nicht weniger ernst waren und der restliche Teil ihrer Termine abgesagt werden mußte. Sie fuhren auf der Jaen-Straße nach Madrid zurück, in der Hoffnung, in Atarfe ein Haus zu finden, in dem Pepita gewohnt hatte, hatten jedoch keinen Erfolg. »Jetzt reicht's mir, und ich glaube, ich breche gleich in Tränen aus«, schrieb Vita in ihrem enttäuschend kurzen »Spanischen Tagebuch«. Mit hohem Fieber verbrachte sie eine »alptraumartige Nacht« im Sud-Express nach Paris und nahm dann die Fähre. Unterwegs verlor sie ihre Geldbörse und ihre Brille.

Die Grippe, wenn es denn eine war, schlug auf das Herz, und ihre Genesung verlief schleppend langsam. Ihr Puls kletterte in die Höhe, wenn sie länger als zwei Stunden auf den Beinen war. Erst im Juni war sie wieder gänzlich hergestellt; die Krankheit hatte sie altern lassen und setzte ihrer Begeisterung, ohne Harold zu reisen, ein abruptes Ende. Gegen Ende des Jahres bat Violet sie, mit ihr nach Spanien zu fahren, um das Versäumte nachzuholen. Vita erwiderte, sie werde nicht einmal mehr nach Paris fahren: »Städte sind nichts für mich. Sissinghurst und Saint-Loup sind meine geistige Heimat – und natürlich Knole, das mir für immer versagt ist – durch ›einen technischen Defekt, der sich unserer Kontrolle entzieht‹, wie man im Radio sagt.«[1]

Knole war ihr besonders gegenwärtig, als sie Violet schrieb, weil Harold ihr gesagt hatte, daß die treuhänderische Verwaltung des Sackville-Nachlasses neu geordnet würde; Nigel und der junge Lionel Sackville-West (der Sohn von Vitas Onkel Bertie und nach Eddy Erbe von Knole, falls Eddy kinderlos starb) sollten als Treuhänder eingesetzt werden.»Sie freut sich darüber, aber später bricht sie zusammen. Armer Schatz, sie versteckt sich in der Dunkelheit meines Arbeitszimmers und schluchzt und schluchzt in einer Ecke.« Aufgrund ihres Geschlechts, des »technischen Defekts«, konnte sie Knole nicht nur nicht erben, sondern sie sah, wie es sich immer weiter von ihr entfernte; ihr Geschlecht – und inzwischen ihr Alter – versagten ihr jede wirkliche Verbindung mit Knole.

Saint-Loup war ihr ebenfalls besonders gegenwärtig, als sie Violet schrieb, da diese sie im Juni nach London gebeten hatte, um ihr mitzuteilen, daß sie ihr den Besitz testamentarisch vermachen wolle. Vita äußerte Bedenken; Saint-Loup solle an Violets Schwester und ihre Kinder fallen. Erst als Violet sagte, daß sie Sonia ihren Besitz unter keinen Umständen vererben werde, nahm Vita an – bis auf weiteres: »Du bist jünger als ich, und ein Dutzend Dinge können sich ereignen, die dich veranlassen, deine Meinung zu ändern, die, wie ich weiß, sowieso nicht unumstößlich ist, so daß es vielleicht nie dazu kommen wird.«[2]

Vita kannte Violet, die, als sie älter wurde, das Versprechen und das Entziehen von Legaten als emotionale Waffen einsetzte. Auch schrieb Violet ihre Erinnerungen, und Vita war darüber entzückt: »Ach, Duntreath! Wie sich das mit meinen eigenen Erinnerungen vermischt. Die Eulen... die Waffenkammer... und unsere junge unschuldige Liebe. Ich denke, du solltest dieses Buch mir widmen, oder?... ja? nein? Ich wäre so geschmeichelt und dankbar, wenn du's tätest« [Die Auslassungspunkte stammen von Vita].[3] Aber Violet widmete *Don't Look Round* dem Andenken ihrer Mutter.

Vita ließ in der Spitze des Turms eine Uhr mit einem tiefen Glockenspiel einbauen. »Liebling, es ist zu aufregend! Ich ging hinunter, um einen Blick darauf zu werfen, und sie hatten das Zifferblatt herausgenommen. Es sieht phantastisch aus... Die Vergoldung ist vielleicht ein bißchen hell, aber das wird nicht lange so bleiben.« Ihre Vorkriegsidee von einem Weißen Garten wurde neu belebt – von Harold: »Ich stelle mir Massen von Aschenpflanzen vor, Hasenöhrchen [stachys lanata] in Massen, ein gut Teil Eberraute und einige Heiligenblumen – der ganze Hintergrund soll überwiegend grau sein. Und dann möchte ich, daß aus diesem Dschungel Kaiserlilien aufsteigen.« Vita konnte es nicht unterlassen, darauf hinzuweisen, daß sie diese Idee zuerst gehabt habe (obgleich sie an einen weißen Grund mit rosa Einsprengseln gedacht hatte): »Mein einziger Hadji – welch schöne Tage – wie glücklich wir immer zusammen sind. Ich glaube, deine Idee von einem grauen und weißen Garten ist wunderhübsch, und ich werde alles nach und nach pflanzen.«

Vita kochte nicht und konnte nicht kochen, und wenn Mrs. Staples – »der Fels, auf dem der ganze Bau ruht« – krank war, wie im Herbst 1949, war das Leben sehr karg. Vita bewirtete gelegentliche Besucher nicht, sondern nur solche, deren Besuch sie für notwendig hielt. Harold fühlte sich James Pope-Hennessy besonders eng verbunden, der ein Jugendfreund Nigels aus der Balliol-Zeit war; als James' Mutter starb, kam er nach Sissinghurst, und Vita überließ ihm ihr Schlafzimmer. Harold war ihr dafür dankbar.

Eine andere Freundin, die Hilfe brauchte und die immer häufiger an Wochentagen, wenn Harold und die Jungen in London waren, zu Besuch kam, war Vi Pym. Als Vita sich von ihrer Krankheit erholte, schrieb sie Harold, außer ihm gebe es nur »einen anderen Menschen, den ich lieber hier als nicht hier hätte; aber ich werde dir mündlich sagen, wer es ist, für den Fall, daß der Brief in falsche Hände fällt. Ich nehme an, du weißt ohnehin, um wen es sich handelt, aber erinnere mich daran, daß ich es dir sage, falls wir uns mißverstehen sollten.«

Im Oktober kam Vis achtzehnjährige Tochter bei einem Reitunfall ums Leben. Vita blieb in Barnfield, um ihrer Freundin in ihrem Leid beizustehen. »Mein Liebling – mein Schatz – ich halte mich an dir fest, an dir allein, in dieser Qual. Was du mir warst – bist –, weißt du«, schrieb Vi an Vita. Sie schrieb auch an Harold:

»Ich wußte nicht, daß Vita so wunderbar sein kann. Ich liebte sie schon vorher, aber jetzt – seit sie das mit mir durchgestanden hat – noch viel mehr. Ich habe oft gedacht, wie nett es von Ihnen ist, uns nicht übelzunehmen, daß wir Freundinnen sind, *mais on ne dit rien*. Nun darf ich es Ihnen vielleicht sagen, daß ich dankbar bin und immer versuchen werde, mich für Sie um Vita zu kümmern.«

Mac war auf Urlaub in Kanada gewesen, und als sie nach Horserace zurückkehrte, kam man überein, daß sie nur noch zeitweise für Vita arbeiten sollte. Harold argwöhnte, daß Vita sich am liebsten eine noch tiefere Einsamkeit wünschte: »Wenn alle Diener, Gärtner und Landarbeiter wie Dornröschen in Trance gefallen sind und sie und Rollo und das kleine Rotkehlchen vor dem Eßzimmer die einzigen Dinge in Sissinghurst sind, die sich regen.« Er mochte und vertraute Vi Pym und stimmte mit ihr überein, daß man sich um Vita kümmern mußte. An einem Tag im Juni hatte Vita ihm geschrieben: »Gestern abend beim Dinner sah ich dich plötzlich an und ertappte dich dabei, wie du mich über den Tisch hinweg mit einem sonderbar liebevollen Ausdruck anblicktest – woran dachtest du?«

Vielleicht hatte er sich Sorgen um sie gemacht. In der Silvesternacht 1949 schrieb er in seinem Tagebuch über das vergangene Jahr: »Es wurde mir verdüstert, weil Vita in Spanien so krank wurde. Sie scheint sich völlig erholt zu haben, und ihrem Rücken geht es jedenfalls viel besser. Ich glaube jedoch, daß es um ihre Nerven nicht zum besten steht, die Arme. Sie regt sich leicht auf und ist manchmal verwirrt und unaufmerksam. Sie vergißt vieles und kann sich nicht auf ihre Arbeit konzentrieren. Dadurch wird sie rastlos und unglücklich.«

»Verwirrung und Unaufmerksamkeit« waren vielleicht die Ursache für den sonderbaren Zwischenfall, der »The Novice to her Lover« betraf. Das war ein Gedicht, das Vita, kurz bevor sie nach Spanien reiste, im Februar 1949 an die Zeitschrift *Poetry Review* geschickt hatte. Es wurde in der Juni/Juli-Nummer veröffentlicht. Im November setzte Vita *Poems 1935-48* von Clifford Dyment auf ihre Auswahlliste für die King's Medal for Poetry, denn sie gehörte der Jury an. In Dyments Buch fand sie ein Gedicht, das ihrem eigenen »Novice«-Gedicht täuschend ähnlich war. Die beiden waren fast identisch. Beide bestanden aus zwölf Zeilen; das seine, genannt »St. Augustin at 32«, begann:

> Mädchen, warum folgst du mir,
> Wenn ich komme zu dieses heilgen Ortes Schwelle?

Und Vitas:

> Warum mußt du mir folgen,
> Wenn ich komme zu dieses heilgen Ortes Schwelle?

Die folgenden zehn Zeilen sahen sich ebenso täuschend ähnlich – wie Vita mit Erstaunen feststellte und an Clifford Dyment schrieb. Er erinnerte sie daran, daß sie ihm 1944 einen Brief über sein Buch *The Axe in the Wood* geschrieben habe, das das »Augustin«-Gedicht ebenfalls enthalte und von ihr herausgehoben und mit besonderem Lob bedacht worden sei. Der Herausgeber von *Poetry Review*, John Gawsworth, schrieb an den *New Statesman*, und dort ging man der Sache nach. Vita war »tödlich niedergeschlagen«. »Ich gleiche einem Auto, das in einer kalten Garage gestanden hat und sich weigert, auch nur einen winzigen *pétard* von einem Zündfunken von sich zu geben... Die komische Geschichte mit Clifford Dyments und meinem Gedicht ist mit einemmal aufgebauscht worden, ich frage mich, warum niemand früher darauf gekommen ist.«

Die Arthritis hatte ihre Hände erreicht; sie mußte sich im Pembury-Krankenhaus Tiefenbestrahlungen unterziehen. Harolds nimmermüde Aktivität, im Vergleich mit ihrer unfreiwilligen Untätigkeit, versetzte sie zuweilen in Rage. Ihr Tagebuch vom 11. Januar 1950: »Er arbeitet zu viel. Er hat ein Fahrplan-Hirn, das ihm keine Verschnaufpause gönnt. Allmählich wird es bei ihm zur Besessenheit. Ich beginne den Augenblick nach dem Lunch oder Dinner zu fürchten, wenn ich weiß, daß er sagen wird: ›Nun, ich muß jetzt gehen und arbeiten.‹« Und am 14. Januar: »Ich wünschte, ich könnte schreiben. Ich müßte einen Roman schreiben, um Geld zu verdienen. Ich mache mir Sorgen wegen meiner Finanzen – schrecklicher Einkommenssteuerzuschlag und die Kosten von Sissinghurst. Ich weiß nicht, wie ich es weiter unterhalten soll.« Sie fuhr nach London, um sich bei ihrem Anwalt nach ihrem zu erwartenden Einkommen zu erkundigen, speiste mit Violet im Ritz und besuchte mit ihr eine Vorstellung von *Gigi*. Es tröstete sie, Violet zu sehen, was ihr ein Gefühl von Kontinuität vermittelte:

»Ist es nicht kurios, wie wir nach allen unseren *péripéties* wieder zusammengefunden haben – und uns wieder so gern haben wie je zuvor, als wir in Portman Square im Ledersessel deines Papas vor dem Kamin saßen und ich in die Hill Street zurückging und mir zurief: ›Ich habe eine Freundin! Ich habe eine Freundin!‹ ... Das ist eine kuriose Geschichte mit dir und mir, Luschka. Das war sie immer.«[4]

Drei Tage danach wurde die Geschichte von den zwei ähnlichen Gedichten im *New Statesman* unter der Überschrift »Eine Frage der Inspiration« ausgebreitet. Neben den Gedichten wurden Briefe beider Verfasser abgedruckt. Dyment schrieb: »Alles, was ich weiß, ist, daß mein Gedicht zuerst im Januar 1943 in *St. Martin's Review* veröffentlicht und in der Folge in Buchform 1944 und 1949 nachgedruckt wurde und daß es keine Übersetzung ist.«

Vita hatte geschrieben, sie habe ihre Version 1942 oder Anfang 1943 verfaßt, als sie an ihrem Buch über die Heilige Thérèse von Lisieux schrieb und die »Novice« im Kopf gehabt habe. Sie habe ihr Gedicht in einem Brief an eine »gerade konvertierte Katholikin und Anhängerin der Heiligen gesandt«, die sagte, sie habe es weder jemandem gezeigt noch es je abgeschrieben. Als *Poetry Review* Vita später nach einem unveröffentlichten Gedicht fragte, fand sie es in ihrem Manuskriptbuch und schickte es.

Die Schwäche von Vitas Position bestand darin, daß sie nicht nachweisen konnte oder wollte, daß sie ihr Gedicht wirklich »1942 oder Anfang 1943« an ihre konvertierte Freundin (Gwen?) geschickt hatte, also bevor sie Dyments Gedicht gedruckt zu Gesicht hätte bekommen können. »Es ist natürlich undenkbar«, schrieb sie, »daß ich oder Mr. Dyment ein Gedicht vom anderen ›geklaut‹ haben könnten ... Aber welche Erklärung gibt es dann? Ich habe keine anzubieten.«[5] Vor langer Zeit hatte Vita Harold gegenüber eingeräumt, mit ihrer »Erinnerung, ob eine Zeile von mir oder von einem anderen stammt«, sei es im allgemeinen schlecht bestellt; Harold hatte allen Grund, sich bei der ganzen Affäre unbehaglich zu fühlen:

»Jeder, der die Tatsachen liest, wird überzeugt sein, daß du Dyments Gedicht irgendwo gefunden und aufgeschrieben hast; daß du dann diese Abschrift in eine Mappe gelegt, sie Jahre später wiedergefunden, für einen eigenen Gedichtentwurf gehalten, es herausgenommen und angefangen hast, es zu verbessern, und es dann, wiederum ein paar Jahre später, an die *Poetry Review* gesandt hast. Niemand wird glauben, daß es sich um eine Vermählung edler Seelen und um einen Zufall handelt... Und nach den Datierungen zu urteilen, scheint es wahrscheinlicher, daß du Dyment nachgeahmt hast als umgekehrt.«

Dem zum Trotz, was Nigel seiner Mutter gegen Kriegsende geschrieben hatte, kandidierte er nun doch bei den Parlamentswahlen 1950 – als Konservativer, im früheren Wahlkreis seines Vaters, in West Leicester. Die Tatsache, daß sein Vater inzwischen Mitglied der Gegenpartei war, gab Anlaß zu mancherlei Bemerkungen. Vita war stolz und so nervös wie eine typische Mutter; während des Wahlkampfes schrieb sie ihm:

»Ich habe dir etwas Honig zum Frühstück, einen Kuchen und Ingwerkekse geschickt. Aber dein Abendessen macht mir Sorge; daher schicke ich dir eine Büchse Puter, die du aufbewahren und auf die du zurückgreifen kannst, wenn du einmal abends besonders hungrig bist und im Hotel nichts zu essen bekommen kannst. Hast du sie aber erst einmal geöffnet, dann mußt du den Inhalt auf einen Teller ausleeren und darfst ihn *nicht in der Büchse aufbewahren*.

Und stell den Teller irgendwo ins Kühle, z. B. auf ein Fensterbrett, *nicht* oben auf die Heizung. Ich schicke einen Büchsenöffner mit. Ein bißchen Butter zum Frühstück; und ich werde später in der Woche noch etwas schicken. Etwas Schokolade und ein wenig Käse...

Der Schloßgraben fließt über. Die Enten sind selig. Triumphierend segeln sie über das hinweg, was ein Irisbeet sein sollte und früher auch gewesen ist.«

Als Postskriptum fügte sie mit Bleistift hinzu: »Vergiß nicht, daß ich jederzeit hinkäme, wenn du mich brauchtest. Falls ich mich nützlich machen kann.« Sie war bereits einmal in Leicester gewesen, hatte sich den Photographen gestellt und die »Mutter des Kandidaten« mit Anstand gespielt. Sie sagte Harold, daß, neben ihm, Nigel »meinem Herzen am nächsten« sei: »Es mit Ben aufzunehmen, ist für mich zu schwierig – ich habe bei Ben etwas versäumt und bin oft unglücklich darüber. Nigel jedoch ist mein Schatz, meine Freude und mein Stolz; wie es dir ja auch ergeht.« Copper brachte an der Garagentür ein Plakat der Labour Party an; wütend riß Vita es wieder ab. Aber Coppers Ansicht teilte die Mehrheit. Labour war wieder gefragt, und Nigel gewann West Leicester nicht.

Das Echo auf ihre Artikel im *Observer* trug ein wenig dazu bei, Vitas Selbstachtung wiederherzustellen. Leute erzählten ihr, sie seien bloß wegen ihrer wöchentlichen Beiträge von der *Sunday Times* zum *Observer* übergewechselt. Immer noch kamen Wagenladungen von Briefen an. Ihre selbstbewußte, vertrauliche Schreibweise lud zur Korrespondenz ein. »Wie schützt man die ausgesuchten Sorten von Primeln vor den Angriffen der Sperlinge? ... Dies ist wirklich ein ›S.O.S.‹-Ruf«, schrieb sie in diesem Frühling, und: »Haben Sie schon einen Schneeball-Strauch? Wenn nicht, bitte besorgen Sie sich gleich einen«, und: »Ich möchte wissen, was Sie von Steingärten halten.« Sie riet zur Kühnheit beim Beschneiden der Rosen, für sie spielte es keine Rolle, ob die Fuchsien Frost bekamen; und so strömten Woche für Woche die Briefe.

Auch nach ihrem Rundfunk-Beitrag »Durch Blätter schlendern«, einer Sendefolge über die kleinen Freuden des Lebens, erhielt sie viele Briefe: »Weißt du, wenn ich Aufnahmen von meiner Stimme hörte, habe ich sie nie leiden können. Sie kam mir ziemlich monoton und gouvernantenhaft vor; so war ich überrascht, in wie vielen Briefen mir ihretwegen Komplimente gemacht wurden... ›Ihre unvergleichlich liebliche Stimme‹, sagte ein Brief (von einem Unbekannten). Idiot. Aber ein netter Idiot.« Nichts davon konnte die zunehmende Arthritis in ihren Händen wieder gut machen oder die Tatsache, daß ihr Arzt sie nach einem Kardiogramm dringend zur Vorsicht gemahnt hatte.

Ende März, als die Clematis in den Ölkrügen fast in Blüte stand und Vita keine Lust hatte, ihr Heim zu verlassen, reiste sie zu einem kurzen Besuch zu Violet nach Saint-Loup. Sie schrieb an Harold aus Violets Gartenzimmer, das mit Wandbildern von Philippe Jullian geschmückt war – »sehr heiter und bezaubernd und vollkommen phantastisch... Violet ist reizend zu mir – wirklich –, und das Essen ist göttlich, aber ich möchte *so* gern nach Hause.« Als James Pope-Hennessy Violet im Juni in London begegnete, machte sie Scherze über Sissinghurst und prahlte damit, Vita sei vom Komfort in Saint-Loup so beeindruckt, »daß sie versuchen will, Sissinghurst bewohnbar zu machen«.

Vita hatte nicht die Absicht; statt dessen begann sie kurz nach ihrer Rückkehr mit der Arbeit an einem neuen Roman, *Die Ostergesellschaft*. Auch verlieh ihr die Universität Durham die Ehrendoktorwürde für Literatur, und viele alte Freunde kamen zu Besuch nach Sissinghurst – Leonard Woolf, Lord Salisbury (in einem Rollstuhl), Margaret Irwin, die Autorin von historischen Romanen, Ozzie Dickinson, Cyril Joad, der Philosoph und Rundfunkmann, Ivy Compton-Burnett und Sibyl Colefax (inzwischen sehr gebrechlich, ebenfalls in einem Rollstuhl, aber noch immer unablässig plaudernd).

Sibyl Colefax war es auch, die das schwarze Spitzenkleid beschaffte, das Vita auf einer Party in Hertford House anläßlich des fünfzigsten Jahrestages der Eröffnung von Seerys Wallace Collection trug. (Vita besaß kein Abendkleid.) Sie drapierte das geliehene Kleid mit einem schwarzen Spitzenschal und trug – zum letzten Mal – ihre Kette mit Diamanten und Smaragden und die Ohrringe, deren Verkauf sie am Morgen in die Wege geleitet hatte. Danach schrieb sie begeistert an Harold: »War das gestern nicht eine wunderbare Party? Ich denke, es hat einiges für sich, wenn man einmal in vier Jahren zu einer Party geht... Meine roten Fingernägel wirken hier ganz deplaziert!« Dieser Brief kreuzte sich mit einem Brief von Harold: »Ich wünschte, Mar kaufte sich auch so ein Kleid wie das von Betty Hussey. Schwarz steht dir so gut, und du kannst es immer mit verschiedenen Schals etc. tragen. Aber du sahst gestern abend mit deinem Schmuck so prachtvoll aus, daß ich mir wünschte, du kämest öfter auf Parties und brauchtest nicht mit Sibyl als Vermittlerin Kleider zu schnorren.«

Auf der nächsten wichtigen Gesellschaft, im Februar im

Buckingham Palast, lieh Vita noch einmal das schwarze Kleid aus, das Mrs. Hussey gehörte; dann kaufte sie sich ein Abendkleid, das achtzehn Pfund kostete, »was für diese Zeiten billig ist. Da es die nächsten zwanzig Jahre halten soll, falls ich solange lebe, werden sich die Kosten auf weniger als ein Pfund jährlich belaufen!«

James Pope-Hennessy, der ebenfalls auf der Party in Hertford House gewesen war, fand, Vita habe an jenem Abend »sehr bedrückt und krank« ausgesehen. Am folgenden Sonntag kam er zum Lunch nach Sissinghurst: »Harold, in einem orangefarbenen Hemd, trank Sherry, Violet Trefusis überschäumend in weißem Kleid aus Baumwolle und Vita furchtbar, erschreckend krank aussehend... ein anstrengender, unerfreulicher Tag.«[6] Beim Lunch schlug Violet vor, Harold und Vita sollten im September mit ihrem Fiat, den sie in Italien verkaufen wolle, nach Florenz fahren; sie könnten dort im L'Ombrellino wohnen, dem Haus auf dem Hügel Bellosguardo oberhalb Florenz, das ihrer Mutter gehört habe.

Vitas Arzt sagte Harold, ihr Herz sei noch immer erweitert, sie müsse sich mit Copper am Steuer abwechseln und dürfe nicht ermüden. Ihre Arthritis griff auf ihren rechten Ellenbogen über (»Ich zerbreche, das ist mit mir los!« schrieb sie in ihr Tagebuch), und sie machte sich im stillen Sorgen wegen der 2814 Pfund, die sie noch immer an Einkommenssteuer schuldete. »Wo soll ich sie, um Himmels willen, hernehmen?« Erst Ende August erzählte sie Harold von dem Roman, an dem sie schrieb, und diese Neuigkeit trug nicht zu seiner Beruhigung bei. »Du liebe Güte!... Du warst letzten Sonntag überhaupt nicht in guter Verfassung, und ich fürchte, die Belastung durch einen Roman wird dich wieder ganz nervös und unruhig machen.«

Mitte September brachen sie mit Violets Wagen auf. Sie fuhren durch Val d'Isere, wo Vita vor mehr als zwanzig Jahren mit Hilda Matheson gewesen war – »es gibt dort jetzt 28 Hotels!« Am Col d'Iseran, den sie dieses Mal mit dem Wagen und nicht zu Fuß erreichten, hielten sie an, um ein paar Enzian-Samen einzusammeln.

In Rapallo stellte Harold fest, daß er in Alessandria seine Mappe »mit seinem ganzen Geld, seinem Paß und drei Kapiteln seines Buches« vergessen hatte. Die Mappe wurde nicht wiedergefunden, und der »arme Harold war deprimiert«. In solchen Krisen wuchs

Vita über sich hinaus; Harold schrieb ihr später, wie sehr ihn ihre Sanftheit getröstet habe. »Sie war wie der Schwanensee, anstelle eines furchtbaren Tumultes.« Von diesem Augenblick an begannen sie, die Reise zu genießen, sich einander zu erfreuen und Gespräche zu führen. »Und wie glücklich wir waren, mein süßer, süßer Mar! So glücklich. Unsere Jugend schien zu uns zurückzukehren.« In Lerici saßen sie an jenem Abend am Meer, und Vita erzählte ihm mehr über ihren Roman, an dem sie schrieb. Auf dem Wege nach Lucca gruben sie wilde Zyklamen aus, die sie zu Hause einpflanzen wollten. (Vita hielt die Wurzeln feucht, indem sie sie in ihrem Toilettenbeutel aufbewahrte; Ableger steckte sie in eine rohe Kartoffel.) Am Abend erreichten sie L'Ombrellino. »Gehen auf den Balkon und lassen die unfaßbare, von Zypressen eingefaßte Schönheit von Florenz auf uns wirken.«

Bernard Berenson, inzwischen dreiundachtzig Jahre alt, war nicht weit entfernt in seinem Sommerhaus in Vallombrosa. Er wollte sich unbedingt um Violets vornehme Gäste kümmern; er schickte seinen Jeep und seinen walisischen Chauffeur, um sie abzuholen. In Vallombrosa unterhielt sich Vita lange mit Berensons Gefährten Nicky Mariano über Geoffrey Scott, der sie beide geliebt hatte; und sie traf kurz mit Luisa Vertova zusammen, einer jungen Kunsthistorikerin, die bei Berenson arbeitete. Berenson war ein Gönner Bens – und fünf Jahre darauf sollten Ben und Luisa heiraten.

Der einzige Kummer in diesen Ferien wog schwer; während sie bei Berenson waren, erfuhren sie, daß Sibyl Colefax gestorben war. »Bestürzt«.

Zu Violet nach L'Ombrellino zurückgekehrt, fuhren sie mit Violets anderem Gast, Gaston Palewski, nach Florenz und speisten mit Harold Acton bei La Pietra, »inmitten der schönsten Zinnien, die ich je gesehen habe«, notierte Vita. Erholt und in neuer Harmonie kehrten sie mit dem Zug zurück. »Es gibt Tage und Augenblicke, die ich nie vergessen werde«, schrieb Vita an Harold, »alles Dinge, die unseren Schatz an Erinnerungen vermehren. Habe Dank dafür, daß du immer so zärtlich zu mir warst – mein vollkommener Gefährte, mein teuerster Freund, mein Liebster.«

Kapitel 33

Bevor Harold und Vita gemeinsam nach Italien aufbrachen, hatte Ben es endlich geschafft, Neville Terrace zu verlassen und in St. George's Square, Pimlico, einen Teil einer Wohnung zu beziehen. Harold besuchte ihn dort: »Viel flotter als Neville Terrace. Ich fürchte, viel ›Frohsinn‹ haben wir unseren Söhnen nicht mitgeben können. Das meint Sibyl vermutlich, wenn sie sagt, wir seien schlechte Eltern gewesen.«

Obgleich Ben sich so danach gesehnt hatte, Neville Terrace hinter sich zu lassen, liebte er seinen Vater ohne Einschränkung. Vita gegenüber verhielt er sich weiterhin ambivalent, ja feindselig, wie sie glaubte. Manchmal war er »bezaubernd« zu ihr, und sie war gerührt und entzückt. Manchmal war er stumm und entzog sich kühl all ihren Versuchen, ihn bei den Mahlzeiten ins Gespräch zu ziehen, so daß sie in ihrer außerordentlichen Nervosität Harold gegenüber die Geduld verlor – »halb schläfert mich seine Ruhe ein, halb bringt sie mich in Rage«. Nach einem Wochenende im Dezember 1950, als Ben wieder einmal »bezaubernd« gewesen war, schrieb sie an Harold:

»Ihm gegenüber bin ich in einer Zwickmühle: Er versetzt mich in Schrecken, wenn er mit übler Laune hier ankommt, und wenn er dann guter Laune ist, *liebe* ich ihn. Ich meine oft, ich sollte netter zu ihm sein, und ich wäre es gern, aber er macht mich zuweilen so schrecklich schüchtern. Ich fühle mich in seiner Gegenwart nicht entspannt, komme mir vor wie ein Auto, bei dem die Kupplung klemmt – es knirscht und schleift und nichts geschieht.«

Aber nach den glücklichen Ferien war Vita ein neuer Mensch. Mit dem Roman ging es »gut voran«, und Michael Joseph hatte ihr einen Vorschuß gegeben. Wieder schreiben zu können, »veränderte das Leben vollständig«:

»Ich war die letzten zwei, drei Jahre so unglücklich, weil ich nicht schreiben konnte; ernstlich bekümmert war ich, weil ich glaubte, es sei für mich endgültig vorbei. Damit will ich nicht sagen, daß ich glaube, mein Roman werde etwas taugen – du weißt, daß ich kein guter Romancier bin –, aber schon das bloße Schreiben ist aufregend; es hält mich am Leben, lebendig in einer imaginären Welt, die wirklicher erscheint als die gewöhnliche Welt.

Natürlich würde ich lieber Gedichte schreiben. Vielleicht kehrt auch das eines Tages zurück. Meine Depression ist verflogen.«

Nigel erzählte ihr, er und Lionel Sackville-West hätten im Auftrag des National Trust Verhandlungen geführt, zusätzlich zum Schloß auch den Park zu übernehmen, um spekulativen Baumaßnahmen vorzubeugen. Vita hatte von Knole geträumt – von »den Hirschen, die durch den Stallgang galoppierten, mit klappernden Hufen auf den Holzbohlen« –, und nachdem sie die Neuigkeit von Nigel erfahren hatte, schrieb sie an Mason, den Kommissionär in Knole, und bat ihn um einen Schlüssel für das Gartentor. Nach dem Tod ihres Vaters hatte man ihr einen Schlüssel ausgehändigt; er war, zusammen mit dem Schlüssel zur Villa Pestellini, in einer grünen Lederschatulle aufbewahrt und in Long Barn zurückgelassen worden. Als das Mobiliar von Long Barn gesichtet und verkauft wurde, verschwand die grüne Schatulle. Sie glaubte nicht, daß sie je wieder einen Schlüssel für Knole benutzen würde, aber »ich würde mich nicht so ausgesperrt fühlen, wenn ich einen Schlüssel hätte«, wie sie Harold erzählte und dabei wieder ihre alte Klage anstimmte: »Wäre ich doch bloß Dadas Sohn und nicht seine Tochter gewesen.«

Lord Sackville, ihr Onkel Charlie, schickte ihr einen neuen Schlüssel. Er verdarb ihr die Freude, indem er ihr sagen ließ, er hoffe, sie werde ihn nicht wieder verlieren; für diesen Fall habe er nämlich das eingravierte Wort »Knole« aus dem Schlüssel entfernen lassen. Sie sagte Harold nichts davon, beschloß aber, Copper zu bitten, »auf meinem Schlüssel das Wort ›Knole‹ neu einzugravieren«. Diese Demütigung beschrieb sie in ihrem Traumbuch. Zu Harold sagte sie lediglich: »Ich bin so glücklich, ich schreibe mit meinem Schlüssel für Knole in der Tasche.«

Überraschenderweise luden die Nicolsons jemanden über Weihnachten ein – Rose Macauley –, und überraschenderweise war Vita traurig, als Rose wieder abreiste. Während ihres Besuchs gaben sie in dem großen Raum sogar eine Cocktail-Party. Die Gäste kamen nicht aus der literarischen Welt, sondern waren Freunde aus der Umgebung, wie die Beales, Pyms, Lamonts und Drummonds.

Nach Weihnachten wurde Harolds neunzigjährige Mutter in ihrem Londoner Haus am Tedworth Square ernstlich krank. Bald nach Vitas Geburtstag, im März, stand fest, daß es mit ihr zu Ende ging. Vita lud Rollo in den Wagen und fuhr nach London, um bei Harold und seiner Familie zu sein: »Es ist alles ziemlich schlimm – unten Freddy betrunken und oben seine Mutter sterbend... Froh, als ich ging.« Um Harold von dem Elend abzulenken, führte sie ihn ins Victoria and Albert-Museum und nach Kew, »aber es fiel eiskalter Regen«. Es gab nichts, was sie in Tedworth Square hätte tun können; sie war Lady Carnock nie nahe gewesen, die am Karfreitag, dem 23. März 1951, starb. Harold ging zu ihrer Einäscherung, was Vita Sorgen machte, »da er letzte Nacht offensichtlich im Schlafzimmer ohnmächtig geworden ist und sich den Rücken und den Ellenbogen aufgeschlagen hat«. Lady Carnocks Tod führte zu Vitas erstem und einzigen Besuch auf St. Michaels Mount bei Gwen und Sam St. Levan; sie und Nigel wohnten mit der versammelten Familie der Urnenbestattung bei.

Harold glaubte, seinen ältesten Bruder Freddy bei sich in Neville Terrace aufnehmen zu müssen. Vita war entschieden dagegen; das sei zu viel für ihn, sagte sie, nicht fair gegen Nigel und würde die Parrotts – das Ehepaar, das sich um den Haushalt kümmerte – aus dem Haus treiben. Sie hatte kein Mitleid mit Freddy, obgleich ihr der Kummer von Menschen, die ihr weniger nahestanden, sehr zu Herzen ging – so wie im Fall von Ivy Compton-Burnett, die gerade ihre Freundin und Gefährtin Margaret Jourdain verloren hatte. Während die Diskussion um Freddys Zukunft im Gange war, schrieb sie an Harold, daß sie Ivy eine »Zuflucht« in Sissinghurst angeboten habe, wenn sie kommen wolle. »Ich ertrage es wirklich nicht, an den Kummer, den Schmerz und die Einsamkeit der Leute zu denken. Ich kann es nicht ertragen, Hadji. Stell dir nur vor, es ginge um dich oder mich! und so verwandeln sich die eigenen in die Gefühle anderer Leute.« Harold ließ sich dadurch nicht beeindrucken. Außerdem sah er keine andere Möglichkeit, als sich in Neville Terrace um Freddy zu kümmern:

»Mar hat keinen Sinn für familiäre Verpflichtungen. Ich schätze, es ist eher ein bedint als ein aristokratisches Gefühl... Außerdem glaube ich, daß Freddy nicht mehr lange zu leben hat. Wenn er stirbt, möchte ich das Gefühl haben, daß ich wenigstens ein bißchen getan habe, um ihm seinen letzten Lebensabschnitt weniger schrecklich und jammervoll zu machen. Aber warum regt sich Mar so über Ivy Compton-Burnett auf; warum ist sie ein solcher Engel, wenn es um die ›Forellen‹, um Mrs. Carey, Mrs. Lamont, die alte Mrs. Drummond geht; warum ist ihr soviel daran gelegen, daß Elviras Mama Blumen geschickt werden – wo sie doch für Tante Cecilie überhaupt nichts übrighat und niemals einen Augenblick lang daran gedacht hat, meiner Mama Blumen zu schicken?... Aber ich liebe dich deshalb nicht weniger, so, wie man die Verrücktheiten eines Menschen liebt, der einem alles in der Welt bedeutet.«

Im Juni vermehrten sich Harolds Probleme, als bekannt wurde, daß Guy Burgess und Donald MacLean sich nach Rußland abgesetzt hatten.* Als Harold noch im Auswärtigen Amt tätig war, hatte Guy Burgess zu seinen engsten Freunden gehört; während des Krieges hatten sie in der Propaganda-Abteilung zusammengearbeitet und sich häufig in Clubs und auf Gesellschaften getroffen. Harold hatte seine Gesellschaft immer sehr geschätzt. Er sorgte sich um Guys Schicksal auf der anderen Seite, wie seine Tagebucheintragung vom 8. Juni zeigt – demselben Abend, als Vita, die allein in Sissinghurst war, in ihr Tagebuch schrieb, daß »der zunehmende Mond und die Venus dicht aneinanderrückten, ein wundervoller und romantischer Anblick« –, in der er schrieb, die Russen würden Guy nur einen Monat oder zwei ausnutzen »und dann in aller Stille

* Guy Burgess, Mitarbeiter in der Ostasien-Abteilung des Außenministeriums, und Donald MacLean, Leiter der Amerika-Abteilung, waren bereits auf der Universität Kommunisten gewesen. Sie waren von Southampton über Frankreich, Bern und Prag nach Moskau geflohen [Anm. d. Übers.].

in ein Salzbergwerk abschieben. In meinen Träumen starrt mich sein sonderbares Gesicht aus versoffenen, blinden Augen an.« Am Wochenende war Vita über sein Schweigen und seine gedrückte Stimmung verwirrt. Ihr Tagebuch vom 9. Juni:

»Die Iris schießt sehr rasch aus der Erde. H. macht sich noch immer Sorgen wegen Guy Burgess und MacLean. Es scheint ihn zu verfolgen. Es ist sonderbar und interessant, wie Dinge mit einemmal sein Interesse ganz absorbieren. Ich werde ihn nie verstehen – d. h., obgleich er ein Gesundheitsapostel ist, fragt er mich nie nach meinen [arthritischen] Händen, die mir wirklich Kummer machen. Also sage ich nichts.«

Am Sonntag war er immer noch »mürrisch«. »Ich hoffe, es ist die Aussicht, daß Freddy in dieser Woche nach Neville Terrace umzieht.« Oder handelte es sich um etwas Ernsteres? Er schrieb ihr aus London:

»Nein, mein Schatz, ich verberge nichts vor dir. Weder bin ich mit einem Spionagering in Verbindung gebracht worden, noch habe ich auf irgendeine Weise mit Guys üblem Verhalten etwas zu tun. Ich habe seit zwei Jahren weder von ihm gehört noch mit ihm gesprochen.

Wenn ich dieses Wochenende deprimiert war, war das auf das Zusammentreffen mehrerer Umstände zurückzuführen.«

Da er nun wußte, was geschehen war, mußte er den ganzen Verlauf seiner Freundschaft mit Guy noch einmal überdenken. Harolds Biograph, James Lees-Milne, hat geschrieben: »Es kann keinem Zweifel unterliegen, daß Guy Burgess Harold [während des Krieges] vertrauliche Informationen entlockte, die er an seine Auftraggeber in Moskau weitergab.«[1]

Später im Jahr heiratete James Lees-Milne. Seine Frau war Avilde, Tochter eines Generalleutnants und der früheren Frau des Viscount Chaplin. Vita und Harold waren die Trauzeugen bei der schlichten Trauung vor dem Standesamt in Chelsea. Da sie verschiedenen Konfessionen angehörten und Vita für James Lees-

Milne eine besondere Vorliebe hegte, war Vita um diese Ehe besonders besorgt.

Die erste Sammlung ihrer *Observer*-Artikel wurde in Buchform veröffentlicht. In ihren Artikeln machte Vita weiterhin aus ihren gärtnerischen Vorurteilen keinen Hehl: »Ich hasse, hasse, hasse American Pillar und ihre süßlich-rosige Gefährtin [Dorothy] Perkins.*« Sie verdammte Rabatten und die Farbe gewöhnlicher Terrakotta-Blumentöpfe: man solle sie, so riet sie, weiß kalken oder cremefarben anstreichen.

Mehr und mehr Fremde kamen, um den Garten zu besichtigen: 1951 nahm sie 550 Pfund von den »Shillings« (wie sie die Besucher nannte) ein und war stolz darauf: »Ich glaube, wir haben hier etwas geschaffen; unter unseren Händen ist aus der Verwahrlosung etwas Liebliches und Friedliches hervorgewachsen.« Sie hielt Vorträge vor der Royal Horticultural Society und ärgerte sich über die Tatsache, daß ihre Tüchtigkeit als Gärtnerin und, schlimmer noch, die als Schriftstellerin in solchem Maße mit ihren *Observer*-Artikeln verknüpft wurde. »Ich kriege innerlich die Wut, wenn die Leute wieder einmal *Schloß Chevron* ans Licht ziehen, und der *Observer* ist natürlich am allerschlimmsten.« Sie hatte das Gefühl, daß sie – im doppelten Sinne – aus den falschen Gründen Anerkennung fand. Sie bestellte Torf, und die Firma schrieb in ihrer Antwort: »Dürfen wir uns erlauben, einer so bedeutenden Gärtnerin den Torf kostenlos zu liefern?« »Das ist doch Unsinn«, sagte Vita zu Harold.

Wenn die »Shillings« Leute waren, die sie kannten, suchten sie Vita gern persönlich auf. Mit guten Bekannten, mit denen sie wenig zu sprechen brauchte, sah Vita gemeinsam fern: *Muffin the Mule*, ein Kinderprogramm, das für Vita zu einer Art Kult geworden war. »Wie die Leute einem auf die Nerven gehen! Dottie ruft an: ob ich nicht für einen Tag nach Penns kommen will, bevor sie ins Ausland reist? Violet ruft an: ob ich mich mit ihr in London treffen will? Die Boy-Scouts von Cranbrook: ob ich ihre Ausstellung eröffnen will? Ich habe nichts dagegen; es nimmt wenig Zeit in Anspruch... Aber, im Ernst, Hadji, ich will *arbeiten*.«

* Rosensorten [Anm. d. Übers.].

Sie hatte Jacquetta Hawkes gern für ein Wochenende um sich, deren Buch *A Land* sie sehr bewundert hatte; und sie mochte Freya Stark – »sie hat ihr Leben wirklich voll und ganz gelebt«. Dorothy Bussy, die Verfasserin von *Olivia*, kam zum Tee und wurde eine Freundin; als Vita sie in London besuchte, »unterhielten wir uns bis ich weiß nicht wann – es war eines der Erlebnisse, die ich nie vergessen werde.« Eine Mrs. Wilton kam und behauptete, sie sei »entweder B.M.'s Tochter und Seery der Vater oder Dadas Tochter von Constance Hatch«. Bunny Drummonds Mann starb, und Bunnys abendliche Besuche wurden noch häufiger. Harold schrieb Vita im November: »Ich mißtraue allen deinen Parasiten – sie nutzen dich aus. Außer Vi [Pym], die uneigennützig ist.« Aber wenn nötig, konnte Vita unbarmherzig sein. Eine gefühlvolle Freundin, der Vita verboten hatte, noch einmal nach Sissinghurst zu kommen, nannte sie »einen Engel mit dem Flammenschwert«, der sie vom Paradies ausschließe.

Die Nicolsons hatten das Alter erreicht, in dem ihre Namen in den Erinnerungen und Biographien bedeutender Zeitgenossen auftauchten. »Es ist eine Menge über uns drin«, schrieb Vita an Harold über die Hugh-Walpole-Biographie von Rupert Hart-Davis. Doch das Jahr 1952 begann damit, daß Harold entdeckte, Roy Campbells in Kürze erscheinende Biographie *Light on a Dark Horse* werde eine »scheußliche Attacke« auf die Long-Barn-Episode enthalten. Vita war der Meinung, man solle versuchen, eine einstweilige Verfügung gegen den Verlag zu erlangen. Raymond Mortimer und Alan Pryce-Jones (Herausgeber des *Times Literary Supplement*), beide alte und bewährte Freunde, rieten davon ab, überhaupt etwas zu unternehmen. Harold war mehr aufgebracht als Vita, die, wie er sagte, »sich darüber lustig macht«. 1946 hatte Vita Campbells *Talking Bronco* zustimmend und vollmundig rezensiert und ihn als »einen unserer bedeutendsten lebenden Dichter« bezeichnet; und sie hatte jedes Verständnis für rachsüchtige Liebe. Nichtsdestoweniger schrieb sie in ihrem Tagebuch, seine Autobiographie sei »alles andere als angenehm«.

Um dieselbe Zeit erhielt Vita eine Kopie des Schreibmaschinen-Manuskripts von Dorothy Wellesleys Erinnerungen *Far have I Tra-*

velled von der jungen Ursula Codrington zugeschickt, die als Dotties Sekretärin tätig war. (Miss Codrington erledigte bald auch für Vita Büroarbeiten und half ihr bei der Beantwortung einiger hundert Briefe, die auf einen *Observer*-Artikel über die Schneckenplage eingingen.) Vita fand das Buch »ganz einfach schrecklich«: »Sie äußert sich nicht indiskret oder unangenehm über Gerry oder ähnliches, sondern es ist einfach DÜMMLICH. Eine Mischung aus Gejammer und Prahlerei.« Dann erhielt sie einen Anruf von Mary Campbell, die ihr mitteilte, Roy sei der Dichter, der bei Foyle's Literary Luncheon im Dorchester geehrt werden solle. Mary bat Vita, nicht hinzugehen, »damit Roy keine Szene machen kann«. Vita ging nicht. Statt dessen speiste sie mit Violet im Ritz, kaufte sich bei Poulson & Skone ein Paar neue Stiefel und bestellte bei Burberry's einen neuen Mantel und einen Rock.

Nigel kandidierte bei einer Nachwahl in Bournemouth East für die Konservativen. Vita und Harold begleiteten ihn am Wahltag durch seinen Wahlkreis und waren dabei, als sein Sieg verkündet wurde: »Vita ist so stolz auf ihn, ihre Augen leuchten sanft. Es ist gefährlich, aber köstlich, jemanden so innig zu lieben.« Am 19. Februar 1952 waren sie Zeugen, als er zum ersten Mal seinen Sitz im Unterhaus einnahm. Anschließend fuhr Harold nach Griechenland – »Und ich stecke hier«, schrieb Vita an Jim Lees-Milne, »wie eine alte Rübe im Lehm der Weald.«

Im Frühling starb König George VI.; seine Witwe, Königin Elizabeth, jetzt Königinmutter, äußerte den Wunsch, Sissinghurst zu besuchen und am 4. Juni dort zu lunchen. »Ich werde einen Rock anziehen müssen«, sagte Vita. Lady Diana Cooper machte Harold mit dem Protokoll vertraut, und er gab es an Vita weiter: »Sie sitzt am Kopf des Tisches und ich zu ihrer Linken ... Der Grund ist, daß, wenn sie ein Haus betritt, dieses theoretisch das *ihre* ist, und darum sitzt sie am Kopf des Tisches!«

Vor dem königlichen Besuch brach Freddy, Harolds Bruder, in Neville Terrace zusammen und kam ins Krankenhaus. Am 27. Mai traf es Vita selbst. »Vor dem Dinner gehe ich hinaus, um ein paar vertrocknete Lilienblüten abzuschneiden, und breche zusammen. Herz. Schließlich gelingt es mir, ins Büro zu kriechen und Anna

[Mac] anzurufen, die zum Essen bei Bunny ist.« Sie erzählte Harold nichts von dem Vorfall und versuchte, ihre Schwäche zu verbergen, besonders, als Freddy vier Tage später starb. Seine Urne wurde in Sissinghurst beigesetzt.

Trotz dieser Leiden war der Besuch der Königinmutter ein Erfolg. Sie saß am Kopf des Tisches, wie es die Etikette verlangte, und Harold zu ihrer Rechten und Nigel zu ihrer Linken. (Ben war in Italien.) Vita saß am anderen Ende. Sie tranken Tee im Erechtheum und gingen durch den Garten. Das Personal und die Beales wurden vorgestellt, die Pyms kamen mit einem Korb Kirschen, und dann gab es Tee im großen Zimmer. »Alles verläuft *comme sur des roulettes*«, schrieb Vita in ihr Tagebuch. »Viti war prachtvoll und heiter«, schrieb Harold in das seine.

Sie verlor diese Heiterkeit, als Rollo ein paar Tage später vom Hund eines Gartenbesuchers gebissen und ernstlich krank wurde. Jetzt fiel Harold auf, daß auch Vita krank aussah. Er bedrängte Mac, und sie erzählte ihm von dem Herzanfall.

Harold und Vita waren um die Gesundheit und Sicherheit des anderen in ungewöhnlichem Maß besorgt. Vita sorgte sich so sehr darum, was Harold nicht nur in Flugzeugen, sondern auch in Zügen, Taxis, bei Gewittern oder beim Überqueren der Straße zustoßen konnte, daß es sie zum Weinen brachte. In ihrem Roman *Die Ostergesellschaft* läßt sie ihre Heldin Rose über ihren Gatten sagen: »Ich lebe in einer ständigen Angst ... es vergeht kein Tag, keine Stunde, da ich mir nicht ausmale, daß etwas Furchtbares geschehen könnte.« Warum? »Es heißt doch übrigens, Angst entspringe einem verborgenem Schuldgefühl, nicht wahr? Ich wüßte nicht, daß ich irgendein größeres Unrecht begangen hätte ...« sagt Rose. Woher ihre gemeinsamen Ängste auch kommen mochten, beide Nicolsons hätten Vitas erfundener Rose zugestimmt. Was ihn selbst anging, war Harold ein Gesundheitsapostel. Vita war es nicht. Doch ungeachtet ihrer brennenden Sorge waren sie einander in Krankheitsfällen keine Hilfe, da sie beide hoffnungslos unpraktisch waren. Als Harold Anfang des Jahres Grippe hatte, steckte Vita ihm ein Thermometer in den Mund, ging fort und vergaß es völlig. Wenn sie ihm seine Kissen aufschüttelte, waren sie unbequemer als vorher. »Sie hat wunderbare und überragende Qualitäten, doch die einer Pflegerin ist, ungeachtet ihrer Zartheit, nicht darunter.«

Vor Angst um Vitas Gesundheit gelähmt, benahm sich Harold, wie er selbst sagte, »ungeschickt«: »Als Patientin ist sie schwierig zu behandeln, verabscheut, wenn man sich um sie bemüht, ist aber selbst nicht vorsichtig.« Sie herrschte ihn an, und dann bat sie ihn um Verzeihung; es war für die beiden einfacher, über Rollos Krankheit zu sprechen als über die ihre; und es war Harold ganz unmöglich, offen mit ihr über das Trinken zu reden, zu dem die Sorge um Rollo sie verleitet hatte. Während dieser unglücklichen Tage im Juni kam Lady Powerscourt (die Schriftstellerin Sheila Wingfield) zum Lunch, und »Viti ist völlig konfus und wiederholt sich die ganze Zeit. Ich bin schrecklich verlegen und betrübt.«

Dasselbe passierte, als James Lees-Milne und James Pope-Hennessy an einem Augustabend kamen. Sie schrieb Harold, der in London war, das Dinner sei nicht gut verlaufen, »und ich glaube, es war ein schrecklicher Reinfall... Es tut mir leid, und ich fühle mich verwundet und unzulänglich.« James Pope-Hennessy, um beide besorgt, sagte Harold, daß Vita in »benebeltem Zustand« gewesen sei. Ein undatiertes Tagebuch-Gedicht Vitas:

Es gibt Zeiten, da ich den Anblick von Leuten nicht ertragen kann.
Ich weiß, sie sind reizend, intelligent, weil es mir jeder sagt,
Aber ich wünschte, sie gingen fort.
Ich kann mit niemandem etwas anfangen.
Sie erscheinen mir alle unwirklich, die reizenden, intelligenten
   Leute,
Und ich glaube, ich erscheine ihnen ebenso unwirklich.

Harold verließ Neville Terrace und zog in ein Appartement in C1 Albany, was ihn glücklich machte; Vita freute sich für ihn. Albany ist ein elegantes Gebäude aus dem 18. Jahrhundert im Stadtteil Piccadilly, ursprünglich ein Herrenhaus, das man in ein Appartementhaus umgebaut hatte, das sich zu beiden Seiten des mit Arkaden versehenen Rope Walk hinzog. Harold hätte in London keine bessere Bleibe finden können. Die Räume gehörten John Sparrow, der zum Rektor von All Souls, Oxford, ernannt worden war; er behielt ein Dachzimmer für sich und bot Nigel die übrigen an, was dieser unter der Bedingung akzeptierte, daß auch Harold einziehen konnte. Harolds Räume lagen im Erdgeschoß auf der Rückseite. Am Wochenende, nach dem Umzug, schienen sich die Sorgen verflüchtigt zu haben. Vitas Tagebuch, Sonntag, 29. Juni: »Sitze bis zehn Uhr abends mit H. im Weißen Garten, wir planen Verbesserungen für ihn, der immer besser gedeiht. Die Kaiserlilien wachsen schnell. Kletterrose schön im Mandelbaum. Ein vollkommen ruhiger, windstiller Abend, duftend und warm.« Im August gingen sie zusammen auf eine Garten-Tour durch Wales und Irland, wo Vita zuvor nie gewesen war. Sie wohnten in Clandeboye, das für Harold in seiner Kindheit ein verzaubertes Haus gewesen war, als er dort mit seinem Onkel, Lord Dufferin und Ava gewohnt hatte. Vita kam es weniger zauberhaft vor. Sie notierte in ihrem Tagebuch, sie fühle sich dort nicht wohl. Demütig schrieb Harold in das seine: »Ich hatte Vita den Eindruck vermittelt, daß Clandeboye eines der prächtigsten Häuser Irlands sei, vollgestopft mit wunderschönen Möbeln und schönen Gemälden. Sie findet einen Adelslandsitz vor, mit Relikten aus Burma von 1850 und schlechten Kopien von Reynolds und Gainsborough.« Es war eine Enttäuschung; aber Harold hatte sich daran gewöhnt, daß sich seine Familienmythen denen Vitas unterwerfen mußten. Als Nigel ihm erzählte, er habe sich immer mehr als ein Sackville denn als ein Nicolson gefühlt, bemerkte Harold: »Es ist leider wahr, daß keiner unserer Jungen jemanden aus meiner Familie in der Weise als Angehörigen betrachten, wie sie es bei Eddy, Lionel etc. tun. So lebe ich denn in der Nähe von Sackville Street [in Albany] und bin beeindruckt, überwältigt, gedemütigt von dieser düsteren, schwermütigen Sippe.« Es war ein Spaß – nicht mehr: ein alter Ärger, der keine Kraft mehr hatte, zu verletzen. Bei der Ankunft zu Hause fand Vita »ein paar Herbstzeitlose noch in Blüte und die Zinnien noch sehr gut... Rollo glatt und rund, aber schmollend.« Fast umgehend ließ sie Rollo wieder im Stich und nistete sich mit Violet in l'Ombrellino ein. Philippe Jullian, Harolds alte Liebe Jean de Gaigneron und Rolfe Faucigny-Lucinge, ein alter Begleiter Violets, waren ebenfalls dort. Philippe Jullian erinnerte sich, wie er mit Vita und Violet durch Florenz fuhr: »Die beiden Frauen schwelgten in einer lässigen Musterung

der Passanten und sprachen ihre Urteile aus wie zwei moderne
Schülerinnen von Oscar Wilde: ›Oh, meine Liebe, dieses Profil: *reiner Donatello!*‹«[2] (Vita war eine Bewunderin männlicher Schönheit; als sie Harold in jenem Jahr von einem ihrer Fälle vor Gericht
erzählte, beschrieb sie den Angeklagten als »einen der schönsten
Männer, die ich je gesehen habe, mit dichten, grauen Locken wie
Alvilde [Lees-Milne] und einem Teint wie eine reife Nektarine. Er
leuchtete buchstäblich vor Farbe und Schönheit, als er auf der An-
klagebank saß.«) Während die anderen in Florenz spazierengin-
gen, saß Vita meist in der Villa, korrigierte ihre Fahnen von *Die
Ostergesellschaft* und die von Violets *Don't Look Round*. Sie
schrieb an Harold:

»V. ist gerade mit dem üblichen *tourbillon* nach Florenz aufgebro-
chen. Ich weiß wirklich nicht, warum ihre Diener bei ihr bleiben.
Sie gibt ihnen nie Anweisungen und verflucht sie dann, weil sie
nicht das getan haben, was sie wollte. Sie sagt niemals, wie viele
Leute zum Dinner oder Lunch erwartet werden... Ich werde einfach nicht aus ihr klug... Und doch kann sie so reizend und weichherzig sein. Sie ist wirklich ein Rätsel.«

In einem Brief an Alvilde Lees-Milne schrieb sie zwei Jahre später,
sie glaube, Violet sei »eine höchst unglückliche, ja tragische Person«, was daher rühre, daß »man sie liebt und bei ihr viele Dinge
toleriert, die man sonst nicht tolerieren würde. Sie ist *une âme damnée*; tanze, tanze, tanze, kleine Lady.«
Violet war ein Rätsel, und rätselhaft war auch das »unzerstörbare« Band zwischen ihnen. Wieder daheim, dachte Vita an ihrem
39. Hochzeitstag über ihre gleichfalls unzerstörbare Liebe zu Harold nach und spürte, daß sie danach verlangte, das ebenso große
Rätsel zu enthüllen, das er in sich barg. »Ich trage mich mit dem
Gedanken, einen neuen Roman zu schreiben«, notierte sie in ihrem
Tagebuch. »Er soll von der Ehe handeln und den Problemen, die
mit diesem Sakrament verbunden sind.« Während sie im Obstgarten Äpfel pflückte – Allington Pippinäpfel, Cox und Blenheims –,
mit Enzian zu ihren Füßen, »wie am Mittelmeer«, umkreisten ihre
Gedanken vage ihr neues Buch, und eine Zeile von John Masefield

ging ihr durch den Kopf: »Die Tage, die uns glücklich machen, machen uns weise.«

Weihnachten bemerkte Harold zum ersten Mal, daß Vitas Schultern sich krümmten. »Armer Liebling, es ist ihre Arthritis.« Sie war sechzig. Am 27. Dezember schrieb Vita in ihr Tagebuch: »Ich spüre, daß H. die Vorstellung haßt, älter zu werden (das tue ich auch).« Nach vierzehn Jahren gab er seine Kolumne »Randbemerkungen« für den *Spectator* auf.

Mit Erscheinen der Liste der Neujahrsehrungen wurden sie Sir Harold und Lady Nicolson: Harold hatte für seine Biographie über George V. das KCVO* erhalten. Sie waren nicht erfreut; sie dachten sogar daran, abzulehnen. Es bedrückte sie, weil die Ehrung, weit davon entfernt, eine Ehre zu sein, ihnen langweilig und bürgerlich erschien. »Wenn man mir nie etwas geschenkt hätte, wäre mir mein potentieller Ruf erhalten geblieben«, schrieb Harold an Vita, »so gering bewertet zu werden, vermindert mein Prestige.« Vita verbot Mrs. Staples, sie »Mylady« zu nennen; sie blieben Mr. und Mrs. Nicolson für alle Diener und Gärtner – so ihre Anweisung. Vita ließ auf den Umschlägen ihrer Briefe an Harold das nun überflüssig gewordene »Hon.« weg und richtete sie einfach an Harold Nicolson. Wann immer es möglich war, blieb sie bei V. Sackville-West und haßte es, »Lady Nicolson« genannt zu werden.

Ihr Roman *Die Ostergesellschaft* erschien im Januar 1953. Die erste Kritik, die ihr unter die Augen kam, war die von Marghanita Laski im *Observer* – »geringschätzig und verletzend«, wie Harold fand, der über die Seelenruhe verblüfft war, mit der Vita es aufnahm. »Ich bin ganz darauf eingestellt, daß sie es in Stücke reißen«, schrieb Vita über ihr Buch in ihr Tagebuch. Nicht alle Kritiken waren ablehnend; es gab einen »schönen ganzseitigen Artikel« im *TLS*, der, wie Vita vermutete, von Alan Pryce-Jones stammte. Harold mochte das Buch. »Die größte Leistung besteht natürlich darin, daß du einen Hund beschrieben hast, ohne einen Augenblick in Gefühlsduselei zu verfallen – das ist eine Leistung und beschämt alle Katzenliebhaber und Pudelfäl-

---

* Knight Commander of the Royal Victorian-Order; das Ritterkreuz des Victoria Ordens, mit dem der persönliche Adel verbunden ist [Anm. d. Übers.].

scher. Ich hoffe, Rollo fühlt sich durch das Porträt geschmeichelt.«

Der Schäferhund in *Die Ostergesellschaft* heißt Svend und gehört Sir Walter Mortimer, der seine Ehe mit seiner Frau Rose nicht vollzieht. Ihrer unvollkommenen Vereinigung wird die lebendige Liebesehe von Roses ansonsten farbloser Schwester gegenübergestellt. Der Roman setzt Romantik gegen Rationalismus, Offenbarung gegen Vernunft. Rose liebt ihren Gatten Walter, doch dieser liebt nur seinen Hund Svend und Anstey, sein Haus. Er schläft allein mit Svend auf seinem Bett und ist so zufrieden wie Vita mit Rollo. Rose erkennt in ihm »irregeleitete Leidenschaft«, Zynismus und einen Zug zur Grausamkeit. In einer ein wenig gekünstelten göttlichen Prüfung verliert Walter sowohl seinen Hund – zumindest glaubt er das – und sein Haus, das niederbrennt. In dieser extremen Situation wendet er sich Rose zu; er erkennt, daß er auf egoistische Weise »im Laufe der Ehejahre ein System errichtet hatte, durch das er sie von sich abhängig machte, ohne selbst Nachteile zu erleiden«, indem er sie – irrational und unverbildet, wie sie war – in eine Rolle gedrängt hatte, die sie nie gewählt hätte.

Die Ostergesellschaft ist kein guter Roman, doch für jeden, der sich mit Vitas Leben und Charakter befaßt, bewegend zu lesen. Die beste Passage – das nächtliche Feuer in Anstey, inspiriert durch das Feuer in Sissinghurst Place – ist eindrucksvoll. Doch der Ursprung für die bewegende Wirkung des Buches liegt im Kampf der Charaktere. Vita liebte die Einsamkeit und Abgeschiedenheit; auch Vita erfuhr, wie Rose, Leidenschaft, Irrationalität und Transzendenz. Die nicht vollzogene Ehe reflektiert ihren eigenen ungelösten Dualismus ebenso wie das Rätsel ihrer geschlechtslosen Liebe zu Harold. Es ist, als verlangte sie nach einem apokalyptischen Ereignis, das die getrennten Teile ihres Lebens miteinander verschmolz.

Kapitel 34

Ende März 1953 verlobte sich Nigel und wollte heiraten. Es war eine vollkommene Überraschung für seine Eltern. Seine Verlobte war Philippa Tennyson d'Eyncourt, vierundzwanzig Jahre alt, munter, hübsch und unbelesen. Vita war sehr erfreut, wenngleich sie und Harold Witze machten über die »Tenniscourts«, wie sie die Tennyson d'Eyncourts nannten. Vita mochte Philippa: »Ich hätte mir wirklich keine nettere Schwiegertochter wünschen können.«

Harold fand sich anfangs schwerer mit der Verlobung ab, da er Nigels Gesellschaft in Albany nicht verlieren wollte, doch am Ende sollte er es sein, der Philippa am meisten liebte und auf sie baute. Mit Betrübnis stellte er fest, daß er nicht mehr in der Mitte des öffentlichen Lebens stand – er sagte Vita, daß die Morgenpost mehr Briefe für Nigel als für ihn enthalte. Vita beruhigte ihn sogleich und schrieb abwiegelnd, Nigel erhalte doch wohl »größtenteils Briefe von aufdringlichen Wählern und Hochzeitsglückwünsche«. Als man Harold zum Ehrenmitglied von Balliol, seinem alten College, machte, gratulierte sie »meiner einzigen Liebe, meiner wahren Liebe, meinem Hadji, meinem Lockenkopf, meinem Schatz, meiner lebenslangen Liebe, meinem törichten klugen Hadji«.

1953 war der Sommer, in dem der Mount Everest bestiegen wurde – »Wütend darüber«, schrieb sie in ihr Tagebuch, empört über die Entweihung des Unbekannten. Es war auch der Sommer der Krönung der junge Königin Elizabeth II. Vita war begeistert und »ungemein bewegt«; insgeheim immer noch hoffend, als Nachfolgerin von John Masefield (der sie überleben sollte)* zum Poet Laureate ernannt zu werden, verfaßte sie ein Krönungsgedicht, veröffentlicht im *TLS*, das geziemenden Respekt mit aristokratischer Vertraulichkeit verband:

---

* John Masefield (1878-1967), Romancier und bedeutender Lyriker, wurde 1930 Poet Laureate [Anm. d. Übers.].

Madame, wie sonderbar, die Krone zu tragen.
Wie sonderbar, in schlichter Bettstatt zu erwachen
Und sich ›Wer bin ich bloß?‹ zu fragen...

Ihre Arthritis erreichte das Knie. Elend schlich Vita die Regent Street hinauf und hinunter und suchte – ohne Erfolg – nach einem Hut, den sie bei Nigels Hochzeit tragen konnte. Sie kaufte ihre Hochzeitsgarderobe in Tenterden, nahe Sissinghurst. Nigel und Philippa wurden am 30. Juli in St. Margaret's, Westminster, getraut. Im Oktober gab es eine weitere Familienhochzeit: der junge Lionel Sackville-West heiratete Jacobine Hitchens. »Meine Verwandten sehen alle ziemlich fade aus«, schrieb Vita danach in ihr Tagebuch, »bis auf Onkel Charlie, der sich seine Eleganz bewahrt.« Ende des Monats erfuhr sie, daß Philippa ein Baby erwartete – oder daß »unser kleiner Niggs ein eigenes Mar haben wird«, wie sie Harold schrieb: »Es hat mich irgendwie aufgeregt und durcheinandergebracht – in denkbar angenehmer Weise –, aber du weißt, wie überrascht man über seine eigenen Reaktionen sein kann, und ich komme mir vor, als sei ich vor Freude auf den Kopf gestellt.«

Leonard Woolf hatte unter dem Titel *A Writer's Diary* eine Auswahl aus Virginia Woolfs Tagebüchern herausgebracht. Vita las das Buch im Herbst; es war, wie sie in ihrem Tagebuch schrieb, »ein geistiges Ereignis«. »Mein Gott, wie gern hätte ich Virginia wieder! Während ich ihr Tagebuch lese, wird mir ihr Verlust schmerzlich bewußt; dazu das Gefühl, daß ich zuletzt vielleicht etwas hätte tun können, um sie daran zu hindern, daß sie sich das Leben nahm.« Harold schrieb sie, sie habe die überraschende Entdeckung gemacht, daß Virginia »sich um finanzielle Dinge kümmerte«:

»Ich hätte nun angenommen, das sei ihr ganz gleichgültig. Aber ich glaube nicht, daß Geld sie wirklich interessierte; das lag nicht in ihrem Wesen; ich denke, der Grund war die Verbindung mit Leonard, der jüdischen Seite Leonards. Er nahm alle Einnahmen an sich und gewährte ihr 13 Shilling Taschengeld in der Woche... Und dann fängt sie an, mehr Geld zu verdienen, und darf ein bißchen mehr davon behalten, ›so daß ich mir ein neues Kleid und einen neuen Hut kaufen kann‹!«

Vita rezensierte *A Writer's Diary* für den *Encounter*, bevor sie sich wieder ihrem *Observer*-Artikel über Hecken zuwandte: »Ich versuchte, zuviel hineinzupressen, und mußte zwei Artikel daraus machen. Ich bin nicht traurig darüber, weil es sich als schwierig erweist, Themen zu finden, nachdem ich den Kreislauf der Gärten meines Landes nun so viele Jahre lang erzählt habe. Ich frage mich manchmal, wie lange ich das wohl noch aufrechterhalten kann, aber 15 Guineen die Woche läßt man nicht so leicht sausen.«

Wiederholungen waren, wie sie sagte, unvermeidlich. Ihre Schwärmereien – für Trogbepflanzungen, einfarbige Gärten, alte Rosensorten, Kletterrosen in Bäumen, blaue Blumen und weißen, »düsteren« Nieswurz und alle kleinen, feinen, mattfarbenen Blumen – wurden Jahr für Jahr wiederholt. Ebenso ihre Abneigungen – gegen hybride Teerosen und die meisten Polyantha-Rosen, die meisten »gefüllten« Arten einer Pflanze und protzige oder übergroße Blüten wie die der Riesenchrysanthemen, »zottige Dinger, so groß wie der Kopf eines altenglischen Schäferhundes«.

Als sie mit dem Gärtnern begann, hatten Harold und sie ungehindert wilde Blumen ausgegraben, wo immer sie sie fanden. In den 50er Jahren, als chemisch behandelte Äcker und Hecken immer weniger Wildblumen aufwiesen, begann sie ihre Leser vor Vandalismus zu warnen. Doch ihre eigenen Aktionen verteidigte sie, weil sie seltene weiße Veilchen oder sogar rosa Anemonen »rettete« und sie in die Sicherheit ihres Gartens verpflanzte. Sie behielt ihren entspannten Stil bei, als spreche sie zu Freunden: »Ich sage nie Dinge, die ich nicht meine, oder zumindest nicht in diesem Artikel.« 1957 teilte sie den Lesern mit einiger Berechtigung mit: »Ich glaube, ich werde bald aufhören müssen, diese Artikel zu schreiben, weil sie zu einer Parodie meines eigenen Stils werden.«

Weihnachten 1953, ohne Nigel und Philippa, war eine Strapaze. Vita und Harolds Versuche, sich in Sissinghurst selbst zu unterhalten – für beide ein Kompromiß, weil sie verschiedene Freunde hatten –, waren im allgemeinen anstrengend und erfolglos. Bens Anstrengungen hielten sich in Grenzen. Vitas Übellaunigkeit rief bei Harold Protest hervor – und Vita entschuldigte sich am 23. Februar 1954:

»Liebling, du hast mich verstimmt, weil du sagtest, ich sei knurrig und du würdest eine Liste meiner Knurrigkeiten anlegen, und daß Nigel sagte, ich sei brummig mit dir gewesen, als Ben da war, und ich sei nicht so unbeschwert wie du. Das regt mich wirklich auf, weil ich Leute hasse, die um Nebensächlichkeiten Wirbel machen oder murren, was ich ganz bestimmt nicht tue. Ich gebe zu, daß ich nicht so unbeschwert bin wie du, aber vielleicht verfällst du in das andere Extrem und bist *zu* unbeschwert.«

Ein Grund für Vitas üble Laune war ihr schlechtes Verhältnis zu Mac, die mit dem Alter zunehmend anspruchsvoller, oft grob und zuweilen indiskret wurde. Harold drängte Vita, ein für allemal mit ihr zu brechen und sich eine tüchtige neue Sekretärin zu besorgen. Vita kaufte in Deal ein Pflegeheim, Channel View genannt, für Mac, die, nach wochenlangem Hin und Her, schließlich abreiste, um es zu übernehmen. »Du wirst vollkommen glücklich sein«, schrieb Vita im März an Harold, »meine eigenen Gefühle sind gemischt. Ich hasse Veränderungen und neue Menschen, aber ich denke schon, daß es so am besten ist.« Seit der Zeit vor dem Krieg war Mac ein Teil von Vitas Leben gewesen. Sie verließ Sissinghurst mit Vitas Segen: Immer wenn Vita sich von jemandem trennte, selbst wenn es nur für kurze Zeit war, pflegte sie mit dem Daumen auf der Stirn dieser Person das Kreuz zu machen. Es war ein Zeremoniell, das Vita von ihrer Mutter übernommen hatte, die es von Pepita und diese wiederum von der Zigeunerin Catalina gelernt hatte. Sie hatte Glück, daß sie für Mac eine Nachfolgerin fand, denn an Komfort hatte sie nur ein Wohn-Schlafzimmer ohne Bad zu bieten. Eine junge geschiedene Frau, Betty Arnett, übernahm die Stellung.

Vitas erstes Enkelkind war ein Mädchen, das den Namen Juliet erhielt. Die Nachricht von Juliets Geburt rief in Sissinghurst große Aufregung hervor. Vita berichtete Philippa: »Mrs. Staples brach beinahe in Tränen aus, und Copper eilte zum Turm, um die Flagge zu hissen, und kehrte eine halbe Stunde später zurück, weil er, wie er sagte, vergessen habe zu fragen, wieviel Mr. Nigels Tochter wiege.« In ihrem Tagebuch schrieb Vita: »Möge Gott Juliet auf ihrem Lebensweg begleiten. Und wenn sie je Sissinghurst erbt, möge sie es lieben und sich darum kümmern. Amen.«

Im November erzählte Harold, Nigel habe bei ihm angefragt, ob sie jemals daran denken würde, Sissinghurst dem National Trust zu übergeben. Ihre Reaktion war leidenschaftliche Ablehnung, wie aus ihrem Tagebuch hervorgeht:

»Ich sagte: Nie, nie, nie! *Au grand jamais, jamais.* Nie, nie, nie! Niemals dies harte Metallschildchen an meiner Tür! Wenn ich tot bin, kann Nigel machen, was er will, aber solange ich lebe, soll kein National Trust noch irgendeine andere fremde Körperschaft mein Geliebtes kriegen. Nein, nein. Über meine Leiche oder meine Asche, anders nicht. Nein, nein. Ich fühlte, wie ich vor Zorn errötete. Es ist schlimm genug, daß ich mein Knole verloren habe, aber Sissinghurst sollen sie mir nicht wegnehmen. Das ist wenigstens mein eigen. *Il y a des choses qu'on peut pas supporter.* Sie sollen es nicht, sie sollen es nicht; ich will es nicht. Sie können mich nicht zwingen. Ich *will nicht.* Sie können mich nicht zwingen. Ich würde es nie tun.«

Sissinghurst wurde in ein *Country Life*-Buch über Gärten aufgenommen, die in diesem Jahr dem Publikum zugänglich waren: »Ist es nicht lustig, daß unser lieber Garten jetzt seinen Platz unter den bekannteren Gärten Englands einnimmt?« 1954 brachten die »Shillings« 1394 Pfund ein; vor dem Haus gab es Verkehrsstauungen, und eine öffentliche Toilette mußte installiert werden.

Im August machten Vita und Harold auf Vitas Vorschlag Ferien in der Dordogne; dieser Teil Frankreichs war ihr inzwischen am liebsten. In ihrem kleinen Austin fuhren sie zur Höhle von Lascaux, wo sie 1946 mit Raymond Mortimer und Eardley Knollys gewesen war; damals war sie, da gerade erst entdeckt, noch unberührt gewesen. 1954 war sie für Touristen »hergerichtet«, mit Stufen und einem Geländer versehen worden, und die prähistorischen Malereien wurden angestrahlt. Nachdem sie wieder zu Hause waren und Harold sein wochentägliches Leben in Albany wieder aufgenommen hatte, schrieb sie ihm: »Ich vermisse dich! Es ist schrecklich, wenn man so an deine tägliche Gesellschaft gewöhnt ist, mein vollkommenster Gefährte, ob auf Reisen oder daheim. Aber wir waren glücklich, nicht wahr?« Harold schrieb oben auf den Briefbogen: »Diesen lieben Brief immer aufbewahren«.

Die Abreise des Wachhundes Mac bedeutete, daß Vita frei war, mehr Zeit mit anderen Freundinnen zu verbringen, wenn Harold in London war. Sie lernte Alvilde Lees-Milne besser kennen. Christopher St. John, fast achtzigjährig, war eine Verpflichtung und so hingebungsvoll wie je: »Meine über alles geliebte Vita – Freude meiner Seele«. Edie Lamont kam, um den Garten zu malen und an einem Juliabend, um Vita nach dem Dinner zu besuchen. »Seltsame Begegnung«, schrieb Vita geheimnisvoll in ihr Tagebuch. Zu seinem Geburtstag im November schenkte sie Harold ein Gemälde des Weißen Gartens von Edie. Ihm gefiel das Bild – oder Edie – nicht sonderlich.

Vita wußte, daß er sich über das Älterwerden grämte. »Er glaubt, daß er taub wird, aber er hört nur ein bißchen schlechter, und außerdem liebe ich ihn noch mehr als bei unserer Heirat 1913, was eine Menge heißen will.« Ein *memento mori* war der Tod von Duff Cooper, ein weiteres der von Ozzie Dickinson.

Ihr Altern, die Isolation und die Arthritis verstärkten noch ihr immer schon exzentrisches Aussehen. Harold wollte nicht zulassen, daß sie ihre Breeches in den Ferien trug; und kurz bevor sie nach Frankreich aufbrachen, hatte er ihr geschrieben:

»Ich bin froh, daß du etwas mit deinem Haar gemacht hast, denn es sah wirklich ein bißchen nach Schäferhund aus, vor allem im Nacken, wohin Mar während der drei Sekunden nicht blicken kann, wenn sie sich finster im Spiegel betrachtet. Natürlich erscheint es ziemlich sonderbar, Sorgfalt darauf zu verwenden... Aber es sah NICHT gut aus, mein Schatz, und ich bin froh, daß du anderthalb Stunden dafür erübrigt hast.«

Im Dezember schrieb sie ihm, nachdem sie einen Hut gekauft hatte:

»Hier ist nun so ein Punkt, wo Biographen Fehler machen. Wenn je ein Biograph sich anschickt, unsere Leben, das meine und das deine, zu beschreiben und unsere Briefe als Vorlage nimmt, würde er sagen: ›V. S-W konnte selbst unter Aufbietung aller Phantasie nicht als eine gutangezogene Frau bezeichnet werden oder gar als eine Frau, die der Eleganz ihrer Erscheinung hinreichende Aufmerksamkeit geschenkt hätte, doch hier erleben wir sie, im ein wenig fortgeschrittenen Alter von 62 Jahren, wie sie ihrem Gatten einen Brief schreibt, um ihn davon in Kenntnis zu setzen, daß sie sich einen neuen Hut gekauft hat. Wir dürfen folglich annehmen, daß solche femininen und frivolen Anwandlungen sie viel stärker beschäftigt haben, als bislang angenommen wurde...‹ Warte nur, bis du meinen neuen Hut gesehen hast.«

Der Hut war für eine Lesung aus eigenen Werken in der Royal Society of Literature gekauft worden, doch am Ende trug sie ihren alten Filzhut. Als Zugabe las Vita den Anfang von *The Land*. Sie sah, daß sie sich dem Wort »böotisch« näherte – es war ein Wort, dessen Aussprache sie sich nie hatte merken können. Als sie es erreichte, hielt sie voller Pein inne und rief »Harold!« »Also«, schrieb Harold in seinem Tagebuch, »sagte ich mit lauter Stimme ›böotisch!‹. Das Publikum amüsierte sich sehr, doch einige glaubten, es habe sich um eine abgekartete Sache gehandelt.«

Das Hut-Problem blieb ungelöst. Als Harold und Vita im Februar 1955 zum Lunch in den Buckingham Palast gebeten wurden, um dem Schah des Iran vorgestellt zu werden, warnte Harold Vita: »Aber wehe, du leihst dir Bunnys Hut mit der riesigen Feder. Kauf dir einen wirklich hübschen. Kein Barett und keine Kappe.« Nach der Gesellschaft schrieb Vita in ihr Tagebuch: »Nach dem Lunch kamen die Kinder und die Corgis herein und aßen Kandiszukker. Unterhielt mich mit der Königinmutter, die sagt, ihre Schüchternheit beim Betreten eines Raums habe sie nie überwinden können. Beim Lunch sprach Winston über Geschichte und war reizend... Ich genoß die Party; sie war es wert, deswegen nach London zu fahren.«

An einem Märzabend erlitt Harold in Sissinghurst einen leichten Schlaganfall. »Ich blickte ihn an und sah, daß sein armer Mund sich ganz verzerrte, und er sprach so undeutlich, daß ich kaum verstehen konnte, was er sagte.« Nachdem der Arzt gegangen war, lag Vita im Bett und überlegte, »wie ich mich am ordentlichsten aus dem Weg schaffen könnte, falls er stürbe; denn ich hätte keine Lust, ohne ihn zu leben«. Er erholte sich zufriedenstellend. Zehn Tage später stürzte sie selbst und verletzte sich einen Wirbel am unteren Ende des Rückgrates.

Zur Überraschung und Freude seiner Eltern erzählte Ben ihnen im April, er werde Luisa Vertova heiraten. Vita war besonders erfreut: Als sie Luisa zum ersten Mal in Vallombrosa begegnet war, hatte sie, wie sie Alvilde Lees-Milne erzählte, »außerordentlichen Gefallen an ihr gefunden und [zu Nicky Mariano] gesagt, das sei die Frau, die sie sich als Gattin für Ben wünsche«. Harold erlitt im Mai einen zweiten leichten Schlaganfall, und Vita war um ihn in dauernder Sorge; es bekümmerte sie auch, daß ihr ein anderer, Francis Steegmuller, mit einem Buch über la Grande Mademoiselle zuvorgekommen war; sie hatte die Arbeit an dem ihren nach mehr als neun Jahren gerade wiederaufgenommen.

Während Harold mit den ersten ernsten Vorboten der Sterblichkeit Bekanntschaft gemacht hatte, erlebte Vita einen plötzlichen Ausbruch neuer Lebenslust. Es ist schwer zu sagen, was der Auslöser und wie die Wirkung war. Sie war glücklich über Nigel und wegen Ben ein wenig ruhiger. Der Weiße Garten war vollkommen, »die Rosen im Mandelbaum wie mit Spitze gesäumt«; am Jahresende erfuhr sie, daß sie die Veitch-Goldmedaille der Königlichen Gesellschaft für Gartenbau erhalten hatte: »Ich sage: hoffentlich ist Vass beeindruckt!« Sie kaufte einen Wagen der Marke Jaguar; und im Alter von dreiundsechzig Jahren war sie wieder verliebt. »Ich mag mir die Zukunft nicht ausmalen, es erschreckt mich«, schrieb sie Ende Mai an Alvilde Lees-Milne. Aber sie war glücklich und erregt.

Am Tag danach brach sie mit Harold zu Bens Hochzeit nach Florenz auf – »*und* mit einem neuen Kleid für die Hochzeit«, schrieb sie Alvilde (die eine höchst elegante Frau war):

»Ganz hübsch, glaube ich, obgleich es vielleicht nicht dein Geschmack ist, tiefrosa mit schwarz. Ich ließ ein altes Modell nachmachen und weigerte mich, es anzuprobieren – ich kann es nicht ertragen, wenn Frauen mit Nadeln im Mund um mich herumkriechen... Ich habe einen riesigen, wunderschönen schwarzen Strohhut, den ich vor dem Krieg für eine Garten-Party im Buckingham Palast gekauft und seit Nigels Hochzeit nicht mehr getragen habe. Oder etwa bei deiner? Ich verfüge auch über einen seidenen Unterrock, Marks & Spencer, 7/6, bin also gut ausstaffiert.«

Vita genoß die Hochzeit im Palazzo Vecchio mehr als Harold, der sich vor Erschöpfung und einem neuerlichen Schlaganfall fürchtete. Vita war »so glücklich über Ben und Luisa«, nicht nur, weil sie so gut zueinander paßten, »sondern mir gefällt überdies, daß sie Florentinerin ist, weil Florenz mir in meinem Leben immer soviel bedeutet hat; ja, ich glaube sogar, daß ich Ben hier, in der Villa Pestellini, empfangen habe«. (Vorher, als es sich in ihrer Phantasie so fügte, hatte sie Ben angeblich in Coker Court empfangen.)

Als Luisa nach Sissinghurst kam, hatte Vita im Turmzimmer »ein langes, sehr nettes Gespräch« mit ihr. »Sie sagt, daß sie schrecklich glücklich ist. Ich glaube, sie ist wirklich heftig in Ben verliebt.« Weihnachten war Luisa schwanger. Gleichwohl unterschätzte Vita die Komplikationen dieser Ehe nicht. Eines Abends erzählte ihr Luisa »alles über Bens Werben, wenn man es so nennen will! Ben ist noch merkwürdiger, als ich dachte... Ich hoffe, er wird sie nie unglücklich machen.«

Ihre eigenen Gefühle für Alvilde brachten sie im Herbst dazu, wieder Gedichte zu schreiben – »ein Gereime, das ich nicht als Verse bezeichnen möchte«. Mit dem Jaguar fuhren sie und Harold im Oktober abermals nach Frankreich. In Aix-en-Provence begann Vita mit einer neuen Kurzgeschichte »über eine Frau in einem Hotel«; das war »Interlude in Two Lives«. Darin wird beschrieben, wie sich ein Mann in mittleren Jahren und eine Frau, die in der Jugend Freunde waren, zufällig in der Provence wiedertreffen. Sie genießen einen wundervollen Monat, beschließen aber, einander nicht anzugehören und sich zu trennen – sie kommen überein, sich jedes Jahr zur selben Zeit und am selben Ort wiederzutreffen. Der Mann ist ein Bohemien und die Frau eine elegante New Yorkerin; die Geschichte war zum Teil durch Vitas gehemmte Liebe zu Alvilde inspiriert. Zwei Tage, nachdem sie in Aix mit der Niederschrift der Geschichte begann, hatte sie einen Traum:

»Ich träumte, ich sähe eine Maus, offensichtlich krank, so daß ich sie, um ihr einen raschen Tod zu gönnen, nahm und in eine Wasserpfütze warf. Jemand sagte: ›Siehst du denn nicht, daß die Pfütze nicht tief genug ist; die Maus wird nicht ertrinken, sondern bloß darin umherschwimmen.‹ Also holte ich sie wieder heraus, wobei sie mich in den Finger biß. Jemand sagte: ›Diese Maus hat eine Krankheit, und du wirst sie auch bekommen.‹ Ich war darüber schrecklich beunruhigt, weshalb ich sagte: ›Harold will mich, Harold braucht mich, und wenn ich eine Krankheit bekomme, kann ich mich nicht um ihn kümmern.‹«

Vita fühlte sich unbehaglich, weil sie Harold in seiner geschwächten Verfassung untreu war. In einem Brief an Alvilde beschrieb sie ihr Verhältnis zu ihm:

»Wir sind 30 Jahre lang unsere eigenen Wege gegangen; haben nie Fragen gestellt; sind nie im mindesten neugierig auf diese Seiten unserer Leben gewesen, obgleich einander zugetan und mit gemeinsamen Interessen. Ich liebe ihn innig, und er liebt mich; und da er älter wird und sich wegen seiner Gesundheit Sorgen macht... wird er in wachsendem Maße von mir abhängig. Mit anderen Worten: ich könnte nie von zu Hause fortgehen, d.h. mit dir in Roquebrune [in Südfrankreich] wohnen... weil ich weiß, daß er sich sorgen würde, und Sorgen sind das Schlimmste für einen Menschen, dessen Gesundheitszustand bedenklich ist. Ich habe ihn in der Vergangenheit schlecht genug behandelt und muß es jetzt an ihm wiedergutmachen.«

Doch nach einem Besuch Alvildes, »Kopf und Herz ein Wirbel«, schrieb Vita an sie: »Seltsam, wie ein paar Stunden ein Leben verändern können.«

Die Veränderung des Lebens beseitigte Vitas Ängste nicht. Sie ging voller Sorge um Harold zu Bett und wachte in der Nacht auf, weil sie dachte, Rollo, der auf ihrem Bett schlief, sei tot. »Ich weiß, das geht alles auf die Zeit zurück, als ich Angst um Martha hatte. Aber der wirkliche Grund ist, daß ich mir um H. Sorgen mache«, schrieb sie in ihr Tagebuch. Sie hatte Angst davor, ihn eines Morgens zu rufen und keine Antwort zu bekommen – »und dann müßte ich seine Tür öffnen und würde feststellen – was? Oh Gott, das Näherkommen des Lebensendes ist so traurig.« Die Erkenntnis, welch ein ungeheures Paradox ihre Ehe mit Harold war, nahm sonderbare Formen an. Am 31. Januar 1956 schrieb sie ihm:

»Ein plötzlicher Gedanke: angenommen, du würdest eines Tages vergiftet aufgefunden, wenn wir hier allein gewesen wären, und man würde mich des Giftmordes beschuldigen. Darauf gibt es eine Untersuchung, und man stellt fest, daß ich Zyankali gekauft habe, angeblich, um Wespennester zu vernichten, aber ich kann es nicht beweisen; wo habe ich es aufbewahrt? Was habe ich damit gemacht? ... Leute gehen doch nicht so sorglos mit einem tödlichen Gift um, oder, Lady Nicolson? Kommen Sie schon! Sie können nicht erwarten, daß wir Ihnen das glauben.

Und dann legt mein Verteidiger unsere Briefe als Entlastungsmaterial vor, Jahre und Jahre mit Briefen voller Liebe.«

Es war, als ob die Erkenntnis, wie tief und wie oft sie Harold verletzt hatte – »Ich habe ihn in der Vergangenheit schlecht genug behandelt und muß es jetzt an ihm wiedergutmachen« –, sie bedrücke und sich mit der Angst verband, er würde sterben. Die »Jahre und Jahre mit Briefen voller Liebe« waren ein Kapital, das sie in guten wie in schlechten Zeiten bewahrt hatten; ein mächtiges Zeugnis – trotz der freiwilligen Trennung, der Kompromisse, der Widersprüchlichkeiten, der Untreue und der gelegentlichen Täuschung – der Liebe, an die sie beide glaubten und glauben mußten. Die Briefe sind, für sich genommen, das Entlastungsmaterial für ihre Ehe.

Im harten Winter Anfang 1956 gefror in Sissinghurst das Sodawasser im Siphon, und Vita versuchte vergeblich, die eisige Zugluft aus dem Eßzimmer fernzuhalten, indem sie Bettlaken und Handtücher über Türen und Treppenaufgang spannte. Wie ihre Herrschaft wurde auch Mrs. Staples, inzwischen fünfundsechzig, langsamer. Das abendliche Dinner wurde vereinfacht; Mrs. Staples richtete nur noch kalte Platten an und stellte eine Thermosflasche mit heißer Suppe für Vita und Harold bereit.

Ende Februar kam Alvilde zu Besuch. »Nach dem Dinner hörten wir Mozart im 3. Programm, und ich las ein paar Gedichte vor (Dylan Thomas' ›Fernhill‹). Ein angenehmer Abend. A. mag die Dinge, die ich mag.« Im Juli fuhren Vita und Alvilde in die Cotswolds, um noch einmal die Gärten von Hidcote zu besichtigen, über die Vita einen Führer für den National Trust schrieb. Sie wohnten im Lygon Arms in Broadway; dort erhielt Vita ein Telegramm mit der Nachricht, daß Dorothy Wellesley gestorben sei. Später beschrieb Vita Alvilde die Beerdigung. Gerry Wellington und die zwei Kinder waren anwesend: »Es war ziemlich rührend – bloß ein kleines Loch in der Erde und ein winziges Holzkästchen mit ihrer Asche. Alles, was übrig war von diesen blauen Augen und diesem ungezügelten Geist!«

Alvilde lernte Vitas wunde Punkte kennen. Immer war ihr schmerzlich bewußt, daß sie keine richtige Schulbildung genossen hatte; selbst wenn es um das Gärtnern ging, fühlte sie sich immer noch nicht kompetent. Die Schöpferin von Sissinghurst schrieb an Alvilde: »Ich habe einen Fernkurs für Gartenbau belegt. Ich muß jede Woche einen Prüfungsbogen ausfüllen und zur Korrektur zurückschicken.« Harold war sich über ihre Unsicherheiten immer im klaren. »Ich liebe es, Mar in London zu sehen. Es ist, als habe man ein auf dem Lande aufgewachsenes Hündchen an der Leine, das vor den Menschenmassen auf dem Gehsteig und dem wilden Verkehr auf den Straßen in eine Seitenstraße zu entkommen sucht. Deine Hand zitterte vor Schrecken, als wir Piccadilly überquerten. Ach, meine liebe, liebe Mar!«

Kurz bevor sie zu einem vierzehntägigen Urlaub im Oktober nach Frankreich aufbrachen, wurde Vita von einer Wespe in den Hals gestochen, als sie im Garten Megan Lloyd George Tee einschenkte. Hals, Zunge und Gaumen schwollen an, und sie mußte eine Nacht im Krankenhaus in Pembury verbringen. Sie war allergisch gegen Wespen – und hatte einen Abschnitt von *The Garden* ihren Feinden gewidmet, den »kleinen Samurais in lackiertem Samt«. Da die Gefahr, von Wespen gestochen zu werden, immer bestand, war Harold froh, daß sie Philippa gebeten hatten, sie in diesen Ferien zu begleiten. »Deine Anwesenheit war für uns eine Freude«, schrieb er anschließend an Philippa, »und für mich eine große Befreiung von meiner Angst. Allein wäre ich mit Vita nicht fertig geworden, wenn ein Unglück geschehen wäre. Du bist so flink und so tüchtig.«

Während sie nach Süden fuhren, bekam Vita Lust, Carcassonne wiederzusehen. »Ich habe den Platz seit dreißig Jahren nicht mehr gesehen«, schrieb sie an Alvilde, »seit ich mit Violet hier gewesen war. Es kommt mir so vor, als wäre es in einem anderen Leben gewesen.« Immer noch saß Vita die ganze Zeit am Steuer; sie fuhr sehr schnell und im Kreisverkehr gelegentlich in die falsche Richtung. Wenn sie in Frankreich war, ging sie, die Läden haßte, mit Vorliebe in die gewöhnlichsten Einheitspreisgeschäfte. Höhepunkt der Ferien war Beynac, ein Lieblingsort von Harold und Vita. Beim Dinner verwirrten sie Philippa durch Verschwörerblicke und Getuschel. Nach Einbruch der Dunkelheit schlugen sie beiläufig einen Spaziergang vor – und führten sie an eine Stelle, von der man die in Flutlicht getauchte Burg auf dem Felsen sah, eine Überraschung, die sie sich mit kindlichem Vergnügen für sie ausgedacht hatten. An dem Abend, als sie nach Sissinghurst zurückkehrten, wartete auf Vita ebenfalls ein unerwartetes Vergnügen: Im Dämmerlicht des Oktober stand das dichtbepflanzte Enzianbeet, das Vita soviel Kummer bereitet hatte, in voller Blüte, ein Teppich von kräftigem Blau.

Kapitel 35

An seinem siebzigsten Geburtstag im November 1956 überreichte eine Gruppe enger Freunde Harold Nicolson einen Scheck über 1370 Pfund und eine Liste mit etwa 200 Namen derer, die für sein Geburtstagsgeschenk gespendet hatten. Harold war überwältigt und verlegen – und sehr froh über das Geld. Vita hatte vorgeschlagen, Wertpapiere zu verkaufen, damit sie auf eine Winter-Kreuzfahrt gehen könnten, und er hatte wehmütig geantwortet, daß er über keine Papiere und nur über ein lächerlich geringes Einkommen verfüge. Nun war das Problem gelöst. »Ich bin so glücklich, daß man seine Liebenswürdigkeit und Freundlichkeit gewürdigt hat«, schrieb Vita in ihr Tagebuch. Kurz bevor sie mit dem Kreuzfahrtschiff *Willem Ruys* im Januar 1957 nach Indonesien aufbrachen, schrieb sie ihm:

»Mein lieber Reisegefährte; wie seltsam das Leben spielt... Da gab es dich und mich, die in der Mansarde von Hatfield auf Angela Manner's Hutschachtel saßen. Und jetzt, gute 40 Jahre später, werden wir nach Djakarta fahren, und wir lieben uns viel tiefer und reifer als damals, während unsere Söhne und Schwiegertöchter und Enkelkinder [Bens und Luisas Tochter Vanessa wurde im August 1956 geboren] heranwachsen und ihr eigenes Leben führen.

Das alles ist sehr erfreulich; aber was mich noch mehr als alles andere freut, ist, daß du und ich nach allen Fehlern und Unaufrichtigkeiten und Irrtümern, die wir beide im Leben begangen haben, uns näher sind, als wir es je waren...

Ist es nicht wunderschön, nach 47 Jahren noch einmal in die Flitterwochen zu fahren? Meinst du nicht auch?«

Niemand außer den Nicolsons wäre der Ansicht gewesen, ihr alltägliches Leben auf der *Willem Ruys* habe Ähnlichkeit mit zweiten Flitterwochen. Von den Mahlzeiten und Landausflügen abgesehen, verbrachten sie den ganzen Tag voneinander getrennt. Harold schwamm jeden Tag; Vita blieb morgens und nachmittags in ihrer Kabine und schrieb an der *Tochter Frankreichs**, ihrem Buch über la Grande Mademoiselle; ihre Notizen hatte sie auf ihrem Reisekoffer ausgebreitet, so daß es, wie Harold sagte, aussah »wie bei einem Picknick«. Nach dem Dinner sahen sie eine Weile dem Tanz zu und waren um Viertel vor zehn in ihren getrennten Kabinen. Außerdem ging Vita die Abschriften ihrer Briefe von Virginia Woolf durch –

---

* *Daughter of France* (»La Grande Mademoiselle«), 1959. Deutsch: *Tochter Frankreichs. Das abenteuerliche Leben der Anne Marie Louise d'Orleans*, 1960 [Anm. d. Übers.].

viele davon undatiert – und brachte sie in die richtige Reihenfolge. Leonard Woolf erwog eine Veröffentlichung der Briefe; er hatte sie selbst durchgesehen und sie, »der Teufel hole ihn, in eine schreckliche Unordnung gebracht«, wie Vita in ihrem Tagebuch schrieb.

Ihre Beziehung zu Leonard war inzwischen gespannt. Er hatte heftig gegen das erste Buch über Virginia protestiert – *The Moth and the Star* von Aileen Pippett* –, für das die Korrespondenz mit Vita benutzt worden war, und hatte Vita mit, wie sie sagte, »donnernden Briefen« bombardiert. Harold äußerte gegenüber Clive Bell die Vermutung, daß Leonards Zorn zum Teil darauf zurückzuführen sei, »daß sein Eigentum zerstreut und sein Wert herabgewürdigt wird«, und Clive hatte ihm nicht widersprochen.

Im Juli 1956 hatte Vita erfahren, daß Leonard ein paar von Virginias Manuskripten nach Amerika verkauft hatte. »Was für ein sonderbarer Mann er ist«, schrieb sie an Alvilde. »Nun, sie werden *Mrs. Dalloway* oder *Orlando* nicht kriegen; es würde mir großes Vergnügen bereiten, ein so enormes Angebot abzulehnen und es Leonard zu erzählen.« Sie hatte Leonard in Monk's House besucht und fand es »ziemlich traurig, an Virginia zu denken und Mrs. Parsons mehr oder weniger an ihrer Stelle zu sehen«. (Mrs. Parsons, eine enge Freundin Leonards, war die Gattin von Ian Parsons, dem Chef des Verlages Chatto & Windus.)

Bevor sie zu der Kreuzfahrt aufbrachen, hatte ein letzter Tropfen das Faß zum Überlaufen gebracht: die Veröffentlichung des Briefwechsels zwischen Lytton Strachey und Virginia, herausgegeben von Leonard Woolf und James Strachey. Harold war entsetzt über ihre »Dummheit, Niedertracht und Gehässigkeit«. Er und Vita glaubten, Leonard sei nicht nur habsüchtig, sondern habe in der von ihm verantworteten Auswahl ein bedenklich falsches Bild von Virginias Charakter gegeben. Vita hatte ihm geschrieben, sie halte es für das Beste, wenn sie alle Briefe Virginias an sie auf eigene Kosten in einer streng limitierten Auflage als Privatdruck erscheinen ließe. Das würde einer späteren Edition seinerseits, »mit den notwendigen Auslassungen«, nicht im Wege stehen. Leonard, der über das Copyright verfügte, wollte nicht zustimmen.

In dem Buch, das Harold über ihre erste Kreuzfahrt schrieb,

* *The Moth and the Star.* A Biography of Virginia Woolf, Boston 1955 [Anm. d. Übers.].

Reise nach Java*, hat er sich selbst und Vita auf heitere Weise karikiert. Als Nigel das Manuskript las, befürchtete er, wie auch Harold, Vita könne das von ihr gezeichnete Porträt übelnehmen: »Ich hoffe, du hast nichts dagegen, daß du zur komischen Figur gemacht wurdest. Er war ein wenig besorgt, glaube ich, er könne dich allzu sehr auf den Arm genommen haben. Aber ich kann mir nicht vorstellen, daß jemand die offensichtliche Zärtlichkeit übersehen könnte, mit der es das tut. Tatsächlich ist der Gegensatz zwischen euch beiden einer der reizvollsten, eindrucksvollsten Züge des ganzen Buches.« Harold beschrieb Vitas Reisemarotten – ihre riesige Menge an Gepäck (in der Hauptsache Bücher), die Bedeutung, die sie ihrem Poststapel beimaß, den sie in jedem angelaufenen Hafen entgegennahm, ihre Schwäche für Souvenirläden, ihre Streitlust. Das Porträt Vitas in *Reise nach Java* ist das einer reizbaren, exzentrischen, unterhaltsamen, selbstbewußten Tante, die den Verfasser in allen Fragen korrigiert, manchmal zu Unrecht, und die Narren mit Nachsicht behandelte. Es kränkte sie überhaupt nicht; er schrieb in dem spöttischen, augenzwinkernden Ton, mit dem er ein Leben lang ihren »Schwierigkeiten« begegnet war. Und was die Nachsicht gegen Narren betraf, so fanden Leute, die in späteren Jahren den Nicolsons zum ersten Mal begegneten, Harold oft barsch, abweisend und einschüchternd, Vita hingegen höflich, geduldig und freundlich, besonders Kindern gegenüber. Doch Harold war in seinem Selbstverständnis und in seiner Beziehung zu Vita liebenswert jungenhaft, und sowohl in seinen Büchern als auch in seinen Tagebüchern schrieb er über sich in irreführender humorvoll-herabsetzender Weise.

Als sie heimkamen, erfuhren sie, daß es zwischen den Vass' und den anderen Gutsarbeitern einen Streit gegeben hatte. Das lange Idyll mit Vass als Obergärtner war zu Ende; Vita hatte ihn in Verdacht, ein Kommunist zu sein, und war bereits im Sommer, als es um die Strategie für die Sissinghurst-Blumen-Schau ging, mit ihm aneinandergeraten. Nach ihrer Kreuzfahrt, erholt und energiegeladen, warf Vita ihn hinaus. Die Qualitäten, die sie so sehr bewundert hatte, waren nun vergessen. »Nun, ich habe Vass nie geliebt, weißt du«, schrieb sie an Alvilde,

* *Journey to Java*, 1957. Deutsch 1959 und 1961 [Anm. d. Übers.].

»nicht, wie ich Mrs. Staples oder meinen ungezogenen, warmherzigen alten Copper liebe oder meinen einfältigen langsamen William [Taylor] – also tut es mir auch nicht wirklich leid... Er war ein gut geeigneter Mitarbeiter, der meinen Geschmack und meine Vorstellung von Gartenbau teilte, aber ich habe immer gespürt, daß er ein kaltblütiges Biest war – eine Kröte, trocken, raschelnd, züngelnd – und mich lieber heute als morgen *à la lanterne* aufgeknüpft hätte.«

Alvilde mußte das feststellen, was jeder, der Vita gut kannte, irgendwann entdeckte. Vita schrieb ihr am 24. April: »Stand ich immer allein? Ja, ich denke schon, nur daß ich beweglicher war, als ich jünger war, und mit Sicherheit verantwortungsloser. Ich denke an Eskapaden mit Violet, von denen ich viele jetzt bedaure; ich meine, ich benahm mich sehr schlecht. Ich hätte nie auf sie hören dürfen.« Es wurde ihr in zunehmenden Maße wichtig, diese frühen Jahre an Harold wiedergutzumachen.

Als sie diesen Brief an Alvilde schrieb, hörte sie im Radio, daß Roy Campbell bei einem Autounfall ums Leben gekommen und Mary schwer verletzt worden sei. Sofort schrieb sie an Mary, die aus Portugal antwortete:

»Ich danke dir für deinen liebevollen Brief. Ich weiß, daß er, trotz allem, was geschehen ist, vollkommen aufrichtig ist, und er hat mich getröstet.

Es gibt da eine Sache, um die ich dich immer schon bitten wollte, wenn ich auch ganz sicher bin, daß es lächerlich und überflüssig ist – hast du noch Briefe von mir? Vielleicht zwischen alten Papieren, wo du sie vergessen hast? Sei doch so freundlich und teile mir mit, daß du keine mehr besitzt. Ich hätte dann ein ruhigeres Gewissen, also sieh es mir nach.«

Vita bewahrte Marys Briefe weiterhin auf, ungeachtet dieser innigen Bitte.

Vass' Ausscheiden brachte ein Problem mit sich: drei Untergärtner waren für die Unterhaltung des Gartens zu wenig. Während des Frühsommers halfen Freunde beim Unkrautjäten, Wässern und Pflanzen. Im Juli stellte Vita einen neuen Obergärtner ein, Ronald

Platt – ein gebildeter Mann und »kein Lakai«. Ihre frühere Zofe, Emily Booth, kam herüber, um der alten Jane Gay, der »Giovanna« aus Vitas Kindheit, den Garten zu zeigen. Vita lud sie zum Tee ein: »Ich war so erfreut, sie zu sehen.« »Liebe Miss Vita«, schrieb Giovanna nachher, »ich sah Sie wieder als kleines Mädchen. Ich erinnerte mich an den Abend, als Sie mit den Erwachsenen in der Großen Halle speisten... Ich warf einen Blick auf Sie von der Galerie und wunderte mich über die Unbefangenheit, mit der Sie mit, ich glaube, Lord Balfour plauderten.«

Ein halbes Jahrhundert war vergangen, seit diese prunkvollen und zeremoniellen Abende auf Knole stattgefunden hatten. Eddy Sackville-West, der alternde Erbe, lebte jetzt in Irland; Alvilde, die ihn dort besucht hatte, berichtete Vita davon. »Was für ein Trottel«, war ihr Kommentar, »und alles ist so grün, und Eddy modert seinem Alter entgegen, wo doch Knole... ihm gehören könnte – er will es nicht, und ich würde meine Seele dafür geben.«

Doch sie lehnte ab, als Eddy sie fragte, »ob ich dort wohnen und mich um alles kümmern würde, wenn sein Vater tot und er der Erbe sei«. Kein Brot war immer noch besser als ein halber Laib; und vielleicht war ihr Sissinghurst, mochte sie sich dessen auch nicht bewußt sein, teurer geworden als Knole – und greifbarer.

Im August ereignete sich etwas in Sissinghurst, das Vitas Unbehagen, die Freundschaft mit Alvilde in der augenblicklichen Intensität fortzuführen, festigte. »Ich habe die höchst unangenehme Entdeckung gemacht, daß man sich an meinen Briefen zu schaffen macht. Ich habe nicht die leiseste Ahnung, wer das sein könnte, aber es muß jemand vom Anwesen sein, und es gefällt mir gar nicht.« Ein Brief an Alvilde, den Vita zur Weiterbeförderung im Büro hatte liegenlassen, »ist mit einer verstellten, unleserlichen Handschrift umadressiert worden; auf diese Weise kam ich dahinter«.

Die Angst vor dem, was womöglich geschehen konnte, machte Vita ihre alte, inzwischen sichere Beziehung zu Violet um so kostbarer; im selben Monat schrieb sie Violet einen zärtlichen Brief über die Vergangenheit. »Kurios, daß ich dir nach allen diesen Jahren einen Liebesbrief schreibe, nachdem wir einander schon so viele Briefe geschrieben haben... Du sagtest, sie werde drei Monate dauern, doch unsere Liebe füreinander währte vierzig Jahre.«[1] Vielleicht gehörte Violet, wie Harold, zu den Menschen, die Vita für etwas entschädigen wollte.

Am 12. September wurde Nigels und Philippas zweites Kind geboren – ein Junge, Adam. Es war der einzige Grund zur Freude, den Vita in diesen nervösen Wochen hatte. Am 4. September schrieb sie mit »unsicherer« Hand an Alvilde: »Wie ich höre, wird allerlei geredet.« Sie fuhr für eine Woche mit Edie Lamont, die über ihre Schwierigkeiten Bescheid wußte, nach Suffolk.

Das Geheimnis des abgefangenen Briefes schien bei ihrer Rückkehr noch bedrohlicher, als sie von einem Vorfall in Sissinghurst Place erfuhr, der zwei Männer betraf; das Wort »Erpressung« lag in der Luft. Es war das Jahr, in dem der »Wolfenden-Bericht« über homosexuelle Vergehen erschien, den Vita für »aufgeklärt und sensibel« hielt, doch nach bestehendem Recht war Homosexualität zwischen erwachsenen Männern noch immer eine strafbare Handlung. Vita hatte schreckliche Angst vor einem Skandal, vor indiskreten Enthüllungen und vor allem davor, daß Harold in die Sache hineingezogen werden könne. Der Vorfall hatte mit ihr überhaupt nichts zu tun, aber wenn, wie sie meinte, die Leute sagten: »Ja, wenn Lady Nicolson selbst…«, konnte das sehr unangenehm werden. Im Interesse aller wünschte sie nicht, daß eine ihrer Freundinnen zum gegenwärtigen Zeitpunkt für längere Zeit nach Sissinghurst kam.

James Lees-Milne besuchte sie. »Wir unterhielten uns bis zum Dinner in meinem Wohnzimmer und nachher im Eßzimmer – es war eine der eigentümlichsten Unterhaltungen, die ich je hatte.« In seiner Biographie über Harold Nicolson hat James Lees-Milne die Eigenart ihrer Ausstrahlung und Konversation in diesen vertraulichen Gesprächen lebendiger beschrieben als jede andere ihrer Freundinnen oder Geliebten:

»Die Unterhaltung mit Vita kannte keine Barrieren. Vorbehalte irgendeiner Art gab es nicht. Kein Thema war tabu. Ihr Interesse an allen Aspekten der menschlichen Natur war ebenso grenzenlos wie ihr Verständnis. Ihr Mitgefühl für jegliche menschliche Schwäche oder Zwangslage war umfassend. Das war die Vita, die ich kannte und von Herzen liebte.«[2]

Er beschrieb ihre Stimme als »tief, leicht tremolierend, sanft anschwellend«, und ihr »kurzes, scharfes Lachen« erinnerte ihn an das Meer, das sich im Strandkies breche. Am Morgen schrieb Vita in ihr Tagebuch: »Ich wollte, ich könnte mit Hadji so sprechen wie letzte Nacht mit Jim, aber wenn ich es versuchte, würde es ihn nur langweilen, und er würde sich einfach entziehen – Gwens Wollknäuel.« Jedenfalls müsse sie, schrieb sie, die Probleme des Lebens selbst lösen. Hadji »würde sich immer entziehen. Es hätte überhaupt keinen Zweck – für ihn bloß ein Ärgernis und für mich keine Hilfe.« Statt dessen ging sie mit ihm ins Kino, um *Die Brücke am Kwai* anzuschauen: »Wenn man mit H. zusammen einen Film sieht, ist es, als habe man einen Schuljungen bei sich: er amüsiert sich ungehemmt.«

Alvilde stand den Gerüchten von Skandal und Erpressung skeptisch gegenüber. Vielleicht hatte Vita eine neue Freundin? Sie tippte auf Edie Lamont. »Nein, sie nicht«, antwortete Vita. »Die Person, die du meinst, ist seit elf Jahren eine bewährte Freundin – fest und unzerstörbar – ein Fels in meinem Leben. Die einzige vertraute Freundin, die ich habe; ich schließe nicht leicht Freundschaft, und sie ist ungefähr die einzige enge Freundin, die ich besitze.« Harold, Violet und Edie waren Vita inzwischen »unzerstörbar« teuer; es war das Unzerstörbare, wonach sie verlangte, und im Grunde nicht die Erregung des Verliebtseins. Zum Glück für den Seelenfrieden aller Beteiligten schifften sich die Nicolsons Anfang Dezember auf der *Reina del Mar* zu ihrer zweiten Kreuzfahrt nach Westindien und Südamerika ein.

Am ersten Tag auf See erkrankte Vita und bekam hohes Fieber. Der Schiffsarzt sagte, sie habe ein schwaches Herz, »aber ich merke, daß er nicht genau weiß, was ihr fehlt«, schrieb Harold an Nigel. Nach drei Wochen erholte sie sich und genoß den letzten Teil der Reise; Ende Februar 1958 waren sie wieder zu Hause. In Lima kaufte Vita eine Decke aus Lamawolle – »Es ist das weichste, leichteste Ding, als wäre es aus Tausenden von Kätzchen gemacht«, schrieb sie an Alvilde. Die Decke hielt sie warm, während sie im frostigen Turm an ihrer *Tochter Frankreichs* arbeitete, ein Buch, an dem sie Zweifel hatte: »Ach, Hadji, mein Buch ist so schlecht. Es ist wirklich schlecht. Ich bilde mir das nicht nur ein; ich *weiß*, daß es schlecht ist. Ich schreibe dir spät in der Nacht. Ich bin noch nicht drüben gewesen, um zu Abend zu essen.«

Im Juli erzählte Luisa Harold und Vita, ihre Ehe mit Ben sei alles andere als gut. Vita sprach mit beiden; was sie am meisten erschreckte, war Bens »rauher Umgang« mit Luisa. Er sagte seiner Mutter, er wolle lediglich seinen Frieden haben und für sich selbst sein. Harold und Vita waren emsig darum bemüht, die Ehe zu kitten, und Luisa schrieb Vita lange Briefe, vertraute ihr alle traurigen Komplikationen ihres Lebens mit Ben an und zeigte sich dankbar für die »mutmachende, tröstliche Liebe« von Bens Eltern.

Zufriedenheit und Trost empfing Vita in wachsendem Maß aus der sich vertiefenden Vertrautheit mit Edie Lamont. Vita verschonte Harold mit Details ihres Privatlebens. In Erinnerung an ihre freimütigen, offenherzigen Unterhaltungen mit James Lees-Milne sagte sie ihm mit mildem Sarkasmus, daß er nie zuhöre, wenn sie etwas sage, »also hat es wenig Zweck, wenn ich es sage. Gwen hat dich zu Recht ›Mein Wollknäuel‹ genannt, ›weil du immer wegrollst‹. Wie klug du bist, und welche eine Menge Ärger es dir erspart.« Er erwiderte scharf, er verbringe mehr Zeit damit, »über Wespen und Alvilde und Bunny« nachzudenken als über seine eigene Arbeit, bloß »daß ich darüber kein Wort verliere«.

Kurz vor Weihnachten hatte Vita, was sie in ihrem Tagebuch beiläufig »eine Art winziger Herzattacke« nannte. Harold, der in London war, erfuhr nichts. »Es war nichts Schlimmes, aber ich fühlte mich so miserabel, daß ich den Tag damit verbrachte, Papiere etc. zu ordnen und mit dem abscheulichen Register [für *Tochter Frankreichs*] weiterzumachen.«

Nigel und sein Partner George Weidenfeld dachten daran, Nabokovs *Lolita* herauszubringen. Vita las über Weihnachten die Ausgabe der Olympia Press und war schockiert. Sie schickte Nigel einen formellen, mit Schreibmaschine geschriebenen Brief und bat ihn, das Projekt fallenzulassen, das sie »erschrecke und entsetze«. Sie entdeckte wenig Wertvolles in *Lolita* und vieles, was abstoßend und zynisch war. Sie fürchtete, die Publikation könne Nigel politisch schaden und den »strahlenden Namen« von Weidenfeld & Nicolson beflecken. Handschriftlich setzte sie hinzu: »Es tut mir leid, daß ich so unliebenswürdig und lästig bin, aber diese Sache regt mich wirklich auf.«

Harold schrieb im gleichen Sinne an George Weidenfeld, obwohl er das Buch noch nicht gelesen hatte – abgesehen von einer besonders »wollüstigen Passage«, wie er sich ausdrückte, die Vita ihm gezeigt hatte. Weidenfeld & Nicolson wichen nicht zurück; *Lolita* wurde verlegt, und die erste Auflage von 40 000 Exemplaren war vor Erscheinen verkauft.

Vita war, ebenso wie Harold, konservativ in bezug auf das, was man »Freizügigkeit« in Büchern nannte. Das war weniger Heuchelei als Vorsicht – eine instinktive Zurückhaltung, durch lebenslange Erfahrung bekräftigt. Sie griff äußerst selten in das Leben der Jungen ein, wie sie es in diesem Fall getan hatte. An Nigel hatte sie einmal geschrieben: »Du weißt, daß ich immer die Linie verfolgt habe, dich niemals in deiner Handlungsfreiheit zu beeinträchtigen... aber es hat Augenblicke gegeben, da ich fürchtete, du (oder Ben) könntet diese Lockere-Zügel-Theorie als Gleichgültigkeit interpretieren.« Im Gegenteil – dahinter verbarg sich »eine sehr tiefe, aufrichtige Liebe, die sich niemals einmischen will, sondern die immer da ist, wenn du sie einmal in Anspruch nehmen willst; wie ein riesiges Bankguthaben, das auf Abruf bereitsteht«.

Die winterliche Kreuzfahrt war zu einem festen Bestandteil des Jahresablaufs geworden. (Vita zahlte.) Anfang Januar 1959 gingen sie ziemlich halbherzig an Bord der *Cambodge*, um in den Fernen Osten zu fahren. »Unsere niedergedrückte Stimmung beim Abschied wird nur von Rollos Kummer übertroffen, der allein gelassen wird«, schrieb Harold an Philippa und Nigel. An Bord waren Jewel und Philip Magnus-Allcroft (der Schriftsteller Philip Magnus) und Sonia Orwell, die Witwe George Orwells, mit ihrem zweiten Mann Michael Pitt-Rivers. Vita war von Sonia fasziniert: »Ich kann mir nicht darüber klarwerden, ob sie eine Schlampe oder ein verlassenes Kind ist. Auf jeden Fall ist sie ein intellektueller Snob, aber entzückend ungebildet«, schrieb sie an Alvilde. Das Briefeschreiben nahm einen großen Teil von Vitas Zeit an Bord in Anspruch: Abgesehen von ihrer anderen Korrespondenz schrieb sie sechsundzwanzigmal an Edie Lamont. Von den angelaufenen Häfen gefiel ihr Macao am besten: »Ich glaube nicht, daß H. und ich jemals zwei glücklichere Tage verbracht haben«, notierte sie in ihrem Tagebuch, und Alvilde schrieb sie, dort würde sie gern wohnen, »in einem nilgrünen Haus zwischen den Banyan-Feigen und Tamarinden mit dem Blick auf die Fischerboote, die nach China fahren«.

In Colombo wurden sie von einem Vertreter der Agentur Reuter begrüßt, der, laut Vitas Tagebuch, ein »langes Telegramm von Guy Burgess hatte, der nach England kommen möchte, weil seine Mutter im Sterben liegt, und der sagt, H. sei der einzige Freund, der Verbindung mit ihm gehalten und ihm regelmäßig geschrieben habe«. Während Harold stolz darauf war, daß er Freunde in der Not nicht im Stich ließ, fürchtete er weitere Verwicklungen und machte sich Sorgen, die Verbindung seines Namens mit Burgess könne sich nachteilig auf Nigels politische Karriere auswirken.

Das nächste Telegramm kam von Nigel, der mitteilte, daß er in Bourne in einer Constituency Poll* mit 91 Stimmen unterlegen sei. (Harold ließ Vita das Telegramm öffnen.) Weder *Lolita* noch Guy Burgess hatten ihn um sein Mandat gebracht; für die ultra-konservative Klientel seines Wahlbezirks war er nicht konservativ genug, weil er zu den Rebellen gezählt hatte, die sich während der Suez-Krise beim Vertrauensvotum für die Regierung der Stimme enthalten hatten.

Die nächste schlechte Nachricht erwartete sie in Dschibuti. Vita fand Briefe von Bunny Drummond und von ihrer Sekretärin Betty Arnett vor, die ihr mitteilten, daß Rollo – der bei ihrer Abreise so traurig gewesen war – gestorben war. Vita war ganz aus der Fassung. »Er bedeutete mir so viel«, schrieb sie an Alvilde. »Er war so schön, so gut, ein solcher Kavalier und guter Gefährte.« Auf dem Schiff hatte sie einen schrecklichen Traum von Rollo:

»Ich träumte, B. M. sei tot, und ihr Leichnam lag auf einem Bett und ihr Kopf auf einem Kissen auf einem anderen Bett. Ich blickte auf ihren Leib (der ganz schicklich mit Laken bedeckt war), als ich plötzlich bemerkte, daß Rollo ihren Kopf vom Kissen herunter auf den Boden gezerrt hatte und an dem rohen, toten Stumpf ihres Halses nagte.

* Eine Abstimmung innerhalb des Wahlbezirkes für oder gegen die Fortsetzung der Kandidatur [Anm. d. Übers.].

Ihr Gesicht war noch immer schön – wie ihr Gesicht im Leben. Es entsetzte mich, Rollo an dem rohen Stumpf nagen zu sehen.«

Als sie heimkam, erzählte ihr Vi Pym von einer Zeitungsanzeige; es ging um einen jungen schottischen Collie, den man ausgesetzt und an einer Scheune angebunden gefunden hatte. Vita nahm ihn und nannte ihn Dan. »Er ist sanft, schwarz und weiß und acht Monate alt.« Dan tröstete sie über die Tatsache hinweg, daß »alles in Stücke zu brechen scheint«. Sie begann sogleich, Pläne für die nächste Winterreise in die Sonne zu machen. »Wir müssen irgendwohin fahren... ohne uns um die Kosten zu scheren.« Sie schickte vier von Seerys Urnen aus Bagatelle an Sotheby's, wo sie vom National Art Collection Fund erworben und der Wallace Collection einverleibt wurden. Im März verkaufte sie einen Teil des Silbers aus der Rue Laffitte.

Anfang April 1959 erkrankte sie an einer schweren Lungenentzündung. Ihre Freundinnen wetteiferten miteinander, ihre Pflege übernehmen zu dürfen, vergrößerten die Spannung und verärgerten Harold:

»Ich bin immer noch verblüfft über die Art, mit der Alvilde mich tadelte, daß ich Leuten erlaube, dich zu besuchen, und als Edie mich dann tadelte, daß ich Alvilde zu dir ließ, worauf Vi mich tadelte, daß ich es Edie erlaubt hätte (was nicht zutrifft), und dann sagte Bunny, ich sei gegen Besucher zu ›nachgiebig‹ und solle sie daran hindern, herzukommen und dich zu ermüden. Dieses *franchement* war ziemlich starker Tobak. Ich hasse all diese Eifersüchtelei und dies Durcheinander. All diese Frauen verabscheuen einander.«

Er sei nicht eifersüchtig, sagte er, wie Frauen es seien. »Du sagst, Eifersucht sei das Symptom und die Begleiterscheinung wahrer Liebe. Ich bin anderer Ansicht. Sie ist eine smaragdäugige Eidechse.«

Luisa kam, um Vita von ihrem unglücklichen Leben mit Ben zu berichten. Ronald Platt, Vass' Nachfolger, kam, um Bericht zu erstatten. Und *Tochter Frankreichs*, das Buch, an dem sie so lange geschrieben und das ihr so wenig Vergnügen bereitet hatte, kam heraus und wurde im Lauf des Jahres zweimal nachgedruckt. Das Buch enthielt eine besondere Danksagung an Raymond Mortimer, der ihr vor vielen Jahren in einem französischen Weinberg gesagt hatte: »Warum schreiben Sie nicht ein Buch über das Leben der Großen Miss?«

Nigel schrieb ihr zu ihrem Buch: »Durch deine Bücher habe ich dich immer besser kennengelernt als auf andere Weise. Mit Papa ist es umgekehrt. Dieses Buch hat mir klargemacht, was du an einem Menschen am meisten bewunderst: Mitleid mit anderen.« Er schrieb auch, daß la Grande Mademoiselle ihn an Christopher St. John erinnert habe. Vita hatte über ihre Heldin – die nie geheiratet hatte – geschrieben, daß sie immer

»Freundschaften lieber mit Frauen als mit Männern pflegte und daß diese Freundschaften wahrscheinlich tiefer und leidenschaftlicher waren, als es üblich war... Bittere Enttäuschungen mögen dabei eine Rolle gespielt haben, daß das andere Geschlecht Mademoiselle gleichgültig war. Wir müssen zugeben – und warum sollten wir es nicht tun? –, daß sie sehr häßlich war, plump, ausgelassen und für Männer reizlos.«

Die alte Christopher zog es vor, keine Parallelen zu ziehen. Sie notierte in ihrem Tagebuch, Vitas neues Buch sei »langweilig« und seine Zentralfigur werde »nie lebendig«.

Mitte Mai wütete Vita gegen die Langsamkeit, mit der sie sich erholte. »Ich habe die Nase davon voll, für jedermann eine Last zu sein und nicht hinaus zu können. Daß ich all diese Frühlingswochen verpaßt habe, hat mir fast das Herz gebrochen, und ich will verdammt sein, wenn ich den Sommer auch noch verpasse.« Sie schluchzte vor Wut, daß sie nicht in der Lage war, nach unten zu gehen, um Besucher, die sie mochte, zu begrüßen. Harold konnte wenig für sie tun. »Sie hält mich in praktischen Dingen für so inkompetent, daß sie kein Vertrauen hat, außer in meine Liebe.« Es war Juli, ehe Vita wieder Auto fahren und mit Edie Lamont lunchen konnte. Einen Monat später ging es ihr schon wieder so gut, daß sie einen beschwingten Brief an Evelyn Irons schreiben konnte, die jetzt in New York für die *Sunday Times* arbeitete: »Während des ganzen Sommers ist Sissinghurst eine einzige lange Garten-Party. Es ist ein echter Spaß: die Leute, die man am wenigsten erwartet, tauchen auf, manchmal alte Freunde, die ich seit Jahren nicht gesehen habe, und es besteht keine Verpflichtung und macht keine Mühe; sie stellen keine Ansprüche, und man verbringt bloß eine angenehme halbe Stunde mit ihnen, und alles ist sehr nett und locker.« Wenn sie nicht gerade mitten in der Arbeit an einem Buch war, stand Vita den Gartenbesuchern gern zur Verfügung. Manchmal standen sie und Harold gemeinsam königlich im Torweg des Turms und beantworteten Fragen. Sie hatten sich keinen einzigen Teil des Gartens für private Zwecke reserviert; Freunde, die auf Besuch waren und auf ein ruhiges Plätzchen für ihre Lektüre hofften, gerieten zuweilen aus der Fassung, weil es unmöglich war, allein zu sein.

Betty Arnett verließ Sissinghurst, um zu heiraten, und Ursula Codrington kam halbtags als Sekretärin. Vita mußte auch einen Ersatz für Ronald Platt finden. Sie entschied sich für zwei Mädchen. Sie waren Freundinnen, beide hinreichend qualifiziert und im Besitz des Diploms der Waterperry Horticultural School. Ihre Namen waren Pamela Schwerdt und Sibylle Kreutzberger. Vita nannte sie »die Mädchen«* und hieß »ihre Jugend, ihr brennendes Interesse und ihre zünftigen Blue jeans« gut. Außerdem »hören sie nicht auf zu arbeiten, wenn man mit ihnen spricht, was mir gefällt. Keine Zeit verschwenden.« Nachdem die Mädchen einen Monat lang im Garten gearbeitet hatten, stand fest, daß das Experiment ein Erfolg war: »Fast alle Arbeiten, die ich ihnen nach dem Frühstück zugewiesen hatte, waren gegen halb zwölf so gut wie erledigt. Wenn wir diese Mädchen immer hätten, würden wir mit der Zeit noch so etwas wie einen ordentlichen Garten bekommen. Und irgendwie habe ich das Gefühl, daß sie nicht nur neue Besen sind, die gut kehren. Aber ich schätze, sie werden fortgehen und heiraten und uns verlorengehen.« Nahezu ein Vierteljahrhundert später, als Vita und Harold lange nicht mehr unter den Lebenden weilten, waren Pamela Schwerdt und Sibylle Kreutzberger noch immer für den Garten von Sissinghurst verantwortlich.

---

* Deutsch im Original [Anm. d. Übers.].

Kapitel 36

Zu Beginn jeder Woche pflückte Vita Blumen und packte sie ein, und Harold nahm sie mit in seine Wohnung in Albany und arrangierte sie in einer silbernen Vase, die Vita ihm geschenkt hatte: Es war ein liebgewordenes Ritual aus seinen Jahren in King's Bench Walk. Seine »Kelle« – der Korb, in dem er die Blumen transportierte – würde nach seinem Tod »die ergreifendste Kaffeetasse sein, die je gemacht wurde«, sagte Vita. »Oft denke ich, daß ich dir nie gesagt habe, wie sehr ich dich liebe – und wenn du stürbest, würde ich mir Vorwürfe machen und sagen: ›Warum habe ich es ihm nie gesagt? Warum habe ich ihm nie genug gesagt?‹« »Es ist schrecklich«, erwiderte Harold, »wie sehr der Tod uns beschäftigt.«

In London öffnete er sein Haus jeden Abend um sechs Uhr, zur Sherry-Stunde, für seine Freunde. Taubheit und Sorgen um die Gesundheit hatten seine Freude an angenehmer Gesellschaft nicht geschmälert. Die einzige Konzession, die er an sein Alter machte, bestand darin, daß er nicht mehr am Montag, sondern am Dienstag nach London fuhr. »Du bist wieder weggefahren – in das ganz andere Leben, das du in London führst«, schrieb Vita am 24. November 1959:

»Ein merkwürdiges Leben haben wir für uns beide entwickelt: ich hier und du in London, und dann wir beide in unserem wirklichen Heim während der Wochenenden, so glücklich und still und tätig. Nur wenige Leute würden das verstehen; ja, manche Leute glauben oft, wir ständen kurz vor der Scheidung. Wie unrecht sie haben.

Wie unrecht!«

Im August erhielt Vita Besuch von Frances Hamill und Margery Barker, den amerikanischen Händlerinnen, die Virginias Manuskripte von Leonard Woolf gekauft hatten. Sie boten ihr 600 Pfund für ihr Manuskript von Virginias *Mrs. Dalloway*; Vita lehnte ab. Aber sie mochte die beiden Frauen – »Wir saßen unter dem Trompetenbaum, und ich bewirtete sie mit spanischem Chablis« – und war erleichtert zu hören, daß Vanessas Kinder, Quentin Bell und Angelica Garnett, die Rechte an Virginias Werk von Leonard erben und »dann willens und wirklich darauf bedacht sein würden, V.'s Briefe an mich zu publizieren«.

Die Frage ihrer Briefe von Virginia war noch immer heikel. Leonard Woolf hatte gesagt, er sei bereit, eine Auswahl davon in einen Band mit Briefen an verschiedene Empfänger aufzunehmen. Vita war dagegen gewesen, weil es »der kontinuierliche Zusammenhang ist, der sie interessanter macht, wie mir scheint«. In ihrem letzten Brief zu diesem Thema vom 25. September hat sie sich deutlich ausgesprochen:

»Ich war natürlich sehr enttäuscht, deinen Brief zu erhalten, des Inhalts, daß du keine Neigung verspürst, Virginias Briefe [an Vita] zu publizieren. Ich kann leider nicht umhin zu sagen, daß sie nach meinem Gefühl weit davon entfernt sind, Virginias Ruf zu vernichten, als dieses vielleicht durch andere Bücher geschehen sein mag, weil sie so lebensfroh und menschlich sind und mit Sicherheit jede falsche Vorstellung von der Grimmigkeit Bloomsburys widerlegen würden... Laß wenigstens auf jeden Fall Abschriften anfertigen, und halte bitte deine Schreibkraft dazu an, meine Ordnung nicht durcheinanderzubringen, da ich, als ich sie zuletzt von dir zurückbekam, Tage brauchte, um sie wieder zu ordnen.«[1]

Daraufhin ruhte die Angelegenheit zwei Jahre lang. Dann fuhr Vita nach Rodmell, um einen Vortrag über das Schreiben von Biographien zu halten, und wollte die Nacht in Monk's House verbringen. »Hoffentlich verfolgt mich kein Spuk«, schrieb sie an Harold, »oder wäre es nicht ganz aufregend, Virginias Stimme zu hören, die mich mitten in der Nacht plötzlich anspricht?« Als sie in Monk's House erwachte, schrieb sie in ihrem Tagebuch, »stand ich früh auf, ging in den Garten und blickte über das Tal und dachte daran, wie Virginia fortging, um sich zu ertränken... Frühstückte mit Leonard und seinen Hunden und Katzen. Wir gingen im Garten umher und kamen zu Stephen Tomlins Büste von Virginia – es war das einzige Mal, das Virginias Name fiel.«

Die nächste Winter-Kreuzfahrt der Nicolsons im neuen Jahr 1960 führte sie mit der *Europa* nach Südafrika, mit Zwischenstopps in Aden, Mombasa, Sansibar und Daressalam. Sie bestiegen das Schiff in Venedig, nachdem sie Freya Stark in ihrem Haus in Asolo besucht hatten (»ihr Drehtisch; griechische Vase, Marmor-Badezimmer«, notierte Vita in ihrem Tagebuch). Vita nahm die Arbeit an einem Roman wieder auf, mit der sie im Jahr zuvor begonnen hatte – er spielte auf einem Schiff. In Durban wurden sie von Betty Arnett erwartet, die einen Südafrikaner geheiratet hatte; Vita nahm die Gelegenheit wahr und bat sie, zwei *Observer*-Artikel für sie zu tippen, »ganz wie in alten Zeiten«. Vita war zwar konservativ, aber als sie die Apartheid mit eigenen Augen sah, war sie entsetzt. »Mama schreit vor Wut«, schrieb Harold an Nigel. »Sie sagt, es sei wieder alles wie bei Hitler und daß die netten Zeitungsleute, die uns gestern abend besuchten, ihre Tage in einem Konzentrationslager beschließen werden. Verdammende Fäuste werden zum Himmel emporgereckt.«

Die schlechte Nachricht, die sie auf dieser Kreuzfahrt erreichte, war die vom Tod Newton Lamonts, Edies Mann. Als Vita heimkam, schlossen sie und Edie sich noch enger zusammen. (Einmal schrieb Vita in einem Brief an Harold versehentlich »Virginia« statt »Edie«.) Vita liebte Edie und war von ihr abhängig. Bis in ihre letzten Tage war Vita nie ohne Liebe oder Sexualität. Ihr großes Abenteuer war nie vorbei. Wie so viele Menschen, denen Vita nahegestanden hatte, war Edie eine Schottin – und unabhängiger als die meisten anderen Freundinnen Vitas.

Auch mit Ursula Codrington hatte Vita Glück gehabt, die ihren neuen Roman *Weg ohne Weiser** abtippte; sie ist »erstklassig und schreibt intelligent«: »Sie macht sogar Bemerkungen zu meinem Text und fragt, ob mir aufgefallen sei, daß ich in drei Zeilen dreimal dasselbe Wort benutzt hätte, und sie hat recht.«

Harold war bedrückt über seinen Geldmangel und seine nachlassende Energie. Vita versuchte vergebens, ihn zu bewegen, Geld von ihr anzunehmen, anstatt für Weidenfeld & Nicolson ein Buch über die Monarchie zu schreiben, das er nicht schreiben wollte. Vita sorgte sich um seine Depressionen und um seinen schlechten Ge-

---

* *No Signposts in the Sea*, 1961 [Anm. d. Übers.].

sundheitszustand; aber im Juli erkrankte sie selbst, wobei es sich offenbar um eine Wiederkehr der Virus-Lungenentzündung handelte. Von jetzt an blieb Edie Lamont gewöhnlich die Woche über in Sissinghurst, wenn Harold in London war. »Edie ist für mich ein reiner Engel gewesen, und ich weiß beim besten Willen nicht, was ich ohne sie hätte anfangen sollen. Es ist die wunderbarste Freundschaft, die ich je hatte.«

Erst im September war Vita wieder auf den Beinen, und sie fuhr mit Edie zur Erholung ans Meer nach Worthing. Sie fuhren nach Brighton hinüber, um B.M.'s alte Häuser am Sussex Square und in White Lodge, »jetzt schrecklich zugebaut«, in Augenschein zu nehmen. Im Oktober starb, fast neunzigjährig, Christopher St. John. Vi Pym, die ihre Papiere durchsah, schickte Vita einige ihrer Tagebücher – darunter auch »die vernichtende Aufzeichnung ihrer Freundschaft mit mir«, Christophers Liebes-Tagebuch, von dessen Existenz Vita nichts gewußt hatte. Auf dem Sofa im Turm, eingehüllt in ihre Lama-Decke, las Vita »Christophers erschreckendes Dokument«.

Emily Booth' Ehemann, »Wuffy«, Harolds Kammerdiener auf ihrer Hochzeitsreise nach Konstantinopel, war ebenfalls gestorben. Ein weiteres Begräbnis, eine weitere Verbindung mit der Vergangenheit, die abriß. Eine Verbindung mit der Zukunft war Lionel Sackville-West, Vitas Vetter und Eddys Erbe. Kurz vor Weihnachten 1960 besuchte er sie, und sie schrieb an Harold:

»Es war angenehm, ihn hier zu haben – er nuckelte an seiner Pfeife. Weißt du, es machte mir nichts aus, mit ihm über Knole zu sprechen; er liebt und begreift es so wie ich, was Eddy nicht tut. Ja, ich liebe es, mit ihm darüber zu sprechen, und wenn er und Jacobine erst dort wohnen, werde ich auch wieder hingehen können – Moses steigt vom Berge Pisgah herab, wie es der arme Moses nie tat.«

Weg ohne Weiser erschien, während Vita und Harold sich auf ihrer vierten Winter-Kreuzfahrt nach Südamerika befanden. Der Roman wurde in Fortsetzungen in *Woman's Own* abgedruckt: »ein schreckliches Blättchen«, sagte Vita, aber es zahlte gut. Dieser Roman, ihr letzter, ist Edie gewidmet. Es ist die Geschichte eines Mannes, der weiß, daß er unheilbar krank ist, und als letztes Vergnügen eine Seereise auf einem Kreuzfahrtschiff unternimmt; in seiner Begleitung ist Laura, eine Witwe, die er liebt und in der er eine gute Gefährtin findet. Vita erzählte Evelyn Irons, der Charakter Lauras sei eine Erfindung, »außer daß sie mit der Edie der Widmung gewisse (geistige, nicht körperliche) Ähnlichkeit hat«.

In diesem Buch versucht Vita zum ersten Mal eine Synthese von Liebe und Lust, Verstand und Herz, Liebe und »Verliebtsein« – eine vollständige Vereinigung, zu spät für ihren todgeweihten Helden Edmund. Sie schrieb hier auch über das, was ihr wichtig war – das Schreiben zum Beispiel:

»Ja, diese Zeit ist wunderbar. Es ist wie ein Rausch... Wie ein vollendetes Bild sieht man auf einmal Form und Sinn des Ganzen vor sich, das man schaffen will. Das soll nicht heißen, daß man es jemals zur eigenen Zufriedenheit ausführt; einen kurzen Augenblick der Erleuchtung jedoch erfaßt man als Ganzes, was einem vorschwebte. Das ist... einer der wenigen Augenblicke im Leben, die wert sind, gelebt zu werden. Ob das nur zehn Minuten dauert, während man gerade ein heißes Bad genießt, spielt keine Rolle.«

Zum ersten Mal schrieb sie (in einem Buch) über die lesbische Liebe, als sie Laura sagen läßt:

»Vielleicht müssen die Beziehungen zwischen zwei Frauen immer unvollständig bleiben, sofern sie nicht lesbische Neigungen haben, die ich nicht teile. Dann soll, wie man mir sagte, die Harmonie nahezu vollkommen sein. Es besteht ja doch eine Art Freimaurerschaft zwischen Frauen – wie zweifellos auch zwischen Männern –, die ein Ausgleich für die natürlichere Leidenschaft und Spannung zwischen den Geschlechtern ist.«

Es gab nur einen Haken bei der vollkommenen Harmonie zwischen zwei Frauen – Eifersucht. »Sehen Sie, wenn ein Mann auf eine Frau eifersüchtig ist, dann trifft er sich mit seinem Rivalen wenigstens auf gleicher Ebene, Mann zu Mann; wenn aber eine Frau auf eine Frau eifersüchtig ist, dann nimmt sie einen unfairen Wettkampf mit dem anderen Geschlecht auf; sie muß immer befürchten, daß das Natürliche zum Schluß siegt.«

Edmund und Laura sprechen über »das Natürliche« – Liebe zwischen Mann und Frau. Bevor Edmund sich ganz in Laura verliebt, glaubt er, Keuschheit verfüge über einen »gewissen Schick«. »Sich einförmig wiederholende fleischliche Gelüste verflüchtigen sich.« Lauras Rezept für eine glückliche Ehe, bevor sie sich ganz in Edmund verliebt, entspricht dem, was Vita und Harold so oft auf Podien, in Büchern und im Leben verteidigt haben: »Gegenseitige Achtung. Selbständigkeit... sowohl in bezug auf Freunde als auch auf Bewegungsfreiheit. Getrennte Schlafzimmer... getrennte Finanzen... und die gleichen Wertbegriffe.« Edmund weist darauf hin, daß sie die Liebe vergessen habe. Sie verlieben sich ineinander; gleichwohl entgeht Edmund ironischerweise, daß er es ist, von dem sie spricht, als sie ihre Gefühle beschreibt: »Liebe, Zärtlichkeit, Hingabe kann man verstehen, aber nicht diesen unbegreiflichen Zustand des Verliebtseins; Sie sehen, ich unterscheide da... Im Moment ist alles unwichtig bis auf das eine: *Parce que c'était lui; parce que c'était moi.*« Das war eine Formulierung, die Vita und Violet oft gebraucht hatten und es – nostalgisch – noch immer taten.

Laura sprach »von etwas Wunderbarem, was einem als reifem Menschen begegnet, wenn man jeden Gedanken daran als unmöglich beiseite geschoben hat und recht traurig ist, weil man glaubt, daß Erfüllung nirgends auf der Welt zu finden ist«.

Wenn sie wirklich liebte, sagte Laura und sah Edmund dabei an, »daß es fast eine Herausforderung war«, wäre sie »absolut treu, und ich erwarte die gleiche Treue von meinem Partner, in kleinen Dingen wie in großen – bedingungslos«. Jedoch Edmund stirbt und wird im Meer bestattet, ohne erfahren zu haben, auf welch totale Weise er geliebt wurde. *Weg ohne Weiser* trägt schwer an dem »wenn nur« und »was wenn« von Vitas geteiltem Leben, ihrer geteilten Liebe, ihres geteilten Wesens, die ihr die unteilbare Hingabe und den Reichtum der Treue unmöglich machten.

Auf der Südamerika-Kreuzfahrt langweilte sich Vita, und Brasilien mißfiel ihr. »Für mich ist es ein gräßliches Land, und ich möchte es nicht wiedersehen.« Während der Heimreise, vor Lissabon, erfuhren sie, daß Lord Sackvilles amerikanische Gattin, Anne, gestorben war. Sie hatte Vita immer mißfallen, und ihr Umgang mit Knole hatte ihr noch weniger gefallen. »Wir heucheln keine Trauer, bloß Onkel Charlie tut uns leid« – der neunzig war.

Nach ihrer Rückkehr im Februar 1961 hatte sie einen Anfall von Bronchitis, und nach fünfundzwanzig Jahren gab sie endlich ihre wöchentlichen Artikel für den *Observer* auf. »Große Erleichterung«. Nun, da Onkel Charlie allein in Knole war, fühlte sie sich stark genug, zum ersten Mal seit dreißig Jahren dorthin zurückzukehren. Sie ging zum Lunch und nahm Edie mit. »Es war himmlisch, wieder dort zu sein... Ich werde wieder hingehen.« Sie machte einen zweiten Besuch im Mai, als Eddy dort war, und einen dritten mit Harold. Der Bann war gebrochen.

Sie bestellte Pflanzen für den Herbst – »Wir leben vielleicht nicht mehr lange genug, um sie ausgewachsen zu sehen« – wohl aber die Enkelkinder. Sie besuchte Alvildes neues Haus in Gloucestershire und gab ihr Ratschläge, was in ein Blumenbeet an der Nordseite zu pflanzen sei: »Päonien vertragen das. Hortensien? Die gefüllte Sorte... Maiglöckchen. Schlüsselblumen. Wachslilien. *Mertensia virginice* (eine hübsche Vergißmeinnicht-Sorte). Nabelnuß. Phlox.« Violet kam zum Lunch – »wirklich ganz reizend, wenngleich geschwätzig« –, und sie schrieb an Evelyn Irons, ihre »liebe Zwickmühle«, erzählte ihr, daß Cecil Beaton und Prinzessin Margaret und Cyril Conolly und Clive Bell den Garten besichtigt hätten – »es ist wirklich so, als hätte man einen *Salon*... Ach, und ich habe eine neue Freundin: Elizabeth Bowen*. Sie blieb übers Wochenende. Ich mag sie sehr. Du siehst, ich habe Spaß am Leben, wenn ich auch nicht in so aufregender Weise herumsumpfe wie du. Weißt du noch: Les Baux?« Es war nicht typisch für Vita, daß sie in ihren Briefen an Evelyn dazu neigte, in einen selbstbewußten Ton gespielter Tapferkeit zu verfallen – vielleicht darum, weil es Evelyn war, die sie verlassen hatte, und nicht umgekehrt.

Harolds Buch über die Monarchie erwies sich als unzulänglich.

---

* Elizabeth Bowen (1899-1973) schrieb zahlreiche psychologische, in der Form oft komplizierte Romane und Erzählungen. Nähe zu Virginia Woolf und Henry James [Anm. d. Übers.].

Es war sein siebtes Buch seit Kriegsende, und außerdem schrieb er jede Woche die Haupt-Buchkritik für den *Observer*. Er war erschöpft. Nachdem Nigel das Manuskript gelesen hatte, zog er Vita zu Rate. »Ich bin besorgt, und ich brauche deine Hilfe... Sage ihm nicht, daß ich dir geschrieben habe, aber es ist fast sicher, daß er das Thema am kommenden Wochenende anschneiden wird«, schrieb er am 20. September. Vita, die Harold immer schützte, ersparte ihm die Wahrheit nicht. »Vita tröstet mich, wie immer«, schrieb er in sein Tagebuch. »Sie ist kein bißchen über Nigel verärgert, weil er mich zusammengestaucht hat, und ist der Ansicht, daß er völlig im Recht ist.« Das Buch wurde überarbeitet und akzeptabel gemacht.

Das folgende Wochenende war problematischer. Dan, der junge Collie, war hysterisch geworden und hatte angefangen, Leute zu beißen. So, als ahne er sein Schicksal, wurde er krank – und Vita geriet außer sich. Harold benahm sich – nach seiner und nach ihrer Meinung – unangemessen. Er schrieb ihr, nachdem er nach Albany zurückgekehrt war:

»Ich weiß, du dachtest, ich hätte dich im Stich gelassen, als der kleine Dan auf der Turmtreppe zusammenbrach. Aber in Wirklichkeit war ich hinausgegangen und saß in der Vorhalle, einem zugigen Ort, damit ich zur Stelle wäre, wenn du mich brauchtest. Ich weiß, wie du es haßt, angestarrt zu werden, wenn du weinst. Aber nichtsdestoweniger wurde ich gerügt. Du und der kleine Dan, ihr tatet mir furchtbar leid, aber ich verstehe mich nicht darauf, solche Dinge auszudrücken... Darin war ich nie gut, und jetzt, da ich senil werde, ist es schlimmer denn je. Ich liebe dich so und leide, wenn du leidest. Es war in der Tat ein entsetzliches Wochenende.«

Daß Dan eingeschläfert werden mußte, »brach mir das Herz«, schrieb Vita an ihren amerikanischen Briefpartner Andrew Reiber.[2] Doch es war dieses Mal anders als bei Martha und Rollo. Sie ersetzte Dan durch zwei goldfarbene Retriever; Glen wurde ihr Hund, und sein Bruder Brandy ging schließlich in den Besitz der »Mädchen« über.

Vita veröffentlichte *Faces. Profiles of Dogs* – einseitige Aufsätze über 44 verschiedene Rassen, denen jeweils Photos gegenübergestellt waren, die Laelia Goehr gemacht hatte. Sie machte sich einen Spaß daraus, besonders auf Hunde hinzuweisen, die sie selbst gekannt hatte: den Saluki, den Gertrude Bell ihr in Bagdad geschenkt hatte, »der unbestritten dümmste Hund, den ich je besaß«; Pippin, ihr goldfarbener Cocker-Spaniel; Ethel Smyth' zahlreiche englische Schäferhunde, die alle Pan hießen. Im Abschnitt über den »Deutschen Schäferhund« erwies sie »dem Andenken Rollos die Ehre«; Brutus, »die einzige dänische Dogge, die ich je genauer kannte«, hatte Dorothy Wellesley gehört; sie erwähnte Canute, ihren Elchhund in Long Barn; True, den Labrador von Edie Lamont, und Dan, »der versucht, die Büschel von Osterglocken im Obstgarten zu jagen«.

Um das Buch vorzustellen, erschien sie – zum ersten und einzigen Mal – im *Wednesday Magazine* des BBC-Fernsehens. Harold war ein erfahrener Bildschirm-Mann, doch sie hatte sich bisher standhaft allen Aufforderungen entzogen.

An Bens und Luisas Ehe gab es nicht mehr viel zu kitten. Vita gestand Harold widerstrebend, daß es außer einer Trennung keine Lösung gebe. Das Thema wurde von allen erörtert, außer zwischen Ben und Luisa; sie sprachen offen und schrieben freimütig, sowohl an Harold als auch an Vita. Nicky Mariano, der Ben und Luisa lange kannte, mischte sich ein, und Briefe gingen hin und her. Das Mitgefühl seiner Eltern brachte Ben dazu, seine Zurückhaltung abzulegen; er schrieb am 11. September an sie: »Ihr seid – alle beide – die nettesten, freundlichsten und mitfühlendsten aller Eltern. Bei jeder Krise in meinem Leben habt ihr euch der Lage gewachsen gezeigt, und ich habe es euch nie richtig gedankt.«

»Arme Luisa. Armer Ben. Arme Vanessa. Mein Herz und mein Mitgefühl werden zwischen den dreien in Stücke gerissen«, schrieb Vita im November. Aber Ben war es, der zuerst zu ihr kommen mußte. Sie erklärte sich dazu bereit, Luisa zu sagen, daß er die Scheidung wünsche, weil er selbst dazu nicht in der Lage zu sein schien. Luisa fand dieses Einverständnis zwischen Mutter und Sohn schwer verständlich. Vita hatte ihren schwierigen, siebenundvierzigjährigen »dunklen Jungen« schließlich zurück – zumindest hoffte das Luisa, weil aus all dem, was geschehen war, sonst nur sehr wenig zu retten übrigblieb. Am letzten Tag des Jahres 1961 schrieb Vita in ihr Tagebuch:

»Entsetzlich kalt. Es fängt zu schneien an. Gegen Abend liegt der Schnee ein paar Zoll hoch. Ben sitzt im Eßzimmer und liest. Ich bleibe einige Zeit bei ihm, doch dann muß ich in den Turm zurückkehren, unter die Lamadecke kriechen und die 18.00-Uhr-Nachrichten hören, wo es heißt, daß es überall mehr Schnee geben und kälter werden soll. Wir trinken Champagner zum Dinner, und ich hoffe, daß das Jahr 1962 angenehmer werden wird als 1961.«

Dreißig Jahre vorher hatte sie einen Traum gehabt, den sie zu einem Gedicht umgeformt hatte. Sie träumte, daß sie in der winterlichen Dämmerung im Garten pflanzte, während ringsum Schnee fiel. Sie wußte, daß sie nicht aufhören durfte und ihre Arbeit beenden mußte. Während sie arbeitete, schien sie von Kerzen umgeben, die der fallende Schnee unter sich begrub, aber nicht auslöschte; Damhirsche umstanden sie, an deren Geweihspitzen Flammen züngelten:

> Und sie wußte, daß sie dem Ende des Pfades näherkam,
> Und die Hirsche und die begrabnen Kerzen gingen mit ihr,
> Doch sie wußte auch, daß sie nicht aufhören würde
> Zu pflanzen, bevor das Leichentuch sie endlich hüllte ein.[3]

Vita verkaufte acht ihrer Manuskripte für 1500 Pfund an Miss Hamill nach Amerika. Mit dem Geld sollte die fünfte Winter-Kreuzfahrt, diesmal in die Karibik, bezahlt werden. Dieses Jahr sollte Edie Lamont sie begleiten – »falls einer von uns beiden krank wird«, sagte Vita zu Harold, »wird sie ein Fels der Hilfe und des Trostes sein«. Am Neujahrstag 1962 brachen sie auf.

Während des Frühstücks im Zuge von Waterloo nach Southampton hatte Vita einen Blutsturz. Sie war sehr besorgt und vertraute sich Edie an. Auf der *Antilles* verbrachte sie den nächsten Tag in ihrer Kabine und las Agatha Christie. Harold, dem nichts gesagt wurde, der jedoch Unheil ahnte oder sich über Vitas unübersehbare Abhängigkeit von Edie ärgerte, begann, sich selbst krank zu fühlen.

Auf der Höhe von Martinique hatte Vita hohes Fieber und Bronchitis. Nachdem der Schiffsarzt ihr Spritzen gegeben hatte, war sie wieder soweit hergestellt, daß sie im nächsten Hafen am Land gehen und irreführend normale Briefe an Freunde in England schreiben konnte – mit Anekdoten über Evelyn Waugh, der mit seiner Tochter Margaret an Bord war.

Alles, was Vita wollte, war, nach Hause zurückzukehren. Im Zug von Southampton nach London »haben H. und Edie und ich ein hübsches kleines Abteil für uns, aber ich gehe in den Salonwagen und sehe den schrecklichen verräterischen Fleck auf dem Sitz«. In Sissinghurst wartete der kleine Hund Glen – »makellos schön und mächtig gewachsen«. Der Obstgarten war »verschleiert von malvenfarbenem Tomasinianus; Parrotia in Blüte wie nie zuvor; die Zaubernuß ist schon erblüht; ein paar Krokusse... Ich fühle mich wirklich krank und versuche, es vor Hadji zu verbergen.«

Sie suchte einen Facharzt in London auf – »Edie, mein einziger Schatz, kam«, schrieb sie mit Bleistift unter diesen Eintrag in ihrem Tagebuch – und ließ im Royal Free Hospital am 23. Februar Tests machen. Dann war sie wieder für ein paar Tage zu Hause; sie beantwortete einen Brief von Evelyn Irons, dieses Mal ohne jeden Versuch, Mut zu heucheln: »Ich sende dir, meine liebe Zwickmühle, wie immer Liebe. Wir hatten Spaß zusammen, nicht wahr? Das Steingutgeschirr, das ich in Tarascon auf dem Weg nach Les Baux kaufte, habe ich immer noch.« Sie fuhr wieder nach London, um sich einer Hysterektomie zu unterziehen. Edie Lamont ging mit ihr zum Krankenhaus. Harold, der inzwischen wußte, was passiert war, schrieb an Vita: »Edies Takt, Scharfblick und Verschwiegenheit über die Tragödie im Zug nach Southampton haben jede Spur von Eifersucht ausgelöscht. Es war lächerlich, daß ich eifersüchtig war; und ich weiß, daß Edie das ahnte und wunderbar rücksichtsvoll war. Aber ich war *wirklich* eifersüchtig. Idiot, der ich bin.« Er blieb bis zum Schluß auf Edie eifersüchtig und kämpfte dagegen an. Er hatte immer geglaubt, Eifersucht sei kein notwendiger Bestandteil der Liebe. Doch wenn er im Krankenhaus an Vitas Bett saß, fühlte er sich überflüssig und schrieb an James Lees-Milne: »Mrs. Lamont ist geschickt und fähig. Ich bin der unfähigste Mann seit Noah.« Als Vita aus dem Krankenhaus nach Sissinghurst zurückkehrte, gab es wenig, was er – alt, unbeholfen, zurückhaltend, furchtsam – für sie tun konnte. In der Regel war Edie da.

Vitas Freundinnen mißverstanden diese Haltung. »Ich habe das Gefühl«, schrieb er aus London an Vita, »daß Edie, Vi, Bunny, Gwen und Dorothy [Beale] unter dem Eindruck stehen, als wisse ich nicht, wie krank du gewesen bist, oder daß es mir, wenn ich es wüßte, nicht viel ausmache. Wie wenig sie begreifen!« Der Chirurg hatte ihm gesagt, Vita habe Krebs. Doch er war zu schwerfällig, der Wahrheit ins Gesicht zu sehen; ihr eigener Arzt mußte ihm mit vielen Worten erklären, daß es mit Vita nicht besser werden würde.

Vita erfuhr, daß Mac gestorben war; und dann starb im Mai ihr Onkel Charlie. Eddy Sackville-West war endlich Lord Sackville. Am 11. Mai schrieb Vita an Alvilde Lees-Milne: »Ich kann gerade noch die Treppe hinunterwanken und mich in einen Stuhl setzen, in dem Copper mich umherrollt, aber obgleich ich schätze, daß es mir bessergeht, kann ich nicht sagen, daß ich einen Unterschied spüre.« Sie hätte gern gesehen, was Alvilde aus ihrem neuen Haus gemacht hatte – »aber wann? Die Zukunft sieht sehr düster aus.« Sie war zu schwach, um sich den Behandlungen im Pembury-Krankenhaus auszusetzen. Sie lag in Bens altem Zimmer im Priesterhaus, damit sie in der Nähe der Küche war und es für Mrs. Staples und Quinlan, den Diener, keine zusätzliche Arbeit gab. Man habe ihr so viele Lügen über ihren Zustand erzählt, schrieb sie an Harold, »daß ich überhaupt nichts mehr glaube«. Sie war zu schwach, um täglich mehr als einen Besucher empfangen zu können. »Edie macht mich nicht müde, weil ich mich nicht unterhalten muß.« Alvilde besuchte sie; und sie schaffte es, eine Nachricht an Jim Lees-Milne zu kritzeln, dessen Mutter am 18. Mai gestorben war: »Jim, Lieber, es tut mir so leid. Ich weiß, wie nahe es dir geht.«

Harold, der bis jetzt weiterhin wie gewohnt die Woche über in London gewesen war, kam am 25. Mai für »eine ganze Woche« heim. An Vita schrieb er: »Das wird wirklich schön sein.« Er wußte nun, daß nicht mehr viel Zeit blieb.

Vitas letzter Morgen, der 2. Juni, war warm und sonnig. Bis zum Lunch leistete Edie ihr Gesellschaft. Dann löste Ursula Codrington sie ab. Die letzten Worte, die Ursula Vita sprechen hörte, galten Glen, dem goldfarbenen Retriever, der an ihrer Tür schnüffelte.

Harold war im South Cottage und schrieb an einer Rezension, als Ursula kurz nach ein Uhr, nachdem sie die Fenster von Vitas Schlafzimmer weit zur Weald hin geöffnet hatte, durch den Garten ging, um ihn zu suchen. »Ursula kommt und sagt es mir. Ich pflücke einige von ihren Lieblingsblumen und lege sie auf ihr Bett.«

Vita hatte nicht mehr genug Zeit gehabt, Harold zu sagen, daß sie Edie gebeten hatte, Glen zu sich zu nehmen, wenn sie stürbe. Zwei Tage später kehrte Edie, um Vitas Wunsch zu erfüllen, nach Sissinghurst zurück, um den Hund zu holen. Harold saß mit seinen Söhnen und mit Philippa im Garten. Als Edie ihm sagte, warum sie gekommen war, verließ ihn seine vorübergehende Beherrschung. Weinend erhob er sich mühsam von seinem Sitz unter dem Trompetenbaum, um Glens Leine zu holen.

Im verlassenen Turm ist alles so geblieben, wie Vita es hinterlassen hat, und oben im Turm schlägt die Glocke der Uhr die Stunden – eine Glocke, die dem Menschen, der unter ihr arbeitet, hell und dumpf zugleich in den Ohren klingt. In den dreißig Jahren, die Vita das Turmzimmer benutzte, hatte sie es nicht renovieren lassen. Die gefransten Samtstreifen an den Wänden waren 1962 bereits ebenso verblaßt und verschlissen wie die aprikosenfarbenen Samtvorhänge. Überall in Sissinghurst waren die alten Stickereien, Stücke von Gobelins, Quasten, Brokate, Seiden- und Samtstoffe staubig, entfärbt, zerschlissen und unersetzbar.

Die Wände des Turmzimmers sind mit Bücherregalen gesäumt. Sie ziehen sich durch den Bogengang, drei Stufen hinab, bis in das Türmchen, wo sie bis an die Decke reichen. Hier befinden sich die Bücher über Sexualpsychologie, die Vita mit Violet und dann mit Harold gelesen hatte: sechs Bände Havelock Ellis*, jeder mit dem Besitzervermerk »V. N.«. In den Band *Sexuelle Inversion* hat Harold ein Verlaine-Zitat geschrieben: *On est fier quelquefois quand on se compare.* Dort finden sich Edward Carpenters *The Intermediate Sex* und Otto Weiningers *Geschlecht und Charakter*** mit dem Vermerk »V.N. Polperro 1918« auf dem Vorsatz; Passagen über männ-

---

* Henry Havelock Ellis (1859-1939), englischer Schriftsteller. Verfasser bahnbrechender Werke über Sexualpsychologie, u. a.: *Studies in the Psychologie of Sex* (1897-1924; dt.: 1922-1928) [Anm. d. Übers.].
** Otto Weininger (1880-1903) entwarf eine Philosophie der Geschlechter (*Geschlecht und Charakter*, 1903), orientiert an dem Gegensatzpaar Weib-Trieb/Mann-Geist [Anm. d. Übers.]

liche und weibliche Charakteristika sind dick angestrichen. »Wenn [Frauen] heiraten, geben sie ihre eigenen Namen auf und nehmen ohne das Gefühl eines Verlustes den ihres Mannes an«, schrieb Weininger. »Ich bin anderer Ansicht«, kritzelte Vita an den Rand.

Rechts im Türmchen stehen ihre Gartenbücher. Auf der linken Seite steht ein niedriger geschnitzter Schrank; darin befindet sich ein schwarzer Gladstone-Koffer mit den Initialen »V.N.«. Das dicke Leder weist einen langen Schlitz auf, wo Nigel, der den Schlüssel nicht finden konnte, ihn aufgeschnitten hat – und das Manuskript aus dem Jahre 1920 über Vita und Violet entdeckte, das er in *Portrait einer Ehe* veröffentlichte.

Auf dem Boden liegen alte persische Teppiche, und auf den Fensterbänken hat Vita die Perlen, Kiesel, Muscheln, Scherben und Töpfe, die sie auf ihren Reisen sammelte, angeordnet. Auf dem Kaminsims in der anderen Ecke des Raumes stehen zwei chinesische Kaninchen aus Kristall – eines davon wird in *Schloß Chevron* beschrieben, wo es Sebastian gehört –, eine Photographie von Rollo, blaue persische Keramiken und gerahmte Gedichte und Gebete, von Christopher St. John auf Pergament geschrieben und illustriert. In der Nähe von Vitas Sofa stehen die englischen Lyriker und Shakespeare. Auf der anderen Seite des Zimmers sind Harolds gesamte Bücher, die Werke von Virginia und Reisebücher – ihre eigenen Bücher sind unaufdringlich in Bodenhöhe im Regal unter dem großen Fenster aufgestellt.

Auf ihrem wurmzerfressenen Schreibtisch stehen Photos von Harold, Virginia, Luisa, Vanessa, Ben, eine Reproduktion von Branwell Brontës Gemälde seiner Schwestern und kleine Stiche von Knole. Hinter dem Schreibtisch im Regal die Memoiren von la Grande Mademoiselle. Im rechten Winkel zum Schreibtisch stehen in einem Gestell ihre Nachschlagewerke – Wörterbücher, der *Thesaurus*, das *Rhymer's Lexicon* (auf das Titelblatt hat sie geschrieben: »Ein Reimer – ja, das bin ich«) – und ihr Adreßbuch, das Garten-Rechnungsbuch, ein »Ausgeliehene Bücher«-Buch und das Buch, in dem sie ihre Träume notierte.

Alles ist so, wie sie es hinterlassen hat, bis zu ihren Briefen in ihrer Kladde. Nur die Lampe, die sie benutzte, ist durch eine hübschere ersetzt worden. Eine schmiedeeiserne Tür verschließt nun den Zugang zum Turmzimmer, so daß man einen Blick hineinwerfen, aber nicht eintreten kann:

> Magst, Fremder, alle Wege gehn,
> Die Dich in meinem Garten locken,
> Doch hierher komme bitte nicht,
> Wo ich zwar scheu, doch unerschrocken.

Auf ihrem Schreibtisch stehen Blumen, genauso wie früher, wenn sie arbeitete. Ein Gegenstand fehlt: der kleine Sarkophag aus rosa Marmor, der ihre zwei Tintenfässer aus der Long-Barn-Zeit enthalten hatte. Darin befindet sich ihre Asche, die bei ihren Vorfahren in der Sackvillschen Familiengruft in Withyham beigesetzt ist.

Vita hatte Harold vor langer Zeit gesagt, sie wünsche keinen Gedenkgottesdienst. In der Kirche von Sissinghurst wurde nur ein einfacher Trauergottesdienst für sie abgehalten. Als Harold starb, fand in London ein gemeinsamer Gedenkgottesdienst statt. Vita hatte wiederholt gesagt, sie wolle nicht weiterleben, wenn er stürbe. Darin ahmte er sie zwar nicht nach, aber er wurde, wie Nigel nach seinem Tode 1968 schrieb, »nie wieder der alte. In Wirklichkeit starb er mit ihr.«[4] Er verfiel körperlich und geistig immer mehr. Er hatte ihr einmal geschrieben: »Ich kann mir ein Leben ohne dich einfach nicht vorstellen, und ich verbanne die Vorstellung aus meinen Gedanken... Wenn ich etwas tief empfinde, bin ich völlig unfähig, es auszudrücken. Du verstehst das, aber wer wird etwas verstehen, wenn du von mir gegangen bist?«[5]

Vita hatte ihn einmal gefragt, ob er wieder heiraten würde, wenn sie vor ihm stürbe. Er verneinte heftig. Er werde seine schwindenden Jahre dazu verwenden, »über dich nachzudenken und mich all unserer gemeinsamen glücklichen Tage zu erinnern... Nein, mein Engel – weder in dieser noch in einer anderen Welt soll ein Fremder zwischen dich und mich treten.«[6] Er hoffte, »jedes Blatt« in Sissinghurst werde ein Band zwischen ihnen sein. Doch nicht einmal der Garten konnte Harold trösten.

Eddy Sackville-West, inzwischen Lord Sackville, schrieb an Evelyn Irons: »Ja, liebe Evelyn, es ist alles sehr traurig, und man fragt sich, was wohl aus dem herrlichen Garten werden wird. Solange Harold lebt, denke ich, wird er derselbe bleiben... aber die Gärten von Leuten neigen dazu, mit ihnen zu sterben, selbst wenn der Status quo beibehalten wird – oder vielleicht gerade deshalb.« Er meinte, daß »etwas unternommen werden muß, um das Weiterbestehen zu sichern... aber er kann nie mehr der gleiche sein.«

In beiden Punkten hatte er recht. Im Jahr, bevor Harold starb, ging Sissinghurst in den Besitz des National Trust über, womit seine Zukunft sichergestellt war. Nigel und Philippa bauten die Räume des Personals im Südflügel des Torhauses zu einem Heim für ihre wachsende Familie und deren Nachkömmlinge aus. (Nigel und Philippa wurden 1970 geschieden.) Der Garten wurde weiterhin von den »Mädchen« betreut, die Vita selbst eingearbeitet hatte. Es ist der Garten, den Vita geschaffen hatte, obgleich er »nie mehr der gleiche sein kann«.

Im Streit mit ihren Gärtnern über den Einsatz von Unkrautvertilgungsmitteln hatte Vita auf verlorenem Posten gestanden; sie hatte eine Schwäche für Blumen, die sich zufällig ansiedelten, die von nirgendwo kamen. Sie sorgte dafür, daß sich Wildblumen selbst aussäten, wie wilde Stiefmütterchen und die winzigen dunklen Veilchen. »Rollos Pfad« – ein diagonaler, gepflasterter Weg quer durch Delos – ist verschwunden; die ziemlich grellen roten und gelben Blumen in den Urnen am Eingang, aus Samen gezogen, die Vass aus dem Krieg mitgebracht hatte, sind fort. Vitas eigenwillige, geheimnisvolle, vornehme Handschrift, die den Garten prägte, ist weniger spürbar. Delos selbst ist von einem Steingarten in einen Sträuchergarten verwandelt worden; er war immer ein schwieriges Fleckchen, und die Änderung ist eine Verbesserung. Dauerndes Experimentieren und Erneuerungen sind Teil des Lebens eines Gartens, den jedes Jahr Zehntausende von Leuten besuchen. Die Graswege sind durch Pfade aus York-Steinen ersetzt worden, die den Tritten so vieler Füße standhalten. Aber die weißen Rosen ranken sich von den Apfelbäumen, und die Schönheit, die Vita schuf, ist erhalten geblieben im Schutz der rosenfarbenen Mauern, in den Blumen, die Jahr für Jahr blühen und vergehen und die ihr Denkmal sind:

> Kein Herz, wie Freunde, brechen und kein
> Vertraun enttäuschen sie, wie's die Liebe kann.
> Sie brauchten immer nur sich selber treu zu sein:
> Ein angemessnes Ende ist der Tod und rein
> Für Blume, Freund und Liebe.

Danksagung

Mein Dank gilt in erster Linie Nigel Nicolson, Vita Sackville-Wests jüngerem Sohn und literarischem Nachlaßverwalter. Er forderte mich auf, ein Buch über das Leben seiner Mutter zu schreiben, und stellte mir eine riesige Menge von Familienpapieren zur Verfügung. Bei der Niederschrift ließ er mir freie Hand, war indessen stets bereit, Fragen zu beantworten. Seine Geduld und Großzügigkeit in jeder Phase sind außerordentlich gewesen.

Viele andere Leute haben mir auf verschiedene Weise geholfen. Insbesondere möchte ich nennen: Shirley Beljon, Dorothy Church, Ursula Codrington, die Ehrenwerte Sonia Cubitt, Simon Glendinning, John Gross, Evelyn Irons, Eardley Knollys, Mitchell Leaska, Edie Lamont, Alvilde Lees-Milne, James Lees-Milne, Lady McAlpine, John Phillips, Lady St. Levan, Dame Janet Vaughan, Luisa Vertova, Michael Wishart, Francis Wyndham und, zuletzt, doch an erster Stelle, Terence de Vere White.

Ich bin Peter Cranham dankbar für die Erlaubnis, den Ausdruck »Die Enklave und der Turm« zu benutzen, die der Titel seines unveröffentlichten Werkes über die Welt von V. Sackville-West ist.

Ich möchte auch den folgenden Bibliotheken und ihren Bibliothekaren danken: der Berg Collection, New York Public Library; dem Humanities Research Center, Universität von Texas in Austin; der Yale University Library; der Universität von Sussex Library. Für die Erlaubnis, aus den veröffentlichten Briefen und Tagebüchern von Virginia Woolf zitieren zu dürfen, danke ich den Verwaltern der Rechte der Verfasserin und der Hogarth Press. Schließlich bedanke ich mich bei meinem Agenten, Bruce Hunter, und bei meinen Lektoren in den Verlagen Weidenfeld & Nicolson in London und Alfred A. Knopf in New York für ihre Unterstützung.

Anhang

Anmerkungen und Quellen

Der größte Teil des Materials, auf dem dieses Buch beruht, befand sich zur Zeit der Niederschrift in Sissinghurst Castle: die Tagebücher, Briefe und Notizbücher von Vitas Mutter; Vitas Tagebücher, Exzerpthefte und viele veröffentlichte und unveröffentlichte Manuskripte; Briefe an Vita von Freundinnen aus der Kindheit, von Rosamund Grosvenor und Violet (Keppel) Trefusis; der umfangreiche Briefwechsel zwischen Vita und Harold Nicolson; Abschriften von Harold Nicolsons Tagebüchern und eine große Menge von Briefen an Vita von Verlegern, Fremden, Verehrern, Freunden, Familienmitgliedern und Geliebten. Der Briefwechsel zwischen Vita und Harold, Vitas frühe Tagebücher und die Tagebücher ihrer Mutter werden jetzt (1983) in der Lilly Library, Bloomington, Indiana, aufbewahrt.

Wollte man jedes Zitat aus dem Sissinghurst-Material einzeln nachweisen, würde man den Apparat unvorteilhaft aufblähen. Wo sich kein Quellenhinweis findet, kann man davon ausgehen, daß das herangezogene Dokument sich in Sissinghurst befand. Besonders wichtige Briefe oder Tagebucheinträge sind im Text datiert; alle anderen lassen sich aus dem Kontext nach Monat und Jahr datieren. Wird ein Brief außerhalb des chronologischen Zusammenhangs zitiert, erfolgt ein Nachweis. Verweise erfolgen auch bei Briefen aus anderen Quellen, Zitaten aus Büchern und aus Materialien, die sich in Universitäten und Bibliotheken befinden. Die Briefe von Vita an Evelyn Irons, Eardley Knollys, Alvilde Lees-Milne und James Lees-Milne waren zur Zeit der Niederschrift im Besitz der Empfänger.

Prolog

1 Für die Angaben zum Leben von Vitas Mutter bin ich Susan Alsop, *Lady Sackville*, 1978, verpflichtet.
2 VSW, *Pepita*, 1937; deutsch: *Pepita*, 1938

Teil 1: Knole
Kapitel 1

1 VSW, *The Edwardians*, 1930; deutsch: *Schloß Chevron*, 1931
2 VSW, »Leopards at Knole«, *Collected Poems*, 1933
3 VSW, *Knole and the Sackvilles*, 1922
4 ebda.
5 VSW, »To Knole«, *Poems of West and East*, 1917
6 VSW, *Nursery Rhymes*, 1947
7 VSW, »Shameful Reminiscence«, *Little Innocents*, hrsg. von Alan Pryce-Jones, 1932
8 VSW, »Autobiography of 1920«; in: Nigel Nicolson: *Portrait of a Marriage*, 1973; deutsch: *Portrait einer Ehe*, 1974
9 ebda.
10 ebda.
11 *Pepita*
12 *Portrait einer Ehe*
13 *Pepita*
14 ebda.
15 ebda.

Kapitel 2

1 VSW an HN, 11. Mai 1960
2 *Portrait einer Ehe*
3 *Pepita*
4 *Portrait einer Ehe*
5 VSW, undatiertes Manuskript
6 *Portrait einer Ehe*
7 VSW, »Country Notes«, *New Statesman*, 24. Juni 1940
8 Violet Trefusis, *Don't Look Round*, 1952
9 ebda.
10 *Portrait einer Ehe*
11 *Knole and the Sackvilles*
12 *Portrait einer Ehe*
13 *Pepita*
14 8. April 1947
15 ebda.
16 *Pepita*
17 *Portrait einer Ehe*
18 VSW, »Shepetovka«, *Spectator*, 25. Februar 1944

Kapitel 3

1 *Portrait einer Ehe*
2 VSW, »Centenary Poem for Ellen Terry«, *The Times*, 27. Februar 1947
3 *Portrait einer Ehe*
4 ebda.
5 James Lees-Milne, *Harold Nicolson*, Band 1, 1980
6 *Portrait einer Ehe*

Kapitel 4

1 *Portrait einer Ehe*
2 Violet Trefusis, *Don't Look Round*
3 VSW an HN, 23. November 1960
4 James Lees-Milne, *Harold Nicolson*, Band 1
5 *Portrait einer Ehe*

Kapitel 5

1 VSW an Alvilde Lees-Milne, 14. April 1957
2 *Poems of West and East*
3 VSW, »Marian Strangways« (Manuskript)
4 Ich war nicht in der Lage, dieses Zitat zu verifizieren – VG
5 A. E. Housman, *A Shropshire Lad*, 1896
6 »Marian Strangways«
7 *Poems of West and East*
8 »Marian Strangways«

Teil 2: Wandel und Herausforderung
Kapitel 6

1 *Portrait einer Ehe*
2 VSW, *Passenger to Teheran*, 1926
3 *Portrait einer Ehe*
4 *Poems of West and East*
5 *Portrait einer Ehe*

Kapitel 7

1 »The Garden«, *Poems of West and East*

Kapitel 8

1 VSW in *Beginnings*, hrsg. von L.A.G. Strong, 1935
2 *Portrait einer Ehe*
3 ebda.

Kapitel 9

1 *Portrait einer Ehe*

Kapitel 10

1 *Portrait einer Ehe*
2 ebda.
3 ebda.
4 Rupert Hart-Davis, *Hugh Walpole*, 1952

Teil 3: Erkundungen
Kapitel 11

1 *Collected Poems*
2 Charleston Papers
3 *The Diary of Virginia Woolf*, vol. 2, ed. Anne Olivier Bell, 1978. 15. Dezember 1922
4 ebda.
5 *The Letters of Virginia Woolf*, vol. 4, ed. Nigel Nicolson, 1978. 8. August 1931

Kapitel 12

1 *The Diary of Virginia Woolf*, vol. 2, 19. Februar 1923
2 ebda. 17. März 1923
3 Mary Lutyens, *Edwin Lutyens*, 1980
4 VSW, *The Land*, 1926
5 *The Diary of Virginia Woolf*, vol. 2, 21. August 1929

Kapitel 13

1 University of Sussex Library, 16. Juli 1924
2 *The Letters of Virginia Woolf*, vol. 3, 19. August 1924
3 University of Sussex
4 *The Letters of Virginia Woolf*, vol. 3, 5. September 1924
5 *The Diary of Virginia Woolf*, vol. 2, 21. Dezember 1924
6 *The Letters of Virginia Woolf*, vol. 3, 26. Dezember 1924
7 Leonard Woolf, *Downhill All the Way*, 1967
8 *The Diary of Virginia Woolf*, vol. 3, 5. Juni 1925
9 *The Letters of Virginia Woolf*, vol. 3, 24. August 1925
10 Berg Collection, New York Public Library, 18. September 1925
11 »Sometimes When Night«, *Collected Poems*
12 *The Diary of Virginia Woolf*, vol. 3, 7. Dezember 1925
13 *The Letters of Virginia Woolf*, vol. 6, an Ethel Smyth, 22. August 1936
14 Berg, 17. Januar 1926
15 Berg, 8. Januar 1926
16 Berg, 17. Januar 1926

Kapitel 14

1 Berg, 21. Januar 1926
2 Berg, 29. Januar 1926
3 University of Sussex, 20. Februar 1926
4 Berg, 23. Februar 1926
5 University of Sussex
6 *Passenger to Teheran*
7 Charleston Papers, 19. März 1926
8 Berg, 8. April 1926
9 *Passenger to Teheran*

Kapitel 15

1 Berg, 16. Juni 1926
2 Humanities Research Center, University of Texas, 18. Juni 1940
3 *The Diary of Virginia Woolf*, vol. 3, 30. Oktober 1926
4 Berg, November 1926
5 *The Letters of Virginia Woolf*, vol. 3, 19. November 1926
6 »Years End«, *Collected Poems*
7 University of Sussex
8 *The Diary of Virginia Woolf*, vol. 3, 23. Januar 1927
9 Berg, Januar 1927
10 Berg, 29. Januar 1927
11 *The Letters of Virginia Woolf*, vol. 3, 2. Februar 1927
12 University of Sussex
13 Berg, 23. Februar 1927
14 Berg, 4. April 1927
15 Berg, 30. März 1927

Kapitel 16

1 *The Letters of Virginia Woolf*, vol. 3, 22. Mai 1927
2 University of Sussex, 17. September 1926
3 Charleston Papers, 2. Juni 1927
4 Berg, Juni 1927
5 *The Letters of Virginia Woolf*, vol. 3
6 *The Diary of Virginia Woolf*, vol. 3, 18. Juni 1927
7 Berg, 23. Juni 1927
8 *The Letters of Virginia Woolf*, vol. 3, 24. Juni 1927
9 23. Juni 1927. Abgedruckt mit freundlicher Genehmigung von Sir Rupert Hart-Davis
10 *The Diary of Virginia Woolf*, vol. 3, 4. Juli 1927
11 *The Letters of Virginia Woolf*, vol. 3, 4. Juli 1927
12 Berg, 11. Juli 1927
13 *The Letters of Virginia Woolf*, vol. 3, 2. September 1927
14 Berg, 11. Oktober 1927
15 Unveröffentlicht
16 Unveröffentlicht

Kapitel 17

1 Berg, März 1928
2 Charleston Papers, 14. März 1928
3 Berg, 14. März 1928
4 *The Diary of Virginia Woolf*, vol. 3, 21. April 1928
5 *The Letters of Virginia Woolf*, vol. 3, 27. April 1928
6 *The Diary of Virginia Woolf*, vol. 3, 7. Juli 1928

Kapitel 18

1 Berg, 31. August 1928
2 *The Diary of Virginia Woolf*, vol. 3, 7. November 1928
3 Berg, 24. Juni 1933 (?)
4 *Encounter*, Januar 1954
5 Berg, 5. Oktober 1928
6 Berg, 11. Oktober 1928
7 *Portrait einer Ehe*
8 Leonard Woolf, *Downhill All the Way*, 1967

Kapitel 19

1 VSW, »Hilda Matheson«, *Spectator*, 22. November 1940
2 Berg, 6. Januar 1929
3 Berg, 5. Februar 1929
4 Berg, 21. Februar 1929
5 Berg, 25. Februar 1929
6 Berg, Mai 1929
7 University of Sussex
8 *Listener*, 26. Juni 1929
9 *The Diary of Virginia Woolf*, vol. 3, 5. August 1929
10 *The Letters of Virginia Woolf*, vol. 5, 18. Oktober 1932

Kapitel 20

1 *The Diary of Virginia Woolf*, vol. 3, 4. September 1929
2 *The Letters of Virginia Woolf*, vol. 4, 3. November 1929
3 Berg, 16. September 1929
4 *The Diary of Virginia Woolf*, vol. 3, 25. November 1929
5 *The Letters of Virginia Woolf*, vol. 4, 25. April 1930
6 *Journal of the Royal Horticultural Society*, November 1953
7 Berg, 16. September 1929

Teil 4: Sissinghurst
Kapitel 21

1 »The Garden at Sissinghurst Castle«, *Country Life*, 11. September 1942
2 Berg, 18. August 1933
3 Texas, 6. September 1930
4 Leonard Woolf, *Downhill All the Way*
5 *The Diary of Virginia Woolf*, vol. 3, 2. September 1930
6 ebda, 11. November 1930 (?)
7 Christopher St. John, *Ethel Smyth*, 1959
8 ebda.
9 *Country Notes* (Artikel im *New Statesman*), 1939
10 *The Diary of Virginia Woolf*, vol. 4, 23. Januar 1931
11 Texas
12 Evelyn Irons an die Verfasserin, 9. September 1981
13 *Country Notes*

Kapitel 22

1 Nach dem Manuskript von *The Garden* in der Huntingdon Library, California. Zitiert nach Elizabeth W. Pomeroy in ihrer unveröffentlichten Arbeit »Within Living Memory: Vita Sackville-Wests Poems of Land and Garden«, 1981
2 »Tess«, *Collected Poems*
3 *The Diary of Virginia Woolf*, vol. 4, 13. Januar 1932
4 Berg, 24. April 1932
5 *The Letters of Virginia Woolf*, vol. 5, 8. Mai 1932
6 *Collected Poems*
7 *The Letters of Virginia Woolf*, vol. 5, an Hugh Walpole, 17. August 1932
8 *The Letters of Virginia Woolf*, vol. 5, 8. November 1932

Kapitel 23

1 An Virginia Woolf, University of Sussex
2 VSW, Tagebuch
3 Berg, 28. März 1933
4 University of Sussex, 9. April 1933
5 *Portrait einer Ehe*
6 *The Letters of Virginia Woolf*, vol. 5, 1. Juni 1933
7 University of Sussex, »Whit Monday«, 1933
8 *Portrait einer Ehe*
9 Berg, 17. Mai 1933

Kapitel 24

1 Berg, 17. Mai 1933
2 Berg, 18. August 1933
3 Berg, September 1933

4 Berg, 3. November 1933
5 *The Letters of Virginia Woolf*, vol. 5, 26. November 1933
6 Berg, 6. Februar 1934
7 University of Sussex, 2. März 1934
8 *The Diary of Virginia Woolf*, vol. 4, 17. Juli 1934
9 *The Letters of Virginia Woolf*, vol. 5, 23. September 1934
10 Berg, 18. November 1934

Kapitel 25

1 *Letters on Poetry* from W.B. Yeats to Dorothy Wellesley, 1940
2 *The Diary of Virginia Woolf*, vol. 4, 11. März 1935
3 *The Letters of Virginia Woolf*, vol. 5, 26. November 1935

Kapitel 26

1 Peter Quenell, *Customs and Characters*, 1982
2 Berg
3 Berg, 2. Dezember 1937

Kapitel 27

1 Berg, 19. Dezember 1938
2 Berg, 22. Februar 1939
3 *Country Notes*, 1939
4 Berg
5 »Other People's Gardens«, *Country Notes*
6 Anne Scott-James, *Sissinghurst: The Making of the Garden*, 1974
7 Berg, 16. September 1939
8 Yale, 31. August 1940
9 Yale, 31. August 1940. Veröffentlicht in: Philippe Jullian and John Phillips, *Violet Trefusis*, 1976
10 ebda., 26. September 1940
11 Yale, 5. Dezember 1940

Kapitel 28

1 Yale, 5. Dezember 1940
2 Yale, 16. März 1941
3 Berg, 10. Oktober 1940
4 Mitchell Leaska, *Pointz Hall: The Earlier und Later Typescripts of Between the Acts*, 1983
5 Nigel Nicolson, Introduction, *The Letters of Virginia Woolf*, vol. 6, 1980
6 15. April 1942

Kapitel 29

1 James Lees-Milne, *Prophesying Peace*, 1977

Teil 5: Die Enklave und der Turm
Kapitel 30

1 Berg, 6. November 1951
2 Huntingdon Library
3 Anne Scott-James: *Sissinghurst: The Making of the Garden*

Kapitel 31

1 An Eddy Sackville-West, 30. Juli 1950, Berg
2 Yale, 13. Oktober 1948
3 Denton Welch, *Journals*, 1952

Kapitel 32

1 Yale, 19. Dezember 1949
2 Yale, 4. Oktober 1949
3 Yale, 5. Juli 1949
4 Yale, 18. Januar 1950
5 *New Statesman*, 21. Januar 1950
6 James Pope-Hennessy, *A Lonely Business*, ed. Peter Quenell, 1981

Kapitel 33

1 James Lees-Milne, *Harold Nicolson*, vol. 2
2 Philippe Jullian and John Phillips, *Violet Trefusis*

Kapitel 35

1 Yale, 3. September 1957
2 James Lees-Milne, *Harold Nicolson*, vol. 2

Kapitel 36

1 University of Sussex
2 *Dearest Andrew* (VSW's letters to Andrew Reiber), 1979
3 »A Dream«, *Collected Poems*
4 An Hamish Hamilton, 8. Mai 1968
5 20. August 1957
6 25. November 1952
7 VSW, *The Garden*, 1946

Bibliographie

Die veröffentlichten Bücher von Vita Sackville-West in Englisch & Deutsch. Die deutschen Übersetzungen werden nicht nach ihrer Erstveröffentlichung genannt, sondern nach den zur Zeit lieferbaren Ausgaben, nach denen in der Übersetzung dieses Buches auch zitiert wurde.

Lyrik

Chatterton (A drama in blank verse). 1909 (Privatdruck: J. Salmon, Sevenoaks)
Constantinople: Eight Poems. 1915 (Privatdruck: Complete Press, London)
Poems of West and East. 1917 (John Lane, The Bodley Head)
Orchard and Vineyard. 1921 (John Lane, The Bodley Head)
The Land. 1926 (Heinemann)
King's Daughter. 1929 (Hogarth Press)
Sissinghurst. 1931 (Hogarth Press)
Invitation to Cast out Care. 1931 (Faber & Faber)
Solitude. 1938 (Hogarth Press)
The Garden. 1946 (Michael Joseph)
Collected Poems. Vol. I. 1933 (Hogarth Press)
Selected Poems. 1941 (Hogarth Press)

Romane

Heritage. 1919 (Collins). Deutsch: *Frühe Leidenschaft*. Berlin 1989
The Dragon in Shallow Waters. 1921 (Collins)
The Heir. 1922 (Heinemann); Neuausgabe 1949 (Richards Press). Deutsch: *Die Erbschaft des Peregrinus Chase*. Zwei Erzählungen. Frankfurt am Main 1990
Challenge. 1923 (Veröffentlichung der Originalausgabe nur in den USA: George H. Doran Co.). Deutsch: *Die Herausforderung*. Frankfurt am Main 1992
GREY WETHERS. 1923 (Heinemann)
Seducers in Ecuador. 1924 (Hogarth Press). Deutsch: *Verführer in Ecuador*, enthalten in: *Die Erbschaft des Peregrinus Chase*. Frankfurt am Main 1990
The Edwardians. 1930 (Hogarth Press). Deutsch: *Schloß Chevron*. Frankfurt am Main 1985
All Passion Spent. 1931 (Hogarth Press). Deutsch: *Erloschenes Feuer*. Berlin 1988
The Death of Noble Godavary and Gottfried Künstler. 1932 (Ernest Benn)
Thirty Clocks Strike the Hour. 1932 (Doubleday, New York)
Family History. 1932 (Hogarth Press). Deutsch: *Eine Frau von vierzig Jahren*. Berlin 1987
The Dark Island. 1934 (Hogarth Press)
Grand Canyon. 1942 (Michael Joseph)
Devil at Westease. 1947 (Veröffentlichung nur in den USA: Doubleday). Deutsch: *Der Teufel von Westease*. Frankfurt am Main 1987

The Easter Party. 1953 (Michael Joseph). Deutsch: *Die Ostergesellschaft*. Berlin 1983
No Signposts in the Sea. 1961 (Michael Joseph). Deutsch: *Weg ohne Weiser*. Frankfurt am Main 1987

Geschichte, Biographien und Literaturkritik

Knole and The Sackvilles. 1922 (Heinemann); Neuauflage 1947 (Lindsay Drummond)
The Diary of Lady Anne Clifford. 1923 (Heinemann)
Aphra Behn. 1927 (Gerald Howe)
Andrew Marvell. 1929 (Faber & Faber)
Saint Joan of Arc. 1936 (Cobden-Sanderson); Neuauflage 1948 (Michael Joseph)
Pepita. 1937 (Hogarth Press). Deutsch: *Pepita. Die Tänzerin und die Lady*. Berlin 1984
The Eagle and the Dove (St. Teresa of Avila and St. Thérèse of Lisieux). 1943 (Michael Joseph). Deutsch: *Adler und Taube. Eine Studie in Gegensätzen*. Berlin 1982
Nursery Rhymes. 1947 (Dropmore Press, limitierte Auflage); 1950 (Michael Joseph)
Daughter of France (›La Grande Mademoiselle‹). 1959 (Michael Joseph). Deutsch: *Tochter Frankreichs. Das abenteuerliche Leben der Anne Marie Louise d'Orléans*. Hamburg 1960

Gärten, Landleben

Some Flowers. 1937 (Cobden-Sanderson)
Country Notes. 1939 (Michael Joseph) [Nachdruck von Artikeln aus dem ›New Statesman‹]
Country Notes in Wartime. 1940 (Michael Joseph) [Nachdruck von Artikeln aus dem ›New Statesman‹]
English Country Houses. 1941 (Collins. Britain in Picture Series)
The Women's Land Army. 1944 (Michael Joseph)
In Your Garden. 1951 (Michael Joseph) [Nachdruck von Artikeln aus dem ›Observer‹] Deutsch: *Aus meinem Garten. Einfälle und Ratschläge*. Berlin 1988 [Auszüge aus ›In Your Garden‹]
In Your Garden Again. 1953 (Michael Joseph) [Nachdruck von Artikeln aus dem ›Observer‹]
More for Your Garden. 1955 (Michael Joseph) [Nachdruck von Artikeln aus dem ›Observer‹]
Even More for Your Garden. 1958 (Michael Joseph) [Nachdruck von Artikeln aus dem ›Observer‹]
A Joy of Gardening. 1958 (Veröffentlichung nur in den USA: Harpers, New York)
Faces (Profiles of Dogs). 1961 (Harvill Press)
Vita Sackville-West's Garden Book. Posthum 1968. Herausgegeben von Philippa Nicolson (Michael Joseph)

Reisen

Passenger to Teheran. 1926 (Hogarth Press). Deutsch: *Eine Frau unterwegs nach Teheran. Eine Reiseerzählung*. Frankfurt am Main 1993
TWELVE DAYS. 1928 (Hogarth Press). Deutsch: *Zwölf Tage in den Bakhtiari-Bergen. Eine Reiseerzählung*. Frankfurt am Main 1990

Anthologie

Another World Than This… (zusammen mit Harold Nicolson). 1945 (Michael Joseph)

Über Vita Sackville-West

Nigel Nicolson, Portrait of a Marriage. Harold Nicolson and Vita Sackville-West. Deutsch: *Portrait einer Ehe*. München 1974

Harold Nicolson, *Tagebücher und Briefe*. Band 1: 1930-1941, Band 2: 1942-1962. Frankfurt am Main 1969

Register

Aberconway, Henry D. McLaren,
  2. Baron, 480, 484
»Absence« (Gedicht), 384
Action (Zeitschrift), 338–339, 345
Acton, Harold, 507
Adler und Taube, 400, 445, 449, 452–453
Alexandra, Königin (vorher Prinzessin von Wales), 27, 34, 47
»Amber Beam, The« (unveröffentlichtes Drama), 111
Amory, Copley, 242
Andrew Marvell, 310
Anglesey, George C. H. V. Paget,
  7. Marquis von, 492
Anne-Marie Louise d'Orleans (la Grande Mademoiselle), 479, 485, 529, 535, 545–546
Another World Than This (Anthologie mit HN), 467
Aphra Behn, 251
Arbuthnot, Major, 88
Arfa, General Hassan und Hilda, 224
Arnett, Betty, 525, 544, 547, 550
Ashcroft, Dame Peggy, 347
Ashton, Sir Leigh, 212, 240
Asquith, Elizabeth (später Prinzessin Elizabeth Bibesco), 61
Asquith, Herbert Henry, 1. Earl of Oxford and Asquith, 61
Astor, Mary, 87
Astor, William Waldorf, 54, 91, 104
Attlee, Clement, 1. Earl, 468, 472, 485–486
Atwood, Claire (»Tony«), 346, 375, 483
Auden, W. H., 370, 399, 415, 473
Austen, Jane, 235

Bagnold, Enid (Lady Jones), 156–157, 162, 398
Baker, Sir John, 312
Baker, Josephine, 296
Balfour, Ronald, 214
Baring, Maurice, 85

Barker, George, 473
Barker, Margery, 548
Barnes (Gärtner), 205, 208
Barnes, Djuna, 158
Battiscombe (Familie in Sevenoaks), 30, 36
Beale, A. O. R. (»Ozzie«), 323, 456
Beaton, Sir Cecil, 554
Beaverbrook, William Maxwell Aitken,
  1. Baron, 302–303, 305
Bedford, Elizabeth, Herzogin von, 15
Beerbohm, Sir Max, 217
»Behind the Mask« (Jugendwerk), 59
Behn, Aphra, 235, 246
Bell, Angelica, 432
Bell, Clive:
  Freundschaft mit V, 177, 180, 183, 198, 200, 212, 220, 246, 257;
  über V. Woolf, 210, 212, 228;
  und V's unveröffentlichtes Manuskript, 221;
  und Mary Hutchinson, 229, 241, 250;
  und V's Ansichten von Berlin, 266;
  und der Briefwechsel zwischen V und V. Woolf, 536;
  Besuch in Sissinghurst, 554
Bell, Gertrude, 218, 243, 556
Bell, Quentin, 248, 295, 318, 549
Bell, Vanessa:
  Bemalung der Paneele, 193;
  Beziehung zu V. Woolf, 211, 326;
  von V gelangweilt, 227;
  Brief von V. Woolf über V, 245;
  Fotografien für *Orlando*, 260;
  Margaret Voigt benutzt ihre Wohnung, 272;
  in Berlin, 295;
  und Duncan Grant, 357, 432;
  und V. Woolfs Selbstmord, 433, 436
Bennett, Arnold, 191
Bennett, Miss (»Bentie«), 31, 36
Béon, Vicomte de, 14, 20
Berenson, Bernard, 186, 507

Berenson, Mary, 185
Berners, Gerald Hugh Tyrwhitt-Wilson,
9. Baron, 137, 161, 170, 191
Bernstein, Sidney (später Baron), 384
Berry, Walter, 200
Bickerton, Bill, 319
Bildt, Baron Carl (»Buggy«), 16, 53, 104,
109, 204
Bildt, Baronin, 104
Birley, Sir Robert, 376
Biron, Sir Charles, 279
»Birthday, The« (unveröffentlicht), 32
Bond (Chauffeur), 113, 117
Booth, Emily (Zofe), 56, 58, 72, 84,
101–103, 111–112, 551
Booth, Wilfred (»Wuffy«), 102–103,
111–112, 551
Borrow, George, 134
Bourchier, Thomas, Erzbischof von
Canterbury, 23
Bowen, Elizabeth, 554
Brett, Dorothy, 358
Bridges, Robert, 226, 298;
Das Testament der Schönheit, 231
Brontë, Charlotte, 234
Brontë, Emily, 131
Brooke, Jocelyn, 491–492
Brooke, Rupert, 437
Burgess, Guy, 454, 511–512, 544
Burlington (Zeitschrift), 480, 495
Bussy, Dorothy, 514

Camden, Joan, Lady, 34
Campbell, Der Ehrenwerte Kenneth
Hallyburton, 47–48, 66, 77, 80, 84,
109, 153, 298
Campbell, Mary:
Liaison mit V, 245–246, 248, 251–258,
260, 262, 268–270, 273, 275–276,
287–288, 298, 306, 333, 350;
über *Orlando*, 287;
und Roys Literary Lunch, 515;
verletzt, 538;
Briefe, 538
Campbell, Roy:
Beziehung zu V, 245–246, 248, 252–
253, 256–258, 262, 264, 268, 273, 276,
515;
Tod, 538;
The Georgiad, 331–332, 340;
Light on a Dark Horse, 514

Carnock, Arthur Nicolson, 1. Baron
(HN's Vater), 71, 91, 288
Carnock, Catherine Nicolson, Lady
(HN's Mutter):
und V's Mutter, 71;
trifft V, 80;
V's Beziehung zu, 91, 113, 457;
und V's Beziehung zu Violet, 154;
in *Erloschenes Feuer*, 327;
besucht V, 419;
und Freddy, 423;
und HN, 457;
Tod, 510
Carnock, Erskine Nicolson, 3. Baron
(Eric, HN's Bruder), 422
Carnock, Frederick Nicolson, 2. Baron
(HN's Bruder), 260, 327, 423, 434,
510–512, 515–516
Carritt, David, 495–496
Carson, Sir Edward, 88
Castelli, Signorina, 46, 53
Caxton, William, 111
Cazalet, Victor, 420, 442, 449
Challenge, 134, 151, 153, 155–156, 158, 176,
182, 247, 288
Chamberlain, Neville, 410, 421
Chaplin, (Sir) Charles, 326
Chatterton, 56
Cherry, Miss (Gouvernante), 154
Cherwell, Frederick Lindemann,
Viscount, 202
Church, Richard, 232, 484
Churchill, Clementine, Lady, 61, 119
Churchill, Sir Winston, 119, 202, 321, 421,
425, 468, 528
»City of the Lily, The« (Jugendwerk), 59
Clarke, Kenneth (später Baron), 414
Clark Kerr, Archibald (später Baron
Inverchapel), 61, 91, 119, 126
Clark Kerr, Muriel, 63–64, 82, 106, 126
Clifford, Lady Anne: *Diary*, 179, 188
Cobden-Sanderson (Verlag), 392
Colefax, Sibyl, Lady, 157, 397–398, 447,
457, 490, 505
Collected Poems, 265, 334, 365, 367–370,
380–381
Collins, Joseph, 199
Collins, William (Verleger), 131, 153, 156,
175–176, 423
Combe, Lady Jane, 52

Compton-Burnett, Dame Ivy, 378, 505, 510
Connolly, Cyril, 274, 278, 396, 554
Constant, Benjamin, 206
Constantinople. Eight Poems, 123
Contact (Zeitschrift), 470, 480
»Convalescence« (Gedicht), 107–108
Cooper, Alfred Duff (später 1. Viscount Norwich), 150, 190–191, 421, 437, 448, 527
Cooper, Lady Diana (geb. Manners), 68, 150, 173, 515
Cooper, Gary, 359
Cooper, Reggie, 103, 105
Copper, Jack, 365, 384, 400, 422, 467, 504, 506, 525–526, 538
Copper, Mrs. Jack, 445
Cornhill (Zeitschrift), 470
Country Life (Zeitschrift), 118, 123, 526
Country Notes, 405, 415, 417, 419
Couve de Murville, Maurice Jacques, 248
Craig, Edith (Edy), 346–347, 350, 375, 412, 483
»Critic, The« (geplante Zeitschrift), 146
Cromwell, Oliver, 44
Cunard, Victor, 151, 388
Curtiss, Mina, 358
Curzon of Kedleston, George Nathaniel, 1. Marquis, 365–366

Daily Mail (Zeitung), 337
Daily Sketch (Zeitung), 90, 92
Daily Telegraph (Zeitung), 365
»Dancing Elf, A« (Gedicht), 92
Dane, Clemence (Winifred Ashton), 157
Dansey, Margaret (Pat):
und Violet Trefusis, 123, 135, 157, 162, 167, 178;
Freundschaft mit V, 175–176, 178, 191, 198;
und V's Affäre mit Scott, 187;
und V's Mutter, 189;
Eifersucht, 191
»Dark Days of Thermidor, The« (Jugendwerk), 51
Dark Island, The, 373, 379–382, 411, 441
Daryush, Elizabeth (geb. Bridges), 226
de Grey, Nigel, 156
de la Mare, Walter, 473
de la Warr, H. E. D. Brassey Sackville, 9. Earl, 15
Denman, Gertrude Mary, Lady, 451

Derby, Mary, Gräfin von, 15, 18
Desborough, Ethel, Lady (»Ettie«), 68
Diary of the Lady Anne Clifford, The (hrsg. von V), 179, 188
Dickinson, Oswald (»Ozzie«), 136, 140, 168, 188–189, 227, 276, 396, 505, 527
Dickinson, Violet, 136
Doran, George H. (amerikanischer Verleger), 183;
siehe auch Doubleday Doran
Dorset, Edward Sackville, 4. Earl von, 43
Doubleday Doran (amerikanischer Verlag), 379, 472
Dragon in Shallow Waters, The, 157, 162, 165
Drinkwater, John, 157, 165
Dropmore Press, 485
Drummond, »Bunny«, 442, 482, 490, 514, 516, 544
Drummond, Katherine, 441–442, 446, 457, 475, 482
Drummond, Lindsay, 482, 490, 514
Dufferin und Ava, Frederick Temple Hamilton Blackwood, 1. Marquis von, 96, 518
Durán, Josefa, siehe Pepita
»Durch Blätter schlendern« (Rundfunksendung), 504
Duveen, Joseph, Baron, 47
Dyment, Clifford:
Poems 1939–48, 500–503

Edward VII., König (vorher Prinz von Wales), 19, 27, 40, 62
Edward VIII., König;
siehe Windsor, Edward, Herzog von
Eine Frau von vierzig Jahren, 336, 343, 348–349
Einstein, Albert, 326
Eliot, T. S., 235, 310, 473;
The Waste Land, 475
Elizabeth I., Königin, 23
Elizabeth II., Königin (vorher Prinzessin), 456, 522–523
Elizabeth, die Königinmutter, 456, 515–516, 528
Elsie (Zofe), 271
Encounter (Zeitschrift), 524
English Review, The, 92
»Erbe, Der« (Kurzgeschichte), 165, 173

Erloschenes Feuer 56, 281, 291–292, 313, 327–328, 336, 338, 340, 354, 359, 369, 411
Eugénie, Kaiserin von Frankreich, 64
Evening Standard (Zeitung), 193, 302, 322, 338, 369
Evening Times (Zeitung), 66

Faber and Faber (Verlag), 310
Faces: Profiles of Dogs, 555–556
»Fallen Soldier, A« (Gedicht), 124
Farley (Gärtner), 405
Faucigny-Lucinge, Rolfe, 518
Firbank, Ronald:
  The Flower beneath the Foot, 182
Forster, E. M., 203, 278
Freud, Sigmund, 413
Frost, Robert, 358
Frühe Leidenschaft, 128–131, 147, 150
»Frugal Life, A« (Gedicht), 123
Fry, Roger, 128, 200
»Full Moon« (Gedicht), 172

Gaigneron, Jean de, 518
Galsworthy, John 175
Garden, The, 234, 415, 449, 461, 472–476, 533
Garnett, Angelica, 549
Garnett, David (»Bunny«), 248, 432
Garvin, G. L., 172, 288
Gawsworth, John, 501
Gay, Jane (»Giovanna«, später Tubman), 31, 321, 539
Genoux, Louise (Zofe), 268, 271, 327, 342, 358
George V., König, 62, 65, 173, 320, 391, 492
George VI., König, 398, 515
Georgian Poetry (Buchreihe), 165, 176, 179
Gielgud, Sir John, 347
Gill, Eric, 334
Goehr, Laelia, 556
Goldsmith, Margaret;
  siehe Voigt, Margaret
Gosse, Sir Edmund, 175, 235, 282
Graham, Sheilah, 439
Granby, Henry Montagu Manners, Marquis von (später 9. Herzog von Rutland), 72–73, 76
Grand Canyon, 360, 422, 440–441
Grande Mademoiselle, la;
  siehe Anne Marie Louise d'Orleans

Grant, Duncan, 183, 193, 260, 295, 357, 432
Grant, Harry, 354
Graves, Marjorie, 294
Great Adventure, The (Film), 173
»Greater Cats, The« (Gedicht), 385
Grenfell, Julian, 68, 129
Grey of Fallodon, Edward, Viscount, 183
Grey Wethers, 176, 179, 184–185
Grimthorpe, Ernest William Beckett, 2. Baron, 86
Grosvenor, Rosamund (später Lynch):
  als Kind, 31;
  Beziehung zu V, 40, 42, 52, 54, 58, 61, 64–65, 67, 72, 74–76, 78–86, 106, 108–109, 116, 175;
  als Laienschauspielerin, 78, 82;
  und Raikes, 85–86, 105, 175;
  und V's Verlobung, 91–92;
  V's ihr gewidmetes Gedicht, 92;
  Brautjungfer bei V's Hochzeit, 94–96;
  und V's Ehe, 100, 102–104, 106;
  besucht V in Konstantinopel, 105;
  als Bens Taufpatin, 109;
  verletzt, 110;
  Tod der Mutter, 121;
  Heirat, 175;
  Tod, 454

Hailey, Sir Malcolm, 391
Hall, Radclyffe, 346;
  Quell der Einsamkeit, 278–279
Hamill, Frances, 548, 557
Hardinge, Charles, 16
Harper's Bazaar (Zeitschrift), 276
Harris, Henry (»Bogey«), 74, 87, 189
Hart-Davis, Sir Rupert, 369, 514
Hatch, Lady Constance, 34, 38, 47, 54, 70–71, 88
Hawkes, Jacquetta, 514
Hawthornden-Preis, 240–241, 247–248, 398
Hay, Ivan, 66, 68–69, 73, 83
Hayter, George (Gärtner), 358, 405, 423
Hearst, William, 359
Heinemann, William (Verleger), 176, 214, 441, 483
Heinemann-Preis, 477
Heir, The, 175, 179
Heneage, Dorothy, 125, 428
Hepburn, Patrick Buchan, 229
»Heredity« (Gedicht), 265

Hitler, Adolf, 410, 441, 461
Hogarth, Irene (»Pace«; später Pirie), 55, 64, 87, 106, 126
Hogarth Press, 253, 299, 305, 317, 343, 369, 401, 410, 440–441;
siehe auch Woolf, Leonard
Hoover, Herbert, 354
Horder, Thomas Jeeves, 1. Baron, 263
Horizon (Zeitschrift), 438
Horne, George (Butler), 227
Horner, Edward, 76, 82, 129
Howard, Margaret, 442
Hudson, Nan, 282
Hugo (Londoner Antiquitätenhändler), 322
Hunter, Mrs. Charles, 84–85, 160
Hussey, Betty, 505–506
Hutchinson, Mary, 190, 229, 241, 250, 262–263, 279
Huxley, Aldous, 173

Imperio, Pastora, 85
»Interior« (unveröffentlichtes Gedicht), 252
»Interlude in Two Lives« (Kurzgeschichte), 530
Irons, Evelyn:
Beziehung zu V, 330–335, 336–340, 343, 346, 439, 462;
verläßt V, 343–345, 554;
und V in den USA, 354–355;
und Gwens Artikel, 366;
V's Gedichte an, 380;
Tätigkeit im Krieg, 461;
Briefe von V, 485, 546–547, 552, 554;
Brief von Eddy, 563
Irwin, Margaret, 505

Jebb, Gladwyn (später Baron Gladwyn), 221
Jebb, Marjorie, 240
Jekyll, Gertrude, 123–124
Jessel, Sir George, 484
Joad, C.E.M., 505
Johanna von Orleans, 383, 388, 393–395, 446
John, Augustus, 128, 252, 256
John O'London's Weekly, 165
Jones, Sir Roderick, 156–157
Joseph, Michael (Verleger), 441, 472, 485, 508

Jowitt, William Earl, 470
Joyce, James: *Ulysses*, 340, 393
Jullian, Philippe, 485, 505, 518

Keeling, Eddie, 102
Keppel, Alice (Mrs.):
über Knole, 24;
und Edward VII., 27, 34, 40, 62;
Kinder, 40–41;
über V und Violet, 82, 160;
und die Heirat mit Trefusis, 160;
in *Schloß Chevron*, 318
Keppel, Sonia (später Cubitt), 40, 42, 498
Keppel, Violet, siehe Trefusis, Violet
King's Daughter (Gedichte), 305–306, 309–310, 385
»King's Secret, The« (Jugendwerk), 45, 48, 169
Kitchener, Horatio Herbert, 1. Earl, 101
Knoblock, Edward, 143–144
Knole and the Sackvilles, 175–176, 179, 181–182, 483
Knollys, Eardley, 347, 396, 453, 462, 477–479, 484, 526
Kreutzberger, Sibylle, 547, 563

Lacretelle, Pierre de, 76, 78, 103, 108
Lamont, Edith:
Freundschaft mit V, 482, 527, 540–542, 545–546, 551;
Tod ihres Gatten, 550;
Weg ohne Weiser ihr gewidmet, 551;
besucht Knole, 554;
auf Winterkreuzfahrt mit V und HN, 557–558;
pflegt V, 558–559
Lamont, Newton, 550
Land, The:
Niederschrift, 167, 173, 188, 193, 199, 202, 205, 214, 220;
Veröffentlichung und Aufnahme, 231, 234, 236–238, 240, 298, 310, 473–474, 486;
Beschreibung, 231–234;
gewinnt den Hawthornden-Preis, 240–241, 247–248;
Rebecca West über, 263;
Cyril Connolly über, 274;
V's Lesungen daraus, 346–347, 447–448, 528;
Renaissance während des Krieges, 450

Lane, John, 107, 123
Lascelles, Henry George Charles, Viscount:
  macht V den Hof, 69, 76–80, 83, 90, 94, 255;
  Heirat, 173;
  in *Orlando*, 282–284
Laski, Marghanita, 520
Laszlo, Philip de, 58
Lawrence, D. H., 352, 358;
  Lady Chatterley, 278
Le Bosquet, Audrey (»Boski«), 277, 282, 308, 322, 347
Lee, Miss (Gärtnerin), 405
Lees-Milne, Alvilde (vorher Viscountess Chaplin):
  Heirat mit James, 512–513;
  Aussehen, 519;
  und Violet Trefusis, 519;
  Freundschaft mit V, 529–531, 533–534, 537–545;
  und Eddy Sackville-West, 539;
  Haus in Gloucestershire, 554, 559;
  und V's tödliche Krankheit, 559
Lees-Milne, James, 452, 484, 512, 515, 517, 540–541, 558–559
Lehmann, John, 440
»Leopards at Knole« (Gedicht), 25, 176
Leverhulme, William Hesketh Lever, 1. Viscount, 129, 162
Lewis, Sinclair, 267
»Liberty« (früher »A History« genannt; Kurzgeschichte), 276
Lindbergh, Charles, und Anne Morrow, 352, 392
Listener (Zeitschrift), 368
Lloyd George, Lady Megan, 533
London Mercury (Zeitschrift) 157, 165
Longford, Francis Aungier Pakenham, 7. Earl von, 488
Loraine, Louise, Lady, 220
Lowndes, Marie Adelaide Belloc, 288
Loys Chandieu, Marquis de, 16–17
Lubbock, Percy, 203
Luhan, Mabel Dodge, 358
Lutyens, Sir Edwin:
  und V's Mutter, 118, 122–123, 187, 204;
  Porträt, 128;
  gestaltet holländischen Garten in Long Barn, 202;
  in Indien, 216;
  Botschaft in Washington, 354;
  zu *Pepita*, 401;
  Tod, 454
Lutyens, Mary, 187
Lynch, Capt. Jack, 175

»MCMXIII« (Gedicht), 90
Macauley, Dame Rose, 510
MacCarthy, Sir Desmond, 477
MacCarthy, Molly, 215
MacDonald, Ramsay, 321
McLachlan, Dame Laurentia, Äbtissin von Stanbrook, 446
MacLean, Dr. (in Konstantinopel), 104
MacLean, Donald, 511–512
Macmillan, Miss (»Mac«, »Anna«):
  als V's Sekretärin, 391, 398;
  und V's Rippenfellentzündung, 404;
  und der Tod des Hundes Martha, 489;
  Beziehung zu V, 410–412, 415, 442, 467, 525, 527;
  Widmung der *Nursery Rhymes* an sie, 485;
  in Spanien, 496–497;
  kehrt aus Kanada zurück, 500;
  und V's Zusammenbruch, 515–516;
  betreibt ein Pflegeheim, 525, 527;
  Tod, 559
MacNeice, Louis, 473
Magnus-Allcroft, Sir Philip, und Jewel, Lady, 543
Mais, S. P. B., 179
Mallet, Sir Louis, 103
Manchester Guardian, 311
Manners, Lady Diana;
  siehe Cooper, Lady Diana
Manning, Henry Edward, Kardinal, 18
Mansfield, Katherine, 179, 181
Margaret, Prinzessin, 554
»Marian Strangways« (unveröffentlicht), 30, 55, 70, 89, 93–96
»Mariana in the North« (Gedicht), 123
Mariano, Nicky, 186, 507, 529, 556
Marlborough, Charles Richard John Spencer-Churchill, 9. Herzog von, und Gladys Marie, Herzogin von, 202
»Marriage« (unvollendetes Schauspiel), 165
Marriages of Mayfair, The (Schauspiel), 52
Marsh, Sir Edward, 151, 165, 176, 199, 240

Martin, Kingsley, 405
Marvell, Andrew, 298
Mary, Prinzessin:
  Heirat mit Lascelles, 173
Masefield, John, 519–520, 522
Mason (Kommissionär in Knole), 509
»Masque de Fer, Le« (Jugendwerk), 44
Matheson, Hilda:
  Beziehung zu V, 290–294, 297–303, 308, 311, 324–326, 333;
  Freundschaft mit der Familie Nicolson, 308;
  Ferien in Italien mit D. Wellesley, 322, 326;
  verläßt die BBC, 340, 348;
  als Sekretärin in Sissinghurst, 347, 355, 467;
  und die Amerika-Tour der Nicolsons, 351, 358, 361;
  in der Kritik von V's Mutter, 361;
  Stellung beim African Survey, 391;
  über *Solitude*, 412;
  und der Tod von Yeats, 414–415;
  Tod, 424
Maugham, W. Somerset, 373
Meynell, Wilfred, 248
Molyneux, Edward, 152
»Moonlight« (Gedicht), 447
Moore, George, 117, 129
Morgan, John Pierpont, 76
Morgan, Shirley, 477, 484, 492
Morning Post, 91, 124
Morrell, Lady Ottoline, 191, 371, 385
Morrell, Philip, 251
Morrow, Dwight, 377
Mortimer, Raymond:
  rezensiert *Grey Wethers*, 184;
  Freundschaft mit V, 191, 198, 260, 270, 298;
  Liaison mit HN, 203, 209, 248, 278;
  in Sherfield, 212;
  in Persien, 221–222;
  V über, 225;
  über die Ehe der Nicolsons, 238;
  und V's Rückkehr aus Persien, 244;
  und V. Woolf, 249–250;
  und Valerie Taylor, 260;
  rezensiert *Orlando*, 286;
  in Smallhythe, 347;
  als Feuilletonredakteur des *New Statesman*, 394;
  rezensiert *Solitude*, 410;
  Ferien in Frankreich mit V, 477–479, 526;
  und Campbells *Light on an Dark Horse*, 514;
  und V's *Tochter Frankreichs*, 546
Mosley, Sir Oswald (Tom), 131, 153, 338
Mulhall, Mrs., 15
Munoz Rojas, José Antonio, 497
Mussolini, Benito, 450

Nabokov, Vladimir: *Lolita*, 542–544
Nation (Zeitschrift), 150, 184, 188, 228, 278, 296
Nation, General John James Henry, 398
»1931« (Gedicht), 334
Neve, Sidney (Gärtner), 405, 479, 494
New Decameron, The, 174
New Statesman (Zeitschrift), 333, 393, 405, 410, 415, 501–502
Nichols, Robert, 128
Nicolson, Adam (Enkel), 540
Nicolson, Benedict Lionel (erster Sohn):
  Geburt und Taufe, 107–109;
  Kindheit, 114–115, 119, 137, 143–145, 148, 152–153, 165;
  Schuljahre, 148, 186, 195, 214, 260, 264, 279, 304, 332, 339;
  Ferien in Italien, 201–202, 322–323;
  V's Beziehung zu, 262, 304, 306, 375–376, 420, 428–431, 443, 459, 471, 494–496, 504, 508, 524–525, 556–557;
  in den Schulferien, 269, 277–278;
  und Großmutters Unheilstiftung, 304–305, 361–362;
  über den Hochzeitstag der Eltern, 339;
  Gesundheit, 339;
  Dichtkunst, 348;
  und Amerika-Tour der Eltern, 353, 355, 360;
  in Oxford, 356, 392;
  und Sexualität, 356–357, 361–363, 408–409;
  Kunststudien in Italien, 363;
  über *The Dark Island*, 379–380;
  in den USA, 384;
  und die Kandidatur des Vaters in Leicester, 390;
  und der Tod der Großmutter, 391–392;
  bei der National Gallery, 397;
  Verhalten im Alltag, 399–400;

über *Pepita*, 402;
beim Fogg Museum, 408;
Stellvertretender Kustos der Königlichen Gemäldegalerie, 414;
Kriegsdienst, 419–421, 428, 443, 458–459;
und Violet Trefusis, 428;
über seine Mutter, 429–431;
Heiratspläne, 439;
Rückkehr aus dem Krieg, 463–464;
in Neville Terrace, 469, 495;
schreibt über Kunstgeschichte, 470;
gibt *Burlington* heraus, 480, 495;
Beziehung zu D. Carritt, 494–496;
Heirat mit Luisa, 505, 529–530;
Umzug nach Pimlico, 508;
Zuneigung zum Vater, 508;
Kind, 535;
Eheprobleme, 542, 545, 556–557
Nicolson, Gwen;
siehe St. Levan, Gwendolen, Lady
Nicolson, Sir Harold:
begegnet und umwirbt V, 60–61, 63, 68–81, 83, 86–88;
Geschlechtskrankheit, 66–67, 125–126, 131;
Versetzung nach Konstantinopel, 68, 71, 101–104;
homosexuelle Neigungen, 75–76, 126;
Verlobung, 89–94;
Heirat, 94–96;
eheliche Beziehungen, 99–108, 110, 112–121, 126–128, 130–132, 133–137, 140–145, 153–155, 157–161, 165, 167, 170–172, 174, 177–178, 187–188, 191–193, 201–203, 205–207, 220–223, 238–239, 273, 291–292, 296–297, 300–301, 337–338, 371–372, 379, 390–391, 402–403, 433–436, 439, 445, 458, 520, 526–527, 531–532, 548;
in Ebury Street, 109, 116–117, 124, 184, 195, 261;
in Long Barn, 111–112, 115, 119, 121–123;
Karriere im diplomatischen Dienst, 110, 118, 120, 132, 205, 242;
Jugendlichkeit, 81;
über V's Gedichte, 123–125;
Freundschaft mit Mosley, 131, 153, 338;
und V's Affäre mit Violet Trefusis, 133, 135–136, 138, 140–145, 152–155, 158–161, 178, 200, 229–230;

bei der Pariser Friedenskonferenz, 141–144;
Humor, 148;
Gutmütigkeit, 151, 154, 205–206;
und Molyneux, 152;
emotionale Reaktionen, 167;
Ferien mit den Wellesleys, 170–171;
bei der Konferenz von Lausanne, 177, 181;
und G. Scotts Affäre mit V, 190, 194, 203, 208–209, 212;
Vertiefung in Bücher und Arbeit, 192;
und R. Mortimer, 203, 209, 248;
in Teheran, 205, 212–213, 219–223, 229;
und V's Beziehung zu V. Woolf, 209–212, 229, 281–282;
Tagebuch, 223;
und Hepburn, 229;
Rückkehr aus Teheran, 245;
Posten in Berlin, 255, 261–262, 266, 295–297;
über V's komplizierte Beziehungen, 259–264;
Verschwendung, 261;
und V über seine Karriere, 267, 274;
über V's Mutters Unbeherrschtheit und Anspruch auf die Juwelen, 271, 277, 304–305;
und V's Ansichten über die Stellung der Frau, 291–292, 300–301, 374;
politischer Ehrgeiz, 299, 338–339, 388;
Rundfunksendungen, 300, 311, 324, 338, 340;
Stellung beim *Evening Standard*, 302–303, 306–307, 322, 338;
und V's *King's Daughter*, 305–306, 310;
Wohnung in Temple, 308, 330, 342, 397, 462, 469;
und Sissinghurst, 311–313, 323–325, 341–342, 384, 399, 420, 450, 462, 464, 480–481, 490;
unzufrieden und deprimiert, 325, 338, 342, 387–388;
in R. Campbells Satire, 332;
und Evelyn Irons, 333, 339, 346;
in der New Party, 338–339;
und Olive Rinder, 345;
US-Vortragsreise, 351–356;
Vortragstechnik mit V, 364–365;
Blutvergiftung, 375;

Beziehung zu seinen Söhnen, 377, 458–459, 484, 508;
in den USA für Recherchen über Morrow, 377, 383–384;
über V's *Dark Island*, 379;
und V's Isolation, 387–388, 398, 412–414;
für Leicester West ins Unterhaus, 389–390;
und der Tod von V's Mutter, 391–392;
und Nazis, 409;
Segeln, 410, 416–417;
im Fernsehen, 416, 556;
im Informationsministerium, 421, 437;
Treffen mit Violet Trefusis im Krieg, 427;
und V. Woolfs Tod, 435, 438;
im Verwaltungsrat der BBC, 449;
Ohnmachten, 454;
und Luftangriffe im Krieg, 454–455;
und seine Mutter, 457;
V's Gedicht für ihn, 458;
und Familienleben, 459–460;
Verlust des Sitzes im Unterhaus, 467–469;
in Neville Terrace, 469, 495, 510, 512, 517;
bemüht sich um die Peerage, 469–470, 486, 488;
schließt sich der Labour Party an, 471–472, 486, 488;
berichtet über die Pariser Friedenskonferenz von 1946, 478;
Arbeit für den National Trust, 483–484;
verliert Nachwahl in North Croydon, 486, 488;
und das Dyment-Gedicht, 502–503;
Tod seiner Mutter, 510–511;
sein Bruder Freddy, 510–512;
Sorge um die Gesundheit, 516–517;
in der Wohnung in Albany, 517, 527, 548;
KCVO, 520;
Ehrenmitglied von Balliol, 522;
Schlaganfall, 528–529;
Geschenk zum 70. Geburtstag, 534–535;
Winter-Kreuzfahrten, 535–537, 541, 543, 550, 553, 557–558;
Biographie von Lees-Milne, 540;
Taubheit, 548;
rezensiert im *Observer*, 555;
und V's tödliche Krankheit und Tod, 558–560;
Tod, 563
Werke: *Helen's Tower* (dt. *Rose und Sporn*), 288;
Journey to Java (dt. *Reise nach Java*), 537;
King George V (dt. *Georg V.*), 492;
Monarchy, 550, 554;
Peacemaking (dt. *Friedensmacher*), 365;
Public Faces (dt. *Die Herren der Welt privat*), 349;
Some People (dt. *Miss Plimsoll und andere Leute*), 182, 474;
Tennyson, 179, 183
Nicolson, Juliet (Nigels Tochter), 525–526
Nicolson, Luisa (geb. Vertova; Bens Gattin), 507, 529–530, 535, 542, 545, 556–557
Nicolson, Nigel (zweiter Sohn):
über Long Barn, 115;
Geburt, 121;
Kindheit, 135, 137, 144, 158–159, 206;
veröffentlicht *Portrait einer Ehe*, 158, 222;
schreibt an *Rainbow*, 179;
und der Posten des Vaters in Teheran, 206;
Schuljahre, 214, 253, 269, 332;
verletzt, 231;
in den Schulferien, 269, 277–278, 306;
und die Abwesenheit des Vaters (Berlin), 271;
Beziehung zur Mutter, 304, 376–377, 391–392, 397, 443, 459, 471, 484, 492–493, 503–504;
Ferien in Italien, 322–323;
zum Hochzeitstag der Eltern, 339;
und die US-Tour der Eltern, 355, 360;
Blinddarmentzündung, 366;
mißbilligt Poesie, 371, 377;
Beziehung zum Vater, 377;
Kandidatur des Vaters in Leicester, 390;
und der Tod der Großmutter, 391–392;
Prüfung in Oxford, 408;
über *Pepita*, 402;
Kriegsdienst, 420, 443, 458–459;
und V. Woolfs Tod, 438;
Heiratspläne, 439–440, 459–460;
Erbe von Sissinghurst, 440, 526, 563;

als zukünftiges Unterhausmitglied, 459;
Rückkehr aus dem Krieg, 464;
in Neville Terrace, 469;
lobt *The Garden*, 477;
und Shirley Morgan, 477, 484, 492;
auf den Hebriden, 480;
bei Weidenfeld & Nicolson (Verlag), 492-493;
für Bournemouth West im Unterhaus, 503-504, 515;
Wohnung in Albany, 518;
Heirat, 522-523;
Kinder, 525-526, 540;
verlegt *Lolita*, 542;
verliert Abstimmung in Bournemouth, 544;
über *Tochter Frankreichs*, 546;
und HN's *Monarchy*, 555;
Scheidung, 563
Nicolson, Philippa (geb. Tennyson d'Eyncourt; später Lady McAlpine; Nigels Gattin), 522-523, 534, 540, 563
Nicolson, Vanessa (Bens Tochter), 535
Niggeman, Elvira, 456, 458-459, 462, 469
Norbury, Lucy Henrietta Katherine, Gräfin von, 402
»Notes on a Late Spring« (Artikel), 193
»Novice to her Lover« (Gedicht), 500-501
Nursery Rhymes, 485

Observer (Zeitung):
druckt V's Gedichte, 124, 172;
rezensiert *The Land*, 234;
V's Kritiken für, 385, 473;
V's Gartenartikel für, 481, 485, 513, 515, 524, 550, 554;
HN's Rezensionen für, 555
Oliva, Juan Antonia de (Pepitas Gatte), 14
Onlooker (Zeitschrift), 44
Orchard and Vineyard (Gedichte), 172-173, 179, 181
Ortega, Catalina (Pepitas Mutter), 14
Orwell, Sonia, 543
Ostergesellschaft, Die, 490, 505, 507, 516, 519-521
Osuna, Herzog von, 496

Palewski, Gaston, 507
Palmer, Herbert E., 332
Parrot, Mr. und Mrs., 510

Parsons, Alan, 288
Parsons, Trekkie, 536
Passengers to Teheran, 231, 238
Patterson, Mrs. (Krankenschwester), 13
PEN-Club, 179, 183, 190
Pepita (Josefa Durán), 14, 49, 51-52, 84, 130, 395, 496-497
Pepita, 30, 57, 147, 395, 397, 399, 401-402, 483
Pinsent, Cecil, 185
Pippett, Aileen:
The Moth and the Star, 536
Pirandello, Luigi, 296
Pitter, Ruth, 398
Pitt-Rivers, Michael, 543
Plank, George, 190, 231, 309, 364, 401
Platt, Ronald, 539, 545, 547
Plomer, William, 347
Poems of West and East, 123-125
Poetry Review (Zeitschrift), 188, 500-503
Pope-Hennessy, James, 499, 505-506, 517
Portrait einer Ehe, 100, 158, 221-222, 377, 561
Potocki, Graf Joseph, 54, 64, 224
Powerscourt, Sheila, Viscountess (Sheila Wingfield), 517
Prokosch, Frederick, 320
Pryce-Jones, Alan, 514, 520
Pucci, Orazio, Marquis, 53-54, 56, 58-59, 63, 65, 77, 94, 186
Punnett, H. C. (Bauunternehmer), 324-325
Pym, Violet, 482, 499-500, 514, 545, 551

Quenell, Peter, 396
Quinlan (Diener), 559

Raikes, Commander Reggie, 85-86, 105, 175
Rainbow (Kinderzeitschrift), 179
Ravensdale, Mary Irene Curzon, 2. Baronin, 443
Raverat, Jacques, 200
»Reddín« (unveröffentlichter Roman), 168-170, 179;
Neufassung als Gedicht, 238, 273, 368
Reed, Henry, 473
Reiber, Andrew, 555
Reith, John, Baron, 340, 352
Renoir, Auguste, 104
Reza Khan, Schah von Persien, 220-221

Rice, Mrs., 423
»Richelieu« (Jugendwerk), 44
Riess, Frau (Fotografin), 296
Rilke, Rainer Maria, 268, 275, 334
Rinder, Olive (»Olga«), 333, 335, 338–341, 343–345, 347, 355, 364
Roberts, Denys Kilham, 473
Robson, Major (JP), 484
Rodin, Auguste, 87, 93, 102, 104, 106
Romilly, William Gaspard Guy, 4. Baron, 310
Romilly, Diana, Lady (geb. Sackville-West), 96, 310
Rosandic, Toma (Bildhauer), 384
Rubens, Olive (später Nation):
Beziehung zu V's Vater, 68, 82, 89, 91, 95, 104, 137, 144, 239, 304;
als Bens Taufpatin, 107–108;
Wohnung in Knole, 113, 120–122, 128, 137, 147;
und V's Eskapade mit Violet Trefusis, 144;
V's Vater will sie heiraten, 194;
und der Tod von V's Vater, 263–264;
heiratet General Nation, 398;
und V's Mutter in *Pepita*, 401
Rubens, Walter, 68, 95, 104, 113, 137
Russell, Claude, 85, 87
Russell, Elizabeth, Lady:
The Enchanted April, 373

Sackville, Anne, Lady (vorher Bigelow; Gattin des 4. Barons), 265, 554
Sackville, Charles Sackville-West (»Onkel Charlie«), 4. Baron, 27, 264–265, 402, 452, 509, 554, 559
Sackville, Edward Sackville-West, 5. Baron (»Eddy«):
Kindheit, 29;
und Knole, 122, 213, 226, 264–265, 303;
Familie, 175;
über V und Bloomsbury, 198;
Homosexualität, 201, 226;
und die Campbells, 248;
über Cyril Connolly, 274;
in Berlin, 296;
hilft bei der Rilke-Übersetzung, 334;
in Smallhythe, 347;
lobt *The Dark Island*, 382;
Beziehung zu V, 396, 404, 430;
Katholizismus, 454;
über Ben und Nigel, 460;
Brief von V über Ausschluß von Dichterlesung, 474;
gratuliert V zum CH, 486;
lebt in Irland, 539;
erbt den Titel, 559;
über V's Tod, 563
Sackville, Jacobine, Lady (geb. Hitchens; Gattin des 6. Barons), 523
Sackville, Lionel Sackville-West, 2. Baron (»O'Mann«; Großvater), 13–18, 28, 38–39, 49–52, 402
Sackville, Lionel Sackville-West, 3. Baron (»Tio«, »Dada«; Vater):
und V's Geburt, 13–14;
Familie und Herkunft, 17;
Werbung und Heirat, 17–19;
Beziehung zu V, 31–33, 39, 49, 76, 78, 80, 86, 113–114, 264;
Beziehung zur Gattin, 33–35, 82–83, 114, 121;
Affären, 34–35, 38, 47, 54, 68, 91, 113, 121, 137, 145;
Erbe, 51–52, 57–58;
und HN, 68, 70–71, 78–79, 92;
Testament Scotts, 88–89;
und Astor, 104;
besucht V in Konstantinopel, 104–105;
und der 1. Weltkrieg, 107, 113;
Scheitern der Ehe, 147–148;
fordert die Scheidung, 193–194, 204;
Tod, 263–264;
Nachlaß, 269;
in *Pepita*, 401
Sackville, Lionel Sackville-West, 6. Baron, 497–498, 509, 523, 551
Sackville, Mortimer Sackville-West, 1. Baron, 15, 17
Sackville, Thomas (16. Jh.), 23, 43
Sackville, Victoria, Lady (Mutter; »B.M.«):
und V's Geburt, 13;
Herkunft und Familie, 14–15;
Werbung und Heirat, 17–19;
in Knole, 24, 31;
und V's Kindheit, 25–30;
Beziehung zu V, 30–33, 37–39, 45, 48–49, 52, 86, 89, 91–95, 104–110, 113, 122, 192–193, 201, 204, 252, 269–271, 367–368, 431;
Charakter und Verhalten, 31–32, 45, 107, 234, 276–277;

Rolle in der Ehe, 33–34, 82, 88, 113–114;
und Sir J. M. Scott, 35–37, 60, 67–69;
und V's frühe Schreibversuche, 44–45;
über V, 49, 73, 174;
und der Tod des Vaters, 50–51;
Prozeß und Nachfolge, 51–52, 57–58, 395;
und Pucci, 53–54;
und W. W. Astor, 54, 91;
und Speall's (Geschäft), 68;
und HN, 70–71, 79;
und Scotts Testament, 72, 88–89, 122;
und J. P. Morgan, 76;
und V's Heirat, 94–96;
und Bens Geburt, 107–109;
und Lutyens, 118, 122–123, 187;
und V's veröffentlichte Bücher, 124, 147, 176, 288–289, 317;
und Leverhulme, 129;
Haus in Brighton, 136–137, 173, 184;
und V's Eheprobleme, 136, 140–142, 159;
Scheitern der Ehe, 147–148;
über *Challenge*, 156;
über »Der Erbe«, 165;
»Buch der Erinnerungen«, 174;
Umzug nach Roedean, 184;
über V's Affäre mit G. Scott, 186–190, 195, 197, 204;
verweigert die Scheidung, 194;
finanzielle Unterstützung der Nicolsons, 195, 208, 313, 324, 341, 349–350, 384;
und V in Persien, 229;
bleibt dem Begräbnis des Gatten fern, 264;
und der Nachlaß ihres Gatten, 269–270;
und V's Juwelen, 269–270, 276–277, 310;
über *Orlando*, 288–289;
Unheilstifterin, 298–299, 304–305, 361–363;
kauft Streatham House, 298–299;
Versöhnung mit V, 309–310;
Nachlassen der Sehkraft, 349;
über Hilda Matheson, 361;
Prozeß des Butlers, 367;
und V's Gedichte, 368;
in *The Dark Island*, 380;
Tod, 391–392;
in *Pepita*, 401–402
Sackville-West, Bertrand (Onkel), 102, 104, 497

Sackville-West, Diana;
siehe Romilly, Diana, Lady
Sackville-West, Georgina (geb. Dodwell; Großmutter väterlicherseits), 17
Sackville-West, Maud (geb. Bell; erste Frau des 4. Barons), 27
Sackville-West, Vita (Victoria Mary; Lady Nicolson):
Geburt, 13;
Religion, 18, 383, 394–395, 411, 452–453;
Kindheit in Knole, 23–33, 43–44;
und die Ehe der Eltern, 34–35;
Kindheits-Testament, 36;
Charakter, 37, 55, 149;
Aussehen, 40, 47, 73–74, 174, 201, 245, 310, 378, 386–387, 396–397, 478, 527–528;
Erziehung, 45–46;
frühe Schreibversuche, 42–45, 51, 55–56, 59–60;
Campbell umwirbt sie, 47–48, 66, 80;
Einführung in die Gesellschaft, 53, 61–62;
Porträts, 58, 134;
HN begegnet ihr und macht ihr den Hof, 60–61, 63, 66–81, 83, 86–88;
sexuelle Doppelnatur, 67, 74–75, 100–101, 126–128, 132;
und der Scott-Prozeß, 88–89;
Verlobung, 89–93;
Hochzeit, 94–96;
Rolle in der Ehe, 99–105, 110, 112–117, 120, 126–128, 131–137, 140–144, 153–155, 159–161, 165, 167, 169–170, 174, 177, 187, 191–192, 201–203, 206–207, 219, 222–223, 238–239, 273, 291, 297, 300–301, 337–338, 371–372, 379, 390, 402–403, 434–436, 438–439, 445, 458–459, 520, 526–529, 531–532, 548;
Schwangerschaften, 104–107, 110, 113, 119;
Testament, 106;
erste veröffentlichte Gedichte, 107, 123–124;
Geburt der Kinder, 107, 114, 120–121;
Haus in Ebury Street, 109–110, 116, 124, 184, 195;
in Long Barn, 111, 115, 118–119, 151, 184, 202;
frühe Gärtnerei, 112, 119, 151, 176–177, 205, 207–208;

Finanzen, 116, 261, 492–493, 501, 506;
Tätigkeit im 1. Weltkrieg, 117;
schriftstellerische Arbeit, 118, 146–148, 155–156, 173–174, 193, 236–237;
Lyrik, 123–125, 165, 176, 188–189, 207, 237, 258–261, 305–307, 329, 334, 339, 367–370, 410–411, 415, 461, 463, 473–477, 530;
Affäre mit Violet Trefusis, 132–145, 149–156, 158–161, 229–230, 428, 431;
Beziehung zu den Söhnen, 144, 179–180, 186, 211–212, 251, 264, 277, 304–305, 322–323, 356–357, 361–362, 371–372, 375–377, 397, 420–421, 428–431, 443, 458–460, 470–471, 484, 492–496, 503–504, 508, 522, 524–525, 529–530, 542–543, 556–557;
»Bekenntnis« (*Portrait einer Ehe*), 158–159, 161, 221–222, 377, 561;
Ferien mit den Wellesleys, 167–172;
Literarischer Erfolg, 179;
Beziehung zu V. Woolf, 180–181, 195–196, 199, 204, 209–215, 217–218, 220–221, 227–230, 235–242, 244, 246–251, 275–276, 299, 306–308, 325–326, 336–337, 363–364, 386–387, 393, 403–404, 407–408, 417, 419–420, 431–433, 437–438;
im Firbank-Roman, 182;
und Geoffrey Scott, 185–190, 193–194, 196–197, 201, 203–204, 208–209;
Reisen nach Persien, 212–224, 240–244;
über Literatur, 234–235;
Beziehung zu Mary Campbell, 251–262, 268–270, 273, 276;
und V. Woolfs *Orlando*, 253–255, 260, 272, 282–289, 437;
Besuche in Berlin, 261, 264, 266, 293;
und der Tod des Vaters, 263;
und HN's diplomatische Laufbahn, 266–267, 275;
und Margaret Voigt, 267–268, 272–275, 290;
Mutter beansprucht Juwelen, 269–270;
im Rundfunk, 270–271, 289–291, 299–300, 307–308, 311, 348, 504;
emotionale »Pensionärinnen«, 272–273;
mit V. Woolf in Frankreich, 279–282;
Beziehung zu Hilda Matheson, 290–295, 297–299, 301–303, 311, 325–326;
über die Stellung der Frau, 291–292, 300–301, 374, 443, 561;
und Sissinghurst, 311–313, 323–326, 341–343, 378;
»Tagebuch-Gedichte«, 329–330, 387–388, 517;
Beziehung zu Evelyn Irons, 330–340, 343–345, 439;
in Roy Campbells Satire, 331–332;
Beziehung zu Olive Rinder, 337–341, 343–347;
Beziehung zu Christopher St. John, 346–347, 349–351, 364, 375, 439;
Rechtschreibungsreform, 348;
Vortragsreise in den USA, 351–360;
im BBC über Gartenkunst, 368;
Nervenzusammenbruch, 369–370, 372;
Unbehagen an Gesellschaft und Isolierung, 377–378, 387–388, 396, 412–414, 443;
Northcliffe-Vorträge, 378;
Grausamkeit und Sanftheit, 380–381;
und HN's Unterhauswahlen, 388–390;
Tod der Mutter, 391–392;
konservative Einstellung, 393, 430, 443–444;
lehnt Einladungen an den Hof ab, 398, 413–414;
Gastritis, 404;
Einstellung zum Krieg, 407, 420–422;
und Miss Macmillan (Mac), 410–412, 415, 442, 467, 525, 527;
kauft Fernsehgerät, 416;
Tätigkeit im 2. Weltkrieg, 418–419, 446–447;
Evakuierungspläne, 421–422;
Alkohol, 424, 434, 480;
wiederaufgenommene Beziehung zu Violet Trefusis, 424–427, 448–449, 489, 496–498, 501–502, 505–507, 513, 515, 518–519, 539–540, 554;
über Sitwells Dichterlesung, 447–448;
Hausarbeit, 447;
graphologisches Gutachten, 453;
und Bombenangriffe, 454–456;
im Buckingham Palast, 456, 485, 505–507, 528;
und Familienleben, 459–460;

Arthritis, 461–462, 479–480, 501, 504, 506, 520, 523, 527;
unterstützt HN bei der Wahl 1945, 467–468;
berät HN, 469–472;
von Lesung in Wigmore Hall ausgeschlossen, 473–474;
Garten-Artikel im *Observer*, 481, 485, 504, 513, 515, 524, 550, 554;
anziehende Wirkung auf Frauen, 482–483;
Tätigkeit in der Kommunalverwaltung, 484, 486–487;
Vortragsreisen für das British Council, 486, 496–497;
Krankheit in Spanien, 497, 500;
und Dyment-Gedicht (Plagiat), 500–503;
Ehrendoktorat, 505;
Parties und Geselligkeit, 505–506;
Herzanfall, 515–516, 541;
Ungeschicklichkeit, 516–517;
Altern, 520, 527;
und HN's Ehrung, 520;
Enkelkinder, 525–526;
Rückgratverletzung, 529;
Freundschaft mit Alvilde Lees-Milne, 529–531, 533–534, 538–539;
kauft Jaguar, 529–530;
Wespenstich, 533–534;
Winter-Kreuzfahrten, 535–537, 541, 543, 550, 553, 557–558;
in HN's *Reise nach Java*, 537;
Beziehung zu Edith Lamont, 540–542, 545–546, 551;
Lungenentzündung, 545–546;
Veröffentlichung des Briefwechsels mit V. Woolf, 549;
Auftritt im Fernsehen, 556;
tödliche Krankheit und Tod, 557–560;
Begräbnis, 562;
siehe auch die einzelnen Buchtitel
Sackville-West, William Edward (Großvater), 18
Sadleir, Michael, 146, 175, 349
St. Aubyn, Gwen;
siehe St. Levan, Gwendolen, Lady
St. Aubyn, Philippa, 376, 392, 443
Saint Joan of Arc, 392–395
St. John, Christopher (Christabel Marshall):
Beziehung zu V, 346–347, 349–351, 364, 413, 439, 442, 527;
Saint Joan of Arc, 393–394;
und Violet Pym, 482;
und Edy Craigs Tod, 483;
und »la Grande Mademoiselle«, 546;
Tod, 551;
Illustrationen, 561
St. Levan, Francis Cecil St. Aubyn, 3. Baron (»Sam«), 119, 370, 396, 442, 510
St. Levan, Gwendolen, Lady (geb. *Nicolson*, HN's Schwester):
Beziehung zu V, 91, 366, 411, 453;
Brautjungfer bei V's Hochzeit, 95;
Heirat, 119;
in Ebury Street, 121;
und *Orlando*, 288;
Auto-Unfall, 366–367;
Rekonvaleszenz in Sissinghurst, 366–367, 369;
Religion, 366, 383, 400;
als Autorin, 366–367;
Ferien mit V, 372–373, 387, 389;
Einfluß auf V, 378;
The Dark Island ihr gewidmet, 379;
und *Saint Joan of Arc*, 394;
in Oxford, 399;
über V's Krankheit, 404;
Solitude ihr gewidmet, 411;
Magengeschwür, 417;
Pläne für die Kriegszeit, 422;
Gallensteine, 437;
auf St. Michael's Mount, 442, 510;
in Londoner Klinik, 450;
Adler und Taube ihr gewidmet, 453;
Tod der Mutter, 510;
Towards a Pattern, 417
Salanson, Flora (Tante), 16, 19–20, 51
Salanson, Gabriel, 16
Salanson, Lionel (Vetter), 29
Salisbury, Robert Arthur James Gascoyne-Cecil, 5. Marquis von, 505
Sands, Ethel, 181, 191, 282
Sargent, John Singer, 87
Sassoon, Siegfried, 128
Schloß Chevron, 23, 25, 65, 297, 299, 311, 313, 317–322, 336, 347, 349, 369, 444
Schwerdt, Pamela, , 547, 563
Scott, Geoffrey:
Beziehung zu V, 171, 185–197, 201–204, 208–209, 212, 272;

mißbilligt *Verführer in Ecuador*, 199;
Scheidung, 203, 208–209;
und Dorothy Warren, 208, 212, 259;
und *The Land*, 233;
Tod, 303, 438;
The Portrait of Zélide, 196, 199, 205–206
Scott, Sir John Murray (»Seery«):
und V's Mutter, 35–39, 50, 54, 60, 67–69;
Testament, 72, 82–83, 88–89, 122, 184;
und Mrs. Wilton, 514
Scott, Lady Sybil (vorher Cutting), 185–188, 203, 208
Scott-James, Anne, 418, 481
Sharpe, Bobby, 268
Shaw, George Bernard, 191, 279, 359
Shaw-Stewart, Patrick, 68–69, 72, 76, 78, 81–82, 84, 129
Sikorski, General Wladislaw, 449
Simpson, Mrs. Wallis;
siehe Windsor, Herzogin von
Sissinghurst (Gedicht), 317
Sitwell, Dame Edith:
von Forster gelobt, 203;
kritisiert *The Land*, 247–248;
V's Nennung für den Poet laureate, 298;
organisiert Dichterlesung, 447–448, 473;
lobt *The Garden*, 477;
Façade, 173, 228, 248
Sitwell, Sir Osbert, 121, 125, 146, 447
Smith, F.E. (1. Earl of Birkenhead), 88
Smith, Lionel, 242–243
Smyth, Dame Ethel:
und Mary Hunter, 84;
Beziehung zu V. Woolf, 210, 317, 325–326, 336, 340, 386, 393;
besucht Long Barn, 246;
und Christopher St. John, 375;
über *Saint Joan of Arc*, 393;
Tod, 454;
und Hunde, 556
Solitude (Gedicht), 410–412
Some Flowers, 399
Sparrow, John, 517
Spectator (Zeitschrift), 198, 520
Spencer, Dorothy, 294
Spender, Stephen, 322, 347, 415, 473
Spring-Rice, Sir Cecil, 16

Squire, J.C., 157, 165, 167, 234, 289, 398
Stanley, Rosemary, 96
Stanley, Venetia, 61
Staples, Mrs. (später Hayter; Köchin), 271, 358, 423, 450, 454, 458, 462, 499, 520, 525, 532–533, 538, 559
Stark, Dame Freya, 378, 413, 514, 550
Starkie, Walter, 496
Steegmuller, Francis, 529
Strachey, James, 536
Strachey, Lytton, 183, 408, 536
Strang, William, 134
Strelisker, Dr. (Graphologe), 453
Symons, Madge, 294

T.P.'s Weekly, 263
»Tale of a Cavalier« (Jugendwerk), 44
»Tale of Mr. Peter Brown, Chelsea Justice, The«, 173–174
Taylor, Valerie, 253, 255, 257, 260
Taylor, William (Gärtner), 422, 538
Teresa von Avila, St., 400, 445–446
Terry, Ellen, 61, 346–347
Teufel von Westease, Der, 472
Thérèse von Lisieux, St., 400, 445–446, 502
Thirty Clocks Strikes the Hour (Geschichten), 334
Thomas, Dylan, 473, 533
Tochter Frankreichs, 535, 541, 545–546
»To Knole« (Gedicht), 94
»To My Mother« (Gedicht), 367
Tomlin, Stephen, 549
Toynbee, Philip, 471
Trefusis, Denys Robert:
und Violet, 138–139, 142, 144–145;
V und, 148, 258;
Military Cross, 150;
Ehe mit Violet, 150–153, 159–161, 304;
in Moskau, 241;
Tod, 304;
»The Stones of Emptiness«, 139
Trefusis, Violet (geb. Keppel):
Jugendfreundschaft mit V, 40–42, 46–47, 50, 62, 64, 73, 82–84, 86;
Affäre mit V, 75, 100, 109, 132–142, 149–161, 229–230, 431, 561;
Verlobung mit Wellesley, 87, 105;
HN mag sie nicht, 91, 143;
Hochzeitsgeschenk für V, 94;
und V's Testament, 106;

als Taufpatin Bens, 109;
besucht Knole, 116, 121–122, 124;
und Osbert Sitwell, 121;
Liebesaffären, 123, 139;
porträtiert in *Challenge*, 134, 156, 182–183, 247;
und Denys' Trefusis, 138–139, 144–145;
sexuelles Verhalten, 140–141, 153;
Heirat, 150–151, 159;
als Schriftstellerin, 161;
Mythomanin, 198;
spätere Begegnungen mit V, 200, 389, 424–427, 501–502, 513, 515, 518–519, 539, 554;
und der Tod von V's Vater, 264;
in *Orlando*, 283;
und Denys' Tod, 304;
flieht im Krieg, 424;
Treffen mit HN während des Krieges, 427;
und Ben, 428;
besucht Sissinghurst, 448–449, 506;
V besucht Saint-Loup, 489, 496, 505;
lädt V nach Spanien ein, 497;
bietet V Saint-Loup an, 498;
mit V in Italien, 506–507, 518–519;
Don't Look Round, 498, 519;
Tandem, 350
Tsang Yen Hoon, 27

»Valediction« (Gedicht), 345
van der Velde, Henri:
Die glückliche Ehe, 143
Vass, Jack (Gärtner), 420, 422, 467, 472, 479, 490, 529;
Entlassung, 537–538
Vaughan, Dame Janet, 294, 301
Venning (Anwalt), 363, 449
Verführer in Ecuador, 195, 197–200, 320
Vertova, Luisa; siehe Nicolson, Luisa
»Vestal Virgin« (Gedicht), 384
Vogue (Zeitschrift), 193
Voigt, Frederick, 267, 272, 413
Voigt, Margaret (Margaret Goldsmith), 267–268, 272–275, 290, 293, 297, 334, 413;
Belated Adventure, 296

Wallace, Sir Richard und Lady, 35
Walpole, Hugh, 130–131, 146, 157–158, 291, 318, 383, 514

Warren, Dorothy, 208, 212, 256, 259, 262
Warwick, Frances Evelyn Greville, Gräfin von, 27
Watt, A. P., 131
Waugh, Evelyn, 558
Weekly Despatch, 173
Weg ohne Weiser, 550–553
Weidenfeld, George (später Baron), 470, 495, 542–543
Weidenfeld and Nicolson (Verlag), 492, 542–543, 550
Welch, Denton, 491–492
Wellesley, Dorothy (geb. Ashton; später Herzogin von Wellington; »Dottie«):
heiratet Gerry Wellesley, 105;
Freundschaft mit V, 151–152, 161, 175–178, 181–182, 191–194, 198, 259, 293;
Freundschaft mit HN, 161;
Beschreibung, 161;
Ferien mit V, 167–172;
V widmet ihr eine Geschichte, 175;
Zerrüttung der Ehe, 181–182;
und V's Affäre mit G. Scott, 187, 189;
und V. Woolf, 211–212, 251, 253;
begleitet V nach Indien, 214–215;
holt V nach Teheran-Reise ab, 225–226;
in *The Land*, 233–234;
über V's Mutter, 234;
und V's zweite Reise nach Persien, 240, 243–244;
sieht Mondfinsternis, 249;
HN vertraut sich ihr an, 262;
Haus in Sussex, 269, 272, 275, 311, 513;
und Hilda Matheson, 297–300, 322, 326, 414, 424;
und Sissinghurst, 311, 313;
und Yeats, 386;
Alkohol, 434, 448;
bei der Sitwell'schen Dichterlesung, 448;
wird Herzogin, 451;
Tod, 533;
und Hunde, 556;
Far Have I Travelled, 215, 514–515;
Poems of Ten Years 1924–34, 385
Wellesley, Lady Eileen (später Orde), 61, 81
Wellesley, Lord Gerald (später 7. Herzog von Wellington):

Verlobung mit Violet Trefusis, 87, 105;
in Konstantinopel, 102;
Heirat mit Dorothy, 105;
Ferien mit HN, 137;
V leiht Geld von ihm, 143;
Ferien mit V, 167–172;
Zerrüttung der Ehe, 181–182;
wird Herzog, 451;
Finanzen, 494;
beim Begräbnis seiner Gattin, 533
West, Amalia (Tante), 19, 51, 402
West, Henry, 51, 57, 105
West, Max, 51
West, Rebecca, 157, 175, 263, 419
Westmorland, Lady Adelaide Ida, Gräfin von, 319
Williams-Ellis, Sir Clough, 279
Wilton, Mrs., 514
Winchester, Lilian Mary, Marquise von, 29
Windsor, Edward, Herzog von (vorher König Edward VIII.), 393, 403
Windsor, Wallis, Herzogin von (vorher Mrs. Simpson), 393, 403
Woman's Own (Zeitschrift), 551
Woolf, Leonard:
über V's Gang, 201;
Beziehung zur Gattin, 210–211, 230, 267, 326, 408;
und die Beziehung seiner Gattin zu V, 235;
rezensiert Radclyffe Hall, 278;
und V's Ferien in Frankreich mit seiner Gattin, 280–282;
über *Orlando*, 287;
besucht Berlin, 295–296;
und *Schloß Chevron*, 299, 317–318, 320–321;
lobt *Erloschenes Feuer*, 328;
und V's Mutter, 362;
und V's *Collected Poems*, 365;
und Hogarth Press, 369;
und *The Dark Island*, 379;
lobt *Solitude*, 410;
Selbstmord seiner Gattin, 433, 436–437;
lehnt *Grand Canyon* ab, 440;
V plant, über ihn zu schreiben, 445;
legt *Pepita* wieder auf, 483;
besucht Sissinghurst, 505;
ediert *A Writer's Diary* (V. Woolf), 523;
belastetes Verhältnis zu V, 536;

und das Copyright an den Büchern und Manuskripten seiner Gattin, 536, 549
Woolf, Virginia:
V begegnet ihr, 177, 180;
beschreibt V, 180, 200–201, 245, 378–379, 386;
Beziehung zu V, 181, 183, 190–191, 193, 195, 200, 204, 209–213, 228–230, 235–240, 247–251, 255–257, 270, 275–276, 279, 299, 306–309, 325–326, 336–337, 342, 363–364, 370–371, 386, 393, 404, 407–408, 413, 417, 419–420, 431;
Umzug nach Bloomsbury, 193;
besucht Long Barn, 194, 275;
und V's Schriftstellerei, 195, 198, 200, 214, 235–237, 247–249, 263, 306, 370–371, 394;
Gesundheit, 204, 209, 213, 236, 247, 296, 393;
Einstellung zur Sexualität, 210;
und V's Aufenthalte in Persien, 213–215, 217–218, 220–221, 240–242, 244;
V lobt die Werke von, 217;
wieder mit V vereinigt, 227–230;
über den Tod, 237;
in Knole, 239–240;
und Dorothy Wellesley, 251, 253;
über V und Mary Campbell, 259;
und HN's diplomatische Laufbahn, 267;
und Margaret Voigt, 268, 272;
Cyril Connolly über, 274;
und Radclyffe Halls *Quell der Einsamkeit*, 278–279;
Ferien mit V, 279–282;
und Feminismus, 281, 289, 407;
besucht Berlin, 295–296;
und Hilda Matheson, 301, 308–309, 311;
im Rundfunk, 308;
V widmet ihr *Sissinghurst*, 317;
und Ethel Smyth, 317, 325–326, 336;
in Sissinghurst, 342–343;
in Smalhythe, 347;
über Violet Trefusis, 350;
und V's USA-Reise, 359–360;
und V's Mutter, 362;
und Christopher St. John, 375;

über *The Dark Island*, 379, 383;
im Krieg, 431–432;
Selbstmord, 433–438;
V's Erinnerung an, 438;
Briefe, 535–536, 549;
Nachlaß und Copyright, 535–536, 549
Werke: *Zwischen den Akten*, 433, 437;
Der gewöhnliche Leser, 437;
Jacobs Raum, 177;
Letters, 215;
Mrs. Dalloway, 198, 227–228, 381, 437, 548;
Orlando, 242, 253–256, 260, 272, 282–289, 354, 437;
Ein Zimmer für sich allein, 289, 307, 328;
Drei Guineen, 281, 328, 407;
Die Fahrt zum Leuchtturm, 237, 241, 250;
Die Wellen, 317, 337;
A Writer's Diary (Tagebücher), 523
Woolff, Miss (Lehrerin), 40, 45–46, 53, 65
Wordsworth, William, 234–235

»Year's End« (Gedicht), 237
Yeats, William Butler, 117, 307, 385–386, 414–415
Yust, Walter, 199

Zwölf Tage in den Bakhtiari-Bergen, 243, 246, 275, 290

Vita Sackville-West

Eine Frau unterwegs nach Teheran
Reiseerzählungen
Aus dem Englischen von Irmela Erckenbrecht
Band 11295

Die Herausforderung
Roman
Aus dem Englischen von Irmela Erckenbrecht
Mit einem Vorwort von Nigel Nicolson
Band 10655

Schloß Chevron
Roman
Aus dem Englischen von
Käthe Rosenberg und Hans B. Wagenseil
Band 5880

Der Teufel von Westease
Roman
Aus dem Englischen von V. C. Harksen
Band 9142

Weg ohne Weiser
Roman
Aus dem Englischen von Ingeborg Stricker
Band 5048

Zwölf Tage in den Bakhtiari-Bergen
Eine Reiseerzählung
Aus dem Englischen von Irmela Erckenbrecht
Band 9141

Fischer Taschenbuch Verlag

Virginia Woolf

Die Fahrt hinaus
Roman
Hg.v. Klaus Reichert
Band 10694

Orlando
Eine Biographie
Hg.v. Klaus Reichert
Band 11331

Ein verwunschenes Haus. Erzählungen
Hg.v. Klaus Reichert
Band 9464

Phyllis und Rosamond
Frühe Erzählungen und zwei Essays
Hg.v. Klaus Reichert
Band 10170

Blau & Grün
Erzählungen
Hg.v. Klaus Reichert
Band 10553

Lappin und Lapinova
Fünf Erzählungen
Hg.v. Klaus Reichert
Band 11027

Frauen und Literatur
Essays
Hg.v. Klaus Reichert
Band 10920

Die Kunst der Biographie
Essay
Hg.v. Klaus Reichert
Band 11422

Augenblicke
Skizzierte Erinnerungen
Band 5789

Die Dame im Spiegel und andere Erzählungen
Band 1984

Flush
Die Geschichte eines berühmten Hundes. Band 2122

Die Fahrt zum Leuchtturm
Roman. Band 12019

Jacobs Raum
Roman. Band 5870

Die Jahre
Roman. Band 2120

Mrs. Dalloway
Roman. Band 1982

Nacht und Tag
Roman. Band 5869

Die Wellen
Roman. Band 2121

Ein Zimmer für sich allein. Bd. 2116

Zwischen den Akten
Roman. Band 1983

Fischer Taschenbuch Verlag

fi 195 / 12

Virginia Woolf
Das Leben
einer Schriftstellerin

Beschrieben von Lyndall Gordon

Aus dem Englischen von Tommy Jacobsen
424 Seiten und 8-seitigem Bildteil mit 10 Abb. Leinen

Die intelligente und einfühlsame Virginia-Woolf-Biographie von Lyndall Gordon will nicht mit der von Quentin Bell, dem Neffen von Virginia Woolf, verfaßten Biographie konkurrieren, sondern wählt bewußt einen anderen Ansatz. Hat sich Bell in seiner äußerst materialreichen und detailgenauen, in ihrer Art wesentlich positivistischen Studie vor allem auf die biographischen Fakten konzentriert, so stellt Lyndall Gordon die Verflechtung von Leben und Werk bei Virginia Woolf in den Mittelpunkt ihrer Betrachtung und geht damit einem gerade bei dieser Autorin sehr ergiebigen und wichtigen Thema nach. Der engen Beziehung zwischen dem eigenen Erleben und ihrer Literatur war sich Virginia Woolf selbst bewußt: »Ich frage mich, ob ich mich (...) mit Autobiographie befasse und es Fiktion nenne?« Lyndall Gordon, die sehr genau differenziert zwischen dem öffentlichen und dem privaten Leben von Virginia Woolf, kann zeigen, daß einige ihrer Romane, sieht man sie zusammen mit den Tagebüchern, Briefen und Memoiren, die entscheidenden Augenblicke belegen, an denen Virginias Leben sich änderte. Bekannt ist ihr auffällig geführtes Leben in Bloomsbury als Leitfigur in einem fortschrittlichen künstlerischen Kreis. Doch waren es die weniger auffälligen Ereignisse, die ihr Werk formten: die Kindheitserinnerungen – die Todesfälle in ihrer Familie, die endgültig ihre Jugend besiegelten und wichtiger vielleicht als alles andere, ihre Hingeneigtheit zum Tod.

S. Fischer

Angelica Garnett
Freundliche Täuschungen
Eine Kindheit in Bloomsbury

Aus dem Englischen
und mit einem einführenden Essay von
Kyra Stromberg
Band 11428

Selten dürfte die Künstlergruppe um Virginia und Leonard Woolf, berühmt geworden unter dem Namen *Bloomsbury*, aus einer so intimen und ungewöhnlichen Perspektive beschrieben worden sein wie in diesem Buch. Angelica Garnett schrieb es nicht nur, um ihre Kindheit inmitten berühmter und exzentrischer Menschen zu beschreiben, sondern auch, um sich davon zu befreien. Schon die Konstellation bei ihrer Geburt erzählt einiges über die Belastungen, unter denen diese Kindheit von Anfang an stand: Geboren wurde Angelica Garnett als Tochter von Vanessa Bell, der Schwester von Virginia Woolf. Ihr Vater, Duncan Grant, bedeutender Maler und bewunderter Lebensgefährte ihrer Mutter, hatte bei der Geburt seiner Tochter eine Liebesaffäre mit dem jungen Schriftsteller David Garnett, der wiederum zwanzig Jahre später Angelica heiratete. Mittelpunkt dieser Erinnerungsarbeit ist das Porträt von Vanessa Bell – eindrucksvoll als Frau und Künstlerin, schwierig in ihrer Rolle als Mutter eines geplanten Wunderkinds und als Schwester der berühmten Virginia. Die problematische Beziehung dieser beiden Frauen ist einer der Leitfäden durch eine scheinbar unbeschwerte Kindheit und eine gefährdete Biographie.

Fischer Taschenbuch Verlag

Anne Stevenson
Sylvia Plath
Eine Biographie

Aus dem Englischen von
Manfred Ohl und Hans Sartorius
Die Gedichte übertrug Friederike Roth

Band 10780

Sylvia Plath, geb. 1932 in Boston, nahm sich im Alter von dreißig Jahren in ihrer Londoner Wohnung das Leben. Mit ihren Gedichten, in denen sie den selbstzerstörerischen Kräften ihrer Psyche Ausdruck gab, traf sie den Nerv der desillusionierten Generation der sechziger und siebziger Jahre. Sie wurde zum Mythos, und ihr früher Tod schien vielen eine »tragische Notwendigkeit« zu sein. Ihre Hinterlassenschaft war ein großes literarisches Werk – zwei Romane, über 70 Erzählungen, 300 Gedichte, Essays, Berichte und Interviews sowie ein umfangreiches Tagebuch –, von dem ein wesentlicher Teil noch über 20 Jahre nach ihrem Tod der Öffentlichkeit verborgen blieb, begründet durch den verständlichen Wunsch des Ehemanns Ted Hughes und aller noch lebenden Freunde und Verwandten, ihre Privatsphäre zu wahren. Anne Stevenson, die erstmals auch Zugang zum Nachlaß der Familie hatte, zeichnet ein differenziertes Bild der Dichterin, die sich nach außen hin den Anschein gab, eine zwar talentierte, aber »normale«, den Konventionen angepaßte Frau zu sein. Gleichzeitig liefert sie eine scharfsinnige Analyse ihres Werks, in dem die innere Zerrissenheit dieser Schriftstellerin auf geradezu beklemmende Weise zum Ausdruck kommt. Die beigefügten Zeugnisse ihrer Zeitgenossen runden dieses bewegende Porträt ab.

Fischer Taschenbuch Verlag

Djuna Barnes

Ladies Almanach
Aus dem Amerikanischen von Karin Kersten
Band 10337

Leidenschaft
Neun Erzählungen
Aus dem Amerikanischen von Karin Kersten
Band 10338

Die Nacht in den Wäldern
Short Stories
Aus dem Amerikanischen von Karin Kersten
Band 10341

New York
Geschichten und Reportagen aus einer Metropole
Aus dem Amerikanischen von Karin Kersten
Band 10339

Portraits
Mit zahlreichen Zeichnungen der Autorin und zeitgenössischen Fotos
Aus dem Amerikanischen von Karin Kersten
Band 10342

Saturnalien
Zwölf Erzählungen
Aus dem Amerikanischen von Karin Kersten
Band 10340

Fischer Taschenbuch Verlag

Das Leben ist herzzerreißend

Vierunddreißig Erzählungen

Herausgegeben von Ursula Köhler
Band 10825

»Das Leben ist herzzerreißend« – dieser Satz könnte, so oder ähnlich formuliert, in beinahe jeder der hier versammelten Erzählungen stehen. In seiner starken Gefühlsbetontheit ist es ein zutiefst weiblicher Satz. Mehr als dreißig Texte von Autorinnen aus den verschiedensten Ländern beschreiben Frauenleben und spezifisch weibliche Erfahrungen, zeigen den weiblichen Blick auf das eigene Ich und die Welt: sie stehen für rund ein Jahrhundert weiblicher Erzähltradition.

Kate Chopin, Virginia Woolf, Katherine Mansfield,
Djuna Barnes, Jean Rhys, Elizabeth Bowen,
Marie Luise Kaschnitz, Marguerite Yourcenar, Luise Rinser,
Marguerite Duras, Elsa Morante, Doris Lessing,
Ilse Aichinger, Grace Paley, Nadine Gordimer,
Clarice Lispector, Ingeborg Bachmann, Alice Munro,
Sylvia Plath, Susan Sontag, Dacia Maraini,
Margaret Atwood, Danièle Sallenave, Brigitte Kronauer,
Monika Maron, Bobbie Ann Mason, Cristina Peri Rossi,
Pierrette Fleutiaux, Helen Garner, Mary Flanagan,
Keri Hulme, Katja Lange-Müller, Jayne Anne Phillips
und Jamaica Kincaid.

Fischer Taschenbuch Verlag

BIOGRAPHIEN IN DER FRANKFURTER VERLAGSANSTALT

DJUNA BARNES
von Andrew Field.
Deutsch von Ingrid von Rosenberg

DAS LEBEN DER BRONTËS
von Elsemarie Maletzke

PHILIP K. DICK
Göttliche Überfälle
von Lawrence Sutin.
Deutsch von Michael Nagula

GOETHE
Das Leben im Werk
von Heinrich Meyer

NANCY MITFORD
von Selina Hastings.
Deutsch von Reinhard Kaiser

FLANN O'BRIEN
von Anthony Cronin.
Deutsch von Matthias Fienbork

SYLVIA PLATH
von Anne Stevenson.
Deutsch von Manfred Ohl, Hans Sartorius
und Friederike Roth

VITA SACKVILLE-WEST
von Victoria Glendinning.
Deutsch von Hans J. Schütz

VITA SACKVILLE-WEST UND HAROLD NICOLSON
Portrait einer Ehe
von Nigel Nicolson.
Deutsch von Peter de Mendelssohn

EDITH SITWELL
Mein exzentrisches Leben
Deutsch von Karl A. Klewer

LAURENCE STERNE
von David Thomson.
Deutsch von Hans J. Schütz

ITALO SVEVO
Das Leben meines Mannes
von Livia Veneziani Svevo.
Deutsch von Eva Weckherlin

MEIN LEBEN MIT VIRGINIA
von Leonard Woolf.
Deutsch von Ilse Strasmann

MARINA ZWETAJEWA
von Elaine Feinstein.
Deutsch von Hans J. Schütz